Que voir en Chine du Sud-Ouest

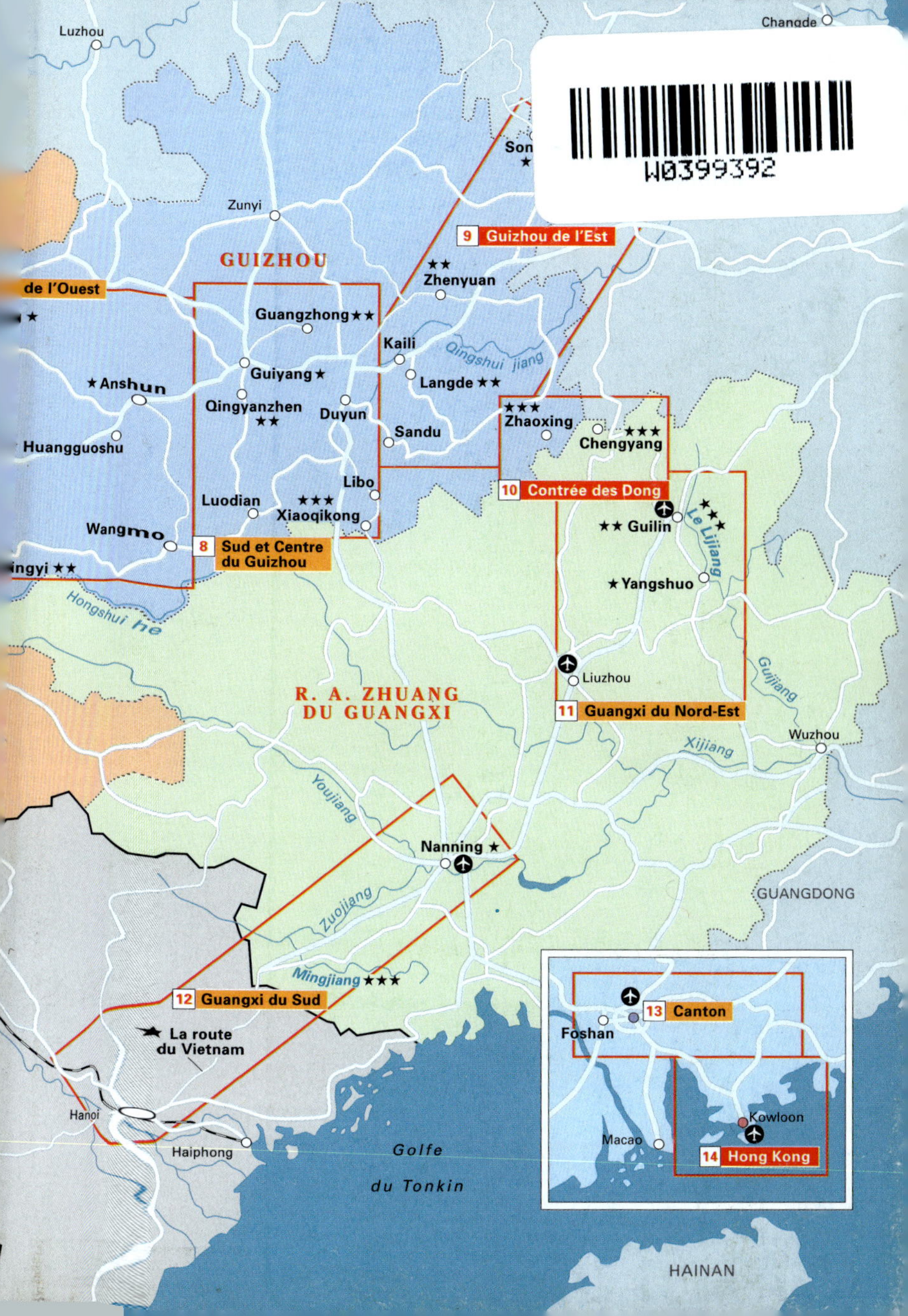

Chine du Sud-Ouest

Yunnan, Guizhou, Guangxi

Direction :	Nathalie Pujo
Direction littéraire :	Armelle de Moucheron
Responsable de collection :	Béatrice Hemsen-Vigouroux
Édition :	Joël Ambroggi, Anne Grobert, Paulina Nourissier
Avec la collaboration de :	Marguerite Cardoso, Isabelle Ferrière, Émilie Guerrier
Introductions :	Jacques Lemoine (directeur du centre d'anthropologie de la Chine du Sud et de la péninsule indochinoise), Alain Roux (historien, INALCO)
Rédaction générale :	Catherine Bourzat, Zhou Jianbing, Marie-Laure de Saint-Remy ; Monique Chalet, Dong Qiang, Geneviève Clastres, Pierre Gentelle, Françoise Grenot-Wang, Sylvie Pasquet
Avec la collaboration de :	Renée Ajzenberg, Caroline Puel, Sarah Thurin, François Zanini ; Index et Lexique : Marine de Calbiac, Prune Cornet, Véronique Zhao
Cartographie :	Frédéric Clemençon, Aurélie Huot
Illustrations :	Stéphane Humbert-Basset *avec l'aimable autorisation de C. Bourzat pour certaines illustrations*
Informatique éditoriale :	Lionel Barth
Lecture-correction :	Françoise Bouillé, Yolande Le Douarin ; avec la collaboration d'Agnès Phone
Fabrication :	Nathalie Lautout, Amandine Sevestre
Mise en pages :	Étienne Hénocq, avec la collaboration d'Aurore Bro
Couverture :	François Supiot

Crédit photographique :

Couverture : **Explorer/Hoa-Qui/A. Reffet** ; **P. Dion** (vignette dos).

Intérieur : **C. Bourzat** : 8, 14 (ht), 15, 26, 123, 132, 189 (bas, ht g.), 211, 225 (mil.), 248, 249, 254, 255, 258 (bas), 259, 283, 303, 306, 309, 310, 311 (bas), 319, 320, 321 (ht), 326, 327, 330, 340, 341, 343, 344, 350, 356, 357, 387, 394 — **I. Bourzat** : 188, 189 (ht dr.), 311 (ht) — **CITS de Anshun** : 357 (mil.) — **G. Clastres** : 14 (bas), 42, 64, 78, 80, 84, 87, 104, 107, 110, 122, 127, 137, 197, 222, 225 (bas), 267, 272, 273, 274, 286, 287, 304, 312, 332, 375 — **P. Dion** : 444 — **D. R.** : 300, 321 (bas) — **Hachette-Livre** : 236, 237, 258 (ht dr. et g.), 264-265 (vérascope Richard), 418 — **S. Houck** : 486 — **C. Jacopin** : 420, 438 — **F. Jolivot** : 403, 430 — **J. Lemoine** : 96, 97 — **H. Thélier** : 270 — **Visa/W. Louvet** : 242 — **Ph. Wang** : 168, 202, 221, 225 (ht), 227, 355 — **Zhou Jianbing** : 289, 305.

Hachette Tourisme, 43, quai de Grenelle, 75905 Paris Cedex 15. **Internet :** www.hachette.com

À nos lecteurs

Aussi scrupuleusement établi soit-il, ce guide n'est pas à l'abri des modifications de dernière minute, des erreurs ou omissions. Ne manquez pas de nous faire part de vos remarques par courrier ou par e-mail : **Hachette Tourisme,** 43, quai de Grenelle, 75905 Paris Cedex 15 ou bleus@hachette-livre.fr Informez-nous aussi de vos découvertes personnelles : nous accordons la plus grande attention aux observations de nos lecteurs.

Chine du Sud-Ouest

Yunnan, Guizhou, Guangxi

GUIDES BLEUS

Sommaire

Découvrir

Partir

Séjourner

Comprendre

Visiter

En savoir plus

Abréviations et symboles

alt.	altitude
a.-m.	après-midi
a.-r.	aller-retour
av.	avant
av.	avenue
bd	Boulevard
ch.	chambre
coll.	collection
CTS, CITS, CYTS	agences de voyages *(→ marge p. 54)*
déb.	début
déc.	décembre
dim.	dimanche
dr.	droite
E.	est
env.	environ
ex.	exemple
f.	fermé
fév.	février
g.	gauche
h	heure
ha	hectare
hab.	habitant
h.s.	hors saison
ill.	illustration
j.	jour
J.-C.	Jésus-Christ
janv.	janvier
jeu.	jeudi
juil.	juillet
km	kilomètre
lun.	lundi
m	mètre
mar.	mardi
mer.	mercredi
mn	minute
N.	nord
nov.	novembre
O.	ouest
oct.	octobre
ouv.	ouvert
p.	page
rens.	renseignement
rés.	réservation
r.-d.-c.	rez-de-chaussée
r.-v.	rendez-vous
S.	sud
s.	siècle
sam.	samedi
sem.	semaine
sept.	septembre
sf	sauf
slt	seulement
t.a.	toute l'année
t.l.j.	tous les jours
v.	vers
ven.	vendredi
vis.	visite
w.-e.	week-end
→	se reporter à
▶	début de détour
◀	fin de détour
☎	téléphone

Classification des sites, villes, monuments, musées...

★★★	Exceptionnel
★★	Très intéressant
★	Intéressant

découvrir
partir
séjourner
comprendre
visiter
en savoir plus

Une présentation rapide de la Chine du Sud-Ouest

Découvrir

Une tout autre histoire de Chine que celle contée dans ses marches méridionales. Il fallut des siècles à l'Empire pour contrôler et siniser cette Asie du Sud-Est intérieure, plus proche des capitales birmane, siamoise, khmère ou vietnamienne que de la lointaine Pékin. Même pour un empire atteint de gigantisme et bâtisseur de grande muraille, le vaste Sud s'avéra difficile à absorber. Sa morphologie y est pour quelque chose. Depuis le delta de la rivière des Perles, à l'E., on ne cesse de gravir les gradins de causses, de plateaux, de montagnes qui, pour finir, dans la province du Yunnan, sise à l'O., « au S. des nuages », ne sont autres que les premiers degrés du haut plateau tibétain. Dans les lointains temps géologiques où la mer recouvrait une bonne partie de ces marches, elle leur légua en se retirant une fantastique couche de dépouilles de coquillages. Les pluies et les rivières firent le reste, disséquant le calcaire sur des millénaires en labyrinthes souterrains, en forêts d'aiguilles rocheuses, en troupeaux de pitons, de mamelons, de pains de sucre. La Chine méridionale est le plus grand karst du monde et la plus singulière collection de paysages. Les peuples venus s'établir sur ce territoire, étendu entre le pays des neiges et l'Asie tropicale, sont à l'image de cette diversité géographique. En ces contrées colonisées par les Han, on croise la plus étonnante concentration de groupes ethnolinguistiques différents : une mosaïque de langues, de sociétés, de coutumes sur une mosaïque de paysages, patiemment ployés à la volonté de l'homme – eaux captées pour irriguer, croupes montagneuses taillées en terrasses pour cultiver. Dans cette polyphonie linguistique, le chinois n'a de place que comme langue d'échange. Dans cette dispersion foisonnante, les fêtes, les marchés, régis par le calendrier lunaire, scellent le temps des rencontres, des rassemblements. En cet univers, rien n'est immuable que la mémoire des origines, le culte des ancêtres, la conciliation avec les esprits, le port d'un costume de fête, les paroles d'un chant ou le son d'un instrument de musique. Le voyage en Chine du S. est un voyage dans une terre d'Asie sans frontières autres que celles d'une vallée ou d'un village.

◀ **Paysage de rizières autour de Xijiang (Guizhou).**

Les provinces du Sud-Ouest

Consultez en début d'ouvrage la carte « Que voir dans la Chine du S.-O. » pour localiser les différentes provinces et repérer leurs principales richesses touristiques.

Le Yunnan

Province multiculturelle des marches S.-O. de la Chine, le Yunnan est un monde à part : sur ses hauts plateaux vivent 25 des 56 minorités ethniques du pays, des montagnards yi et naxi du N., descendants des nomades tibétains éleveurs de yacks et de chevaux, aux Dai des forêts tropicales du S. Ces peuples, autrefois qualifiés de « barbares », ont fondé des royaumes prospères aux confins de la Chine, du Tibet et de la Birmanie, contrôlant une piste caravanière qui reliait la Chine à l'Inde, cinq siècles avant la route de la soie d'Asie centrale. Cette voie commerciale a fait du Yunnan un carrefour culturel et économique, ouvert sur le S.-E. asiatique, et un haut lieu du bouddhisme, particulièrement à l'époque du royaume du Nanzhao (VIIIe-Xe s.), qui a laissé de nombreux vestiges dans la région de Dali. Des pagodes birmanes de la contrée tropicale du Xishuangbanna aux monastères lamaïques des montagnes enneigées de Lijiang, en passant par les majestueux sanctuaires taoïques et bouddhiques autour du lac Dian, près de Kunming, le Yunnan offre une grande diversité de monuments et de paysages. Cette province montagneuse forme les contreforts de l'Himalaya et présente une morphologie contrastée. À l'E., le plateau karstique prend parfois la forme de collines et de pics déchiquetés, dont la Forêt de pierres est l'exemple le plus spectaculaire. L'O. est le domaine des hautes montagnes, entrecoupées de vallées profondes.

Le Guizhou

« D'une montagne à l'autre, deux personnes peuvent se parler, mais il leur faut une demi-journée pour venir se serrer la main », dit un dicton du Guizhou. Cette province prolonge à l'O. le plateau calcaire du Yunnan, et l'érosion y a façonné une collection de reliefs qui devrait faire pâlir d'envie les berges du Lijiang à Guilin : karsts à pitons et à aiguilles, dolines et poljés, grottes et cavernes. Ses 1 000 m d'alt. font du plateau du Guizhou une redoute naturelle, son relief compartimenté le transforme en un labyrinthe de vallées étroites et d'horizons déchiquetés. Voilà pourquoi les peuples venus s'y établir, et que les Chinois désignèrent longtemps sous le terme générique de Man, « Barbares du Sud » (*→ p. 66*), résistèrent naturellement, des siècles durant, à l'assimilation à l'Empire. Les Han n'entamèrent la colonisation de ce plateau chaotique qu'à la fin du XVe s. Aujourd'hui, le Guizhou est une constellation de peuples (Miao, surtout, mais aussi Dong, Shui, Buyi, Ge et Yi) et de villages. Autant de villages, autant de costumes et de parures différents. Les brodeuses puisent l'inspiration de leurs motifs dans les légendes de leur peuple, mais aussi dans les métamorphoses du monde. Car, dans cette contrée où les hommes ont façonné la terre pour la cultiver, en autant de terrasses, de petits croissants minuscules qui épousent concentriquement les flancs des vallées, le jeu des saisons est un enchantement.

La Région autonome zhuang du Guangxi

Les attraits du Guangxi sont occultés par son site vedette : Guilin, dont les fameux paysages karstiques, immortalisés par les peintres, attirent chaque année des millions de visiteurs. Du coup, on en oublie que le Guangxi, c'est aussi une région de montagnes, les Dayao shan, qui la séparent du Guangdong voisin, ou de ces Danan shan, qui forment une marche vers le pays des Dong et le Hunan au N.-E., ou encore ces moutonnements de collines qui diluent les frontières administratives avec le Guizhou, à l'O., politiques avec le Vietnam, au S. « Pas de montagnes qui n'aient de Yao », disait-on sous les Ming et les Qing : les montagnes du Guangxi sont le domaine privilégié de ce groupe extraordinairement atomisé qui partage ces hautes terres avec ses cousins linguistiques, les Miao. Quant aux plaines, aux bassins des nombreuses rivières qui traversent le Guangxi, elles sont occupées par les Han, mais aussi par les Zhuang, des Taï riziculteurs, si fortement sinisés qu'on ne les distingue aujourd'hui que dans leurs fêtes et leurs chants. Nul ne sait de quel peuple furent ces ancêtres qui peignirent à l'ocre rouge de grandes compositions de guerriers, de chiens et de tambours sur les falaises bordant la rivière Ming, dans le S. de la province. Nul ne sait pourquoi elles furent peintes. Mais elles témoignent, comme d'autres ensembles rupestres découverts dans le grand S. de la Chine, de ces cultures périphériques du monde han que perpétuent de nos jours les ethnies minoritaires.

Canton et Hong Kong

Le Guangdong, province de 212 000 km^2, jadis administrée par un vice-roi, est l'une des régions les mieux connues en Occident, grâce à sa cuisine, présente dans la plupart des restaurants chinois d'Europe et d'Amérique, grâce aussi à Hong Kong et à Macao. Il y a seulement 20 ans, la province, en particulier le delta des Perles, était essentiellement agricole. Aujourd'hui, l'industrialisation a transformé le paysage et la vie des habitants, bien que le relief de collines orientées du N.-E. vers le S.-O. et s'abaissant du N. au S. depuis la chaîne des Nanling soit un obstacle à la mise en valeur agricole et aux communications. Bénéficiant de transferts de capitaux et de technologies venus de Hong Kong, la province enregistre le plus fort taux de croissance de Chine, essentiellement à Canton et dans le delta de la rivière des Perles. Depuis le VIIe s., la ville est le point de rencontre le plus constant entre l'Empire du Milieu, le monde indien, le monde arabe et l'Europe. Temples, mosquées et cathédrales en témoignent, à deux pas de Hong Kong.

Capitale du monde moderne aux portes du continent, ouverte à tous les vents de la mer et à la frénésie du commerce, Hong Kong fait comprendre concrètement, dans ses différents quartiers, ce qu'est le dynamisme d'une économie fondée sur le laisser-faire dans un environnement régional de pauvreté ou de sous-développement. Architectures époustouflantes, boutiques et néons nocturnes par myriades, panoramas bourdonnant d'activité, mais aussi immeubles vétustes et surpeuplés, agglomérés derrière les tours prestigieuses des grandes compagnies internationales, des hôtels ou des bâtiments publics, Hong Kong est un résumé de l'Asie contemporaine.

Que voir

Un tourisme « ethnique »

La Chine méridionale a ses grands sites touristiques et ses parcs naturels, mais le principal attrait du voyage dans cette région, c'est la rencontre avec les peuples qui l'habitent à travers leurs villages, leurs marchés et leurs fêtes. Aux yeux des bureaux de tourisme, ils constituent un potentiel de développement touristique et d'apport de devises. À ce titre, certaines fêtes traditionnelles ont désormais lieu à date fixe, au risque de les dénuer de toute signification, dans un dessein de promotion touristique. Dans le même registre, des troupes de jeunes danseuses sont recrutées dans les villages pour se donner en représentation dans les grands hôtels et restaurants, en des « chorégraphies » aguichantes et mièvres. Enfin, des villages ont été sélectionnés pour accueillir plus spécialement les groupes du voyage organisé, occasion pour les jeunes villageois de se produire en costumes et pour les hôtes étrangers d'être régalés des grandes rasades d'alcool, indispensables à toute fête. Ces mises en scène orchestrées par les bureaux de tourisme sont relayées par les dépliants touristiques vantant la candeur rustique des « minorités nationales » à grand renfort de photographies montrant des demoiselles en grande tenue cousant, pilant le riz ou lavant le linge.

Si vous voyagez « en solo » et sans organisation, vous aurez tôt fait de découvrir une réalité quotidienne bien différente. La plupart des différents groupes ethniques ont troqué leurs costumes traditionnels pour la vareuse et le pantalon, plus adaptés aux travaux des champs. En revanche, le costume identitaire est toujours porté les jours de marché, qui restent le meilleur moyen d'évaluer la survivance des traditions. Les tenues de fête sont, elles, réservées aux grandes festivités du calendrier traditionnel ou à celles organisées à la demande. Rien ne vous empêche toutefois de demander à voir ces trésors d'habileté textile, conservés dans des coffres en dehors des grandes occasions. Moyennant une modeste contribution financière, on vous déballera le trousseau des futures mariées, qui consentiront même à revêtir leur costume d'apparat. C'est d'ailleurs là un des moyens de faire bénéficier des habitants du village de votre passage. En effet, hormis quelques villages dong (Guangxi, Guizhou) et dai (Yunnan) dotés de monuments historiques, ou des quelques rares agglomérations qui ont constitué un musée local, il ne vous sera réclamé aucun droit d'entrée pour visiter les lieux. Dans les villages les plus fréquentés par les touristes, on vous proposera également quelques objets et broderies de fabrication locale.

Pour découvrir tenues traditionnelles, costumes de fête et parures, explorez les musées : musée des Coutumes de mariage★ de Xingyi *(→ p. 294)*, musée de la Région autonome zhuang du Guangxi★★ à Nanning *(→ p. 373)*, musée des Ethnies de Haigeng★★★ , près de Kunming *(→ p. 186)*.

Montagnes russes et miroirs du ciel

En survolant le midi de la Chine, c'est presque en vain que l'on cherche des yeux quelques arpents de terre plate. Les plaines sont rares dans cet univers de montagnes tranchées de profondes vallées fluviales, dans ce monde de plateaux troués de bassins d'effondrement que ferment des abrupts, dans cette région de causses creusés de dolines et de poljés ou sculptés en forêts de pics. Pour cultiver la terre, l'homme a dû sculpter la montagne, comme les Hani de Yuanyang *(→ p. 272)*, qui taillèrent ainsi des centaines de terrasses à la manière d'un escalier géant vers le ciel. Il lui fallut encore ramasser les galets roulés dans le lit des rivières, pour suspendre des champs minuscules aux pentes des vallées du Duliu jiang ou du Jinsha jiang. Il dut aussi dompter l'eau des sources, la forcer par des conduites, l'élever par des norias. Au temps où les rizières sont en eau, partout le ciel se mire : à Longji**, « l'Échine du Dragon », aux confins du Guizhou et du Guangxi *(→ p. 349)*, sur les moutonnements marquetés de cultures de Fanpai *(→ p. 322)*, sur le damier de l'échiquier karstique du Lijiang *(→ p. 362)*.

Les royaumes du Midi

L'Empire chinois multiplia les tentatives pour soumettre les peuples du S., contrôler leurs routes commerçantes qui conduisaient au golfe de Bengale, *via* la Birmanie, et s'assurer le monopole de leurs ressources minières. Les résultats furent éphémères jusqu'à la conquête du S.-O. par les Mandchous en 1680. Au Moyen Âge, seuls 10 à 20 % des plateaux du Yunnan-Guizhou étaient accessibles aux Han. Depuis les années 50, l'archéologie livre de stupéfiants témoignages de la civilisation des peuples du S. et des royaumes qu'ils établirent en marge de l'Empire : tambours en bronze historiés du royaume de Dian *(→ p. 179)*, près de l'actuelle Kunming, commerce entre les royaumes de Yelang (à l'O. du Guizhou ; *→ p. 277*) et de Nanyue (dont une tombe royale*** a été découverte en pleine ville de Canton ; *p. 396*). À l'époque de la dynastie des Tang, les ancêtres des Bai de Dali avaient confédéré les ethnies tibéto-birmanes du Yunnan central au Guizhou. Ce royaume des « princes du Sud » (Nanzhao) devint celui de Dali, grand foyer bouddhique et pourvoyeur de chevaux. Au bord de la route qui longe le lac Erhai (Shibao shan** ; *→ p. 228*), des stèles rappellent les hauts faits d'armes des rois du Nanzhao. Au N. du Yunnan, près de Lijiang *(→ p. 193)*, les monastères lamaïques de la secte Karmapa conservent encore le souvenir des seigneurs de Mu et de leur puissant État sur la route du Tibet.

Chronique des villes du temps jadis

Aux marches de l'Empire, les colons han s'appliquèrent à reconstituer le modèle de leurs villes organisées, protégées par des murailles, de leurs résidences aux toits couverts de tuiles vernissées, de leurs temples aux divinités ancestrales et tutélaires. Quelques-unes de ces cités, balises de la diffusion de la culture han, ont miraculeusement réchappé du temps, des hommes et du vent destructeur du passé qui secoua la Chine des années 60-70. À quelques kilomètres de Guiyang, Qingyanzhen** *(→ p. 301)* semble surgie, intacte, du temps des Ming. La vieille ville de Dali** *(→ p. 213)* a gardé ses portes, fortifiées au XIVe s. À Zhenyuan** *(→ p. 323)*, sur la rivière Wuyang, temples et guildes évoquent les communautés marchandes d'antan. Le temple de la Littérature** de Anshun *(→ p. 281)* et le temple de Confucius*** de Jianshui *(→ p. 266)*, ainsi que le pavillon Jiaxiu* de Guiyang *(→ p. 299)* proclament la vertu de Confucius et l'éminence de la civilisation par les lettres. Ce mode de vie, ses règles séculaires inspirèrent les *tusi*, fonctionnaires indigènes que nommait l'Empire pour administrer ses marches, tels ces Yi de Jianshui *(→ p. 267)* qui se firent bâtir des résidences à l'image des villas familiales des seigneurs han.

En bois ou en pierre, des architectures singulières

L'architecture vernaculaire de la Chine méridionale est d'abord une adaptation de l'homme à son milieu : terre battue et pisé, appareillage de pierres, pilotis et colonnes porteuses, toits de chaume, de lauze ou de brande, toutes les techniques de construction sont mises à contribution. Viennent ensuite l'organisation sociale qui ordonnance le village et l'ordre familial qui cloisonne et distribue l'espace de la maisonnée. Les Dai du Xishuangbanna *(→ p. 248-249)* mettent l'emphase sur leurs puits, ornés de l'effigie de Nang Thorani, Mère des Eaux. Les Dong des confins du Guangxi-Guizhou *(→ p. 340-341)* jettent de majestueux ponts couverts sur les rivières qui bordent leurs hameaux, hérissés de tours par leurs grands clans ancestraux.

Aux marches

L'hiver 1895, une mission envoyée par la chambre de commerce de Lyon est chargée d'inventorier les ressources de la Chine méridionale. Partie de Hanoi, elle gagne la frontière par la voie du fleuve Rouge. Pour aborder le plateau du Yunnan, il lui faut gravir une marche de géant : la route des Dix Mille Marches, aménagée pour franchir à pied, ou à dos de mulet, les 1 600 m de dénivelé qui séparent Manhao de Mengzi. La suite du voyage fut à l'avenant. À travers le rapport de la mission lyonnaise se déroulent les panoramas des marches de la Chine, telles des montagnes russes : paysages extraordinairement compartimentés et incessantes variations d'altitude.

▲ Yungui, « Yunnan-Guizhou » : un causse immense et ondulé, troué de bassins d'effondrement, où dorment les grands lacs Erhai ou Dian. Par endroits, le plateau se creuse en dolines et poljés, les *bazi,* que tapissent les rizières en damiers. Ici, poljé entre Shibing et Huangping (Guizhou).

▼ Le Jinsha jiang au N. de Lijiang : les franges N. du Yunnan forment le rebord du plateau tibétain. Leurs crêtes culminent à 5 000 m ou davantage, tranchées par les gorges profondes du Nujiang (Salouen), du Lancang jiang (Mékong) et du Jinsha jiang (Yangzi). Au pied des neiges éternelles, la vie pastorale suit son cours.

de la Chine

Bosquets de bambous « en queue de phénix », touffes ▲▼ de feuilles de bananier, le Guangxi et le Yunnan se muent en jardin botanique tropical aux confins de l'Asie du S.-E.

« On commence à descendre à partir de l'entrée au Kouei-tcheou [Guizhou], mais avec des hauts et des bas continuels. [...] Cinq jours plus tard, au col de Ta-t'ien-kouan, de l'autre côté de la rivière Mao-kou, à 1 800 m environ, nous voyions, en nous retournant vers l'ouest, d'où nous venions, huit chaînes profiler derrière nous leurs plans successifs. Dans la vallée du Ma-kou-ho, à 800 m d'altitude environ, nous avions trouvé la canne à sucre et les orangers, et le thermomètre marquait 25 degrés à l'ombre, à 2 heures de l'après-midi, le 25 janvier. Le 21, nous avions circulé pendant toute une matinée au milieu de la neige. Nous devions la retrouver à Kouei-yang-fou [Guiyang] pendant le mois de février... » (Il fallait alors une vingtaine de jours pour se rendre de Kunming à Guiyang ; La Mission lyonnaise d'exploration commerciale en Chine – 1895-1897, tome I, *Récits de voyages,* Lyon, chambre de commerce de Lyon, Alexandre Roy, 1898.)

La diversité des cultes et des croyances a inspiré d'innombrables modèles d'autels et de temples : pierres étranges, cantonnées d'ex-voto, des Shui, chapelles du dieu du Sol des Dong, lamaseries, entre modèles chinois et tibétains, des Naxi de Lijiang, stupa coiffés d'un parasol et temples tendus de bannières votives des Dai.

■ Féeries karstiques

Les reliefs de Chine méridionale sont nés de la sédimentation marine et de l'intense activité d'érosion des eaux. Plusieurs milliers d'années durant, elles ont creusé, foré, tracé un réseau de grottes et d'avens (palais du Dragon* ; → *p. 281*). Elles ont façonné, sculpté des cônes, des cheminées de fées, des aiguilles, des pitons solitaires ou des troupeaux de collines (forêt de pics des rives du Lijiang, → *p. 396*, ou forêts aux Dix Mille Sommets** des environs de Xingyi, → *p. 294*). D'autres phénomènes d'érosion ont créé, localement, ce que les Chinois appellent les forêts de pierres *(shilin)*, véritables labyrinthes de karsts à aiguilles dont le site le plus spectaculaire est celui de Lunan*** *(→ p. 192)*, au S. de Kunming.

■ Eaux dormantes, eaux courantes

Dans cette immense zone calcaire où les eaux disparaissent en réseaux souterrains, leur jaillissement semble un miracle, et de magnifiques parcs naturels leur ont été dédiés. À Huangguoshu** *(→ p. 289)*, les eaux de la Baishui déferlent en cataractes, dont le grondement résonne à des kilomètres à la ronde. À Daqikong** *(→ p. 309)*, l'eau quitte son parcours souterrain pour s'écouler au sortir d'une caverne. À Xiaoqikong*** *(→ p. 309)*, elle cascade parmi les mousses et les pierres. Ailleurs, des rivières ont tracé leur cours sinueux à travers les falaises karstiques, tels le Wuyang he**, à Zhenyuan *(→ p. 323)*, ou le Mingjiang*** *(→ p. 378)*, près de Nanning. Parfois encore, elles ont creusé le calcaire en profondes gorges, tels le canyon du Beipan jiang*** *(→ p. 291)* ou celui du Maling he** *(→ p. 294)*, où se déversent des cascades. Enfin, sur les hauteurs du plateau du Yungui, les eaux dorment en des lacs immenses qui reflètent le ciel : mer des Herbes**, refuge des oiseaux migrateurs à Weining *(→ p. 285)*, lac Dian*** *(→ p. 184)*, où l'on cultive des perles, près de Kunming, lac Erhai**, où se mirent les Trois Pagodes du royaume de Dali *(→ p. 224)*, lac Lugu**, près duquel vivent les Mosso *(→ p. 210)*.

■ Marches tibétaines

Comme un gigantesque escalier aux marches arrondies, escaladant strate par strate le haut plateau tibétain, le Yunnan est un des accès au « toit du monde ». À partir de la région tropicale du Xishuangbanna au S., couverte d'hévéas, de bananiers et de palmiers, le relief s'élève peu à peu, jusqu'au long plateau calcaire qui va de Kunming à Dali. Puis il continue à se hausser vers Lijiang, au pied des monts Yulong et Haba, entre lesquels le fleuve au Sable d'or (Jinsha jiang), remontant vers le N. après un lacet spectaculaire, se faufile dans la gorge du Saut du Tigre** *(→ p. 204)*. Enfin, au N.-O., se dressent les majestueux sommets des régions tibétaines autour de Zhongdian. Sur les degrés supérieurs de cet amphithéâtre, en bordure du plateau tibétain, demeurent des Tibéto-Birmans, héritiers des seigneuries d'antan. À Dali, les Bai perpétuent un art de vivre dans leurs maisons à cour des berges du lac Erhai. À Lijiang, les Naxi entretiennent la culture de leurs chamans, transmise à l'aide de mystérieux pictogrammes. Plus isolés, les Mosso ont préservé jusqu'à aujourd'hui les règles de leur société de femmes, dans le cadre naturel féerique du lac Lugu. Enfin, au-delà de Zhongdian, on entre dans l'ancienne province tibétaine de Kham.

En fin de volume, le Petit dictionnaire regroupe les définitions des noms propres ou communs spécifiques à chaque pays ; le Lexique réunit un vocabulaire de base pour les différentes situations de la vie quotidienne.

Propositions d'itinéraires

La Chine du S.-O. n'a beau être qu'une petite partie de la République populaire, les territoires des Guangdong, Guangxi, Guizhou et Yunnan s'étendent quand même sur plus d'un million de kilomètres carrés ; les trois provinces Yunnan, Guizhou et Guangxi couvrant une superficie égale à une fois et demie celle de la France. À ces chiffres, il faut ajouter la prodigieuse diversité des populations qui les habitent et des milieux naturels rencontrés. De fait, le voyage anthologique, embrassant l'ensemble de ce grand S., sera difficile sans la concession de quelques sauts de puce en avion. Plus que partout ailleurs en Chine se pose la question des envies et des choix de voyage : luxuriance tropicale ou austérité des hauts plateaux, nature sauvage ou domestiquée, musées ou villages ? Ultime facteur de décision peut-être : le confort. Car, si le voyage en Chine méridionale est un des plus dépaysants qui puissent se faire en ce pays, le confort hôtelier est loin d'être l'apanage de toutes ses étapes et l'état des routes peut rendre éprouvants certains trajets.

1 Aux marches d'un Empire

Un grand voyage, par petites touches, à travers les provinces de Chine méridionale (Yunnan, Guizhou, Guangxi, Guangdong) ; *15 jours, env. 2 100 km* ; en avion, train, voiture et bateau.

1er j. : **Kunming*****. Arrivée de Hong Kong ou de Bangkok dans la journée.

2e j. : diversité du Yunnan à travers le musée ethnographique*** de Kunming. Dans l'après-midi, 1 h de vol pour Jinghong, la « cité de l'aube », capitale du département autonome des Dai du **Xishuangbanna.**

3e au 6e j. : exploration du pays des Dai, frères des Taï et des Lao voisins, restés fidèles au bouddhisme du Petit Véhicule. Pousses de bambous, cristophines et ananas au marché de **Menghun**** ; navigation sur le Mékong (Lancan jiang) à travers la plaine de **Ganlanba**** ; jardin botanique de **Menglun**** ; pavillon octogonal de **Jingzhen**** ; villages et tissages autour de **Menghai*** ; dagoba de **Manfeilong**** et marché frontalier de **Damenglong**... Fin des visites et retour à Kunming en avion, dans la soirée du 6e j.

Itinéraire n° 1 : Aux marches d'un Empire.

Si l'altitude vous convient mieux que le climat tropical, vous pouvez remplacer ce programme en vous envolant le 2e j. pour Lijiang, où vous passerez une journée avant de prendre la route pour Dali, d'où vous pourrez regagner Kunming en avion *(→ Itinéraire n° 5 : Frontière birmane et marches tibétaines).*

De Yangshuo, vous pouvez aussi continuer par la route (en autobus-couchettes) vers Zhongshan, Hezhou (Hexian) et Wuzhou en traversant plusieurs implantations yao. De Hezhou, on peut rallier Canton par la route. Si l'on continue jusqu'à Wuzhou, on peut rejoindre Canton (par bateau ordinaire), Hong Kong ou Shenzhen (par vedette rapide) directement en descendant le Xijiang (une journée de navigation pour un prix très modeste). Un jour sur deux, la vedette dessert directement Hong Kong ; l'autre jour, elle rallie Shenzhen. De Wuzhou, on peut aussi prendre un avion pour Shenzhen.

À l'exception du premier, les itinéraires proposés sont régionaux. Ils sont prévus pour une moyenne de deux semaines, sans compter les jours d'arrivée et de départ. En fin d'itinéraire, vous trouverez différentes suggestions pour la poursuite du voyage. Les kilométrages indiquent la distance par rapport à l'étape précédente du jour.

7e j. : excursion aux **monts de l'Ouest****. L'étrange panthéon du temple bouddhique des Bambous**, le temple Taihua*, enfoui au cœur de camélias et de magnolias sans âge, le pavillon taoïque des Trois Purs**, accroché à la montagne, la porte du Dragon, suspendue dans les nuages au-dessus du lac Dian. En fin d'après-midi, départ en train de nuit pour Kaili *(15 h 30).*

8e j. : en rayonnant autour de **Kaili,** vous irez à la rencontre des Miao et des Ge, dans les villages environnants. Un petit tour au musée** vous révélera la diversité des costumes de ces peuples.

9e j. : en quittant Kaili vers le S., vous sortirez du pays des Miao, pour entrer dans celui des Dong, bâtisseurs émérites. Nuit à **Congjiang** *(220 km),* aux portes de cette contrée où les villages ont pour clocher une tour du Tambour.

10e j. : court trajet *(53 km)* vers le beau village dong de **Zhaoxing*****, pour faire étape au gré des bourgs aux maisons en bois et des champs en terrasses.

11e j. : en route vers le Guangxi, mais toujours en **pays dong,** vous visiterez l'imposant pont couvert*** de **Diping*****. Nuit à Sanjiang *(110 km).*

12e j. : une journée pour explorer, dans les environs de **Sanjiang****, la contrée des Dong***, leurs tours, leurs ponts et leurs marchés.

13e j. : descente vers les basses terres de **Guilin**** *(167 km)* et du Lijiang, en suivant **Longji****, « l'Échine du Dragon », sculptée de rizières à perte de vue.

14e j. : navigation au fil des pitons et des falaises du **Lijiang***** pour atteindre la tranquille villégiature de **Yangshuo.**

15e j. : retour à Guilin par la route *(64 km)* pour un envol dans la soirée vers le monde trépidant et moderne de **Canton**** ou de **Hong Kong*****.

2 Des collines et des eaux

Sur les traces du voyageur chinois Xu Xiake, poète et géographe, randonnées dans une collection de paysages féeriques (Guangxi, Guizhou) ; *18 jours, env. 2 000 km ;* en train, voiture et bateau.

1er j. : **Guilin****. Arrivée par avion, de Canton ou de Hong Kong, dans la journée et découverte des tombeaux des princes Ming**, dispersés au pied des pitons karstiques.

2e j. : descente du Lijiang*** en bateau jusqu'à **Yangshuo.**

3e j. : petite croisière jusqu'au vieux bourg de **Fuli**** et continuation par la route pour **Jinxiu**** *(146 km).*

4e j. : promenade dans les ruelles du vieux bourg des Yao « des monts du Thé » à Jinxiu ; randonnée sur le sentier du **mont du Lotus****.

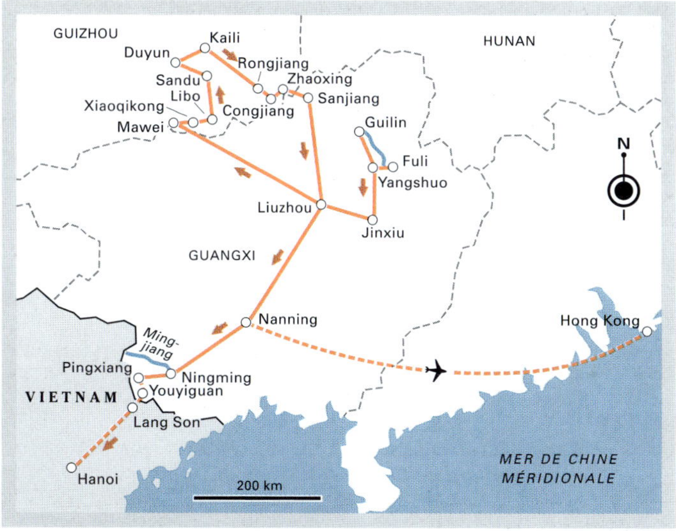

Itinéraire n° 2 : Des collines et des eaux.

5e j. : journée de trajet, par la route, jusqu'à **Liuzhou** *(150 km)*, puis en train jusqu'à **Mawei** *(7 h 30)*, dans le S. du Guizhou.

6e j. : départ pour les sentiers enchanteurs du parc de **Xiaoqikong★★★** *(46 km)* et rencontre avec les Yao « à pantalon blanc » de **Yaoshan★**.

7e j. : excursion au petit canyon de **Daqikong★★** *(5 km)* et départ pour **Libo** *(30 km)*, d'où vous irez voir les catacombes★★ des Yao de **Yaolu★** *(34 km)*. Retour et nuit à Libo.

8e j. : route vers **Duyun★** *(174 km)* à travers la contrée des Shui ; villages, sépultures et sanctuaires.

9e j. : découverte des coutumes des hommes du S. du Guizhou au musée★★ de Duyun, puis départ par la route pour Kaili *(73 km)*.

10e j. au 13e j. : **Kaili** (→ *Aux marches d'un Empire, 8e au 11e j.*).

14e j. : visite du vieux pont★★★ de **Chengyang★★★**, dans les environs de Sanjiang, et départ en train pour **Liuzhou** *(5 h)*, simple étape pour la nuit.

15e j. : 4 h de train le matin pour gagner **Nanning★**, capitale du Guangxi ; costumes traditionnels et antiques tambours en bronze au musée provincial★★.

16e j. : départ, par la route ou par le train, vers **Ningming** ; embarquement pour naviguer au fil des falaises du **Mingjiang★★★**. Nuit au village de Huashan★.

17e j. : randonnée dans la réserve subtropicale de **Longrui★★**.

18e j. : retour à **Ningming** en bateau. Là, vous aurez le choix entre poursuivre le voyage vers le **Vietnam**, pour aller voir les fantaisies karstiques de la baie de Halong, ou rentrer à Nanning et y prendre l'avion pour **Canton★★**.

3 Au pays des Miao

Par monts et par vaux, la traversée du Guizhou, du plateau de Yungui aux confins du Hunan, à la rencontre des Miao bleus, « longues cornes » ou Miao « petites fleurs », rouges ou bariolés (Yunnan, Guizhou, Hunan) ; *17 jours, env. 1 600 km ;* en train, voiture et bateau.

Itinéraire n° 3 : Au pays des Miao.

1er j. : **Kunming*****. Arrivée de Hong Kong ou de Bangkok dans la journée.
2e j. : visite du musée provincial du Yunnan et départ par la route pour **Lunan** et ses forêts de pierres.
3e j. : une journée pour déambuler dans le labyrinthe de **Shilin***** et celui de la Forêt de pierre noire**.
4e j. : excellente route jusqu'à **Xingyi** pour profiter, à l'arrivée, du coucher de soleil sur ses Dix Mille Sommets** karstiques.
5e j. : visite du musée des Coutumes de mariage* et randonnée dans les **gorges** profondes du **Maling he****.
6e j. : au fil de la route de **Zhenfeng**, vous croiserez les Miao bleus, mais aussi leurs voisins du Guizhou du S.-O., les Buyi.
7e j. : route vertigineuse à travers le **canyon du Beipan jiang**** pour les cataractes de **Huangguoshu**** et la Forêt de pierres sur l'eau de **Tianxingqiao****.
8e j. : départ pour **Anshun** et son temple de la Littérature**, vestige des premiers temps de l'installation des Han au pays des Miao. Continuation, par la route ou par le train, pour **Liuzhi** *(52 km)*.
9e j. : une journée pour partir à la rencontre des Miao « longues cornes » de **Suoga**** *(47 km)*. Retour et nuit à Liuzhi.
10e j. : départ, par la route ou par le train, pour **Guiyang** *(149 km)* et son musée**, où se déploie tout l'art de paraître et de broder des Miao.
11e j. : en route pour **Huishui** *(57 km)*, étape dans la vieille ville murée de **Qingyanzhen**** et crochet par le plateau de **Gaopo**** et les catacombes* de **Jiading***.
12e j. : excursion dans les villages miao et buyi des environs de **Baijing** *(27 km)*, avant de prendre la route pour Kaili *(214 km)*.
13e j. : au S. de **Kaili**, vous retrouvez les Miao dans leurs maisons en bois des rives du Bala he ; au N., vous rencontrez les Gejia, au pied du mont du Brûle-Parfum.

14ᵉ j. : en direction de Zhenyuan *(126 km)*, un crochet par la route*** qui, à travers les rizières en terrasses, mène au village miao de **Fanpai.**

15ᵉ j. : intermède chinois à **Zhenyuan**** avec la visite du complexe religieux du Qinglong dong**. Promenade en barque**, au fil des falaises karstiques du **Wuyang he.**

16ᵉ j. : départ par la route ou par le train pour **Tongren** *(153 km)* et visite du musée* du *nuoxi*, antique forme de théâtre masqué, toujours pratiqué par les peuples de l'O. du Guizhou.

17ᵉ j. : sur la route de **Huaihua** *(158 km)*, au Hunan, étape à **Fenghuang** *(63 km)*, dont les vieux quartiers s'étirent au long d'une rivière.

4 Tropiques chinois

En empruntant l'ancien train des Français, en sillonnant les « échelles du ciel » de Yuanyang, un périple vers le grand S. du Yunnan et le Xishuangbanna, avec deux échappées possibles : vers Lao Cai et le haut Tonkin, ou vers le Laos au fil du Mékong (Yunnan) ; *14 jours, env. 1 500 km* ; en train et en voiture.

1ᵉʳ au 2ᵉ j. : **Kunming***** *(→ Au pays des Miao, 1ᵉʳ au 2ᵉ j.)*.

3ᵉ j. : embarquement en gare de Lunan ; 6 h de trajet sur un parcours pittoresque jusqu'à **Kaiyuan.**

4ᵉ j. : route à travers les hauts plateaux pour escalader les pentes aménagées en terrasses des monts Ailao. Nuit à **Yuanyang*** *(171 km)*, contrée des Yi et des Hani.

5ᵉ j. : une journée pour randonner dans les **villages** accrochés aux pentes, aux environs de Yuanyang.

6ᵉ j. : route pour **Jianshui** *(108 km)*, ancien centre des chefs coutumiers yi et véritable conservatoire d'architecture depuis les Ming.

Itinéraire n° 4 : Tropiques chinois.

Huaihua est un carrefour ferroviaire d'où vous pourrez rejoindre les montagnes de Zhangjiajie, au N., ou les villages dong de Sanjiang, au S. De Zhangjiajie, vous pourrez voler vers Canton ; de Sanjiang, vous descendrez par la route vers Guilin.

La Chine en bref

Nom officiel : République populaire de Chine.
Superficie : 9 574 479 km².
Population : 1,314 milliards d'hab.
Densité : 137,24 hab./km².
Espérance de vie : 72,5 ans (femmes : 74,5 ans ; hommes : 71 ans).
Taux de fertilité : 1,73.
Villes principales : Pékin (capitale), Shanghai, Canton, Tianjin, Chongqing, Wuhan.
Organisation administrative : 23 provinces (y compris Taiwan), 5 régions autonomes, 4 municipalités (Pékin, Chongqing, Shanghai, Tianjin).
Langue officielle : chinois.
Religions : taoïsme, bouddhisme, christianisme, islam.
Monnaie : le renminbi (yuan).
Fête nationale : le 1ᵉʳ octobre (instauration de la République populaire, en 1949).
Principaux clients : États-Unis, Union européenne, Hong Kong, Japon.
Principaux fournisseurs : Japon, Union européenne, Taiwan, Corée du Sud, États-Unis.

De Jianshui, on peut aussi regagner Kunming par la route *via* Tonghai et prendre un avion Kunming-Jinghong.

7e j. : visite des belles architectures de **Jianshui et ses environs** : le temple de Confucius★★★, le jardin des Zhu★★, le pont du Double Dragon★★ et la résidence des Zhang★★.
8e j. : traversée des monts Ailao pour gagner **Simao** *via* Shiping et Mojiang *(504 km)*.
9e j. : les paysages qui bordent la route entre Simao et **Jinghong** *(162 km)* donnent un avant-goût de l'exubérance tropicale du Xishuangbanna.
10e au 13e j. : **Jinghong** *(→ Aux marches d'un Empire, 3e au 6e j.)*.
14e j. : retour à Kunming en avion ou départ pour **Mengla**, près de la frontière du Laos, avec une étape dans le **parc botanique de Menglun★★** *(81 km)*. De Mengla, vous gagnerez Muang Xai, puis Pak Beng, au Laos, où vous embarquerez sur le Mékong pour atteindre l'ancienne capitale royale de Luang Prabang.

Pays du Mékong

Mékong, Mae Nam Kong, « Mère des Eaux », disent les Taï de ce géant qui relie les vallées vertigineuses de haute Asie aux plaines fertiles de l'Asie du S.-E. Aujourd'hui, à mesure que s'apaisent les tensions politiques, le Mékong retrouve sa dimension de toujours, celle d'un formidable axe de communication entre les terres qu'il baigne et les peuples qu'il nourrit. Le long fleuve mère cristallise rites bénéfiques et merveilleuses croyances des Taï, des Lao, des Viets et des Khmers. Aux marches de la Chine, les Dai du Xishuangbanna célèbrent la fertilité de ses eaux, grossies des pluies de mousson, à travers l'image gracile de Nang Thorani, la déesse aux longs cheveux.
Aux portes du Laos, le Mékong s'épanouit, captant les eaux des rivières voisines, entrant dans le S.-E. asiatique. Son cours, tour à tour, se dérobe ou se livre : biefs navigables ou tumultueux rapides, paisibles méandres où se lovent des cités historiques, déploiement de multiples bras enlaçant des myriades de minuscules îles. La tête de son immense delta a façonné le pays khmer, dont les rois, au temps d'Angkor, édifièrent leur puissance sur le contrôle de son affluent, le Tonlé Sap. Son lit, peu à peu, s'abaisse tellement qu'en Cochinchine eaux et terres se confondent : le fleuve est non plus un, mais neuf, neuf dragons qui entreront dans la mer Orientale.

5 Frontière birmane et marches tibétaines

Route de Birmanie, ancienne piste des rubis et du jade, autour de Baoshan ; berges du lac Erhai et souvenir du royaume de Dali ; haute vallée du Yangzi jiang, où les Naxi de Lijiang perpétuent le bouddhisme des seigneurs de Mu et les traditions de leurs chamans. Un itinéraire singulier à travers le Yunnan. *12 jours, env. 1 500 km jusqu'à Lijiang* ; en avion et en voiture.

1er et 2e j. : **Kunming★★★** *(→ Aux marches d'un Empire)*.
3e j. : envol pour **Mangshi★★** (Luxi), centre administratif de la préfecture de Dehong, habitée par les Dai. Sur le marché du matin, on croise les montagnards deang *(prononcer « de ang »)* à la hotte de bambou tressé. La ville est piquetée de petits stupa de style birman.
4e j. : en chemin vers **Ruili** *(115 km)* et la frontière birmane, étape dans l'ancien poste frontalier de **Wanding★** : les frontaliers vont et viennent sur le pont qui franchit la rivière Ruili, entre Chine et Birmanie.
5e j. : route pour **Tengchong** *(199 km)*, à travers les paysages tropicaux et les villages achang du district de **Yingjiang**.
6e j. : visite du **temple de la Venue du phénix★★**, avant de prendre le chemin de **Baoshan** *(94 km)*, étape majeure de la route de Birmanie. Au pied des monts Bonan (2 500 m), Baoshan a conservé ses traditions et quelques vieilles maisons. Au cœur de la ville, sur le mont Taibao, le pavillon de l'Empereur de Jade★★★ se dresse depuis les Ming.
7e j. : sur la route de Dali *(218 km)*, traversée du Mékong (Lancan jiang), peu avant **Yongping**, et de **Qudong**, canton autonome peuplé de Hui.

Itinéraire n° 5 : Frontière birmane et marches tibétaines.

8e j. : rien ne subsiste à **Dali**★★ de sa splendeur du temps du Nanzhao que la pure silhouette de ses Trois Pagodes★★, reflétées dans les eaux du **lac Erhai**★★, et les légendes rapportées par son peuple tibéto-birman, les Bai. Visite de leurs villages et de leurs marchés à **Zhoucheng**★★ et **Xizhou**★★, et de **Wase**, sur la rive opposée du lac. Promenade dans la vieille ville★★.

9e j. : sur la route de Lijiang *(195 km)*, détour par les grottes de **Shibao shan**★★.

10e et 11e j. : incorporée au VIIIe s. au royaume du Nanzhao, **Lijiang**★★★ accueillait les chefs naxi jusqu'au début de l'époque Qing (1644-1911). Balade dans le vieux quartier naxi★★★ aux maisons en bois, visite du musée★ des *dongba* dans le parc de l'Étang du Dragon noir★★ ; excursions dans les villages environnants, avec leurs temples tibétains et leur cadre de montagnes.

12e j. : trois solutions s'offrent à vous pour la poursuite du voyage. De Lijiang, vous pouvez retourner à Kunming★★★ en avion. Par la route, vous gagnerez Zhongdian★★ *(198 km)* et la préfecture autonome tibétaine de Diqing ; ou bien partirez vers Ninglang *(198 km)* et les berges du lac Lugu★★, où vivent les Mosso. De Ninglang, vous pourrez quitter le Yunnan en vous rendant à Panzhihua (Dukou ; *261 km*), important carrefour ferroviaire sur la ligne Chengdu-Kunming.

GUIDES BLEUS

GUIDES BLEUS FRANCE

- Alsace, Lorraine
- Bordeaux
- Bordelais, Landes
- Bretagne Nord
- Bretagne Sud
- Champagne-Ardenne
- Corse
- Côte d'Azur
- France
- Franche-Comté
- Languedoc-Roussillon
- Limousin
- Marseille
- Nord-Pas-de-Calais
- Normandie
- Paris
- Pays basque (France et Espagne)
- Pays de la Loire
- Périgord, Quercy
- Picardie
- Poitou-Charentes
- Provence
- Rhône-Alpes
- Toulouse

GUIDES BLEUS MONDE

- Antilles, îles du Vent, Guyane
- Bruxelles et la Wallonie
- Chine : de Pékin à Hong Kong
- Chine du Sud-Ouest
- Égypte
- Espagne Centre et Nord
- Espagne du Sud
- États-Unis : Ouest américain
- Grèce
- Inde du Nord : vallée du Gange, marches du Deccan
- Inde du Sud
- Israël
- Italie du Sud
- Jordanie
- Lacs italiens, Milan et la Lombardie
- Maroc
- Mexique
- Norvège
- Portugal
- Rajasthan et Gujarat
- Syrie
- Toscane
- Tunisie
- Turquie
- Venise et la Vénétie

HACHETTE
Tourisme

découvrir

partir

séjourner

comprendre

visiter

en savoir plus

Informations utiles à la préparation de votre voyage

Partir

Adresses utiles

Consulats de la République populaire de Chine

En France : 20, rue Washington, 75008 **Paris** ; ☎ 01-53-75-88-31, 01-53-75-89-25 (service visas) ; *www.amb-chine.fr* ; ouv. lun.-ven. 9 h 30-12 h • 20, bd Carmagnole, 13008 **Marseille** ; ☎ 04-91-32-00-00 ; ouv. mar., mer. et ven. 9 h-12 h • 35, rue Bautain, 67000 **Strasbourg** ; ☎ 03-88-45-32-32 ; *www.consulatchine-strasbourg.org* ; ouv. mar.-jeu. 9 h-12 h.

En Belgique : 400, bd du Souverain, 1150 Bruxelles ; ☎ 02-779-43-33 ; 02-663-30-01 (visas) ; *www.chinaembassy-org.be* ; ouv. lun.-ven. 9 h-11 h 30.

En Suisse : Kalcheggweg 10, 3006 Berne ; ☎ 031-352-73-33 ; *www.china-embassy.ch* ; ouv. lun.-ven. 9 h-12 h.

Au Canada : 515, St. Patrick Street, Ottawa, Ontario K1N-5H3 ; ☎ 613-789-34-34 ; *www.chinaembassycanada.org*

Attention, les services consulaires de la République populaire de Chine sont fermés les j. fériés chinois *(→ p. 60)* **et ceux du pays de résidence.**

Représentations touristiques

Office de tourisme de Chine, 15, rue de Berri, 75008 **Paris** ; ☎ 01-56-59-10-10 ; *www.otchine.com* ; ouv. lun.-ven. 9 h 30-12 h 30 et 14 h-17 h. Pour recueillir des brochures d'informations générales sur le pays, des cartes et des plans des principales villes.

Office du tourisme de Chine, Genfer Strasse 21, 8002 **Zurich** ; ☎ 01-201-88-77.

China National Tourism Office, 480, University Avenue, Suite 806, **Toronto**, Ontario, M5G-1V2 ; ☎ 416-599-6636 ou n° gratuit 866-599-6636 ; *www.tourismchina-ca.com*

HKTB (Hong Kong Tourism Board), 37, rue Caumartin, 75009 **Paris** ; ☎ 01-42-65-66-64 ; fax : 01-42-65-66-00 ; *www.discoverhongkong.com*

Il n'existe pas d'office du tourisme de Chine en Belgique.

Comment téléphoner en Chine

Code international de la Chine : 86. De la France, composez le 00-86, puis le numéro de votre correspondant, précédé de l'indicatif de la ville (Canton, 20 • Guiyang, 851 • Kunming, 871 • Nanning, 771 • Pékin : 10).
Les indicatifs des différentes villes sont donnés dans le corps du guide. Ne composez pas le 0 qui précède l'indicatif, valable uniquement pour les appels intérieurs. **Pour téléphoner à Hong Kong,** composez le 00 suivi de 852, puis des huit chiffres du correspondant.

◀ **Le Lijiang à Fuli (Guangxi).**

Pour les conditions de passage de la frontière entre le Yunnan et le Laos, la Birmanie, le Vietnam, voir p. 174 ; entre le Guangxi et le Vietnam, voir p. 380.

Consulats des États voisins du Sud de la Chine

Vietnam

En France : 62, rue Boileau, 75016 Paris ; ☎ 01-44-14-64-13 ; ouv. lun.-ven. 9 h 30-12 h et 14 h-17 h.

En Belgique : 1, bd du Général-Jacques, 1050 Bruxelles ; ☎ 02-379-27-36 ; fax : 02-374-93-76 ; ouv. lun., mer. et ven. 14 h-17 h.

En Suisse : 26, Schlösslistrasse, 3008 Berne ; ☎ 031-388-78-78 ; ouv. lun.-ven. 9 h-12 h et 14 h-17 h 30 • 30, chemin des Corbillettes, 1218 Grand Saconnex, Genève ; ouv. lun.-ven. 9 h 30-12 h et 14 h 30-18 h.

Au Canada : 470, Wilbrod Ottawa, Ontario K1N-6M8 ; ☎ 613-236-13-98.

Consulat du Laos en France : 74, av. Raymond-Poincaré, 75016 Paris ; ☎ 01-45-53-02-98 ; *www.laoparis.com* ; ouv. lun.-ven. 9 h-12 h ; rens. lun.-ven. 9 h-12 h et 14 h-17 h ; service visas ouv. lun.-ven. 9 h-12 h.

Consulat de Birmanie (Myanmar) en France : 60, rue de Courcelles, 75008 Paris ; ☎ 01-56-88-15-90 ; ouv. lun.-ven. 9 h 30-12 h 30 et 13 h 30-16 h 30.

Pour connaître la météo en Chine : *Météo France* : ☎ 3250 (0,34 €/mn) ; *www.meteofrance.com* • *Météo Consult* : ☎ 3201 (1,35 €/appel, puis 0,34 €/mn) ; *www.meteoconsult.fr* • *La Chaîne météo* : ☎ 3209 (1,35 €/appel, puis 0,34 €/mn) ; *www.lachainemeteo.com* • *The Weather Channel* : *www.meteo123.com*

Quand partir

Le S.-O. de la Chine jouit dans l'ensemble d'un climat doux toute l'année, sans hiver rigoureux. L'alternance d'une saison sèche (nov.-mars) et d'une saison chaude et pluvieuse (mai-sept.) est sa caractéristique dominante, avec des nuances selon les régions.

Le **Yunnan** est la plus ensoleillée des provinces chinoises et la plus sèche des trois provinces du S.-O. Kunming, sa capitale, mérite son nom d'« éternel printemps » : en hiver, les températures chutent rarement au-dessous de 8 °C et le ciel est clair ; en été, les averses ne sont que de courte durée et font vite place à un franc soleil. Il fait donc bon y voyager toute l'année. Attention, cependant, aux deux extrêmes de la province : le Xishuangbanna et la région de Dali et Lijiang. Le premier connaît les grandes chaleurs précédant la saison des pluies des pays voisins d'Asie du S.-E. : mieux vaut éviter les mois de mai-juin. L'altitude (1 974 m à Dali, 2 400 m à Lijiang) confère à la seconde des hivers rigoureux (déc.-fév.).

Le **Guizhou** est la province la plus arrosée de Chine (900 à 1 500 mm/an). Néanmoins, en été, de belles éclaircies suivent les averses. Si possible, évitez le mois d'août, au ciel maussade, et partez de préfé-

Attention, la période du Nouvel An chinois n'est pas idéale pour voyager (moyens de transport bondés, boutiques et sites fermés), mais c'est en revanche une excellente occasion de découvrir la Chine profonde, ses fêtes et ses traditions.

Si vous partez en Chine du S. en été, renseignez-vous auprès de votre agence sur les conditions climatiques : un vaccin contre la typhoïde peut être conseillé pour se protéger d'éventuelles contaminations par l'eau.

Rivières, sources et cascades sont l'un des attraits de la Chine méridionale. La saison sèche (nov.-mars) est la période d'étiage des rivières. L'amenuisement du débit réduit les chutes à de minces filets d'eau. Ces phénomènes perturbent parfois l'organisation des croisières en bateau.

rence entre avr. et juin, lorsque les rizières inondées miroitent sous le soleil, ou à l'automne (oct.), saison des récoltes qui bénéficie d'un véritable été indien, appelé « le petit printemps ».

Guangxi et **Guangdong** connaissent le même type de climat. La meilleure saison pour visiter cette partie de la Chine va d'oct. à début mai. En janv. et fév., les températures sont fraîches dans le N. du Guangxi (entre 8 °C et 15 °C), le S. bénéficiant d'un climat plus doux. De mai à sept., pluies et chaleur rendent le séjour parfois éprouvant. L'été (juil.-août), chaud et humide, n'est pas recommandé. La région est couverte en permanence d'une couche nuageuse. Les inondations sont cause de multiples perturbations (lignes de train et de bus coupées), et, sur la côte, les typhons peuvent être redoutables.

Se documenter

Librairies spécialisées

À Paris

Fenêtre sur l'Asie, 49, rue Gay-Lussac, 75005 ; ☎ 01-43-29-11-00. Nombreux ouvrages en français et en anglais sur le bouddhisme, quelques livres rares et une sélection des dernières parutions.

Le Phénix, 72, bd Sébastopol, 75003 ; ☎ 01-42-72-70-31 ; *www.librairielephenix.fr* Ouvrages en français, anglais et chinois. Dotée d'un personnel très qualifié, c'est une adresse incontournable.

You Feng, 45, rue Monsieur-le-Prince, 75006 ; ☎ 01-43-25-89-98 • 66, rue Baudricourt, 75013 ; ☎ 01-53-82-16-68 • *www.you-feng.com* Offre un vaste choix de publications en chinois.

Le Phénix et You Feng proposent aussi des abonnements aux publications chinoises.

En Belgique

La Grande Muraille, 5, rue de Ruysbroeck, 1000 Bruxelles ; ☎ 02-512-14-56 ; *http://users.swing.be/grande_muraille* Le spécialiste de la Chine à Bruxelles.

Librairies de voyages

À Paris

L'Astrolabe, 46, rue de Provence, 75009 ; ☎ 01-42-85-42-95. En plus des guides sur la Chine, offre un vaste choix cartographique.

Espace IGN (Institut géographique national), 107, rue La Boétie, 75008 ; ☎ 01-43-98-80-00 ; *www.ign.fr* Grand choix de cartes et guides de voyages.

Itinéraires, 60, rue Saint-Honoré, 75001 ; ☎ 01-42-36-12-63 ; *www.itineraires.com*

Ulysse, 26, rue Saint-Louis-en-l'Île, 75004 ; ☎ 01-43-25-17-35 ; *www.ulysse.fr* Spécialiste des livres de voyages, nombreux ouvrages rares ou épuisés.

Librairie Voyageurs du Monde, 55, rue Sainte-Anne, 75002 (se trouve en sous-sol) ; ☎ 01-42-86-17-37 ; *www.vdm.com*

En province

Librairie Mollat, 15, rue Vital-Carles, 33000 **Bordeaux** ; ☎ 05-56-56-40-24 (rayon tourisme) ; *www.mollat.com* • ***Librairie Hémisphères,*** 15, rue des Croisiers, BP 99, 14008 **Caen** Cedex ; ☎ 02-31-86-67-26 • ***Les Volcans,*** 80, bd François-Mitterand, 63000 **Clermont-Ferrand** ; ☎ 04-73-43-66-75 ; *www.volcans-privat.fr* • ***Gaïa Store,*** 6, rue d'Alsace, 38000 **Grenoble** ; ☎ 04-76-86-86-96 ; *www.gaia-store.com* • ***Le Furet du Nord,*** 15, pl. du Général-de-Gaulle, 59800 **Lille** ; ☎ 03-20-78-43-43 ; *www.furet.com* • ***Raconte-moi la Terre,*** 38, rue Thomassin (angle de la rue Grolée), 69002 **Lyon** ; ☎ 04-78-92-60-22 ; *www.raconte-moi.com*

• *Librairie de la Bourse*, 8, rue Paradis, 13001 **Marseille** ; ☎ 04-91-33-63-06 • *Les Cinq Continents*, 20, rue Jacques-Cœur, 34000 **Montpellier** ; ☎ 04-67-66-46-70 • *Géothèque*, 10, place du Pilori, 44000 **Nantes** ; ☎ 02-40-47-40-68 • *Magellan*, 3, rue d'Italie, 06000 **Nice** ; ☎ 04-93-82-31-81 • *Ariane*, 20, rue du Capitaine-Dreyfus, 35000 **Rennes** ; ☎ 02-99-79-98-47 ; *www.librairie-du-voyage.com* • *Géorama*, 20-22, rue du Fossé-des-Tanneurs, 67000 **Strasbourg** ; ☎ 03-88-75-01-95 • *Ombres blanches Voyages*, 48-50, rue Gambetta, 31000 **Toulouse** ; ☎ 05-34-45-53-33 ; *www.ombres-blanches.fr* • *Géothèque*, 15, rue Néricault-Destouches, 37000 **Tours** ; ☎ 02-47-05-23-56.

En Belgique

Anticyclone des Açores, 34, rue Fossé-aux-Loups, 1000 **Bruxelles** ; ☎ 02-217-52-46. La plus grande librairie de voyages de Belgique • *Peuples et continents*, 11, rue Ravenstein, 1000 **Bruxelles** ; ☎ 02-511-27-75 ; *www.peuplesetcontinents.com* • *Le Monde à livre ouvert*, 24, rue Bas-de-la-Place, 5000 **Namur** ; ☎ 081-413-490 ; *www.lemondealivreouvert.be*

En Suisse

Le Vent des Routes, 50, rue des Bains, 1205 Genève ; ☎ 022-800-33-81 • *Travel Book Shop*, Rindermarkt 20, 8000 Zurich ; ☎ 01-252-38-83 ; *www.travelbookshop.ch*

■ Associations et centres culturels à Paris

ABM (Aventure du bout du monde), 11, rue de Coulmiers, 75014 ; ☎ 01-45-45-29-29 ; *www.abm.fr* Cette association de voyageurs permet à ses adhérents d'échanger des expériences et des informations pratiques.

Centre culturel de Chine à Paris, 1, bd La Tour-Maubourg, 75007 ; ☎ 01-53-59-59-20 ; *www.cccparis.org* ; médiathèque ouv. mar.-sam. 14 h-18 h. Propose des cours (chinois, calligraphie, peinture, cuisine), des ateliers et des conférences, des expositions et des concerts.

Passeport pour la Chine, 2, rue du Pont-de-Lodi, 75006 ; ☎ 01-43-29-61-98 ; *www.passeportpourlachine.org* Cours de mandarin, de calligraphie, de peinture, de taiqiquan ; visites du XIIIe arrondissement ; médiathèque de prêt.

■ Musées à Paris

Cernuschi, 7, av. Vélasquez, 75008 ; ☎ 01-53-96-21-50 ; ouv. 10 h-18 h sf lun. et j. fériés. Exposition permanente des arts de la Chine ancienne, expositions temporaires de qualité.

Guimet, 6, pl. d'Iéna, 75016 ; ☎ 01-56-52-53-00 ; *www.museeguimet.fr* ; ouv. t.l.j. sf mar. 10 h-18 h. Une large place pour la Chine dans l'une des plus grandes collections d'arts asiatiques du monde.

Quai Branly, 37, quai Branly, 75007 ; ☎ 01-56-61-70-00 ; *www.quaibranly.fr* ; ouv. mar.-dim. 10 h-18 h 30, jeu. 10, f. lun. et j. fériés. La superbe collection chinoise réunit un ensemble exceptionnel de bijoux, étoffes, costumes, objets usuels, armes et armures de différentes ethnies : Zhuang, Yi, Tibétains, etc.

■ Bibliothèques à Paris

Bibliothèque du Centre Georges-Pompidou, 19, rue Beaubourg, 75004 ; ☎ 01-44-78-12-33 ; *www.bpi.fr* ; ouv. 12 h-22 h, sam.-dim 11 h, f. mar. Tous les ouvrages de référence sur la Chine et quelques livres traitant de sujets originaux sont disponibles dans les sections « Tourisme » et « Histoire-Géographie ». Consultation sur place uniquement.

Bibliothèque du musée Guimet, 6, pl. d'Iéna, 75016 ; ☎ 01-56-52-53-01 ; *www.muséeguimet.fr* ; ouv. 10 h-17 h sf mar. et dim. Consultation sur place uniquement.

Bibliothèque de l'Inalco (« Langues O »), 4, rue de Lille, 75007 ; ☎ 01-44-77-87-20 ; ouv. lun. 13 h-19 h, mar.-ven. 9 h-19 h, sam. 10 h-18 h. Tout lecteur peut consulter sur place (pièce et photo d'identité nécessaires) les ouvrages, nombreux en langues originales.

Bibliothèque du Tourisme, 6, rue du Commandant-Schlœsing, 75016 ; ☎ 01-47-04-70-85. Service de prêt de guides, beaux livres et récits de voyage.

École française d'Extrême-Orient, 22, av. du Président-Wilson, 75016 ; ☎ 01-53-70-18-60 ; *www.efeo.fr* ; ouv. lun.-ven. 9 h-18 h. Consultation sur place uniquement.

Médiathèque du musée du Quai Branly, 37 quai Branly, 75007 ; ☎ 01-56-61-70-00 ; *www.quaibranly.fr* ; ouv. mar.-dim. 10 h-18 h 30, jeu. 10, f. lun. et j. fériés. Consultation sur place uniquement, le catalogue du fonds est consultable sur le site du musée.

Conférences à Paris

Association française des amis de l'Orient, 19, av. d'Iéna, 75116 ; ☎ 01-47-23-64-85 ; *www.afao-asso.fr* ; ouv. lun.-ven. 14 h-18 h. Journées d'études, cycles de cours et conférences, visites guidées d'expositions et voyages à thèmes.

Maison de la Chine, 76, rue Bonaparte, 75006 ; ☎ 01-40-51-95-00 ; *www.maisondelachine.fr* ; ouv. lun.-sam. 10 h-19 h. Ce spécialiste du voyage en Chine organise des conférences tout au long de l'année.

La Chine sur Internet

www.chine-informations.com Une référence française incontournable pour la richesse et la diversité des informations.

www.china.org.cn Site général d'information sur la Chine, extrêmement complet et extrêmement officiel…

www.eurasie.net Un magazine consacré à l'Asie sur le Web. Un carnet d'adresses pour préparer et organiser votre voyage, un agenda des concerts, expositions, rencontres et manifestations, régulièrement mis à jour.

http://sondelespoir.org Le Son de l'espoir est une radio Internet consacrée à l'actualité chinoise et asiatique. Les émissions sont écoutables en ligne ou par abonnement au podcast.

www.asianart.com Annuaire des associations, calendrier des expositions consacrées aux arts asiatiques dans le monde entier. Répertoire de liens (commentés) très complet.

www.chinasite.com Un véritable moteur de recherche qui recense tous les sites faisant figurer « Chine » ou « China ». De tout, mais classé par thèmes, donc une réelle économie de temps et toutes sortes de découvertes. Pour préparer votre voyage, consultez la rubrique « Travel to China » : liens vers des sites d'informations touristiques, compagnies aériennes, organismes de tourisme, hôtels et récits de voyage.

www.chenmen.com Site personnel consacré à la Chine traditionnelle : histoire, art, spiritualité et surtout médecine. À feuilleter.

www.voyage-yunnan.com Des informations complètes pour voyager au Yunnan. À la fois culturel et pratique.

www.fr.yunnantourism.com Site officiel du Département du tourisme du Yunnan. Donne un panorama des ressources touristiques de la province.

www.chinadaily.net Ce site propose l'essentiel de l'actualité chinoise, version officielle, en anglais, ainsi que des informations exclusives.

Formalités

Passeport et visa

Passeport et visa sont nécessaires pour entrer en Chine. Le passeport doit être valable six mois après la date de retour.

Pour obtenir un visa individuel, adressez-vous directement au consulat chinois de votre pays de résidence, muni de votre passeport, d'une photo, du formulaire rempli (que vous pouvez télécharger sur le site Internet de l'ambassade) et du montant de la taxe consulaire (35 € pour une entrée, 50 € pour deux entrées, en espèces ou par carte bancaire). Le visa est valable 3 mois après la date d'entrée en Chine.

Le délai d'obtention du visa est normalement de 5 jours ouvrables. Le consulat propose un service rapide, un supplément de 20 € ou de 30 € doit alors être versé en fonction de l'urgence.

Si vous prévoyez plusieurs voyages en Chine dans l'année ou si vous comptez visiter les pays limitrophes, vous pouvez obtenir un visa à entrées multiples.

Soyez devant le consulat avant l'ouverture ; armez-vous de patience car la queue est interminable et observez, vous êtes déjà en Chine !

Faites des photocopies des 6 premières pages de votre passeport et de votre visa et emportez des photos d'identité, cela s'avérera très utile en cas de perte ou de vol.

Le visa chinois ne permet pas l'entrée au Tibet, soumise à un permis spécial et qui ne peut se faire que dans le cadre d'un voyage organisé par une agence de voyage avant votre départ, ou sur place par une agence chinoise.

Le service ne traite pas les demandes par courrier. Si vous ne pouvez pas vous déplacer ou vous faire représenter, il est possible d'avoir recours à une société qui fera les démarches à votre place :

Action Visas, 69, rue de la Glacière, 75013 Paris ; ☎ 0892-707-710 ; *www.action-visas.com* ; ouv. lun.-ven. 9 h 30-12 h et 13 h 30-18 h 30, sam. 9 h 30-13 h. Délai 24-48 h en express.

VIP Visas Express, 54, rue de l'Ouest, BP 48, 75661 Paris Cedex 14 ; ☎ 0825-08-10-20 ; *www.visas-express.fr* ; ouv. lun.-ven. 9 h-12 h 30 et 14 h-18 h, sam. 10 h-13 h. Délai 24-48 h en express.

Les ressortissants français, belges, suisses et canadiens sont dispensés de visa à Hong Kong pour un transit ou un séjour touristique inférieur à 3 mois. Si vous n'êtes pas dans ce cas, contacter :

Département d'immigration de Hong Kong, Immigration Tower, 7 Gloucester Road, Wan Chai ☎ (852) 2824-6111 ou 2829-3437 ; *www.immd.gov.hk*

Le *CITS* de Hong Kong peut s'occuper du visa chinois. Depuis cette ville, vous trouverez des vols pour toute la Chine. Une façon économique d'entrer en Chine.

Douane

Les formalités ont été simplifiées et accélérées à la suite de la politique d'ouverture de la Chine. Le passage de la douane chinoise est devenu très facile.

Entrée. L'entrée de devises étrangères est illimitée. Si vous possédez des objets de valeurs, en dehors de votre matériel photo, informatique ou électronique personnel, il vous faudra les déclarer à l'entrée

en Chine. Vous avez le droit d'emporter 1 cartouche de cigarettes, ou 100 cigares ou 500 g de tabac, 2 bouteilles (75 cl) de vin ou 1 bouteille d'alcool fort.
Sortie : vous avez le droit d'emporter 1 cartouche de cigarettes, ou 100 cigares ou 500 g de tabac, 2 bouteilles (75 cl). Si vous avez acheté de la joaillerie, faites établir à l'achat une facture par la Banque populaire de Chine ; de même, les œuvres d'art doivent être accompagnés d'un certificat d'authenticité pour quitter le territoire. Il n'est pas autorisé de sortir une somme en liquide supérieure à 20 000 yuans. L'exportation d'antiquités chinoises est soumise à autorisation.
La douane française peut vous réclamer la TVA pour les achats dépassant 175 €.

Pour plus d'informations : ***Infos Douanes Service*** (Centre de renseignement des usagers de la douane) : ☎ 0820-02-44-44 ; *www.douane.gouv.fr* ; ouv. lun-ven. 8 h 30-18 h.

Dans l'avion, on vous distribuera trois formulaires : « Arrival », « Departure » et « Health » ; le premier doit être présenté au contrôle de police par les détenteurs d'un visa individuel, le second sera contrôlé à la sortie du territoire, et le troisième (pas toujours réclamé), collecté par le bureau de quarantaine à l'entrée en Chine.

Assurances

Il est conseillé de contracter une assurance individuelle couvrant la responsabilité civile, les accidents, le rapatriement et le décès. Lors de l'achat d'un vol sec ou d'un voyage organisé, la plupart des compagnies aériennes et des agences de voyage proposent une assurance en plus du billet.
Bon nombre d'assurances voyage (assistance, bagages et rapatriement, voire annulation) sont comprises dans la cotisation de certaines cartes bancaires et de votre assurance habitation. Il est inutile donc de vous surassurer. En revanche, renseignez-vous pour savoir exactement pour quels risques et quel capital vous êtes assuré.

Si vous envisagez de partir sans organisation, lisez les expériences des voyageurs individuels : *www.uniterre.com* est l'annuaire des péripéties des Internautes dans le monde entier.

Santé

Aucune vaccination n'est exigée pour les voyageurs arrivant d'Europe. Vous devez cependant être à jour des **vaccinations** ou rappels courants : poliomyélite, diphtérie et tétanos. L'hygiène alimentaire de la zone de voyage restant éloignée de nos critères européens, la vaccination contre l'hépatite A peut être recommandée. La vaccination antihépatite B protège du risque d'infection transmise par les aiguilles ou le sang contaminés ; celle contre la typhoïde est également recommandée.

Si vous engagez des dépenses médicales en Chine, vous devrez faire l'avance des frais. À votre retour en France, l'Assurance-maladie rembourse, sur présentation de factures acquittées, sur la base des tarifs français pour les actes et opérations similaires.

La Chine est gravement touchée par l'épidémie de **sida** ; les provinces du Sud et du Centre sont les plus atteintes. Il convient, dans toutes les circonstances, d'être extrêmement scrupuleux sur les mesures d'hygiène et de prévention.

Un test de dépistage du sida et un examen médical sont obligatoires pour séjourner en Chine plus d'un an.

Liste des centres français de vaccination, par département, sur le site Internet du ministère des Affaires étrangères : *www.diplomatie.gouv.fr/voyageurs*

Le **paludisme** et sa prophylaxie étant en constante évolution, renseignez-vous en fonction de l'itinéraire projeté. Les régions frontalières du Yunnan et du Guangxi avec le Laos, la Birmanie et le Vietnam sont classées groupe 3 sur l'ensemble de l'année : fréquence des chloroquinorésistances et risque de multirésistance. Les zones tropicales du Guangdong et de Hong Kong présentent également des risques. Les protections minimales sont : une lotion antimoustique à appliquer la journée et surtout à la tombée de la nuit, le port de vêtements longs, une moustiquaire la nuit (les hôtels en sont généralement pourvus).

Grippe aviaire : le virus H5N1 se transmet par voie respiratoire, soit par contact avec des animaux malades, leurs sécrétions et déjections ou indirectement par contact avec des matériels contaminés (nourriture, eau, mains, etc.) ; il est donc prudent d'éviter autant que possible la proximité de volailles ou d'oiseaux.

■ Centres de vaccination à Paris

Centre international de vaccination d'Air France, 148, rue de l'Université, 75007 ; ☎ 01-43-17-22-00 ; rens. spéciaux : ☎ 0836-68-63-64 ; ouv. lun.-ven. 9 h-18 h et sam. 9 h-17 h sans rendez-vous. Consultations de médecine des voyages sur rendez-vous.
Centre international de vaccination de l'Institut Pasteur, 209-211, rue de Vaugirard, 75015 ; ☎ 0890-71-08-11 ; *www.cmio.pasteur.fr* ; ouv. 9 h-16 h 30, jeu. 10 h-16 h 30, sam. 9 h-11 h 30 sans rendez-vous, f. dim. Médecine des voyages : ☎ 01-40-61-38-00, consultations sur rendez-vous.

À emporter

La monnaie chinoise, également désignée sous le nom de *kuai*, est le yuan, ou renminbi (« monnaie du peuple » ; 1 € = 10 yuans env.). Le yuan ne peut être changé en dehors de la Chine.

Veillez à partir avec des billets de banque en bon état, car s'ils sont déchirés ou tachés vous aurez du mal à les changer.

■ Devises

Vous pourrez facilement changer vos devises dans les grandes villes ; cependant, si vous vous rendez dans des régions reculées, prévoyez des dollars américains en petites coupures, car c'est parfois la seule devise reconnue.
Pour les chèques de voyage, choisissez de préférence ceux des sociétés les plus connues (BNP, Le Crédit lyonnais, Société Générale, American Express). Le change est partout effectué au taux officiel au cours du jour (celui des chèques de voyage est plus intéressant) et sans commission.

■ Cartes bancaires

Dans les hôtels, les grands magasins touristiques et les zones hors taxe des aéroports internationaux, vous pourrez régler vos dépenses à l'aide de cartes bancaires (Visa, American Express, Diner's Club, JCB ou Mastercard), en général sans commission (système du « fer à repasser » uniquement : attention aux puces). Il existe des distributeurs automatiques de billets dans toutes les villes touristiques ; dans les zones reculées, prévoyez suffisamment de liquide, il reste parfois possible de changer des devises au guichet de certaines banques.

Bagages

Si vous voyagez en individuel et sans organisation, préférez le sac à dos à tout autre bagage. Seuls les aéroports mettent des chariots à disposition. Les gares importantes, avec leurs quais interminables et surtout leurs escaliers, rendent la valise à roulettes peu pratique. Il en va de même pour la majorité des hôtels des villes moyennes, rarement dotés d'ascenseur.

Si votre voyage est organisé, avec transfert à l'hôtel, à l'aéroport ou à la gare, vous devrez vous munir d'une valise solide car, avion ou train, elle sera malmenée. Seuls sont acceptés à l'enregistrement les bagages fermant à clé ou munis d'un cadenas.

Attention aux excédents de poids sur les vols internationaux et intérieurs : généralement, le poids autorisé ne doit pas dépasser 20 kg par personne.

En avion, ne laissez jamais d'objets de valeur dans votre valise, gardez-les dans votre sac à main.

Pharmacie

Emportez votre pharmacie habituelle. Pour les voyages plus aventureux : seringues stériles pour des injections d'urgence (en intramusculaire ou en intraveineuse), crème anti-inflammatoire, crème antimycosique, thermomètre, antibiotique contre la dysenterie, médicaments antiprotozoaires (amibes) et antipaludéens. La province de Guizhou et le Xishuangbanna aiment à relever leur cuisine de piment : un antihémorroïdaire peut s'avérer utile.

Vêtements

Inutile de trop vous charger, la plupart des hôtels possèdent un service de blanchisserie en général rapide et efficace. Choisissez des vêtements simples et des chaussures confortables. En hiver, des tenues chaudes sont indispensables, si vous voyagez au Guizhou ou dans les régions d'altitude au Yunnan.

Matériel photo et vidéo

Vous trouverez facilement dans les sites touristiques et les supermarchés pellicules photos et cartes mémoire pour les appareils numériques. Dans les villes, des échoppes proposent de sauvegarder vos cartes sur CD.

Il est interdit de photographier et de filmer des installations militaires, les ponts, ports, aéroports et, parfois, certains sites touristiques (musées, temples).

Divers

Prévoyez un adaptateur électrique international, notamment pour votre chargeur de batterie d'appareil photo, de caméra, ou tout autre petit appareil. Un « sac à viande » est fortement conseillé pour les voyages en train de nuit et dans certains hôtels de catégorie inférieure.

Emportez votre réveil, un foulard pour vous protéger de la poussière ; une lampe de poche et des jumelles sont utiles pour détailler les sculptures et les fresques des temples.

Le voyage par avion

Attention ! N'oubliez pas de confirmer votre vol retour 72 h avant le départ : vérifiez au moment de l'achat de votre billet que vous disposez des coordonnées du transporteur en Chine.

■ Hong Kong, porte de la Chine du S.

Le seul aéroport de Chine du S. desservi par des vols venus d'Europe est Hong Kong. Vous trouverez une large gamme de prix pour cette destination, proposée par de très nombreuses compagnies américaines, européennes et asiatiques. Les compagnies asiatiques proposent des tarifs très avantageux si vous empruntez leurs vols depuis l'Europe pour Hong Kong, Bangkok et Singapour, et continuez vers une ville de Chine du S. avec leurs filiales. Comparez donc les solutions et les prix.

■ Liaisons aériennes avec les capitales d'Asie du S.-E.

Les métropoles du Sud-Est asiatique sont toutes reliées aux principales villes du Sud de la Chine de façon plus ou moins fréquente. Les combinaisons sont nombreuses et les tarifs tout aussi variés ; certains itinéraires peuvent permettre de bénéficier de tarifs très intéressants sur les vols longs courriers.

■ Vols secs à prix réduit

Plusieurs voyagistes proposent des tarifs négociés sur des vols réguliers.

Anyway.com, ☎ 0892-893-892 ; *www.anyway.com* Promotions 90 j. à 7 j. avant le départ ; mini-séjours ; vols secs, sélection d'hôtels.

Ebookers.fr, ☎ 0892-700-909 ; *www.ebookers.fr*

Expedia.fr, ☎ 0892-301-300 ; *www.expedia.fr* Un des leaders de la vente de voyage sur Internet. Grand choix de vols, séjours, circuits, promos et affaires de dernière minute.

Govoyages.com, 22, rue d'Astorg, 75009 Paris ; ☎ 0892-230-200 ; *www.govoyages.com* Le site propose des vols à des tarifs avantageux et met en avant les promotions et bonnes affaires du moment.

Lastminute.com, ☎ 0892-705-000 ; *www.lastminute.com* Du billet d'avion au séjour complet ; prix très intéressants pour des départs quasi immédiats (promotions en général 15 j. à 45 j. à l'avance).

Nouvelles Frontières, ☎ 0825-000-747 ; *www.nouvelles-frontieres.fr* Vols secs et voyages. Fréquentes promotions.

Odysia, ☎ 0825-0825-25 ; *www.odysia.fr* Vols, séjours, départs de dernière minute, circuits. Réservation d'hôtels et voyages à la carte.

Opodo, *www.opodo.com* Moteur de recherche auprès de 500 compagnies aériennes sur vols réguliers, donne les disponibilités en temps réel. Offres spéciales et promotions sur les vols, les réservations d'hôtels ou locations de voiture.

Voyages-sncf.com, ☎ 0892-308-308 ; *www.voyages-sncf.com* Le site très complet de la SNCF propose vols réguliers, promos et séjours.

En fin de volume, le Petit dictionnaire regroupe les définitions des noms propres ou communs spécifiques à chaque pays ; le Lexique réunit un vocabulaire de base pour les différentes situations de la vie quotidienne.

L'entrée en Chine par le train

Pour le Laos, le passage s'effectue par la route au poste frontière de Boten, entre les villes de Muangxai (Laos) et de Mengla (Yunnan, Xishuangbanna).
Vous pourrez franchir la frontière sino-vietnamienne. Les postes frontières ouverts aux voyageurs étrangers se trouvent sur la route de Hekou à Lao Cai et entre Lang Son et Pingxiang.
Les conditions de passage de la frontière sino-birmane entre Ruili (Yunnan) et Muse (Birmanie) sont des plus confuses et demeurent très aléatoires, à l'exception des voyages organisés.

Le voyage organisé

Les voyagistes proposent quantité de circuits, thématiques ou plus généralistes, en groupe ou individuels (incluant les transports, les transferts, les réservations d'hôtels et les guides), plus ou moins affinés en fonction des besoins des voyageurs et de leurs budgets. Seuls les voyagistes spécialisés proposent des circuits exclusivement consacrés à la Chine du S.-O. qui vont de la traversée des provinces du Yunnan, du Guizhou et du Guangxi, avec étapes dans les grands centres touristiques, à des itinéraires très pointus, focalisés sur une région, ou des voyages combinant cette découverte et celle d'un des pays voisins.
Le voyage organisé a l'avantage de décharger le voyageur de tout problème logistique et permet de voir le maximum de sites en un minimum de temps. Il vaut mieux partir reposé car les journées sont souvent très chargées.

■ Les spécialistes de l'Asie à Paris

Ariane Tours, 5, sq. Dunois, 75013 ; ☎ 01-45-86-88-66 ; *www.ariane-tours.com* Deux circuits de 15 j. consacrés aux peuples de Chine du S. : « Grand tour du Yunnan » et « Festivités à Guizhou et minorités du Yunnan ».
Asia, 1, rue Dante, 75005 ; ☎ 01-44-41-50-10 ; *www.asia.fr* Le grand spécialiste de l'Asie propose un circuit accompagné « Yunnan éternel » (13 j.).
China Travel Service, 32, rue Vignon, 75009 ; ☎ 01-44-51-55-66 ; *www.ctsfrance.com* Parmi de grands circuits en Chine, deux voyages dédiés aux minorités du Sud : « À travers le plateau du Guizhou » (19 j.) et « Balade au Yunnan » (16 j.).
Globe d'or, 19, rue Damesme, 75013 ; ☎ 01-43-13-23-23 ; *www.globe-d-or.fr* La Chine en « fugues » à moduler selon ses envies et son budget, au départ de Kunming : Forêt de pierres, Guilin ou Lijiang-Dali.
Maison de la Chine, 76, rue Bonaparte, 75006 ; ☎ 01-40-51-95-00 ; *www.maisondelachine.fr* Un regard attentif sur les marches du S.-O., auxquelles sont dédiés plusieurs voyages : « Les sculpteurs de montagne » (18 j.), « Aux confins du Yunnan » (18 j.).
Mandarin Voyages, 77, av. des Champs-Élysées, 75008 ; ☎ 01-44-21-81-01 ; *www.mandarinvoyages.com* Un circuit « Au cœur des minorités ethniques » (11 j.) et des voyages sur mesure.
Orients, 25, rue des Boulangers, 75005 ; ☎ 01-40-51-10-40 ; *www.orients.com* Ce spécialiste de l'Asie propose deux voyages dans le Sud : « Yunnan, les marches du Tibet » (15 j.), « Le pays des rizières enchantées » (15 j.), et des séjours à Hong Kong et à Canton. Également des voyages à la carte.

■ Voyage d'aventures et randonnées

Allibert, ☎ 0825-090-190 ; *www.allibert-trekking.com* • 37, bd Beaumarchais, 75003 **Paris** • 156, av. de l'Aiguille-du-Midi, 74400 **Chamonix** • 19, rue Léon-Gambetta, 31000 **Toulouse** • 15, rue Royale, 1000 **Bruxelles** ; ☎ 02-526-92-90.

Voyages à pied de tous niveaux dans le monde entier, marches en haute montagne et dans le désert. Parmi les trekkings dans le Yunnan : « Du Kawa Karpo au lac Lugu » (23 j.), « Marches tibétaines » (16 j.).
Club Aventure, 18, rue Séguier, 75006 Paris ; ☎ 0826-88-20-80 ; *www.clubaventure.fr* Circuits découverte et voyages à pied, trois voyages au Yunnan : « Yunnan : la route du Tibet » (20 j.), « Le Yunnan du sud au nord » (16 j.). et « Le Yunnan au fil du Mékong » (16 j.).
Explorator, 16, rue de la Banque, 75002 Paris ; ☎ 01-53-45-85-85 ; *www.explo.com* Expéditions « De Guizhou à Guilin, au pays des Miao et des Dong » (16 j.) et « Au pays des pandas » (19 j.).
Nomade Aventure, 49, rue de la Montagne-Sainte-Geneviève, 75005 Paris ; ☎ 0826-100-326 ; *www.nomade-aventure.com* Propose une quinzaine d'itinéraires découverte et treks en Chine dont, dans le Sud : « La route du thé et balade le long du Mékong » (25 j.), « Du Yunnan au Kham » (22 j.) comprenant Pékin.
Tamera, 26, rue du Bœuf, 69005 Lyon ; ☎ 04-78-37-88-88 ; *www.tamera.fr* Treks et randonnées dans les marches tibétaines du Yunnan (19 j.), dans les confins méridionaux du Yunnan (17 j.), « Sentiers et ethnies du Guizhou » (17 j.).
Terre d'Aventure, 6, rue Saint-Victor, 75005 **Paris** ; ☎ 0825-84-78-00 ; *www.terdav.com* (agences dans de nombreuses villes de France) • 48, rue Van Artevelde, 1000 **Bruxelles** ; ☎ 02-512-74-64 • 50, rue des Bains, 1205 **Genève** ; ☎ 22-320-66-35 • 11, rue du Simplon, 1006 **Lausanne** ; ☎ 21-612-66-00. En quête de terres peu fréquentées à fouler, Terre d'Aventure vous emmène aux confins du Tibet, de Dali à Zhongdian (17 j.).

■ Les généralistes

Jet Tours, ☎ 0825-30-20-10 ; *www.jettours.fr* Un voyage consacré au Yunnan : « L'empire dans les nuages » (12 j.).
Kuoni, ☎ 0820-05-15-15 ; *www.kuoni.fr* Circuit accompagné « Éternel printemps du Yunnan » (15 j.), avec une variante qui vous conduit aux confins tibétains ; « Chine des Minorités » (14 j.), « Aux confins du Yunnan » (16 j.).
Nouvelles Frontières, ☎ 0825-000-747 ; *www.nouvelles-frontieres.fr* (enchères le mardi). Propose deux types de voyages : un circuit aventure, « Yunnan, Tibet, la route du Shangri La » (17 j.), et un circuit organisé, « Les miroirs du ciel » (15 j.) dans le Sud.
Voyageurs en Chine, 55, rue Sainte-Anne, 75002 Paris ; ☎ 0892-23-56-56 ; *www.vdm.com* Un grand choix de circuits et d'itinéraires à la carte. Dans le Sud-Ouest : « La Chine des minorités » (18 j.) combine le Guangxi, le Guizhou et le Yunnan, et « Grands sites du Yunnan » (10 j.), une découverte du Yunnan, axée sur Kunming, Jinghong, Dali et Lijiang.

■ Les culturels

Arts et Vie, 251, rue de Vaugirard, 75015 Paris (adresse postale : 39, rue des Favorites, 75738 Paris Cedex 15) ; ☎ 01-40-43-20-21 ; *www.artsetvie.com* Première association culturelle de voyages à l'étranger. « Les minorités du Guizhou et du Guangxi » (15 j.), « Yunnan, une autre Chine » (15 j.).
Assinter, 56, rue de Londres, 75008 Paris ; ☎ 01-53-04-89-69 ; *www.assinter.fr* Propose deux circuits culturels très complets de 18 j. à faire en voyage accompagné individuellement : « Chine du Sud, de la Chine millénaire au XIXe siècle » et « Chine, Yunnan-Guizhou, entre Tibet et Tonkin ».
Clio, 27, rue du Hameau, 75015 Paris ; ☎ 0826-10-10-82 ; *www.clio.fr* Voyages culturels avec des conférenciers spécialisés. Circuit accompagné : « Les hautes vallées de la Chine du Sud : le Yunnan » (15 j.).

Partir

Le voyage individuel

Il ne représente plus une difficulté insurmontable : l'infrastructure hôtelière est suffisamment importante, les réseaux aérien et ferroviaire sont bien développés, mais la barrière linguistique reste un problème important. Vous risquez de passer beaucoup de temps à régler des problèmes logistiques, surtout si vous partez en Chine en saison touristique. Vous avez donc intérêt à réserver, depuis la France et par l'intermédiaire d'un agent de voyages, au moins les vols intérieurs et les hôtels dans les localités touristiques.

Sur place, la solution la plus sage consiste à prendre un hébergement dans les principaux centres touristiques : au Yunnan, Kunming, Dali, Lijiang et Jinghong ; au Guizhou, Guiyang, Anshun, Huangguoshu et Kaili ; au Guangxi, Guilin, Nanning et Sanjiang. On y trouve des hôtels toutes catégories, des facilités de transports et des interlocuteurs parlant au moins l'anglais, pour organiser circuits et excursions et pour rayonner dans la région.

La Chine à Paris

Paris possède deux grands quartiers chinois. Le premier se situe dans le XIIIe arrondissement, dans le triangle formé par les av. d'Ivry et de Choisy et le bd Masséna. Le XXe arrondissement (rue de Belleville et rues voisines) a vu plus récemment s'ouvrir restaurants, épiceries et boutiques chinoises où l'on peut acheter les derniers costumes Mao, aujourd'hui introuvables en Chine. Si le XIIIe arrondissement est un quartier asiatique, Belleville est plus spécifiquement chinois, comme le sont aussi la rue au Maire et la rue Volta (restaurants, magasins d'alimentation), en plein IIIe arrondissement.

Ao-Ta Boutique, centre commercial *Oslo*, 44, av. d'Ivry, 75013 ; ☎ 01-53-82-11-48. *Qipao* (robes traditionnelles chinoises) et costumes Mao.

Le Chat-Huant, 50-52, rue Galande, 75005 ; ☎ 01-43-29-99-95. Papeterie et matériel de calligraphie, vaisselle et vêtements.

Compagnie française de l'Orient et de la Chine, 170, bd Haussmann, 75008 ; ☎ 01-53-53-40-80 (autres magasins à Paris). Belle vaisselle chinoise en céramique de Foshan, meubles, cages à oiseaux et vêtements.

Galerie de textiles, 5, rue Lobineau, 75006 ; ☎ 01-43-25-01-64. Parmi les belles étoffes d'Asie, d'Afrique et d'Amérique du Sud, quelques textiles des peuples de Chine méridionale.

Chinoiserie

À deux pas du musée Cernuschi, la **pagode de Ching Tsai Loo** *(48, rue de Courcelles, 75008 Paris ; ☎ 01-45-62-53-15 ; ouv. mar.-sam. 14 h-18 h)* fut construite en 1928, à l'époque où l'art chinois était encore méconnu en France. Ching Tsai Loo contribua à développer le goût des collectionneurs français. Les antiquités chinoises eurent un tel succès qu'on fit la queue devant cette pagode pour en acheter, les billets de banque à la main ! Aujourd'hui, c'est toujours une galerie d'art à visiter absolument pour admirer les panneaux en bois fleuris datant du XVIIe s. Pièces rares en vente. La galerie confectionne aussi des meubles d'inspiration extrême-orientale sur mesure.

Hang Seng Heng, 18, rue de l'Odéon, 75006 ; ☎ 01-43-25-98-98. Vaisselle chinoise et vêtements en soie à des prix très intéressants.

Hoa Ly, 50, av. de Choisy, 75013 ; ☎ 01-53-79-25-44. Vestes à brandebourgs, soie sauvage et velours de soie, *qipao* des années 1930 en prêt-à-porter ou sur mesure.

Paris-Store, 44, av. d'Ivry, 75013 (au 1er ét.) ; ☎ 01-44-06-88-18. Pour la vaisselle ordinaire, les woks, les cuit-vapeur et la vannerie.

Phu-Xuan, 8, rue Monsieur-le-Prince, 75006 ; ☎ 01-43-25-08-27. Bibelots, pinceaux, papiers, cahiers et matériel d'acupuncture et de massage.

Le Singe blanc, 15, rue Saint-Jacques, 75005 ; ☎ 01-43-26-14-70. Parmi des objets rares venus d'Extrême-Orient, une importante collection de jades et de terres cuites funéraires.

Tang Frères, 48, av. d'Ivry, 75013 ; ☎ 01-45-70-80-00 • 168, av. de Choisy ; ☎ 01-44-24-06-72. Véritables temples de l'alimentation asiatique.

Tch'a, 6, rue du Pont-de-Lodi, 75006 ; ☎ 01-43-29-61-31. Maison de thé, possibilité de déjeuner. Un havre de paix tenu par une jeune Chinoise passionnée par l'art du thé et ses vertus médicinales. Expositions de peintures et de calligraphies.

découvrir
partir
séjourner
comprendre
visiter
en savoir plus

Informations utiles sur place

Séjourner

Se loger

Grandes villes et sites touristiques de Chine du S. possèdent de bons, voire d'excellents **hôtels de style occidental.** De nombreux hôtels se sont construits ces dernières années, souvent en collaboration avec des chaînes internationales ou grâce à des capitaux mixtes. Les tarifs des hôtels appartenant aux grandes chaînes internationales *(Peninsula, Mandarin Oriental, Mariott, Shangri-La, Hilton, Sheraton...)* sont comparables aux tarifs européens ou américains. Au Yunnan, les établissements de luxe chinois sont légèrement moins chers. Si vous souhaitez utiliser les hôtels de catégorie supérieure, mieux vaut réserver par l'intermédiaire d'un agent de voyages : il vous fera bénéficier de tarifs contractuels que vous ne pourriez obtenir en vous adressant directement à l'hôtel. Vous pouvez également réserver sur Internet pour bénéficier de meilleurs tarifs ; optez pour les sites internationaux, les sites chinois n'offrant pas de rabais. Les plus connus sont : *www.sino-hotels.com*, *www.asiahotels.com*, *www.redflag.info* À l'arrivée à l'aéroport, des comptoirs spécialisés offrent généralement des tarifs négociés.

En dehors de ces établissements, les **hôtels standard** des villes moyennes sont généralement dotés d'un confort sommaire (eau chaude à heures fixes, pas ou peu de chauffage l'hiver). Les prix affichés dans les hôtels standard, en dehors des périodes d'affluence (Nouvel An chinois, semaines fériées début oct. et début mai), sont rarement les mêmes que ceux annoncés à la réception de l'établissement. Demandez toujours une réduction de prix, on propose généralement une baisse des tarifs de 10 à 50 %.

Les petits hôtels des chefs-lieux de canton et les *zhaodaisuo* (*→ encadré p. 45*) dépendent parfois de l'initiative privée, et le convenable côtoie le pire. Certaines villes, comme Lijiang, ont investi depuis peu dans de petits hôtels de charme.

◄ **Fillettes yi portant le « chapeau du coq » à Yuanyang.**

Lors de votre voyage, vous croiserez la nouvelle bourgeoisie chinoise, en voyage d'affaires ou de tourisme. Ce premier contact peut être neutre, enrichissant ou déplaisant. En effet, les touristes chinois ont une fâcheuse tendance à claquer les portes, parler très fort dans les couloirs à toute heure, et surtout à laisser la porte de leur chambre ouverte avec le son de la télévision poussé à l'extrême. Plutôt que d'aller droit au conflit, munissez-vous d'une bonne paire de boules Quies, faites appel au garçon d'étage ou, dans le pire des cas, demandez à changer de chambre...

Urgences

Réclamations pour les touristes : ☎ 6439-3615
Police : ☎ 110
Rens. internationaux : ☎ 115
Ambulances : ☎ 120
Météo : ☎ 121

Classification des hôtels

Les conditions d'hébergement et la qualité du service en Chine s'améliorent. On distingue trois catégories (luxe, 1re catégorie, standard) et une classification de 1 à 5 étoiles, avec en plus une catégorie locale.

Les **établissements de luxe** (5 étoiles) disposent d'un centre de gym, d'un centre d'affaires, de plusieurs restaurants, de quelques boutiques, d'un service de change (au taux peu avantageux), parfois d'une agence de voyages, d'un service de limousine, enfin d'un service de blanchisserie. On mettra à votre disposition un grand quotidien, *China Daily*, plus rarement *Herald Tribune*. Dans la province du Guangdong ou à Shenzhen, le personnel hôtelier distribue *South China Morning Post*. Vous aurez la possibilité de régler votre chambre par carte bancaire internationale. Les tarifs sont généralement donnés en yuans (rennimbi) et en dollars américains mais il faudra régler votre note en argent chinois. En général, les tarifs demandés sont majorés d'une taxe gouvernementale de 10 à 20 %. Dans les hôtels de cette catégorie, les chambres sont équipées d'un coffre, d'un minibar, d'une télévision câblée et d'une connexion Internet. Le petit déjeuner est inclus dans le prix de la chambre.

Les **hôtels de première catégorie** (correspondant à un 3 étoiles selon les normes occidentales) sont équipés d'un restaurant et disposent d'un personnel maîtrisant peu ou pas l'anglais. Ces édifices, souvent constitués d'un bloc de béton sans charme, offrent des chambres au confort variable. En Chine, les « chambres doubles » ne disposent la plupart du temps que de deux lits jumeaux, les lits doubles étant inexistants. Celles équipées d'un seul lit simple sont rares. Dans cette catégorie, elles sont équipées d'un système d'air conditionné, d'une télévision, d'un minibar et d'un téléphone. À chaque étage, de même que dans les établissements de catégorie inférieure, un garçon d'étage *(fuwuyuan)* veille et conserve les clés des chambres.

Les chambres des **hôtels standard** (1 ou 2 étoiles) sont souvent caractérisées par des moquettes tachées et des salles de bains à la propreté parfois douteuse ou qui auraient besoin d'être rénovées. Toutefois, dans les chefs-lieux de canton, on en trouve de convenables (avec salle de bains privée, eau chaude et chauffage). Elles sont équipées de télévisions, d'air conditionné et de téléphones. Ces établissements ne disposent pas de restaurants et le personnel ne parle pas l'anglais. Avant de prendre une chambre, visitez-en plusieurs, car elles peuvent être très différentes dans un même établissement (rapport qualité/prix variable).

Le système de classification hôtelière en Chine, à l'exception des grandes chaînes internationales, ne correspond pas à celui en vigueur en Occident : un hôtel 4 étoiles en Chine correspond à un 3 étoiles européen.

Le tourisme chinois

Depuis peu, les Chinois bénéficient de trois semaines de vacances par an. Regroupés en famille élargie, en « unités de travail », en classes d'université, ils partent de plus en plus nombreux à la découverte de leur pays. Ces groupes se déversent en cohortes dans les lieux célèbres, se bousculent pour être pris en photo devant chaque site, tout en prêtant l'oreille aux vociférations de leur guide. Le cliché vaudra preuve de leur passage dans ces contrées. Après une visite, la prochaine étape sera probablement un restaurant : en Chine, où l'on mange à longueur de journée, pas question de sauter un repas. Dans un réfectoire très animé, ces nouveaux touristes s'assemblent en tablées bruyantes pour déguster des plats préparés à la hâte, dans des grands bassins en émail blanc installés dans les cours. Armés de portables, les voyageurs ont l'habitude de téléphoner à leur famille, à leurs amis pour décrire cette Chine inconnue d'eux jusqu'alors. Ensuite, leur bus tentera de s'extirper du chaos des autres véhicules pour les emmener vers leur hôtel. Une fois à destination, la foule se reforme, la cacophonie recommence autour de nouvelles tablées, dans un autre restaurant bondé. La plupart de ces Chinois n'avaient jamais quitté leur province natale : il y a 20 ans, personne ne pouvait se déplacer d'une province à une autre sans un permis ; en tout état de cause, seule une petite élite en avait les moyens. La Chine s'éveille…

Dans les villes très touristiques, certains hôtels se sont mis au diapason des fameuses **guesthouses** (*zhaodaisuo*, pensions ; → *encadré*), dédiées aux touristes à petit budget. Ce terme englobe les établissements les plus basiques (avec dortoirs et salles de bains communes), au confort très sommaire, comme de charmants petits hôtels d'un excellent rapport qualité/prix.

Certains **monastères**, notamment dans les montagnes sacrées, ouvrent parfois leurs portes aux visiteurs étrangers. Les conditions d'hébergement s'avèrent spartiates, ces bâtiments étant dépourvus, la plupart du temps, d'eau et d'électricité.

Cautions

Sauf si vous voyagez en groupe, hôtels et *zhaodaisuo* exigeront une caution quelle que soit leur catégorie. Dans les établissements de catégorie supérieure, vous pourrez confier un bordereau imprimé *(print)* des références de votre carte bancaire. Ailleurs, il vous faudra acquitter cette somme en espèces (rarement supérieure au prix de la chambre). N'oubliez pas de conserver votre reçu avant de régler la note : il est extrêmement utile de vérifier de près la note qui vous sera remise. La caution vous sera remise au moment de votre départ, une fois les différentes factures réglées. Dans les établissements de luxe, soyez très vigilant sur le contenu et la consommation du minibar mis à votre disposition.

Petit déjeuner

Les hôtels de standing, les principaux établissements et pensions des sites touristiques proposent un petit déjeuner à l'occidentale (toasts, thé et café, œufs frits). Le café est en général assez léger : pensez à emporter des sachets lyophilisés si vous l'aimez serré. Les hôtels de luxe organisent de grands buffets pour les petits déjeuners avec salades de fruits, jus de fruits, viennoiseries, œufs cuits à la demande, etc.

Dans les hôtels plus modestes, le petit déjeuner est chinois. Variable selon la région, il est toujours très copieux : soupe de nouilles *(miantang)* ou soupe de riz *(xifan)*, petits pains cuits à la vapeur *(mianbao)*, le tout agrémenté de condiments (légumes salés et vinaigrés, viandes et poissons séchés, cacahuètes, fromage de soja fermenté – *choudoufu* ou *meidoufu*).

Se restaurer

On est matinal en Chine, et les restaurants ouvrent très tôt pour le petit déjeuner. Les établissements privés servent en général toute la journée jusqu'à 20 h ou 21 h. Attention, les Chinois déjeunent entre

À la sortie des gares des grandes villes et des lieux touristiques, vous risquez d'être abordé par des rabatteurs, qui vous proposent des chambres chez des particuliers ou dans de petites pensions. Il vaut mieux ignorer ces offres car ces endroits sont généralement réservés aux Chinois. Les hôteliers doivent avoir un permis spécial pour accueillir les étrangers, et les particuliers risquent gros à vous héberger moyennant finance.

L'hébergement en « zhaodaisuo »

Curieusement traduit en français par « centre d'accueil » et certainement plus proche du terme anglais *guesthouse*, le *zhaodaisuo* est un hébergement conçu pour la clientèle chinoise. Dans cette catégorie fourre-tout, confort et entretien sont des plus variables. Salles de bains et toilettes peuvent être communes (un bloc sanitaire par étage) ou individuelles. Les sanitaires comprennent en général des toilettes à la turque, un lavabo et une douche sans bac et sans pomme. Les chambres peuvent être immenses ou de la taille d'un placard. Pas de taie pour l'oreiller, protégé d'une simple serviette ; édredons et couvertures en guise de literie, posés sur un matelas mince, ou une natte l'été. Vous trouverez toujours du savon, une brosse à dents, du dentifrice et une paire de tongs en plastique (très utiles pour patauger dans les salles de bains), mais rarement une serviette de toilette. En revanche, même le *zhaodaisuo* le plus simple équipera ses chambres de postes de télé dernier cri.
Certains villages de Chine du S. ont bâti des *zhaodaisuo* en utilisant leurs matériaux de construction traditionnels. Ils offrent un hébergement en pleine campagne, avec réveil au chant du coq. Beaucoup ont été récemment rénovés.

L'usage d'un petit lexique français-chinois (avec les idéogrammes chinois) peut s'avérer très utile. Vous n'aurez qu'à indiquer votre choix en montrant les idéogrammes au serveur. Dans tous les cas, demandez le prix au préalable. En effet, si celui-ci n'est pas affiché, vous risquez d'être confronté à une addition ridiculement élevée.

Dans les petits restaurants, mieux vaut avoir ses yeux dans sa poche et se laisser guider par ses papilles, car il faut avouer que le spectacle n'est pas toujours ragoûtant. La vaisselle se réduit à un bol, un verre et une paire de baguettes par convive. Donc, où mettre les petits os de poulet et les arêtes de poisson ? Par terre ou sous la table, où ils seront emportés d'un grand coup de serpillière. Affaire d'habitude. En Chine, on vient au restaurant pour satisfaire son ventre, ce que traduit un autre usage, celui de quitter la table sitôt repu, en lançant un rot éloquent sur le résultat de l'opération.

L'usage, lors d'un banquet ou d'un bon repas, est de faire *ganbei*, « cul sec », en échangeant un toast avec les autres convives. Lors des banquets d'entreprises ou de réunions de cadres, on ne se limite jamais à un trou normand. Les cadavres de bouteilles roulent, les convives aussi.

11 h et 13 h et dînent tôt, dès 17 h. Les restaurants ne servent souvent plus après 21 h, mais cela commence à changer et on peut à présent trouver des restaurants ouverts tard dans la nuit, voire toute la nuit. Les hôtels de luxe se sont adaptés aux coutumes occidentales. On peut prendre son petit déjeuner entre 6 h et 10 h et les dîners sont servis jusqu'à 22 h.

Restaurants

Hormis dans quelques minuscules villages, vous trouverez toujours un restaurant. Ils s'alignent, innombrables pour le voyageur perplexe, en cubes en béton, meublés de paravents tendus de plastiques, décorés de fanfreluches rouge et or, dans la moindre bourgade. Ils se nomment *Aux Délices des Immortels Ivres* ou *Le Pavillon de l'Empereur de Jade*. Ils vous confectionneront en un tour de main soupes, plats sautés ou cuits à la vapeur : tout ce que, faute de déchiffrer ou de parler le chinois, vous aurez déniché en furetant dans la cuisine ou en ouvrant le frigo. Le choix de l'établissement est affaire d'instinct, mais aussi d'affluence : un restaurant vide aux heures des repas n'est pas de bon augure.
En ville, vous trouverez la catégorie supérieure. Les tables sont couvertes d'une nappe et portent plateau tournant, et les cartes énumèrent des listes vertigineuses, classées par types de mets et de cuissons. Les établissements citadins sont souvent spécialisés dans l'une des grandes cuisines régionales, avec dans le S. une prédilection pour les saveurs du Sichuan ou de Canton, diamétralement opposées. Le soir venu et jusqu'à minuit ou 1 h du matin, vous pourrez, pour quelques yuans, aller vous attabler autour des *taipaidan*, les gargotes de rues qui investissent la ville par quartiers. Guidé par vos yeux et vos narines, vous y dégusterez les *xiaochi*, ces « petites nourritures », spécialités locales ou recette favorite de la cuisinière. Si vous ne disposez pas de lexique franco-chinois, n'hésitez pas à regarder dans l'assiette de vos voisins et demandez la même chose si cela vous inspire.
Les hôtels sont rarement la meilleure adresse pour se régaler, sauf dans les établissements de luxe, équipés de plusieurs restaurants offrant le choix entre l'Orient et l'Occident. La note y est nettement plus salée.
Enfin, de passage dans un temple de la gastronomie tel que Canton, n'hésitez pas à sacrifier au grand rituel cantonais : offrez-vous un somptueux banquet, pour le plaisir des papilles et des yeux.

Les cuisines méridionales

La cuisine chinoise respecte un équilibre entre quatre saveurs fondamentales : sucré, salé, acide, pimenté. Cet art a d'autant plus d'importance qu'il se réfère à la philosophie, la médecine et constitue un événement social majeur. L'équilibre entre les saveurs et les parfums ainsi que l'harmonie de couleurs sont à la base de la gastronomie. La complémentarité entre le chaud et le froid est également d'importance. En effet, en Chine, on considère que les aliments sont porteurs du fluide vital, à l'origine des forces de chacun. Les Chinois se nourrissent donc pour acquérir les forces garantes de la longévité.

En voyageant en Chine méridionale, vous oscillerez entre deux grands pôles d'influence : les feux de la cuisine du Sichuan et les saveurs plus douces, parfois insolites, de la cuisine cantonaise. Entre les deux, toute une gamme de spécialités locales à découvrir.

Les saveurs du **Yunnan** sont à l'image de la diversité de ses peuples. Ne manquez pas, à Kunming, la dégustation des « nouilles par-dessus le pont » *(guoqiao mixian)*, soupe de poulet bouillante dans laquelle on fait cuire soi-même de la viande crue, des légumes et des nouilles de riz. Le poulet à l'étouffée *(qiguoji)* est aussi une spécialité célèbre, de même que le poisson au pot *(shaguoyu)*. Le jambon fumé du Yunnan *(xuanwei huotui)* est souvent servi accompagné de fromage de brebis (*rushan*, « éventail de lait »), un plat hautement apprécié des gourmets. La cuisine du **Xishuangbanna** se rapproche des préparations du S.-E. asiatique. On y cuit le riz glutineux à l'étouffée dans l'écorce du bambou ou dans celle de l'ananas. À goûter encore : les petits pâtés cuits dans des feuilles de bambou, les tendons de bœuf en sauce pimentée, le poisson grillé, parfumé de citronnelle, de coriandre, d'ail et de gingembre, les bananes frites ou les délicieux ananas.

De manière générale, la cuisine du **Guizhou** est influencée par celle du Sichuan : on y aime les saveurs fortes. Mais on peut demander au cuisinier de ne pas mettre de piment *(bu yao lade)*. De nombreux établissements proposent la « marmite de feu » *(huoguo)*, ou fondue, servie sur une table basse avec une ouverture circulaire pour poser directement la marmite sur le brasero. Pour le bouillon de base, vous aurez le choix entre la soupe à la mode seutchouanaise, au poivre et au piment *(mala tang)*, la soupe claire *(qingtang)* et la soupe acide locale *(suantang)*. Vous y plongerez, au choix, lamelles de viande, morceaux de volaille, abats, ou poissons de rivière, cubes de fromage de soja et champignons, feuilles de chou, épinards, ou coriandre fraîche, nouilles de riz ou de pois. On peut également assaisonner les morceaux à la mode locale, dans un mélange de pâte de piments, sauce de soja, *doufu* fermenté et coriandre. L'avantage de cette cuisine en liberté est son caractère diététique : tout est cuit dans le bouillon et chacun

Curiosités gastronomiques

Certains plats sont difficilement classables, tels ces fameux nids d'hirondelles, formés par des sécrétions gélatineuses de salanganes, martinets marins, effectivement utilisées dans la confection de leurs nids. Débarrassés des débris végétaux qui accompagnent ces sécrétions, les nids d'hirondelles sont servis avec diverses viandes ou avec du riz, ou bien en potage. Comptons encore au chapitre des curiosités culinaires les oiseaux de fleur de riz, sortes de colibris, confits dans du miel aromatisé, ou ce plat de dragon, tigre et phénix, en réalité serpent, chat et poulet, servi à Canton.

La Chine méridionale (surtout Guizhou, Guangxi et Guangdong, de même que le N. du Vietnam voisin) est aussi le grand domaine de la cuisine du chien, dont certaines villes se font même une spécialité. Cette viande grasse, réputée énergétique, est surtout consommée en hiver. Rassurez-vous si vous ne voulez pas tenter l'aventure : la viande de chien est un mets prisé et cher, qu'on ne vous servira pas pour autre chose, à moins que vous n'en ayez commandé.

Le roi des alcools

Au N. du Guizhou, dans le canton de Renhuai, on perpétue depuis 1704 la fabrication savante du maotai, l'alcool « terrasse de chaume ». C'est un breuvage redoutable, fait d'un moût de sorgho et de blé. Il doit fermenter au moins sept fois et subir huit distillations successives durant un cycle de neuf mois. L'alcool obtenu (53°) est alors vieilli pendant trois à quatre ans, dans de grandes jarres en grès, disposées dans des caves où l'on entretient soigneusement l'humidité. Cette préparation, digne des grands malts d'Écosse, explique le prix très élevé de la bouteille de maotai. Servir du maotai à son hôte est une incontestable marque d'honneur : c'est l'alcool blanc proposé lors des grandes réceptions diplomatiques de dirigeants étrangers.

dose son assaisonnement comme il l'entend. Si vous avez l'occasion de faire un repas dans un village non han, vous noterez la dominante de notes aigres ou acides de la cuisine : de nombreuses préparations sont faites à partir d'un bouillon de riz, légèrement fermenté, conservé dans des jarres. Les Miao en particulier ont recours à des condiments, très différents de ceux des Han : le poisson séché acide et la pâte de crevettes fermentée.

Guangxi et **Guangdong** appartiennent à la même sphère culinaire, où l'on privilégie la saveur première de l'aliment. Pour diversifier le goût, on puise dans tout ce que produisent les règnes animal et végétal. C'est dans cette région de la Chine qu'on peut découvrir les plus étonnantes extravagances gastronomiques (→ *encadré p. préc.*). Elles demeurent cependant réservées aux festins. Au quotidien, vous trouverez des plats sautés aux noix de cajou ou au maïs, des viandes et des poissons cuisinés à l'aigre-doux et, surtout, toute une gamme de préparations à la vapeur. Celle-ci permet notamment de cuisiner les fameux *dim sum*, petits pains farcis de pâte salée ou sucrée, raviolis fourrés de porc ou de crevettes, pattes de canard et travers de porc, crêpes de riz, boulettes de viande... Les variétés de *dim sum* se comptent par centaines. Ils accompagnent notamment le thé, servi entre 7 h et midi dans les restaurants, dans un incroyable ballet de chariots roulants, où s'empilent les petits paniers en bambou où reposent les *dim sum* fumants.

Boissons

On trouve partout des bouteilles thermos ou des samovars d'eau bouillie et bouillante. Les hôtels de luxe fournissent même les bouilloires. Dans les grandes villes et les sites touristiques, vous vous procurerez facilement des bouteilles d'**eau minérale,** gazeuse ou plate, des jus de fruits, des sodas ainsi que des bières locales ou importées.

Vins et spiritueux. La Chine méridionale produit quelques-uns des alcools les plus réputés de Chine : le *maotai* du Guizhou et le *daqu* (55°), un alcool de sorgho du Guangxi, également fabriqué à Guiyang. Les amateurs pourront essayer à moindres frais le vin de Anshun *(anjiu)*, l'alcool *chun* (35°) de Xingyi ou le délicat vin de fleurs d'osmanthe *(guihua jiu)* de Guilin. Dans ces contrées où l'on cultive le riz glutineux, on en tire un alcool trouble et parfumé *(nuomi jiu)*, qui joue un rôle important lors des fêtes.

Le **vin de raisin** *(putao jiu)*, le meilleur, sinon le plus réputé, est le **Dynasty,** fabriqué au Hebei avec la technologie de Rémy Martin. Les collaborations avec des compagnies occidentales sont de plus en plus nombreuses, et on trouve maintenant d'autres

En Chine, on désigne du même terme générique, *jiu*, les alcools (c'est-à-dire des produits distillés après fermentation) et les produits qui résultent d'une fermentation alcoolique : bière *(pijiu)*, vin de raisin *(putao jiu)* ou vin de riz glutineux *(nuomi jiu)*.

marques de vin, tels Great Wall, Dragon Seal, etc. Le vin de raisin traditionnel chinois est plus sucré et serait plutôt comparable à nos vins cuits naturels. Le **cognac** a fait une percée impressionnante et arrose les banquets, de bout en bout. Les Chinois le connaissent sous son appellation anglaise, *brandy*, transposée *bailandi*.

Thé. Le Xishuangbanna, au Yunnan, en serait le berceau. De la famille du camélia, le théier atteint la taille d'un arbre à l'état sauvage. En Chine du S., vous êtes donc aux premières loges pour découvrir quelques grands thés : *pu'er cha* de Menghai, au Xishuangbanna, *maojian cha* de Duyun et *meijiang cha* de Xingyi, au Guizhou, thé vert parfumé aux fleurs d'osmanthe *(guihua cha)* de Guilin, au jasmin *(molihua cha)* de Wutong (Guangxi). → *aussi p. 258-259.*

Trois caractéristiques sont indispensables au choix d'un bon thé : variété, couleur, fermentation. Les variétés les plus répandues sont : le thé vert *(lücha)*, dont la feuille n'a presque pas fermenté ; le thé noir, fermenté (*hongcha*, ce qui signifie, en réalité, « thé rouge ») ; le thé semi-fermenté *(wulong cha)* ; le thé en brique *(jinya cha)*, produit de qualité ordinaire fabriqué avec du thé vert ou noir réduit en poudre et comprimé pour faciliter le transport et la conservation ; enfin, le thé parfumé *(xunhua cha)*, fabriqué avec du thé vert ou noir, de la bergamote, du jasmin, du chrysanthème, de la rose, etc. Plus rares, les thés blancs *(baihao* ou *baimudan)* sont à découvrir.

Se déplacer

Le grand S. est au diapason du pays : à deux vitesses. D'un côté, des autoroutes, des aéroports ultramodernes desservis par voie express, de l'autre, des routes tout juste empierrées ou goudronnées depuis trop longtemps, sillonnées par des motoculteurs attelés qui font office de bus, des omnibus s'arrêtant dans toutes les petites gares.

Si vous voyagez sans organisation, la première chose en arrivant est de se soucier de la suite du voyage : réservez votre billet de train ou d'avion pour la prochaine étape.

■ Avion

Les liaisons aériennes intérieures sont assurées par des compagnies régionales et locales. Les appareils et le matériel dont elles se sont dotées se sont beaucoup améliorés, et une priorité absolue est donnée à la sécurité. De plus en plus, les vols partent et arrivent à l'heure. Son rapide développement économique permettra à la Chine de tripler sa flotte aérienne dans les deux prochaines décennies. Les aéroports se sont également modernisés. Pour l'embarquement, les annonces sont faites en chinois et en anglais, et confirmées sur des écrans de télévision.

Changements d'avion, trains de nuit, minibus progressant lentement sur de mauvaises routes… le cœur de la Chine du S.-O. peut sembler difficile à atteindre même aujourd'hui. Pour se consoler de la lenteur du voyage, on peut méditer sur celui qu'effectuaient voyageurs et missionnaires se rendant à Guiyang au début du XXe s. De Marseille à Shanghai par les bateaux des Messageries maritimes : 36 à 40 jours. De Shanghai à Yichang (sur le Yangzi jiang, au Hubei), par bateau à vapeur : 7 jours. De Yichang à Chongqing, par barque : 40 jours. De Chongqing à Guiyang, par terre, en chaise à porteurs : 40 jours.

Réservation. Vous pouvez réserver certains vols intérieurs d'Europe, mais il reste impératif de reconfirmer vos réservations 72 h avant le départ. Avant d'acheter un billet intérieur, si plusieurs compagnies proposent le même trajet, vérifiez le type d'appareil assurant la liaison et évitez les vieux engins russes de type Tupolev : de moins en moins utilisés, les derniers en service assurent les liaisons vers les provinces du Qinghai et du Xinjiang.

La *CAAC (Renmin hanggong gongsi*, abrégée en *minhang)*, administration de l'aviation civile de Chine, a des agences qui font les réservations et émettent les billets pour ces différentes compagnies dans toutes

L'administration de l'aviation civile diffuse un livret des horaires des vols intérieurs et internationaux. Ne vous fiez pas trop à ces informations : tout change très vite en Chine.

Compagnies régionales et locales desservant la Chine méridionale : ***Air China*** **(CA) •** ***China Northwest Airlines*** **(WH) •** ***China Southern Airlines*** **(CZ) •** ***China Southwest Airlines*** **(SZ) •** ***China Eastern Airlines*** **(MU) •** ***China Northern Airlines*** **(CJ) •** ***Yunnan Airlines*** **(3Q) •** ***Guizhou Airlines*** **(GH).**

Les vols au départ de Hong Kong vers la Chine continentale sont nettement plus chers. Les tarifs aériens sont meilleur marché au départ de Shenzhen, plus encore depuis Canton. Pour Shenzhen, il vous suffira de prendre la ligne du KCR au départ de Kowloon jusqu'au terminus au poste frontière de Lowu. Après avoir franchi la frontière, prenez un taxi jusqu'à l'aéroport de Shenzhen, à 12 km. Pour Canton, vous pourrez prendre le train direct depuis Tsim Sha Tsui East, sur Kowloon (2 h 15 à 2 h 45 de trajet), puis un taxi pour l'aéroport, situé à 32 km de Canton.

Faites toujours l'équation temps de trajet/prix à payer : un billet de train en couchette molle coûte en moyenne un tiers à moitié moins cher qu'un billet d'avion.

Faites appel aux services de votre hôtel ou à ceux d'une agence de voyages pour acheter votre billet de train. Cela vous dispensera de faire la queue à la gare et d'être confronté au maelström d'une foule oubliant souvent toute forme de courtoisie. Évitez de voyager lors des jours fériés et des vacances nationales. La 1re sem. du mois d'oct., le Nouvel An chinois (entre janv. et fév.) et la 1re sem. du mois de mai sont à éviter absolument. De préférence, ne pas se déplacer non plus entre Noël et le Nouvel An occidental. En effet, une très grande partie des Chinois voyage à ces périodes. Un trajet en train, la visite de sites surpeuplés tourneraient au cauchemar. Quelle que soit la saison, faites vos réservations le plus tôt possible.

les villes dotées d'un aéroport. Vous trouverez en général toujours de la place sur les vols, à l'exception de la période du Nouvel An chinois et des autres jours fériés. Vous pouvez bénéficier de réductions sur les vols en achetant votre billet en avance. La *CAAC* propose également des services de navettes entre l'aéroport et ses bureaux. Certaines compagnies locales installent des comptoirs de représentation dans les grands hôtels : vous pouvez y reconfirmer vos vols ou y acheter vos billets. Des agences de voyages peuvent proposer le même service, mais faites attention aux commissions, qui peuvent être très élevées.

Conditions d'embarquement. Présentez-vous à l'aéroport 1 h avant le décollage pour les vols intérieurs, 2 h avant pour les vols internationaux. La franchise pour les bagages enregistrés est de 20 kg. Pour les bagages à main, prévoyez de petits sacs car la place est très limitée dans les cabines de certains vols intérieurs. Sur les vols intérieurs, la taxe d'aéroport est de 50 yuans ; elle est de 90 yuans pour les vols internationaux.

■ Chemins de fer

Le train est le moyen le plus pratique et le plus économique (avec le bus) de circuler en Chine. C'est un moyen de transport lent (entre 60 et 80 km/h en moyenne), mais ponctuel. Attention ! les régions O. du Yunnan ne sont pas desservies par le train. Pensez à conserver votre billet de train jusqu'à la sortie de la gare, on risque de vous le réclamer à l'arrivée, en sortant sur le quai.

Classification. On distingue deux classes et quatre types de sièges : les « sièges durs » (*yingzuo,* en skaï ou en bois, au dossier très raide), bondés et enfumés ; les « couchettes dures » (*yingwo,* couchettes en skaï sur trois niveaux, formant des compartiments de six places, non fermés) ; les « sièges mous » (*ruanzuo,* banquettes larges et confortables) ; les « couchettes molles » (*ruanwo,* confortables, installées par quatre dans des compartiments fermés, à air conditionné). Avec la hausse du niveau de vie, la classe « molle » est de plus en plus fréquentée. Il faut réserver ce type de billet à l'avance. D'autant plus que toutes les lignes ne sont pas équipées de voitures aménagées en classe « molle », ce confort est alors réservé aux cadres.

Réservation. L'achat d'un billet de train tend à devenir une opération moins compliquée qu'elle n'était. Dans les grandes villes et les têtes de ligne, de petites agences proposent achat et réservation des billets, moyennant une commission, aux abords des gares. Certains hôtels proposent également ce type de service : renseignez-vous à la réception. Dans tous les cas, mieux vaut se procurer son billet la veille du départ au plus tard, et il n'est pas toujours facile d'en trouver un si l'on monte loin de la tête de ligne.

Repas. Dans les wagons-restaurants, la qualité des repas tend à s'améliorer. Des préposés passent régulièrement proposer boissons, eau chaude et nouilles instantanées (*kuaimian* : soupe de nouilles déshydratée). Si vous voulez profiter de l'eau chaude distribuée gracieusement, emportez un gobelet.

Toilettes. Tous les trains en sont pourvus, mais elles sont en général peu ragoûtantes. N'oubliez pas de vous munir de papier hygiénique.

Métros

Propre, rapide, très moderne et bénéficiant d'un réseau étendu, le métro de Hong Kong constitue le moyen de transport le plus pratique de toute la Chine méridionale. Dans la province du Guangdong, Shenzhen et Canton sont également équipés de métros flambant neufs. Si leurs réseaux ne sont pas très étendus, ces métros constituent néanmoins d'excellents moyens pour se déplacer - notamment à Canton, en proie aux embouteillages. On paie par machine automatique, le prix variant selon la distance. Si vous n'avez pas de monnaie, rendez-vous au guichet, indiquez votre destination à l'employé qui vous donnera la somme équivalente, pour ensuite récupérer votre billet à la machine. Les noms des stations sont écrits en caractères chinois et en pinyin, et chaque station est annoncée en cantonais, en mandarin et en anglais.

Routes

L'infrastructure routière s'est très nettement améliorée depuis quelques années. Un nouveau réseau autoroutier draine les 3 provinces Yunnan, Guizhou et Guangxi. Les routes reliant les principaux axes touristiques du Yunnan et les villes secondaires, rénovées, permettent de réduire les temps de trajet. Dans la province du Guangdong, les voies sont excellentes. Au Guizhou, en particulier, certaines ne sont pas goudronnées et se transforment en pistes boueuses dès qu'il pleut. État des routes et encombrements empêchent de rouler à plus de 30 km/h de moyenne. À noter cependant, une impressionnante autoroute aérienne relie Guiyang et Nanning (Guangxi). Elle a pour but de désenclaver tout l'E. de la province et son ouverture a marqué le début d'une nouvelle ère pour le Guizhou qui s'est lancé dans un vaste programme de constructions d'autoroutes. Elles relient désormais les villes principales de la province.

Voiture. Seuls les étrangers résidant en Chine ont le droit de conduire leur propre véhicule. Compte tenu

Si vous voyagez en couchettes, un préposé prend votre billet quand vous montez en voiture et vous remet une contremarque. Votre billet vous sera rendu quelques minutes avant votre arrivée à destination, garantissant ainsi votre réveil.

Les billets avec réservation sont désormais émis par une centrale informatique. Ils comportent un code barre et les numéros de voiture et de place.

La validité des billets de train varie avec la distance parcourue. Les arrêts sur le trajet sont autorisés durant toute la période de validité du billet.

De passage à Hong Kong, faites l'acquisition du *China Railway Timetable* à l'office du tourisme, très pratique.

N'achetez jamais de billets à un vendeur à la sauvette.

Séjourner

S'orienter en ville

En Chine, on s'oriente selon les points cardinaux : toutes les grandes artères sont découpées en sections N.-centre-S. *(bei-zhong-nan)* ou E.-centre-O. *(xi-zhong-dong)*.

Les plans de ville, plus ou moins détaillés, avec parfois une transcription en pinyin, avec itinéraires des bus et indications des lieux touristiques, sont vendus à proximité des gares, dans les librairies ou dans les hôtels. Les bureaux du *CITS* délivrent parfois des cartes et des plans portant des indications en anglais.

Si vous disposez de temps et si vous n'avez pas l'ambition de tout voir, l'une des meilleures manières de découvrir la Chine du S.-O. à son rythme est de s'installer dans un chef-lieu de canton, où l'on s'informera des jours et lieux du marché tournant *(ganchang)*, généralement desservi par minibus.

Si vous voyagez en bus, faites-vous écrire en chinois le nom de votre destination. Cela vous permettra d'acheter votre billet sans malentendu de prononciation et surtout de repérer votre autobus. Ceux-ci affichent leur destination sur le pare-brise en caractères chinois uniquement.

À certaines heures et dans les quartiers excentrés, les taxis sont rares, aussi est-il préférable de louer un taxi à la journée ou à la demi-journée.

du mode de conduite très sportif des Chinois, à l'origine des centaines d'accidents de la route journaliers, n'ayez pas de regrets à ne pas conduire vous-même. Toute location de voiture s'entend donc avec chauffeur. Les agences de tourisme proposent ce service, intéressant pour rayonner au départ d'une ville. Vous pourrez également vous mettre d'accord sur un forfait avec un chauffeur de taxi. Dans tous les cas, soyez précis dès le départ sur les étapes de votre itinéraire et tout détour éventuel.

Transports interurbains. Les autocars destinés aux voyages organisés fournissent tout le confort possible, y compris l'air conditionné, mais les autobus qui assurent le transport sur les lignes rurales ou dans les régions peu touristiques sont loin d'être aussi agréables. Les trajets de jour sont dans la majorité des cas effectués dans des minibus d'environ 35 places, mais qui semblent dotés d'une extraordinaire capacité dilatatrice. Les dessertes régulières sur moyenne distance (100 à 150 km) ont lieu en général plusieurs fois par jour. Le mieux est d'aller à la gare routière, de vous installer dans le minibus et d'attendre patiemment sans trop chercher à connaître l'heure de départ : il partira une fois plein. En revanche, les grands autocars longues distances et les bus-couchettes partent à heure fixe et nécessitent une réservation, que vous pourrez effectuer la veille en achetant votre billet à la gare routière.

Transports urbains. Très bon marché, les **autobus** et les **trolleybus** circulent en principe entre 5 h et 22 h. Ils seront difficiles à utiliser si vous ne lisez pas le chinois, car si les stations d'autobus comportent un panneau avec les numéros des lignes qui y font arrêt, itinéraires et arrêts sont rédigés en caractères. Ces bus étant souvent bondés, il faudra vous battre pour trouver un siège et faire attention à vos affaires (promiscuité propice aux vols). Souvent pris dans les embouteillages, ces transports sont très lents.

Il est plus aisé de circuler en **taxi**, maintenant nombreux, y compris dans les petites villes. On paie la somme indiquée au compteur ou, s'il n'y en a pas, un forfait (convenir du prix à l'avance en vous informant du prix de la course auprès de votre hôtel). Avant le départ, faites écrire le prix convenu, après négociation, avec le chauffeur, afin d'éviter tout litige. En ville, demandez au chauffeur de mettre en marche le compteur *(dabiao)* s'il « l'oublie » et demandez un reçu *(fapiao)* à l'arrivée. Cela vous permettra de récupérer un éventuel paquet oublié, la plaque du véhicule étant inscrite sur le reçu. Un taxi accepte quatre personnes au maximum. Le prix au kilomètre est affiché sur la vitre arrière du véhicule et varie, en fonction de la qualité de confort, de 1,60 yuan à 3 yuans. La prise en charge est de 10 à 15 yuans dans les grandes villes et de 5 à 7 yuans dans les villes moyennes. Passé 5 à 8 km, le compteur tourne.

Dans les villes touristiques, il est facile de louer une **bicyclette,** à l'heure ou à la journée (50 à 100 yuans/jour). Si vous louez votre vélo à l'hôtel où vous séjournez, vous n'aurez qu'à présenter la clé de votre chambre. En revanche, si vous vous adressez à un loueur dans la rue, ne donnez jamais votre passeport en gage, mais laissez une caution de garantie d'env. 100 yuans, qui vous sera rendue. Stationnez votre bicyclette dans un parc à vélos gardé et fermez bien votre antivol. Les vols sont de plus en plus fréquents.

Ne quittez pas votre hôtel sans une carte ou une enveloppe à en-tête avec ses nom et adresse en chinois : une précaution utile pour rentrer.

Attention aux chiens de garde en vous promenant dans les villages : ils ne sont pas méchants, mais ils font leur travail.

Vivre au quotidien

Budget

Les **hôtels** de luxe pratiquent un tarif variant de 110 à 200 € (base chambre double avec petit déjeuner), les établissements de 3 étoiles s'inscrivent dans une échelle de prix entre 65 et 110 € (base chambre double avec petit déjeuner) et les hôtels de 1 ou 2 étoiles ont des prix s'échelonnant de 30 à 65 € (base chambre double)... Les **pensions** des principales villes touristiques offrent un bon rapport qualité/prix, avec des chambres confortables à 15 €.

Les **restaurants** les plus chers sont ceux des grands hôtels, où il faut s'attendre à une addition de 15 à 50 €. Dans les grands restaurants en ville, il faut compter de 15 à 25 € et dans les établissements plus simples de 3 à 15 €. Il existe par ailleurs d'innombrables petites échoppes de restauration rapide, où l'on sert toutes sortes de beignets, raviolis ou soupes de nouilles pour l'équivalent de 1 à 2 €.

Vous voyagerez au meilleur tarif (mais pas forcément dans les meilleures conditions) en empruntant les autocars interurbains, les bus-couchettes de nuit et les trains en classe « dure ». Le prix des billets d'avion et des trajets en train en classe « molle » est nettement plus élevé. En ville, le taxi (pas toujours équipé de compteur : renseignez-vous à votre hôtel sur les tarifs pratiqués pour la course ou le forfait journalier) reste d'un prix modique. Les autobus sont très bon marché, mais leurs itinéraires et leurs stations sont un mystère impénétrable pour qui ne lit pas le chinois.

Les **droits d'entrée** des sites touristiques peuvent être exorbitants (de 3 à 16 €). En échange de quoi, vous aurez droit à un luxueux « billet-souvenir » estampillé d'une peinture ou d'une bricole chinoise.

N'hésitez pas à marchander : les prix se discutent dans les petits magasins, auprès des chauffeurs de taxi, sur les marchés...

Le tarif plus élevé appliqué aux étrangers et aux Chinois d'outre-mer pour les transports en train et en bateau et les droits d'entrée des sites touristiques est peu à peu supprimé au profit d'un tarif unique.

Les étrangers étudiant en Chine *(liuxuesheng)* bénéficieront d'une réduction sur présentation de leur carte.

Un bordereau vous est remis à chaque opération de change. Gardez-le, il vous sera indispensable pour changer l'excédent de monnaie chinoise à votre sortie de Chine.

Si vous partez plusieurs jours à l'écart des grandes villes et des centres touristiques, ayez des yuans en quantité suffisante : il ne vous sera pas possible de changer de l'argent.

Change

La monnaie chinoise est le yuan, ou renminbi (« monnaie du peuple »), également désignée sous le nom de kuai (1 € = 10 yuans env.). Le yuan est divisé en 10 jiao (également appelés mao en langage courant) et 100 fen. Il existe des billets de 1, 2, 5, 10, 50, 100 et 500 yuans, des billets de 1, 2 et 5 jiao, et des billets de 1, 2 et 5 fen. Vous trouverez aussi des pièces de 1 yuan, 5 jiao, 1, 2 et 5 fen.

Les devises étrangères et les chèques de voyage peuvent être changés à la Banque de Chine et dans ses succursales dans les grands magasins et à la réception des hôtels. Vérifiez les heures d'ouverture de ces bureaux de change, qui peuvent être très restreintes, et veillez à toujours garder un peu d'argent chinois de réserve, car il arrive que les banques n'aient pas les sommes suffisantes pour changer vos devises. Pour toutes les opérations de change, pensez à vous munir de votre passeport. De nombreux guichets automatiques ont été installés où vous pourrez retirer de l'argent avec une carte Visa, Mastercard, JCB ou American Express.

Les Chinois sont de très grands fumeurs. Depuis la fin des années 1980, l'État a lancé une campagne antitabac : interdiction de jeter les mégots par terre, de fumer dans les lieux publics, sur les vols intérieurs et dans les compartiments de train. Ces interdictions sont généralement respectées dans les grandes villes : de fortes amendes sont infligées aux contrevenants. Dans les campagnes, on fume toujours autant et à sa guise, et la cigarette reste le petit cadeau de la convivialité et de l'accueil.

Cigarettes

Le Yunnan et le Guizhou produisent le meilleur tabac de Chine. C'est un tabac blond de Virginie, vendu sous les marques de cigarettes Hongtashan, Yunyan, Ashima et Zunyi. Localement, il est coupé très fin pour être fumé à la pipe à eau. Vous trouverez les grandes marques de cigarettes américaines dans les grands hôtels et les aéroports. Les cigarettes brunes sont introuvables.

Heure locale et horaires

Bien que couvrant quatre fuseaux horaires, la Chine a adopté une heure unique pour l'ensemble du pays, soit GMT + 8. Arrivé à Pékin en venant de France, avancez donc votre montre de 7 h en hiver et de 6 h en été.

Les magasins sont généralement ouverts tous les jours de 9 h à 19 h y compris les jours fériés. Les bureaux et administrations le sont de 8 h 30 à 12 h et de 13 h à 17 h 30, et ferment le dim. Les petits commerces privés ont des horaires beaucoup plus souples, et certains sont même ouverts 24 h sur 24.

Principales agences de voyages dépendant de l'Administration nationale du tourisme :

- *CITS* (Zhongguo guoji lüxingshe) : China International Travel Service
- *OTC* (Haiwai lüyou zonggongsi) : Overseas Tourist Corporation
- *CTS* (Zhongguo lüxingshe) : China Travel Service
- *CYTS* (Zhongguo qingnian lüxingshe) : China Youth Travel Service
- TC (Lüyou gongsi) : Tourist Corporation

Informations et services touristiques

Le tourisme n'est plus l'affaire exclusive du *CITS (China International Travel Service)*, qui fut, de 1954 à 1991, et par le truchement de ses antennes provinciales et locales, l'incontournable organisateur du voyage en Chine. La libéralisation économique a doté ses anciens représentants locaux d'une relative autonomie et les a surtout mis en concurrence avec de nouveaux organismes, également sous la tutelle de l'Administration nationale du tourisme, ainsi qu'avec une prolifération d'agences privées.

Les différents organismes sous tutelle de l'État peuvent avoir des représentants au niveau provincial ou municipal et font l'objet d'un classement annuel en fonction de leurs résultats. Leurs compétences et leurs services sont des plus variables : informations touristiques, organisation de voyages en groupe ou individuels, achat des billets de train, d'avion ou de bateau, réservations de chambres d'hôtel, des places de spectacle, services d'un guide-interprète et d'un chauffeur. Lorsque plusieurs d'entre eux existent dans une même ville, tirez la leçon du libéralisme et faites jouer la concurrence.

Les agences de Chine continentale n'atteignent pas (et de loin) le niveau de l'office de tourisme de Hong Kong (Hong Kong Tourisme Board), qui offre un excellent service. La plupart du temps, elles ont pour objectif essentiel de vendre, et non d'informer. On ne peut les comparer au service offert par les institutions touristiques occidentales. Ne comptez pas sur elles pour obtenir de véritables renseignements. En outre, rare est le personnel maîtrisant l'anglais. La rubrique [i], qui figure dans les informations pratiques placées en marge des différentes étapes, fournit les coordonnées des organismes sous tutelle de l'État. Nous n'avons mentionné les agences privées que si elles sont les seuls interlocuteurs touristiques de la localité.

Langue

On peut diviser les langues parlées en Chine en deux groupes : le chinois (mandarin ou *putonghua*), langue officielle commune aux innombrables dialectes, parlé par env. 94 % de la population, et les langues non chinoises utilisées par les autres ethnies (Yi, Miao, Zhuang, etc.).

Seule la « langue commune » permet aux Chinois de communiquer entre eux aux quatre coins du pays. Mais, plus encore, l'écriture sert de véhicule aux idées, par les journaux nationaux et par les sous-titrages de la télévision centrale. On voit souvent des Chinois s'expliquer ou préciser un mot en dessinant l'idéogramme dans le creux de la main.

Si vous ne parlez pas chinois, l'anglais est la langue internationale de communication la plus employée, ce qui ne signifie pas pour autant, loin s'en faut, qu'elle soit comprise par tous. Elle est pratiquée (de manière plus ou moins maîtrisée) dans les grands hôtels et dans certains restaurants. Le nombre de Chinois parlant l'anglais ou le français augmente. Néanmoins, apprêtez-vous à vous heurter à une véritable barrière linguistique.

Représentations diplomatiques

France

Pékin (ambassade) : 3, Dongsan jie, Sanlitun, Chaoyang ; ☎ (10) 8532-8181 ; *www.ambafrance-cn.org* • **Canton** (consulat général) : *Plaza Hotel*, 339, Huanshi donglu, 8e ét. ; ☎ (20) 2829-2019 ; *www.consulfrance-canton.org* • **Hong Kong** (consulat général) : 26/F Admiralty Centre, Tower 2, 18, Harcourt Rd, GPO Box 13 ; ☎ (852) 3196-6100 ; *www.consulfrance-hongkong.org*

Belgique

Pékin (ambassade) : 6, Sanlitun lu, Chaoyang ; ☎ (10) 6532-1736 ; *www.diplomatie.be/beijingfr* • **Canton** (consulat général) : *CITIC Plaza*, 233, Tianhe beilu, Room 1601-02A ; ☎ (20) 3877-2356 et 2351 • **Hong Kong** (consulat général) : St John's Building, 9th Floor, 33, Garden Rd, Central Hong Kong, GPO Box 135 ; ☎ (852) 2524-3111 ; *www.diplomatie.be/hongkongfr*

Canada

Pékin (ambassade) : 19, Dongzhi menwai dajie, Chaoyang ; ☎ (10) 6532-3536 ; *www.beijing.gc.ca* • **Canton** (consulat général) : China Hotel Towers, n° 801, Liuhua lu ; ☎ (20) 8666-0569 ; *www.guangzhou.gc.ca* • **Hong Kong** (consulat général) : One Exchange Square, 11th-14th Floor, 8, Connaught Place, GPO Box 11142 ; ☎ (852) 2810-4321 ; *www.hongkong.gc.ca*

Suisse

Pékin (ambassade) : 3, Dongwu jie, Sanlitun, Chaoyang ; ☎ (10) 6532-2736 • **Canton** (consulat général) : 368, Huanshi donglu, *Garden Hotel*, Garden Tower, pièce 811, ☎ (20) 8333-8999 • **Hong Kong** (consulat général) : 18, Harbour Rd, *Central Plaza*, Suite 6206-07, Wanchai ; ☎ (852) 2522-7147.

Séjourner

Médias

Il est difficile de trouver des journaux et des magazines francophones, même dans les grandes villes. La presse anglophone est en principe en vente dans les grands hôtels *(Herald Tribune, Times, Far Eastern Economic Review, South China Morning Post...)*, surtout les éditions de Hong Kong. Si vous vous intéressez à la presse chinoise, vous pouvez lire le *China Daily* (en anglais), distribué, depuis 1981, dans pratiquement tous les grands hôtels. Outre les informations de fond sur la réalité chinoise politique, économique et sociale (version officielle), il vous renseignera sur les activités destinées aux étrangers : sorties, expositions... Notez l'apparition de magazines anglophones qui répertorient hôtels, restaurants, bars, évènements culturels et proposent un agenda de toutes les activités culturelles du mois.

Il existe deux chaînes nationales de télévision qui diffusent leurs émissions dans toute la Chine. Envahies par la publicité, elles présentent des reportages, des jeux, des feuilletons et des bulletins d'information, dont un en anglais après le journal du soir et un en français dans la nuit. Toutes les provinces, régions autonomes et municipalités ont leurs propres chaînes, et les villes, grandes et moyennes, une chaîne locale. Il est donc possible de capter trois ou quatre chaînes de télévision dans la majeure partie du pays. Il existe également des chaînes spécialisées : musicales, éducatives, de quartier... sans compter la croissance très rapide du câble et des antennes paraboliques, qui poussent comme des champignons sur le toit des immeubles bien qu'officiellement elles soient uniquement autorisées pour les hôtels et les organismes d'État. Ainsi, dans certains hôtels, vous aurez accès à CNN, voir même à TV5, qui rediffuse des programmes français, dont les informations.

Poste

Les services postaux chinois fonctionnent avec régularité. Le courrier met 1 à 2 semaines pour atteindre l'Europe. Vous trouverez timbres et services postaux dans les postes bien sûr, mais aussi dans les grands hôtels touristiques. Vous pouvez également envoyer du courrier en express depuis les grandes villes (service assez cher). Pour les colis existe un système d'envoi express (EMS) rapide et fiable. Le tarif varie, bien sûr, selon le poids du paquet et sa destination. Vous devrez vous rendre au bureau de poste avec l'objet non emballé. Le personnel pourra ainsi procéder à son inspection. On vous fournira alors l'emballage approprié. Placez le reçu de l'objet dans le paquet, celui-ci pouvant être rouvert lors du passage de la douane. Finalisez l'emballage uniquement après son inspection, et conservez toujours le reçu en cas de perte.

Santé

Les principaux problèmes de santé que vous risquez de rencontrer sont liés aux conditions climatiques et aux habitudes alimentaires différentes.

Troubles intestinaux. Les Chinois ont trois excellentes habitudes : ne pas manger de crudités (les engrais humains et animaux restent largement utilisés), peler les fruits et boire de l'eau bouillie. Suivez leur exemple (vous n'êtes pas obligé, toutefois, de boire, comme on le fait, l'eau bouillie chaude). Dans les hôtels, une thermos d'eau chaude est mise à votre disposition, ainsi que des feuilles ou des sachets de thé. On peut manger ainsi partout sans grand risque, à condition, là encore, d'observer ses congénères : dans les restaurants populaires, on essuie consciencieusement et sans vergogne son verre et son bol. Faites-en autant (il y a maintenant des baguettes jetables presque partout). Un des grands avantages de la cuisine chinoise est qu'elle ne supporte pas le réchauffage, en particulier pour les plats sautés : on cuira pour vous ce que vous avez commandé. Le seul problème réellement invérifiable est celui de l'origine de la matière première : de nombreux restaurants populaires disposent désormais de réfrigérateur, voire de congélateur... ce n'est pas le cas des marchés. Il ne reste, en ce domaine, qu'à se fier à son instinct. Certains restaurants rajoutent parfois du glutamate de sodium (MSG ; → *Lexique*) dans les plats, produit censé renforcer les arômes. Si vous êtes sujets à des allergies, méfiez-vous.

Hygiène. Un effort considérable a été accompli dans les grandes villes, ces dernières années, quant à la propreté des bâtiments publics, des trottoirs, des espaces verts, etc. On constate également un souci d'amélioration, bien qu'encore insuffisant, des toilettes publiques, dont les installations et l'absence d'entretien horrifient les éventuels usagers occidentaux. Vous aurez de toute façon à utiliser ces toilettes de sinistre réputation dans les villages et certains restaurants routiers : une rigole, pas de porte et tous les produits d'entrailles de vos prédécesseurs. Ayez toujours sur vous du papier-toilette.

Savoir-vivre

Les **noms propres chinois** se composent généralement de trois caractères, plus rarement deux. Pour ne pas commettre d'impair avec votre interlocuteur, apprenez d'abord à distinguer son patronyme de son prénom, de manière à l'appeler par le premier et non par le second, réservé aux intimes. Le nom de famille, dans l'énoncé, vient toujours en tête (il s'agit la plupart du temps d'une monosyllabe), et le prénom en seconde position (en général, il comporte deux syllabes). Ainsi, Zhang Guoli doit être appelé soit par son nom en entier, soit M. Zhang. La femme mariée conserve son nom de jeune fille (ainsi, Mlle Xia devient Mme Xia). En cas de doute, dites simplement madame, mademoiselle, monsieur. Pour exprimer une nuance de respect à un ami, vous pouvez faire précéder le patronyme de *lao* (« vieux ») si la personne est plus âgée que vous. Pour manifester un sentiment amical et familier, utilisez le préfixe *xiao* (« petit »), mais n'oubliez pas que l'emploi de ces termes suppose un certain degré d'amitié.

La **ponctualité** est impérative, c'est un signe de respect.

Pour se saluer, les Chinois évitent tout contact physique. Ils ne se serrent pas la main et ne s'embrassent pas, même entre proches. Toute familiarité est à éviter, une attitude réservée est impérative quand on ne se connaît pas. Évitez également de montrer quelqu'un du doigt.

Pourboires. Si le pourboire n'est pas encore usité dans les restaurants populaires, dans les hôtels et les

Avis à ceux qui supportent les saveurs fortes. Paul Sherman et Jennifer Billing, biologistes à l'université Cornell dans l'État de New York, ont démontré que les épices « fortes » (piment, ail, oignon, cannelle et cumin) servent à nettoyer notre nourriture des micro-organismes qui ont tendance à l'envahir (staphylocoque doré, salmonelle, etc.).

Toutes les grandes villes touristiques ont un hôpital désigné disposant d'un service d'urgence pour étrangers ouvert 24 h/24. Renseignez-vous à la réception des hôtels.

Séjourner

La culture de la face

La notion de « face », ou position sociale, est à la base des relations en Chine. Elle est fondamentale dans tout rapport avec autrui. Dans un contexte particulier, lors d'un échange, si vous perdez votre calme, vous perdrez la face. Par votre attitude, votre interlocuteur la perdra également. On vous jugera alors comme faible et incapable de contrôler vos émotions. Toute tractation dans laquelle vous serez plongé sera alors traitée par une fin de non-recevoir. Il est impératif de ne pas plonger autrui dans l'embarras, ce qui lui ferait perdre « la face », par conséquent son statut social. Le self-control compte parmi les fiertés nationales, même si vous pouvez être le témoin passif d'une violente altercation entre Chinois. Si, dans une situation précise, vous élevez la voix, gesticulez, montrez votre colère ou votre impatience, vous choquerez votre entourage. En effet, le savoir-vivre chinois implique de ne pas montrer ses sentiments afin de ne pas imposer ses opinions, par signe de respect envers autrui. À une question trop directe, ne vous attendez pas à un « non » catégorique : celui-ci sera remplacé par un sourire équivoque.

Les Chinois ont l'habitude d'échanger leur carte de visite *(mingpian)* quand ils se rencontrent. Elle se présente avec les deux mains et se reçoit de même en signe de respect.

lieux touristiques il tend en revanche à se généraliser. Pour les menus services, les bagagistes des hôtels, comptez au minimum 5 yuans. En règle générale, comptez 10 % de la somme totale pour le pourboire si vous désirez en donner un. Dans le taxi, arrondissez la note au chiffre supérieur. Quelques yuans, donnés avant d'obtenir le service et non après, peuvent parfois aider à débloquer une situation. Conservez cependant à l'esprit qu'ils doivent toujours être proposés discrètement et en aucun cas devant témoins.

Sécurité

La Chine n'est plus le pays de l'absolue sécurité. L'augmentation du niveau de vie et les inégalités croissantes créent des envieux. De fait, évitez de brandir des liasses de billets dans les endroits publics, ayez toujours des petites coupures à part, fermez vos bagages à clé quand vous les laissez à l'hôtel, etc. La nuit, ne vous aventurez pas seul dans les quartiers isolés.

Les gares routières et ferroviaires (celle de Canton en particulier), les bus et les trains de nuit sont les terrains de chasse favoris des voleurs. Comme toujours en voyage, appliquez les règles de sécurité de base : conservez sur vous vos documents les plus précieux à l'aide d'une ceinture sous vos vêtements, où vous placerez passeport, argent, carte de crédit, traveller's cheques. Ne vous éloignez jamais de vos bagages, surtout dans les places publiques.

En cas de vol, rendez-vous au bureau de Sécurité publique (Gong'anju) le plus proche. Votre déclaration de perte vous permettra d'être indemnisé par votre compagnie d'assurance si vous avez souscrit une assurance bagages. Ne comptez pas trop sur des locuteurs anglophones : adressez-vous à la réception de votre hôtel pour qu'on vous aide à accomplir les formalités d'usage.

Shopping

On mesure rapidement, en Chine méridionale, la différence entre les lieux fréquentés par les touristes et ceux qui le sont moins. Dans les premiers (Guilin, Huangguoshu, Shilin, Canton), il est presque impossible de ne pas traverser une boutique proposant un inventaire de l'artisanat chinois : jades, agates et autres pierres dures, laques et perles, bâtonnets d'encre et pinceaux, soieries et broderies, peintures, porcelaines, émaux cloisonnés, etc. Dans les seconds (les zones rurales du Guizhou et du Yunnan, en particulier), il peut s'avérer difficile de trouver ne seraitce qu'une carte postale. Cependant, les petits villages régulièrement traversés commencent à proposer un artisanat local (batiks, vestes brodées, objets sculptés, instruments de musique traditionnels, etc). Les ama-

Deux poids, deux mesures

L'utilisation du système métrique, introduit en 1929, est encouragée par le gouvernement. Il coexiste cependant avec le système traditionnel.

Distances : 1 *li* = 500 m.
Longueurs : 1 pied (*chi*, ancienne unité de mesure des étoffes) = 33 cm ;
1 pouce *(cun)* = 3,3 cm ;
1 *fen* = 0,33 cm.
Surfaces : 1 *mu* = 1/15 ha ;
1 *qing* = 100 *mu*.
Poids : 1 *dan* = 50 kg ;
1 *jin* = 500 g ;
1 *liang* (taël) = 50 g ;
1 *qian* (unité de mesure des médicaments) = 5 g ;
1 *fen* = 0,5 g.
Capacités : 1 *dan* = 100 l ;
1 *dou* = 10 l ;
1 *sheng* = 1 l.

teurs de shopping auront l'embarras du choix au marché de Yangshuo : outre les articles manufacturés précédemment cités, il y a là toutes sortes de vraies et fausses antiquités, mais aussi les produits de l'artisanat des peuples de Chine du S.-O., largement écoulé sur ce marché très achalandé.

Sports et loisirs

Si vous vous promenez tôt le matin dans les parcs et les jardins, vous rencontrerez certainement des Chinois en train de pratiquer le taiqiquan ou le *qigong*. Aux mêmes heures, ne vous étonnez pas de voir des groupes de femmes dans la fleur de l'âge, tambourin à la main, se livrer à des pas de danses disco : c'est la relève de la gymnastique traditionnelle qui évolue ainsi sous l'influence de l'Occident.

Dans la rue toujours, ou dans l'arrière-salle d'un restaurant, des hommes font glisser des pions sur un échiquier : ce peut être le *xiangqi* (échecs chinois) ou une partie de *weiqi* (jeu de go) ou de *tiaoqi* (jeu de l'étoile). Les parties de cartes sont également très populaires, dont le bridge. Et il ne faut pas oublier le roi des jeux, le mah-jong *(majiang)*, qui, longtemps interdit car étroitement lié aux jeux d'argent, refait son apparition.

Télécommunications

La Chine est en train de restructurer son réseau téléphonique. Désormais, le téléphone fonctionne d'une manière satisfaisante pour les communications intérieures, qu'on peut obtenir à tous les coins de rue. Vous trouverez soit des cabines, soit des téléphones publics *(gongyong dianhua)* qui sont mis à disposition par des commerçants (identifiables à leur enseigne où figure un combiné téléphonique). Certains centres commerciaux et halls d'hôtels sont équipés de cabines à carte.

On peut téléphoner à l'étranger des postes, des hôtels, mais aussi de certaines cabines. Nous vous conseillons d'ailleurs ce système, moins onéreux que les hôtels qui facturent un minimum de 3 mn, majoré des frais de service et comptabilisé dès que vous obtenez la tonalité : il arrive d'avoir à payer une communication, même si le poste de votre correspondant sonne occupé ou absent. Le prix des communications internationales est deux fois plus élevé que de l'Europe.

Télécopies, télégrammes et courrier électronique. Il est possible d'expédier une télécopie, un télégramme ou un télex du bureau de poste ou du centre d'affaires *(business center)* de l'hôtel. Le prix d'envoi d'un fax est très variable, le plus souvent équivalant à 3 mn de téléphone. Pour réceptionner un fax, vous

En principe, les antiquités que vous pourrez acquérir et exporter sans problème sont postérieures à l'ère Qianlong, qui se termine en 1796. Un cachet en cire, apposé sur l'objet ou sur une étiquette, vous tiendra lieu d'autorisation d'exportation. Conservez votre facture, qui pourra être réclamée par la douane à votre sortie de Chine. N'espérez pas cependant réaliser des affaires chez les antiquaires. En Chine, on se montre très au courant des prix pratiqués sur les grandes places internationales.

Téléphoner de Chine à l'étranger

Composer le 00, puis l'indicatif du pays. Belgique : 32 ; Canada : 1 + 514 (Montréal) ou 418 (Québec) ou 613 (Ottawa) ; France : 33 ; Suisse : 41, suivi du code régional et du numéro de votre correspondant. Ex. : pour appeler Paris, composer le 00 33 1 + les 8 derniers chiffres du correspondant. Pour appeler la province, composer le 00 33 2, 3, 4 ou 5, puis les 8 derniers chiffres de votre correspondant.

devrez également payer une taxe à la page (en général entre 10 et 15 yuans). Il est conseillé de vérifier régulièrement l'arrivée de vos télécopies : il arrive qu'elles soient oubliées dans les tiroirs du *business center*. De nombreux hôtels sont à présent connectés à Internet, permettant ainsi l'envoi et la réception de courrier électronique. Si ce n'est pas le cas de votre hôtel, vous pouvez vous rendre dans un cyber-café. Ils sont de plus en plus nombreux dans les villes.

Fêtes et jours fériés

Il existe deux groupes de fêtes : celles établies suivant le calendrier solaire, qui se déroulent donc à dates fixes, et celles qui dépendent du calendrier lunaire et dont la date varie. L'année lunaire est divisée en quatre saisons à partir du solstice d'hiver (vers le 21 déc.) et incluse dans un cycle de 12 années, chacune placée sous le signe d'un animal symbole.

Jours fériés chômés

1er janv. : Nouvel An (1 j. de congé).
Fin janv.-début fév. : fête du Printemps (Nouvel An chinois : 3 j. chômés ; avec le pont, on le célèbre pendant 1 semaine en ville et de 15 à 30 j. à la campagne).
8 mars : fête internationale des Femmes (1/2 j. pour les femmes).
1er mai : fête internationale du Travail (1 j.).
4 mai : fête de la jeunesse chinoise (1919).
1er juin : fête internationale des Enfants (1 j. pour les moins de 16 ans).
1er juil. : anniversaire de la fondation du PCC (Parti communiste chinois ; 1 j.)
1er août : fête de l'Armée populaire de libération (1 j. pour les militaires).
1er oct. : fête nationale (2 j.).

Fêtes traditionnelles

À l'exception des fêtes légales de la République populaire de Chine, la plupart des fêtes célébrées en ce pays sont fondées sur le calendrier lunaire. Depuis le retour des pratiques religieuses, l'activité des temples et des monastères est ponctuée par deux manifestations, les 15e et 30e jours de chaque mois. Ces fêtes religieuses *(miaohui)* sont célébrées localement avec plus ou moins de faste. Dans l'univers pluriethnique de la Chine méridionale, les fêtes traditionnelles rythmant le calendrier lunaire sont les grandes occasions de rassemblement. Extrêmement nombreuses, elles restent, au travers des danses, des concerts de *lusheng*, des représentations d'opéra local, des combats de buffles ou de coqs, l'expression privilégiée de l'identité d'un groupe ethnique, malgré le contrôle exercé par les autorités locales.
Nous n'avons retenu pour ce calendrier que quelques-unes des centaines de fêtes célébrées par les peuples de Chine méridionale. Cette chronologie reste approximative. Certaines fêtes ne sont pas reconduites systématiquement chaque année au même endroit. D'autres peuvent varier de plusieurs jours : fondées sur le calendrier lunaire, elles sont également assujetties à un cycle de 12 jours, symbolisés par les mêmes animaux que ceux du zodiaque chinois. Il suffit que la date lunaire tombe sur un animal néfaste et tout est décalé.

Janv.-fév. Plusieurs fêtes ont lieu autour de la période de la **fête du Printemps** (Chunjie ; 1er j. du 1er mois lunaire), le Nouvel An des Han. En **pays dong** se déroule la « **parade du gouverneur** » : une armée d'anciens, de soldats, de

En fin de volume, le Petit dictionnaire regroupe les définitions des noms propres ou communs spécifiques à chaque pays ; le Lexique réunit un vocabulaire de base pour les différentes situations de la vie quotidienne.

Les animaux de l'horoscope

Les 12 animaux symboliques jouent un rôle très important dans les horoscopes, considérés par beaucoup comme des décrets du Ciel.

Rat	1912	1924	1936	1948	1960	1972	1984	1996	2008
Bœuf	1913	1925	1937	1949	1961	1973	1985	1997	2009
Tigre	1914	1926	1938	1950	1962	1974	1986	1998	2010
Lièvre	1915	1927	1939	1951	1963	1975	1987	1999	2011
Dragon	1916	1928	1940	1952	1964	1976	1988	2000	2012
Serpent	1917	1929	1941	1953	1965	1977	1989	2001	2013
Cheval	1918	1930	1942	1954	1966	1978	1990	2002	2014
Chèvre	1919	1931	1943	1955	1967	1979	1991	2003	2015
Singe	1920	1932	1944	1956	1968	1980	1992	2004	2016
Coq	1921	1933	1945	1957	1969	1981	1993	2005	2017
Chien	1922	1934	1946	1958	1970	1982	1994	2006	2018
Cochon	1923	1935	1947	1959	1971	1983	1995	2007	2019

dieux, de mendiants… réunie derrière son gouverneur, porté en palanquin, circule de village en village pour y présenter ses vœux. Dans les **villages buyi** de la région de **Anshun**, c'est l'époque des représentations de théâtre rituel *dixi* (→ *p. 286-287*), qui vise à balayer les éléments néfastes de l'année passée pour placer la nouvelle sous des auspices favorables.

Mars. Fête de rassemblement des Miao « petites fleurs » à **Nankai**, dans la région de Liupanshui. Célébrée à grand renfort de danses et de *lusheng*, cette fête est fixée au 15e j. du 2e mois lunaire.

Avr. Plusieurs fêtes ont lieu au Guangxi autour du **3e j. du 3e mois lunaire** (Sanyue san). Pour les **Zhuang**, c'est l'occasion de grandes séances de chants en répons, organisés dans le parc Yufengshan de Liuzhou et dans le parc des Minorités de Nanning. Les **Dong** célèbrent également ce jour par de grands tournois de chants, particulièrement spectaculaires dans le canton pluriethnique de **Fulu**. Pour les Dong de **Baojing**, dans les environs de Zhenyuan, c'est une fête de rencontre entre filles et garçons.

Qingming, « pure clarté », la fête des Morts des Han était célébrée autrefois le 15e j. du 3e mois lunaire. Elle est désormais fixée **du 20 au 23 avr.** Ces jours-là, chaque famille balaie la tombe de ses ancêtres et fait des offrandes, sous forme de couronnes de fleurs et de fausse monnaie de papier, brûlée à l'usage des défunts.

À **Taijiang** et à **Shidong**, dans le Guizhou de l'E., se déroule la **fête des Sœurs**, occasion d'un extraordinaire déploiement de parures.

Guzang jie (fête des Tripes de buffle) : fête miao destinée à honorer les ancêtres d'un clan, elle a lieu, selon les clans, tous les 12 à 36 ans. Des dizaines de buffles sont alors sacrifiés et leurs tripes données en offrande aux esprits des ancêtres. Cette fête a pour fonction de renforcer la solidarité à l'intérieur du clan miao. En retour, les ancêtres garantissent la prospérité de leurs descendants et de bonnes récoltes pour les années à venir.

Du **13 au 15 avr.** de notre calendrier, lors de la **fête de l'Aspersion par l'eau** *(p. 96-97)*, les Dai du Xishuangbanna s'aspergent par bassines entières à l'effet de purification et de bénédiction.

Avr.-mai. À **Hong Kong** et dans les régions côtières, on rend hommage à **Mazu,** déesse protectrice des pêcheurs, le **23e j. du 3e mois** : son effigie est promenée dans les rues, juchée sur un petit bateau.
La **Foire du 3e mois des Bai** (du 15e au 21e j.) se tient à Dali. Anciennement rassemblement bouddhique, c'est devenu une fête populaire.
Des **fêtes de rassemblement miao,** célébrées au son du *lusheng*, ont lieu à Guiyang, sur la place Penshuichi et sur le site de Feiyunyan, dans le canton de Huangping, autour du 4e j. du 8e mois (Siyue ba).

Juin-juil. Le **5e j. du 5e mois** (Duanwu), la **course des Bateaux-Dragons** est particulièrement célébrée en Chine méridionale. Pour les Han, elle rappelle le souvenir de Qu Yuan, le poète qui se précipita dans un fleuve pour avoir été injustement calomnié. Les courses de bateaux ont lieu sur les lacs et les rivières, notamment à Nanning et dans l'arrière-pays cantonais. Les Miao de **Shidong** et de **Zhenyuan** la célèbrent plus tard, le **24e j. du 5e mois,** tout en lui donnant une signification différente *(encadré p. 329)*, mais avec autant de faste.
Dans le Guizhou du N.-O., les Miao « grandes fleurs » des environs de **Weining** fêtent également le **Double Cinq** en organisant combats de buffles et courses de chevaux.

Juil.-août. Le 6e j. du 6e mois lunaire est l'occasion pour les **Miao du S.-E.** de « manger le renouveau » *(chixing)*. C'est une période de grands marchés, de concours de *lusheng* et de combats de buffles dans les environs de **Kaili**.
Le **24e j. du 6e mois,** c'est la **fête des Torches,** la plus importante célébration des **Yi** du Yunnan et du Guizhou. Les torches allumées, brandies en longues processions dans les champs, sont une manière de conjurer épidémies, invasions d'insectes et fléaux de toutes sortes. C'est aussi l'occasion d'un jour de marché et de combats de buffles. La branche des Sani de Lunan lui donne le cadre très spectaculaire de la Forêt de pierres. La **fête du Kuzhazha** a lieu à la même date que la fête des Torches, juste après les semailles. Elle dure entre 3 et 7 jours. On égorge des volailles et des bêtes pour les donner en offrandes aux ancêtres, et l'on procède à des cérémonies propitiatoires pour une bonne moisson. La fête est aussi l'occasion d'organiser toutes sortes d'activités : jeux de balançoire, chansons montagnardes, parties de chasse.

Oct.-nov. Les **Shui** de Sandu, dans le S. du Guizhou, fêtent leur Nouvel An (**Duan**) durant un cycle de trois fois 12 jours, à la **fin du 9e mois lunaire,** après les récoltes. Pour la circonstance, on frappe les tambours en bronze et on organise des courses de chevaux.

découvrir
partir
séjourner
comprendre
visiter
en savoir plus

Un ensemble d'introductions sur la Chine du Sud-Ouest, ses populations, son histoire

Les nationalités minoritaires

par Jacques Lemoine

Le Sud-Ouest est aujourd'hui encore le plus grand conservatoire des cultures non han de la Chine, un prodigieux rassemblement de peuples témoins de la diversité historique de l'espace chinois. Ce sont ces peuples, leur passé, leurs traditions, qui donnent à ces provinces leur couleur locale, même si, numériquement, ils ne représentent plus maintenant qu'une fraction de la population recensée. Ils apparaissent sur les cartes en circonscriptions han et en Cantons, Districts, Sous-préfectures, Départements et même Régions autonomes portant le nom de celui d'entre eux qui se trouve localement majoritaire, ou parfois de celui qui est la plus importante minorité de telle ou telle circonscription administrative. Ainsi, depuis le 5 mars 1958, la province du Guangxi a été officiellement reconnue comme Région autonome zhuang du Guangxi, les Zhuang représentant à l'époque environ 40 % de la population totale de cette province.

Sous l'Empire : sujets et sauvages

Avant le premier Empire, établi en 221 av. J.-C., les royaumes hiérarchisés puis concurrents se présentaient comme une mosaïque de populations diverses, chaque centre politique et culturel constituant « un îlot civilisé au milieu des barbares » (Maspero). Civilisation et barbarie en symbiose économique et politique ont pu se côtoyer – et s'affronter parfois – pendant des siècles. Le premier empire des Qin puis celui des Han (206 av. J.-C. - 220 apr. J.-C.) qui lui succéda se répandirent comme une tache d'huile aux plus lointains horizons, égrenant les commanderies militaires le long des routes stratégiques et commerciales dans ce qui n'était encore qu'un vaste empire colonial.

Sujets, vassaux et sauvages d'un empire universel

Les sujets *(min)* de l'Empire étaient astreints à se faire enregistrer par l'administration, à payer des taxes et à participer aux corvées publiques en fonction du plan cadastral de leur territoire villageois. Ils entraient dès lors dans un système

◄ Femme yi noir de la région de Lijiang. Elle porte la coiffe caractéristique des femmes mariées soutenue par un cadre en bois posé sur un turban. Ses pendants d'oreille en argent incrustés de corail dénotent une influence tibétaine.

d'obligations et de responsabilités permanentes, tout en bénéficiant de la civilisation et de la protection de l'État, dont les fonctionnaires avaient aussi pouvoir de rendre justice. Les populations allogènes (→ *encadré p. 71*) restées à l'écart étaient de deux sortes : soit elles appartenaient déjà à une formation étatique, soit elles vivaient en sociétés tribales. Dans le S., on les appelait collectivement **Man** et **Yi** dans les annales historiques, lorsqu'on leur consacrait un chapitre.

Le mot *man* signifie « rude, brutal, grossier, barbare », voire « sauvage », tandis que le caractère *yi* représente un chasseur.

Elles vivaient généralement dans des montagnes ou sur de hauts plateaux ou encore dans des plaines et des vallées protégées par un cirque de montagne *(dong)* et traversées par un gave de montagne *(xi)*, d'où le nom de Xidong Man donné parfois à ces populations. Lorsque les sujets, les soldats et les administrateurs de l'Empire entraient en contact avec les Man, ceux-ci avaient le choix entre se rallier et devenir des sujets, se battre pour défendre leur territoire ou fuir au loin. Quand ils avaient, comme les Yi du S.-O. (Xinan Yi), leur propre formation étatique, celle-ci pouvait demander à devenir tributaire de l'Empire. Ils portaient à la cour les produits les plus rares et les plus précieux de leur région et revenaient chargés de cadeaux tout aussi précieux (soieries, pierreries, sceaux d'investiture, etc.). Ce faisant, leur propre État reconnaissait sa vassalité, et la cour impériale contrôlerait désormais le bien-fondé des successions selon les critères han. Ce système tributaire ouvrait aussi la voie aux marchands et aventuriers venus chercher fortune et, partant, aux futurs colons.

Sous les Han, à partir de l'empereur Wudi (140-87 av. J.-C.), les royaumes qui subsistent dans le S., le Nanyue (fondé par un général du Premier Empereur des Qin, dans l'actuel Guangdong), le Yelang, à cheval sur le Guizhou et le Yunnan oriental, le Dian, sur le site de l'actuelle Kunming, se soumettent puis disparaissent tour à tour, coiffés puis remplacés par des commanderies militaires. Cependant, des principautés vassalisées ou marginales subsistent çà et là.

La dynastie des Tang (618-907) refait l'unité de l'espace impérial, sept siècles plus tard, mettant en œuvre une grande politique coloniale : les poches d'insoumission représentées par ces petites formations territoriales encore incontrôlées sont attirées dans un système de protectorat, les *jimi zhou* (territoires associés), qui leur laisse l'autonomie administrative sous la protection de la Couronne impériale. Les peuples autochtones s'accommodent de leur mieux de l'espace qui leur reste, d'autant plus que les invasions barbares dans le N. ont entraîné des migrations massives de Han vers le S. et des

Le cru et le cuit

Les empereurs mandchous considéraient les peuples non han du S. comme des curiosités de leur vaste empire et commandaient à leurs peintres de cour des albums entiers représentant sur soie ces peuples résiduels dans leur environnement, leurs costumes et leurs activités caractéristiques. Au Guizhou, à partir du XVIIe s., ils étaient presque tous qualifiés de Miao, tant ce mot qui désignait aussi un ensemble ethnique particulier avait localement envahi l'espace aborigène. Mais également, depuis les Ming, on distinguait deux variétés de chaque peuple : les « crus » *(sheng)*, ou indépendants et sauvages, et les « cuits » *(shu)*, ceux qui acceptaient les contacts avec les Han et leur administration, en voie de devenir des sujets de l'empereur. → *aussi encadré p. 128.*

brassages ethniques sans précédent qui ont façonné la diversité linguistique et culturelle actuelle des Chinois méridionaux. Parfois, l'Empire choisit d'appuyer l'émergence d'un État tampon comme ce fut le cas pour le royaume du Nanzhao, que la stratégie des Tang a choisi d'interposer afin de faire barrage aux incursions tibétaines dans les marches occidentales du Yunnan.

Les Song du Nord (960-1127) **et du Sud** (1127-1279), reculant devant la poussée des peuples du N., puis acculés dans le S. avant d'êtres balayés par les armées mongoles des fils de Genghis Khan, se sont en revanche efforcés de réduire ces poches afin de regonfler les rangs de leurs sujets à mesure que le centre de l'Empire se déplaçait vers le S., établissant sa capitale dans l'actuelle Hangzhou.

La dynastie mongole des Yuan, au contraire, soucieuse de rassembler les diverses ethnies, au même titre que les Han, sous une autorité efficace, a favorisé la multiplication de principautés autochtones intégrées à l'organisation militaire sous forme de garnisons indigènes dont le commandement était assuré par la chefferie locale et la troupe recrutée dans la paysannerie, mobilisable en cas de besoin. Cette organisation a parfois établi ou renforcé le modèle de structure féodale propre à ces formations politiques comme ce fut le cas chez les Dai du Yunnan.

Les Ming (1368-1644) se livrèrent à une véritable reconquête de l'espace impérial, annexant certaines principautés comme Dali – successeur du Nanzhao – tout en reconnaissant certaines autres sous forme de *tusi* (administrateurs indigènes) héréditaires, ce qui permettait de consacrer, voire de pérenniser, ces chefferies locales en poursuivant la politique mongole d'enrégimentement. Dans les seules trois provinces du Yunnan, du Guangxi et du Guizhou, on a recensé plus de 1 300 familles investies de ce titre.

Les Mandchous (Qing), derniers conquérants à s'approprier l'Empire, ont hésité sur la conduite à suivre à l'égard des peuples non han qui ne faisaient pas partie de leur domaine propre comme ceux de la haute Asie. Finalement, au début du XVIIIe s., sous l'empereur Yongzheng, on décida de revenir à la politique qui avait déjà été celle de Zhu Yuanzhang (Hongwu), le fondateur des Ming ; on décréta la réforme de l'administration indigène et son retour à l'administration centrale. Une telle politique, qui menaçait à la fois chefferies et territoires jusque-là autonomes, ne pouvait entraîner que bouleversements socio-économiques, résistance et rébellion. Ainsi est dressée pour deux siècles la toile de fond des grands drames historiques où s'épuisa peu à peu le pouvoir mandchou : révolte des Miao (Hmu), Dong, Yao des marches du Guangxi (1740), révolte des Miao (Hmong, Qoxiong) des trois frontières provinciales du Sichuan, du Hunan et du Guizhou (1795-1806), révolte des Han Hakka du Guangxi et établissement du Royaume céleste de la Grande Paix *(Taiping tianguo)* sur tout le S. avec Nankin pour capitale (1853-1864), révolte des Miao du S.-E. du Guizhou dominée par la figure charismatique de Zhang Xiumei (1854-1873), jonction des rebelles miao avec les troupes Taiping de Shi Dakai (1860), révolte au Yunnan des musulmans hui qui établissent un sultanat à Dali (1856-1873), imités en 1858 par les Hui du Guizhou, etc., tandis que l'Angleterre, bientôt suivie par la France, triomphait des armées impériales dans les guerres de l'Opium.

Ce retour à l'administration ordinaire suscita en pratique tant de difficultés qu'en beaucoup d'endroits il fallut bien l'aménager pour le rendre acceptable : soit l'administrateur principal resta le chef indigène et on nomma auprès de lui un adjoint issu de l'administration impériale pour le conseiller, soit c'était le chef indigène qui devenait l'adjoint exécutif du mandarin en poste.

Sous la République : l'intégration au territoire national

La République voulue et réussie par Sun Yat-sen et ses disciples revendiquait pour territoire national l'ensemble de l'héritage des Mandchous de la dynastie Qing qu'ils avaient renversée. Conscients toutefois de l'importance géographique des peuples périphériques de l'Empire défunt, ils avaient adopté pour emblème un drapeau à cinq couleurs représentant les cinq nationalités reconnues de la Chine d'alors : les Han, les Mongols, les Mandchous, les Tibétains et les Turcs musulmans. Accorder la citoyenneté à ces peuples des frontières revenait littéralement à annexer l'intégralité de leurs territoires. Les allogènes de l'intérieur et des frontières du Sud-Ouest étaient, eux, censés évoluer, s'assimiler ou disparaître.

Les communistes, confrontés avec le modèle soviétique voisin, promirent d'abord autodétermination et fédéralisme avant de les rejeter, une fois parvenus au pouvoir. Dans leur volonté de construire un « État multinational unifié », ils finirent par inventer la quadrature du cercle : une forme d'intégration originale par reconnaissance d'un nombre important de nationalités pourvues d'une certaine autonomie administrative et d'un traitement privilégié en regard de l'évolution accélérée imposée au reste de la population. Ce sont les deux arcs-boutants qui devraient encore soutenir ces ethnicités non han aujourd'hui.

Droits et privilèges des nationalités minoritaires

Les nationalités minoritaires bénéficient d'une surreprésentation au Parlement et dans les instances provinciales ; depuis les années 1980, elles choisissent en leur sein des dirigeants de circonscriptions autonomes. Sur le plan familial, elles échappent encore aux limitations drastiques des naissances imposées aux Han ; sur le plan de l'éducation, elles ont accès à des instituts d'enseignement réservés leur garantissant ainsi l'accès à l'université sans passer par la sélection générale ; sur le plan économique, les régions, Préfectures et Districts autonomes reçoivent des aides spéciales au développement.

Nationalité et ethnie

Une nationalité n'équivaut pas toujours à une ethnie ; elle peut regrouper des ethnies différentes encore qu'apparentées. La reconnaissance instamment demandée par les Gejia du Guizhou, jusqu'à une date récente confondus dans l'ensemble miao, en est un exemple. En fait, plus une nationalité affiche une population importante, plus il y a de chances qu'elle soit composite. Et réciproquement, les seuls cas où l'adéquation entre ethnie et nationalité est indubitable sont ceux de petites nationalités comme les Jinuo, les Achang, les Dulong ou les Nu du Yunnan.

Sous les deux républiques : naissance d'une politique moderne des nationalités

À l'avènement de la République (1911), la situation des régions peuplées d'allogènes reste sensiblement identique à ce qu'elle était sous l'Empire. Les *tusi* qui lui ont survécu ont conservé leur pouvoir. L'administration est bien forcée de les ménager tout en s'efforçant d'établir son contrôle. En fait, ces peuples semblent théoriquement voués à une assimilation culturelle plus ou moins rapide, tandis que les premiers ethnologues chinois commencent à les découvrir. La situation n'aura guère changé à la veille de la prise du pouvoir par les communistes, qui fondent la République populaire. Toutefois, le programme révolutionnaire comporte une politique de reconnaissance des nationalités inspirée du modèle soviétique dont on récuse cependant l'option fédéraliste. Avant de pouvoir les reconnaître, il faut se livrer à un long et patient travail d'identification qui va occuper plus d'un millier d'enquêteurs, linguistes, ethnologues, enseignants et informateurs d'élite parmi ces peuples, entre 1953 et 1957. Le résultat est surprenant : la Chine n'admet que 56 nationalités officielles, dont plus des deux tiers se trouvent en Chine du S. La reconnaissance officielle par l'État et son acceptation par les populations concernées intègrent du même coup la nationalité à la nation et son territoire au territoire national. Égalité en droit et même certains privilèges accompagnent cette intégration qui établit un système d'autonomie administrative.

La quatrième constitution (1982), complétée par la loi de 1984 « sur l'autonomie régionale pour les nationalités minoritaires », a remis sur son rail la politique des nationalités amorcée par la première en 1954. La politique d'auto-administration s'accompagne de l'établissement d'un organisme chargé de gérer les affaires des nationalités à tous les échelons du pouvoir exécutif. Depuis le Conseil d'État jusqu'à la sous-préfecture (ou district), une commission *(minwei)* sur les affaires nationales est chargée de relayer les décisions de chaque instance vers les nationalités concernées dans tous les domaines, administratif, religieux ou culturel ; depuis le milieu des années 1980, les cadres et les membres de ces commissions sont tous non han. Enfin, le législateur, dans la perspective d'un futur État de droit, a invité les divers gouvernements de circonscriptions autonomes à élaborer et à publier des règlements et arrêtés propres à leur circonscription, en s'assurant toutefois de l'approbation des autorités provinciales et nationales.

Si vous voulez visiter des villages de nationalités minoritaires, le mieux est de vous en remettre à la commission locale des nationalités *(minwei)* en la personne du préposé à la culture, qui pourra vous obtenir les autorisations et vous fournir les informations nécessaires sur le(s) village(s) et les gens en question. Demandez à votre hôtel de vous mettre en relation avec lui (mais sachez toutefois que vous aurez besoin d'un interprète, la probabilité qu'il parle français, voire anglais, étant infime).

L'affirmation de la différence

par Jacques Lemoine

D'abord connu comme la terre des Bai Yue (« Cent [groupes de] Viet »), le Sud devint aussi le refuge des peuples aborigènes des plaines et des montagnes qui s'étendent entre le Huanghe et le Yangzi jiang, incapables, ou réticents, à s'intégrer à l'empire des Han. Longtemps, celui-ci répertoria l'ensemble des peuples de ces marches sous le nom de « Man et Yi », dans ses chroniques. Aujourd'hui, leurs descendants se répartissent en trois grandes familles ethnolinguistiques (taï-kadaï, tibéto-birman et miao-yao), tandis que dans les marches occidentales et méridionales du Yunnan, môn-khmer et polong-wa, représentants de la famille austro-asiatique, font déjà transition avec le monde sud-est asiatique. La progression de l'implantation han dans les provinces du Sud-Ouest fait ressortir plutôt qu'elle ne la cache la mosaïque de peuples qui relèvent de ces quatre groupes ethnolinguistiques, et, parfois, l'uniformité apparente des costumes ou de l'habitat depuis les années révolutionnaires ne rend pas compte de la diversité des cultures qui, elle, est bien perceptible si l'on se donne le temps de la découvrir. Car il n'est pratiquement pas d'endroit où l'on ne puisse côtoyer, sous une forme ou une autre, l'affirmation de la différence, prise ou non en compte par l'État, mais dernier refuge de ces vestiges de sociétés. C'est là précisément ce qui rend ce Sud-Ouest si mystérieux et si attachant. En commençant par les Taï-Kadaï, puis les Tibéto-Birmans, on abordera les peuples les plus anciennement établis dans ces marches, avant de faire connaissance avec ces immigrants plus récents que sont les Miao-Yao. La frange austro-asiatique, elle, appartient déjà au monde péninsulaire.

La famille taï-kadaï

Les peuples taï-kadaï sont les principaux descendants des Bai Yue. Ils occupent une bonne partie des plaines, des plateaux et des vallées du S. de la Chine et de la péninsule indochinoise. Ce terme a été inventé par Paul Benedict (1942) pour rendre compte d'une famille de langues particulièrement étendue et diversifiée. Plus conservateurs, les linguistes chinois continuent à rattacher ces langues à une vaste famille sino-tibétaine

Petit lexique ethnographique

Allogène : qualifie une population venue d'ailleurs.

Clan : groupe de parenté, défini par l'usage d'un même patronyme et le sentiment d'appartenir à un même groupe de descendance, même si le lien généalogique entre membres d'un même clan ne peut être précisé, car il se perd dans la nuit des temps. Dans les systèmes de parenté unilinéaires, le conjoint qui, au mariage, va s'installer chez l'autre, est normalement intégré au clan de sa famille d'accueil, son clan d'origine devenant désormais celui de ses alliés.

Cousins croisés : enfants de la sœur du père ou du frère de la mère.

Cousins parallèles : enfants des sœurs de la mère (matrilatéraux) ou des frères du père (patrilatéraux).

Endogamie : obligation de se marier à l'intérieur de son groupe d'origine – clan, lignage – ou de sa classe ou caste (Yi noirs). Endogamie et exogamie peuvent coexister si elles s'appliquent à des unités différentes.

Exogamie : obligation de se marier en dehors de son groupe d'origine, sous peine de commettre un inceste sanctionné par la société. La définition du groupe varie et avec elle l'extension de l'exogamie.

L'**exogamie de clan** interdit le mariage entre gens de même patronyme, même en l'absence de toute parenté connue ; l'**exogamie de lignage maximal** interdit le mariage entre descendants d'un même ancêtre, quelle que soit la profondeur généalogique considérée ; l'**exogamie de lignage minimal** interdit le mariage entre descendants d'un même aïeul.

Lévirat : coutume fréquente dans les mariages par achat avec résidence patrilocale, qui oblige le frère cadet d'un défunt à épouser la veuve de celui-ci. Le lévirat est parfois étendu aux frères aînés et à d'autres hommes de la patrilignée comme chez les Yi du Yunnan.

Lignage : groupe d'ascendance commune dont tous les membres connaissent précisément leurs liens généalogiques avec l'ancêtre commun et les uns avec les autres. La constitution de lignages s'accompagne généralement d'un culte des ancêtres.

Monogame : se dit d'une famille ou d'un ménage ne comportant qu'une seule femme et qu'un seul mari.

Néolocal : qualifie le fait d'habiter ni chez les parents du mari ni chez les parents de l'épouse, mais dans une maison indépendante.

Famille **patriarcale :** dans laquelle le pouvoir est au maître de maison.

Famille **patrilinéaire :** famille dans laquelle la filiation (patronyme et héritage) se fait de père en fils.

Famille **patrilocale :** famille dans laquelle les jeunes mariés vont habiter dans la maison du père du mari ; **matrilocale** s'ils habitent chez les parents de la mariée.

Unilinéaire : se dit d'un système de parenté par exemple qui privilégie une ligne de descendance (patrilinéaire ou matrilinéaire) pour établir la filiation et l'appartenance à un clan ou à un lignage.

générique. La grande famille taï-kadaï se compose de plusieurs sous-groupes de langues, toutes tonales : taï archaïque – comme le *Be (Ong Be)*, ou *Limko*, de l'île de Hainan – ; taï et kam-sui, regroupés en kam-taï (zhuang-dong pour les Chinois), qui inclut le *Lakkia*, ou Chashan Yao, à Jinxiu au Guangxi – les Lakkia font partie de la nationalité yao mais parlent une langue taï-kadaï – ou encore le hlaï (day, say) des Li sur l'île de Hainan ; kadaï, enfin – principalement le *Gelao* du Guizhou, de Longlin au Guangxi et de Wenshan au Yunnan, mais aussi d'autres ramifications de ce groupe au Vietnam.

Pour aider le voyageur et lui éviter toute confusion, nous utilisons les italiques pour les langues et les noms de peuples tels qu'ils sont réellement prononcés dans le parler des diverses nationalités, et les caractères romains pour les noms officiels de la nomenclature chinoise. Ainsi, au Yunnan, il existe une nationalité dai parlant des dialectes taï et se nommant *Taï* eux-mêmes, à l'exception d'un petit groupe oriental qui se nomme lui-même *Daï.* Au Vietnam, les Taï du N.-O. sont officiellement appelés Thai, bien qu'ils prononcent eux-mêmes leur nom sans aspiration, à la différence des Thaïs de Thaïlande.

L'ensemble ethnolinguistique des peuples taï-kadaï, pour considérable qu'il soit, n'a donné lieu, en Chine, qu'à neuf nationalités officielles : Buyi, Zhuang, Dai, Dong, Shui, Molao, Maonan, Gelao et Li.

■ Les Buyi (prononcer « pouyi »)

Des Luo Yue aux Zhongjia

Eux-mêmes se disent *Poyei, Puyüï, Puyoï, Puyaï* au Guizhou, *Puyaï, Puyüi* ou *Nhang* au Vietnam – *pu,* ou *po,* étant le terme générique pour « homme » dans ce groupe. Ils appartiennent sans doute à la branche des Yue que les annales désignent jusqu'aux Han comme les Luo Yue (Lac Viet) du bassin du Fleuve aux eaux rouges (Hongshui jiang). Ce nom fut remplacé par des appellations diverses, aboutissant, à partir des Yuan, aux termes de Zhongjia, ou de Yijia, qui font référence à leur incorporation dans les troupes supplétives de l'Empire. La nationalité buyi – 2 971 500 hab. en 2000 – est officiellement confinée dans l'O. et le S. du Guizhou. Leur habitat jouxte les limites provinciales du Yunnan et du Guangxi, ce qui explique leurs prolongements naturels dans ces deux provinces, où, cependant, ils ont été identifiés comme faisant partie de la nationalité zhuang.

Légumes en saumure et cuissots de chien

Favorisés par un climat tempéré (16 °C de température moyenne annuelle) et de bonnes précipitations, ces cultivateurs de riz en rizières irriguées, de maïs et de blé plantent encore en nourritures d'appoint le millet, le sorgho, le riz gluant, dont ils sont friands, et plusieurs variétés de haricots et de patates. En montagne, ils cultivent la canne à sucre, le thé, le colza et le coton, ils pratiquent la cueillette (champignons), la chasse (oiseaux) et la pêche. Leur cuisine, accompagnée de riz – riz gluant de préférence –, comprend toutes sortes de légumes, conservés en saumure ou en choucroute, et plusieurs variétés de viandes, sans oublier le chien (plat de gourmet, particulièrement réputé dans la localité de Huajiang, située au Guizhou sur la route entre Xingyi et Anshun). Ils fabriquent leur propre alcool de riz, dont ils sont grands consommateurs les jours de fête.

L'artisanat buyi est très typé : aux femmes – et aux jeunes filles dès leur 11e année –, le tissage, le batik des étoffes et les travaux d'aiguille (appliqués d'étoffes), ainsi que les papiers découpés ; aux hommes, les travaux d'argenteurs (fabrication de bijoux en argent repoussé) et la céramique.

La grande maison buyi

Les **villages** occupent souvent le fond d'une vallée, à proximité du cours d'eau qui la traverse, ou bien encore les pentes inaccessibles à l'irrigation.

Une grande partie du Guizhou du S. conserve des exemples des vastes demeures buyi, dont l'architecture soignée varie en fonction des matériaux disponibles dans la région (→ *ill. p. 306*). Le **toit** est généralement couvert de tuiles, parfois de lauzes. La maison a le plus souvent deux étages : pièces d'habitation, desservies par un escalier, au premier étage, étable et remise au rez-de-chaussée. Si elle est construite sur un terrain en pente, la différence de niveau est prise en compte, le rez-de-chaussée s'adossant à la pente, le premier étage étant sur pilotis. Dans la pièce centrale se dresse l'**autel domestique,** qui fait face à la porte d'entrée ; sur les côtés se trouvent la cuisine et, parfois, un autre foyer d'appoint. Au fond et sur les côtés de la partie arrière, les **chambres à coucher.**

Patois et costumes

Le **costume masculin** est partout le même : une veste droite boutonnée devant, à col officier, fermée par une ceinture sur des pantalons droits ordinaires, la tête prise dans un large turban. Pour les **femmes,** on note aujourd'hui une certaine variété, concomitante des différents parlers locaux, où domine cependant l'ensemble veste croisée et pantalon, avec ou sans court tablier. À Huangguoshu et à Zhenning, la veste courte croisée est portée sur une longue jupe plissée, agrémentée d'un long tablier. Faut-il le préciser, le **bleu indigo** est la couleur dominante dans tous ces costumes, richement rehaussée par les décors batikés qui prennent une couleur bleu délavé et les broderies.

Des seigneurs et des hommes

Les Buyi, à la veille et au début du XXe s., étaient encore pénétrés du régime des *tusi,* issus de chefferies plus anciennes dont les premières descriptions dans les monographies locales chinoises remontent aux XIe-XIIe s. La société buyi était une **société hiérarchique,** chaque territoire étant régi par un seigneur, ayant un droit éminent, et reconnu par l'Empire, sur la terre qu'il faisait cultiver par des serfs en échange d'impôts et de corvées. Les paysans sans terre devenaient ses dépendants, certains voués à des tâches domestiques, d'autres chargés de cultiver ses rizières personnelles. Par endroits le système a perduré, au moins partiellement dans les premières années de la république. Les Buyi d'aujourd'hui sont passés en quelques années à la réforme agraire qui a entraîné une redistribution des terres, à l'exploitation collectiviste en communes puis, au cours des années 1980, à une nouvelle distribution des terres et à l'économie de marché.

L'autorité des pères

La **famille** est résolument patrilinéaire, patrilocale et patriarcale, et presque toujours monogame, le maître de maison disposant de l'économie domestique et du pouvoir de contrôler tous les adultes de la maisonnée. À sa mort, c'est son fils aîné qui lui succède. Le respect et le prestige qui l'entourent lui permettent de régler les différends à l'intérieur de sa parenté sans qu'il soit nécessaire d'aller au tribunal. La **femme** a une condition inférieure. La veuve peut hériter de la fortune de son époux sous réserve qu'elle ne se remarie pas. Les familles peuvent être restreintes ou élargies à trois ou quatre générations. Quand le nombre des membres devient trop élevé, les fils mariés se séparent de la maison paternelle et vont s'établir ailleurs. Au moment de la division du patrimoine, on laisse aux parents la « rizière pour nourrir les vieux » et aux sœurs non encore mariées la « rizière des jeunes filles » ; le reste est partagé également entre tous les fils. Le plus jeune reste avec les parents pour s'occuper des travaux domestiques, sinon ceux-ci vont s'installer chez leur fils préféré.

Les rites de l'union

Le **mariage** traditionnel est arrangé au moyen d'entremetteurs, après avoir établi l'horoscope de l'union potentielle. Il est contracté prioritairement avec les cousins croisés et les cousins parallèles matrilatéraux (→ *encadré p. 71*). Les mariages entre générations, c'est-à-dire entre oncle et nièce, tante et neveu, sont prohibés.

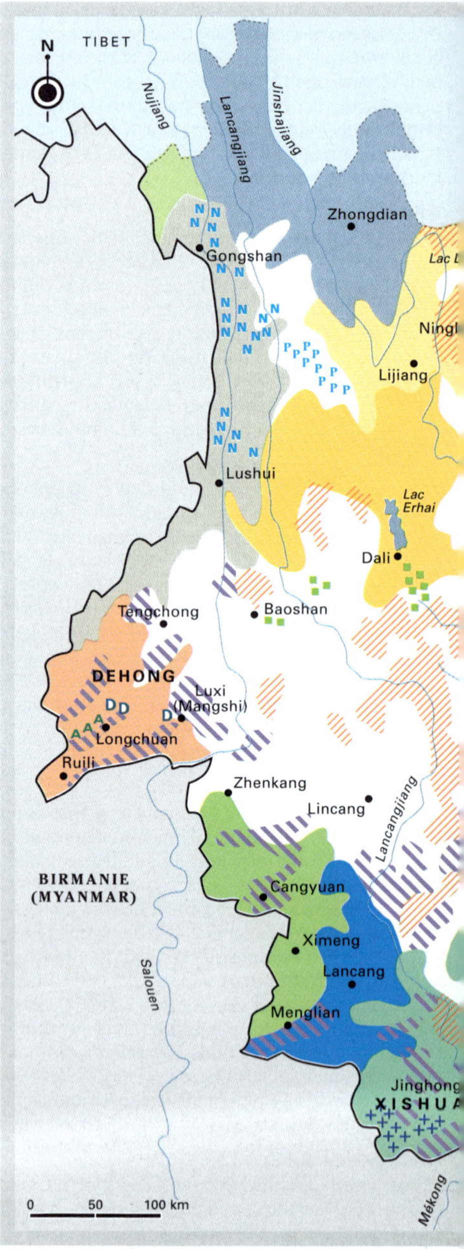

Les principales nationalités minoritaires du Yunnan.

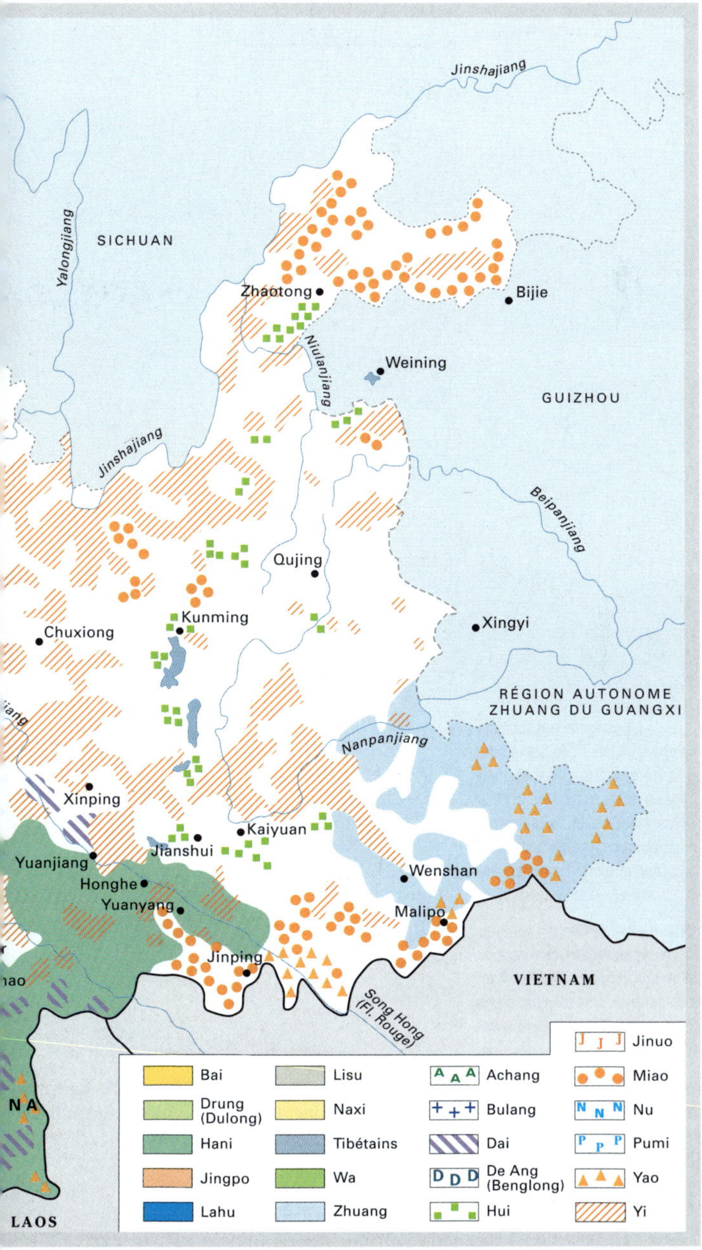
Jinshajiang
SICHUAN
Yalongjiang
Zhaotong
Bijie
Niulanjiang
Weining
GUIZHOU
Jinshajiang
Beipanjiang
Qujing
Kunming
Chuxiong
Xingyi
RÉGION AUTONOME
ZHUANG DU GUANGXI
Nanpanjiang
Xinping
Kaiyuan
Jianshui
Yuanjiang
Honghe
Yuanyang
Wenshan
Malipo
Jinping
VIETNAM
Song Hong
(Fl. Rouge)
LAOS
Bai
Drung
(Dulong)
Hani
Jingpo
Lahu
Lisu
Naxi
Tibétains
Wa
Zhuang
Achang
Bulang
Dai
De Ang
(Benglong)
Hui
Jinuo
Miao
Nu
Pumi
Yao
Yi

Les principales nationalités minoritaires du Guizhou.

La coutume qui consiste à ne pas s'installer dès le mariage dans la même maison que son mari est propre à de nombreuses cultures de la Chine méridionale. La littérature ethnographique chinoise la désigne par le terme de *buluo fujia* (« non-descente dans la famille du mari »).

La pratique qui consiste à apparier les couples en comparant les horoscopes est un emprunt à la tradition han. Les termes de parenté, s'ils relèvent d'une structure commune taï, empruntent aussi au système clanique des Han.

Survenant parfois très tôt, entre 10 et 17 ans, l'union n'est pas immédiatement consommée. La mariée rentre chez elle pour une période d'une à plusieurs années, au cours de laquelle elle fera de rares visites à la maison de son mari, n'acceptant son transfert qu'avant la naissance de son premier enfant.

Passage dans l'au-delà

Les **rites de deuil** sont dirigés par un *pumo* (maître de rituel) qui établit le moment favorable à « l'ouverture du chemin » du défunt qu'il va guider dans l'au-delà. Le mort, d'abord

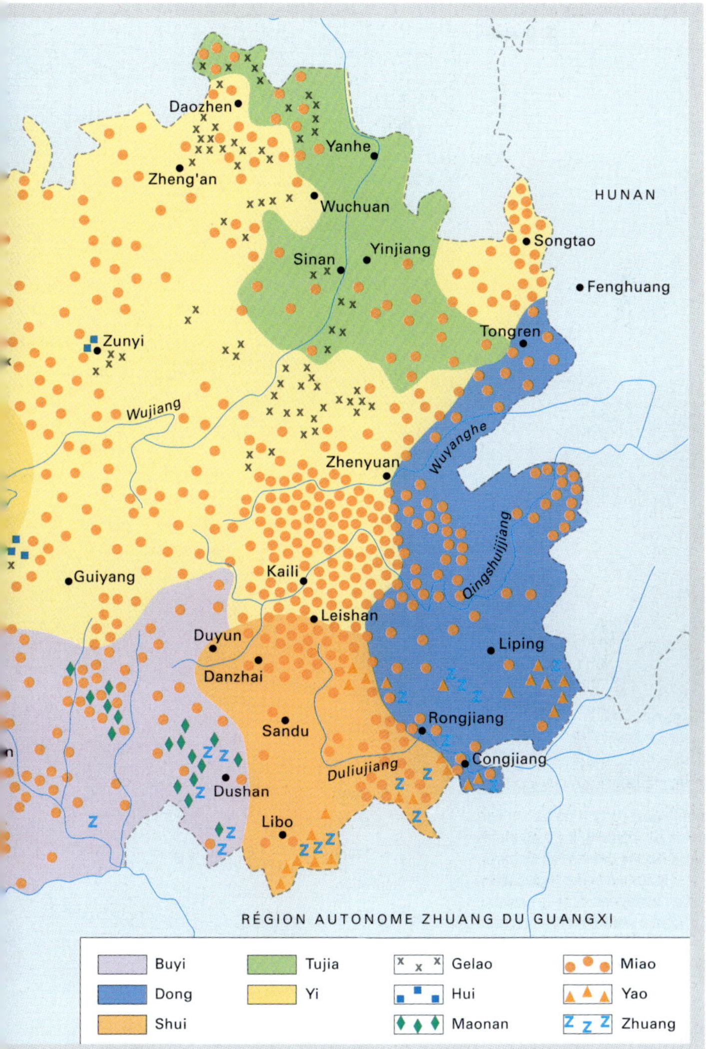

étendu sur un battant de porte pendant qu'on prépare son cercueil, est pleuré par la parenté et le voisinage, qui apportent leur contribution sous forme de bannières funéraires, alcool, poulets, argent et cochons de lait. Autour du défunt, le corps social se ressoude. Les gendres et oncles maternels (qu'il faut attendre pour la mise en bière) apportent de l'encens, des liasses de monnaie funéraire et des bannières funéraires. Les fils, coiffés d'une longue serviette, vêtus de chanvre et chaussés de sandales en paille, attendent les visiteurs en s'appuyant sur un bâton de deuil. À mesure que ceux-ci font leur entrée, ils se prosternent pour les

Les principales nationalités minoritaires du Guangxi.

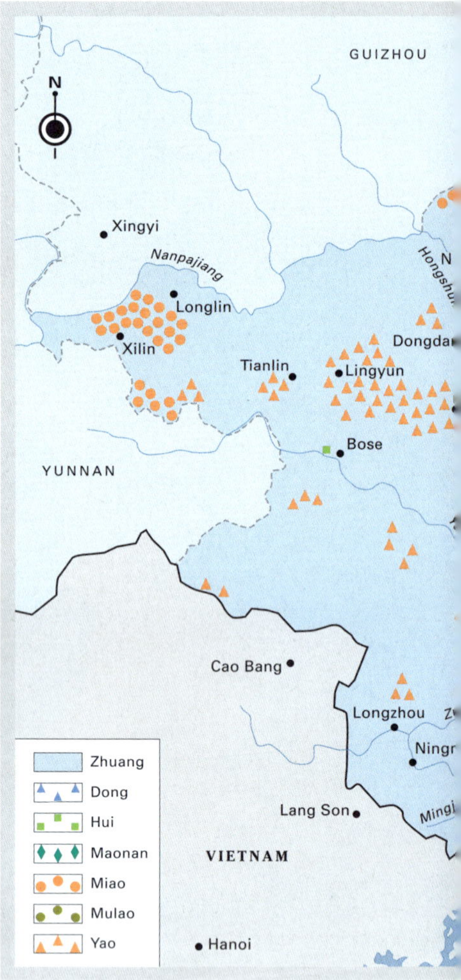

Femme buyi portant un turban noir (région de Anshun). Il y a au moins quatre façons différentes de porter le turban selon les localités. Ces variations dans le costume sont à mettre en relation avec les trois patois régionaux des Buyi en usage au Guizhou *(→ aussi ill. p. 80)*.

accueillir. Les rites sont ponctués par les battements du tambour de bronze. On sacrifie au minimum une vache, voire un cheval, mais le plus souvent plusieurs, en fonction de l'assistance et de la fortune de la maisonnée. Le mort est finalement inhumé sous la direction du *pumo*. Avant de refermer la tombe, une dalle de pierre est posée sur le cercueil.

Croyances et mythes

Depuis les Ming (et même auparavant), l'au-delà buyi a été envahi par les doctrines de salut taoïques et bouddhiques, plus récemment par les doctrines chrétiennes introduites par les missionnaires occidentaux. La religion des Buyi reste cependant animiste et panthéiste. Chaque village a son sanctuaire du dieu du Sol ou dieu du Lieu, chaque maison ses dieux des Portes, du Foyer, etc., et chaque rizière son génie tutélaire. Les agents de culte,

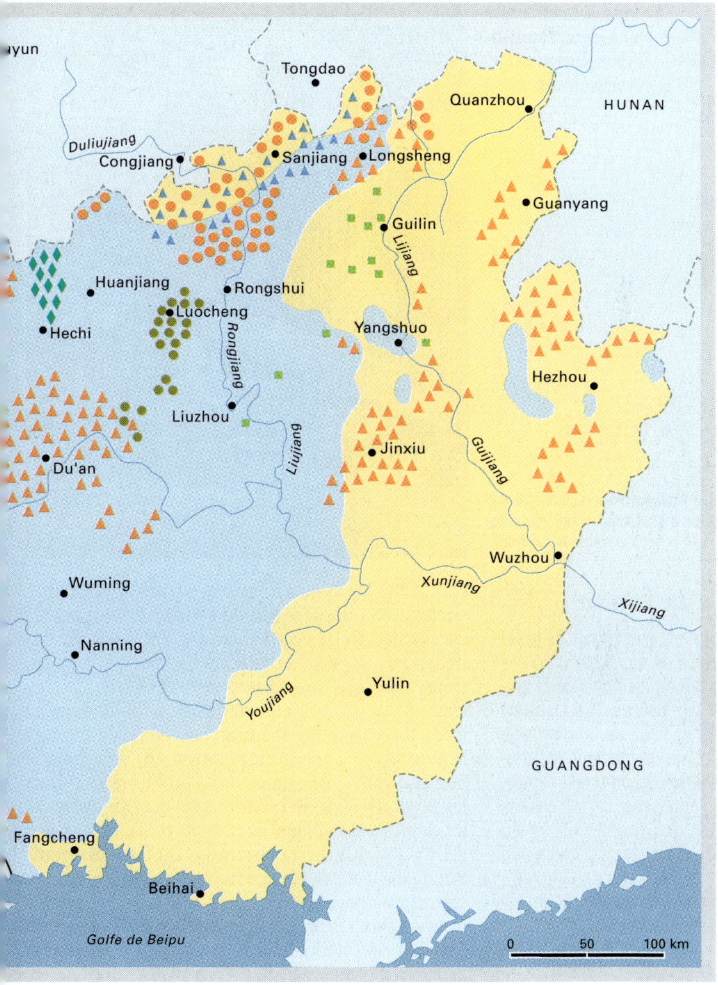

pumo, ou prêtres, pratiquent exorcismes, divination, rites de guérison et rites funéraires. Des danses liturgiques masquées et du « théâtre local au sol » *(dixi)* agrémentent les grandes célébrations rituelles. Guérison et divination sont souvent la spécialité des chamanes *(mina)*. Les **principaux mythes** buyi sont ceux : de la création du monde par le vieux Ong Jie ; des soleils surnuméraires abattus par un vaillant archer ; du Déluge ; de l'origine des tambours de bronze, etc.

L'année, de fête en fête

Le **Nouvel An,** aujourd'hui synchrone avec le Nouvel An des Han, est la grande fête de l'année. Il se prolonge pendant tout le premier mois. Le jour précédent, des offrandes sont faites aux ancêtres, et l'on veille jusqu'au premier chant du

Attention, le 3 du 3e mois, les villages ordinaires sont interdits aux personnes étrangères au village et les contrevenants punis.

Femme buyi portant un turban blanc noué à la manière d'une cornette (région de Anshun).

De l'amour

L'amour n'est pas absent de la vie des Buyi ; il se manifeste dans ces grands rassemblements de la jeunesse au Nouvel An, quand garçons et filles se lancent une balle d'étoffe en chantant des couplets alternés dans l'espoir de rencontrer l'âme sœur. Ces rencontres peuvent orienter le choix du conjoint et donnent parfois lieu à des mariages par enlèvement, s'il advient qu'elles contrarient les plans des parents.

coq. Alors les jeunes filles se précipitent pour aller chercher la première eau de l'année. Le Nouvel An est l'occasion de cours d'amour entre jeunes des deux sexes, *langsao,* et de toutes sortes de compétitions, chansons, musique, danses et courses de chevaux, donnant lieu à de grands rassemblements de foule. Le 3e jour du 3e mois (**ken tsiang,** « manger le Nouvel An », ou « petit » Nouvel An) est la grande fête commune des Taï-Kadaï – en l'honneur, chez les Buyi, du dieu de la Montagne et pour exorciser les démons du village. Le 8 du 4e mois, c'est la fête du « Bœuf qui tire la charrue », ou **fête du Bœuf-Roi.** Dans le 6e mois, on « **mange le renouveau** » en compagnie des ancêtres, c'est-à-dire les prémices des récoltes avec les premiers épis mûrs. Enfin le 15 du 8e mois, on célèbre la **fête** han **de la Mi-Automne**.

■ Les Dong (prononcer « tong »)

La contrée des Dong

Au recensement de 1990, ils étaient 2 514 000 ; depuis 1995, 3 millions, répartis pour une moitié au Guizhou et pour respectivement un quart au Hunan et au Guangxi. Ils présentent un habitat continu à la rencontre des trois limites provinciales du Guizhou, du Hunan et du Guangxi. Au Guizhou, ils habitent au S.-E. de Kaili dans la région de Liping, Rongjiang, Congjiang ; au Hunan, les régions de Xinhuang et de Tongdao ; au Guangxi, celles de Sanjiang, Longsheng, Luocheng, et Hechi, Nandan, Bama au N.-O.

La quête des origines

Des recherches sur la toponymie du Guangxi et du Guangdong laissent penser que les Dong pouvaient être originaires de la région de Wuzhou, où le toponyme *dong* se rencontre fréquemment. Cette migration est d'ailleurs toujours évoquée dans des ballades épiques sur l'origine de leurs ancêtres. Aujourd'hui, il n'y a plus de peuple taï dans cette partie du Guangxi, mais la présence des Yao *lakkia* de langue kam-taï, proche du dong, à Jinxiu, sur le chemin de cette possible migration, les renforce dans cette hypothèse. Quoi qu'il en soit, les Dong furent connus comme Yue puis comme Lao.

À l'instar des Buyi, ils furent rangés par l'Empire sous divers systèmes de chefferies indigènes, impliquant une classe paysanne servile échangeant services et taxes en nature contre le droit de cultiver en usufruit leur terroir villageois.

Leur nom officiel Dong vient de l'habitude de les appeler depuis les Ming « hommes de *dong* » (mot taï adopté par les Han pour désigner une plaine enclose au fond d'une cuvette dans un cirque de montagne et traversée par un cours d'eau). Prudents, ils ont préféré conserver ce vocable connu de leurs voisins plutôt que de chercher à imposer leur nom véritable : *Kam*, *Gaem*, *Gem*, *Jem*, dont la prononciation en chinois pose déjà problème.

Thé à l'huile et théier oléagineux

Agriculteurs en rizières irriguées, les Dong produisent principalement du riz, du blé, du millet, des patates douces et du maïs ; en complément, ils cultivent le coton, le tabac, le colza, le soja, le thé, le théier oléagineux, les champignons et des plantes médicinales diverses. Ils se nourrissent principalement de riz (riz gluant en montagne), ont un penchant pour l'épicé et l'aigre, aiment manger des hachis de poisson ou de porc cru. La boisson de cérémonie est le thé à l'huile, agrémenté d'oignon vert haché menu et d'autres herbes.

Des constructions en bois de cèdre

En bois de cèdre, la **maison**, toujours spacieuse, peut avoir deux ou trois, voire quatre ou cinq étages, le rez-de-chaussée étant réservé aux animaux domestiques (*→ ill. p. 343*). Dans les demeures les plus riches, on n'hésite pas à sculpter les poutres et les piliers. Les **villages** sont en général blottis le long d'une rivière dans la partie convexe d'un de ses méandres. Des ponts en bois caractéristiques la franchissent, faciles à défendre, leur longueur pouvant aller de 60 à 100 m, tandis qu'à l'intérieur du village, des tours de guet de plus de 10 étages étaient dotées d'un tambour pour alerter la population en cas de danger. Ces tours, élevées par chaque clan du village, servent encore de lieu de réunion pour les fêtes. Les rues sont pavées.

Selon la coutume dong, à la naissance d'une fille, on plantait des cèdres, et 18 ans plus tard, on les abattait pour construire la maison de cette fille ; ils constituaient d'ailleurs une partie de sa dot.

La lignée du patriarche

Les villages peuvent compter de 20 à 600 familles, généralement monogames, organisées en lignages appartenant à des clans différents.

Les lignages se regroupent en quartiers à l'intérieur du village, qui peut relever d'un ou de plusieurs clans.

Sur l'architecture spectaculaire des Dong, → *aussi les p. 340-341.*

Sur les costumes dong, → *p. 188-189.*

L'affirmation de la différence

De Jin et les dix soleils

Dans les mythes du monde chinois, on raconte comment un archer vint à bout du nombre excessif de soleils qui brûlaient la terre, à l'aube du monde. Cette version est celle que narrent les Buyi de Zhenning, dans le S.-O. du Guizhou.

La calamité des dix soleils

Aux temps reculés où l'on ne savait compter ni les cycles ni les jours, dix soleils brillaient dans le ciel, dans le plus grand désordre. La terre brûlait sous leurs rayons décuplés, et les champs se fissuraient en crevasses, aussi larges qu'une main. Les plantes étaient chétives, les arbres rabougris.

Pour mettre un terme à ce désastre, le roi fit une promesse solennelle : quiconque abattrait les soleils de ses flèches recevrait en récompense les terres qu'il avait héritées de ses ancêtres et promises à ses fils, les meilleures terres, tournées vers le S. et que bordent les rivières. Ayant eu vent de la nouvelle, le jeune De Jin se rendit auprès du roi pour s'assurer que ces possessions lui seraient remises s'il réalisait l'exploit. Après avoir obtenu toutes les garanties royales, le jeune homme chercha le meilleur bois pour y tailler son arc, les branches les plus solides pour façonner ses flèches. Pour tester sa nouvelle arme, il se posta sur la berge d'une large rivière. Bandant son arc, il décocha trois flèches qui toutes se fichèrent profondément dans un saule de la rive opposée. La nouvelle de cet exploit se répandit dans la contrée. Convaincus que l'archer De Jin accomplirait des prodiges, les habitants vinrent lui offrir force viande et alcool pour l'encourager dans sa chasse au soleil.

L'exploit de De Jin

Enfin, De Jin se mit en route. Il lui fallut marcher des jours et des jours pour approcher du séjour des soleils. Là, sur le mont du Cou de l'oie, poussait un arbre aux cimes si hautes qu'elles frôlaient les nuages. De Jin s'installa dans ses branches pour guetter les soleils. Quand ceux-ci sortirent, il décocha une flèche qui en abattit six d'un coup. La seconde en transperça trois : deux tombèrent à terre, mortellement blessés ; le troisième, également touché, resta accroché, brillant faiblement entre ciel et terre. De Jin s'apprêtait à en finir avec lui, quand le roi le héla du pied de la montagne :

« Arrête-toi de tirer ! Achever ce soleil serait une énorme bêtise et tuer le dernier une terrible erreur. Le dixième soleil éclairera nos biens et nos récoltes, il illuminera la route pour ceux qui voyagent, les champs pour ceux qui labourent. Quant au soleil blessé, il luira le soir pour nos filles qui cardent le chanvre et filent le coton pour en faire des habits. » De Jin obéit au roi. Dès lors la nuit succéda au jour, et les hommes nommèrent lune le soleil blessé.

De Jin provoque le déluge

De Jin descendit de l'arbre. Il fouilla l'herbe et le bord de la rivière pour trouver les soleils abattus. Sa recherche fut vaine, mais il recueillit près de l'eau un dragon, une crevette, une anguille et une tortue. Il s'en fut ensuite chez le roi recevoir les terres promises. Le souverain avait-il la mémoire courte ou était-il parjure ? Toujours est-il qu'il ne fut plus question de donner quoi que ce soit à l'archer De Jin. Furieux, celui-ci fit une courroie du dragon aquatique, un soc de la crevette et un joug de l'anguille. Il attela cette charrue à la tortue et, dans ce curieux équipage, s'en fut labourer les terres royales. Or, le dragon, la crevette, l'anguille et la tortue étaient de puissants génies. Les voir ainsi maltraités provoqua la colère du peuple de l'eau, qui déclencha une pluie diluvienne.

Comment les semences furent sauvées

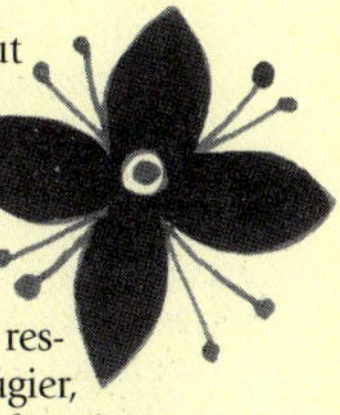

L'espace d'une nuit, la terre fut submergée. Le seul petit morceau de terre non inondé, pas plus large que la paume de la main, se trouvait tout en haut du mont du Cou de l'oie. De Jin et d'autres rescapés du déluge vinrent s'y réfugier, suivis de la gent ailée des pies, des oies et des corbeaux, qui vinrent s'y percher. Sept mille sept cent quarante-neuf jours s'écoulèrent. Toutes les provisions étaient épuisées. Les hommes se mirent à chasser les oiseaux pour les manger. Mais, en vidant les volatiles, ils découvrirent, coincées dans leur bec, dans leur gosier, dans leur gésier, toutes sortes de graines plus ou moins digérées. De Jin leur enseigna que c'était là tout ce qui restait des plantes qui poussaient avant le déluge. Les graines furent donc précieusement conservées. Ainsi, lorsque les eaux se retirèrent, les hommes descendirent de la montagne et les semèrent sur la terre retrouvée.

G. C.

Le temps des amours

Vers 15 ans, la jeune fille commence son existence sociale et sa vie amoureuse : elle assiste aux « réunions » de jeunes gens, qui se passent à chanter des airs de cours d'amour à l'unisson ou en solo. Souvent vers la fin de l'hiver, elle vit en bande avec les filles de sa génération, couchant dans une même maison, occupant sa journée en travaux d'aiguille, filature et tissage, recevant, le soir, la visite d'une bande de garçons du même âge, certains portant un pipa pour accompagner leurs chants ; elle passera toute la nuit à deviser, chanter et parler d'amour. Parfois la jeune fille attend, assise à l'étage supérieur, fenêtre ouverte, son galant, qui la rejoint par une échelle. Face à face, dans l'embrasure de la fenêtre, ils échangent leurs chants. Les garçons, remarqués en chemin ou dans les travaux des champs, sont parfois du même village, parfois de villages éloignés, partis à l'aventure. Mais on se rencontre aussi dans les greniers « au clair de lune » pour échanger des gages et des serments. Après quoi, le garçon s'en ouvre à sa famille pour qu'on envoie un entremetteur faire une demande en mariage à la famille de la jeune fille.

Patrilinéaire et patrilocale, la **famille** de type restreint (les familles élargies à trois ou quatre générations sont fort rares) est régie par son patriarche. Une veuve n'a de chance de présider à sa destinée que si son fils aîné est encore jeune. Quand on doit diviser le patrimoine, on prend soin de mettre à part une « rizière pour le fils aîné » et une autre « pour nourrir les parents une fois vieux ». Ceux qui n'ont pas de fils peuvent adopter un gendre pour continuer la lignée. Une fille hérite des biens personnels de sa mère, mais en aucun cas des terres familiales. La **division** sexuelle **du travail** attribue les labours à l'homme et le tissage et la confection des vêtements à la femme *(→ le mythe han du bouvier et de la tisserande, p. 417)*. Celle-ci doit encore assurer de lourds portages, l'abattage de la brousse, la corvée de bois de chauffage et le sarclage. Pendant ce temps, son mari reste à la maison pour surveiller les enfants en bas âge.

Le palanquin des larmes

Le **mariage** qui implique, à la chinoise, la résidence de la jeune mariée chez ses beaux-parents ne va pas sans rencontrer de résistance. Il y a d'abord les lamentations de celle qui va se marier, les séances de lamentos en compagnie de ses amies. La famille du mari va la chercher en grande pompe en palanquin, suivie d'un joueur de *suona* au milieu d'une joyeuse pétarade. Avant le départ, la mariée partage avec les siens « le riz et l'alcool de la séparation », puis elle est portée sur le dos d'un frère ou d'un cousin patrilatéral (fils d'un oncle paternel) pour franchir la porte principale, tandis que parents et amis lui font escorte jusqu'à la maison de son mari, qui les accueille royalement. Ils y festoieront jusqu'à trois jours durant avant de raccompagner la mariée dans sa famille. Au Nouvel An, ou à l'occasion de funérailles, elle ira passer une nuit ou deux chez son mari, puis retournera dans sa maison. Ce n'est qu'enceinte qu'elle vient s'installer dans la famille de son mari

Femme dong à Gaozeng battant un tissu teint à l'indigo.

après avoir respecté jusqu'au bout la coutume du *buluo fujia* (→ p. 76).

Des rites de la mort dûment réglés

Lorsqu'une mort survient chez les Dong, il faut avertir immédiatement l'oncle maternel du défunt ou de la défunte. Ensuite seulement, on va puiser de l'eau à la rivière ou au puits pour la toilette du mort. Comme il faut l'avoir dûment achetée, on brûle au préalable de l'encens et de la monnaie d'offrande au bord de l'eau. Après l'avoir faite tiédir, le fils aîné, muni d'une petite serviette blanche toute neuve, lave le visage puis le corps tout entier, de la tête aux pieds. On coupe les cheveux, soigneusement recueillis dans une étoffe pour les enterrer avec le cercueil. S'il s'agit d'une femme, on lui tire ses cheveux en chignon, puis on lui passe des habits neufs, toujours en nombre impair. Les vêtements sont de couleur blanche à l'intérieur, bleue à l'extérieur. Le corps est placé dans un cercueil taillé dans la masse, intérieurement matelassé de plusieurs couches de papier. Les **rites** de séparation, de sauvetage des âmes au cours de leur passage devant les tribunaux des enfers sont accomplis par un prêtre taoïste, utilisant des rituels et sutra bouddhiques. Après la mise en bière, le cercueil est exposé dans la maison mais quelquefois aussi dans la tour du clan. Parfois, enfin, on porte le corps jusqu'à la tombe où on le met en bière. L'emplacement de la tombe est désigné par un géomancien qui exécute un rituel chanté d'ouverture du sol. Au moment de l'inhumation, la terre où l'on a creusé la tombe doit aussi être achetée avec de la monnaie d'offrande, brûlée ici à l'intention de l'esprit maître des lieux.

Un panthéon accueillant

Les Dong honorent un **panthéon,** pour une part dérivé de la tradition taoïque qu'ils ont reçue, pour l'autre, composé de divinités vernaculaires. Tous les lieux, phénomènes de la nature, choses et êtres remarquables (gros rocher, grand arbre, etc.) sont animés. Croyant en la survie de l'âme, ils pratiquent le culte des ancêtres, censés protéger depuis l'au-delà les destinées de leurs descendants. Enfin, sous l'influence taoïque, ils attribuent les événements néfastes au ressentiment des divinités envers leurs ancêtres à la suite d'une faute : maladie ou malheur sont un appel au secours envoyé par les ancêtres. Ils s'emploient donc à les racheter auprès des dieux par de grandes offrandes communales ou lignagères, rituels chantés et dansés par des maîtres exorcistes masqués. Parmi les dieux principaux, représentés sur des peintures et des masques, on invoque surtout le Bouddha à venir, Maitreya, le Très Haut Vieux Seigneur (Taishang Lao

Cousin, cousine

En dépit de toutes les libertés amoureuses, la décision du mariage appartient aux parents. Le futur conjoint peut être de même clan à condition de ne pas appartenir au même lignage. L'union avec les cousins germains matrilatéraux (enfants de deux sœurs), considérés comme consanguins, est donc interdite. En revanche, le mariage avec les cousins croisés bilatéraux (enfants d'un frère et d'une sœur) est coutumier. Lorsqu'elle est en âge nubile, la cousine croisée bilatérale (la fille de la tante paternelle) est donc une promise potentielle. Si on veut la marier à quelqu'un d'autre qu'à son cousin croisé bilatéral (le fils de son oncle maternel), il faut d'abord obtenir l'accord de son oncle maternel ; après quoi, le futur mari doit faire au cousin des présents de fiançailles en une manière de compensation symbolique : un canard, un poisson, deux livres de porc et un litre d'alcool de riz. S'il ne le fait pas, le cousin peut encore, après le mariage de sa cousine, aller chanter et s'amuser toute la nuit chez celle-ci avec ses amis pour y manger « son riz noir », « son riz au sel », « sa tête de canard » et montrer que, à compter de là, il coupe toute convention d'alliance entre eux.

Jun), le dieu du lieu, Jiangliang et sa sœur (couple originel créateur de l'humanité présente), Panguan, Wudang, le Roi-Dragon, le Puissant Seigneur Yang, Guangong, Yue Fei, général des Song, les Trois Princes (un roi de Yelang et ses deux fils), Erlang, le dieu de la Montagne, enfin la « **Sainte Mère** » (Saxsis, ou Shasui), ancêtre des Dong. Tous les villages ont un autel de ce génie tutélaire, à qui on offre du thé le 1er et le 15 de chaque mois, et les 7 et 8 du 2e mois un grand sacrifice communal. C'est l'occasion de veillées à la tour du Tambour, où on chante et danse au son du *lusheng* et où on raconte des histoires évoquant les exploits de la mère ancestrale.

Les **principaux mythes** des Dong développent les mêmes thèmes que ceux des Miao, avec quelques variantes toutefois. Certains, comme celui du sauvetage de Jiangliang et de sa sœur, réfugiés dans une courge pendant le Déluge, et destinés à reproduire l'espèce humaine – de leur inceste naît un enfant sans pieds ni mains qu'ils coupent en morceaux et dispersent dans la nature –, permettent d'expliquer le passage de la promiscuité primitive au stade actuel d'une société pratiquant la prohibition de l'inceste et l'exogamie de clan *(→ aussi encadré p. 71)*. Les Dong ont aussi leur version des soleils en surnombre abattus par un brillant archer, proche de celle des Buyi *(→ De Jin et les dix soleils, p. 82-83)*.

Quatre tortues... puis le Déluge

Quatre tortues avaient pondu quatre œufs à l'orée d'un village ; trois pourrirent, mais du quatrième sortit un garçon, Song En. Elles allèrent pondre encore quatre œufs au bas d'une pente ; un seul donna naissance à une fille, Song San. Plus tard, Song En et Song San se marièrent et eurent 12 enfants : un tigre, un serpent, un dragon, une dame Tonnerre, un ours, un chat, un chien, un cochon, un canard, une oie, un garçon (Jiangliang) et une fille (Jiangmei). Ne voulant pas vivre avec des animaux, ces derniers les poussèrent à se disperser en mettant le feu à une colline où ils les avaient attirés. Acte qui valut à dame Tonnerre une rancune tenace contre ses frères humains : depuis le ciel où elle s'était réfugiée pendant l'incendie, elle ouvrit la porte des eaux et précipita le Déluge sur la terre.

Le calendrier des fêtes

De nombreuses fêtes rythment l'année agricole. Outre le **Nouvel An**, largement semblable à celui des Han, les Dong ont adopté les principales fêtes chinoises : Qingming, Duanwu, fête de la Mi-Automne. Le **3 du 3e mois** commence la grande fête de la Jeunesse, qui se poursuit jusqu'au 5, lors de laquelle les jeunes gens des deux sexes se rencontrent en bandes et passent de joyeuses soirées à échanger des chants alternés et à danser au son du *lusheng*. L'**offrande au dieu des Vaches** a lieu entre le 8 du 4e mois et le 6 du 6e : on lave sa vache, que l'on nourrit d'herbe fraîche, et l'on sacrifie un poulet ou un canard que l'on dispose devant la porte de l'étable avec d'autres offrandes (bâtons d'encens et monnaie d'offrande). La **fête du Roi Lin**, durant le 6e mois, commémore un héros de la résistance à la colonisation han sous les Ming ; toujours au 6e mois, il y a la fête qui consiste à « **manger le renouveau** ». La fête du **8 du 8e mois**, au cours de laquelle est sacrifié, dans chaque village, un taureau acheté en commun – la mise à mort étant parfois précédée de combats de taureaux – ; enfin, la fête pour « **manger l'hiver** », entre le 1er et le 10 du 11e mois, est célébrée en l'honneur des ancêtres.

Les Shui (prononcer « shouei »)

Les gens des fleuves Rong et Duliu

Ils se nomment eux-mêmes *Aï Sui* – *aï* signifiant « homme » dans ce groupe de langues kam-sui. Ils habitent un paysage superbe bordé d'alignements de montagnes continus, de vallées et de berges plates entourées de pitons rocheux dans les cours supérieurs du Rongjiang et du Duliu jiang, sur le versant S.-E. de la chaîne des Miaoling shan, qui sépare Guiyang du Guizhou du S.-E. Ils étaient 346 000 au recensement de 1990 et 406 900 en 2000, dont la quasi-totalité implantée au Guizhou, dans la Sous-préfecture autonome shui de Sandu et dans plus de 20 cantons shui des sous-préfectures adjacentes de Libo, Dushan, Duyun ou encore de celles de Congjiang et Rongjiang. On les retrouve au N.-O. du Guangxi. Les terres qu'ils occupent s'élèvent à une altitude moyenne de 500 m. Les populations au milieu desquelles ils sont insérés sont tantôt des Buyi, des Miao et des Dong au Guizhou, tantôt des Dong, des Miao et des Yao au Guangxi. Cela ne les empêche point de parler leur propre langue et même de l'utiliser dans les réunions administratives en concurrence avec le han commun.

Pacifiés puis rebelles

Longtemps confondus parmi les Bai Yue, ils n'apparaissent dans les textes historiques comme une population autochtone du Guizhou que sous les Song du Nord (960-1127), où il est fait mention d'un *fushui zhou* (territoire des Shui pacifiés) et de trois autres districts de même peuplement, dans la région qui va aujourd'hui de Sandu (Guizhou) à Huanjiang (Guangxi), c'est-à-dire dans leur habitat actuel. Shui, Sui, devient pour la première fois un véritable ethnonyme dans un ouvrage de la fin des Ming.

À la fin des Song, un lignage aristocratique établit une seigneurie sur la plus grande partie du cours supérieur du Rongjiang, bientôt imité par d'autres lignages. Ils reçoivent l'investiture de la cour impériale comme administrateurs héréditaires. Les défrichements collectifs permettent l'aménagement de rizières irriguées dont la mise en culture, en échange de taxes et de corvées, devient le fondement du nouvel ordre féodal, à l'instar des Buyi et des Dong.

Les Shui ont participé en masse à la rébellion des Taiping et aux divers autres mouvements de révolte jusqu'à l'avènement des communistes. Après plusieurs années de participation aux gouvernements locaux issus de la révolution, le 2 janv. 1957, ils établissent le District autonome shui de Sandu au Guizhou.

Jeune femme shui. Les couleurs du vêtement varient entre le bleu indigo et le noir. Les femmes portent une courte tunique sur de longs pantalons de toile, réservant la jupe pour les grandes occasions.

Témoin de la première écriture chinoise ?

La fierté des Shui et l'intérêt prodigieux qu'ils ont suscité auprès des historiens chinois tiennent à leurs idéogrammes archaïques. Ils désignent le temps avec les 10 « troncs célestes » et les 12 « tiges terrestres », les cinq éléments, les huit trigrammes et les 24 maisons lunaires. Certains n'hésitent pas à les comparer aux caractères sur os et écailles de tortue *(jiaguwen)* de la dynastie Shang-Yin, induisant que les Shui seraient les descendants de l'ancien peuple des Yin. On donne même pour origine de leur nom la contraction du nom de clan *shu wei* = *shuei*, *sui*, clan connu à l'époque Shang.

L'affirmation de la différence

De familles en villages

Les Shui ont un sens développé de l'hospitalité envers leurs visiteurs, qu'il s'agisse de parents, d'alliés, voire de simples étrangers. Ils pratiquent le mariage monogame. La **famille**, patrilinéaire, est placée sous l'autorité unique du maître de maison. Le chef de famille contrôle toute l'économie et répartit les tâches dans la maisonnée. À sa mort, son fils aîné lui succède. Les **femmes** ont un statut de subordonnées et ne peuvent diriger une famille. Les veuves ont la liberté de se remarier en emportant leurs biens personnels, à condition de ne pas résider dans le village de leur premier mari. Le nouveau mari doit d'ailleurs donner une compensation en argent à la famille du défunt.

Le **mariage** est précoce (fiançailles à 14-15 ans, noce à 16-17) ; il est conclu par des entremetteurs, qui en arrêtent les dispositions. Le marié ne va pas chercher chez elle la mariée, mais envoie à sa rencontre une demoiselle d'honneur accompagnée de sept à neuf garçons pour l'escorter jusqu'à chez lui sous un parasol. Le jour même ou le lendemain, la mariée retourne dans sa famille.

La mort : des cendres au gré de l'eau

La **mort** est annoncée par trois coups de fusil qui préviennent les parents et les alliés, en particulier l'oncle maternel et la tante paternelle. Avant la mise en bière, le corps est lavé à l'eau chaude, et habillé ; on lui glisse une pièce de monnaie dans la bouche, tandis qu'on brûle, à la périphérie du village, sa literie et ses vêtements. La cendre et quelques morceaux de tissus sont chargés dans un bateau en papier qu'on abandonne au gré du courant dans la rivière la plus proche. Au moment de la mise en bière, on évite de prononcer les noms des personnes présentes, de peur que le défunt n'emmène leurs âmes avec lui. Le cercueil est gardé à la maison jusqu'au jour favorable à l'inhumation, déterminé par un devin. Les **funérailles** commencent par le sacrifice d'un cochon, puis d'une vache ou d'un taureau, voire d'un cheval de la maison de l'oncle maternel ou de la tante paternelle. La famille en deuil ne mange pas de cette viande et la donne à l'oncle maternel ainsi qu'aux visiteurs venus par centaines pendant les trois à cinq jours que durent les funérailles. Les rites, de facture chinoise, sont conduits par un maître de rituel. Quand on tue une vache, on laisse son sang s'écouler dans le sol en disant que c'est l'eau de l'autre monde qui permettra au défunt, une fois entré dans l'au-delà, d'avoir un bovidé pour l'aider à cultiver sa rizière.

Un dieu par lieu

Les **croyances religieuses** des Shui intègrent les phénomènes naturels à un panthéon de divinités empruntées au taoïsme. Les principales divinités sont : le dieu de la Montagne, maître du gibier et patron des chasseurs ; le dieu des Trois Mondes, prié au 7e mois pour qu'il accorde la paix de la maison et la prospérité des animaux domestiques ; le dieu du Lieu, qui protège les animaux domestiques des attaques des prédateurs ; le dieu du Fourneau, garant de la paix domestique ; les Cinq Matrones *(yawu ;* *→ encadré)* de la porte principale, protectrices des jeunes enfants et de la fécondité dans la famille ; le dieu des Richesses, patron des entreprises commerciales de la famille ; les dieux protecteurs de l'embrasure des portes ; enfin le dieu du Champ.

Le culte des Cinq Matrones (« yawu »)

Il représente sans doute une particularité vernaculaire des Shui : Ya Fashang est la mère ancestrale créatrice de l'humanité ; Ya Lao veille à la sécurité des enfants ; Ya Longli les guide dans la traversée des cours d'eau jusqu'à l'autre rive ; Ya Yi se charge de répartir de façon homogène garçons et filles dans chaque foyer, riche ou pauvre ; Ya Mangmu veille à ce que les enfants qui sortent de chez eux n'aient pas d'accident. Pour toute inauguration d'une nouvelle maison, on installe ces cinq matrones à la porte de la maison, selon un rite spécial.

Les **mythes** des Shui participent d'un ensemble commun à diverses cultures du S.-O. chinois ; on y retrouve des variantes du mythe de l'archer abattant les soleils surnuméraires qui brûlent la terre et du mythe du Déluge.

Un Nouvel An en automne

Les Shui ont un calendrier propre, à partir duquel sont établies leurs fêtes. La plus importante est la fête du **Duan**, leur Nouvel An, qui a lieu entre la 2e quinzaine du 12e mois et la 1re quinzaine du 2e mois du calendrier shui (soit entre la 2e quinzaine du 8e mois et la 1re quinzaine du 10e mois lunaire). La date n'est pas fixée de manière uniforme. Chaque localité choisit le jour qui lui convient dans cette fourchette. La veille de la fête, on bat le tambour de bronze ; le jour même, dédié aux ancêtres, on sacrifie cochon, canard ou poulet, selon ses moyens. Le lendemain, les chefs de famille s'invitent mutuellement à partager leur banquet et à recevoir leurs invités.

Le **culte des ancêtres** (9e ou 10e mois du calendrier shui, soit mai ou juin) ressemble à la fête du Duan. Durant la journée, on va chanter ensemble sur une colline ; le soir, on fait résonner les tambours de bronze et de bois et peaux accompagnés par des chants alternés. Enfin, la **fête du Suniuxi**, à la fin de l'année, est dédiée aux femmes en général – principalement aux dames âgées – et aux enfants.

■ **Les Zhuang** (prononcer « djouang »)

La nationalité zhuang occupe une bonne partie du Guangxi et déborde sur le Yunnan oriental (Wenshan), sur le Guangdong occidental (Lianshan, Xiashui, Huaiji), sur le Hunan (Qingtang), sur le Guizhou (plusieurs Cantons autonomes dans le district de Congjiang).

La confusion des Zhuang

Leur nombre seul, 16 178 800 en 2000, les place au premier rang des nationalités non han. Depuis 1958, ils dirigent la province du Guangxi devenue la **Région autonome zhuang du Guangxi.** Mais il ne faut pas oublier que cette appellation, si elle est parfaitement cohérente dans le cadre des nationalités, regroupe en fait **plusieurs ethnies de langue taï**, si bien que selon les régions, les habitants du cru vont s'appeler eux-mêmes, dans l'O. du Guangxi, du N. au S. : *Pou Man* dans la région de Hechi, *Pu Yaï* dans celle de Bose, *Pu Yang* à Jingxi, *Pu Nong* dans la région de Longzhou, *Pu Thaï* le long de la frontière près de Lang Son (Vietnam), *Kwn Tho* dans la région du Zuojiang, *Pou Ban* à Wuming, etc., pour finalement se reconnaître au moins sur le plan administratif en *Pou Chiung*, les Zhuang.

La révolte de Nong Zhigao

Issu des Bai Yue (plus particulièrement les Ou Yue et Luo Yue), le groupe zhuang représente les populations autochtones du Lingnan historique (correspondant à peu près au Guangdong actuel). C'est sous les Song qu'ils sont désignés pour la première fois comme Zhuang.

Lorsque le N. du Vietnam s'émancipe de la tutelle chinoise en fondant son propre royaume (939), le territoire des Zhuang est coupé en deux et des révoltes éclatent. La plus importante, conduite par Nong Zhigao, se produit dans la zone frontalière entre Cao Bang et Jingxi. Le héros se dresse à la fois contre le Dai Co Viet et la dynastie des Song, non sans avoir essayé de faire reconnaître par l'un et par l'autre les formations politiques qu'il constitue en unissant les divers groupes zhuang. La plus importante d'entre elles, le Royaume céleste du Sud (Nantian guo), établi en 1049, menacera Canton sans pouvoir s'en emparer. Nong Zhigao, mis en fuite, mourra décapité à Dali, mais les deux tombeaux que les Tay ont construits à sa mémoire se trouvent encore aujourd'hui dans le voisinage de Cao Bang au Vietnam.

Les cadres de l'Empire

La bigarrure ethnique de ses marches S.-O. a contraint l'administration impériale chinoise à la mise en place de structures originales, reflets d'un contrôle plus que d'une conquête de cet espace.

Sous les Han, les royaumes qui subsistent au S. se soumettent puis disparaissent tour à tour, coiffés puis remplacés par des **commanderies militaires**.

Lorsque les Tang (618-907) reconstruisent l'unité sur une base politique coloniale, les poches d'insoumission encore incontrôlées sont attirées dans un système de protectorat, les *jimi zhou* (**territoires associés**), qui leur laisse l'autonomie administrative sous la protection de la Couronne impériale.

Sous les Song du Sud, acculés par la poussée des peuples du N., ces territoires associés se multiplient. De tailles différentes, ils sont répertoriés par l'administration chinoise comme préfectures, sous-préfectures et même « cuvettes » *(dong)*. Leurs chefs indigènes sont reconnus et investis par la cour et vaguement contrôlés par un réseau de commissaires déployés en des points stratégiques.

La dynastie mongole des Yuan remplace les territoires associés par des **chefferies indigènes** héréditaires. Les principautés autochtones sont intégrées à l'organisation militaire sous forme de garnisons indigènes, dont le commandement était assuré par les chefs locaux et la troupe levée dans la paysannerie, mobilisable en cas de besoin.

Les Ming annexent certaines chefferies érigées en principautés, tout en reconnaissant certaines autres sous forme de *tusi* (administrateurs indigènes) héréditaires. Ils y ajoutent la fonction de garnisons de troupes territoriales, qu'ils utilisèrent parfois comme corps expéditionnaires aux frontières.

Après une période d'hésitation sur la politique à adopter, les Qing opèrent un retour radical à l'administration ordinaire par des fonctionnaires révocables. Mais ces cadres suscitent en pratique tant de difficultés qu'en beaucoup d'endroits il a fallu quelques aménagements : soit l'administrateur principal restait le chef indigène et on nomma auprès de lui un adjoint issu de l'administration impériale pour le conseiller, soit c'était le chef indigène qui devenait l'adjoint exécutif du mandarin en poste.

Poissons et fruits tropicaux

Riziculteurs en rizières irriguées pour la plupart, ils cultivent en appoint le maïs, le sarrasin, le sorgho, le millet, le taro, les patates douces, les haricots. Ils tirent l'huile de l'arachide, du théier oléagineux, du sésame et du colza. Grâce à la douceur du climat des régions où ils vivent, ils ont toute l'année en abondance une grande variété de légumes, mais ce sont leurs fruits tropicaux qui les distinguent aux yeux des gens du Centre et du N. : longane, litchi, ananas, papaye, banane, mandarine, mais aussi prune, poire et kaki. La pêche et la pisciculture leur procurent des poissons en abondance et, comme souvent chez les peuples taï, ils sont friands de poisson cru, de sang caillé de poulet, canard, cochon et chèvre.

Un habitat traditionnel en voie de disparition

En fonction du groupe d'appartenance, la maison peut être sur **pilotis** ou bien au **sol**, en **brique** ou en **pisé**. Parfois la maison en brique comprend un étage où habite la famille, tandis que les animaux domestiques occupent le rez-de-chaussée. La maison sur pilotis, préservée surtout en montagne, est spacieuse et aérée, couverte d'herbe à paillote ou de tuiles en bois. Si l'on compare l'état actuel aux sources historiques, on constate une régression de l'habitat sur pilotis. Les **villages** sont groupés autour d'un étang au milieu des rizières que les Zhuang cultivent en plaine, ou dans le coude d'une rivière en vallée montagneuse. En altitude, ils sont établis au sommet d'un piton découpé en rizières en terrasses. Du fait des bouleversements causés dans les années 1970 par la Révolution culturelle, les villages de plaine manquent souvent de charme.

La marque du servage

La **société ancienne** fonctionnait sur le mode du **servage.** La terre appartenait au seigneur local, désigné et investi par la cour, et l'usage de cette terre par les communautés paysannes était compensé par des taxes en nature et des corvées à son profit. Ceux qui, prisonniers ou gagés, avaient perdu l'accès à la distribution des terres devenaient des dépendants du seigneur local, qui les employait à des tâches domestiques ou à cultiver ses propres terres. Au milieu de la période des Ming, le pouvoir central multiplia les colonies militaires - avec distribution de terres à des **soldats-laboureurs** - au sein des garnisons de gardes-frontières (soldats zhuang et lang) postées parmi les autochtones. La société rurale d'avant 1949 gardait bien des vestiges de ces multiples hiérarchies locales - qui avaient, un siècle plus tôt, expliqué l'engouement des divers groupes de Zhuang pour le mouvement égalitaire des Taiping. Aujourd'hui, une société paysanne est en reconstruction après les laminages successifs de la Commune populaire et de la Révolution culturelle.

Des villages de familles

Les Zhuang, monogames, vivent en **familles** restreintes, patrilinéaires et patrilocales. Bien peu d'entre elles réunissent assez de générations pour constituer une famille étendue. Elles sont regroupées en lignages dans un même **village**, se retrouvant ainsi plus fortes pour résister à une attaque extérieure.

Des **noms de clans** apparaissent sous les Han, mais il faut attendre les annales des Tang pour voir évoquer une vingtaine de clans. Ces clans, ancrés dans un lieu précis, ne sont pas exogamiques, le mariage est possible entre jeunes gens de même clan, mais de lignage différent.

La **condition de la femme**, chez les Zhuang, est subordonnée à celle de l'homme. La fille ne peut prétendre à aucune part du patrimoine familial, encore qu'on puisse lui donner un terrain en dehors de ce patrimoine. Son cousin croisé matrilatéral (fils du frère de sa mère) a la priorité s'il décide de l'épouser. À la mort de son mari, elle devient souvent l'épouse d'un frère aîné ou cadet du défunt (pratique du lévirat).

Une mise en bière sans larmes

Quand un vieil homme meurt chez les Zhuang, il commence sa vie dans l'autre monde. Sa bru le lave

Les brocarts des Zhuang sont réputés dans toute la Chine, servant à confectionner couettes, napperons, tabliers et sacs splendides.

Le costume est en général semblable à celui des paysans chinois : veste et pantalon pour les deux sexes. La veste des femmes est le plus souvent croisée à droite, bleu indigo ou noire, rarement blanche comme dans les montagnes au N. de Guilin. Les *Pu Yang* de Jingxi s'habillent tout en noir et les *Nong* du Yunnan tout en bleu indigo.

Le mariage, après le retour à l'administration directe sous les Qing, s'est de plus en plus conformé au cérémonial des Han. Cependant, les Zhuang ont conservé la coutume indigène du *buluo fujia* (→ p. 76) : la mariée s'en retourne chez elle le soir même ou dès le lendemain, pour ne revenir qu'au Nouvel An ou à des périodes d'activité intense lorsque son aide sera requise.

À partir du XIe s., les besoins d'un recensement entraînent pour tout le monde l'enregistrement d'un patronyme (nom de clan) et d'un nom personnel.

avec de l'eau qu'elle est allée « acheter » à la rivière, lui coupe les cheveux, lui rase la barbe – si la défunte est sa belle-mère, elle lui peigne les cheveux. Le défunt est ensuite habillé de neuf et la famille en deuil, vêtue de chanvre – toile écrue, non teintée, symbole de dénuement –, commence ses lamentations. Les visiteurs apportent des pièces vestimentaires, toujours en nombre impair, destinées à être déposées au fond du cercueil. Si c'est une femme qui est morte, il faut attendre que son oncle maternel soit venu examiner le corps avant de le mettre en bière avec ses objets favoris. Au moment de la mise en bière, il est interdit de pleurer – les larmes pourraient attirer le malheur. Pour les **rites** de passage et de sauvetage de l'âme – destinés à consoler et à assister l'âme du défunt dans son passage devant les dix tribunaux des enfers –, la famille en deuil fait appel à un prêtre taoïste. C'est lui qui déterminera par divination le jour favorable à l'inhumation. Les Zhuang pratiquent souvent la double inhumation à plusieurs années d'intervalle et parfois même la crémation.

Pour les Zhuang, l'homme a **trois âmes** ; à sa mort, la première monte au ciel trouver l'immortalité, la deuxième reste dans la nature où elle erre sous la forme d'un revenant sauvage, tandis que la troisième s'installe autour du brûle-parfum, sur l'autel domestique où elle prend place parmi les ancêtres qu'on y honore. L'intermédiaire entre les hommes et les esprits est l'exorciste *(mo)*. Son activité, essentiellement rituelle, est complétée par celle de femmes, à la fois médiums et chamanes, constamment consultées pour prévenir le malheur et expliquer l'avenir.

L'empreinte du taoïsme

Les Zhuang sont d'abord animistes. Ils prient particulièrement la « Sainte Mère, reine des fleurs », dite encore « Auguste Mère », déesse gardienne de la naissance, qui a créé le genre humain. Ils lui construisent des sanctuaires et sacrifient à la déesse à différentes périodes de l'année selon les localités. Un culte est également rendu à Buluoduo, le vieil homme omniscient, créateur du ciel et de la terre, ancêtre de tous les êtres. On l'invite dans la plupart des rituels pour séparer la bonne fortune de la mauvaise. On chante aussi une longue épopée à sa mémoire. Les **mythes d'origine** sont relatifs à Buluoduo et à la Sainte Mère, mais on trouve aussi celui de Pangu (ici créateur de l'homme et non de l'univers tout entier comme dans la tradition chinoise), de l'archer Te Kang, ou Te Guang, abattant les soleils surnuméraires, celui de Bubo petit-fils de Buluoduo, et de ses démêlés avec le Tonnerre, qui lui envoie le Déluge, dont ne réchapperont que Fuxi et sa sœur, nouveau couple originel, etc.

Ces croyances et pratiques constituent en quelque sorte la **religion primordiale** des Zhuang. Or, depuis des siècles, ces derniers ont été gagnés par les grands courants du **taoïsme populaire** et syncrétique dont celui de Meishan. Ces doctrines ont contribué à la diffusion de toute une liturgie de rituels. Les uns sont des rites de communication avec le panthéon des Trois Purs et des rites funéraires empruntés au bouddhisme. D'autres, des rites de guérison et d'exorcisme, s'appuyant sur l'intervention de divinités guerrières taoïstes, convoquées par les maîtres *(shigong)*. De nombreux rites comportent une partie dansée avec des costumes et des masques incarnant les divers protagonistes divins. Ces mystères constituent une des formes du « théâtre local par terre », *dixi*, et le *nuoxi*, « théâtre Nuo pour exorciser les maléfices et les diables ».

Une fête pour chaque mois

Après le Nouvel An arrive le Jour des démons des collines, puis la **fête de la Déesse-Grenouille** *(→ aussi encadré p. 373)*. Au 2e mois, avec les premiers labours, a lieu la fête du dieu du Sol et des Moissons (She). Le **3 du 3e mois,** c'est le grand rassemblement lors duquel la jeunesse rivalise de chants alternés.

Au 4e mois, un hommage est rendu à l'âme du bœuf ou buffle. Au 5e mois, les Zhuang célèbrent la fête chinoise du **Duanwu** *(→ p. 62)*, accompagnée d'un hommage à l'âme du riz. Le 2e jour du 6e mois, on effectue un sacrifice à la mémoire du grand roi Moyi, qui périt en combattant les impériaux ; toujours au 6e mois, la fête de Zhong Yuan (l'un des Trois Commencements Originels du temps taoïstes : celui du milieu, gouverneur de la région souterraine) est la fête des Morts. Au 7e mois, c'est le milieu de l'automne, marqué par la fête bouddhique des Morts, **Ullanbana,** au 15e jour, précédée la veille par la commémoration de Buluoduo. Au 1er jour *mao* du 8e mois, on « **mange le renouveau** », principalement le riz nouveau, à peine mûr, après l'avoir offert aux ancêtres. Au 9e mois, on rend hommage aux vieillards. Le 23e jour du 12e mois, on renvoie solennellement le dieu du Fourneau faire son rapport à l'Empereur de Jade ; on l'accueillera de même à son retour, le 29…

■ **Les Dai** (prononcer « taï »)

Ils étaient 1 159 000 en 2000, dispersés d'E. en O., du N. au S. de la province du Yunnan. À côté des trois groupes principaux, les ***Lü*** (prononcer « leu ») des Xishuangbanna (Sipsong Panna), les ***Neu*** ou ***Taü*** (prononcer « teu ») de Dehong, dont les cousins se nomment Shan en Birmanie voisine, les ***Neu*** de Jinggu et les ***Pong*** de Lianma et Lancang, il existe toute une variété de groupes plus petits comme les *Ya* de Mengyang (env. N. de Jinghong), Yuanjiang, Xinping et Jinping (S. Yunnan) dispersés sur une trentaine de sous-préfectures. Dans le S. du District autonome de Jinping, partie intégrante autrefois des 16 Cantons taï, on trouve aussi des Taï blancs identiques à ceux de Lai Châu au Vietnam.

Localisation

Les ***Taï Lü*** se trouvent presque tous aux Xishuangbanna, avec quelques groupes au Laos – dans des localités comme Muang Sing appartenant à la cinquième *panna* (« principauté »), qui fut achetée par la France au tournant du XXe s. Ils occupent encore un morceau de territoire birman jusqu'à Möng Yawng (au S. de Damenglong), et on les signale au Vietnam à Phong Thô et Sin Ho dans la province de Lai Châu. Les ***Taï Neu*** sont rassemblés principalement dans la Préfecture autonome dai et jingpo de Dehong (à l'O. du Yunnan), débordant de l'autre côté de la frontière birmane dans les États shan, ainsi que dans le District autonome dai et yi de Jinggu. Enfin, les ***Taï Pong*** se trouvent dans le District autonome dai et wa de Gengma et dans celui de Menglian (entre Mékong et Salouen).

Des superprincipautés de mille rizières

L'origine géographique de ces Dai restera encore longtemps sujette à conjectures, bien qu'on sache avec quelque chance de certitude que, dans l'ensemble, les populations taï se sont déplacées d'E. en O.

Les annales indigènes ne rapportent aucun fait historique avant le XIIe s. : la fondation, en 1160, du **royaume** *(lü)* **du Palais d'Or,** dans les faubourgs de l'actuelle Jinghong, par Tao Pha Tsèng (connu sous le nom chinois de Payazhen), après qu'il eut chassé les représentants du royaume de Dali. Ce royaume *lü* ne tarda pas à tomber, dès la fin du XIIIe s., sous la domination mongole. Désormais connu sous le nom chinois de Cheli, il devint sous les Ming un Commissariat à la pacification, dont le commissaire en titre était l'héritier du trône du royaume du Palais d'Or. Cette seigneurie indigène maintenait son emprise et son droit éminent sur le territoire dont elle avait été apanagée par la cour de Chine à travers une hiérarchie de vassaux, seigneurs de *meng* – domaine comprenant villages et bourgs d'une cuvette dont les limites étaient définies par les collines et les montagnes qui la circonscrivaient. Plus au N., en remontant le Mékong et ses affluents de la rive dr., les autres seigneuries *taï pong* et *taï neu* avaient reçu également des titres administratifs de la cour des Ming correspondant à des charges exercées héréditairement par leurs seigneurs traditionnels. Pour renforcer son contrôle sur le Cheli, un souverain *lü* (commissaire en titre) établit en 1570 un découpage administratif de l'ensemble des *meng* vassaux en 12 *panna* (littéralement « circonscription de mille rizières ») ou principautés, ce qui transforma le nom de ce petit royaume en celui de Sipsong Panna (« douze principautés »). Ce système survécut assez bien aux politiques successives de l'Empire dans ses efforts pour abolir peu à peu toutes les chefferies indigènes...

En 1894-1896, les Français achetèrent à l'Empire mandchou moribond le territoire de la cinquième *panna* (actuelle province de Phongsaly au Laos). La République chinoise transforma ce qui restait des Douze Principautés en cinq sous-préfectures. L'actuelle **Préfecture autonome des Xishuangbanna** fut créée en avr. 1953 et correspond approximativement aux limites anciennes du pays *lü*. Mais les *Lü* ont depuis longtemps franchi les montagnes pour atteindre le Laos et le N. de la Thaïlande.

Les cultures de l'eau

Tous les Dai ont un écosystème de cuvettes irriguées dans lesquelles ils ont aménagé leurs rizières, entreprise collective de terrassement et d'irrigation devenue base de la production et du système politique. Ils produisent outre le riz (principalement riz gluant pour les *Lü*) toutes sortes de cultures d'appoint. Vivant au sein d'un réseau aquatique, ce sont de grands consommateurs de poissons sous toutes formes de préparations. Chaque village a aussi ses étangs d'élevage qui, depuis la redistribution des terres, servent à compenser la raréfaction des surfaces cultivables. Les Dai aiment manger épicé, et préparent diverses sortes de saumures pour accommoder le poisson ou le porc. Ils cultivent eux-mêmes leur coton ; leurs femmes sont des tisseuses émérites. Les bijoux et la vaisselle en argent, l'orfèvrerie (ils sont orpailleurs sur les bords du Mékong et ses affluents), la vannerie, souvent laquée, témoignent d'un artisanat haut en couleur.

Trois générations sous un même toit

Les *Lü* vivent en villages d'une vingtaine à une soixantaine de maisons, quelquefois plus. Ces maisons sont souvent vastes car elles accueillent parfois trois générations. On y pénètre par une véranda en haut d'un escalier au pied duquel il vaut mieux, par politesse, se déchausser.

La **maison** est **sur pilotis,** le rez-de-chaussée, ouvert à tous les vents, servant d'abri à la basse-cour. C'est là

Variations sur la jupe

Les Dai proches de la Birmanie (Xishuangbanna ou Dehong) ont eu tendance à s'inspirer des costumes féminins birmans. *Taï Neu* et *Lü* se distinguaient encore récemment par des détails vestimentaires régionaux. Par exemple, les jupes fourreaux des femmes *neu* et *lü* se démarquaient nettement les unes des autres par l'emplacement réservé à la partie colorée – à la hauteur des fesses chez les *Lü*, au bas de la jupe chez les *Neu*. Les femmes *pong* de Mangshi portent la jupe au genou, tandis que celles de Longchuan (un peu plus à l'O.) la portent jusqu'à la cheville. Le costume des femmes *taï ya*, que les Han appellent Huayao Dai (« Dai aux hanches fleuries »), se caractérise par la richesse de son décor, la jupe batikée comporte un tablier noir, le tout est maintenu par une ceinture multicolore. À Yingjiang (Dehong), la jupe et le turban sont noirs, le corsage boutonné au milieu peut être bleu ciel ou blanc, le tout ressemblant quelque peu, en dépit de la distance, au costume des Taï du N.-O. du Vietnam.

aussi que les femmes ont leur métier à tisser, protégées des ardeurs du soleil. Le toit de la maison *lü*, construite en bambou le plus souvent, s'abaisse plus près du sol que dans la maison des *Taï Neu*. Pendant les crises politiques s'y est développé un art savant du camouflage, les ouvertures étant transformées en meurtrières pour protéger l'intimité de leurs habitants. Chez les aristocrates et les *tusi*, on rencontrait aussi des maisons au sol de type chinois ou tibéto-birman. Les maisons sont presque toutes encloses par des haies alignées régulièrement, ce qui donne au plan du village un effet d'urbanisme assez charmant (→ *p. 248-249*).

Aristocratie et villages

La société *lü*, comme celle des *Taï Neu* et *Taï Pong*, réalisait cette combinaison de **féodalité au sommet** et de **communisme à la base** qui est la marque distinctive des sociétés taï. Ainsi, le maître absolu du sol était le prince, propriétaire éminent de son territoire. Il vivait dans son palais au milieu de sa ville, avec son harem et sa cour composée de parents proches et collatéraux parmi lesquels il choisissait ses ministres et chambellans, ses hauts fonctionnaires et jusqu'aux valets de sa suite. D'autres fonctionnaires et vassaux de rang subalterne résidaient au milieu des villages ruraux, chargés d'assurer le relais avec les communautés paysannes. La principale fonction de cette administration aristocratique était de recueillir l'impôt et de lever des corvées, chaque fonctionnaire responsable prélevant sa dîme au passage. Certains pouvaient recevoir en bénéfice des rizières sur lesquelles ils percevaient une rente spéciale, généralement en grains, payée par les paysans auxquels elles étaient affermées. Cependant, chaque village bénéficiait d'une **autonomie foncière** considérable. Les charges dues au pouvoir étaient collectives et fonction du classement des rizières mises à la disposition de la communauté. Les rizières, les bois, les pacages et les terrains en friche restaient l'usufruit inaliénable de la communauté. Seuls les brûlis pouvaient devenir la propriété de ceux qui les avaient défrichés. La répartition des terres cultivables se faisait selon le besoin de chaque famille. Les terres abandonnées pouvaient être remises en circulation au sein de la communauté, laquelle seule pouvait décider d'accueillir de nouveaux membres en cas de dépopulation anormale. Le bon fonctionnement du système incombait au chef de village et à ses assistants, qui veillaient aussi à la bonne utilisation des canaux d'irrigation. L'aristocratie et le peuple formaient deux classes sociales étanches, chacune à son niveau de la réalité sociale.

Réforme agraire ?

L'hévéa, qui fut d'abord introduit en 1958 comme fer de lance des « usines agricoles » installées par des migrants du Hunan à l'époque du « Grand Bond en avant », s'est répandu peu à peu dans les espaces intermédiaires de collines arborées encore non exploités ni réquisitionnés, appartenant aux villages *lü*. Cette production artisanale de caoutchouc fournit quelques maigres ressources pour acheter le riz, qu'on ne produit plus en quantité suffisante dans les familles déshéritées – la redistribution des terres en parcelles cultivées par des familles a pris les *Lü* de court, car le système de la Commune populaire, avec ses travaux collectifs et sa rétribution uniforme, correspondait finalement mieux à leurs habitudes communautaires que l'exploitation par chaque famille des terres qui lui sont allouées.

Le Nouvel An dai

Célébré durant trois jours (parfois six) dans la 2e quinzaine du 6e mois lunaire du calendrier lü, il est surtout connu dans le monde entier par les arrosages mutuels auxquels il donne lieu. La particularité de cette célébration est ailleurs : elle regroupe, à un moment crucial de l'année – le passage d'une année à l'autre –, plusieurs activités rituelles ordinairement échelonnées dans le temps.

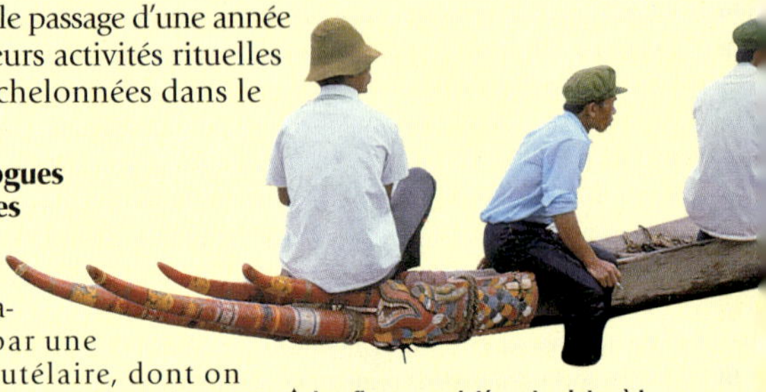

▲ **Les figures sculptées et peintes à la proue et à la poupe des pirogues représentent les naga femelles, symboles de l'eau nourricière qui viendra bientôt féconder la terre.**

■ Courses de pirogues et lancers de fusées

Les festivités commencent « le jour de la prolongation de la vie » par une prière au génie tutélaire, dont on implore l'assistance pour chasser les adversités de l'année passée, et se poursuit par des courses de pirogues sur le Mékong. Chaque village fournit une pirogue, décorée à la proue et à la poupe de bois sculptés et peints qui lui donnent l'apparence d'un naga (génie des eaux) femelle. L'après-midi (ou le lendemain) est consacré aux tirs de fusées. Composées d'un long bambou central, entouré à la tête de petits réacteurs en bambou, bourrés de poudre noire, elles représentent aussi des naga. Ces deux activités se poursuivent dans les villages pendant plusieurs jours. Les courses de pirogues sont destinées à attirer les naga dans le Mékong. Les fusées visent à projeter ces mêmes naga à l'intérieur des terres, manière symbolique de précipiter l'arrivée de la pluie.

Des prix sont décernés à la pirogue vainqueur de la course et à la fusée retombée le plus loin à l'intérieur des terres. Les moines sont les artisans secrets de ces joutes villageoises, car ce sont eux qui, toute l'année, prennent soin de la pirogue de course entreposée dans leur monastère ; ils préparent également la poudre et bourrent les réacteurs des fusées.

■ Cours d'amour

Pendant ce temps, à l'ombre de la végétation tropicale, jeunes filles et jeunes gens, vêtus de costumes traditionnels, se font face pour un jeu amoureux qui consiste à se lancer une balle carrée en étoffe multicolore garnie de coton. Les filles apportent les balles et les lancent les premières au partenaire qu'elles ont choisi. Les garçons restent libres de ne pas attraper la balle qui leur est lancée si la jeune fille ne leur convient pas. Celle-ci devra alors chercher un autre partenaire. Le garçon malhabile qui laisse tomber la balle est mis à l'amende et donne une pièce de monnaie. Quant à la jeune fille, elle offre une fleur fraîche pour réparer sa maladresse. Ces amendes, qui peuvent être accompagnées de plaisanteries et de chants alternés, rapprochent opportunément les jeunes gens, et des flirts s'ébauchent. Le Nouvel An est un moment de libération, autorisant toutes les remises en question (sociales, sexuelles, etc.).

◀ **Les fusées sont tirées d'une haute rampe de lancement en bambou, que le maître artificier escalade pour faire la mise à feu.**

▲ **Pendant l'installation de la fusée sur la rampe, la foule déambule, assistant ici à un combat de coqs, là à une danse guerrière accompagnée par un tambour.**

Le jour intermédiaire

Le 2e (ou 3e) jour, on reste à la maison ou on va à la chasse. Ce jour de repos n'appartient ni à l'année écoulée ni à l'année nouvelle. C'est un espace de temps vide, permettant de rajuster le calendrier lunaire à l'année sidérale. Il peut, d'ailleurs, durer deux jours selon les années.

L'aspersion sacrée

Le 3e (ou 4e) jour est celui du « retour de Phya Wan » (prince des jours et jour des princes, toutes les espèces animales et végétales élisant leur prince ce jour). Dès l'aube, on apporte du sable dans l'enceinte du monastère pour édifier de petits stupa au sommet orné de bâtonnets de bambou enrubannés. On s'agenouille autour pour écouter le vénérable et ses moines lire les sutra du jour et formuler des vœux de prospérité pour la nouvelle année. L'après-midi, toutes les femmes, chargées de seaux, retournent au monastère pour laver les statues du Bouddha. Après cela commencent les aspersions rituelles des vieillards et des amis, accompagnées de vœux de santé et de bonheur ; les aspersions mutuelles entre jeunes gens, d'abord empreintes de grâce et de respect, dégénèrent rapidement en arrosages à la ronde et en batailles de jets d'eau dès que Chinois et touristes y participent.

▼ **On verse de l'eau dans un trou au pied des piliers du temple ou encore à la base des petits stupa de sable pour envoyer, par l'entremise de la communauté monastique, ce rafraîchissement et les mérites acquis par la construction de ces stupa à ses disparus.**

Le bouddhisme theravadin, introduit au XIe s., a été une barrière à l'assimilation culturelle par les Han. Apportant avec lui l'écriture – dont il existe deux alphabets : *neu* et *lü* –, il permit en effet le développement d'une littérature religieuse et profane. Il s'est implanté dans un monde animiste toujours très vivant – l'homme lui-même possède 32 âmes et le corps social vénère sa représentation symbolique dans un génie tutélaire du village, tandis que la structure politique est protégée par l'esprit gardien du domaine et de la lignée aristocratique qui le régit.

Le gendre au service des beaux-parents

Si les aristocrates avaient la possibilité d'avoir plusieurs épouses, la grande majorité des paysans était monogame. Le futur gendre devait d'abord offrir à ses beaux-parents des cadeaux et de l'argent pour compenser leur investissement (en nourriture notamment) et l'éducation dont sa fiancée avait été l'objet. Il devait en outre commencer sa vie conjugale par un séjour plus ou moins prolongé – parfois deux à trois ans, parfois toute sa vie – dans la maison de ses beaux-parents. En ce dernier cas, son statut vis-à-vis de ses beaux-parents était celui d'un ouvrier agricole. Le statut des femmes était, on s'en doute, égal à celui de leur époux, et parfois plus élevé, quand elles habitaient la maison de leur naissance.

L'or comme viatique ?

Chez les *Lü*, le défunt est étendu devant le pilier central de la maison. On procède à sa toilette en prenant soin de laver son visage de bas en haut, à l'inverse de ce qu'il siérait pour un vivant. Les femmes sont parées de leurs plus beaux atours. On glisse dans la bouche du défunt une pépite ou un morceau d'or ou d'argent, voire une perle – pratique commune aux Han et à un certain nombre d'autres ethnies. On l'enveloppe ensuite dans un linceul blanc avant de le déposer dans le cercueil dont le fond est également tapissé de toile blanche. Le cercueil est parfois recouvert d'un pan de toile safran provenant du monastère, en signe d'appartenance à la communauté bouddhique. Le défunt est veillé deux ou trois jours durant dans sa maison par sa famille et ses amis, tandis que les moines se succèdent auprès de lui, lisant des sutra de salut. Le cercueil est ensuite porté en cortège sur le lieu de la crémation. Chez d'autres Dai moins bouddhisés ou encore animistes *(Taï Ya)*, le cercueil est simplement mis en terre. En cas de malemort – mort accidentelle, suicide, etc. –, le défunt peut aussi être abandonné au fil de l'eau.

La vie au fil du calendrier bouddhique

Les fêtes sont fonction de l'impact qu'a eu le bouddhisme sur les populations. Les Dai non bouddhisés (Yuanyang, Jinping, etc., dans le Yunnan du S.) partagent les célébrations chinoises du Nouvel An, de Duanwu et de la Mi-Automne. Dans les régions bouddhisées (Xishuangbanna), le **Nouvel An dai** revêt une signification plus complexe *(→ p. préc.)*. On célèbre aussi le début du **carême bouddhique** – qui correspond à la « période de la Porte fermée » (mi-juil. à mi-oct.) – et sa fin – fête de la Porte ouverte (mi-oct.). Durant les mois de carême (du 9e au 12e mois du calendrier dai), qui correspondent à la saison des pluies, les moines font retraite au monastère. Ils sont soutenus par les fidèles du village, chaque famille veillant à ce qu'ils ne manquent ni de nourriture ni de vêtements, et faisant don au monastère de sutra, copiés à la maison. Certains laïcs reçoivent les 10 préceptes (essentiellement des observances alimentaires qui leur permettent de suivre une partie de la règle monastique) et se joignent à la retraite. On doit également attendre la fin de cette période pour célébrer les mariages.

Les Mulam, ou Molao

Les gens de Luocheng

Les Mulam (prononcer « moulame »), ou Molao (prononciation officielle de leur nom), étaient 207 400 en 2000, implantés dans le N. du Guangxi (de Rongshui à Du'an) et, pour la plupart, regroupés dans la Sous-préfecture autonome molao de Luocheng. D'abord confondus parmi les Yue puis les Lao, ils ne sont identifiés dans les annales chinoises qu'à partir des Song – lesquels fondèrent, en 972, la sous-préfecture de Luocheng –, mais plus particulièrement sous les Ming et les Qing comme Mulou Miao, Mulao. Leur langue fait partie du groupe kam-sui.

La répression qui suivit la révolte de Nong Zhigao amena au Guangxi nombre de troupes d'occupation, vite transformées en colonies militaires, qui introduisirent chez les Mulam l'usage de l'araire et fondèrent les clans les plus importants.

Les Molao sont organisés en lignages *(dong)*, semblables à ceux des Chinois du S.-E., avec tenue rigoureuse de la généalogie – un nom de génération identique est porté par tous les enfants de même niveau généalogique –, construction de temples ancestraux et règlements lignagers qui procuraient aux chefs de *dong* un pouvoir très étendu.

Éclectisme religieux

Leur marque distinctive réside surtout dans une **vie religieuse** intense : leurs prêtres, qu'ils soient de tradition taoïque ou bouddhique, exercent de conserve leurs talents pour assurer le salut des morts et maintenir les vivants en bonne santé face au malheur et à la maladie avec l'aide des dieux, qu'ils savent solliciter. Les disciples de Meishan, costumés et portant de superbes masques polychromes des dieux taoïstes et locaux, pratiquent des exorcismes dans la tradition du théâtre *nuo (nuoxi)*.

La célébration du **Nouvel An** s'ouvre, dès le 24e jour du 12e mois, par le renvoi solennel, avec de nombreux présents, du dieu de la Cuisine, administrateur du destin, afin qu'il aille faire son rapport sur la famille à la bureaucratie céleste. Le dernier soir de l'année, de nouvelles inscriptions sont écrites à l'intention des dieux protecteurs, des ancêtres, du dieu stellaire des Richesses et du dieu de la Cuisine, qui revient à cette date de sa mission céleste. Avant l'aube, on va, à la lumière d'une torche, acheter à la source la première eau de l'année, que l'on partage

Par leur habitat et leur costume, les Molao ne se distinguent guère des Han. Ils mangent des légumes conservés dans le vinaigre et le piment.

avec les animaux domestiques, ses bienfaits n'étant pas limités à l'homme. Le jour de l'an, symbole de tous les commencements, on prend garde à ne rien faire qui puisse signifier la dilapidation de ses ressources, financières, animales, végétales. Le 2e jour, on sacrifie au dieu des Richesses. Du 3e au 5e jour, on se rend visite entre parents et amis, etc. Au **printemps** et à l'**automne**, la jeunesse se rencontre sur une colline pour échanger des chants et trouver l'âme sœur. Enfin, à intervalles réguliers de plusieurs années – décidés par chaque *dong* –, on célèbre le ***yifan jie***, « la conversion », grand rituel en l'honneur des ancêtres qui vinrent s'installer les premiers à Luocheng, au cours duquel on demande la rémission des fautes de tous les disparus et on renouvelle l'alliance avec le panthéon taoïque et bouddhique propre aux Molao.

Les Maonan

Les gens de Huanjiang

Ils étaient 107 200 en 2000, répartis entre le N. du Guangxi (Huanjiang, Hechi, Nandan) et le S. du Guizhou (Libo). Les Maonan se nomment eux-mêmes *Ta Nan* ou *Aï Nan*. Maonan désigne, depuis le XIIe s., le lieu où ils habitent. D'abord rangés parmi les Yue puis les Man Lao, ils étaient encore considérés comme des sauvages « crus » *(→ encadré p. 66)* jusqu'à la dynastie des Tang, qui les reconnut comme *jimi zhou* « territoire associé ». Ils furent ainsi « pacifiés » et devinrent des Dong Man « barbares des cuvettes » comme les Dong, leurs cousins. En raison d'accrochages fréquents, les Song déplacèrent une partie de la population en territoire han au N. du Guangxi, ce qui entraîna le ralliement des chefs tribaux, qui se firent tributaires. Les Ming regroupèrent tout le territoire maonan en une préfecture indigène (Qingyuan), faisant rentrer les Maonan dans les registres des sujets – imposables et corvéables – de l'Empire. Ils y établirent des colonies militaires. Les Qing, surtout après les guerres de l'Opium, appliquèrent aux Maonan leur système de responsabilité collective, leur laissant beaucoup d'autonomie, mais triplant les impôts. La République populaire, renouant avec la politique des Ming, a rassemblé les Maonan du Guangxi dans la sous-préfecture maonan de Huanjiang.

Les règles du mariage

Les Maonan sont monogames – sans pour autant dédaigner les concubines. Le mariage est autorisé à l'intérieur du clan et du lignage, l'exogamie étant limitée aux descendants du même trisaïeul. Les Maonan se marient rarement avec d'autres ethnies, à l'exception des Zhuang du voisinage. Le divorce est admis. Les Maonan pratiquent le *buluo fujia (→ p. 76)* et le lévirat *(→ encadré p. 71)*. Le choix du conjoint est surtout laissé aux parents, avec l'accord de l'oncle maternel.

Les rites de la mort

Le rôle de ce dernier est encore accru dans les funérailles : rassemblés devant la porte de la maison, les enfants du défunt, vêtus de blanc, la figure passée au fond de marmite, lui annoncent leur malheur, à genoux ; c'est encore lui qui marche en tête du cortège funéraire, un parasol ouvert à la main, suivi par le fils aîné du défunt, qui porte sa tablette. Les funérailles sont conduites par un *daogong*, prêtre taoïste qui suit le rituel bouddhique, tandis que les rites d'exorcisme et de guérison sont le domaine des *shigong* (maîtres taoïstes dans la tradition de Meishan), qui organisent des cérémonies impressionnantes avec costumes et masques *nuo*.

Fêtes et mythes

Au 5e mois, les Maonan célèbrent la fête du Sanctuaire du Seigneur des Trois Mondes, au cours de laquelle Shennong est honoré pour avoir jeté sur terre les cinq céréales. Outre le Nouvel An, synchrone du calendrier chinois, ils célèbrent aussi Qingming (au 3e mois), et Duanwu (au 5e mois également, en même temps que la fête du Sanctuaire du Seigneur des Trois Mondes).

Imprégnés de la tradition de Meishan, leurs mythes de création et d'origine participent d'un même fonds commun avec de curieuses variantes qui traduisent quelque résistance de la tradition vernaculaire à l'acculturation.

Les Gelao

Un authentique ancien peuple du Guizhou

Ils étaient 579 400 en 2000. On les suppose descendant des antiques populations bo du S.-O., nom que leur attribuent encore les Yi d'aujourd'hui. Les Bo se mêlèrent aux Yue venus de l'E., brassage qui donna naissance aux divers Lao, dont un groupe est désigné à partir des Tang comme Gelao. Ce groupe est le dernier représentant, en Chine continentale, de la famille kadaï. On le trouve dans le Guizhou du N. et du N.-E. (Wuchuan, Daozhen, Zhengan, Songtao, Jiangkou, Sinan, Shiqian), mais aussi dans le Guizhou de l'O. (Anshun, Puding, Ziyun, Zunyi, Qingzhen, Meiling, Pu'an), à Longlin et à Xilin, au Guangxi, ainsi qu'à Malipo, au Yunnan oriental, d'où ils ont pu s'infiltrer au Vietnam (Co Lao de Hagiang).

L'influence han

Ils vivent dans des maisons à deux niveaux au N. du Guizhou, tandis que dans le centre de la province, sous l'influence han, ils ont opté pour l'habitat au sol et construisent même des bâtisses en pierre. Les femmes s'habillent d'une jupe fourreau et d'une tunique, tantôt longue tantôt courte, sur laquelle elles endossent un court boléro en toile ou en laine. Autrefois, les hommes portaient aussi la jupe, mais plus courte. La couleur du vêtement permettait de distinguer les groupes entre eux : Gelao rouges, blancs, verts, bariolés, mais l'influence han a quelque peu effacé toutes ces marques vestimentaires d'identité.

Mariage confucéen

Les Gelao sont monogames et choisissent, de préférence, leur conjoint à l'intérieur de leur ethnie et de leur tribu. Après une vie amoureuse relativement libre, ils se marient dans les règles confucéennes – la décision du mariage étant du ressort des parents, représentés dans les négociations avec l'autre famille par un entremetteur. En certains endroits comme à Daozhen, les mariés n'ont pas même le droit de se voir avant la cérémonie. Les lamentations rituelles des mariées gelao sont entrées dans la littérature orale à côté des mythes de création, de l'histoire du Déluge et de la légende du Roi-Bambou.

Cercueils suspendus et sarcophages en pierre

Ces mythes sont, dans leur grande majorité, contenus dans le chant initiatique des morts. Après leur avoir « montré le chemin » dans l'au-delà et avoir accompli les rites de séparation, les Gelao, pour la plupart, enterrent leurs morts, aujourd'hui avec tombe et stèle, autrefois dans les grottes. On leur attribue aussi les « cercueils suspendus » de Gongxian, au Sichuan voisin, et de plusieurs endroits au Guizhou. Autre particularité, les sarcophages en pierre, individuels ou collectifs. Même ceux qui incinèrent leurs morts – une pratique empruntée aux Yi depuis les Song – y placent les ossements et les cendres de leurs disparus. Leur religion puise à diverses sources : culte des ancêtres, bouddhisme et taoïsme dans la tradition de Meishan, où les exorcismes masqués et le théâtre *nuo* tiennent une place de choix.

Leur fête majeure est le sacrifice à la montagne, qui coïncide avec le 3 du 3e mois des Zhuang et autres *Taï*. Les villages sont interdits aux étrangers pour toute la durée de la fête.

Les Tibéto-Birmans

Ils constituent dans le S.-O. chinois un ensemble massif, tant par le nombre que par l'étendue de leur occupation de l'espace. On les trouve un peu partout, aussi bien au Guizhou qu'au Yunnan et au Guangxi, et ils débordent largement les frontières de ces provinces au N. et au N.-E., vers le Sichuan et le Hunan. Les Yi forment à eux seuls un véritable glacis culturel dont on mesure mieux aujourd'hui l'importance historique. Les Bai, ancrés autour du lac Erhai, sont les héritiers de cette grande formation politique locale que fut le royaume du Nanzhao, auquel succéda le royaume de Dali. Les pacifiques Naxi auraient lentement migré vers l'O., depuis le cours supérieur du Minjiang, au Sichuan, jusqu'au Jinsha jiang (cours supérieur du Yangzi) et même jusqu'au lac Erhai. Formant un rameau séparé des Yi selon leur généalogie ancestrale, les Hani ont colonisé les montagnes et les vallées du haut fleuve Rouge (Yuanjiang) de leurs rizières en terrasses et de leurs villages. Les Jingpo se sont établis aux confins N.-O. du Yunnan et de la Birmanie, dans le haut pays du fameux Triangle d'or. En revanche, les Lisu et les Lahu n'en finissent pas de glisser le long de la Salouen et de l'Irrawaddy jusqu'aux frontières occidentales de la Thaïlande. Enfin, de petits groupes tribaux – Drung et Nu des contreforts tibétains du Yunnan, des monts Gaoligong (au N. de Tengchong) et de la haute Salouen ; Achang, de Longchuan à Mangshi (Luxi), et Jinuo aux Xishuangbanna – perpétuent sur place une survie millénaire, totalement préservée des aventures politiques de leurs puissants voisins.

■ **Les Yi** (prononcer « yi »)

Une hydre linguistique

Autrefois connus sous le nom générique de Lolo, ils constituent le groupe tibéto-birman le plus nombreux – 7 762 300 en 2000 – et le plus répandu du S.-O. de la Chine. Ils se répartissent entre Yunnan (3 360 000), Sichuan (2 465 000), Guizhou (707 000) et Guangxi (env. 40 000 ; chiffres de 1990). Mais ces chiffres ne rendent pas compte de la réalité de la nationalité yi, qui regroupe une constellation de peuples plus ou moins proches par la langue et la culture, dont les identités, marquées et bien vivantes, se côtoient sans se fondre. Les Yi totalisent en effet le score phénoménal de 73 appellations, dont 32 vernaculaires et 41 utilisées par les groupes non yi (les Han en particulier) pour les désigner localement.

Le groupe le plus important des ***Nuosu po*** et ***Nasu po*** (Yi noirs, Yi blancs, Yi rouges, Yijia, Ganyi, pour les Han) est implanté en plusieurs régions du **Yunnan,** au **Sichuan,** au **Guizhou** (Bijie, Anshun et Weining) et dans l'O. du **Guangxi** (Longlin, Napo).

Fondateurs de royaume

L'origine des Yi reste incertaine. Pour les linguistes, le Yunnan a toutes chances d'être le berceau des Yi. Les historiens chinois, de leur côté, voudraient les rattacher tantôt – d'après quelques notations historiques – à des éleveurs du Sichuan de l'O., tantôt au royaume de Dian *(→ p. 174 et encadré p. 179)*, sur l'emplacement de l'actuelle Kunming – la capitale du Yunnan porte le nom d'une tribu tibéto-birmane –, dont la civilisation du bronze deux fois millénaire a été mise au jour dans les années 1950. Ce qui ne fait aucun doute est que leurs ancêtres étaient les fondateurs « Man noirs » du royaume du Nanzhao au

VIIIe s., royaume qui incorporait aussi des « Man blancs », ancêtres des Bai d'aujourd'hui. En 903, ce royaume succomba à une révolution de palais qui mit en fuite les survivants des familles aristocratiques, après l'exécution de plus de 500 personnes. Lorsqu'ils conquirent le Yunnan (1252), les **Mongols** (dyn. des Yuan) instituèrent des officiers indigènes *tuguan* à tous les niveaux administratifs.

Les **Ming**, lors de la reconquête du Yunnan, implantèrent des colonies militaires dans leur territoire, supprimant de nombreux chefs territoriaux yi qui avaient été fidèles aux Yuan.

Sous les **Mandchous** et à la fondation de la **république**, les Yi connurent des fortunes diverses selon leur groupe d'appartenance. Certains convertis par les missionnaires, comme les Sani (région de Shilin, à l'E. de Kunming), cherchaient à se construire une nouvelle identité, d'autres retranchés dans les Xiaoliang shan, aux confins du Yunnan et du Sichuan, s'adonnaient en toute indépendance au trafic de l'opium, aux razzias dans les populations voisines et au commerce des esclaves, qui connut là ses plus beaux jours. D'autres enfin, descendants de *tusi*, exerçaient encore un droit seigneurial sur des populations paysannes restées asservies. Les grandes familles yi établies dans les villes jouaient un rôle d'arbitre de plus en plus prépondérant et dominaient l'administration provinciale du Yunnan avant et pendant la guerre civile.

Malgré l'arrivée des **communistes**, il fallut attendre 1956 pour que l'esclavage dans les Montagnes fraîches (Liangshan) soit aboli. La réhabilitation des serfs et des esclaves yi, regroupés dans des communautés nouvelles (kolkhozes, le plus souvent), se poursuit toujours çà et là. En bref, la puissance, l'indépendance et l'image des Yi au Yunnan ont été laminées par le mouvement révolutionnaire.

En 1275, un Haut-Commissariat à la pacification du Luoluosi fut créé sur les parties du Sichuan, du Guizhou et du N. du Yunnan, toujours habitées par des Yi aujourd'hui. Le nom générique de Lolo (Luoluo) fait référence à cette époque.

Hormis les *Nuosu po* et *Nasu po*, 18 autres groupes sont répartis du N. au S. et d'E. en O. dans la seule province du Yunnan. Donc, quelle que soit la direction que l'on prenne, on trouvera toujours sur sa route un ou plusieurs groupes de Yi, chacun avec sa langue et ses traits culturels propres.

Les langues yi ont un terme générique commun, *po* (parfois *pa*), pour désigner l'homme en général et en groupe. Chaque entité se distingue par un qualificatif différent.

Élevage et céréales

Traditionnellement éleveurs de chèvres, de moutons, de vaches et de chevaux (au Guizhou, leurs chevaux ont acquis depuis les Ming une réputation dans tout l'Empire ; → *encadré p. 304*), les Yi pratiquent une agriculture d'appoint, autrefois laissée au soin de leurs esclaves dans les Liangshan (Montagnes fraîches), sinon de leurs serfs dans les chefferies territoriales du Guizhou et du Yunnan. Dans la société sans classe ni caste d'aujourd'hui, ils cultivent le maïs, qu'ils consomment en polenta et dont ils tirent un alcool réputé, le blé dont ils font des nouilles, le sarrasin, la pomme de terre, le riz, la canne à sucre et toutes sortes de haricots en fonction de l'altitude et de la fertilité des sols.

Point central de la maison, le foyer est destiné à la cuisine, mais c'est aussi un lieu symbolique autour duquel toute la maisonnée et les hôtes ont leur place assignée.

Jeunes filles yi noirs (région de Lijiang).
Leur coiffe exubérante indique qu'elles sont à marier. En velours galonné d'appliqués à damier de couleurs vives, elle est constituée d'un cadre en bois posé sur un turban comme la coiffe des femmes mariées *(→ ill. p. 64)* et fixé au moyen de fils rouges.

Des maisons à terrasse

Étant donné leur grande dispersion, on ne peut donner un tableau d'ensemble de leur habitat, qui côtoie parfois celui des Han ou d'autres groupes. Partout cependant, ils préfèrent les hauteurs : de 3 000 m d'altitude en moyenne dans les Grandes et les Petites Montagnes fraîches (Da Liangshan et Xiao Liangshan) du N. du Yunnan, il peut descendre jusqu'à 1 000 m à Yuanjiang (sur le haut fleuve Rouge) ou aux Xishuangbanna.

Les villages sont constitués, en règle générale, d'une trentaine d'habitations. On distingue **trois types de maisons** : en pisé avec toiture en terrasse, en pisé avec toiture en tuile ou en herbe à paillote, en brique de terre non cuite et toit en tuile. Le premier type est celui de l'habitat en montagne par excellence, on le rencontre entre 2 000 et 3 000 m d'altitude dans les Wuliang shan et les Ailao shan (S. Yunnan, entre Mékong et fleuve Rouge). La maison, profitant de la pente, s'étage sur **deux niveaux.** Parfois, elle est édifiée à plat sur un terrassement, avec éventuellement une tour de guet carrée chez les aristocrates. Les **toits-terrasses** servent à vanner et à faire sécher le paddy, à conserver les chaumes en petits gerbiers et à toutes sortes d'occupations de plein air. Les corps de bâtiment sont aveugles (ou presque) sur les côtés, la porte et les fenêtres percées en façade étant les seules ouvertures.

Dans les montagnes tropicales de la région de Yuanyang, on trouve également la maison en pisé du second type, au toit en tuile ou en herbe à paillote, qui ressemble beaucoup à la maison hani *(→ ill. p. 274)*.

À Chuxiong, à Kunming et encore plus à Dali au contact des Bai, les toits en tuile se généralisent et la maison ressemble de plus en plus à celle des Han.

Jeux du noir et du bleu

Avec le patois, le **costume** est la meilleure façon d'affirmer sa différence. Les Yi aiment associer le noir et le bleu indigo. Par exemple, au Guizhou, les jeunes garçons enfilent une courte veste sur un pantalon long, et ceignent leur taille d'une ceinture blanche ; les hommes portent une longue tunique boutonnée à droite, des pantalons bouffants et une ceinture en toile noire, tandis que leurs cheveux sont retenus dans un turban noir ou blanc. Femmes et jeunes filles affectionnent une chemise courte au pan antérieur plus long – brodé – et des pantalons longs – au bas brodé ; une large collerette – brodée également – vient s'ajuster au-dessus de la chemise. À Weining (Guizhou), un large turban bleu et blanc orné de bandes rouges brodées de fleurs multicolores complète le costume féminin. À Yuanjiang, dans le S. du Yunnan, un bonnet phrygien, plus ou moins grand et plus ou moins richement brodé, caractérise le costume féminin. Dans les Liangshan, la hauteur du pantalon masculin varie avec les différences dialectales. La rigueur du climat y impose le port d'une grande pèlerine *(wala)*, en laine ou en feutre, aux hommes comme aux femmes *(→ ill. p. 304)*, celles-ci portant une jupe longue plissée descendant jusqu'aux chevilles.

Seigneurs et esclaves

La société des Yi implantés dans les Liangshan (Montagnes fraîches), aux confins du Sichuan et du Yunnan, est la mieux connue. Avant d'être profondément bouleversée par le régime communiste dès 1956, elle se composait de deux castes endogamiques, les Yi noirs, ou « Os noirs », **aristocrates** (7 % de la population) dominant les Yi blancs, ou « Os blancs », serfs et esclaves – lesquels se répartissaient à leur tour en trois classes : les **serfs** (50 %), les **esclaves tenanciers** (33 %) et les **esclaves domestiques** (10 %). Les serfs *(chuno)* possédaient des terres et gardaient leurs droits sur leurs enfants, mais pouvaient perdre leur position par endettement. Les esclaves tenanciers *(achia)* devaient obtenir l'autorisation de leurs maîtres pour quitter leurs terres, mais pouvaient être affranchis ; ils étaient traités comme des dépendants de leurs maîtres, qui les mariaient selon leur bon vouloir et au mieux de leurs intérêts, car ils conservaient un droit de propriété sur les enfants, fruits de ces unions. Quant aux esclaves domestiques *(kashikalo)*, recrutés parmi les prisonniers constitués à l'occasion de luttes entre clans, ils n'avaient même pas le droit de se marier.

Les longues généalogies orales

Les Yi noirs se reconnaissaient pour ancêtres communs deux frères qui, originaires d'un lieu mythique, se seraient réfugiés avec leur suite dans les Liangshan pour fuir la persécution. Leurs descendants s'identifiaient grâce aux **généalogies** orales, dont les plus longues ne comptent pas moins de 72 générations. Pour les Yi noirs, la récitation de leur généalogie

L'arbre « suoluo » et la création du monde

Le Roi des dieux enjoignit un jour au Roi-Dragon de planter un arbre *suoluo*. Le soir, une fleur s'épanouit sur l'une des branches, donnant naissance à la lune. Le Roi des dieux ordonna alors à son fils aîné de planter un deuxième arbre *suoluo*. Au milieu du jour, une fleur s'épanouit sur l'arbre, donnant naissance au soleil. Le souverain appela alors son deuxième fils et lui commanda de disperser dans l'espace quantité d'étoiles. Puis il demanda au Roi des étoiles d'ouvrir la porte des vents et des eaux pour que naissent la brume et la rosée. Après la lune, le soleil, les étoiles, la brume et la rosée, les dieux construisirent le ciel et la terre. Ils firent le ciel en forme de chapeau en bambou et la terre en forme de pelle en vannerie. Enfin, ils firent tomber de l'arbre *suoluo* toutes sortes de graines qu'ils dispersèrent sur la terre. Ces graines donnèrent naissance à tous les êtres.

Tel père tel fils

Les généalogies des Yi présentent la caractéristique de lier les noms du père et du fils, les dernières syllabes du premier devenant les premières syllabes du second. C'est d'ailleurs un des arguments pour considérer comme proto-yi la dynastie du Nanzhao ; la lignée princière du Nanzhao formait la séquence suivante : Xinu**luo** (fondateur) – **Luozheng** – **Zheng**luo**pi** – **Pi**luo**ge** – **Ge**luo**feng** – **Feng**jia**yi** – **Yi**mouxun, etc. Cette façon d'indiquer la filiation par l'enchaînement des noms personnels est spécifique de l'ensemble tibéto-birman.

tenait lieu de carte d'identité et, en cas de capture, les mettait à l'abri de toute réduction en esclavage.

Les **clans** yi noirs, patrilinéaires et exogamiques, pouvaient se séparer du clan principal pour fonder un nouveau clan après au moins sept générations. Un clan possédait un **territoire** aux frontières précises. Tout franchissement sans autorisation ou sans l'acquittement d'un droit de passage pouvait entraîner des affrontements, voire la capture. Le territoire devait être défendu et pouvait être conquis. Les Yi blancs pouvaient avoir aussi des clans, sans grande profondeur généalogique. Ils leur servaient principalement pour conclure entre eux des mariages exogamiques.

Des noces somptuaires

Les « Os noirs » pratiquaient une forme de **mariage préférentiel** avec la cousine croisée matrilatérale (fille du frère de la mère), plus rarement avec son homologue patrilatérale (fille de la sœur du père). Les cousines parallèles, filles des sœurs de la mère, étaient considérées comme des sœurs et donc interdites. Tout mariage entraînait des **dépenses** considérables (sous la forme de présents somptuaires et de fortes sommes d'argent versées à la famille de la fiancée) qui exerçaient une forte dissuasion contre les rares tentatives de divorce. Cela explique aussi que, une fois veuve, une femme ne pouvait sortir du lignage de son mari ; elle était alors « transférée » à un autre membre de la famille de son époux (frère aîné ou frère cadet, oncle ou neveu, et même, à défaut, le propre père du défunt). Le mari avait (et a encore souvent) le sort le plus ingrat dans le mariage. Les chants des amoureux étaient démentis par les lamentos amers de la jeune mariée au moment de quitter sa maison, pour fort peu de temps du reste. Sitôt la noce terminée, son mari la reconduisait chez ses parents, où elle demeurerait jusqu'à la naissance de son premier enfant. Le mari pouvait venir l'y courtiser et tenter de consommer le mariage. La jeune fille, quant à elle, jouissait d'une liberté sexuelle totale jusqu'à la naissance de son premier enfant, qui était souvent adultérin. Dès l'annonce que sa femme était enceinte, le mari se hâtait de construire une maison avec l'aide de ses parents. Avec la naissance du premier enfant, la jeune femme, désormais occupée à administrer sa nouvelle maison, était tenue à une conduite plus stricte, tout en restant l'égale de son mari.

Le cheminement du mort

À la mort d'un vieillard, on l'étend sur une planche dans la pièce principale, la tête vers l'intérieur et les pieds vers la porte, tandis qu'on envoie prévenir parents et amis. Ceux-ci se livrent à des pleurs rituels, puis font présent à la famille en deuil de gâteaux de sarrasin et d'une jarre d'alcool, les filles du mort déjà mariées offrent chacune une vache ou plusieurs moutons et une importante quantité d'alcool. Le corps est veillé plusieurs jours. Un prêtre *(bimo)* est ensuite invité à venir lire le rituel « pour montrer le chemin » à l'âme en peine et à choisir un jour favorable pour la crémation, qui a lieu dans un bosquet hors du village. Les enfants, qui ont escorté le défunt jusqu'à son lieu de crémation, ne participent pas à la crémation proprement dite. Les os et les cendres sont recueillis dans un petit sac, puis déposés dans une grotte, où ils sont entourés de pierres. Dans la même année, un rite d'apaisement de l'âme est exécuté.

Prêtres et chamanes

Exorcistes et devins, les prêtres *(bimo)* possèdent le secret de l'écriture idéographique des Yi, apparue au XIIIe s. Par leurs rituels, essentiellement écrits et lus, et leurs procédures liturgiques, ils se distinguent des *suni*, sortes de chamanes illettrés, et de leurs équivalents féminins, les *xiangmo* et les *moni*. Ceux-ci pratiquent la magie en état de transe avec leurs esprits auxiliaires, appelés au moyen d'un tambour en peau de chèvre. Les Yi vouent un culte propre aux pins, à la montagne, aux cinq céréales, au dieu du Sol, à celui du Foyer, au dragon, mais

Femme yi au marché de Yuanyang.

Malgré les transformations sociales drastiques introduites par la révolution chinoise et les campagnes de réforme des coutumes matrimoniales, des enquêtes récentes ont montré que les femmes yi restent attachées à la coutume du *buluo fujia* (→ *p. 76*) et continuent de pratiquer le mariage préférentiel entre cousins croisés et le lévirat. Enfin, les efforts de l'État pour promouvoir le mariage intercaste se sont soldés par un échec quasi total.

l'influence taoïque est bien présente dans les procédures liturgiques des prêtres et les interventions magiques des chamanes.

Le Roi des dieux et autres mythes

Leurs mythes d'origine, différents d'un groupe à un autre, et retenus soit par les épopées écrites, soit par la tradition orale, attribuent la création du ciel et de la terre au Roi des dieux – qui aurait ordonné à ses enfants, ou à ses créatures d'or et d'argent, de créer le monde. Les rencontres avec la mythologie chinoise d'inspiration taoïque sont inévitables. Ainsi, on retrouve chez les Yi des variantes du mythe de Pangu (→ *p. 131*), qui revêt tantôt la forme d'un tigre, tantôt celle d'un démiurge, dont le corps à sa mort subit les transformations à l'origine de l'univers.

Les Yi ont aussi un **mythe de l'archer** héroïque (Zhige Along) qui abat les soleils et les lunes surnuméraires, et plusieurs versions du **mythe du Déluge.** Dans l'une d'elles, trois frères et leur petite sœur sont avertis du Déluge par un vieillard, qu'ils ont surpris à défaire chaque nuit les sillons qu'ils traçaient le jour. Le premier frère veut le frapper, le deuxième l'enchaîner et le troisième l'interroger. Le vieillard conseille aux deux aînés de se mettre à l'abri, l'un dans un coffre en cuir, l'autre dans un coffre en fer ; au troisième frère, plus pacifique, il donne le conseil avisé de se réfugier avec sa sœur dans un coffre en bois, qui les sauvera en flottant à la surface des eaux déchaînées. Les deux rescapés découvrant qu'ils sont seuls sur terre finissent par s'unir l'un à l'autre, mais le monstre qui naît de cette union n'est qu'une masse informe, qu'ils décident de couper en morceaux et de disperser dans la nature (→ *aussi encadré p. 334*).

Les Yi ont d'autres fêtes spécifiques comme la fête de la Montagne, le 3e jour du 3e mois, la fête des Courses de chevaux le 5 du 5, la fête des Fraises, au 6e mois, etc. ; ils célèbrent aussi les principales fêtes chinoises comme le Nouvel An (le 5 du 5e mois), la Mi-Automne, le solstice d'hiver, etc.

Les Bai tirent l'essentiel de leurs ressources de l'agriculture – riziculture en rizières inondées sur les rives du lac Erhai et dans les fonds de vallées voisines, mais aussi culture de l'orge, du blé, du millet, du maïs et de diverses variétés de haricots. La pêche – au cormoran et au filet – dans les eaux du lac constitue une importante ressource complémentaire, de même que l'élevage : les Bai, comme les Mongols et les Yi, traient les vaches et consomment le lait. Ils en font même deux sortes de fromage.

■ **Les Bai** (prononcer « paï » ou « pé »)
Constituant une ethnie homogène (de 1 858 100 âmes en 2000), ils sont implantés très majoritairement dans le N.-O. du Yunnan, dans la région de Dali et du lac Erhai, leur territoire d'origine. Quelque 20 % à peine se sont également dispersés aux quatre vents du Yunnan jusqu'à Kunming, Yuanjiang (S.), Lijiang (N.), Baoshan (O.), jusqu'au Sichuan (Xichang) et au Guizhou (Bijie).

Du Nanzhao au royaume de Dali

Ce peuple autochtone, résidant sur les bords du lac Erhai dès avant la dynastie des Han, a subi depuis toujours l'influence de la civilisation chinoise. Il tire son nom *Pé* (prononciation yunnanaise de Bai) ou *Pé-tseu, Pé-ni, Pé-wa tseu,* etc., de l'antique royaume de Baizi (ou Baiyai guo), constitué déjà un siècle avant notre ère, sous le règne de l'empereur Wu des Han. Connus sous différents noms au cours de l'histoire, ils devinrent Minjia « Gens du peuple » ou Bai Yi « Vêtements blancs » sous les Ming et les Qing. Ce dernier nom était également celui des redoutables fantassins du Nanzhao. De nombreux chefs bai ont participé à l'organisation politique de ce royaume né au VIIIe s., qui utilisait l'écriture chinoise, même si le faîte de cette organisation semble avoir été contrôlé par des Yi. Les Mongols (Yuan) qui s'ouvrirent l'accès de Dali sans grande difficulté en firent un « circuit » administratif (Dali lu) placé sous la responsabilité de l'héritier des rois de Dali, ainsi promu administrateur territorial. Les Ming et les Mandchous abolirent toute structure politique et le territoire fut annexé à l'Empire, avant de devenir une simple sous-préfecture à l'avènement de la république. La Préfecture autonome bai de Dali a été créée le 22 nov. 1956.

L'art de la façade

Depuis toujours, la culture bai s'ouvrit à l'influence de la civilisation han, tout en conservant obstinément le contrôle de son territoire originel – le fait que les Bai n'aient pas fui dans les montagnes devant les Chinois, mais soient restés dans les vallées et les plaines productrices de riz, est un facteur important de leur sinisation. Cela explique que la maison bai, tout en ayant un caractère de terroir marqué, ne surprend que modérément quiconque est un peu familier de l'architecture chinoise *(→ encadré p. 221).*

La taille des villages, souvent adossés à la pente et loin d'un ruisseau, est très variable : de 10 à plusieurs centaines de maisons. On distingue de loin leurs toits en tuile et leurs murs blancs. Les villages bai de quelque importance sont souvent dotés d'un temple dédié au « seigneur principal » du lieu *(benzhu ; → encadré p. 221)* ou à Guanyin, en face duquel se dresse le pavillon de théâtre. Les maisons sont alignées le long des rues empierrées, parfois dallées. Alliant un plan carré orienté au S. – en trois corps de bâtiment et un mur de protection contre les souffles mauvais –, autour d'une cour carrée, et des particularités, comme de mettre à l'E. le bâtiment principal pour lui assurer un maximum d'insolation, cette **maison** se distingue encore par un porche superbe *(→ ill. p. 221)* avec ou sans double toit en tuile incurvé. Peintures murales, extrémité des poutres sculptées, tympans décorés de figures en stuc, pierres massives sculptées à la base des piliers, boiseries intérieures finement ciselées, pavillons de réception, jardins intérieurs plantés de camélias, tout est admirable dans ces maisons bai, qui font de la vieille ville de Dali et des villages avoisinants un véritable écomusée.

Le peuple aux vêtements blancs

Le vêtement blanc des hommes autour de Dali se limite à la chemise, boutonnée devant, par-dessus laquelle ils enfilent une tunique à col noire, voire en peau de daim ou en soie. Ils portent un pantalon bleu indigo ou noir. Les femmes conservent comme une marque d'identité absolue la tunique blanche bordée d'un passement noir ou bleu, fendue sur les côtés, sur laquelle elles superposent un boléro en feutre rouge, et un tablier noir, blanc ou bleu indigo. Le pantalon est bleu de préférence. Les jeunes filles tressent leurs cheveux en une seule natte enroulée sur la tête en colimaçon ; mariées, elles les tirent en chignon, sur lequel elles posent une coiffe blanche ornée de rubans rouges, parfois décorée de clous en argent. Elles sont chaussées souvent de pantoufles brodées au coloris délicat.

Des mariées de prix

Les Bai sont monogames et vivent en familles restreintes : les garçons quittent la maison de leur père après le mariage, pour s'installer séparément avec leur femme – si celle-ci est fille unique ou l'aînée, et doit encore prendre soin de ses frères et sœurs puînés, le gendre s'installe chez ses beaux-parents et devient ainsi un fils adoptif, change de nom, etc. À la mort des parents, le fils ou la fille plus jeune qui s'est occupé d'eux hérite de la maison familiale. Autrefois, quelques familles de propriétaires terriens maintenaient quatre générations sous un même toit. Les Bai pratiquent l'exogamie de clan et de lignage (→ *encadré p. 71*), ainsi que le mariage préférentiel entre cousins croisés (fille ou fils de l'oncle maternel ou fille ou fils de la tante paternelle). Les jeunes gens se courtisent à la faveur des nombreuses fêtes, où sont exécutés des chants alternés, en des sortes de cours d'amour, en particulier dans la 1re quinzaine du 1er mois de l'année, tandis que sur le parvis du temple communal on donne des représentations d'opéra pour se rendre les dieux propices.

Les Bai pratiquent le mariage par achat, ce qui est toujours une assurance contre le divorce.

Il semble bien qu'au milieu de pratiques très sinisées aient subsisté des vestiges de culture tibéto-birmane – liberté sexuelle de la femme avant la naissance du premier enfant, mariage de la veuve avec le frère cadet du défunt (lévirat) – qui rappellent la relation

Le flambeau du désespoir

Célébrée par les Yi et les Bai le 24e jour du 6e mois, la **fête des Torches** *(huoba jie)* est très spectaculaire. Un grand bûcher est allumé à l'entrée de chaque village, tandis que des torches en branches de pin brûlent devant chaque maison. Des danses des jeunes gens des deux sexes en costume de fête accompagnent ces festivités. Le sens symbolique de cette fête est parfois rattaché à une anecdote historique : dame Sishan, épouse du seigneur de Dengdan, 5e principauté, avait déconseillé à son mari d'accepter l'invitation de Piluoge, seigneur de la 6e (Nanzhao – « principauté du Sud »), à se rendre à un grand sacrifice aux ancêtres. Ainsi qu'elle l'avait pressenti, l'invitation de Piluoge était un piège : celui-ci fit brûler ses hôtes dans un pavillon en pin où il les avait attirés. Elle fut la seule à aller chercher les ossements de son époux afin de les inhumer. Par la suite, Piluoge voulut la prendre pour femme, mais elle se suicida. On dit que ce jour-là, elle aurait allumé un grand flambeau pour guider l'âme de son mari jusqu'à elle… Le soir du 24e jour, les Bai de Oshan, de Heqing et de Dali organisent aussi une cavalcade de chevaux lancés à toute allure dans les rues de ces bourgades pour symboliser que le peuple galope à bride abattue au secours du prince de Dengdan…

Sous les Ming et les Qing, les Bai étaient désignés comme Bai Yi, « Vêtements blancs ». Plus que chez leurs voisins, le blanc est encore la couleur dominante du vêtement des femmes bai.

Certains l'aiment chaud

Le jour du mariage, la mariée pleure amèrement la séparation d'avec ses parents, ses frères et ses sœurs, puis elle part en chaise à porteurs jusqu'à la maison de son fiancé. Là, un de ses frères, d'un pas rapide, la porte pour franchir l'entrée de sa nouvelle demeure. Aussitôt, les garçons d'honneur jettent des piments dans un brasero, qui font tousser toute l'assemblée des convives, à commencer par les mariés. Lorsqu'ils consomment le vin et le porc de félicité auxquels on a ajouté force poivre et piment, leurs visages sont trempés de sueur, et ils ne peuvent plus rien avaler, à la plus grande joie des convives, qui entendent marquer ainsi par un mauvais jeu de mots sur la « chaleur » des plats l'accueil chaleureux de la parenté…

ancienne des Bai avec les Yi. Si une veuve se remarie néanmoins dans une autre famille, le prix de la mariée revient à la famille de son défunt mari.

Les rites de la mort

Convertis au bouddhisme du Mahayana, ou Grand Véhicule, dès le VIIIe s. (sou Nanzhao), les Bai ont pratiqué la crémation de leurs morts jusqu'à la fin des Ming. La sinisation a fait son œuvre depuis et, aujourd'hui, ils inhument leurs morts pour la plupart. Si l'on procède à la toilette et à la mise en bière immédiate du défunt, lorsqu'il s'agit d'une femme, on doit attendre qu'un membre de sa famille soit venu l'examiner pour pouvoir la mettre en bière. À Bijiang (sur la Salouen), dans la soirée, on danse en tournant autour du corps allongé dans la pièce principale, en chantant des chants funèbres. Après avoir porté en cortège le cercueil au cimetière et fermé la tombe, on dresse du côté de la tête du mort une grande branche de châtaignier à laquelle sont suspendus une marmite de terre et un sac de chanvre, les objets préférés du mort ayant été placés avec lui dans le cercueil.

Les rituels sont organisés et accomplis par des *xibo*, médiums, devins, exorcistes, guérisseurs, et par des chamanes masculins *(saipo)* et féminins *(saimu)*, qui savent faire appel aux pouvoirs magiques des esprits de leurs maîtres. Les Bai ont tout un **panthéon** de divinités naturelles : le dragon, le sapin de Chine, les gros rochers, etc. – dans les grottes de Shibao shan, au N.-O. de Dali, un gros rocher nommé Ayingbai est l'objet d'un ancien culte féminin de fertilité.

Un roi mythique, des démiurges jumeaux, un couple incestueux

Les mythes d'origine des Bai tournent autour de la **création**, du Déluge et de la geste du roi Bai, mythologie hagiographique centrée sur le semi-légendaire royaume de Baizi. La création est attribuée à un Pangu - dont les 100 gouttes de sang seraient à l'origine de la formation des 100 clans - dédoublé en Pansheng, l'un créant le ciel, l'autre la terre. Le ciel étant étroit, et la terre oblique et large, pour ajuster la terre au ciel, il fallut la réduire, ce qui explique ses plis actuels qui ont dessiné nos montagnes et nos vallées… Comme dans d'autres traditions, le mythe du **Déluge** met en scène un second couple originel formé par un frère et une sœur, uniques rescapés des eaux, dont l'union incestueuse (subie et non voulue) produit une humanité nouvelle.

Des fêtes très syncrétiques

En dehors des fêtes chinoises qu'ils ont adoptées et auxquelles ils donnent une coloration particulière, les Bai célèbrent des fêtes qui leur sont propres. La **foire du 3ᵉ mois** lunaire (du 15ᵉ au 21ᵉ jour) était à l'origine une manifestation bouddhique désignée comme fête de Guanyin. Elle s'est transformée en une grande foire commerciale - avec courses de chevaux, concours de tir à l'arc, chants et danses - dont la fréquentation dépasse largement la province.

Considérée comme le carnaval des Bai, la **Procession autour de la montagne** (du 23 au 25 du 4ᵉ mois) est la fête du principal dieu tutélaire *(benzhu)* de la région de Dali - un souverain du Nanzhao frappé de mort subite sur le pic des Cinq Terrasses, où il était parti prier ; il gouverne les 500 autres dieux tutélaires, qui, promenés dans leur tabernacle au milieu de la procession, participent solennellement à chacune de ces commémorations. La procession des Bai en costume de fête, ponctuée de chants et de danses, contourne la montagne du S. au N., faisant étape dans trois temples qui font aussi désigner cette célébration comme **fête des Trois Temples.** Célébrée par les Yi et les Bai, la **fête des Torches** *(→ encadré p. 109)* a lieu au 6ᵉ mois lunaire.

La **Procession autour du lac** se déroule le 8ᵉ mois. Le 15 autour du lac de Jianchuan, le 23 autour du lac Erhai. À cette occasion également, on canote sur des bateaux-dragons, libère des animaux et échange des chants alternés.

■ Les Naxi (prononcer « nassi »)

Naxi et Na

Au nombre de 308 800 en 2000, les Naxi sont implantés dans la région de Lijiang (Yunnan du N.),

Dialogue et duel de bouddhas

Dans le mythe bai du Déluge, le couple rescapé engendre cinq garçons – dont la dispersion dans l'espace donne les cinq points cardinaux – et deux filles, qui deviendront, selon une vision toute syncrétique, Maitreya (le Bouddha à venir) et Sakyamuni (le Bouddha historique). Ayant complètement perdu sa trame initiale, le mythe s'achève sur une parodie d'apologue bouddhique, avec une compétition entre les deux bouddhas pour le contrôle du monde…

Maitreya prédit à Sakyamuni que s'il contrôle le monde des bandits et des diables vont sortir de toutes parts. À quoi ce dernier rétorque : « N'ayez nulle crainte car, s'il vient des bandits, il y aura des préfets pour envoyer des soldats les réduire et, s'il surgit des diables, il y aura des *xibo* pour les maîtriser. » Sakyamuni triompha, et c'est ainsi que virent le jour l'administration préfectorale et ses forces de l'ordre, avec le cortège des *xibo* pour entrer en transe et maîtriser les démons.

Dans une autre variante bai du Déluge, le couple incestueux donne naissance à cinq filles, qui s'uniront avec des animaux sauvages et donneront ainsi naissance aux différents clans.

Auparavant, l'ensemble de l'ethnie était désigné par le terme Mosso, souvent usité aujourd'hui encore par les Na – probablement en réaction contre le choix officiel de Naxi, le nom de leurs cousins occidentaux, pour désigner l'ensemble du groupe et la nationalité qu'on en a faite.

à cheval sur le Yunnan et le Sichuan. Le hasard des migrations et la frontière naturelle du Jinsha jiang (cours supérieur du Yangzi) ont divisé les Naxi en deux groupes de dialectes, mais aussi de cultures différentes. Naxi est une appellation assez récente, déjà utilisée par l'explorateur Joseph Rock *(→ encadré p. 198)* sous la forme « Nakhi ». C'est le nom que se donnent ceux qui se trouvent à Lijiang et sur la rive O. du Jinsha jiang, tandis que ceux de la rive E. (région de Yongning et du lac Lugu) se nomment tout simplement *Na, Nari* ou *Naheng* selon qu'ils parlent l'un ou l'autre des trois patois du dialecte oriental.

Les Na du groupe oriental, plus conservateurs, ont préservé un mode de vie sociale depuis longtemps disparu chez les Naxi de Lijiang, à tel point que les ethnologues marxistes chinois ont voulu voir chez les premiers la survivance d'un stade plus ancien de société : le matriarcat, vestige de la communauté clanique matrilinéaire de la société primitive.

L'économie naxi est restée fondée sur l'agriculture et l'élevage. Riz, maïs et blé sont les principales ressources vivrières, avec, en cultures d'appoint, le soja, les pois, les fèves et le colza, auxquelles s'ajoutent, en montagne, l'orge, l'avoine, la pomme de terre, le châtaignier, etc. Au cours des 30 dernières années, Lijiang est devenue un centre de production de pommes renommé. L'élevage de chevaux des Naxi rivalise avec ceux de leurs voisins tibétains, bai et yi, avec lesquels ils organisent des courses hippiques très fréquentées.

Des pasteurs sédentarisés

On les donne pour une branche des Qiang, venue du Tibet nord-oriental, il y a quelque 2 000 ans. Peuple pasteur à l'origine – Mosso signifie dans leur langue « pasteurs de bovidés » –, les Naxi auraient déjà nomadisé sur des territoires de l'actuel Sichuan, sous la dynastie des Han orientaux au Ier s. de notre ère. Arrivés dans la région de Lijiang, ils se seraient sédentarisés, commençant à cultiver la terre. Organisés en un royaume tributaire de la Chine sous les Mongols puis les Ming, ils connurent leur âge d'or au XVIe s. Le dernier descendant des rois de Lijiang fut exécuté par les communistes chinois après la prise de la région en 1949. Celui de Yongning se serait maintenu jusqu'à la « réforme démocratique ».

Des maisons en enfilade

La manière caractéristique qu'ont les Naxi d'amener l'eau dans leurs villages par des canaux de dérivation et jusque dans la cour de leur maison où elle est recueillie dans un bassin est particulièrement visible à Lijiang, qui est un modèle de distribution de l'eau de maison en maison. Les villages s'organisent généralement autour d'une place de marché, en bordure de laquelle sont regroupés les principaux commerces, installés au rez-de-chaussée des maisons à un et deux étages. La plupart du temps, les rues sont des chemins de terre. À la différence de la maison traditionnelle chinoise (orientée S.-N.), la maison naxi, en bois ou en brique, est plutôt orientée O.-E. En terrain plat, les maisons sont distribuées à la chinoise en trois corps de bâtiment et un mur de protection contre les souffles mauvais. Entre les bâtiments, une cour ou un jardin d'agrément. Avec leurs portes en bois sculptées *(→ ill. p. 202)*, les maisons urbaines, tant chez les Naxi que chez les Na, sont particulièrement typiques avec leur enfilade de bâtiments, de jardins et de cours finement pavées de galets artistiquement arrangés pour former des dessins symboliques.

En montagne, l'habitat naxi prend la forme d'un chalet en rondins de bois, au toit en tuiles en bois. La pièce principale abrite le fourneau, sur une plate-forme, près de laquelle se trouvent les tablettes des esprits et où l'on sert à manger à ses hôtes. C'est là aussi que dorment le maître et la maîtresse de maison, une fois devenus vieux.

Capes et pelisses

Les femmes naxi de Lijiang et des environs portent une robe, sur laquelle elles enfilent un gilet, et des pantalons longs, sur lesquels elles superposent un tablier plissé. La cape en peau de mouton complète l'ensemble *(→ ill. p. 197)*. On rencontre des variantes de ce costume à Zhongdian par exemple (revers de la robe brodés, absence de gilet, ceinture multicolore, pelisse blanche en peau de chèvre sauvage). Dans la région du lac Lugu, les femmes na, coiffées d'un grand turban, endossent une courte tunique à manches longues sur une longue jupe plissée, sur laquelle elles nouent aux hanches une ceinture colorée. La mise masculine a subi l'influence han à Lijiang, tibétaine à Zhongdian et à Ninglang. En montagne, les hommes sont vêtus d'une tunique et de pantalons en lin, et d'un gilet en laine ou en peau de mouton.

Mariage et concubinage

C'est dans la vie sociale que Naxi et Na s'opposent le plus nettement. Depuis longtemps, les **Naxi** sont monogames et constituent des familles patrilinéaires, patrilocales ou néolocales, organisées en patrilignages. Divorce et polygamie sont très rares. Quand une famille se divise, c'est au plus jeune fils que revient le droit d'occuper la demeure ancestrale. Dans le meilleur cas, on ne trouve guère plus de quatre générations sous un même toit. Toutefois, afin de conserver la trace de leur ascendance, les Naxi partagent avec les autres Tibéto-Birmans la pratique des noms personnels liés d'une génération à l'autre *(→ encadré p. 105)*. Dans cette conjoncture très nettement patrilinéaire, l'oncle maternel n'en est pas moins respecté. Son fils a un droit de priorité pour épouser sa cousine croisée (fille de la sœur de son père). Et c'est seulement s'il ne tient pas à l'exercer qu'on peut marier celle-ci à un autre prétendant. Et là, l'oncle maternel a aussi un droit de regard sur le choix du futur époux de sa nièce. Avant le mariage, la liberté sexuelle des garçons et des filles est admise, mais le mariage est décidé par les parents, représentés dans les négociations et les cérémonies par leur entremetteur. Quand il contrarie par trop les sentiments de la jeune fille, celle-ci se laisse parfois enlever par l'ami de son cœur, ou bien échappe au désespoir dans le suicide.

Les pratiques des **Na**, dans la région de Yongning et du lac Lugu, sont tout autres. Ceux-ci en effet ne connaissent pas d'institution qui puisse se comparer au mariage. Les maisonnées sont nettement matrilocales, tandis que la seule filiation dont il soit tenu compte est matrilinéaire. Chaque maisonnée rassemble ainsi autour d'une mère ses frères et ses enfants et les enfants de ses filles. Le soir, les filles de la maison sont librement visitées par leurs amants *(azhu)*, sans qu'aucune union ne soit institutionnalisée, et les enfants nés de cette union passagère sont élevés par leur mère, leurs tantes et leurs oncles maternels. Il s'agit bien, à l'origine, d'une société sans pères de famille. Dans le cadre d'une politique de contrôle des naissances, les autorités chinoises ont néanmoins essayé de faire évoluer les Na vers la monogamie, avec des succès divers, la plupart du temps sans lendemain.

Les pérégrinations de l'âme

Chez les Naxi comme chez les Na, l'inhumation, introduite sous la dynastie des Yuan, a succédé à la crémation, qui n'est plus guère pratiquée aujourd'hui que par quelques communautés montagnardes. Les maîtres de rituels, *dongba*, chez les Naxi, ou *daba*, chez les Na, et un lama prennent part aux funérailles. Aux *dongba* et aux *daba* revient le devoir d'initier l'âme du mort et de la conduire dans l'au-delà, par les montagnes et les rivières, les pâturages et les villages, rejoindre ses ancêtres au ciel ; les chemins varient pour chaque lignage qui a suivi une route différente de migration, mais quelle que soit la longueur du périple, le point final est toujours *sibuanawa* (nom de leur lieu d'origine non encore identifié à ce jour). Il arrive, chez les Na, que les funérailles soient différées d'un mois ou deux. En ce cas, le corps est placé dans une fosse au milieu de la maison. Il est d'abord lavé avec neuf mesures d'eau pour un homme, sept pour une femme, en raison du nombre de vies respectives qu'ils sont censés avoir. Ils sont peignés de même respectivement neuf et sept fois. Puis les sept ouvertures du corps sont obturées avec du beurre, ce qui retient l'odeur de putréfaction. Le jour des funérailles venu, on l'exhume et on procède aux rites habituels.

Sauvé des eaux par le soleil

Le **Déluge** est provoqué par la consanguinité incestueuse de l'humanité primitive. Luo, dieu du Soleil, avertit le héros, qui sera sauvé des eaux en lui déclarant : « Je vais te dire la vérité : les frères n'ont pas le droit de se haïr, les sœurs n'ont pas le droit de se disputer, frères et sœurs n'ont pas le droit de se marier entre eux. Et maintenant, voilà que tout cela existe. Vous vous êtes unis les uns aux autres, salissant le ciel et la terre, la lune, le soleil et les étoiles. Maintenant, le sommet des montagnes va s'ouvrir et l'eau en jaillira tumultueusement, les vallées profondes deviendront des marécages fangeux, bientôt le ciel se renversera, la terre sera bouleversée, le soleil et la lune s'obscurciront. » Seul survivant du cataclysme, le héros enlève une fille du ciel, un ange qui a posé ses ailes pour se baigner. Ils mettent au monde trois fils muets jusqu'au jour où, surpris par le spectacle d'un cheval mangeant les navets de leur père, leur langue se délie ; mais le premier s'exprime en tibétain, le deuxième en bai, le troisième en naxi…

Les *dongba* ont leur terre sainte, la « terre blanche », dans l'actuel canton de Terre Blanche (Baidi xiang), sous-préfecture de Zhongdian. Le pèlerinage à Terre Blanche fait partie des rites d'ordination.

Les mythes des Naxi et des Na ont été recueillis dans les précieux manuscrits des *dongba*. La création y trouve un relief tout particulier : « D'en haut sortit un son, d'en bas sortit un souffle, le son et le souffle se mélangèrent, il en sortit trois gouttes de gelée blanche. La gelée blanche se transforma, il en sortit Haishehaije, puis Haijelaje, etc., les générations se succédant l'une à l'autre… »

Pèlerinages et dieux tutélaires

En dehors des principales fêtes chinoises célébrées à Lijiang et aux alentours, du fait d'une sinisation très ancienne, les Naxi conservent aussi leurs fêtes propres. À Terre Blanche (Baidi xian), le **8 du**

2e **mois**, on se rend en famille à la Terrasse de l'eau blanche, où l'on pique-nique, chante et danse jusqu'au soir pour y demander le bonheur. Ce même jour a lieu à Lijiang la **fête de Sanza**, divinité tutélaire des Naxi dont on trouve le temple dans chacun de leurs villages. La **fête** des Torches se déroule à Lijiang les 25e, 26e et 27e jour du 6e mois lunaire. Le 25e jour du 7e mois lunaire, les Na célèbrent la fête de la déesse mère Ganmu à Ninglang et à Yongning.

Les Tibéto-Birmans de la haute Salouen

• **Drung** (prononcer « drong »), **Nu** (prononcer « nou »), **Lisu** (prononcer « lissou »)

Ils vivent à l'extrême N.-O. du Yunnan, aux confins sino-birmans, dans les cours supérieurs du Mékong, de la Salouen et de l'Irrawaddy. Les **Nu** – aussi appelés Nujiang (du nom chinois de la Salouen) – étaient 28 700 en 2000 ; les **Drung** – ou **Dulong** (du nom de l'Irrawaddy, Dulong jiang) – 7 430 ; les Lisu 634 900. Drung et Nu ont été réunis en 1958 dans le District autonome dulong et nu de Gongshan, au sein de la Préfecture autonome lisu du Nujiang, créée en 1954. Les **Lisu** – dont le territoire déborde les frontières du Yunnan vers la Birmanie, le Tibet, le Sichuan et le N.-O. de la Thaïlande – sont plus dispersés.

À partir des Ming, ces populations furent assujetties à l'Empire par l'intermédiaire des *tusi* de Lijiang qui les contrôlaient. C'est d'ailleurs pour fuir leurs exactions que, au milieu du XVIe s., les Lisu arrivèrent pour la première fois sur les rives escarpées de la haute Salouen.

Anciens chasseurs, ils pratiquent aujourd'hui l'**agriculture sur brûlis** comme activité principale – le maïs est à la base de leur nourriture ; le chanvre occupe une place importante (habillement). Cueillette, chasse, pêche et élevage ne sont plus que des activités complémentaires.

Ils vivent dans des **maisons** en bois ou en bambou, généralement sur pilotis – avec animaux au rez-de-chaussée et hommes à l'étage, divisé en deux pièces –, formant hameaux ou villages qui regroupent un à plusieurs clans (Nu et Lisu) ou lignages (Lisu), unis derrière leur chef.

Leur société est organisée en **clans** qui portent généralement des noms d'animaux totémiques (Nu et Lisu). Les Nu se marient à l'intérieur du clan et du lignage, à la différence des Drung et des Lisu, qui se marient à l'extérieur du clan – et pratiquent le mariage préférentiel entre cousins croisés (→ *encadré p. 71*). Les couples mariés habitent dans une

Les Drung, ou Dulong, dont la langue est rattachée au jingpo, font partie de ces tribus connues autrefois en Birmanie sous le nom générique de Kachin. Ils n'ont pas de nom spécifique, et certains d'entre eux se connaissent uniquement par leur nom de clan.

Pour les Nu, les Tibétains et les Lisu, les Drung constituent une enclave de « primitivité » où l'on se procurait autrefois, à bon prix, des esclaves contre des vaches, que les Drung n'élèvent pas mais dont ils ont besoin pour un sacrifice annuel à leur dieu de la Chasse. Aussi, ils abandonnaient chaque année un certain nombre de leurs membres à la rapacité de ces voisins sans scrupules.

Les Lisu forment un rameau de la grande famille yi, dont ils font partie par la langue et l'histoire. Sous les Ming, on les désignait d'ailleurs comme « une autre sorte de Lolo ».

Les Lisu recevaient un tribut des populations nu et drung installées plus au N. et pratiquaient une forme d'esclavage domestique limité : s'il pouvait vendre ses esclaves achetés ou razziés chez les Nu ou les Drung, le maître n'avait en revanche aucun droit de vie ou de mort sur eux.

maison indépendante. Seul, le dernier fils reste avec ses parents jusqu'à leur mort et hérite de leur maison. La femme est achetée et, par conséquent, le lévirat est de règle pour les veuves.

Animistes, ils attribuent maladies et malheurs à la malignité des esprits et s'en remettent pour y remédier aux interventions de leurs chamanes. L'ascension de l'échelle de couteaux et la traversée de la « mer de feu » en marchant sur un lit de braises des Lisu suggèrent une certaine parenté avec le taoïsme local. Nu, Drung et Lisu inhument leurs morts – les victimes de malemort sont brûlées ou abandonnées au fil de l'eau. Les Drung ignorent le culte des ancêtres, alors que chez les Lisu, il paraît calqué sur le modèle chinois.

Le ciel, à l'origine du monde

Au commencement, il y avait le ciel, ballotté de ci, de là, tel un nuage flottant. Son dieu, Mubupa, décida de modeler la terre afin de stabiliser sa résidence céleste. Il envoya ses parents, sa femme et son fils lui chercher de la boue céleste et se mit à l'ouvrage. Il ne reprit son souffle qu'après avoir réalisé une belle plaine sur laquelle il disposa un semis de fleurs, des herbes et des arbres ; puis il façonna quelques oiseaux en vol, d'autres courant sur la terre. Tandis qu'il poursuivait son œuvre, le Roi des démons l'interpella : « Ton fils unique est mort ! » Profondément affligé, Mubupa ne s'arrêta pas pour autant. Le Roi des démons l'interpella à nouveau : « Ta femme est morte ! » Mille fois plus affligé encore, Mubupa continua son modelage. Voyant que l'œuvre de Mubupa était quasi achevée, le Roi des démons lui annonça alors que ses parents étaient morts. À cette nouvelle, Mubupa se mit à faire des mottes et à les lancer sur son modelage. Certaines s'incrustèrent dans la terre, y creusant des gorges profondes, d'autres formèrent à sa surface de hautes montagnes et des pics solitaires. C'est ainsi que l'œuvre de Mubupa resta inachevée. Aujourd'hui, les Lisu pensent que l'eau des rivières coule toujours vers ce morceau manquant. Depuis ce jour, la terre soutint le ciel, et le ciel et la terre devinrent mari et femme.

Lisu noirs, Lisu blancs, Lisu fleuris

Traditionnellement, les Chinois distinguaient trois tribus : Lisu noirs, Lisu blancs et Lisu fleuris, sur la base de différences vestimentaires et dialectales qui s'expliquent par la dispersion des divers groupes et les distances qui les séparent les uns des autres.

Lisu noirs et blancs se trouvent principalement dans la Préfecture autonome lisu du Nujiang. Chez les **Lisu noirs,** les femmes sont vêtues d'une longue tunique fermée à droite et d'une grande jupe en chanvre. Mariées, elles parent leurs oreilles de grands anneaux en cuivre et enserrent leurs cheveux dans une résille en perles et en corail. Les Lisu noirs de Lushui portent sur la longue tunique un petit tablier serré autour de la taille et des pantalons longs, et se coiffent d'un turban bleu foncé ou noir ; de petits morceaux de corail ornent leurs oreilles. Les femmes **lisu fleuris** de Yongsheng comme de Dehong aiment broder leur tunique, leur longue robe et jusqu'à leur turban de décors fleuris. Les vêtements aux couleurs vives et les grands anneaux en cuivre ou en argent qu'elles pendent à leurs oreilles donnent à ces femmes au teint mat des allures de Gitanes. Les hommes affectionnent une veste courte à manches longues, des pantalons tombant aux genoux et un turban bleu ou noir, parfois blanc. Sabre passé à la ceinture et carquois en peau d'ours ou de singe suspendu à la hanche droite complètent leur tenue traditionnelle. Un chef, un riche, un notable signalent leur différence en arborant à l'oreille gauche un grand morceau de corail rouge.

La riche mythologie des Drung

Chez les Drung, le ciel est le domaine des dieux. Il comporte une dizaine d'étages, présidé par Mupeipeng, au-dessous duquel réside le dieu Gemeng, qui a créé l'homme, lui a enseigné à vivre sur terre et contrôle le destin de chacun. Aux étages inférieurs, des dieux subalternes attendent les ordres de Gemeng, qui peut les dépêcher vers les hommes pour accomplir diverses tâches dont les chamanes et guérisseurs ont le secret.

Fêtes lisu, au fil des douze mois

Les Lisu ont leur calendrier traditionnel de 12 mois de 30 jours, sans mois intercalaire comme dans le calendrier chinois. À partir du 12e mois commence leur principale période de festivités, qui dure environ un mois et lors de laquelle on fait bombance et on sacrifie aux dieux domestiques pour qu'ils accordent d'abondantes récoltes au cours de la nouvelle année.

La 2e quinzaine du 10e mois de leur calendrier, les Lisu « **mangent le riz nouveau** » *(zaxiza)*. Le 7e jour de l'année nouvelle, c'est la **fête des Femmes** - car celles-ci ont sept âmes. Elles ne travaillent pas et peuvent demander aux hommes de faire ce qu'elles veulent. La **fête des Hommes** a lieu le 9e jour - car ceux-ci ont neuf âmes. Ils passent la journée en rites et en prières, tout le travail est fait par les femmes.

À la différence des Nu et des Drung sans écriture, les Lisu avaient un syllabaire, encore en usage dans la région de Weixi. Par ailleurs, les missionnaires les avaient dotés d'une écriture romanisée qui, amendée, a servi de base à leur écriture nouvelle. Au début du xxe s., les Lisu adhérèrent à des mouvements messianiques dirigés par un prophète ayant reçu une écriture du ciel.

• Les Jingpo, un saupoudrage de petits villages

(prononcer « tchingp'o »)

Ils n'étaient en Chine que 132 100 au recensement de 2000, une grande partie de leur population (350 000) se trouvant en Birmanie, où la littérature coloniale anglaise les connaît comme « tribus katchin ». En Chine même, ils occupent les crêtes montagneuses des sous-préfectures de Luxi, Longchuan et Ruili et les prolongements des monts Gaoligong. Venus du cours supérieur de la Salouen, ils ne pénétrèrent toutefois dans cette région (érigée en Préfecture autonome dai et jingpo de Dehong en 1956) que sous Qianlong (1736-1796) des Qing, lorsqu'un grand nombre d'entre eux fut enrôlé pour transporter des équipements militaires.

Sur le costume jingpo, → *encadré p. 234.*

Les Jingpo ont élaboré un **système politique** très particulier, dérivé de leur mode d'appropriation du territoire. Comme ils vivent, dans leur grande majorité, d'agriculture sur brûlis, le rapport écologique nécessite une certaine dispersion des communautés. Aussi la communauté de base n'est-elle guère plus qu'un village d'une vingtaine de maisonnées. Les maisonnées se regroupent en deux ou trois lignages, le plus important étant en général celui du chef de village – **chefferie héréditaire,** car le chef ou l'un de ses ascendants est censé avoir ouvert le territoire à la culture et posséder un certain droit de propriété sur ce territoire. C'est lui qui décide de l'admission de nouveaux venus, et, après les brûlis annuels, de la répartition des champs à l'intérieur du territoire villageois. À l'échelon immédiatement supérieur de la vallée ou de la

Comment le ciel et la terre se sont séparés

Les Drung pensent qu'autrefois ciel et terre se tenaient enlacés. Par une gigantesque échelle en bois à neuf barreaux, on pouvait monter au ciel ou descendre sur la terre. Un jour, les deux frères Peng et Ting se mirent à gravir l'échelle pour chercher dans le ciel de l'or et de l'argent. C'est alors qu'en haut de l'échelle arriva une fourmi géante qui leur demanda leurs anneaux, qu'ils refusèrent de lui donner. Attendant que Peng et Ting aient atteint le ciel, la fourmi grignota le dernier barreau, séparant irrémédiablement le ciel de la terre. Les hommes ne purent plus monter au ciel, et Peng et Ting – qui s'y trouvaient – ne purent plus en redescendre. Très affligé, Peng se changea en éclair, tandis que Ting se vengea en devenant un esprit particulièrement nuisible à l'homme.

La création du monde selon les Achang

Issus de la lumière surgie du néant après le chaos originel, Zhepama et Zhemina sont les démiurges de la mythologie achang. Zhepama construisit le firmament pour y placer le Soleil, façonné avec de la poudre d'or, et la Lune, modelée dans la poudre d'argent, et dispersa un million d'étoiles d'un coup de fouet. Comme la Lune et le Soleil étaient chacun au sommet d'une montagne différente, il planta dans la vallée entre les deux pics un arbre *suoluo* pour que les deux astres tournent autour. Quand le soleil paraît, c'est le jour, quand la lune apparaît, c'est le soir et la nuit. Enfin, il envoya quatre divinités garder les quatre orients du ciel. De son côté, Zhemina créa la terre en utilisant son propre corps, à la manière de Pangu. Quand ils eurent achevé leur création, Zhepama et Zhemina s'épousèrent. Après neuf ans, Zhemina enfanta une graine de courge et Zhepama la mit en terre. Au bout de neuf autres années, la graine poussa, fleurit et produisit un fruit énorme d'où sortirent neuf bébés, qui furent l'humanité originelle…

Sur le costume achang, → *p. 239.*

chaîne de montagnes, l'ensemble des territoires des villages voisins est de même la propriété d'un chef héréditaire, à qui tous ces villageois doivent une corvée annuelle et l'offrande d'une patte postérieure de tout quadrupède sacrifié ou tué à la chasse sur sa terre.

Perchées entre 1 500 et 2 000 m d'altitude de part et d'autre d'une ligne de crête, les **maisons** des Jingpo, construites au milieu d'un jardin potager, juchées sur leurs pilotis, bas ou hauts, sont généralement grandes, fraîches et ombragées, avec leurs planchers et leurs cloisons en bambou et leur toit en herbe à paillote. L'enclos pour les animaux domestiques est immédiatement attenant à la maison, sur son arrière, tandis qu'une véranda où on peut recevoir les visiteurs est sa seule ouverture par-devant, car elle n'a pas de fenêtre sur les côtés.

Chez les Jingpo, le fils le plus jeune reste avec ses parents jusqu'à leur mort et **hérite** de la maison et de leurs biens. Ses aînés, dès qu'ils sont mariés, vont s'installer dans une maison qu'ils se construisent dans le voisinage. Une famille sans garçon mais avec des filles peut faire venir un gendre, qui habitera avec la dernière fille, sans pour autant qu'il ait à renoncer à son clan d'origine. L'intérêt de cette résidence matrilocale est de diminuer considérablement le prix de la fiancée tout en facilitant l'établissement du gendre. Son inconvénient est d'inféoder le gendre à son beau-père. Ainsi s'explique la présence actuelle dans un même village de lignages issus de clans différents et sur lesquels le chef de village possède le même pouvoir incontesté.

• Les Achang, sous l'influence du bouddhisme dai (prononcer « atch'ang »)

Cette petite population, de 33 900 âmes en 2000, se trouve en grande majorité dans les sous-préfectures de Longchuan et de Liang Ho de la Préfecture autonome dai et jingpo de Dehong. Avant de s'installer dans ces vallées, les Achang ont dû occuper les montagnes avoisinantes qui portent encore des noms achang.

Déjà en place au début de la dynastie des Ming, ils furent mis sous l'autorité d'un *tusi* shan. Ce dernier se faisait représenter par un grand chef achang contrôlant plusieurs villages, eux-mêmes administrés par leurs propres chefs. Leur principale fonction était de lever impôts et corvées pour le *tusi* shan, qui en transmettait une part à l'administration impériale.

Leur mode d'**héritage** au profit du dernier fils est semblable à celui des Jingpo. Les fils aînés, lorsqu'ils se marient et quittent la maison de leurs parents pour aller s'établir ailleurs, ont droit à une part d'héritage. Ils vivent en familles monogames mais peuvent compter sous un même toit jusqu'à trois générations. Après une grande liberté sexuelle, le mariage est organisé par leurs parents, si toutefois ils ne prennent pas les devants en enlevant l'élue de leur cœur. Les Achang ont été pour la plupart convertis au **bouddhisme theravadin** par leurs voisins dai. Les enfants entrent au monastère dès l'âge de sept ou huit ans pour un noviciat et y retournent à plusieurs reprises pour franchir les divers grades monacaux. C'est là qu'ils apprennent à lire et acquièrent les éléments de leur culture. Les Achang, qui ont conservé des **pratiques animistes,** sacrifient chaque année à l'esprit tutélaire de leur village, puis à celui du *meng* (territoire administratif) selon un rite qui trahit une grande influence des Dai de Dehong.

■ Les Lahu (prononcer « larou »)

Les Lahu (453 700 individus en 2000) occupent successivement les montagnes entre le Mékong et la Salouen, depuis les Districts autonomes hani et lahu de Lincang, lahu et blang des Deux Fleuves, lahu de Lancang, dai et Lahu de Menglian, jusqu'au Laos et à la Thaïlande. On les trouve encore dans la région de Simao, dans les Xishuangbanna, et jusqu'à Yuanjiang sur le fleuve Rouge. De là, ils sont passés au Vietnam, où on en compte quelque 6 000 dans la province de Lai Châu. Leur passion pour la chasse maintient les Lahu en altitude à proximité des forêts primaires et secondaires où se sont réfugiés la plupart des gibiers.

Le nom « Lahu » est vernaculaire, il signifie « grilleur de tigre » (c'est-à-dire qu'ils mangent le tigre en brochettes). Dans les chroniques locales, on les trouvait sous les noms de Lo Hei, ou Gucong (prononcer « kouts'ong »). Ces derniers maintiennent une identité séparée dans les diverses circonscriptions où ils vivent aux côtés des Lahu : Simao, Honghe, Yuxi et Xishuangbanna.

En Chine, on ne compte que trois tribus : Lahu noirs (Lahu Na), Lahu jaunes (Lahu Xi) et Lahu blancs (Lahu Pu), auxquelles s'ajoutent d'autres groupes en Birmanie, au Laos et en Thaïlande.

Une longue migration vers le S.

On les rattache aux anciens Qiang venus du plateau du Gansu et du Qinghai, puis, aux alentours de l'époque Han, aux Kunming. Au Xe s., ils auraient entrepris une grande migration vers le S., à partir de laquelle ils se seraient scindés en deux groupes : les Lahu noirs partant à l'O., et les Lahu jaunes migrant à l'E. À l'E., ils se seraient à nouveau scindés en Lahu jaunes et Lahu blancs. Au XVIIIe s., les Lahu s'illustrent comme rebelles à la dynastie mandchoue, qui finit par briser leur résistance à la fin du XIXe s. Cette guerre d'usure explique leurs migrations ultérieures dans les pays voisins.

Costume

Les hommes portent un turban noir (parfois une calotte noire à la chinoise), une veste fermée sans col et de larges pantalons longs. Les femmes identifient leur tribu d'origine par le vêtement : les **Lahu jaunes** par un turban en toile noire qui se termine

Sur les villages lahu, → *p. 253.*

L'affirmation de la différence

en riches broderies, une courte veste sans col, cintrée et fermée devant, décorée sur la poitrine et aux manches de bandes colorées, et une longue jupe fourreau ornée de bandes rouges et de broderies à la hauteur des fesses et au bas de la jupe ; les **Lahu noirs** par un gros turban en toile noire, une longue tunique fendue des deux côtés jusque sous les bras, qui se ferme à droite, bordée de bandes de tissus de couleur autour du col et des fentes, sous laquelle elles enfilent une longue jupe fourreau ; les **Lahu blancs** tirent leurs cheveux en chignon à l'arrière de la tête, elles sont vêtues d'une veste blanche à manches longues en toile écrue, d'une jupe blanche enjolivée de bandes marron depuis la ceinture jusqu'au-dessous des genoux et encore de deux bandes de même couleur au bas de la jupe. Dans leur ensemble, les costumes féminins sont rehaussés de cauris, de boutons en argent et agrémentés de superbes colliers et bracelets en argent.

Une société égalitaire

La société lahu ne possède ni clan ni lignage. La structure politique de cette société est la **communauté villageoise** unie sous la houlette d'un chef de village – qui peut étendre son autorité à d'autres villages – et d'un prêtre. Unité sociale de base, la maisonnée comprend plusieurs ménages (fils ou filles du maître de maison avec conjoint et enfants). Le mariage – comme le divorce – est décidé librement par les intéressés. Il est suivi théoriquement par deux ou trois ans de service du gendre dans la maison de son beau-père, au terme desquels il peut retourner pour un an dans sa famille d'origine, avant de revenir pour une deuxième période de deux ans chez son beau-père, suivie encore d'une année chez son père. Le mariage est prohibé entre cousins des premier et second degrés, ainsi que l'échange de sœurs. Fils et filles reçoivent une part égale d'héritage. À la mort du chef de famille, c'est l'homme le plus âgé de la maisonnée (fils ou gendre) qui lui succède.

Bouddhisme et chamanisme

En Chine, les Lahu brûlent généralement leurs morts. Au début du XVIIe s., un moine renommé de Dali alla prêcher le bouddhisme du Grand Véhicule en compagnie de ses disciples chez les Lahu, qui se convertirent en grand nombre, ce qui a marqué la pensée populaire. Ils conservent néanmoins des pratiques animistes courantes et des chamanes, qui entrent en transe pour intervenir dans l'invisible contre les esprits prédateurs et pour secourir les âmes égarées de leurs malades. Les Lahu vouent un culte important à G'ui Sha, créateur de l'univers à l'instar de Pangu *(→ p. 131)*.

Fêtes lahu

Le 3e jour du 1er mois, les Lahu honorent la mémoire de l'ancêtre Kala, qui inventa la culture du maïs, du sorgho et de l'orge, et rapporta de chez les Yi des filets, des hameçons et des arbalètes, tous instruments de chasse et de pêche pour éloigner les prédateurs de ses cultures. Comme la plupart des Tibéto-Birmans, les Lahu célèbrent aussi une fête des Torches *(→ encadré p. 109)* pour commémorer la figure prométhéenne de Zhanuzhabie, qui, non seulement se révolta contre le roi du Ciel G'ui Sha, mais, puni par ce dernier, qui avait plongé la terre dans l'obscurité, eut l'impudence de se saisir d'une gigantesque torche pour éclairer à nouveau le monde.

■ Les Jinuo (prononcer « tinouo »)

Les Jinuo sont un peuple résiduel aborigène de la région de Jinghong (Xishuangbanna). Ils n'étaient que 20 900 individus en 2000. Planteurs de thé de la variété *puer* (prononcer « pou eul »), qu'ils vendaient depuis des siècles aux colporteurs han, ils apparaissaient si peu différents dans la mosaïque ethnique des Xishuangbanna qu'il fallut toute l'obstination de l'ethnologue Du Yuting pour qu'on finisse par les reconnaître comme nationalité en 1979.

De la commune agricole à la commune populaire
Chasseurs-cueilleurs et agriculteurs sur brûlis, ils pratiquent encore les défrichages collectifs. Le territoire à planter est ouvert dans la forêt par toute la communauté et est exploité pendant 13 ans, le chef de village distribuant les parcelles à cultiver. Après 13 ans, les champs sont abandonnés à la brousse arborée et un nouveau territoire collectif est ouvert à la culture du riz de montagne, du maïs, des haricots, des concombres, des melons et des pastèques, tandis que la végétation se reconstitue de rotation en rotation. Cette société considérée comme relevant de la commune agricole – le degré le plus avancé de la société primitive dans le jargon de l'anthropologie chinoise – est passée directement sous la République populaire au stade de la commune populaire sans traumatisme notable.

Pantalons courts et chapeaux pointus
Les femmes endossent une veste sans col fermée bord à bord. Le haut est en toile noire ou blanche ; sur la moitié inférieure et sur les manches, elles appliquent des bandes et des broderies de sept couleurs différentes. Elles portent un pantalon court en toile noire bordé de bandes rouges et des jambières noires. Elles se coiffent d'une sorte de chapeau pointu en toile blanche qui descend jusqu'aux épaules à la manière d'une capuche. La tenue masculine se compose d'une veste en toile blanche sans col, fermée devant, de pantalons larges qui s'arrêtent au-dessous des genoux et d'un turban noir.

Sous la protection des « père et mère du village »
Ils vivent en **familles** monogames patrilinéaires et patrilocales, dans des maisons au sol au nombre d'une vingtaine par village sous la houlette des patriarches des deux clans les plus anciens du village, qu'ils nomment : « père et mère du village ». Le **mariage,** librement consenti, peut avoir lieu dès que garçon et fille ont accompli le rite de passage à l'âge adulte. Il n'y a point d'entremetteur, c'est tout simplement le père ou l'oncle maternel qui fait les premières approches auprès des parents de l'élue.

■ **Les Hani** (prononcer « rani »)
Après les Yi, les Hani sont la deuxième grande nationalité tibéto-birmane du Yunnan, par le nombre (1 439 700 en 2000), puis par l'expansion dans l'espace. Sans être totalement homogènes, les composants de ce groupe sont beaucoup moins diversifiés que ceux du groupe yi. On les trouve principalement dans le S. du Yunnan, dans le bassin du fleuve Rouge et les montagnes des Xishuangbanna. Les Aini des Xishuangbanna se nomment encore *Akha,*

Jinuo est leur nom vernaculaire. *Ji* signifie « oncle maternel » et *nuo* « neveu », ce qui donne une idée de l'image toute familiale qu'ils se font de leur société.

Ce sont les femmes qui filent, tissent et confectionnent. Elles travaillent assises par terre, sur un métier primitif sans cadre, retenant la trame, d'un côté par un poteau, de l'autre par une sangle qu'elles ont passée dans le dos.

Pour mémoriser leur ascendance, ils utilisent le système commun à la plupart des Tibéto-Birmans **(→ *encadré p. 105*).**

Les Jinuo enterrent leurs morts dans des cercueils creusés dans un tronc d'arbre évidé. Une maisonnette en bambou érigée au-dessus de la tombe rassemble tous les objets usuels du défunt.

Outre une vie rituelle très riche, jalonnée par des manifestations animistes et chamaniques, ils fêtent le riz nouveau au 8e ou 9e mois et commémorent l'introduction de la forge dans leur histoire, le 6 du 2e mois.

La double casquette du chef jinuo

Les Han les appelaient Ailuo et les Dai, Kanuo, les classant dans la catégorie des populations assujetties, en dépit du prestige dont jouissait le chef des Jinuo, dignitaire à parasol d'or pour les Dai, qui était le seul autorisé à pénétrer à cheval et en armes dans le palais du roi des Sipsong Panna à Jinghong – privilège auquel même les membres du Conseil n'avaient pas droit. En effet, il représentait à la fois les droits imprescriptibles du premier occupant du territoire et ceux de l'administration impériale, dont il était un des agents, ayant titre de *tumu* (« œil sur le territoire »). Cette tradition est encore vivace, le vice-préfet des Xishuangbanna étant encore récemment un Jinuo.

Leur langue se rattache au yi et se subdivise en hani, aini, piyo, katu, haoni, putu, yiche, baihong.

désignation de ce groupe la plus connue hors de Chine, tant en Birmanie qu'en Thaïlande et au Laos. Ils sont, avec les Hani du fleuve Rouge, les groupes les plus marquants.

Minijupe ou pantalons longs

Les divers groupes de Hani se distinguent par le dialecte et les particularités vestimentaires. Les **femmes hani** de la Préfecture autonome hani et yi de Honghe portent une veste sans col, fermée à droite par des boutons en argent sur des pantalons longs, tandis que le vêtement masculin comprend une veste sans col fermée sur le devant, un pantalon long et un turban noir ou blanc. Le **costume aini *(akha)*** se compose d'une courte chemise noire richement brodée aux manches et dans le dos, et dont le décolleté profond est fermé par un gros bouton en argent ; le bas de la chemise est orné d'appliqués de couleur et de motifs floraux constitués avec des cauris (coquillages) cousus. Une minijupe noire plissée retenue par une ceinture tablier et des jambières richement décorées d'appliqués et de broderies multicolores le complètent. La coiffure est soit un bonnet rond, soit un bonnet pointu, parfois en forme de hennin, orné sur une partie ou sur toute sa surface de clous et de pièces d'argent, de pompons en laine rouge et maintenu par une jugulaire *(→ ill. p. 326)*. Entre Pu'er et Yuanjiang, les **femmes piyo** et **putu** sont vêtues d'une sorte de minijupe, avec un corsage ouvert sur le buste, qui évoque le costume aini *(akha)*, tandis que chez les Yiche (à Dayangjie,

On retrouve les mêmes variations dans le mode de production : les Hani du fleuve Rouge sont riziculteurs en rizières inondées aménagées en terrasses sur d'immenses pentes montagneuses *(→ ill. p. 274)*, alors que les Aini des Xishuangbanna sont des agriculteurs itinérants sur brûlis.

Femmes hani se rendant au marché (Yuanyang).
Le costume quotidien est constitué d'un pantalon teint à l'indigo et rehaussé d'appliqués, et d'une tunique courte fermée à droite. La coiffe, agrémentée de fils de laine aux tons foncés (violet, bleu ou noir) qui retombent sur le front, est caractéristique des Hani.

Langti et Chegu, dans la préfecture de Honghe) et chez les **Katu** (à Yuanjiang, Xinping) la jupe est remplacée par un short court exposant plus ou moins complètement les jambes. La coiffure féminine peut varier de la coiffe hani au « hennin » *akha*, sans parler des broderies, appliqués et ornements dont la finalité est autant esthétique qu'identitaire.

Maisonnée, clan et village

À l'instar des Yi, leurs voisins, les **Hani** du fleuve Rouge ont préservé une forme de maison de facture plus septentrionale avec des terrasses sur les corps de bâtiment secondaires, tandis que le bâtiment principal, en terre ou en brique, est couvert d'herbe à paillote. Leurs villages, très compacts, peuvent rassembler jusqu'à 100 maisonnées. Les **Aini** ***(Akha)*** des Xishuangbanna, quant à eux, habitent des maisons sur pilotis divisées en deux pièces – celle des hommes et celle des femmes, dotées chacune de son foyer. Leurs villages ne comptent guère plus d'une trentaine de maisons. Les uns et les autres ont préservé le modèle d'une société égalitaire, organisée en clans patrilinéaires, représentés dans les communautés villageoises par des lignages minimaux (comprenant des parents de trois ou quatre générations seulement). La **maisonnée** est l'unité économique de base. Le dernier fils demeure avec ses parents, tandis que ses frères aînés, mariés, habitent une maison indépendante dans le voisinage. Les femmes yiche au S. de Honghe restent attachées à la coutume qui consiste à ne s'installer définitivement dans la maison du mari que pour la naissance du premier enfant *(buluo fujia ; → p. 76)*. Le culte des ancêtres fait à tous un devoir d'avoir des enfants. De nombreux rites de fertilité et de fécondité y pourvoient. C'est sans doute pour cela que la vie sexuelle des adolescents des deux sexes est très libre – particulièrement chez les Yiche et les *Akha* –, stimulée par les chants alternés, les danses et les jeux de balançoire.

Vieille femme aini (Xishuangbanna) à la coiffe ornée en partie de globules en argent.

Animistes, les Hani enterrent leurs morts. Des bœufs offerts par chacun des gendres du mort sont sacrifiés pour les funérailles. La veille des funérailles, les jeunes gens dansent devant la maison en deuil.

■ Les Pumi (prononcer « poumi »)

Issus des Qiang et connus à partir des Ming sous l'appellation de Xi Fan, les Pumi sont aujourd'hui un peuple résiduel, très sinisé, qui comptait 33 600 âmes en 2000, réparties dans le N.-O. du Yunnan aux confins du Tibet et du Sichuan : Lanping, Ninglang, Lijiang, Yongsheng, Weixi, Zhongdian.

De multiples influences

Ils vivent dans des villages de montagne de 20 à 30 maisons en bois à étage (le rez-de-chaussée servant d'étable) entre 2 000 et 3 500 m d'altitude ou le long des berges du Jinsha jiang (à 1 500 m d'altitude en moyenne). Malgré la grande variété de leurs cultures (maïs, blé, pomme de terre, orge, avoine, etc.), ils n'ont de la nourriture en quantité suffisante que huit à neuf mois par an, suppléant à ce manque par la chasse et l'élevage (vaches, chevaux, mulets, moutons). Divisés en clans patrilinéaires à Ninglang, résidant en familles élargies, pratiquant l'exogamie de clan en même temps que l'endogamie de classe et le lévirat *(→ encadré p. 71)*, ils présentent une **variété de mariages** qui dénote un certain amalgame des pratiques de leurs voisins, yi, naxi, han : mariage classique à la chinoise (avec entremetteur, fiançailles, achat de la femme, fidélité de l'épouse), non-résidence au foyer du mari à la manière des Yi, absence de mariage et matriarcat à la manière des Na (Naxi) de Yongning. Cet éclectisme se retrouve dans les pratiques funéraires (crémation et inhumation). Enfin, leur religion est à la fois orientée vers les rites de guérison par les *hangui,* qui transcrivent leurs rituels en alphabet tibétain, et les rites de propitiation au dieu de la Montagne et au Gouffre du Dragon.

La famille miao-yao

Les populations de langue miao-yao peuvent être considérées comme les aborigènes du Centre, voire du N. de la Chine ancienne. Elles forment une famille ethnologique comprenant une dizaine d'ethnies apparentées, rassemblées aujourd'hui en deux nationalités distinctes : les Miao et les Yao. Les recherches des linguistes chinois ont permis de dégager cinq langues miao et six langues yao – dont seulement quatre seraient proprement yao – pour la totalité du groupe. Cette relative complexité linguistique donne une idée de l'imbrication des groupes les uns dans les autres, dans un ensemble tribal extrêmement dispersé, depuis le Hubei jusqu'aux frontières méridionales de la Chine et, au-delà, dans tous les pays voisins : Vietnam, Laos, Birmanie, Thaïlande.

L'imbroglio des Miao

Ils formaient une population de 8 940 100 âmes en 2000, répartie entre Hubei, Hunan, Sichuan, Guangxi, Guizhou et Yunnan. On distingue cinq grandes entités ethnolinguistiques :

– les ***Qoxiong*** (prononcer « kresiong »), ou Kouosiong selon les dialectes, désignés par les Chinois comme **Miao rouges** (Hong Miao), vivant au S.-O. du Hubei, à l'O. du Hunan et au N.-E. du Guizhou (de Songtao à Tongren) ;

– les ***Hmu*** (prononcer « mhou »), **Miao noirs** (Hei Miao) dans la nomenclature chinoise, qui occupent le S.-E. du Guizhou et la région voisine du Guangxi ;

– les ***Hmong*** (prononcé « mhong » ou « mong » selon les dialectes, et orthographié *(H)mong* en général), éparpillés dans quatre provinces (Guizhou de l'O., Sichuan méridional, Yunnan et Guangxi de l'O.), et connus, selon les localités, sous différents noms : **Miao blancs** (Bai Miao), **Miao verts** (Qing Miao), **Miao fleuris** (Hua Miao), Miao-Pie, Miao « à jupe courte », Miao « à longue jupe », etc. ;

– les ***A Hmao,*** bien que classés dans l'ensemble *(h)mong,* parlent une langue différente ;

– enfin, les ***Ge Hmon*** ou ***Gemun (Gejia),*** enclavés près de Kaili en plein pays hmu et, pour cela sans doute, classés contre leur gré parmi les Miao, continuent à revendiquer une identité propre.

La nébuleuse *(h)mong* est constituée d'un nombre impressionnant de groupes dialectaux et de styles vestimentaires – donc de tribus. On en dénombre 14 au seul Guizhou, où la population totale des Miao atteignait, déjà en 1990,

3 681 000 individus, soit près de la moitié de la population miao en Chine. Ces styles sont le plus souvent séparés dans l'espace ; toutefois, ils peuvent coexister, comme dans la région de Anshun (Guizhou de l'O.), véritable croisée des chemins des dialectes et des styles *(h)mong*.

Miao septentrionaux	*Qoxiong*
Miao centraux	*Hmu*
Miao occidentaux	*(H)mong*

Certitudes géographiques

Les ***Qoxiong*** sont les plus septentrionaux. Leur implantation se limite au Hubei et au Hunan de l'O., ainsi qu'à la région bordière de Songtao (Guizhou), où leur costume est le même que celui de Fenghuang, au Hunan voisin : énorme turban noir, large collerette brodée couvrant les épaules, longue tunique bleue fermée à droite avec tablier plastron brodé sur le devant, pantalons longs. À Qinglong et à Puding (Guizhou de l'O., région de Anshun) en revanche, on ne voit ni plastron ni collerette, et le turban est remplacé par une écharpe noire qui couvre un chignon conique au sommet du crâne.

Sous les désignations chinoises se cachent parfois des pièges : les Miao « grandes fleurs » (Dahua Miao) de Weining (Guizhou) ou de Anning (Yunnan) – qui sont en réalité des *A Hmao* – n'ont rien à voir avec les Miao « petites fleurs » (Xiaohua Miao) de Nankai (Guizhou de l'O.), qui, eux, sont des *(H)mong*. C'est la taille sans commune mesure de leurs motifs décoratifs – c'est le sens que revêt ici le terme « fleur » – qui leur a valu le nom de Miao « grandes fleurs » chez les Han.

Les ***Hmu*** vivent en habitat continu dans la Préfecture autonome miao et dong du Guizhou du S.-E., avec des prolongements au Hunan, au Guizhou central et au Guangxi. On distingue **cinq types de costumes** : de Taijiang ; du Leigong shan ; de Danzhai à Longquan ; de Sandu, Danzhai et Duyun ; de Rongshui et Sanjiang (Guangxi), Rongiang et Liping (Guizhou), Jing Xiang et Huitong (Hunan). Ces costumes fort riches n'admettent que la jupe, sauf à Rongshui, où un pantalon large et court la remplace dans la mise de tous les jours.

Les ***Hmong*** ont essaimé depuis le Guizhou central et occidental jusqu'au Sichuan, au Yunnan et au Guangxi. Leur habitat est discontinu ; tribus et dialectes se trouvent parfois dispersés dans les quatre provinces. Leurs styles vestimentaires se classent selon deux pôles géographiques : le **Guizhou méridional** d'une part, qui présente **six styles** (du fleuve Luopo, Huaxi, Huishui, Anshun-Qingzhen, Zhenning-Anshun [Guizhou], Nandan [Guangxi]), le **Guizhou occidental,** le **Sichuan** et le **Yunnan** d'autre part, où l'on distingue **neuf styles** (Zhaotong, Bijie, Zhijin, Anshun-Puding, Jianglong [au Guizhou] ; Kaiyuan, Qiubei, Maguan [Yunnan] ; Gulin [Sichuan]).

***Qoxiong* et *Hmu* vivent en habitat concentré et continu ; leurs tribus et leurs dialectes sont répartis de manière plutôt homogène.**

Confusions vestimentaires

Les Miao nous attirent avant tout par leurs costumes, qui, dans une profusion de formes et de couleurs, mêlent la trouvaille ingénue, le décor savant et raffiné, l'« association barbare réussie », tant il est vrai que l'esthétique miao nous renvoie aux âges sans écriture et aux premiers balbutiements de l'histoire. Elle a pourtant évolué, elle aussi, au cours des siècles (les albums miao sont là pour nous le rappeler ;

Les femmes miao complètent généralement leur costume avec des jambières brodées – sortes de guêtres montant jusqu'à la hauteur du genou, nouées à l'arrière de la jambe – ou des bandes molletières, qu'elles enroulent autour de leurs jambes.

→ *encadré p. 128*), mais sans abandonner pour autant des structures figées à jamais dans le **batik**, le **point de croix** ou les **plis de la jupe.**

• Variations infinies sur la jupe

Élément fondamental du costume miao – encore que les costumes *qoxiong* et quelques rares costumes *(h)mong* et *hmu* lui préfèrent le pantalon –, la jupe plissée (*→ aussi p. 188-189*) peut être longue jusqu'aux chevilles ou franchement courte – 25 cm tout au plus chez les *Genao* des monts du Tonnerre (Leigong shan) – mais, le plus souvent, elle s'arrête à la hauteur des genoux. Elle se porte seule ou en superposition avec d'autres jupes, et s'enrichit parfois d'une sorte de « jupe volante » constituée de lanières de tissu reliées à la ceinture par des fils, qui évoque certains costumes de l'opéra chinois. De toile de coton ou de chanvre, elle est faite de pièces assemblées les unes aux autres. La largeur totale de la jupe déployée peut varier de 1,50 m à 6 m. Le plissage est renforcé par des fils solides qui maintiennent la jupe serrée aux hanches. Une fois compactée, elle est frappée à coups de battoir pour lui faire prendre forme, voire étuvée dans un tube en bambou pour rendre ses plis indéformables. Elle a été le plus souvent batikée au préalable, et décorée de bandes colorées ou brodées de motifs floraux au point de croix. Elle décline toutes les nuances de l'indigo, du sombre au délavé, obtenu par lessivage (*→ aussi p. 310-311*).

Accessoire indispensable à la jupe – qui, non cousue, reste ouverte devant –, le **tablier** brodé fait office de cache-sexe lorsque la personne s'assoit ou s'accroupit. Un tablier symétrique, purement décoratif celui-là, lui fait parfois pendant dans le dos, quand ce ne sont pas les extrémités libres d'une ou plusieurs ceintures brodées.

• Blouses brodées, blouses batikées...

Une blouse, le plus souvent sans boutons – trois boutons toutefois, au col, sous les aisselles, et à la ceinture quand elle est fermée complètement à droite comme au Yunnan oriental –, fermée bord à bord ou croisée sur la poitrine, est retenue par la ceinture. En satin ou en cotonnade de couleur foncée, elle est généralement décorée d'un revers et d'un col marin ; quelquefois, les manches sont brodées de galons où le rouge magenta domine. Parfois, elle est entièrement brodée ou encore ornée d'appliqués de couleur aux motifs d'une grande diversité – géométriques, fantastiques ou réalistes. Chez les *Gejia* de Huangping ou de Matang (région de Kaili), elle est entièrement batikée, ouverte devant et sur les côtés, et agrémentée d'appliqués sur le plastron et les manches (*→ ill. p. 330*).

• Coiffes, turbans et parures

L'une des coiffures les plus étonnantes est celle des femmes de Zhijin et de Suoga, à l'O. de Guiyang, dont la chevelure, pour moitié postiche, est enroulée en un énorme huit autour d'un peigne en forme de cornes de 60 cm de longueur (*→ ill. p. suiv.*) ! Autre curiosité, la coiffe à l'allure très martiale des jeunes filles *gejia* (*→ ill. p. 330*). Quant au turban, il peut être constitué d'une lourde pièce de tissu ou bien d'un simple bandeau de tête enroulé autour du chignon. Les femmes *(h)mong* de Puding, au Guizhou (région de Anshun), de Maguan et de Malipo, au Yunnan sud-oriental, en offrent la version la plus spectaculaire : leur vaste turban, plat comme une galette, est obtenu par le pliage préalable d'une longue étoffe en une bande de 6 cm de large. Elles y fixent sur le devant une petite bande brodée multicolore soutenant un rideau de perles et de rubans.

Ce sont les *Hmu* qui arborent les parures les plus somptueuses : les jours de fête, les jeunes filles se coiffent de larges couronnes en argent à pendeloques et de diadèmes surmontés d'immenses cimiers évoquant la forme de l'hirondelle en vol, ou décorés de fleurs en argent vibrant sur leur tige au moindre mouvement.

Les bijoux portés à cette occasion : torques, plaques en argent repoussé, résilles et pendeloques, boucles d'oreille, lourds bracelets, longues épingles en argent piquées dans les coiffures, piécettes cousues au tablier ou à l'aumônière, et divers autres colifichets ajoutent à ce déploiement inouï de richesse (→ *p. 326-327*).

Rébellions et répressions

Pour les Han, les Miao représentent l'archétype de la résistance à la civilisation, c'est-à-dire à la formation de l'État. Le nom qu'ils leur donnent, *miao* (« repousses de riz »), se réfère sans doute à *gen miao* (« origine »), ce qui suppose la reconnaissance de cette population comme aborigène, mais suggère aussi l'image d'une graminée tenace qui se reproduit envers et contre toute tentative d'éradication. Les cinq empereurs mythiques, à l'aube de l'histoire chinoise, établirent la civilisation en combattant les Miao : l'Empereur Jaune, qui est à l'origine de l'agriculture sédentaire, vainquit le rebelle Chiyou, en qui l'on voit déjà un Miao (aujourd'hui encore, les enfants miao portent un bonnet dit « de Chiyou » !) ; les 4e et 5e empereurs, Yao et Shun, guerroyèrent contre les tribus San Miao (première mention du nom), qu'ils bannirent à l'O. du domaine civilisé. Finalement, Yu le Grand, fondateur de la dynastie des Xia, lança à nouveau contre eux une campagne d'extermination ; on dit que leurs survivants s'enfuirent vers le S.

Ceux qui émigrèrent au S. du Yangzi se confondirent parmi les « Man et les Yi », et autres populations « barbares », dans l'O. du Hunan, pour ne réapparaître dans les chroniques locales que sous les Yuan, 30 siècles plus tard. Le Guizhou, colonisé tardivement, fut sans doute pendant longtemps le sanctuaire de leur culture, ce qui explique leur nombre et leur diversité sans égale dans cette province. Quelle fut l'histoire des Miao au cours de ces siècles de glissement vers le S. ? Sans doute une suite immémoriale de rébellions, de fuites ou de soumissions, dont il ne reste que des échos épars dans les monographies locales compilées par les administrateurs chinois. Elles n'ont guère trouvé place dans la mémoire collective des Miao eux-mêmes, réfugiés dans un éternel présent, antérieur à la formation de l'État, antérieur à l'Histoire. La chronique de leurs sanglants démêlés avec la dynastie mandchoue à partir du XVIIe s. nous renseigne toutefois.

Tandis que s'éteignaient, dans les provinces du S., les dernières poches de résistance des légitimistes Ming, les populations miao du Guizhou et du Hunan ne tardèrent pas à réagir à la **politique d'administration directe** mise en œuvre par les Qing – laquelle

Il est rare de rencontrer un costume *(h)mong* sans turban. C'est néanmoins le cas chez les jeunes filles *a hmao*, qui laissent retomber leurs cheveux librement sur les épaules et les rassemblent, une fois mariées, en un chignon conique au sommet du front. Les femmes *(h)mong* de Jianglong, dans le voisinage de Zhenning (Guizhou), roulent leurs cheveux en spirale autour d'une longue épingle à cheveux de 30 cm sur le côté droit de l'occiput. Certaines jeunes filles *hmu* (région de Kaili) se coiffent même à la mode des princesses Tang **(→ *ill. p. 332*).**

Laine et crin de cheval entrent dans la composition de ce postiche que les jeunes filles enroulent autour de deux cornes en bois. Le volume de cette coiffe atteste la richesse de la famille.

s'accompagnait par ailleurs d'un effort civilisateur sans précédent, avec l'ouverture d'écoles pour les Miao et l'accès aux examens permettant à ceux-ci d'embrasser la carrière mandarinale. Immédiatement mise à profit par des colons aventureux, des usuriers et des administrateurs sans scrupules pour déposséder les Miao de leurs meilleures terres, cette politique d'ouverture se heurta rapidement à la résistance des Miao. De 1662 à 1735, plus d'une **vingtaine de révoltes** déclenchèrent une première campagne de pacification (1727-1730) préfiguratrice des grandes rébellions qui, de 1736 à 1872, sous Qianlong, sous Jiaqing et sous Tongzhi, embrasèrent les *Hmu* du Guizhou oriental, les *Qoxiong* de l'O. du Hunan et les *(H)mong* du Guizhou central et occidental. Les répressions de ces soulèvements firent près de deux millions de morts chez les Miao. D'ampleur diverse, tous ces mouvements se distinguaient néanmoins par leur caractère messianique : l'annonce de l'avènement d'un Roi Miao qui sauverait ce peuple de l'emprise toujours plus forte de l'État han en la personne de ses collecteurs d'impôts et de ses soldats. Cela explique leur rapprochement avec les sectes mystiques han : tout naturellement, ils s'allièrent aux rebelles de la secte du Lotus blanc (entre 1796 et 1820), et, en 1859, ils appuyèrent les troupes Taiping de Shi Dakai dans leur traversée du Hunan et du Guizhou en direction du Sichuan. Quelque 72 ans plus tard, ils accueillirent de même les troupes de la « Longue Marche »...

Les albums miao

Les empereurs mandchous avaient, sans doute en raison de leur propre origine « barbare », une certaine curiosité pour la vie des peuples non han de leur Empire. Leur fascination pour cette diversité ethnique était telle que, aux XVIIIe et XIXe s., de longs rouleaux de peinture sur soie représentant les peuples tributaires et encore insoumis du Guizhou, connus sous le nom générique de Miao ou Miao Man, devinrent une peinture de genre très appréciée à la cour. Des dizaines d'albums ont été recueillis et conservés dans des musées et des collections particulières, en Orient comme en Occident. Chaque peuple y est présenté dans une activité particulière (chasse, promenade, travaux agricoles ou domestiques), qui veut donner de lui une image caractéristique. Une courte notice, géographique ou ethnographique, accompagne chaque présentation. On en trouvera aussi bien au Gugong à Pékin qu'au Musée national de Taipei, à Taiwan. En Europe, la plus grande collection de ces albums est exposée au musée de Leipzig, mais le British Museum de Londres et la bibliothèque du musée Guimet, à Paris, en possèdent également quelques exemplaires.

Des brûlis aux rizières

Les cinq ethnies miao – parlant des langues mutuellement incompréhensibles tout en manifestant une origine commune – se distinguent entre elles aussi bien par divers aspects de leur culture matérielle que par un degré différent d'acculturation à la civilisation han. Ainsi, les ***Qoxiong***, dans l'O. du Hunan et dans le N.-E. du Guizhou, habitent des maisons en brique ou en pierre, dans des villages ceints de murs. Ils vivent d'agriculture en rizières inondées de manière tout à fait semblable à celle des paysans han du voisinage. Les ***Hmong*** sont encore souvent des agriculteurs sur brûlis, quand ils n'ont pas pu découper la montagne en terrasses. Certains terrains du Sichuan, du Guizhou et du Yunnan s'y prêtent fort mal, et de tels travaux ont souvent pour effet de lessiver les sols. Leurs maisons, au sol, en bois, en adobe ou en bambou, sont de construction plus fruste que celles des *Qoxiong*. Les villages se présentent comme une agglomération de hameaux plus ou moins distants les uns des autres. Les ***Hmu*** du S.-E. du Guizhou construisent leurs maisons sur pilotis, avec véranda, à la manière des populations buyi ou dong environnantes. Ils ont depuis longtemps aménagé des pans de montagnes entiers en terrasses où ils cultivent du riz gluant, grâce à un système de canalisations en bambou. Ils peuvent aussi s'être affranchis plus ou moins de l'agriculture. À Taijiang, sur le Qingshui jiang, des *Hmu* bateliers tirent leurs revenus du flottage du bois et du transport de marchandises.

Lignages et villages

Les Miao ont tendance à résider par groupes de maisonnées issues d'une même famille étendue formant un lignage. Celui-ci se confond souvent avec le hameau, ou constitue le noyau autour duquel s'établit un hameau. Ces lignages appartiennent à des **clans** dont les noms, d'origine chinoise, ont pu être adoptés plus ou moins récemment, à mesure que les Miao tombaient sous le contrôle de l'administration han. L'exogamie de clan, presque partout respectée chez les *(H)mong*, semble avoir été réduite à une exogamie de lignée – qui interdit, par exemple, de se marier si l'on a un ancêtre commun dans les trois ou quatre générations du lignage –, voire de lignage – interdiction de se marier si on a un ancêtre commun, aussi éloigné soit-il –, chez les *Hmu*, qui – en raison de leur plus grande sédentarité – divisent en deux les clans pléthoriques quand il devient difficile de trouver un conjoint.

Les traits communs à l'ensemble des sociétés miao – mariage entre cousins croisés, régime d'échange généralisé (avec toutefois droit de préemption de l'oncle maternel sur la fille de sa sœur au profit de son propre fils), achat de la femme et lévirat – dressent le portrait d'une vie sociale dominée par la filiation patrilinéaire, la résidence patrilocale et le pouvoir incontesté du maître de maison. Alors que la monogamie semble aujourd'hui de règle, la polygamie était encore couramment acceptée dans la première moitié du XXe s. – elle l'est d'ailleurs encore chez les Miao des pays voisins. À l'inverse, des traits particuliers comme la pratique du *buluo fujia* (→ p. 76), qu'on rencontre à Huangping, à Shibing et à Kaili chez les *Hmu* du Guizhou oriental et chez certains *(H)mong* du Guizhou méridional, indiquent des influences culturelles extérieures à la sphère de civilisation han, peut-être un héritage de la culture de Chu avant la fondation de l'Empire, dont les Miao se réclament.

Élégies de Chu

C'est davantage dans leurs rites, notamment les **rites de deuil**, que les Miao d'aujourd'hui se sont trouvé quelques affinités avec la culture de Chu, surtout dans le *Chuci*, ces *Élégies de Chu* du poète Qu Yuan, dans lesquelles ils reconnaissent un écho de leurs rappels de l'âme, chants chamaniques et chants initiatiques du mort. Les rites de deuil chez les Miao semblent avoir le mieux conservé le dessin archaïque de la métaphysique d'Asie orientale avant toute interférence bouddhique : une approche naturaliste de la mort et de la réincarnation des âmes pour la propagation de la vie. Les *Qoxiong*, par exemple, enseignent à l'âme du mort comment retourner sur les chemins de sa vie terrestre, retrouver son village natal, puis s'envoler dans l'au-delà comme une légère fumée pour rejoindre dans la lune la *huye mama*, la « Mère Papillon » de l'humanité, et le couple ancestral, Yangong et Yanpo, chargé de sa réincarnation, qui la renverront au monde en l'introduisant dans une matrice humaine. Les *(H)mong* possèdent un chant initiatique semblable, avec des variantes. C'est le chant même qui devient l'agent de la réincarnation en décrivant l'arrivée de l'âme dans la maison de ses ancêtres – laquelle n'est autre que le vagin d'une femme de sa propre maison...

Aujourd'hui, les Miao enterrent leurs morts. Sous les Ming, dans le Guizhou méridional, ils les entreposaient dans des grottes ou dans des anfractuosités naturelles ou artificielles de falaises abruptes. Dans certaines localités, cette pratique s'est perpétuée jusqu'à une date récente.

Pour s'assurer que l'âme du mort a bien suivi sa route, *Qoxiong* et *(H)mong* font brûler un morceau de toile blanche écrue. S'il se consume lentement en laissant s'échapper de légères volutes de fumée, et si, chez les *Qoxiong*, il produit un chant triste comme une plainte, c'est signe que la réincarnation va s'accomplir.

La toilette du mort donne lieu à une curieuse pratique chez les *Qoxiong*, qui ne peuvent employer que de « l'eau qui coule vers le bas » (il faut comprendre : qui s'enfonce dans la terre), eau de mare ou de rizière, sans laquelle le mort ne pourrait retourner à sa maison natale. Les *Hmu* placent une pièce d'argent dans la bouche du mort ou dans ses mains afin qu'au cours de son voyage il puisse acheter de l'eau pure pour étancher sa soif.

Les rites funéraires sont l'occasion d'une grande **cérémonie de retrouvailles** entre le mort, sa famille et tout son milieu social : sa femme et ses belles-filles éplorées, qui lui tiennent compagnie sans relâche pendant plusieurs jours ; ses fils et filles mariées, qui lui sacrifient, chacun, une bête à cornes ; ses amis et voisins, qui participent au deuil d'une obole d'argent et de broderies, et prennent part au rituel. La veille de la mise au tombeau, au cours d'une grande veillée à laquelle tous doivent assister, le mort règle ses comptes avec la société. Ce rituel vise à aplanir d'éventuels litiges et permet ainsi au mort de rompre tout attachement à cette vie éteinte qui l'amènerait à revenir perturber les vivants.

À l'issue de l'enterrement, les viandes qui n'ont pas été consommées sont d'abord distribuées aux agents de rituels, aux chanteurs et aux musiciens. Ce qui reste est réparti entre tous les participants, manière de prolonger, chez soi, cette commensalité funéraire.

Les Miao pensent que les hommes ont trois âmes, qui se dissocient dans la mort : la première se réincarne, la deuxième accompagne le corps dans la tombe et la troisième reste dans la maison, sur l'autel des ancêtres quand il y en a un *(Qoxiong, Hmu)*. Quelques mois ou quelques années après les funérailles, les *(H)mong* procèdent au « relâchement de l'âme », au cours d'une journée comportant le sacrifice de bovidés et la réception de l'âme du défunt dans sa maison ou celle de ses enfants, avant son départ définitif. Dès lors, les tombes ne reçoivent plus d'offrandes de nourriture.

Le problème persistant de ces sociétés miao est la crainte de la maladie, réelle ou imaginaire. Les chamanes y remédient par la divination, le sauvetage des âmes et la magie.

Partir en musique

De par le nombre de leurs tons, les langues miao sont naturellement musicales et leur musique peut se transcrire directement en mots. Les Miao des deux sexes savent tous chanter et jouer d'un instrument de musique, à commencer par la guimbarde, voire faire vibrer le tranchant d'une feuille pour accompagner un message amoureux. Les funérailles, comme les mariages, se déroulent à la manière d'un opéra, les acteurs rituels, chanteurs spécialisés, exécutant, tour à tour, leur partition dans le déroulement de la cérémonie. La musique du deuil est jouée sur un orgue à bouche *(lusheng)*, ponctuée par des roulements de tambour. Les lamentations individuelles en récitatif sont laissées à la libre improvisation de chacun.

Mythes et croyances

Animistes, les Miao ont intégré bon nombre d'éléments de la culture chinoise (divinités, formules magiques des exorcistes et des forgerons, rites de deuil, chants nuptiaux, etc.) jusque dans leur pratique chamanique, qui incorpore des soldats chinois parmi la troupe des génies auxiliaires, en se réclamant de Yi, l'excellent archer de l'Antiquité han comme premier chamane.

Chez les plus sinisés – *Qoxiong* du Hunan et du Guizhou voisin –, la tradition taoïque est dominante, avec ses mystères *nuo (nuoxi)* et les ordalies auxquelles sont soumis les prêtres.

En revanche, l'absence d'écriture a permis à la tradition orale des *(H)mong* de sauver une part importante d'un héritage plusieurs fois millénaire, tel le chant initiatique, qui a pour but d'instruire le mort des origines du monde, de la vie et de la mort. On y retrouve les thèmes de la création et du Déluge communs aux Han et aux Tibéto-Birmans à côté de versions plus vernaculaires. Sur la création, les Miao possèdent plusieurs variantes du **mythe de Pangu.** Selon l'une d'elles, Pangu, né d'un œuf pondu et couvé par l'« incomparablement grand et fort », vint au monde en brisant sa coquille en deux moitiés, qui devinrent le ciel et la terre. Il repoussa le ciel, qui s'éleva à plus de 100 000 m. À sa mort, la transformation de son corps accomplit le reste. Dans une autre version, Pangu se borne à ouvrir le ciel, tandis que Nanhuo pose la terre... Selon les *Hmu*, la création de l'homme est l'œuvre de la « Mère Papillon » universelle *(→ p. 134-135)*. Tous les Miao possèdent une version du Déluge, provoqué par les démêlés de Zhang Guoluo, Zhang Yang ou Abeiguoben avec le Tonnerre, dont réchappent un frère et sa sœur, nouveau couple originel. Enfin, le mythe de l'excellent archer qui abat les soleils et les lunes surnuméraires explique l'alternance diurne et nocturne *(→ p. 82-83)*.

Les réjouissances du Nouvel An

Chez la plupart des Miao non sinisés, le Nouvel An semble toujours précéder l'année chinoise d'un mois ou deux. Leur année lunaire se décalant de 30 jours tous les trois ans, ils préfèrent ajuster leur année sur la fin du cycle agraire (rentrée des récoltes) plutôt que confier leur sort à l'année chinoise.

Elles ne sont pas nombreuses les fêtes miao où garçons et filles peuvent sortir tous leurs atours. La plus importante occupe tout ou partie de la 1re quinzaine du 1er mois de l'année lunaire.

Dans le S.-E. du Yunnan, à **Pingbian,** après que les chamanes *(h)mong* ont renvoyé, la veille ou l'avant-veille, leur troupe d'esprits auxiliaires en congé annuel dans les hautes falaises entourant la grotte où réside le premier chamane, on procède au grand nettoyage de la maison, sans oublier de laver minutieusement le chambranle de la porte de devant où se tient le dieu des Richesses.

À **Malipo,** chez les *(H)mong* blancs, on érige un poteau auquel une corde est tendue à l'oblique jusqu'à terre de sorte que toute la population du village puisse passer dessous au moment où le soleil se couche, marquant ainsi le passage d'une année à l'autre. C'est avant tout le dernier jour de l'année, la fin d'un cycle, qui est célébré. Avant l'aube, au premier chant du coq, les femmes et les filles se précipitent dans la nuit au puits, à la source ou au ruisseau pour y puiser l'eau nouvelle qui apportera succès, fortune et prospérité à la première arrivée. Dès que la nouvelle eau est apportée à la maison, on va nourrir dans le crépuscule de l'aube ses poulets et ses cochons. Dans la brume du petit matin, le maître de maison convie un à un ses ancêtres à un repas de riz et de porc cuit. Déjà, de leur côté, les jeunes des deux sexes – qui se sont entièrement lavés la veille – essaient leurs habits neufs et les merveilleuses parures et bijoux en argent, trésor familial sorti des coffres pour la fête. Vers 10 h, les jeunes célibataires, costumés et parés, se dirigent par groupes de garçons et de filles vers un plat ou une faible pente bien dégagée. Les filles ont apporté une balle en tissu qu'elles lancent aux garçons, et des deux côtés on chante pour faire entendre sa belle voix, sans attendre d'avoir été mis à l'amende. La montagne se transforme peu à peu en un ralliement de cigales dont l'écho porte les chants loin du village. Ces chants alternés durent trois jours ici, une semaine là : tandis que les

Fête des Miao « petites fleurs » (le 15e jour du 2e mois lunaire) à Nankai : seules les jeunes filles portent ces coiffes constituées de postiches en laine rouge, orange ou rose fuchsia, qui peuvent peser plusieurs kilos.

enfants font des concours de toupie et que les gens mariés, jeunes et vieux, regardent le spectacle et se rendent visite, de hameau en hameau, pour partager un festin permanent d'une maison à l'autre, la jeunesse nubile se déplace en bandes ; des couples se forment à la tombée de la nuit, qu'ils passeront à la belle étoile, sous une couverture. Les parents qui ne voient pas leurs enfants rentrer pendant tout ce temps ne sont guère inquiets des fruits éventuels de ces unions. Ils savent que dès la fin de la fête du Nouvel An, les prétendants viendront avec leur entremetteur pour demander la main de leurs filles.

À **Longli** (Guizhou central) et dans d'autres localités du Guizhou, les 5e et 6e jours de l'année nouvelle, on danse au son de l'orgue à bouche *(lusheng)*. Les ***Hmong* du Yunnan,** dans les bourgs, ajoutent aux festivités des courses de chevaux, des combats de taureaux, de buffles, des démonstrations acrobatiques de danse en jouant de l'orgue à bouche. Au Guangxi, chez les ***Hmu* de Rongshui,** on peut même voir – phénomène rare – des combats de chevaux.

Les Miao du Hunan, du Guizhou et du Yunnan fêtent le Duanwu en l'honneur du poète Qu Yuan – que les Miao du Hunan révèrent même comme l'un des leurs. À **Taijiang,** sur le Qingshui jiang (Guizhou), les *Hmu* bateliers organisent des courses de pirogues, ou « bateaux-dragons », le 20 du 5e mois chinois (→ *encadré p. 329*).

Les Yao

La race de Pan Hu (prononcer « p'an rou »)

Les Yao sont la première nationalité minoritaire de l'histoire de Chine. Leur nom apparaît au VIIe s., sous la dynastie des Tang, pour désigner une catégorie de « Man » auxquels l'empereur Taizong vient d'accorder une dispense d'impôts et de corvées *(yaoyi)*. On les connaît aussitôt comme les Moyao (« non corvéables »). Par la suite, la première partie du nom se perdra, et ils ne seront plus désignés que comme Yao. L'origine de l'octroi d'un tel privilège apparaît déjà dans les annales des Han postérieurs, (ve s.), qui font état de la race de Pan Hu, issue des 12 enfants – six garçons et six filles – que le Roi P'an, un chien dragon au poil de cinq couleurs, aurait eus avec une fille du troisième empereur mythique, Gao Xin. Ce dernier lui aurait donné sa fille en mariage pour le remercier d'avoir tué son ennemi. Pan Hu l'aurait emmenée dans les montagnes du S.

À partir des Tang, on assiste à une historicisation du mythe : une **charte** est rédigée à cet effet, qui se réfère non plus à l'empereur Gao Xin mais au roi Ping de Chu, et limite le privilège aux 12 clans, descendants des 12 fils et filles du Roi P'an, l'assortissant d'une interdiction de se marier avec les sujets de l'Empire. En revanche, elle leur concède le droit de faire leurs brûlis dans toutes les montagnes et les forêts de l'Empire, biens domaniaux de la Couronne. Reproduite à plusieurs reprises, sous les Song et sous les Ming, la charte devient le passeport d'un groupe de Yao particulièrement mobiles, les *Mien*, que les Chinois identifient, selon les localités, comme Guoshan Yao (Yao « passe montagnes »), Ban Yao (Yao « multicolores »), Hong Yao (« Yao rouges »), etc.

Le Guangxi, conservatoire des Yao

Les Yao étaient 2 637 400 au recensement de 2000, dont plus de 60 % au Guangxi. Ils se dispersent dans cinq provinces : Hunan, Guizhou, Guangxi, Guangdong et Yunnan, ainsi que dans les pays voisins (500 000 au Vietnam, quelques dizaines de milliers au Laos et en Birmanie).

Au **Yunnan** par exemple, on ne trouve guère, entre 1 000 et 2 000 m d'altitude, que des ***Mien*** et des ***Mun*** : dans la Préfecture autonome zhuang et miao de Wenshan (Funing, Malipo, Maguan, Guangnan), dans la Préfecture autonome hani et yi de Honghe (Pingbian, Jinping, Hekou), aux Xishuangbanna (Mengla) et dans la région de Simao. Les ***Mun*** sont, pour la plupart, des **Landian Yao** (« Yao indigo »), et les ***Mien*** sont dénommés localement **Hong Yao** (« Yao rouges ») plutôt que Ban Yao ou Guoshan Yao, dès que leurs turbans s'ornent d'une floraison de pompons en laine rouge.

Le **Guangxi** voisin (60 % des Yao de Chine) est aux Yao ce que le Guizhou est aux Miao, un sanctuaire historique et un centre de migrations, encore que la plupart des *Mien* et des *Mun* aient, selon leur tradition, transité par le Guangdong, voire le Fujian. On les trouve dans la plupart des districts montagneux. Au Guangxi, les ***Mun*** **Landian** s'inscrivent dans le prolongement de ceux du Yunnan, dans une zone qui va du N.-O. du Guangxi (Longlin, Tianlin, Lingyun) jusqu'aux Shiwan dashan (« Cent Mille

Au XIIe s., un rapport au Trône révèle une pratique s'apparentant à une forme d'évasion fiscale, aux confins du Hunan, dans les territoires occupés par les Yao. Il fait état d'un grand nombre de familles chinoises confiant leurs biens à des familles yao afin d'échapper au paiement de l'impôt.

Le dédale des langues yao

Parmi les langues de la nationalité yao, l'une, le ***punu,*** se rattache à une langue miao, le *(h)mong* ; une autre, le ***lakkia*** des Chashan Yao, à Jinxiu (Guangxi), est une langue *taï* ; une troisième, le ***iu ngien*** des Pingdi Yao de Jiangyong-Jianghua (Hunan), est complètement sinisée ; seul, l'ensemble regroupé par les linguistes sous le générique ***mien*** sont des langues proprement yao. Elles sont au nombre de quatre : le ***iu mien*** des Ban Yao, Guoshan Yao, Jiantou Yao, Hongtou Yao ; le ***kim mun*** des Landian Yao ; le ***byao min*** des Yao de Quanzhou et de Guanyang (Guangxi du N.-E.) ; le ***yao min*** des Bapai Yao du N. du Guangdong.

Si l'on excepte les *Punu* du Guangxi, plus proches des Miao, tant par la langue que par la culture, on découvre chez les Yao une nationalité polyethnique, certes, mais aussi une culture à la fois très sinisée et vraiment homogène. Cela est dû sans aucun doute à l'action unificatrice des courants du taoïsme populaires, principalement Meishan qui a transformé la métaphysique des Yao comme celle des peuples voisins.

Les frères de l'Homme

Les Miao du S.-E. du Guizhou (Hmu), racontent la longue histoire de leur héros Zhang Yang, ou Zhang Liang, qui, au prix de luttes dont il fut le vainqueur plus par l'astuce que par la force, instaura sur terre le règne des hommes. Voici comment il vit le jour, puis lutta contre son frère, le Tonnerre.

Naissance de l'Homme et de ses frères

Il y a longtemps, très longtemps, une brise légère souffla sur un érable. Le tronc frémissant donna naissance à une dame papillon. Des feuilles frissonnantes naquit l'oiseau Jiwei. L'oiseau aima le papillon, qui pondit douze jolis œufs multicolores, tendrement couvés par leur père... Au bout de douze ans, nul œuf n'avait éclos. Perdant patience, l'oiseau Jiwei fut sur le point de s'envoler. C'est alors que celui des œufs qui était jaune se fissura, un cri sortit de l'intérieur et parut Zhang Yang, le premier homme, qui reconnut l'oiseau pour sa mère. Un à un, les autres œufs du nid craquelèrent, livrant passage à tous les frères de l'Homme : Leigong, le Tonnerre, jaillit dans un grand fracas d'éclairs ; d'un œuf bariolé sortit le dragon ; d'un œuf rayé sortit le tigre. Puis vinrent encore le cochon et le buffle, le chien et le coq. Malgré tous les soins de l'oiseau, quatre œufs avaient pourri et ne surent donner au monde que fléaux et animaux nuisibles.

La rivalité de l'Homme et du Tonnerre

Le Tonnerre s'avéra aussi bête qu'orgueilleux et possessif. Il partit bientôt s'installer au ciel en emportant tout ce qu'il pouvait. Zhang Yang se retrouva avec le chien pour seul bien. Mais comment labourer avec un chien ? L'Homme dut supplier le Tonnerre afin qu'il lui prête le buffle. Leigong y consentit, mais Zhang Yang avait bien l'intention de se venger. Aussi, une fois les labours achevés, il tua le buffle et festoya de sa viande, ne gardant que la tête et la queue, qu'il disposa avec soin dans un coin de son champ.
« Hé, Leigong ! héla-t-il son frère, je ne peux pas te ramener ton buffle. En labourant, il s'est enfoncé dans une ornière et je n'arrive pas à le sortir de là. Viens donc me prêter main forte. Tu le tireras par la queue, moi je pousserai la tête. »

Leigong descendit récupérer la bête. Il saisit la queue, s'arc-bouta et, patatras, tomba à la renverse, la queue coupée entre les mains. Voyant tout ce qui restait du buffle, il se répandit en imprécations : « Frère indigne ! Tu as occis le buffle pour le manger ! Tu vas connaître ma colère ! Je rentre et t'envoie sur-le-champ le Déluge !

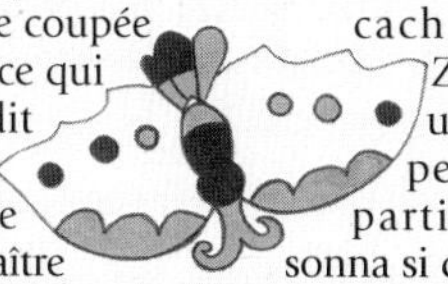

– Le Déluge ? Maintenant ? Voilà qui ne me fait pas peur, rétorqua Zhang Yang. En revanche, l'idée que tu puisses l'envoyer dans neuf jours et neuf nuits me glace d'épouvante.

– Ah ! Ah ! Et bien, tu verras dans neuf jours et neuf nuits les effets de ma colère ! » Et Leigong regagna le ciel.

Le Déluge

Zhang Yang ne perdit pas une seconde du répit qu'il s'était accordé par la ruse. Il sema des graines de courge dans le champ labouré. Au bout de trois jours, les pousses sortirent de terre. Trois jours après, elles fleurirent, pour donner trois jours plus tard d'énormes fruits mûrs. Alors Zhang Yang convoqua les rats et les souris et leur demanda de grignoter les courges pour en évider l'intérieur, où il installa les siens. Il était temps ! Neuf jours et neuf nuits s'étaient écoulés. De gros nuages noirs crevèrent dans le ciel et des torrents d'eau s'abattirent sur la terre. Pas une colline, pas une montagne, pas un pic qui ne fut submergé. Sur l'immensité des eaux noires, seules flottaient les courges qui hébergeaient Zhang Yang et les siens. Comme les eaux montaient, elles dérivèrent jusqu'à la porte de la demeure du Tonnerre. Celui-ci dut reconnaître l'astuce de son frère. Il arrêta le Déluge et se réconcilia avec l'Homme.

Le soleil sort de sa cachette

Les animaux, frères cadets de l'Homme, l'aidèrent à mettre en ordre son domaine. Le dragon, le premier, construisit une échelle gigantesque pour permettre à Zhang Yang de quérir l'or et l'argent détenus dans le ciel. Mais les métaux précieux ne pouvaient que luire doucement dans l'obscurité car, en ce temps-là, le soleil était caché et refusait de sortir. Zhang Yang envoya un à un ses frères animaux l'appeler, sans succès. Le coq partit le dernier, et sa voix sonna si clair et si fort que le soleil sortit. Ou plutôt, la dame soleil, puisque pour les Miao, cet astre est du genre féminin. Elle remit au coq, qui l'avait sortie de son long sommeil, un peigne de tête. Mais l'oiseau, ne sachant trop comment le mettre, le fixa dents vers le haut sur son crâne : c'est depuis le cadeau de la dame soleil que les descendants du coq arborent une crête.

C'est ainsi, peu à peu, grâce aux interventions des animaux, que Zhang Yang régna sur un monde en ordre. Pourtant, au bout de quelques années, des calamités s'abattirent sur la terre. Cherchant leur cause, Zhang Yang apprit que sa mère véritable était non pas l'oiseau Jiwei, mais la dame papillon, dont il avait jusqu'alors ignoré l'existence. Pour réparer les années d'oubli, il instaura un grand rituel en l'honneur de l'Ancêtre-Papillon, que les Miao célèbrent toujours avec faste, tous les treize ans.

Un mythe fédérateur

Bien que revendiquant tous le nom de Yao, les *Mun*, les *Lakkia*, les *Yao min* et les *Punu* ne semblent pas connaître le mythe du Roi P'an. En revanche, un autre groupe, celui des She, parents des Yao à plus d'un titre, qui vivent dans les montagnes du Zhejiang, du Fujian, du Jiangxi et du Guangdong, s'inspirent du texte sur la race de Pan Hu retenu par l'Histoire des Han postérieurs. Enfin, les Miao *Qoxiong* du Hunan vouent un véritable culte à Pan Hu, auquel ils ont consacré une vingtaine de sanctuaires, tout en ignorant – dans leur version du mythe – son histoire dans les annales comme dans la charte des Yao. En bref, l'ethnie yao s'est formée autour de ce privilège énorme que représentaient l'exemption d'impôt et de corvée et la liberté de déplacement. Plusieurs groupes parlant des langues pas toujours apparentées ont pu s'y agglomérer aux yeux de l'administration impériale ; d'autres, comme les Miao du Hunan, sont restés en marge, malgré un effort important pour se rattacher au mythe d'origine.

L'un des motifs les plus fréquemment brodés chez les *Mien* du Yunnan, la couronne des Trois Purs, rappelle que toute l'ethnie participe d'une même pratique taoïque ; un autre motif représentant une maison cantonaise immortalise leur passage par le Guangdong.

Monts »), au S.-O., près du golfe de Beibu ; la zone d'implantation des ***Mien*** décrit un arc depuis le N.-E. (Longsheng, Guilin) – voire le N.-O. (Tianlin) – jusqu'à Fangcheng, au S.-O., en passant par Hezhou et Jinxiu, au centre des Da Yaoshan (« Grands Monts Yao »). Quant au N. du Guangxi (Nandan, Du'an, Bama), il est occupé par les ***Punu***, qui y ont deux Sous-préfectures autonomes et semblent autochtones, n'ayant guère essaimé (quelques villages au Yunnan oriental et au Guizhou).

Le Guangxi compte encore des groupes rares, tels les ***Kiong Nai*** (Hualan Yao), ***Ao Byao*** (Aoyao), ***Lakkia*** (Chashan Yao), dans ce véritable conservatoire qu'est la Sous-préfecture autonome yao de Jinxiu (où vivent également *Mun* et *Mien*), ainsi que les ***Byao min*** de Quanzhou et de Guanyang (près du Hunan) et les ***Tuyao*** des hautes montagnes de Hezhou.

Par-delà la province, à l'E., on trouve les Yao du N. du Guangdong, *Yao min* (Bapai Yao) et *Mien* (Guoshan Yao) ; au N., les *Mien* du Hunan, entre Jianghua, Jiangyong et Chenzhou. Ils sont mêlés aux Pingdi Yao (Yao « des plaines »), qui sont implantés jusqu'à Fuchuan, au Guangxi, et dont la langue très sinisée est connue comme le *iu ngien*.

Au **Guizhou**, il n'y pas moins de six groupes différents de Yao : les ***Mien*** (Ban Yao, Guoshan Yao) à Rongjiang, Congjiang, Leishan et Sandu ; les ***Domo***, ou Baiku Yao (« pantalon blanc »), à Libo, dans le prolongement de ceux de Nandan, au Guangxi ; les ***Numau***, ou Qingku Yao (« pantalon bleu foncé »), également à Libo et dans ses environs (cantons yao de Yaolu et de Jiarong) ; les ***Tungmung***, ou Zhangshan Yao (« à longue robe ») ; les ***Paheng***, ou Baxing Yao (« des huit clans »), à Congjiang, Liping et Shunhua ; enfin les ***Mong***, du canton yao de Youmai à Wangmo (S. du Guizhou).

Variations sur le pantalon

Cette multiplicité tribale s'exprime également dans la variété des costumes. Ainsi, on distingue plusieurs tribus chez les ***Mien*** : les **Ban Yao** de Tianlin et de Jinxiu (Guangxi) portent un pantalon, richement brodé sur le devant des jambes, et une longue tunique noire ou bleue sans col ni boutons, gansée à l'encolure de broderies ou d'appliqués. Ouverte devant et fendue sur les côtés, elle est retenue aux hanches par une épaisse ceinture. Les **Hong Yao** du Yunnan cousent sur l'encolure de leur robe, faite de fines bandes de couleur appliquées, un énorme boa

Qingku Yao (Yao « pantalon bleu foncé ») en costume de fête. Sur les pantalons sont fixées des jambières retenues à l'aide de pompons rouges. La cape courte est ornée d'un motif géométrique. Plusieurs tabliers superposés (courts devant et longs derrière) sont retenus par une ceinture brodée. ▶

en laine rouge, qu'elles enrichissent parfois d'une série d'agrafes rectangulaires en argent repoussé. Les deux pans du devant de la robe sont relevés et pris dans la ceinture afin de faire valoir le riche bigarré des pantalons brodés de 20 motifs différents. Les ***Tuyao*** de Hezhou ouvrent leur robe de la même façon, mais pour faire valoir leurs jambes, car elles portent des minipantalons fort découvrants. La façon de nouer le turban, en tricorne à Longsheng (Guangxi) ou au Yunnan, plus arrondi et moins volumineux à Jinxiu, en bonnet pointu chez les *Mien* Jiantou Yao (« tête pointue ») de Hexian, ou en cylindre de toile cirée chez les *Tuyao*, les motifs brodés et le choix des bijoux en argent sont autant de traits spécifiques de la tribu par lesquels peut s'exprimer le goût de la personne dans l'histoire de son groupe.

Dans le costume des ***Lakkia***, Chashan Yao, de Jinxiu, veste noire et pantalon aux genoux, bordés d'une bande blanche, ce sont les bijoux, d'une grande délicatesse, qui font la différence, depuis le peigne en argent finement ciselé, les trois ou quatre énormes épingles en argent qui permettent de réunir les tresses dans un ordre exquis, jusqu'à la parure en forme de grandes cornes plates en cuivre – elles symboliseraient des pics – disposée en haut du front sur un carré de toile blanche brodée.

Les ***Mun*** Landian Yao (« pantalon bleu ») du Yunnan et du Guangxi ont fait de vêtements très ordinaires un costume d'une suprême élégance. La longue ou moyenne tunique dotée d'un minicol officier brodé, fermé à droite par un bouton rehaussé de deux floches en laine magenta, est retenue au-dessous des seins par un bouton unique rehaussé, comme celui du col, par deux floches magenta. Une ceinture étroite, entièrement brodée, à dominante rouge, la maintient fermée sur un pantalon noir qui s'arrête à mi-mollet. Les extrémités des manches, les bords de la tunique et ses échancrures sont bordés d'appliqués de couleur très fins et parfois brodés. Les bandes molletières noires qui complètent éventuellement ce

costume sont retenues aux mollets par de coquines jarretières rouges brodées agrémentées de longues floches de laine magenta. Le pantalon peut être remplacé par une courte jupe droite bleu indigo, au bas superbement batiké. La coiffe est faite d'un carré de toile bleue ou noire richement brodée, dont la pointe frontale est repliée et maintenue en haut du front par des rubans rouges. Les *Mun* de Funing (Yunnan du S.-E.) ornent leur coiffure d'un écheveau de fils de coton cyclamen (devenant blancs à l'usage), posés négligemment sur leurs tresses roulées et maintenues par une précieuse calotte en argent repoussé.

Chez les **Baiku Yao** (« pantalon blanc ») de Nandan, au Guangxi, et de Yaoshan, près de Libo, au Guizhou voisin, c'est le costume masculin qui fait l'attraction : il se compose de pantalons blancs striés de rouge, de rose ou d'orangé, resserrés aux genoux, d'une courte veste noire ou bleue sans col, fermée devant, et d'un turban noir ou blanc *(→ ill. p. 375)*. Les femmes sont vêtues d'une jupe plissée noire. Chez les Qingku Yao, les hommes portent de courts pantalons noirs, tandis que les femmes revêtent une jupe droite avec une veste courte, brodée à l'arrière comme chez les Miao, ou le pantalon noir avec une tunique *(→ ill. p. préc.)*. Un turban, dont les extrémités retombent sur les épaules, complète parfois l'ensemble. Les ***Punu*** de Du'an, au Guangxi, s'habillent d'une veste courte sans col et à larges manches, d'un pantalon long au bas brodé ; les femmes revêtent une veste et un pantalon aux bords joliment brodés de motifs divers. Elles portent parfois aussi la jupe plissée et plus rarement encore des pantoufles retroussées « en nez de chat ».

Mariage et transactions

La famille yao a tendance, pour la plupart des groupes, à conserver trois générations sous le même toit : s'ils ont intégralement acquitté le prix de leur épouse, les fils mariés l'installent chez leur père ; autrement, elle reste chez ses parents jusqu'à extinction de la dette, son mari pouvant venir lui rendre visite, selon un arrangement qui rappelle la pratique du *buluo fujia (→ p. 76)* sans toutefois s'en inspirer. Tout enfant né alors que sa mère réside encore chez son père (comme elle ne peut accoucher dans la maison, elle se fait une petite cabane à proximité, et c'est là qu'elle enfante toute seule) est inscrit sur le registre familial de son grand-père maternel. Quand le mari parvient finalement à transférer son épouse dans sa propre maison, il doit payer une somme supplémentaire pour faire rayer le nom de son enfant du registre de son beau-père, au même titre qu'il le fait pour sa femme. Lorsqu'une famille n'a pas de fils, elle en adopte un – surtout dans les ethnies voisines – ou, sinon, un gendre. Dans ce dernier cas, le gendre n'a pas à acheter sa femme, car, en fait, c'est lui qui se vend. Sa position est, dès lors, très subordonnée ; il prend le patronyme de sa femme, et ses enfants, garçons et filles, reviennent tous à la maisonnée de sa femme, qui détient également le pouvoir économique. Si ce gendre n'est pas satisfait de son sort, il peut à tout moment être chassé du village.

L'argent tient, comme on le voit, une place importante dans les transactions sociales, en particulier dans le mariage, mais aussi dans la paternité. Des femmes données en mariage peuvent servir à éteindre une dette d'argent ou à compenser une adoption. La maison fonctionne comme une entreprise, dont une partie des activités se déroule en ce monde, une autre, dans l'au-delà.

Ordre confucéen

La famille élargie yao est donc une véritable maison dans le sens confucéen. Les Yao sont **lettrés**, et une partie importante de leur temps se passe, dans leur espace bureau, à rédiger des suppliques, à recopier des rituels et, dans la pièce de réception, à communiquer par la prière et par les rites avec leurs ancêtres et les dieux du panthéon taoïque, dont ils sollicitent l'intervention dans le maquis procédurier de la bureaucratie céleste. Placé à proximité du pilier central, dans le tabernacle familial – autel fermé, juché sur quatre pieds en bois ou en bambou, en face de la porte d'entrée principale –, où sont rassemblés jusqu'à sept générations d'ascendants défunts, le brûle-parfum est le véritable centre de la maison. Rituel attaché au tabernacle, une **généalogie** écrite conserve la mémoire du lignage, encore qu'il remonte rarement au-delà d'une dizaine de générations.

En dehors de leur fonction de protecteurs et d'intercesseurs dans l'au-delà, les ancêtres sont les gardiens des bonnes mœurs. Ainsi, les Yao *Mien* se transmettent une version du mythe du Déluge dans laquelle Fuxi et sa sœur cadette recréent une humanité désormais contenue dans les règles du mariage. Ils partagent à ce titre la prohibition de l'inceste, mais pour pallier la difficulté de trouver un conjoint à l'intérieur de leur groupe dispersé aux quatre vents, ils ont réduit les limites de l'exogamie à l'essentiel : l'absence d'ancêtre commun sur trois générations – ce qu'on peut contrôler en comparant les généalogies.

Clans et sous clans

Les Yao conservent néanmoins des clans patronymiques, la plupart divisés en sous clans. On peut se marier à l'intérieur du même clan à condition d'appartenir à des sous clans différents, et même à l'intérieur d'un même sous clan, à condition d'appartenir à des lignages différents. Cependant, le fils de l'oncle maternel garde un droit de préemption sur la fille de sa tante. S'il ne veut pas l'exercer, sa cousine doit quand même, pour se marier, consulter son oncle maternel. Selon l'adage yao, « l'oncle maternel est plus grand que le ciel », c'est pourquoi la famille qui acquiert sa nièce lui doit aussi une compensation financière. L'existence de sous clans est liée, chez les Yao *Mien*, à un **récit de « la traversée de la mer au gré des flots »** *(→ encadré p. suiv.)*. Lorsqu'ils durent diviser leurs clans en sous clans, ils se référèrent en effet à des détails que donne le récit du sacrifice d'action de grâces rendu au Roi P'an. C'est ainsi que le clan *Tsieou* donna naissance à deux sous clans : celui des *Beng* (falaise) *Min* (surface) *Tsieou* (les « Tsieou de dessus la falaise ») et celui des *Beng Dia* (bas) *Tsieou* (les « Tsieou d'en bas »), en référence à ceux qui se trouvaient au-dessus et en bas de la falaise où fut accompli le sacrifice.

De la même manière, les *Tang Kang* (sous clan du clan Tang) se réclament du brancard *(kang)* sur lequel un cochon fut immolé au Roi P'an, tandis que les *Tang Sui* se réfèrent aux citrons et autres fruits acides *(sui)* qui furent offerts pendant la cérémonie…

À table ou au lit ?

D'une manière générale, la position de la femme est assez élevée chez les Yao, même quand elle habite dans la famille de son mari, et le divorce n'est pas rare. C'est sans doute ce qui explique la prédominance de la monogamie, nullement prescrite pour autant. Chez les Aoyao de Jinxiu, l'adoption des apparences confucéennes dans le mariage a fait naître une curieuse forme d'échangisme sans débauche, les couples distinguant le compagnon ou la compagne de table (mari ou femme officiel) du compagnon ou de la compagne de lit : amant ou amante, père ou mère des enfants. Ces derniers appellent indifféremment « papa » leur père social et leur père naturel, et nomment respectivement « maman » et « petite maman » leur mère naturelle et l'amante de leur père social. Il est vrai qu'on ne leur cache rien, pas plus qu'aux voisins. Le soir, après le repas, leur père social s'en va retrouver son amante, laissant la place à l'amant de sa femme, leur père naturel, la plupart du temps.

Société tribale, ces divers groupes se distinguent par un habitat mouvant et le retour régulier à la riziculture de montagne sur brûlis. Lorsqu'ils parviennent à s'implanter en fond de vallée ou sur des pentes cultivables en terrasses, ils passent sans problème à la riziculture en rizières inondées, voire, si les conditions s'y prêtent, au commerce aux abords et à l'intérieur d'une ville (comme à Jinxiu). L'argent, bien mobile par excellence, tient une grande place dans le fonctionnement social de ces éternels nomades que sont les Yao.

L'odyssée des « Mien »

En 1386-1387, sous le règne de l'empereur Hongwu, fondateur de la dynastie des Ming, un groupe de *Mien* de la région de Nankin se déplace dans les montagnes de Nanhai. Douze ans plus tard, frappés par la sécheresse, ils décident de s'embarquer (peut-être pour Taiwan). Désorientés par une mer démontée, ils dérivent dans la mer de Chine jusqu'à l'estuaire de la rivière des Perles, remontent son cours jusqu'à Shaozhou (auj. Shaoguan), au N. du Guangdong, où ils débarquent et commencent à coloniser les montagnes voisines, essaimant peu à peu vers le Hunan, le Guangxi, le Yunnan et le Vietnam. Ils attribuent leur salut à un vœu qu'ils firent, dans leur détresse, à leur ancêtre le Roi P'an. Trois ans après leur odyssée, ils lui font un grand sacrifice d'action de grâces en exécution de leur vœu, devenu, depuis, un rituel propitiatoire récurrent dans leur vie religieuse. Après la fondation de la République populaire et la reconnaissance des Yao comme nationalité, une version « folklorique » de ce rituel, la fête du Roi P'an (Panwang jie), a ainsi été instituée comme une sorte de « fête nationale », rassemblant chaque année tous les Yao d'une région, voire d'une ou plusieurs provinces selon les possibilités d'accueil. Elle est ponctuée d'un défilé, de danses, de spectacles, et donne l'occasion à la population d'arborer ses plus beaux costumes.

Meishan est le nom d'une région yao du Hunan central où ce courant taoïque apparut après l'ouverture de celle-ci aux troupes et à l'administration impériale en 1073, sous le règne de l'empereur Shenzong des Song.

Chefs de poêle et chefs de stèle

Depuis l'institution de la République populaire et les grands bouleversements qu'elle a entraînés, les Yao, déjà sinisés, se sont coulés sans difficulté dans les rouages de l'administration et du Parti, où certains d'entre eux ont occupé des postes importants (sous-gouverneur de province, vice-président du commissariat provincial des nationalités, etc.), et, en dehors de l'épisode catastrophique de la Révolution culturelle, qui les a atteints comme les autres, on peut dire qu'ils ont généralement bénéficié de la politique des nationalités. Mettant à profit toutes les possibilités qu'elle offrait, ils sont les premiers et les seuls jusqu'ici à avoir réussi à fonder, en 1986 à Ruyuan, au Guangdong, une Association internationale des études yao, incorporant tous les chercheurs chinois et étrangers intéressés par leur culture.

Une des raisons, peut-être, de cette facilité à s'adapter aux rouages de la démocratie socialiste tient au fait qu'ils avaient tous préservé une forme de **démocratie primitive.** Ils y étaient prédisposés par leur organisation lignagère. Chez les **Baiku Yao** de Nandan, les maisons de même lignage forment un groupe d'entraide (comprenant tout au plus une quinzaine de maisonnées) sous le commandement d'un « chef de poêle » *(guotou)*, l'image de la poêle – instrument unique de la cuisine familiale – signifiant que, issus d'une même maison originelle, ils mangent ou ont tous mangé « à la même marmite ». Le chef de poêle est âgé et expérimenté dans les affaires publiques. Il peut donc en exister plusieurs par village, qui se réunissent pour des décisions à prendre en commun. Les **Yao *Mun*** de Pingbian et de Hekou ont des chefs élus ou désignés par tirage au sort : les *mulao*. Chez les ***Mien*** de Jinxiu, les tables de la loi locale sont gravées sur une stèle. On élit ou désigne un « chef de stèle », chargé de faire appliquer les règlements et d'arbitrer les conflits.

L'empreinte du taoïsme de Meishan

La vie des Yao est extrêmement marquée par la religion, dont l'influence réside autant dans le dialogue constant avec les ancêtres que dans la pratique – chez tous les Yao, à l'exception des *Punu* et des Baiku Yao – du taoïsme de Meishan. Les Yao *Mien* se distinguent quelque peu en se réclamant d'une double appartenance à Meishan et à Lushan (Lushan étant une tradition exorciste du Fujian répandue surtout parmi les She et les Hakka), mais, même chez eux, c'est Meishan qui domine, avec ses 18 ou 36 grottes où les âmes des convers – ceux qui ont un grade religieux – vont retrouver les patriarches qui les assistent dans leur passage devant les 10 tribunaux des enfers. Les Yao consacrent une grande partie de leur temps aux **procédures rituelles** pour entrer en relation avec l'au-delà, lesquelles impliquent également des dépenses importantes en sacrifices et en rétribution des prêtres, et des dépenses encore plus considérables sous la forme de monnaie d'offrande brûlée à l'intention des ancêtres et des banques stellaires – qui recueillent toute cette fumée d'argent pour les divers comptes auquel il est destiné. Nul doute que cette capitalisation des « indulgences », populaire chez les Han depuis les Song, a contribué, en retour, à développer la spéculation dans les transactions sociales des Yao.

Dans l'urgence, face au malheur ou à la maladie, les Yao ont encore des chamanes, qui passent dans l'invisible par la transe et sont capables de trouver la source du mal, d'arracher une âme des mains de son démon ravisseur – voire des enfers s'il s'agit d'un défunt – et de restaurer le moi du malade en le rendant à son corps social.

Sitôt la mort survenue, le fils aîné du défunt met dans la bouche de celui-ci une pièce d'argent, afin que, dans l'au-delà, il ait des discours bienveillants. Le voisinage est prévenu par les salves de fusil tirées à la porte principale de la maison en deuil. L'oncle maternel du mort invite quelques aînés et un maître taoïste à l'accompagner à la maison du mort. Pendant ce temps, le cercueil a été confectionné et apporté à la maison, on peut y introduire le corps lavé et habillé d'une longue robe faite de bandes de soie bleue, rouge, jaune, noire, son « costume de longue vie ». Avant de le refermer on y met les objets préférés du mort, de la monnaie d'offrande comme argent de poche, des graines, du riz, de l'alcool et de la viande. Si la personne défunte est une femme, le cercueil est placé à droite de la salle de réception, si c'est un homme à gauche.

Conduit chez les Yao *Mien* par un maître, chez les Yao *Mun* par un *daogong*, le **rituel funéraire** consiste principalement, comme chez les Han, à assister l'âme du défunt devant les 10 tribunaux des enfers et à obtenir la remise de ses fautes, puis à lui faire gagner le séjour des morts qui lui correspond : la grotte de Yangzhou (dont les trois niveaux reçoivent respectivement les laïcs, les prêtres de 1er et de 2e grade) ou le 9e ciel du Très Haut Seigneur Laozi (destiné aux grands prêtres). Les âmes de la grotte de Yangzhou passent, le moment venu, à celle de Taoyuan (la Source des pêchers) pour devenir des fleurs – blanches pour les garçons, rouges pour les filles – que le Grand-père et la Grand-mère en charge de la réincarnation des fleurs transmettront à leurs familles respectives. La différence entre les rites des maîtres et ceux des *daogong* est l'emploi presque exclusif par ces derniers de rituels bouddhiques pour le salut de l'âme du mort.

Chez les **Yao *Mien*,** l'influence bouddhique est peut-être responsable de la pratique de la crémation, à l'issue de laquelle cendres et ossements sont recueillis et enterrés à proximité. Chez les **Yao *Mun*** (Landian Yao), après deux ou trois ans, le corps est exhumé, les os nettoyés et placés dans une jarre pour un second enterrement sur un site géomantique soigneusement sélectionné. Les funérailles des **Baiku Yao** ressemblent plutôt à celles des *(H)mong,* avec sacrifices de buffles, leur particularité étant d'utiliser les tambours en bronze comme instruments funéraires. Les **Qingku Yao** ont gardé la coutume (partagée autrefois par les Baiku et les Zhangshan) des grottes funéraires ; chaque famille a ainsi son caveau de famille où les cercueils sont rangés par générations, ou bien une même grande caverne est partagée entre plusieurs familles (comme à Yaolu).

En fin de volume, le Petit dictionnaire regroupe les définitions des noms propres ou communs spécifiques à chaque pays ; le Lexique réunit un vocabulaire de base pour les différentes situations de la vie quotidienne.

Wa, Bulang et De Ang : Austro-Asiatiques du Yunnan

Dans les régions du Yunnan limitrophes du Laos et de la Birmanie, on trouve les représentants les plus septentrionaux de la famille austro-asiatique. Il s'agit des Wa, des De Ang et des Bulang, qui étaient respectivement 355 000, 15 600 et 82 300 au recensement de 1990. Ce groupe est connu des linguistes comme Wa-Palawng (palawng étant la désignation birmane de Benglong, ancien nom des De Ang).

■ Les Wa, derniers chasseurs de têtes

Les Wa du Yunnan se répartissent principalement le long de la frontière sino-birmane, de Zhenkang à Menglian, face aux Wa States de Birmanie. Ils ont deux Sous-préfectures autonomes : Cangyuan et Ximeng. Ils apparaissent dans les documents historiques à partir des Tang sous le nom de Wang et comme aborigènes des lieux qu'ils habitent encore aujourd'hui. Ils vivent en villages entourés de haies fortifiées pouvant comprendre 100 à 400 maisons, divisés en patrilignages ayant chacun son chef, son territoire cultivé, et ses guerriers se livrant encore à l'occasion à la chasse aux têtes, qui génère des récoltes abondantes. Les Wa pratiquent l'exogamie de clan, assortie du mariage entre cousins croisés *(→ encadré p. 71)*. La punition de l'inceste est violente (maison du garçon détruite, sacrifice réparateur d'un buffle ou d'un bœuf, dont la tête est coupée en deux morceaux pour établir de façon définitive la séparation du couple incestueux). Les Wa pensent qu'une fois qu'elles ont atteint le royaume des esprits, les âmes des morts se réincarnent. Les morts sont inhumés à l'intérieur de l'enclos du village, dans le cimetière du clan – les « bons » morts tout au moins, qui sont ainsi protégés d'éventuels risques de décapitation, car il arrive qu'à défaut de prendre la tête d'un vivant, on s'empare de celle d'un mort... Quant aux victimes de la malemort (femme morte en couches par ex.) et celles de la chasse aux têtes, elles sont enterrées hors de l'enceinte du village.

■ De Ang et Bulang

Les De Ang (prononcer « te-ang ») , essentiellement concentrés dans la sous-préfecture du Dehong, près de Luxi, Longchuan, Ruili, et les Bulang (prononcer « plang »), implantés aux Xishuangbanna, sont bouddhisés et vivent en symbiose avec les Dai, dont ils sont devenus tributaires depuis le XIVe s. au moins, après l'institution des chefferies territoriales de Dehong et de Jinghong par les Ming. Leur animisme et une partie de leurs coutumes communes avec les Wa – dont sont issus certains Bulang d'une façon encore identifiable, par la langue notamment – ont été modifiés en profondeur par la rencontre avec le bouddhisme et l'organisation hiérarchique des relations sociales et interethniques véhiculée par les Dai. En revanche, ils y ont gagné l'introduction de l'écriture ainsi qu'une conception plus complexe de la vie et de la mort.

Repères chronologiques

L'expansion chinoise vers le sud (Antiquité)

La première raison qui poussa l'Empire chinois unifié à maîtriser, à défaut de dominer, ses marches méridionales fut le contrôle de leurs routes d'échanges avec le reste du monde asiatique. Dès le premier empire de Qin (221-207 av. J.-C.), la Chine entreprit de contrôler les côtes, de l'estuaire de la rivière des Perles au golfe de Beibu (golfe du Tonkin). Son effort se concentra ensuite sur les terres du Yunnan, que ses relations avec la Birmanie voisine mettaient en contact avec le golfe du Bengale. Mais, à plusieurs reprises, les Han trouvèrent sur leur chemin de puissants royaumes, dont la prospérité reposait précisément sur le commerce.

214 av. J.-C. À la suite des campagnes menées dans la région depuis 221, Shi huangdi des Qin crée les trois préfectures du Lingnan : Guilin (Guangxi), Xiang (Hunan) et Nanhai (Guangdong).

Env. 203 av. J.-C. Le général chinois Zhao Tuo, en poste à Panyu (Canton), met à profit la chute des Qin et la faiblesse du nouvel empire des Han de l'Ouest pour se tailler un royaume dans le S. Il le nomme royaume des Yue du Sud (Nanyueguo), du nom du peuple qui occupait alors le littoral jusqu'au Zhejiang. L'emprise du Nanyueguo s'étendit, pendant presque un siècle, du Guangdong à la région de Hanoi.

Env. 130-120 av. J.-C. Tang Meng, envoyé chinois à la cour du Nanyueguo à Canton, se voit offrir des confitures d'hovénie, une baie dont la production était une exclusivité du royaume de Shu (actuel Sichuan). L'Empire découvre l'existence d'un important trafic commercial dans ses marches, orchestré par le Shu, relié au port de Canton par la voie fluviale du Xijiang. Quelques années plus tard, la cour en obtient confirmation avec la mission de Zhang Qian auprès des Yuezhi, en Asie centrale. Ce légat de l'empereur Wu des Han trouve, lors de son séjour en Bactriane (Balkh, Afghanistan), des toiles de Shu et des bambous provenant du pays des Qiong (S.-O. du Sichuan), vendus en Inde par les marchands du Sichuan.

111 av. J.-C. L'empereur Wu des Han met fin à l'indépendance du royaume des Yue du Sud en transformant ses territoires en commanderies. Mais l'estuaire de la rivière des Perles demeure la plaque tournante d'un commerce lucratif (ivoire, corne de rhinocéros, écaille de tortue et perles). Canton restera, jusqu'aux guerres de l'opium du XIXe s., la porte de la Chine sur les mers du S.

109 av. J.-C. Au Yunnan, les armées impériales écrasent le royaume de Dian (IVe s.-IIe s., actuelle région de Kunming), principal pouvoir politique de la région, dont la puissance était fondée sur le commerce entre le Sichuan et la Birmanie. Les princes de Dian furent maintenus dans leur titre, mais comme vassaux de l'Empire jusqu'au milieu du Ier s. av. J.-C. Les premiers colons han s'établissent au Yunnan. La route commerciale traversant les monts Bonan vers la Birmanie est pavée.

86-82 av. J.-C. L'Empire lance des expéditions militaires dans l'O. du Yunnan, resté aux mains des populations aborigènes. L'administration de la région est confiée à une famille de chefs locaux, les Quan, qui deviendront progressivement les gouverneurs héréditaires du Yunnan avec la chute de l'empire des Han de l'Est au IIIe s.

43 apr. J.-C. Le général chinois Ma Yuan, surnommé le « Dompteur des flots », écrase la rébellion contre l'expansion de l'influence chinoise, qui avait secoué tout le S. côtier, de Canton au delta du fleuve Rouge.

Des pouvoirs régionaux (VIIIe-XIIIe s.)

Au IIIe s. de notre ère, la Chine, affaiblie, ne contrôle plus ses confins. Dans cette Macédoine asiatique, mosaïque de langues thai et tibéto-birmanes, qu'est le S. du Yangzi, des chefferies s'émancipent et s'organisent. Des principautés naissent aux marches de l'Empire, si puissantes que même l'hégémonique Chine des Tang dut négocier avec elles.

738 Préoccupée par l'expansionnisme du nouveau royaume du Tibet, la Chine des Tang cherche à assurer ses frontières. Elle fait alliance avec un prince tibéto-birman de Dali, Piluoge, l'aide à unifier les principautés de la région sous son contrôle et lui confère le titre de Nanzhao (« prince du Sud »).

752-754 Sous le règne de Ge Luofeng, le Nanzhao s'émancipe de son suzerain chinois, qui tente en vain de le briser, au cours de quatre campagnes. De ses terres du Yunnan, le Nanzhao invincible multiplie les campagnes militaires en Asie du S.-E. jusqu'à la fin du IXe s. Les États pyu de la vallée de l'Irrawaddy sont balayés, tandis qu'essaiment en haute Birmanie et dans le N. de la Thaïlande des peuples qui échapperont peu à peu à la tutelle du Nanzhao : les Birmans et les Thai.

874-880 Le S. de la Chine est pris dans la tourmente de la rébellion de Huang Chao qui précipite la chute des Tang. En **879**, les révoltés de la misère entrent dans Canton, grand emporium de l'Asie orientale, et massacrent les riches marchands étrangers.

902 Le Nanzhao est finalement anéanti par les révoltes de ses différentes ethnies. Il fait place à trois États éphémères jusqu'à la fondation, dans le courant du Xe s., du royaume de Dali, « la Grande Concorde ». Dirigé par la noblesse tibéto-birmane, cet État pluriethnique renoue les liens de vassalité avec la Chine et verse tribut à la cour.

939 Le pays viêt, l'ancienne préfecture d'Annan (Annam), accède à l'indépendance, après 1 000 ans d'occupation chinoise. Son émancipation se fait à la faveur des troubles qui succèdent à la chute des Tang, mais aussi d'un désintérêt de la Chine pour le golfe du Tonkin : les jonques de mer, plus performantes, peuvent gagner directement le port de Canton sans transiter par le delta du fleuve Rouge.

La conquête et la mise au pas (XIIIe-XVIIIe s.)

Les grandes expéditions mongoles vers l'Asie du S.-E., au XIIIe s., provoquent des mutations radicales, mais pas immédiates, sur l'échiquier géopolitique de la Chine méridionale. Elles préparent son absorption définitive par l'empire des Ming et surtout des Qing. De terres d'exil au climat insalubre, peuplées de « barbares crus » *(p. 66)*, ces confins deviennent objet de convoitise pour la richesse de leur sous-sol et de leurs forêts. L'arrivée massive de colons han modifie progressivement, mais de façon irréversible, la répartition ethnique à la faveur des Han.

1279 Descendant de Gengis Khan et fondateur de la dynastie des Yuan (1276-1368), Qubilaï dirige en personne la conquête du royaume de Dali, imposant définitivement la domination de la Chine sur le Yunnan. Fer de lance des armées mongoles, les Hui, musulmans du N.-O. de l'Empire, s'installent dans la région. Les chefs des tribus aborigènes du Guizhou voisin, largement inexploré, font leur soumission aux Yuan.

1382 La reconquête du Yunnan, où subsistait un important contingent de troupes mongoles depuis les campagnes de Qubilaï, est l'une des dernières entreprises de libération du territoire conduite par la dynastie chinoise des Ming (1368-1644). La mise en place des nouveaux cadres administratifs – création des préfectures du Yunnan, du Jingjiang (Guangxi) et finalement du Qian (Guizhou) – s'accompagne de transferts massifs de populations venues des provinces du Anhui, du Zhejiang et du Jiangsu.

1406-1427 Une armée chinoise de 200 000 hommes entre au Vietnam et met fin à la dynastie des Trân. Chassée par Lê Loi en 1427, elle fut la dernière tentative d'annexion conduite par l'Empire chinois sur son voisin vietnamien.

1567 Après la découverte de la route du cap de Bonne-Espérance (1497) vers l'Inde, les premiers bateaux lusitaniens parviennent en mer de Chine en **1514**. En 1567, les Portugais obtiennent des empereurs Ming l'autorisation de s'établir sur l'île de Macao, idéalement située à l'embouchure de la rivière des Perles et aisément défendable ; ils y fondent un comptoir qui, pendant près d'un siècle, aura le monopole du commerce entre la Chine et l'Occident.

1582 Une mission de la Compagnie de Jésus conduite par le père Matteo Ricci (1552-1610) arrive à Macao. Elle dut patienter un an avant d'être autorisée à pénétrer en Chine. Établi à Zhaoqing, puis à Shaozhou, dans la province du Guangdong, Matteo Ricci obtint enfin l'autorisation de se rendre à Pékin, où il resta jusqu'à sa mort. Macao demeura longtemps la base principale des missionnaires jésuites.

1647 Canton et le S. tombent aux mains de l'armée des Qing (1644-1911). La conquête militaire de la Chine par les Mandchous, commencée en 1644 avec la prise de Pékin, n'est parachevée qu'avec celle de Taiwan (Formose) en 1683. À Guilin, préfecture du Jingjiang, le prince Zhu Youlang, descendant de la maison impériale des Ming, est proclamé empereur des Ming du Sud (Nan Ming) sous le titre de Yongli (1647-1660). Ce mouvement légitimiste est soutenu par plusieurs chefs locaux de Chine méridionale et par la Triade, ou Société du Ciel et de la Terre (Tiandihui), fondée à cette occasion.

1658 Les Qing envoient le général chinois Wu Sangui réprimer le mouvement des Ming du Sud. Il fait exécuter l'empereur Yongli en **1662**, puis, nommé gouverneur militaire de la région, se taille un véritable fief économique du Yunnan au Guizhou. Lorsque Pékin décide de suspendre ses prérogatives, il entre en rébellion, aux côtés de deux autres gouverneurs du S. du pays. Cette rébellion des « trois feudataires » prit fin avec la mort de Wu Sangui en 1678.

1662 L'évacuation des côtes est décrétée pour lutter contre la prolifération des actions de piraterie dirigée par Zheng Chenggong (1624-1662), le Coxinga des Hollandais. Le commerce ne fut rétabli à Canton qu'en **1685**.

1680-1681 Les impériaux reprennent le contrôle des territoires des « trois feudataires » : le Sichuan (1680), le Guizhou (1681) et le Yunnan. Quand les Qing s'emparent de Kunming, sa capitale, Wu Shifan, petit-fils de Wu Sangui, se suicide.

1726-1729 Le prince Ortai est nommé gouverneur du Yunnan et du Guizhou. Reprenant en main les anciennes possessions chinoises, Ortai envoie des troupes occuper les régions les plus impénétrables. La population est recensée. Les terres sont mesurées. Les contrées les plus reculées entrent dans les cadres administratifs de l'Empire, qui substitue des fonctionnaires révocables *(liuguan)* aux chefs coutumiers indigènes *(tusi* et *tuguan)*.

Le temps des révoltes (fin XVIIIe-XIXe s.)

Le grand mouvement d'intégration définitive des peuples de la périphérie, décidé par l'Empire mandchou, sème les germes d'une série de révoltes. D'explosions de colères sporadiques, réponses au mépris et à l'exploitation des groupes ethniques de Chine méridionale, elles enflent rapidement en soulèvements de communautés entières, réactions à l'augmentation des taxes, à l'invention de prélèvements nouveaux, aux spoliations de terres. Allumées dans le cadre de la récession générale de l'économie agricole de la fin du XVIIIe s., elles ravivent les mouvements de résistance aux Mandchous pour culminer dans l'embrasement général de la révolte des Taiping (1850-1864). La répression de ces mouvements sociaux par l'Empire ne peut pas ralentir son déclin, précipité par les guerres de l'Opium (1839-1842 et 1858-1860).

1735 Les Miao des confins du Hunan et du Guizhou réagissent à la mise au pas par l'Empire en occupant ses positions dans l'E. du Guizhou. Un temps déconcertés, les impériaux orchestrent une terrible répression, détruisant les villages par centaines, massacrant leurs habitants et confisquant leurs terres aux rebelles pour les allouer aux colons militaires. Cette attitude provoqua une révolte (1795), encore plus violente que la première, qui se propagea en quelques jours dans l'ensemble du Guizhou, du Hunan et du Sichuan. Il fallut dix ans à l'armée impériale pour venir à bout des guérillas miao (1806).

1757 Canton devient l'unique port d'entrée du commerce européen et américain avec la Chine. Confinés dans l'îlot de Shamian, les Occidentaux ne peuvent exercer que par l'entremise du Cohong, guilde de neuf marchands chinois chargés en fait du recouvrement des taxes payées en pesos.

1766-1789 L'interventionnisme des Qing en Birmanie, puis au Vietnam, se solde par un double échec. L'armée chinoise, décimée par le paludisme et la dysenterie, recourt massivement à l'opium comme médicament.

1800-1809 Intense piraterie maritime autour du golfe du Tonkin et sur la côte cantonaise. Les pirates tiennent tête aux impériaux jusqu'en 1810 avec une armada de 50 000 marins embarqués sur des centaines de jonques armées.

1820 Soulèvement de la Triade au Guangxi, avec pour mot d'ordre *Fan Qing, fu Ming*, « Renversons les Qing, restaurons les Ming ».

1830 Les Européens et les Américains, qui, jusque-là, payaient en dollars d'argent (taëls) leurs achats de thé, de porcelaine, de soie, exportent désormais plus de marchandises qu'ils n'en importent, et règlent leurs importations en coton indien, puis, à partir de 1830, en opium de contrebande (décuplement entre 1819 et 1839). La Chine, contrainte de payer ces nouveaux produits dont l'inonde l'Occident en dollars d'argent, épuise ses réserves monétaires.

1839 Lin Zexu, gouverneur du Guangdong et du Guangxi, applique rigoureusement la législation contre la contrebande de l'opium. En ordonnant la destruction de 20 000 caisses et l'expulsion des négociants anglais, il provoque la première guerre de l'Opium (1839-1842).

1842 À la suite de démonstrations navales persistantes et d'une attaque anglaise contre Canton en 1841, le gouvernement chinois cède. C'est, pour les Chinois, le tristement célèbre traité de Nankin (1842), qui accorde l'ouverture d'autres ports (Shanghai, Xiamen, Fuzhou et Ningbo) au trafic de l'opium et la cession de l'île de Hong Kong aux Britanniques.

1843 Hong Xiuquan fonde la secte des Adorateurs de Dieu au Guangxi. Son idéologie égalitaire et syncrétique fédère les mécontentements antimandchous.

1844 Par le traité de Whampoa, signé dans le cadre des « traités inégaux », qui mettent fin à la première guerre de l'Opium, la France obtient le droit de protéger les catholiques en Chine. Les missionnaires sont désormais autorisés – dans certaines limites – à pénétrer en Chine. Ils seront particulièrement présents dans les provinces reculées du S.-O.

1847 L'application du traité de Nankin, qui provoque le déplacement progressif du centre de gravité du commerce international de Canton à Shanghai, prive d'emploi des milliers de coolies. La récession fit progresser la misère, entraînant les premières migrations de coolies chinois vers les îles de l'océan Indien, Cuba, puis vers l'Amérique continentale, l'Australie, partout où l'on avait besoin de main-d'œuvre bon marché pour remplacer les esclaves noirs libérés de la traite.

1851-1864 Hong Xiuquan établit à Yong'an, au Guangxi, la base de son mouvement des Adorateurs de Dieu. Passant de la prédication à l'opposition ouverte au pouvoir mandchou, il marche sur le moyen Yangzi. Son « armée de la misère » s'élève à 500 000 hommes lorsqu'il s'empare de Nankin en 1853 et fonde le Royaume céleste de la Grande Paix, *Taiping tianguo*. Ce fut peut-être la plus grande rébellion populaire de l'histoire de la Chine, mais les impériaux réduisirent peu à peu sa zone d'influence, pour liquider complètement les Taiping à partir de leur reconquête de Nankin en 1864. Les rares rescapés refluèrent vers le S., berceau du mouvement, grossissant les rangs des organisations secrètes antimandchoues (Triade et Pavillons noirs).

1854-1873 Une nouvelle révolte des Miao éclate au Guizhou, dans la mouvance du mouvement des Taiping. Fuyant cette guerre civile quand elle n'est pas massacrée lors de la répression conduite par les Qing, la population est décimée à 90 %.

1855-1873 Conflits interethniques et répression conduite par les autorités déclenchent le soulèvement des musulmans du Yunnan sous la conduite de Du Wenxiu, qui fonde le sultanat de Dali. Au S. de la province, dans la région des monts Ailao, Li Wenxue s'oppose aux armées mandchoues, à la tête d'insurgés yi et d'autres ethnies (1855). Ces insurrections furent réprimées dans un bain de sang. Plus de la moitié de la population du Yunnan aurait disparu au cours de cette répression.

1858 Prenant prétexte de l'exécution, au Guangxi, le 29 fév. 1856, du missionnaire français Auguste Chapdeleine, les autorités françaises interviennent aux côtés de l'Angleterre lors de la seconde guerre de l'Opium.

1873 Record absolu des importations chinoises d'opium, qui atteignent 6 250 t (pour 275 t environ en 1817).

Nationalismes et seigneurs de la guerre (fin XIXe s.-1re moitié du XXe s.)

À la fin du XIXe s., la Chine méridionale se trouvait doublement convoitée par les Britanniques de Hong Kong, relié par un service de vapeurs réguliers à Wuzhou, au Guangxi, et par les Français du Tonkin. Mais cette situation régionale n'est qu'un des signes de la curée à laquelle vont se livrer l'Europe, la Russie et le Japon sur l'Empire agonisant. Au début du XXe s., le S. devient le bastion du mouvement républicain, qui eut raison de 2 000 ans d'empire. Mais la Chine, gangrenée par les enjeux de l'opium, doit encore traverser les épreuves des guerres civiles et des conflits mondiaux. La République populaire proclamée par Mao Zedong en 1949 est un État exsangue.

1883-1885 L'armée coloniale française vient à bout des rebelles Pavillons noirs, dont les bandes œuvraient dans les régions montagneuses formant la frontière entre le Guangxi et le Tonkin. À l'issue de la courte guerre franco-chinoise, elle défait la flotte et l'armée régulière chinoises en 1885 – bien qu'ayant essuyé un grave revers à Lang Son. Dans le cadre du traité de Tianjin, la Chine s'engage à faire respecter par ses troupes les frontières du Tonkin.

1898 Menace de partition généralisée de la Chine par les grandes puissances. En mars, l'Allemagne obtient à bail le territoire de Jiaozhou, au Shandong ; la Russie s'installe à Dalian et à Lüshun (Port-Arthur) ; le Yunnan est reconnu comme zone d'influence française en avr. ; en juin, la Grande-Bretagne signe un bail de 99 ans pour les Nouveaux Territoires, sur le continent, au N. de la ville de Kowloon, face à l'île de Hong Kong.

1900 Durant le siège des Légations étrangères de Pékin par les Boxeurs (21 juin-14 août), le consulat général de France à Kunming (Yunnan) est assiégé par leurs émules locaux. Le consul Auguste François refuse pourtant l'envoi d'un corps expéditionnaire français que lui propose Paul Doumer, gouverneur général d'Indochine.

1902 Rappel en France de Paul Doumer. La France abandonne ses visées annexionnistes sur la Chine du S.-O. en faveur d'une politique d'expansion économique dans la région. Dans ce cadre débute la construction du prolongement vers Nanning (Guangxi) du chemin de fer Haiphong-Lang Son.

1907-1908 Raphaël Réau, consul de France à Mengzi (Yunnan), fournit son appui aux tentatives insurrectionnelles antimandchoues de Sun Yat-sen et de sa Ligue jurée. Cette action trahit un court regain des visées expansionnistes du parti « colonial ». Plus prosaïquement, le consul défend aussi les intérêts de la Compagnie (française) du chemin de fer du Yunnan, menacés par le vice-roi des deux provinces Yunnan Guizhou, très hostile à la France. Craignant une contagion nationaliste des idées de Sun Yat-sen dans ses colonies, la France abandonne finalement tout soutien au mouvement républicain. En revanche, la construction d'une voie ferrée reliant Haiphong à Kunming est achevée en 1910.

1911 Après l'échec, le 27 avr., d'une nouvelle insurrection à Canton sous l'impulsion de Sun Yat-sen, une rébellion militaire éclate le 10 oct. à Wuchang (Wuhan, Hubei) et provoque en moins de deux mois l'effondrement de l'Empire.

1912 La république est proclamée le 1er janv. à Nankin. Sun Yat-sen, président, est remplacé le 14 fév. par Yuan Shikai, chef des armées du N., qui installe la capitale à Pékin. En août, la Ligue jurée de Sun Yat-sen devient le Guomindang, le Parti nationaliste.

1915 L'hégémonisme de Yuan Shikai, qui veut fonder une nouvelle dynastie, se heurte à l'opposition du gouverneur militaire du Yunnan, Cai E, et de son adjoint Tang Jiyao, qui proclament l'indépendance de la province et exigent la démission de Yuan Shikai. Les troupes du Yunnan, du Guizhou et du Guangxi pénètrent au Sichuan et y mettent en déroute les soldats de Yuan Shikai.

1916 Malgré la mort de Yuan Shikai le 8 juin, suivie de celle de Cai E, l'attitude sécessionniste des gouverneurs militaires se poursuit. Tang Jiyao reprend le flambeau au Yunnan. Contrôlant la production et le commerce de l'opium local et disposant d'une armée importante, il étend ses bases au Sichuan (1920) et au Guangxi (1924). La Chine entre dans l'âge des seigneurs de la guerre.

1917 Sun Yat-sen installe un gouvernement dissident à Canton avec l'appui de l'URSS. La période de collaboration entre le Guomindang et le Parti communiste chinois, fondé en 1921, donne lieu à la création de l'Académie militaire de Whampoa (1924) dans l'avant-port de Canton, avec l'assistance de l'Union soviétique ; elle permet au général Jiang Jieshi (Chiang Kai-shek) de former les cadres de son armée. De leur côté, les communistes s'organisent à Canton, où ils fondent l'Institut national du mouvement paysan (juil. 1924), véritable école de cadres ruraux du parti.

1922 Sun Yat-sen fait appel aux militaristes de la « clique du Guangxi » contre Chen Jiongming, le seigneur de la guerre cantonais. Ces hommes forts du Guangxi étendent ainsi leur contrôle sur le delta de la rivière des Perles, puis remportent la guerre qui les oppose au Yunnan en 1924-1925. Le Guangxi restera sous leur emprise jusqu'en 1949.

1925 Mort de Sun Yat-sen.

1927 D'origine yi, Long Yun devient le nouveau seigneur de la guerre du Yunnan en fév. Jiang Jieshi massacre les communistes et les syndicalistes révolutionnaires de Shanghai le 12 avr. C'est le général Bai Chongxi, chef de la « clique du Guangxi », qui conduit l'opération. Le 1er août, les communistes créent l'Armée rouge. La guerre civile entre le PCC et le gouvernement Guomindang commence.

1928 La Chine est réunifiée sous Jiang Jieshi et le Guomindang le 10 oct.

1930 D'éphémères soviets ruraux sont constitués à Bose (Guangxi), puis près de Nanning.

1931 Congrès panchinois des soviets qui fonde à Ruijin (Jiangxi) la République soviétique chinoise, avec Mao Zedong comme président, le 7 nov.

1934 Les communistes, harcelés par Jiang Jieshi, abandonnent Ruijin. Une armée de campagne, regroupant 90 000 combattants et 30 000 civils, s'ébranle le 14 oct. 1934 : la « Longue Marche » commence. L'homme qui la dirige est Zhu De, un habile homme de terrain, à qui l'Armée rouge devra nombre de ses victoires. Mais les 100 premiers jours, qui conduisent les Rouges au N. du Guizhou, sont un désastre.

1935 La « Longue Marche » entre au Guizhou par Liping. De là, elle contourne le massif des Miaoling shan pour atteindre Zunyi, après avoir traversé le Wujiang he en radeaux, sous le feu nourri des nationalistes. C'est là que Mao Zedong reçoit la présidence du Parti communiste en janv. Lorsque l'Armée rouge quitte Zunyi, elle entreprend, sous les directives de Mao, un itinéraire complexe à travers le Guizhou qui déconcerte l'ennemi, sans l'empêcher de prendre le contrôle de la région en se ralliant les seigneurs de la guerre locaux.

1937 Accord secret Guomindang-PCC qui met fin à la guerre civile le 10 fév. Début du conflit ouvert sino-japonais le 7 juil.

1938 Le Guomindang se réfugie au Sichuan, installant sa capitale de guerre à Chongqing. Cette Chine libre est d'abord ravitaillée par la voie ferrée du Tonkin, *via* le Yunnan, et par la route de Birmanie, construite de 1938 à 1939, entre Kunming et Lashio, en Birmanie. Mais la pression japonaise sur l'Asie du S.-E. dès 1940 l'oblige à abandonner ces voies pour d'aléatoires approvisionnements par des ponts aériens depuis l'Inde britannique ou par la contrebande fluviale sur le Yangzi.

1941 Attaque japonaise sur Pearl Harbor les 7 et 8 déc. Entrée en guerre du Japon contre les États-Unis et la Grande-Bretagne. Le général américain Claire Chennault fait construire des aérodromes militaires pour ses Tigres volants, qui affrontent l'aviation japonaise et bombardent l'archipel nippon. Ces bases aériennes se trouvent au Yunnan (Lijiang), au Guizhou (Dushan) et au Guangxi (Guilin).

1944 De juin à déc., succès foudroyants de l'offensive japonaise « ichigo » (numéro 1) en Chine centrale. Guilin tombe. Le Sichuan est menacé.

1945 Capitulation japonaise le 15 août. Le Guomindang prend le contrôle de Kunming en oct. Déchu, le seigneur de la guerre du Yunnan, Long Yun, se rallie par la suite aux communistes.

1946 Dans le cadre de la guerre civile qui les oppose aux nationalistes, les communistes créent l'Armée populaire de libération (APL) en juil. Le ralliement de Long Yun au PCC facilite la victoire de l'APL dans le S.-O. en 1949. Des bandes de l'armée nationaliste se réfugient en Birmanie. Elles y perpétuent la tradition des seigneurs de la guerre, au service des nouveaux barons de la drogue du Triangle d'or.

1949 Proclamation, place Tian'anmen, de la République populaire de Chine le 1er oct.

Dans le cadre de la République populaire (depuis 1949)

Les « années Mao » furent pour le S.-O. des années de chaos qui ne sont pas sans rappeler la mise au pas de la région par les Mandchous au début du XVIIIe s. et ses effets. La collectivisation à outrance du « Grand Bond en avant », la campagne d'éradication des valeurs traditionnelles de la Révolution culturelle ont durablement touché les ethnies aborigènes du S.-O. À l'aube de l'an 2000, des régions entières du Guizhou, du Yunnan et du Guangxi restent enclavées et privées d'électricité. Si une économie régionale, inscrivant le S.-O. dans une dynamique d'échanges avec les États frontaliers, semble se dessiner, elle doit jouer avec la crise qui secoue l'Extrême-Orient à la fin du XXe s.

1949-1956 Des cadres communistes venus du N. appliquent la réforme agraire, puis la collectivisation, sans prendre en compte le statut particulier de la propriété dans les tribus aborigènes non sinisées.

1954 Le Yunnan et le Guangxi servent de base arrière au Viêt-minh en guerre contre le corps expéditionnaire français. Là se trouve concentrée l'artillerie qui permet l'éclatante victoire de Diên Biên Phu le 7 mai. La nouvelle Constitution, le 20 sept., fait de la Chine un État multinational unitaire. Districts et Préfectures autonomes sont créés au Yunnan, au Guizhou et au Guangxi afin de cadrer les ethnies non han dans la voie générale du progrès social.

1957 Le 27 fév., Mao lance le mouvement des « Cent Fleurs », qui s'achève tragiquement par une campagne antidroitière dès juin. On exile de nombreux « droitiers » au Guizhou. Long Yun, l'ancien seigneur de la guerre du Yunnan, doit faire son autocritique pour avoir dénoncé la trop grande dépendance du PCC envers les Soviétiques.

1958 Lancement du « Grand Bond en avant » (5-23 mai) et généralisation des communes populaires (17-30 août). Les Dayao shan au Guangxi et le S.-E. du Guizhou font l'objet d'intenses campagnes de déforestation pour accroître les zones cultivables.

1959-1961 Le Guangxi et le Guizhou sont durement touchés par la famine, effet désastreux du « Grand Bond en avant », qui débute dès l'automne 1959 et dure trois ans.

1960 Le Guizhou entre dans la stratégie du « troisième front ». Après le Sichuan et le Shaanxi, Mao y décide l'implantation d'une industrie de guerre chargée de la défense nationale. Cette décentralisation de l'appareil industriel par Mao dans les années 1960 s'accompagna d'une immigration massive de Chinois de tout le pays qui modifia complètement et définitivement le peuplement de la province.

1966-1976 Au cours de la Révolution culturelle, le S.-O. est mis à feu et à sang, autant par les Gardes rouges (16 millions de jeunes sont envoyés à la campagne en août 1968, notamment dans les fermes militaires à la frontière du Yunnan et du Vietnam) que par les factions rebelles et les bandes de brigands. Les coutumes traditionnelles sont honnies. Les Miao (H)mong quittent la Chine par villages entiers pour s'établir au Vietnam et au Laos.

1976 Mort de Mao Zedong le 9 sept.

1978 En déc., apparition des premiers dazibao sur le « mur de la démocratie » à Pékin. Wei Jingsheng réclame la démocratie comme cinquième modernisation – les « Quatre modernisations » étant l'agriculture, l'industrie, la défense nationale, les sciences et techniques. Parmi les signataires des journaux muraux, on retrouve des « droitiers » déportés au Guizhou durant l'automne 1957, ainsi qu'une importante délégation de « jeunes instruits », anciens Gardes rouges exilés au Yunnan depuis l'été 1968. Victoire politique de Deng Xiaoping sur Hua Guofeng au plénum du Comité central du PCC.

1979 Le S. du Guangxi est le principal théâtre des opérations militaires de la courte guerre sino-vietnamienne. L'invasion du Cambodge par l'armée vietnamienne en janv. sert de prétexte à l'occupation de Lao Cai, Cao Bang et Lang Son par les troupes chinoises. La Chine signifie ainsi son désaccord face au rapprochement politique de son voisin avec Moscou, entamé dès la réunification du Vietnam en 1975. Les opérations militaires sont brèves, mais l'amorce de la réconciliation n'a lieu qu'en sept. 1990, lorsque le général Giap adresse à Pékin un message de repentance.

1989 Les manifestations étudiantes sur la place Tian'anmen, à Pékin, réprimées dans le sang par l'armée (4 juin) n'ont pas été suivies dans les villes du S.-O.

1994 En déc., le Premier ministre Li Peng se rend à Rangoon en visite officielle. Pour la junte birmane, la Chine, qui rééquipe son armée depuis 1991-1992, représente un point d'appui pour sortir la Birmanie de son isolement. Touchée par le contrecoup des événements de Tian'anmen dans l'opinion internationale, mais aussi en quête de débouchés pour ses provinces enclavées, notamment le Yunnan, la Chine choisit de soutenir la dictature militaire. En ouvrant des postes-frontières au commerce local, elle y trouve son avantage, écoulant ses produits bon marché et ses surplus de main-d'œuvre.

1995 Un accord sur l'utilisation des eaux du Mékong est signé le 5 avr. à Chiang Rai, dans le N. de la Thaïlande, par quatre États riverains, la Thaïlande, le Vietnam, le Cambodge et le Laos. Il reprend les objectifs du Comité du Mékong constitué en 1957 par les trois pays de l'Indochine et la Thaïlande, qui prévoit une coopération des signataires pour l'utilisation des eaux de ce fleuve en fonction des besoins et du débit. Le pacte de 1957 est étendu à la Birmanie et à la province chinoise du Yunnan, avec l'ambition, soutenue par la Banque asiatique de développement, d'attirer des capitaux en vue de développer la région.

1997 Le 19 fév., la mort de Deng Xiaoping met fin à la direction du pays par les caciques de la révolution communiste. Le retour de Hong Kong à la Chine continentale le 1er juil., avec un statut spécial pour 50 ans, se passe sans heurt. Le 29 août, les places boursières du S.-E. asiatique connaissent un véritable krach. En oct., le phénomène s'étend aux grandes places financières d'Extrême-Orient.

1998 En mars, l'ancien vice-Premier ministre Zhu Rongji est devenu Premier ministre en remplacement de Li Peng, qui prend la tête de l'Assemblée nationale. On attend de lui un renforcement des prérogatives de l'État central en matière de rentrées fiscales, une mise en route effective de la réforme des entreprises publiques, le reclassement de 140 millions de paysans en surnombre et la normalisation des prélèvements abusifs sur ceux qui travaillent la terre.

2001 La première moitié de l'année est celle des grandes purges au sein des directions régionales, dans le cadre de la lutte contre la corruption. Jiang Zemin ouvre le Parti communiste aux entrepreneurs privés. La Chine acquiert une reconnaissance internationale, scellée par son entrée à l'OMC et le choix de Pékin pour accueillir les Jeux olympiques en 2008.

2003 En juin, création d'une carte nationale d'identité qui doit remplacer la carte de résidence et va améliorer la situation des « migrants » *(mingong)* : beaucoup de ceux d'entre eux qui affluent dans le delta de la Rivière des Perles sont originaires des provinces massivement rurales de la Chine du Sud-Ouest, touchées aussi par la politique dite des « trois agricoles » *(sannong)* initiée en 2003 par Hu Jintao, qui doit améliorer le revenu des paysans et alléger le poids des taxes.

2006 Inauguration, le 8 juil., du dernier tronçon du chemin de fer Pékin-Lhassa, dont 700 km de voie traversent le haut plateau tibétain à plus de 4 000 m d'altitude.

Le Sud-Ouest chinois aux XIXe et XXe siècles

par Alain Roux

« Les hommes des régions frontalières habitent des montagnes et des vallées où le yin et le yang ne sont pas en harmonie… L'Empire du Milieu, situé au centre de l'univers, est sur le point d'intersection du yin et du yang » (*Discussions sur le sel et le fer*, Ier s. av. J.-C.). Cette traditionnelle géopolitique cosmique pose très tôt le problème de base qui traverse l'histoire de la région du S.-O. chinois. Formant une marche accidentée et difficilement accessible de l'Empire céleste, elle se trouve loin, trop loin, de Pékin, « centre civilisé du monde ». Seule la puissance impériale permet d'harmoniser les contradictions fondamentales des deux principes, le yin, féminin, lunaire et secret, lié à la terre, et le yang, masculin, solaire et lumineux, lié au ciel, dont l'union donne naissance aux êtres et aux choses, et permet la civilisation. Quand le pouvoir est faible ou qu'il manque de vertu, il a d'autant plus de peine à maintenir cette harmonie dans une région donnée qu'il en est plus éloigné. Or, les capitales du Yunnan (Kunming), du Guizhou (Guiyang) et du Guangxi (Guilin) sont, au début du XIXe s., respectivement à 40 jours, 28 jours et 24 jours de Pékin pour un courrier monté officiel, soit à peu près à la même distance administrative que Canton (32 jours), contre 14 à 18 jours pour les grandes villes du moyen et du bas Yangzi. Nul ne peut donc s'étonner si, dans ces trois provinces lointaines, se développent sans cesse rébellions, sectes et hérésies. Banditisme et piraterie y fleurissent. Les villages, en général monoclaniques, s'affrontent continuellement. On y parle divers dialectes, et le chinois y est souvent corrompu. L'ordre du monde est donc fragile dans ce territoire grand comme une fois et demie la France (780 000 km²) et peuplé alors seulement d'une trentaine de millions de ruraux, tandis qu'il abrite de nos jours 110 millions d'habitants, dont un tiers de citadins. Les profonds changements que ces provinces ont connus depuis les trois derniers siècles ont été soulignés par des rébellions et des sécessions sans cesse répétées qui en scandent l'histoire.

En fin de volume, le Petit dictionnaire regroupe les définitions des noms propres ou communs spécifiques à chaque pays; le Lexique réunit un vocabulaire de base pour les différentes situations de la vie quotidienne.

Une zone de résistance aux Mandchous

C'est dans les régions du S. que résistèrent les derniers empereurs Ming, quand les Mandchous leur ravirent le « mandat céleste » en 1644, fondant la dynastie des Qing. Les rébellions éclatent à nouveau 150 ans plus tard, après le repeuplement par les Han de ces campagnes pauvres, dévastées au XVIIe s. par trois décennies de soulèvements paysans et de guerres de résistance aux Qing. Une série de mouvements désordonnés de sécession se succèdent au lendemain de la première guerre de l'Opium (1839-1842) jusqu'au dernier quart du siècle. Dans ces régions traumatisées par la conquête han et soumises à l'autoritarisme centralisateur du pouvoir mandchou, des facteurs d'ordre ethnique, historique, mais aussi religieux, sont la cause de ces désordres.

Le dernier refuge des Ming

Guilin devint la capitale éphémère du prince Zhu Youlang, qui, sous le titre d'empereur Yongli (r. 1647-1660), s'acharna à maintenir la dynastie déchue des Ming, avant d'être capturé dans sa retraite birmane et ramené à Kunming où il succomba en 1662. Son vainqueur, Wu Sangui (1612-1678), contrôlait alors, au service des Qing, le Yunnan et le Guizhou. Fort de son autorité grandissante sur la Chine du S., il finit par se révolter contre les Qing avec d'autres potentats sudistes (« rébellion des trois feudataires ») et fonda la dynastie des Zhou (1673-1681). Après sa mort, son petit-fils Wu Shifan se suicida en 1681 à la prise de Kunming par les Qing. L'harmonie du yin et du yang n'allait être rétablie en ces lieux, sous la férule des conquérants mandchous, qu'en 1681, soit 37 ans plus tard qu'à Pékin. Il est donc normal que, durant cette période, bandits, pirates, contrebandiers et sectateurs des sociétés secrètes, comme celle du Ciel et de la Terre (la Triade), aient été légion dans ces montagnes.

Un creuset ethnique

Ces régions reculées ont servi depuis des siècles de refuge à de nombreuses populations non chinoises – on y dénombre près de 30 nationalités minoritaires – refoulées par les colons chinois dans les massifs boisés inhospitaliers. Depuis des villages situés en des points stratégiques, entourés de hautes palissades et dominés par des tours de guet, les colons-agriculteurs chinois surveillent ces populations tenues pour sauvages. Les garnisons Qing mènent à l'occasion des sortes de guerres indiennes dans ce « Far West » chinois.

Les conflits nés de la colonisation chinoise

À la tension ethnique s'ajoute un autre facteur, d'ordre historique : la colonisation chinoise s'est faite en deux séries de vagues bien distinctes. Depuis le début du Ier millénaire, les colons fondateurs han *(bendi)* ont occupé les meilleures terres, près des cours d'eau, là où l'on peut cultiver le riz et transporter facilement les surplus de production jusqu'aux marchés régionaux, voire jusqu'à Canton. À l'époque Ming, une vague plus tardive d'émigrants chinois originaires du N. ne reçut que des terres médiocres, souvent au terme d'une lutte contre les populations non chinoises qui y pratiquaient une agriculture extensive sommaire. Ces « hôtes » (« hakka » est la prononciation cantonaise du terme chinois *kejia*, signifiant « hôte ») allaient ainsi former une communauté à part, mal intégrée, prête à saisir la moindre occasion pour faire valoir son identité face aux premiers colons. Soudés par une langue archaïque, des pratiques rituelles – ils transportent avec eux les urnes de leurs morts lors de leurs déplacements – et une tradition de construction défensive – leurs villages ont des allures de forteresses –, les Hakka

sont particulièrement combatifs. Leurs femmes – qui n'ont pas les pieds bandés – lancent le couteau avec une redoutable précision.
Les fortes structures claniques des groupes *bendi* et hakka rendent plus redoutables et plus sanglants encore les conflits liés à l'occupation du sol ou au contrôle de l'eau.

Dans l'histoire des provinces du S.-O., nombreux sont les chefs rebelles d'origine hakka, au point que certains chercheurs américains ont tenté d'y voir une des causes du mouvement révolutionnaire chinois, au cours des deux derniers siècles.

Religions, sectes et contrebande

Ces provinces du S.-O. constituent l'arrière-pays immédiat de la région chinoise la plus ouverte au monde, celle de Canton et de la rivière des Perles, que l'on atteint par le réseau navigable du Xijiang (fleuve de l'Ouest). L'influence de l'islam, venu par la mer à Canton, y a été précoce (VIIIe s.). Plusieurs siècles plus tard, une importante communauté musulmane (hui) se développe au Yunnan à la faveur des conquêtes mongoles (XIIIe s.). Dans une société dont le ciment est l'orthodoxie confucéenne, elle forme un groupe structuré par sa foi et ses coutumes, donc potentiellement subversif. Cela est encore plus net pour le christianisme. Réprimée par les Qing, cette nouvelle confession a pu aisément se propager en ces lieux traditionnellement propices à l'émergence de sectes et où la résistance aux Qing demeure vivace, entretenue par les sociétés secrètes liées à la Triade, qui se proposent de chasser les Qing et de restaurer les Ming. Pour ce faire, la Triade participe activement à la contrebande de l'opium qui fait rage depuis le début du siècle. Missionnaires et marchands étrangers, apportant qui la Bible, qui des caisses d'opium, remontent les cours d'eau avec la complicité des sociétaires de la Triade, contribuant ainsi à l'ébranlement à la base d'un pouvoir lointain qui s'appuie sur des notables ruraux peu nombreux et pas toujours « loyaux ».

Les sectes anticonfucéennes jouent également un rôle fédérateur dans ce mouvement de résistance à l'Empire mandchou. Elles tirent profit de l'intense piraterie maritime traditionnelle autour du golfe du Tonkin, réactivée à la fin du XVIIIe s. par les troubles dynastiques en Annam (rébellion Tây Son, 1792-1802). Les pirates fournissent à l'occasion des recrues de qualité aux insurrections de l'arrière-pays. En effet, les pirates du Guangxi et du Guangdong tiennent tête aux impériaux jusqu'en 1810 avec une armada de 50 000 marins embarqués sur des centaines de jonques armées. Ils ont progressivement déplacé leurs activités vers les rivières et les fleuves depuis que la flotte de guerre anglaise, basée à Singapour puis à Hong Kong, pour protéger le commerce de la Couronne britannique – y compris celui de l'opium –, les a chassés de la côte.

Les sociétés secrètes

Si différents types d'alliances existent en fait depuis l'Antiquité, les sociétés secrètes connaissent un développement important à partir de la seconde moitié du XVIIIe s. Leur origine n'est pas politique, mais économique et sociale. La déliquescence de l'État et des élites locales, la pression démographique et les contraintes économiques poussent vers l'émigration ou sur les routes un bon nombre de personnes. Les premières sociétés secrètes, ou « associations de frères jurés », proposent ainsi une forme d'organisation et un langage d'identité sociale facilitant la coopération mutuelle. Les plus nombreuses ressemblent à des groupements d'entraide qui constituent un capital servant à assister de vieux parents, à subvenir aux frais des funérailles et des mariages, etc. Leur alliance peut inclure un serment de sang. À côté de celles-ci, d'autres sont constituées à but lucratif. Les habitants de certaines régions souscrivent d'ailleurs par obligation à certaines de ces sociétés pour éviter d'être détroussés en chemin ou chez eux. La protection s'est ici mutée en actes de prédation, mais son envergure est le plus souvent limitée à un niveau régional. Elles sont, par ailleurs, engagées dans un large éventail d'activités criminelles : distribution et contrebande de l'opium, jeu, prostitution, racket, etc. Leur rôle politique contre l'Empire mandchou se développe au XIXe s., en réponse aux mesures toujours plus sévères adoptées par les autorités.

Pirates, contrebandiers, adeptes de sectes ou de sociétés secrètes animent ainsi ces mouvements de contestation ou de revendication d'ordres différents, voire contradictoires, qui peuvent converger, le cas échéant, en un puissant mouvement antimandchou.

Le Guangxi, berceau de la révolte des Taiping (1850-1864)

Hong Xiuquan, lettré d'origine hakka, mis en contact avec des missionnaires protestants lors de divers séjours à Canton, traverse une crise mystique en 1837, au cours de laquelle il a la révélation que les Blancs n'ont fait connaître qu'une partie du message biblique. Leur Christ, blanc, aurait eu un frère cadet, jaune. Persuadé d'être ce second sauveur de l'humanité, Hong Xiuquan se fait appeler « roi céleste » *(tianwang)* et communique à l'occasion avec son divin Père par des transes ou des illuminations. Il prêche sa doctrine parachrétienne, à partir de 1847, au Guangxi, d'où sa famille est originaire et qui offre un terrain favorable à un tel message. Celui-ci allie des revendications millénaristes d'égalité et de frugalité en même temps que le souci d'une organisation en contre-pouvoir : il propose une réforme agraire avec redistribution égalitaire des terres entre petits producteurs et mise en commun des surplus de céréales, qui séduit les déshérités de ces régions pauvres et attire quelques membres des minorités zhuang et miao expropriées… Le mouvement prend d'abord le nom de secte des Adorateurs de Dieu. Au cours de l'été 1850, ils sont 30 000 à Jintian, au cœur de la province, principalement hakka, mais aussi *bendi* antimandchous, rebelles de la Triade, pirates, contrebandiers et bandits. Leurs rangs comptent peu de paysans, plutôt des marginaux du monde rural, colporteurs, artisans itinérants, charbonniers… Bientôt, les Adorateurs de Dieu s'emparent d'une ville murée, Yong'an (aujourd'hui Mengshan), que les impériaux ne peuvent reprendre, malgré un long siège (sept. 1851-avr. 1852). À partir de l'été 1852, ce mouvement puissant et armé quitte le Guangxi pour atteindre le moyen Yangzi. Quand ils prennent Changsha (Hunan), début sept. 1852, ils sont 120 000. À la fin de l'année, ils sont 500 000 et se proposent de fonder le Royaume céleste de la Grande Paix *(Taiping tianguo)*, ce qu'ils feront en 1853 après la prise de Nankin.

Pendant 15 ans, les Taiping vont menacer l'Empire. Ils expriment les ressentiments des opprimés de la Chine elle-même autant que les revendications des minorités de la Chine du S.-O. qui vont engendrer d'autres révoltes, d'abord celle des peuples méprisés du Guizhou, qui durera plus de 20 ans, puis celle des musulmans du Yunnan de 1855 à 1873. Une répression particulièrement sanglante, à la mesure de la menace encourue, viendra mettre un terme à la rébellion des Taiping.

Le Guizhou et la guerre des Miao

À la même époque, cette province a connu deux rébellions successives, séparées par un épisode de l'insurrection Taiping. Dans le S.-E. du Guizhou, une première révolte miao éclate en 1854, écrasée par les milices levées auprès des colons chinois par les notables ruraux. En 1859, le chef Taiping Shi Dakai, jeune lettré hakka, prend la tête d'une chevauchée qui traverse la province d'E. en O., pour se terminer en désastre aux confins du Sichuan et du Tibet.

Cette aventure relance la guerre des Miao, qui profitent de l'occasion pour reprendre les armes. La menace Taiping écartée, l'empire des Qing réprime ce nouveau soulèvement miao de 1865 à 1873. D'après le gouverneur d'alors, la province aurait perdu les neuf dixièmes de sa population, massacrée ou en fuite du fait de ces deux décennies de guerre civile. Cette série d'événements tragiques a laissé des traces dans l'imaginaire collectif : la légende populaire pense que Shi Dakai reviendra un jour, à la tête de ses guerriers célestes pour libérer les opprimés.

La révolte des musulmans du Yunnan (1855-1873)

Le Yunnan connaît une situation sensiblement différente. Des conflits entre mineurs d'étain musulmans et han, en 1853, font des milliers de victimes. En mai 1856, massacrés par dizaines de milliers dans une opération orchestrée par les autorités, les musulmans se soulèvent et créent le sultanat de Dali. Ma Dexin, chef religieux de ce royaume indépendant, s'est rendu à La Mecque, à Istanbul et à Alexandrie. Ma Ruling, issu d'une famille de mineurs d'étain, en est le chef militaire, tandis que son chef politique est un lettré, Du Wenxiu, qui prend le nom de sultan Suleyman. Antimandchoue, la rébellion cherche à enrôler Han, Miao et Yi. La répression est terrible après une guerre qui dure jusqu'en 1873 : la moitié de la population aurait péri.

Le calme relatif que connaissent alors les trois provinces du S.-O. s'explique sans doute par la violence de la répression : on a peur… et on ne manque plus de terre !

La politique expansionniste française dans la Chine du Sud-Ouest

Durant les dernières années des Qing, un élément nouveau relance l'agitation au Yunnan et au Guangxi, ainsi que dans la frange méridionale de cette province alors rattachée à celle de Canton. La France prend peu à peu le contrôle du Tonkin et cherche à étendre sa zone d'influence sur la Chine du S.-O., où elle se heurte à l'Angleterre. En 1885, une guerre éclate entre la France et la Chine. Par le traité de Tianjin (1885), la Chine renonce à sa vague suzeraineté sur l'empire d'Annam, qui devient un protectorat français. Le Tonkin est administré directement par les fonctionnaires et les militaires français. La France veut consolider son contrôle de l'Indochine par la création d'une zone d'influence au Yunnan, au Guangdong et au Guangxi. Elle a obtenu un territoire à bail à Guangzhouwan (péninsule de Leizhou, face à l'île de Hainan), l'autorisation de construire des chemins de fer en direction de Kunming (Yunnan) et de Nanning (Guangxi) et le droit de faire du commerce au Yunnan, où elle a des consuls actifs à Kunming et à Mengzi. Paul Doumer, gouverneur général de l'Indochine de 1897 à 1902, incarne cette politique belliqueuse qui attise les troubles dans les trois provinces chinoises convoitées. Instaurant en 1899 une Régie de l'opium, qui assurera jusqu'au cinquième du budget de l'Indochine, il s'intéresse aussi à la production de la drogue au Yunnan, où la Régie s'approvisionne.

À partir de 1887, la France organise une Indochine française, composée d'un ensemble de territoires coloniaux et de protectorats : Tonkin, Annam, Cochinchine (qui constituent le Vietnam historique), Cambodge et Laos.

Durant la guerre franco-chinoise, des irréguliers chinois, les Pavillons noirs (des Taiping survivants mêlés à des pirates), appuyés par des troupes impériales, ont infligé une défaite sévère à une brigade française, en mars-avr. 1885, entre le col de Zhennan (auj. la « porte de l'Amitié », au Guangxi) et la ville tonkinoise de Lang Son.

Sur le chemin de fer français au Yunnan, voir aussi p. 264-265.

En outre, la France convoite les minerais du N. du Yunnan, où certains voient, à tort, un Eldorado et, au-delà, l'accès au riche Bassin rouge du Sichuan et au commerce du haut Yangzi. En 1910, l'outil majeur de cette expansion rêvée est terminé : un chemin de fer de 570 km relie Hanoi à Kunming. Une autre voie ferrée dépasse Lang Son (Tonkin) et se prolonge en direction de Nanning (Guangxi). Armes, soldats et opium sont désormais plus faciles à transporter.

Le consul de France à Kunming, au début du XXe s., Auguste François, traduit bien les fluctuations de la politique française dans ses souvenirs consignés dans *Le Mandarin blanc* (Paris, Calmann-Lévy, 1990). Il y décrit le Yunnan comme particulièrement pauvre (« Je n'y vois que des singes et des rochers […] »), sous-peuplé et infesté de brigands, et dénonce les « stupidités doumériennes ». Lire aussi *La France en Chine (1843-1943)*, recueil d'articles sous la direction de Jacques Weber (Nantes, Ouest Éditions, 1997, p. 195 à 205 : « Opium et intérêts français au Yunnan »).

Entre 1905 et 1908, les autorités françaises pensent pouvoir, à l'occasion, utiliser à leurs fins, dans ce S.-O. chinois, les menées antimandchoues de Sun Yat-sen et de sa Ligue jurée. Le parti « colonial » français regroupe aventuriers, hommes d'affaires et officiers idéalistes qui imaginent une révolution républicaine chinoise sur le modèle de la Révolution française. Mais ce projet se heurte à la politique générale du Quai d'Orsay, qui, préoccupé par la tension en Europe, cherche à ménager l'Angleterre. Ces hésitations françaises et l'aventurisme brouillon de Sun Yat-sen donnent lieu à une série de soulèvements quasi improvisés et très vite avortés. Après 1908, la France ne soutient plus aucune rébellion dans ces régions frontalières : elle redoute la contagion dans sa colonie d'Indochine, où les premiers frémissements nationalistes sont apparus. Seuls comptent ses intérêts commerciaux, dans lesquels l'opium joue un grand rôle.

Une zone de dissidence sous la République

La tradition sécessionniste du S.-O. connaît son illustration la plus spectaculaire durant les deux premières décennies de la République chinoise, durant lesquelles les cinq provinces du S. et du S.-O. (Guangdong, Guangxi, Guizhou, Yunnan et Sichuan) échappent à plusieurs occasions au pouvoir central.

Le soulèvement des provinces du Sud-Ouest

Le gouvernement mandchou charge le général Yuan Shikai, chef des seules unités modernes de l'armée chinoise, de réprimer l'insurrection républicaine qui s'est emparée de Wuhan le 10 oct. 1911. Jouant un double jeu, celui-ci intervient avec une extrême lenteur, permettant de ce fait à la vague insurrectionnelle de s'étendre. Le pouvoir central, isolé par la sécession des provinces les unes après les autres, s'effondre au profit de Sun Yat-sen, qui proclame la république

(1er janv. 1912), avant de s'effacer à son tour devant Yuan Shikai, suffisamment fort pour obtenir l'abdication du dernier empereur en fév. 1912. Yuan Shikai échoue néanmoins à restaurer en sa faveur l'Empire devant le soulèvement des provinces du Yunnan – incarné par Cai E, général de la garnison de Kunming, opposant aux Qing, devenu gouverneur militaire pour la République –, du Guizhou et du Guangxi. À la mort de Yuan Shikai, le 8 juin 1916, et malgré la disparition rapide de Cai E, emporté par un cancer, les insurgés ne mettent pas bas les armes. Ce groupe de militaires constitue dès lors la matrice d'où sont issus la foule des « seigneurs de la guerre » qui se disputent la région pendant les 15 années suivantes.

Un seigneur de la guerre est un général qui dispose de son armée comme d'un capital. Il a constamment besoin d'argent pour payer les soldes et acheter des armes. Le plus souvent, il s'appuie sur une base régionale où il prélève l'impôt foncier, taxes, surtaxes et contributions exceptionnelles. Dans la Chine du S.-O., très pauvre, cette base ne peut suffire. Mais la région présente deux atouts – l'éloignement du centre et le marché de l'opium – qui expliquent la prolifération militariste que l'on peut alors y observer.

■ Une base de reconquête

Contrôlée par des dizaines de potentats militaires, cette région accidentée et aisée à défendre jouit d'une bonne situation géostratégique : elle communique assez facilement au N. avec la riche province du Sichuan ; à l'E., elle est en contact avec les provinces prospères du Hunan et du Guangdong. C'est à Canton que siègent, successivement, à partir de 1917, les gouvernements dissidents, rivaux de celui de Pékin. Ils ont – notamment sous l'autorité de Sun Yat-sen – des ambitions nationales, forts du soutien d'une partie des parlementaires élus en 1912 et réfugiés dans le S. Les luttes pour le contrôle de la région s'inscrivent alors dans une compétition plus vaste pour la prise du pouvoir à Pékin. C'est d'ailleurs à partir de sa base cantonaise que Jiang Jieshi (Chiang Kai-shek) prendra le pouvoir en 1926.

Dans ses romans autobiographiques *Monsieur le Consul* (Grasset, 1973) et *Le Fils du consul* (Grasset, 1975), Lucien Bodard brosse un tableau haut en couleur de cette Chine du S., dans laquelle il a grandi (Yunnan, Sichuan). Dans un style enlevé qui emprunte davantage au lyrisme qu'à la véracité historique, il met en scène ces seigneurs de la guerre (entre autres, le rusé général Tang Jiyao, maître du Yunnan), dont la France et l'Angleterre se disputent cyniquement les faveurs dans leur course effrénée au pouvoir et au profit.

■ La terre de l'opium

L'opium est devenu l'un des principaux fléaux de la Chine depuis la fin du XVIIIe s. Les Chinois en connaissent depuis longtemps l'usage médical. Peu à peu, ils apprennent à le fumer pour leur plaisir. Après avoir importé son opium des Indes anglaises, la Chine s'est mise à le produire elle-même, de préférence dans des régions au climat chaud et humide, c'est-à-dire dans les provinces du S.-O., qui fournissent la moitié de l'opium chinois. Un tiers de l'opium est produit au Yunnan, un sixième au Guizhou et un autre tiers au Sichuan. Ainsi, sur les 35 000 t à 40 000 t que représente sa consommation annuelle, la Chine n'importe plus, vers 1920, que 2 000 à 3 000 t (contre 13 000 t vers 1880, au maximum de ce trafic lucratif). Chaque année, à l'automne, les rizières du Yunnan font place à une seconde récolte, celle du pavot, qui donne des champs rouges, bleus, jaunes et violets du plus bel effet. Les profits de cette production sont considérables.

Vers 1920, on évalue autour de 3 à 4 % de la population totale le nombre des opiomanes véritables – ceux dont la consommation individuelle annuelle oscille entre 2 et 3 kg d'opium. Au Yunnan, ce chiffre serait de 23 %, au Guizhou de 7 %. Le Guangxi, qui est non pas un lieu de grande production, mais plutôt de transit, serait dans la moyenne nationale.

Dans la plupart des villages du S.-O., la fumerie d'opium représente souvent pour le voyageur le seul abri où passer la nuit. C'est un peu l'équivalent de l'auberge et du café des villages français de jadis. Les soldats du Guizhou sont appelés « soldats aux deux fusils », le second étant leur pipe à opium. Au Yunnan, lors des mariages, la richesse d'une famille est évaluée à l'aune des pipes qu'elle possède.

L'opium transite par des axes dont l'itinéraire précis varie sans cesse. On en compte cinq au total qui se dirigent vers les plaques tournantes de Canton-Hong Kong, Hankou, Shanghai, Tianjin et Dalian. La région du S.-O. exporte son opium vers Chongqing par le fleuve au Sable d'or (Yangzi supérieur) et surtout vers Canton par le fleuve de l'Ouest (Xijiang). Le transport, qui s'effectue en partie à dos d'homme, les cours d'eau étant coupés de rapides, est très coûteux : il faut assurer la protection des porteurs en soudoyant les services de contrebandiers et en versant un péage aux divers postes militaires. Bose, au Guangxi (au N.-O. de Nanning), est un des pivots de cet itinéraire. Le chemin de fer français Kunming-Haiphong est aussi un des vecteurs de ce trafic.

Les nouvelles guerres de l'opium

Les guerres régionales, si fréquentes entre 1916 et 1926 dans la Chine du S., sont, d'une certaine façon, de nouvelles guerres de l'opium.

En effet, les gouverneurs militaires ont très vite forcé les paysans à cultiver le pavot, n'hésitant pas à prélever des taxes sur la récolte, encore moins à les frapper d'amende lors de campagnes officielles de prohibition. L'initiateur du procédé semble être le seigneur de la guerre du Yunnan, Tang Jiyao, qui fit de nombreux émules. Au Guizhou, il y eut même un seigneur de la guerre pour interdire les cigarettes et le tabac, tout en autorisant l'opium… !

Il serait fastidieux de décrire les guerres de ces années terribles. Le Yunnan est vite unifié sous Tang Jiyao, qui, professant un certain expansionnisme et disposant de la plus grosse armée, combat au Sichuan en 1920 et au Guangxi en 1924 pour y étendre ses bases. Il noue des relations avec l'Indochine française, par laquelle il écoule l'opium de sa province, dont il a organisé un monopole de fait. À la mort de Tang Jiyao, le Yunnan passe entre les mains de Long Yun, de l'ethnie yi (1927). Les « militaristes du Guangxi », dont la base territoriale est plus pauvre (région où le pavot pousse mal), utilisent au mieux leur position géographique, cherchant à prendre le contrôle du Guangdong (Canton) et du delta de la rivière des Perles. Ils s'y implantent quand Sun Yat-sen les appelle à l'aide, à la fin de 1922, contre un seigneur de la guerre cantonais, se rendent maîtres de la totalité du Guangxi et du Guizhou, et remportent la guerre qui les oppose aux militaristes du Yunnan en 1924-1925. Participant à la coalition qui prépare l'« expédition de châtiment du Nord » *(beifa)* pour réunifier la Chine, à partir de l'été 1926, ils gagnent une certaine légitimité patriotique.

En janv. 1923, Albert Bodard, consul de France à Kunming, adresse au ministère français des Affaires étrangères un rapport à propos de l'accord discret passé entre le général Tang Jiyao et le gouvernement de l'Indochine française : « Le gouvernement du Yunnan est autorisé à transporter par chemin de fer de Lao Cai à Haiphong 100 tonnes d'opium brut, dont 75 destinées à des ports chinois au-delà de Macao et 25 tonnes vendues à la Régie à un prix de faveur. » En raison des protestations de la Société des Nations à l'encontre de la France, les convois d'opium ne seront plus embarqués aussi ouvertement sur les chemins de fer français Haiphong-Kunming après 1924…

De fait, la « clique du Guangxi » contrôle cette province jusqu'en 1949, tout en jouant un rôle épisodique, tantôt aux côtés de Jiang Jieshi, tantôt contre lui, lors de courtes reprises de la guerre civile entre le gouvernement Guomindang de Nankin et diverses coalitions régionales en 1929-1931 et durant le début de l'été 1936.

La révolution communiste dans le Sud-Ouest : un feu de paille

Elle affecte la région de façon ambiguë et fugitive. Deux petits soviets éphémères sont établis au Guangxi, à Bose, en déc. 1929, puis au S.-O. de Nanning, sur la rivière Yü, appuyés par des populations non han, comme les Zhuang. Cette 7e Armée rouge, dont le commissaire politique est Deng Xiaoping, quitte la région dès l'été 1930, dans le cadre de la politique de Li Lisan de soutien à de très hypothétiques insurrections urbaines. Laissées en arrière, les troupes révolutionnaires du Zhuang Wei Baqun tiendront encore deux ans avant d'être écrasées par le Guomindang. Il semble bien que les mauvais rapports entre les cadres communistes venus de l'extérieur et les « minorités nationales », qui avaient saisi l'occasion de la révolution pour se rebeller contre l'arrogance des Han, furent pour beaucoup dans ce lâchage mortel de paysans jugés rétrogrades et superstitieux par ces intellectuels « han ».

La révolution communiste touche le Guizhou lors de la « Longue Marche ». C'est à Zunyi, en janv. 1935, que Mao Zedong devient, un soir de bataille, le numéro un d'un Parti communiste réduit à son armée et à son appareil central. Jiang Jieshi en profite d'ailleurs pour prendre le contrôle de la région et imposer son autorité aux seigneurs de la guerre locaux. Ces derniers se rallient, sous la contrainte, au régime du Guomindang et partagent avec le Généralissime le monopole de l'opium, qu'il instaure sous prétexte d'en préparer la prohibition.

La guerre sino-japonaise (1937-1945) : le Sud-Ouest au cœur de la Chine libre

La guerre sino-japonaise entraîne, à la fin de 1938, l'établissement de la capitale de la « Chine libre » à Chongqing, dans le proche Sichuan – après un séjour épisodique à Guilin, de 1936 à 1938. En 1938-1939, le réduit de la Chine libre est ravitaillé depuis Kunming, qui en devient la plaque tournante, par le chemin de fer français du Tonkin, lequel est contrôlé par les Japonais à partir de l'automne 1940. L'autre itinéraire est la célèbre route de Birmanie, qui relie Lashio, terminus du chemin de fer de Rangoon, à Dali, puis à Kunming. Construite dans des conditions très dures de 1938 à 1939 par 150 000 coolies chinois, elle permet un acheminement journalier de 10 000 t de marchandises. Les Anglais, sous la pression japonaise, ferment cette route en juil. 1940. Il ne reste plus guère pour fournir à Chongqing armes, carburants et munitions qu'un hasardeux pont aérien établi depuis l'Inde au-dessus de l'Himalaya et, surtout, la contrebande par le Yangzi et les fleuves du Guangxi. La route de Birmanie sera même utilisée par les Japonais à partir de l'été 1942. Doublée à l'E. par les Américains (route Stilwell) en 1943, elle sera enfin rouverte le 8 mars 1945.

La Chine des marches se trouve ainsi propulsée au centre de la Chine libre. Sur le plan économique, cette situation a des conséquences considérables : cette région très pauvre qui ne produit presque rien, hormis l'opium, très étroitement surveillé par les seigneurs de la guerre locaux, connaît un afflux massif d'argent et de marchandises. L'inflation se développe sans tarder : entre déc. 1937 et déc. 1943, les prix augmentent de 183 %, contre 31 % seulement pour les salaires. Si les paysans qui vivent en autarcie et commercialisent leur récolte de pavot parviennent à survivre pendant les premières années du conflit, la situation des citadins, notamment des réfugiés (le quart de la population urbaine), est très difficile. Par ailleurs, depuis Chongqing, désormais reliée à Kunming par deux bonnes routes, le pouvoir central exerce une pression de plus en plus forte sur la population du S.-O. chinois. Les paysans doivent fournir des recrues pour l'armée et payer des taxes de plus en plus lourdes : plus de la moitié de leur récolte leur est ainsi retirée.

Le vieux démon de la dissidence

Depuis sa capitale de guerre Chongqing, le pouvoir central ne renforça son contrôle sur les marches chinoises qu'en apparence et pour peu de temps : le vieux démon de la dissidence reparut en effet, dès les dernières années de la « guerre de résistance antijaponaise » (1937-1945), pour s'affirmer davantage encore à l'occasion de la guerre civile entre nationalistes et communistes (1946-1949).

Jiang Jieshi cherche à imposer sa loi dans une région aux mains des seigneurs de la guerre. C'est ainsi qu'au Yunnan le rapport des forces entre les armées de la Chine libre et les troupes de Long Yun, le potentat local, passe de 1,5 pour 1 en 1937 à 4 pour 1 en 1943. Pour préserver son pouvoir, Long Yun prend donc contact avec des intellectuels libéraux qui, fuyant la Mandchourie et la Chine du N. envahies par les Japonais, se sont réfugiés à Kunming avec leurs universités. Certains de ces patriotes, qui ont perdu confiance dans le Guomindang, fondent la Ligue démocratique et entrent en relation avec des communistes.

Long Yun améliore aussi ses rapports avec divers généraux de la « clique du Guangxi », surtout quand l'offensive japonaise « ichigo » (entre juin et déc. 1944) entraîne un début de débâcle des armées centrales, contraintes de se retirer de la majeure partie du Guangxi et d'une bonne partie du Guizhou. Les aérodromes militaires que le général américain Claire Chennault y avait construits pour bombarder le Japon avec ses Tigres volants sont abandonnés à la hâte. Une intrigue se noue alors entre ces forces disparates, visant à écarter un Jiang Jieshi discrédité. La capitulation japonaise, le 15 août 1945, et l'envoi d'une partie des troupes de Long Yun au Tonkin pour y désarmer les unités japonaises (et, au passage, piller la région) fragilisent les comploteurs : un général lié à Jiang Jieshi s'empare de Kunming, en oct. 1945, et en chasse Long Yun. Les cercles les plus réactionnaires du Guomindang font désormais la loi et détruisent ce foyer libéral importé. L'armée ouvre le feu, le 1er déc. 1945, sur des étudiants qui s'opposaient à la reprise de la guerre civile contre les communistes. Le 15 juil. 1946, le poète libéral Wen Yituo est abattu dans la rue.

Au même moment, la guerre civile rampante entre communistes et nationalistes devient ouverte. Elle se passe loin du S.-O. Cependant, Long Yun et quelques autres potentats locaux, marginalisés ou chassés du Yunnan, du Guangxi, du Guizhou et du Sichuan par le Guomindang, se rallient aux communistes, ce qui facilitera la victoire de l'Armée populaire de libération (APL) dans ces provinces à la fin de 1949, alors que des lambeaux d'armée nationaliste quitteront le S. du Yunnan pour le N. de la Birmanie, dans la région peuplée par les Wa. Ces soldats perdus y développent bientôt la culture de l'opium dans le Triangle d'or.

Une périphérie sous-développée de la Chine socialiste

La région entre, une nouvelle fois, dans un cycle de rétablissement de l'ordre et de marginalisation, brisé cependant par les effets – qui y furent terribles – du « Grand Bond en avant » (1958) et de la Révolution culturelle (1966-1976).

L'ordre communiste (1951-1958)

Alors que les communistes envisageaient, durant la guerre civile, d'instaurer, à l'instar de l'URSS, une république soviétique fédérale qui reconnaîtrait le droit des diverses nationalités à disposer d'elles-mêmes, le PCC au pouvoir change de cap. Pour déjouer les « manœuvres séparatistes » des impérialistes, la nouvelle Constitution (20 sept. 1954) fait de la Chine un État multinational unitaire. Les Han, qui bénéficient du développement social le plus avancé, ont comme tâche d'aider les autres ethnies sur la voie du progrès social. Des régions autonomes seront alors créées dans cette optique, et pas dans celle d'une préparation à l'indépendance de ces nationalités, non seulement minoritaires, mais également considérées comme mineures.

L'ordre communiste est mis en place à partir de 1951, année où les dernières unités de « soldats-bandits » du Guomindang sont détruites. Le Guangxi et le Guizhou sont intégrés dans la région du Centre-S., administrée par les soldats de la 4e armée de Lin Biao, depuis Canton. Le Yunnan est rattaché à la région du S.-O., dirigée par Liu Bocheng et son commissaire politique, Deng Xiaoping, depuis Chengdu (Sichuan). La réforme agraire est appliquée avec brutalité par des militaires ou des commissaires politiques, venus du N. dans les fourgons de l'Armée populaire de libération, qui ignorent tout des particularismes de ces régions où le tiers des paysans environ appartient à une ethnie non han – lors des meetings, ils ont recours à des interprètes. Des conflits aigus se déroulent dans les villages avec la dénonciation par des cadres han, souvent chauvins, des coutumes « féodales » des ethnies minoritaires, doublée d'une lutte des classes dont les bases sont souvent artificielles. La province du Guangxi, qui sera officiellement reconnue en 1958 comme Région autonome zhuang du Guangxi, est dotée d'une façade maritime par l'adjonction de l'O. du Guangdong (région de Beihai). Elle servira, avec le Yunnan, de base arrière aux troupes communistes vietnamiennes en guerre contre le corps expéditionnaire français au Vietnam. C'est là que se concentre l'artillerie qui scelle, en 1954, le sort du camp retranché de Diên Biên Phu.

Les militaires jouent, de ce fait, un rôle important dans la vie de la région. C'est ainsi que le général Wei Guoqing, de la minorité zhuang, devint, peu à peu, une personnalité majeure dans la vie politique locale, puis nationale.

Le désastre (1958-1976)

La politique insensée lancée par Mao avec le « Grand Bond en avant » mène au désordre. La grande famine qui en résulte, de 1959 à 1961, frappe durement le Guizhou et le Guangxi, provinces les plus sinistrées après le Sichuan et l'Anhui. La mortalité y passe de 11 ‰ à 24 ‰. Dans certaines régions isolées, la moitié de la population disparaît en l'espace de ces trois années.

Ce désastre laissera des traces profondes dans les mentalités, érigeant une barrière de haine durable entre ceux qui ont pu survivre grâce à leurs relations et ceux dont les familles ont été décimées par la famine. Quand éclatera la Révolution culturelle (1966), ces derniers auront tôt fait d'assimiler la surcharge pondérale de certains aux privilèges dont ils les créditent. Dans une région imprégnée d'une tradition diffuse d'anthropophagie chez les minorités nationales, les conséquences de cet amalgame seront d'autant plus terribles que la culture chinoise – de laquelle l'anthropophagie n'est pas absente – attribue à certaines parties du corps humain des vertus médicinales extraordinaires. Ainsi, dans la région de Wuxuan, au Guangxi, en juil.-août 1968, on signale 120 cas de troubles durant lesquels les élèves de plusieurs collèges devenus Gardes rouges mangent certains de leurs enseignants, dont la corpulence soulignait, selon eux, leur appartenance aux forces de la réaction.

Le meilleur récit sur les Gardes rouges, *Les Années rouges*, écrit par Hua Linshan (PUF, 1987), décrit le mouvement à Guilin, une des plus grandes villes de la province.

La Révolution culturelle a été particulièrement sanglante au Guangxi – elle y aurait causé la mort de 70 000 personnes entre 1966 et 1969 – ainsi qu'au Yunnan – 80 000 morts durant la même période. Deux traits communs aux provinces du S.-O. expliquent sans doute la gravité de cette crise.

Le premier est lié à leur situation frontalière. En pleine guerre américaine du Vietnam, l'armée ne pouvait laisser s'y développer une situation d'anarchie. C'est ainsi que le général Wei Guoqing n'hésita pas à réprimer les excès des Gardes rouges avec une extrême brutalité (il y eut des batailles au canon à Liuzhou, au Guangxi, après que des Gardes rouges s'en furent pris à un convoi d'armes destinées au Vietnam du N., en guerre contre les États-Unis). Le second facteur est lié au cloisonnement physique de ces provinces, à leur bigarrure ethnique et au souvenir des conflits interclaniques qui opposaient des villages depuis au moins un siècle. Dans ce contexte, les luttes politiques ne furent souvent que la reprise déguisée de ces vieilles rivalités, prétextes à des règlements de comptes et à des tentatives de revanche.

Une famine sans précédent (1959-1961)

Le lancement du « Grand Bond en avant » aboutit très vite au dérèglement de la planification d'État et au désordre dans l'emploi de la main-d'œuvre, mobilisée pour la fabrication d'un acier inutilisable dans des hauts-fourneaux artisanaux. Les paysans mangent gratuitement dans des cantines alors que les récoltes pourrissent sur pied, faute de moissonneurs. La très bonne récolte de 1958 est surestimée de 50 % ; or c'est sur cette base que sont calculées les livraisons obligatoires qui ponctionnent les réserves. La mauvaise récolte de 1959 débouche sur une terrible famine, d'autant que les statistiques continuent à être truquées. Les « trois années noires » 1959, 1960 et 1961 coûtent la vie à 30 millions de paysans.

Un nouveau ferment de contestation

Enfin, la présence, en particulier au Guizhou, de nombreux « droitiers », jeunes étudiants et intellectuels exilés depuis 1957 (à l'occasion de la répression antidroitière qui clôt tragiquement la campagne des « Cent Fleurs ») dans cette terre de misère, ne fit qu'attiser encore la haine des activistes locaux. Durant l'hiver 1978-1979, certains de ces résidents forcés font parler d'eux, notamment en fondant une société des Lumières du Guizhou, qui se bat pour la défense des droits de l'homme. Aujourd'hui encore, c'est à Guiyang, le chef-lieu de la province, que l'on publie les meilleures éditions des classiques chinois.

De la même manière, lors du mouvement démocratique de déc. 1978-janv. 1979 qui accompagne la victoire politique de Deng Xiaoping sur les maoïstes obstinés, 50 000 « jeunes instruits » de Shanghai, anciens Gardes rouges, en exil dans des fermes militaires du Xishuangbanna (Yunnan) depuis l'été 1968, manifestent pour obtenir leur retour à Shanghai et envoient des délégations à Pékin. En fév. 1979, ils sont enrôlés dans l'Armée populaire de libération et envoyés combattre les Vietnamiens, durant la courte guerre sino-vietnamienne, tandis que des dizaines de milliers de Chinois du Vietnam (les « Hoa »), chassés de chez eux, viennent les remplacer dans ces mêmes fermes militaires.

Révolution et cannibalisme : sur cette horrible affaire, on peut lire l'enquête effectuée sur place par un journaliste chinois, Zheng Yi, *Stèles rouges. Du totalitarisme au cannibalisme*, Bleu de Chine, 1999.

Le nouvel ordre de la réforme économique (depuis 1978)

Ses résultats sont ambigus pour les trois provinces du S.-O. L'essor d'une économie de marché, dans un premier temps, révèle l'arriération de ce bout du monde : la moitié des villages zhuang n'a pas l'électricité. Une bonne partie des transports s'y fait à pied et à dos d'homme (ou, plutôt, de femme...). La situation des minorités ethniques du Yunnan est sans doute pire, dans leurs réduits inaccessibles, sauf quand elles ont su développer le tourisme, comme les Naxi de Lijiang.

Il est difficile d'apprécier le rôle de la drogue dans l'évolution de la région au cours des dernières années. Le démantèlement du Triangle d'or par l'armée birmane ou, plutôt, son déplacement géographique, la disparition du Parti communiste prochinois de Birmanie et la transformation de la Birmanie en un narco-État, sous l'impulsion d'une junte militaire en très bons termes avec l'Armée populaire de libération, ont eu des répercussions au Yunnan et au Guangxi. Le transit de la drogue s'y opère depuis longtemps, mais on peut penser que l'on y raffine aussi l'héroïne depuis ces dernières années. L'apparente prospérité actuelle de Kunming, qui se traduit par la multiplication de sièges d'obscures compagnies aériennes et la restauration spectaculaire de belles résidences coloniales françaises, doit probablement beaucoup au pavot.

L'essentiel est sans doute ailleurs. Divers projets se mettent en place, comme l'utilisation de la force hydraulique locale et l'exploitation des richesses minières (ainsi le titane). Si les trois provinces demeurent attirées au N. par le Sichuan et à l'O. par le Guangdong, un axe Yunnan-Guizhou-Guangxi depuis Kunming jusqu'au nouveau port de Beihai (*via* Guiyang, Hechi, Liuzhou et Nanning) semble se développer. Le bout du monde de la Chine du S.-O. commence peut être sa marche vers le développement : elle sera très longue.

Le premier casino officiel a vu le jour en Chine, à Ruili, près de la frontière sino-birmane. L'ouverture de cet établissement est des plus opportunes dans cette région, où le trafic frontalier de gemmes birmanes contre des biens de consommation chinois a été brutalement stoppé par la chute du kyat (la monnaie birmane), et les contrôles douaniers qui s'en sont suivis...

Principales dynasties de Chine

■ **Période des Xia**	XXIIe-XVIIe s. av. J.-C.
■ **Shang**	XVIIe s. - v. 1050-1025 av. J.-C.
■ **Zhou de l'Ouest**	v. 1050-1025 - 771 av. J.-C.
■ **Époque des Printemps et Automnes**	722-484 av. J.-C.
■ **Époque des Royaumes combattants**	480-221 av. J.-C.
■ **Qin**	221-207 av. J.-C.
■ **Han de l'Ouest**	206 av. J.-C. - 8 apr. J.-C.
■ **Han de l'Est**	25-220
■ **Époque des Trois Royaumes**	220-265
■ **Jin de l'Ouest**	265-316
■ **Époque des Seize Royaumes des Cinq Barbares et des Dynasties du N. et du S.**	304-589
■ **Sui**	581-618
■ **Tang**	618-907
■ **Époque des Cinq Dynasties du Nord**	907-960
■ **Époque des Dix Royaumes du Sud**	902-979
■ **Liao (Kitan)**	947-1125
Song du Nord	960-1127
et Xia de l'Ouest (Tangut)	1038-1227
■ **Song du Sud**	1127-1279
et Jin du Nord (Jürchen)	1115-1234
■ **Yuan (Mongols)**	1276-1368
■ **Ming**	1368-1644
■ **Qing (Mandchous)**	1644-1911
■ **République**	1911-1949
■ **République populaire de Chine**	depuis 1949

découvrir
partir
séjourner
comprendre

visiter

Les villes, sites et itinéraires

en savoir plus

雲南
藥園
福林堂
地道藥材
遵法炮製生熟飲片
精工修合丸散膏丹

1 Kunming★★★

Reliée par voie aérienne aux pays du Sud-Est asiatique, mais aussi à l'Europe, Kunming est la porte d'accès la plus directe à la Chine du Sud-Ouest. Au centre du haut plateau Yunnan-Guizhou, elle a aussi l'avantage d'être à portée d'avion des autres grandes destinations touristiques du Yunnan : Dali, Lijiang et le Xishuangbanna. Son climat agréable lui a valu le surnom de « Cité de l'éternel printemps ». Longtemps reléguée comme une lointaine agglomération provinciale, Kunming s'est éveillée à l'économie de marché et connaît un véritable essor économique depuis l'ouverture des frontières de la Chine avec ses voisins et depuis la création, en 1997, d'une nouvelle ligne de chemin de fer la reliant à Nanning, capitale du Guangxi. La ville se métamorphose à grands pas. En dépit de cela, bouleaux argentés – l'arbre de Kunming –, platanes et cyprès ombragent encore quelques rues du centre. Kunming conserve toujours plus d'un attrait, à commencer par une excellente cuisine et bon nombre de sites, dans la ville ou dans ses environs, qui justifient le séjour. Incontournable, le tout nouveau musée des Ethnies de Haigeng est une excellente introduction à tout voyage en Chine du Sud-Ouest.

◄ **Cette vieille pharmacie donne une idée du vieux Kunming avant le passage des bulldozers…**

Capitale du Yunnan.

Population : 5 780 000 hab. (dont 1 900 000 citadins ; 6 % de non-Han).

Alt. : 1 895 m.

Distances depuis Kunming : Chengdu, 1 100 km ; Guiyang, 639 km ; Guilin, 1 422 km ; Dali, 412 km ; Kaiyuan, 233 km ; Jianshui, 214 km (par Tonghai) ou 280 km (par Kaiyuan) ; Jinghong, 710 km.

Indicatif ☎ (0) 871.

ADRESSES UTILES

ⓘ *CITS Kunming* : Tourist Information Plaza, 285, Huancheng nanlu *(plan C3)* ; ☎ 356-6624 ou 356-6658 ; fax : 356-6697.

***OTC*, 96, Dongfeng donglu (au r.-d.-c. de l'hôtel *Camellia* ; *plan C2)* ; ☎ 316-6600.**

• *Bank of China (Zhongguo Yinhang)* : 448, Renmin donglu *(plan C2)*, distributeur de billets (ouv. 9 h-12 h et 14 h-17 h). Vous trouverez d'autres banques sur Dongfeng xilu *(plan B2)*, Qingnian lu *(plan C2)* et Huancheng nanlu *(plan B-C2)*.

• Sécurité publique (PSB, Police Security Bureau / Gonganju) : Jingxing Huayuan, Jingxin lu (lun.-ven. 9 h 30-11 h 30 et 13 h-17 h) ; entrée principale sur Eirhuan beilu *(plan D1)*.

• Bureau de Poste (International Post Office / Guoji Yuoyu) : 231, Beijing lu *(plan C2)*.

• *China Telecom*, à l'intersection de Beijing lu et de Dongfeng donglu *(plan C2)* ; ouv. lun.-ven. 8 h 30-17 h 30, sam.-dim. 9 h-17 h 30. Service Internet également dans un certain nombre d'établissements hôteliers.

• Urgences : clinique pour étrangers au 1er étage de l'hôpital Yan'an *(plan C2 ;* Yan'an yiyuan), block 6, Renmin donglu, ☎ 317-7499, poste 311.

À ne pas manquer

Du 1er mai au 31 oct. 1999, Kunming a accueilli une foire-exposition internationale d'horticulture à laquelle 9,5 millions de visiteurs se sont rendus en 184 jours. À cette occasion, les pays exposants ont présenté toute la richesse de leur flore. Le Temple d'or qui recevait l'exposition est aujourd'hui ouvert aux touristes.

L'hôtel *Camellia* (*plan C2* ; 96, Dongfeng lu ; ☎ 316-3000, fax : 314-7033) loue des vélos à l'heure ou à la journée.

Hébergement : toutes catégories.

Kunming mode d'emploi

La meilleure période

On peut visiter Kunming **en toute saison**, il n'y fait ni trop froid ni trop chaud ; l'hiver, sec et ensoleillé, y est même très agréable. La mousson apporte des pluies de mai à mi-oct., toujours entrecoupées de belles journées ensoleillées. Les mois de juil., août et sept. sont les plus arrosés. Même l'été, prévoyez un bon vêtement de pluie ainsi qu'un lainage car les températures peuvent chuter brusquement en soirée.

Manifestations

Chaque année, le 3e j. du 3e mois lunaire (avr.-mai), la **fête de la Bonne Fortune** (*sanyue san*) est l'occasion d'une excursion printanière à la porte du Dragon, dans les monts de l'Ouest. On brûle du papier-monnaie pour les morts, et on fait éclater des pétards. Le 24e j. du 6e mois lunaire, la **fête des Torches** (fin juil.-déb. août) est la plus importante célébration des Yi du Yunnan (*→ encadré p. 109*). À la même période que la fête des Torches, la **fête du Kuzhazha** (dure de 3 à 7 j.) est célébrée juste après les semailles dans l'espoir d'obtenir une bonne récolte (*→ p. 62*).

S'orienter

Entourée d'un boulevard périphérique (Huancheng lu), Kunming est traversée d'E. en O. par **Dongfeng lu** (*plan B2-3*) et du N. au S. par **Beijing lu** (*plan C1-3*), qui relie la gare du Nord à la gare principale, au S. Les grands magasins se trouvent dans Dongfeng lu, au carrefour avec Zhengyi lu (*plan B2*). La plupart des quartiers résidentiels s'étendent autour du **lac Cui** (*plan B1*), au N., et les quartiers populaires au S. de **Jinbi lu** (petits marchés de Shulin jie et Dongsi jie ; *plan B2-3*).

Circuler

On peut se promener à vélo, mais la circulation routière est dantesque (location de bicyclettes dans certains hôtels comme le *Camellia*). Taxis nombreux et peu onéreux. Tous les sites des environs sont bien desservis par des bus de ligne (gares routières aux quatre points cardinaux de la ville).

Liaisons aériennes

Aéroport : Wujiaba, à 5 km E. Navettes du (et pour le) siège de la CAAC (20 à 30 mn de trajet).
Liaisons internationales : vols quotidiens pour Bangkok, Séoul et Hong Kong ; fréquences hebdomadaires pour Rangoon, Chiang Mai, Singapour et Vientiane.
Liaisons intérieures : vols pour presque toutes les grandes villes de Chine, ainsi que certaines villes

du Yunnan – Baoshan, Dali, Jinghong (Xishuangbanna), Lijiang, Luxi (Mangshi), Simao. Dehong et Zhongdian sont également desservies (l'aéroport de cette dernière ville est désigné sous les noms Shangri La ou Deqin).
Compagnies aériennes : *CAAC (Yunnan Airlines)*, Tuodong lu, ☎ 316-4270 ou 313-8562 • *China Southern Airlines*, 433, Beijing lu, ☎ 310-1831 • *Shanghai Airlines*, 46, Dongfeng donglu, ☎ 313-8502 • *Singapore Airlines*, hôtel *Holiday Inn Kunming*, 25, Dongfeng donglu, ☎ 313-2334 • *Thai Airways International*, 68, Beijing lu, ☎ 351-1515.

Proche de la gare routière des bus longues distances, le bureau *Sanye International Air Service* (68, Beijing lu, *plan C3*, ☎ 353-0773) propose des billets pour l'ensemble des lignes intérieures chinoises et tient lieu d'agent pour de nombreuses compagnies internationales.

■ Liaisons ferroviaires

Gare du Nord *(plan C1)* : trains pour Kaiyuan (248 km, trajet 7 h 30). **Gare centrale** *(plan C3)* : trains pour Pékin (3 182 km, 54 h), Shanghai (3 069 km, 60 h), Canton (2 308 km, 49 h), Xi'an (1 942 km, 42 h), Guiyang (639 km, 13 h 30, train de nuit), Guilin (29 h 30), Chongqing (1 102 km, 24 h), Panzhihua (Dukou) (352 km, 12 h), Chengdu (1 100 km, 22 h 30), Dali (Xiaguan).

La ligne Kunming-Nanning (1 504 km) est ouverte aux trains de voyageurs. On peut se rendre de Kunming à Canton directement, *via* Nanning.

On peut réserver son billet plusieurs jours à l'avance. Faites vos réservations le plus tôt possible si vous voyagez pendant les jours fériés chinois.
Réservations de couchettes : elles doivent être faites plusieurs jours à l'avance. Réservations à la gare centrale de Kunming, par l'intermédiaire du *CITS*, dans les agences de voyages ou dans les hôtels.

La ligne Kunming-Chengdu, qui traverse les Liangshan, est l'une des plus spectaculaires de Chine : 427 tunnels et 653 ponts jalonnent son parcours.

■ Liaisons routières

Gare routière longues distances, au S. de Beijing lu *(plan C3)*. Bus pour : Dali, départs entre 8 h et 19 h (trajet 5 h) ; Lijiang, toutes les heures de 7 h 30 à 23 h 30 (trajet 9 h) ; Ruili, à 10 h et 18 h (trajet 13 h) ; Jinghong, départs à 9 h 30, 18 h, 19 h 45, 20 h 30 (trajet 10 h) ; Hekou, 2 départs/j. (trajet 12 h) ; Baoshan, 4 bus/j. (trajet 7 h) ; Zhongdian, 3 bus/j. (trajet de 13 à 15 h). Des bus à destination de Shilin partent toutes les 30 mn entre 8 h et 12 h (trajet 2 h) en face de la gare routière longues distances. Sur les longues distances, préférez la solution des bus-couchettes qui partent en fin de journée.

On peut se procurer cartes et plans détaillés de Kunming et de ses environs dans certains hôtels et à la librairie en langues étrangères.
La *Kunming Tourist Map* indique les hôtels et les noms de rues en anglais et les lignes de bus.
La *City Proper Map of Kunming* porte également au verso une carte régionale incluant les villes de Zhongdian, Lijiang et Dali. Demandez-la à la réception de votre hôtel.

■ Programme

Comptez au moins **trois jours** pour voir l'essentiel de Kunming et de ses environs proches. Réservez votre dernier jour à une excursion à la Forêt de pierres de Lunan (2 h de trajet aller).

En fin de volume, le Petit dictionnaire regroupe les définitions des noms propres ou communs spécifiques à chaque pays ; le Lexique réunit un vocabulaire de base pour les différentes situations de la vie quotidienne.

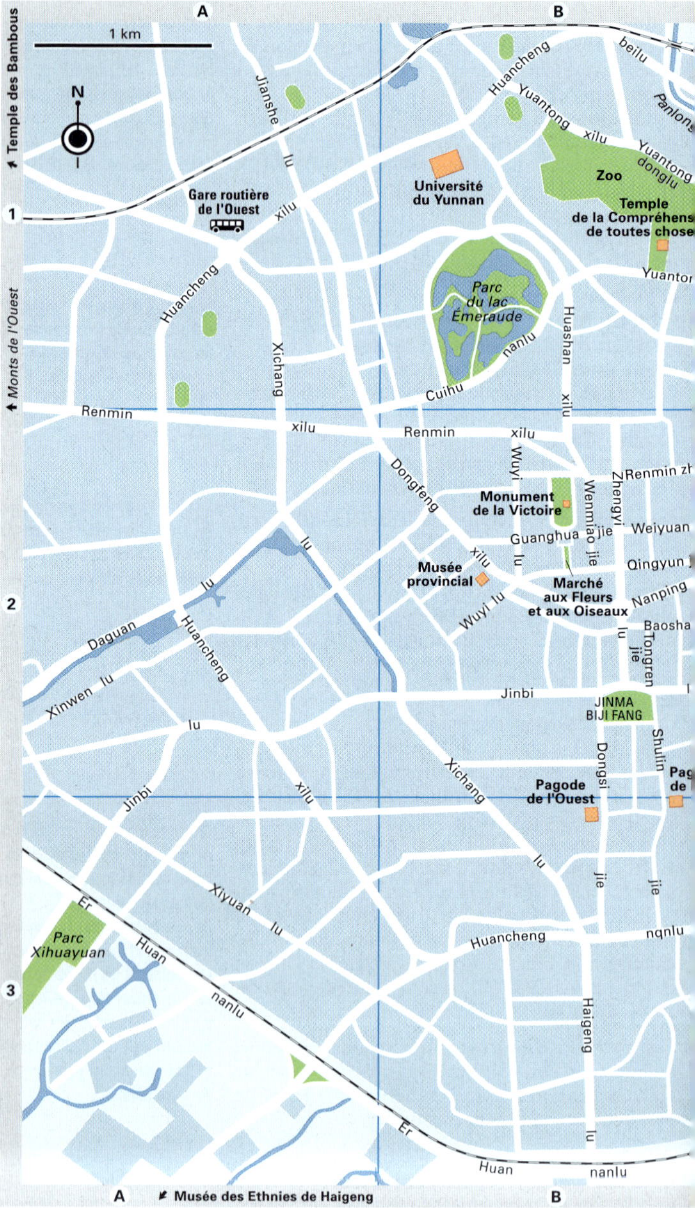
A
B
1 km
N
Temple des Bambous
Monts de l'Ouest
Musée des Ethnies de Haigeng
1
2
3
Gare routière de l'Ouest
Université du Yunnan
Zoo
Temple de la Compréhens de toutes chose
Parc du lac Émeraude
Monument de la Victoire
Musée provincial
Marché aux Fleurs et aux Oiseaux
JINMA BIJI FANG
Pagode de l'Ouest
Parc Xihuayuan
Jianshe lu
Huancheng xilu
Huancheng beilu
Yuantong xilu
Yuantong donglu
Panlong
Huashan xilu
Cuihu nanlu
Renmin xilu
Renmin zh
Wuyi lu
Dongfeng xilu
Wenmiao jie
Zhengyi lu
Weiyuan
Qingyun
Nanping
Baosha
Tongren jie
Guanghua jie
Xichang lu
Daguan lu
Xinwen lu
Jinbi lu
Xiyuan lu
Dongsi jie
Shulin jie
Huancheng nanlu
Haigeng lu
Er Huan nanlu

Kunming.

C
D
1
2
3
Gare du Nord
routière Nord
jie
Beijing
lu
Chuanjin
Huancheng
Er
Huan
beilu
donglu
Renmin
donglu
Bank of China
Hôpital Yan'an
Baita lu
Dongfeng donglu
donglu
Er Huan
PLACE DU PEUPLE
Sécurité publique
Tuodong
Musée municipal
Parc Guzhuang
lu
Tuodong
Gare routière de l'Est
lu
Wujing
Beijing
Chuncheng
nanlu
Minhang
Huancheng
jie
lu
lu
lu
Gare routière du Sud
Bus longues distances
Gare centrale
nanlu
Huan
Er
Er Huan nanlu
Forêt de pierres

Kunming ❶

Si vous ne disposez que d'une journée, consacrez la matinée aux monts de l'Ouest et l'après-midi à Kunming : Musée municipal et Yuantong si. En soirée, promenade au bord du lac Cui.

■ Consulats des États voisins

Le Laos, la Thaïlande, la Birmanie, le Vietnam, la Malaisie et le Cambodge possèdent des consulats à Kunming, où vous pouvez vous faire délivrer des visas pour sortir de Chine. Les règlements étant assez fluctuants en la matière, renseignez-vous sur l'obligation ou non d'avoir un visa pour se rendre dans ces pays. Attention, le visa délivré par la Birmanie vous donne l'autorisation de franchir la frontière par voie aérienne uniquement.

Laos : 96, Dongfeng donglu (*plan C2* ; au 1er étage du bâtiment 3 de l'hôtel *Camellia* ; ☎ 317-6624, fax : 317-8556 ; ouv. lun.-ven. de 8 h 30 à 12 h et de 13 h 30 à 16 h 30 ; délai d'obtention d'un visa : 3 à 5 j.). **Thaïlande** : 145, Dongfeng donglu (*plan C2* ; *Kunming Hotel*, 1/F South Building ; ☎ 316-8916 ou 314-9296, fax : 316-6891 ; ouv. lun.-ven. de 9 h à 11 h 30). **Birmanie** (Myanmar), section des visas : 166, Wei Yuan jie (Room A 504, 5/F *Long Yuan Hai Zhai* ; ☎ 364-1268, fax : 360-3477 ; ouv. lun.-ven. de 8 h 30 à 13 ou 14 h ; *www.mcg-kunming.com*) ; également hôtel *Camellia* (*plan C2*, 2e ét., ☎ 316-0003). **Vietnam** : 157, Beijing lu (*plan C3* ; 2/F *Kai Wah International Hotel* ; ☎ 352-2669, fax : 351-6667 ; ouv. lun.-ven. de 9 h à 12 h et de 14 h 30 à 17 h 30). **Malaisie :** 29, Dongfeng donglu (*plan C2* ; *Sakura Hotel*, Room 401-405 ; ☎ 316-5888, fax : 317-6309). **Cambodge :** 93, Renmin donglu (*plan C-D2* ; 20/F *Jinquan Hotel* ; ☎ 331-7320, fax : 331-6620).

■ Que rapporter

Artisanat et beaux livres (la plupart en anglais) dans les hôtels de luxe (*Golden Dragon, King World*). Aux abords du lac Cui, plusieurs boutiques d'artisanat des minorités (vêtements brodés, parures en argent, masques…). Essayez également les plantes médicinales, surtout le *Yunnan baiyao*, un antiseptique et cicatrisant très efficace pour les petites plaies.

Kunming dans l'histoire

Au cœur du royaume de Dian (IVe s.-IIe s.)

À l'époque où le S. de l'Empire se partageait entre Yelang et Nanyue, le Yunnan était occupé par le royaume de Dian. Il avait pour centre la ville de Jinning, au S. du lac Dian. Son grand rayonnement était fondé sur le passage d'une importante route commerciale entre la Chine et l'Inde, à travers la Birmanie.

Délices du Yunnan

La cuisine régionale est savoureuse et compte quelques spécialités excellentes, dont les fameuses « nouilles par-dessus le pont » *(guoqiao mixian)*, une soupe de poulet bouillante dans laquelle on fait cuire soi-même de la viande crue, des légumes et des nouilles de riz. Cuit dans une marmite en terre fabriquée dans la région de Jianshui (Yunnan du S.), le poulet aux herbes à la vapeur *(qiguoji)* est aussi une spécialité célèbre, connue pour ses vertus médicales. Les herbes sont des racines de ginseng ou des champignons vermicelles *(chongcao)*. Vous apprécierez aussi le poisson au pot *(shaguoyu)*, le jambon fumé du Yunnan *(xuanwei huotui)*, souvent servi accompagné de fromage de brebis *(rushan)*. La cuisine hui a aussi ses charmes (nouilles, bœuf, mouton, brochettes) ; la cuisine dai également (plus épicée et servie avec du riz glutineux). Enfin, les plus argentés pourront peut-être s'essayer à quelques plats plus élaborés comme les sauterelles ou les nids d'hirondelles.

Cette société, principalement agricole, développa en quelques centaines d'années une culture du bronze très élaborée, contemporaine des Yue du Guangxi et du Vietnam du N. Du fait de ressources minières abondantes dans toute la région du Yunnan du S., cette métallurgie précoce du bronze se traduisit très vite par une grande maîtrise de diverses techniques. Les dorures et les incrustations d'argent des parures royales n'avaient rien à envier à l'Empire, qui recevait régulièrement un tribut. Peu à peu, ce royaume s'étendit à toute la province. Plusieurs fois menacé par des incursions chinoises, il fut conquis en 109 av. notre ère par l'empereur Wu des Han, désireux de contrôler les routes commerciales vers l'Inde et la Birmanie. Il établit alors la commanderie de Yizhou sur le site de Kunming. Le harcèlement des populations locales continuera cependant à rendre difficile le maintien de troupes sur place. Capitale secondaire à l'époque du royaume de Dali, Kunming ne joua un rôle de premier plan qu'après la conquête mongole. Marco Polo la décrit sous le nom de Jacin, faisant le commerce du sel et vivant des ressources du lac Dian, dont la population mangeait de la viande de porc crue arrosée d'épices. Curieusement, les Bai de Dali ont conservé cette coutume !

Capitale impériale

Kunming fut capitale impériale sous le court règne de Yongli (1647-1660), qui se proclama empereur des Ming du Sud et établit son palais à Kunming. Il en fut chassé par Wu Sangui *(→ encadré)*, qui prit sa place, et l'empereur malchanceux dut se réfugier en Birmanie. Mais l'ancien général exigea son retour au nom de l'empereur de Chine et le fit tuer en 1661. Wu Sangui fit de Kunming la capitale de la dynastie Zhou (1673-1681), mais après sa mort, en 1678, et le suicide de son successeur, l'empereur Kangxi (1662-1722) des Qing reprit le contrôle de la ville. Au XIXe s., Kunming fut investie à plusieurs reprises lors du soulèvement musulman de Du Wenxiu *(→ p. 157)*. Au cours de la répression qui suivit, elle fut en partie détruite et sa population décimée.

La présence française au Yunnan

En 1884, les Pavillons noirs, anciens rebelles taiping *(→ p. 156)* devenus mercenaires, infligèrent une cuisante défaite aux troupes françaises du Tonkin. Mais une riposte énergique, conduite par l'amiral Courbet, anéantit la flotte chinoise à l'embouchure du Yangzi, s'empara de Taiwan et des îles Pescadores, et bloqua les convois de riz entre Shanghai et Pékin. La Chine signa donc un traité de paix qui autorisait la France à construire des voies ferrées et à exploiter des mines au Yunnan. Une voie ferrée

La domination du feudataire Wu Sangui

Le général Wu Sangui dirigeait, à la fin de la dynastie Ming (1368-1644), la passe de Shanhaiguan, extrémité orientale de la Grande Muraille. Quand Li Zicheng, chef de rebelles paysans, renversa la dynastie des Ming et établit la courte dynastie Da Shun, Wu Sangui, refusant de s'allier avec lui, ouvrit les passes de la Grande Muraille et laissa entrer les armées mandchoues, qui établirent la dynastie Qing (1644-1911). Après avoir anéanti les armées de Li Zicheng, il dirigea les troupes mandchoues pour réduire la résistance des Ming du Sud. Les Qing le remercièrent de son soutien en le fieffant roi de Pingxi, au Yunnan. Deux autres généraux obtinrent les principautés de Jingnan et de Pingnan. Mais devant la montée en puissance de ces trois potentats dans le S. du pays, les autorités mandchoues décidèrent de supprimer ces gouvernements autonomes, entraînant la « rébellion des trois feudataires » qui prirent leur indépendance. Wu Sangui, changeant de camp, créa l'éphémère dynastie Zhou (1673-1681) à Kunming. Sur le point de reconquérir la Chine aux Mandchous, il fut trahi par les autres princes, qui se soumirent aux Qing, et il périt assassiné en 1678.

Au temps de Yunnan-fou

Kunming n'est pas une ville comme les autres, la présence française, au début du xxe s., y a laissé des traces (elle s'appelait alors Yunnan-fou). Longtemps, ses allées ombragées ont été bordées de platanes *(faguo wutong)*, surnommés par les Chinois « arbres des Français » car ils furent d'abord introduits dans la concession française de Shanghai. Dans les faubourgs de Kunming, de vieilles cités cheminotes sont encore traversées par les rails de l'ancienne ligne achevée par les Français en 1910. De rares cuisiniers se souviennent de la recette des pommes de terre sautées à la française, et, même si elles ont tendance à disparaître, on trouve encore quelques boulangeries ou des cafés où vous pourrez croquer de la véritable baguette. Au hasard de vos promenades, certains détails – un perron arrondi, un balcon à la française, des fenêtres en « chien assis » – vous rappelleront ce passé colonial.

reliant Kunming au port de Haiphong fut construite en 1910 *(→ p. 264-265)*. Elle permettait d'acheminer principalement l'étain des mines de Mengzi (dans le Yunnan du S.), où un consulat de France était établi, ainsi qu'un hôpital français et les bureaux de la Compagnie des chemins de fer du Yunnan, jusqu'au début de la Première Guerre mondiale. Cette liaison ferroviaire, qui la remettait en contact avec le monde extérieur, redonna vie à Kunming, que l'on appelait alors Yunnan-fou, « préfecture du Yunnan ».

La fin de l'isolement

Pourtant, la voie ferrée, si elle donnait à la ville pour débouché un port vietnamien, n'atténuait en rien son enclavement par rapport au reste de la Chine. Il fallut, pendant la guerre sino-japonaise, la construction, par les Chinois, de la fameuse route de Birmanie, en 1938-1939, entre Lashio et Chongqing, pour arracher Kunming à son isolement et lui permettre un timide décollage industriel. Celui-ci fut amplifié après l'entrée de l'Armée rouge à Kunming, le 19 déc. 1949. Une aciérie fut créée durant le « Grand Bond en avant », c'est-à-dire pendant le deuxième plan quinquennal (1958-1962) ; dans ses meilleures années, elle a produit 900 000 t de fonte et environ 500 000 t d'acier par an.

Un nouvel essor

Si on surnomme le Yunnan « royaume des métaux », c'est aussi le « royaume du tabac ». Le tabac a pris la place des champs de pavots qui couvraient la région au début du xxe s. *(→ p. 160)*, et il est massivement exporté vers l'Asie du S.-E. et l'Europe. Les cigarettes du Yunnan sont appréciées dans toute la Chine : Hongtashan, Ashima, Yunyan, Dachongjiu sont des marques de réputation nationale. Autre fleuron de l'économie, le thé, dont le Yunnan est probablement la terre d'origine. Les thés de marque *tuocha* et *pu'er* sont exportés dans une vingtaine de pays. Par ailleurs, des entreprises agroalimentaires fournissent le marché mondial en produits tropicaux et champignons sauvages. Enfin, certaines espèces de plantes médicinales aux vertus hautement curatives sont utilisées dans le traitement de cancers. Avec 2 700 essences arborées, le Yunnan est riche en bois précieux (le cèdre du Yunnan) et possède 8,3 % des réserves de bois de toute la Chine. Des industries de haute technologie, compétitives sur le plan international, se développent également à Kunming. Le succès grandissant de la foire annuelle, créée en 1993, favorise l'exportation des produits du Yunnan et de toute la Chine du S.-O. Depuis peu, la ville s'étend vers l'E. avec la construction de nouveaux quartiers scientifiques et industriels.

Le programme économique de la sous-région du Grand Mékong

Le Mékong est appelé à occuper une place centrale dans les échanges économiques entre la Chine du Sud-Ouest et l'Asie du Sud-Est. Prenant sa source au Tibet, ce fleuve traverse le Yunnan avant de relier, sur un parcours de 4 888 km, la Birmanie, Le Laos, la Thaïlande, le Cambodge et le Vietnam. Lors du forum économique mondial de 1992, la Banque asiatique de développement donna le coup d'envoi du « programme de coopération économique de la sous-région du Grand Mékong » (Greater Mekong Subregion, GMS). L'objectif principal est de développer le commerce intrarégional entre les pays riverains et de promouvoir leur développement économique et social. Le programme se décline en plusieurs volets dédiés au commerce, au tourisme, à l'investissement, aux ressources humaines, au développement des télécommunications et des infrastructures routières – ce dernier projet contribuera au désenclavement du Laos et du Yunnan. Le GMS travaillera également sur les secteurs agricoles, énergétiques et environnementaux. Lors de son premier sommet en 2003, un plan de 10 ans d'un budget de 14 milliards de dollars a été mis en place.

De 1992 à 2005, les échanges interrégionaux et les PIB des pays participants ont quintuplé. L'objectif de la Chine est d'écouler ses produits manufacturés et agricoles sur ce nouveau marché sud-est asiatique. Le développement des transports s'avère primordial pour favoriser le développement de liens économiques et politiques. En outre, les autorités chinoises voient en la région du Grand Mékong une destination de choix sur le plan touristique ; elles envisagent de faire du Yunnan une destination touristique de premier plan d'ici à 15 ans. Ces accords engendrent cependant des polémiques dans le partage des eaux du Mékong. En effet, la gestion des ressources hydrauliques implique des enjeux économiques et géopolitiques nombreux, dont certains pourraient remettre en question la coopération au sein du Grand Mékong. Des associations non gouvernementales accusent la Chine de construire des barrages hydrauliques pompant l'eau du fleuve, sans consulter les autres pays riverains dont l'économie dépend des eaux fluviales pour leur agriculture, leur navigation et leur pêche.

Carte d'identité du Yunnan

Superficie : 394 000 km² (7 % de terres cultivées et 25 % de forêts, soit 8,3 % de la couverture forestière de la Chine).
Alt. moyenne : 2 000 m.
Température moyenne annuelle : 15 °C.
Pluviométrie : 1 100 mm/an.
Population : 45 000 000 (un tiers relève de 26 ethnies : Yi, Bai, Hani, Zhuang, Dai, Miao, Lisu, Hui, Wa, Lahu, Naxi, Yao, Tibétains, Jingpo, Bulang, Pumi, Achang, Jinuo, Nu, Benglong, Shui, Buyi, Mongols, Dulong, Deang et Man).
Densité : 110 hab./km².
Capitale : Kunming (5 780 000 hab. avec l'agglomération).
Villes principales (pop. totale) :
Dali (3 200 000 hab.) ;
Baoshan (2 350 000 hab.) ;
Lijiang (1 100 000 hab.) ;
Tengzhong (530 000 hab.) ;
Jinghong (363 110 hab.) ;
Luxi (Mangshi ; 300 000 hab.).
Principales ressources : la région révèle un potentiel économique encore peu exploité. Elle dispose de bonnes ressources hydrauliques et minérales, agricoles et touristiques. 80 % de la population travaille dans le secteur primaire. Les deux productions les plus importantes sont le tabac (20 % de la production nationale) et le caoutchouc. Le Yunnan dispose de 20 % des ressources chinoises de métaux non ferreux, dont l'or, l'antimoine, le germanium et le zinc.

1 Le centre*

C'est là que se trouvent les quartiers les mieux conservés du vieux Kunming. Sans cesse menacés par les transformations urbaines, les petits marchés de rue et les gargotes installées sur les trottoirs

Pour pouvoir vous faire conduire sans difficulté en taxi, prenez soin, le matin à l'hôtel, de vous faire écrire en chinois les noms des endroits où vous comptez vous rendre dans la journée.

♥ BONNES ADRESSES

• Vous pouvez faire une pause déjeuner sur Suncheng jie, petite rue parallèle à la grande artère Dongfeng xilu *(plan B2)*. Vous y trouverez des gargotes proposant des plats d'origine musulmane et des nouilles sautées.

• En face du temple Yuantong, sur Yuantong jie *(plan B1)*, le restaurant végétarien *Yuquanzhai* offre une très grande variété de plats.

La plupart des étals proposant de petits snacks sont tenus par des paysans qui émigrent massivement du Sichuan, surpeuplé.

Kunming côté hui

Du quartier hui, qui occupait naguère tout un pan de la ville, il ne reste plus que quelques petits restaurants bordant Dongsi jie *(plan B2-3)* sur 300 m. Les Hui de Kunming *(→ encadré p. 180)* doivent, comme les Han, payer une amende de 2 000 yuans au-delà d'un enfant, à la différence d'autres minorités. On voit là la différence de traitement faite par les Chinois entre minorités nationales et minorités confessionnelles.

Kunming compte cinq mosquées en activité. La plus ancienne, la mosquée Nancheng *(51, Zhengyi lu ; plan B2)*, vieille de quatre siècles, a été détruite en 1996 et reconstruite dans une version moderne sur le même site. Attention, les femmes et, dans la plupart des cas, les non-musulmans sont interdits d'accès aux mosquées en Chine. Demandez toujours la permission avant d'y pénétrer. Si la visite est permise, les femmes devront se couvrir la tête et les épaules.

se réfugient de plus en plus au fond de venelles, et les petits métiers ne se rencontrent plus guère que dans quelques rues aux façades en bois.

Durée : prévoir **une bonne journée** de visite. Le matin, temple Yuantong et abords du lac Cui (à pied). L'après-midi, visite du Musée municipal du Yunnan (en taxi) et promenade dans le quartier des pagodes de l'E. et de l'O.

■ **TEMPLE DE LA COMPRÉHENSION DE TOUTES CHOSES*** (Yuantong si ; *plan B1 ; bus n° 4 depuis la place du Peuple ; ouv. 8 h-17 h 30*). Atypique par son architecture, c'est l'un des plus anciens temples bouddhiques de Kunming. Fondé sous la dynastie des Tang (618-907), reconstruit sous les Yuan (1276-1368), il a conservé le plan classique des temples Tang dans l'agencement et l'ordre de succession des salles. Le lieu est très paisible, sauf le 1er et le 15e jour de chaque mois lunaire, où une foule nombreuse vient brûler de l'encens et des offrandes.

Monumental portique, édifié par le général Wu Sangui *(→ encadré p. 175)* en 1666, où sont peints les quatre caractères « lieu saint de la Compréhension de toutes choses » (Yuantong shenjin). Dans la **salle des Quatre Rois célestes,** protecteurs du monde et de la loi bouddhique, gardiens des Quatre Orients, le Bouddha rieur Mile *(autel central, face au S.)* accueille les fidèles et les pèlerins, tandis que, derrière lui, le guerrier Weituo symbolise la règle monastique. Au centre du bassin carré de la grande cour, élégant pavillon au toit octogonal dédié à la déesse Guanyin (forme de la déesse « aux mille bras »). La **salle principale**** (Daxiong baodian) est remarquable par ses statues, attribuées à un maître sculpteur de Chengdu, et comptant parmi les plus beaux exemples de la statuaire bouddhique Ming (1368-1644), et ses sculptures qui ornent à profusion poutres, piliers (dragons enroulés) et corniches. À l'arrière du temple, un pavillon de style thai (Tongfo dian), offert par la Thaïlande, abrite un énorme Bouddha en bronze, Sakyamuni.

► Près du temple Yuantong, entrée du **zoo** de Kunming (Dongwu yuan ; *plan B1*), qui s'étend sur l'autre versant de la colline Yuantong. Il n'a rien d'exceptionnel, mais le parc qui l'entoure mérite une visite au mois de mars, quand les rhododendrons, camélias et cerisiers du Japon *(sakura)* sont en fleurs. ◄

■ **PARC DU LAC ÉMERAUDE*** (Cuihu gongyuan ; *plan B1 ; entrée principale sur la section sud de Cuihu nanlu ; bus n° 1 depuis le centre-ville ou Zhengyi lu ; accès payant ; ouv. 6 h-18 h ; les bords du lac s'animent vers 8 h*). Aménagé au XVIIe s. par l'empereur Kangxi des Qing, c'est en hiver que le lac est le plus beau, lorsque des mouettes l'envahissent par milliers, tournoyant sans cesse dans un ballet de plumes blanches. L'été, ses eaux vertes se couvrent de lotus. Les pavillons de l'île centrale servent de buvettes et abritent souvent une population retraitée qui vient là se distraire : joueurs de go, d'échecs, de mah-jong, amateurs d'opéra qui se réunissent pour chanter ou écouter le son mélancolique d'un *erhu* (violon à deux cordes). Le matin, les abords du lac attirent les adeptes du *qigong* ou du taiqiquan. On voit aussi des gens danser et s'entraîner au maniement des éventails, etc.

Le dimanche, le parc est particulièrement animé, lorsque les habitants de Kunming s'y rendent en famille. L'étranger de passage a rendez-vous avec la Chine traditionnelle. On s'y promène le long des allées ombragées de saules pleureurs. Les visiteurs se reposent, installés dans des pavillons érigés au bord des plans d'eau. Sur l'eau, certains se promènent en barque. Installez-vous dans l'une des petites gargotes installées dans le parc pour mieux profiter de l'ambiance.

■ **Musée municipal du Yunnan**** (Yunnanshi bowuguan ; *71, Tuodong lu ; plan C2 ; ouv. t.l.j. sf lun. de 10 h à 17 h ; entrée payante ; six halls d'exposition répartis sur deux étages ; env. 2 h de visite*). Voir absolument la **section archéologique** *(au r.-d.-c. à g.)*, qui présente un abondant mobilier funéraire en bronze de l'époque du royaume de Dian. Les explications de cette section sont en anglais et les objets bien mis en valeur par un éclairage approprié. Le reste du musée *(cartels d'explication en chinois uniquement)* est d'un intérêt moindre.

Les bronzes** exposés (beaucoup sont des copies, les originaux se trouvant à Pékin) ont été pour la plupart découverts en 1955 à Shizhaishan *(40 km S. de Kunming, près de Jinning)* dans 48 tombeaux des rois de Dian (IVe-IIe s. av. notre ère), où furent exhumés 4 000 objets funéraires. Parmi ces bronzes du royaume de Dian, on a trouvé 30 **coffres à cauris*** (coquillages servant de monnaie), aux couvercles ornés de figurines en relief qui donnent des informations précieuses sur les coutumes de cet ancien royaume. Certaines représentent des cérémonies religieuses comportant des sacrifices humains, d'autres la célébration d'une victoire à la guerre avec des prisonniers décapités. Une deuxième série de fouilles (1956) a permis d'exhumer 3 000 autres pièces, dont le **sceau en or** du roi de Dian *(→ encadré)*, en forme de serpent, découvert dans une tombe datant de l'époque des Han de l'Ouest (206 av. J.-C. - 8 apr. J.-C.).

On admire également de belles **statues de gardes** dotés d'ombrelles ; les bosses que l'on observe sur leur dos seraient des contrepoids à l'ombrelle, très lourde. Les ornements en or seraient destinés à protéger le cœur. Parmi les représentations symboliques, les tigres évoqueraient le pouvoir, le singe la fertilité. On verra encore plusieurs **tambours en bronze**, des **boucles de ceinture** finement travaillées, quelques **bijoux et miroirs** ainsi que les **outils** utilisés par les hommes du royaume de Dian.

Le royaume de Dian

La découverte, à Shizhaishan, de tombes royales a permis de mettre au jour un riche mobilier funéraire, des bijoux en argent, jade et turquoise, des armes et des outils en bronze, des boîtes à couture, des oreillers, des miroirs, des boucles de ceinture, des figurines et surtout de grands tambours en bronze et des coffres à cauris. Non astreints aux canons han, les artisans du royaume de Dian (IVe-IIe s. av. J.-C.) donnèrent libre cours à leur imagination, poussant le raffinement jusque dans les plus petits objets. Cette société, qui pratiquait l'esclavage et possédait des méthodes agricoles très avancées, était en partie constituée de pasteurs nomades qui avaient développé l'élevage de chevaux et de bovidés. Les Han de l'Ouest envoyèrent des émissaires puis des armées à la conquête de ce royaume pour prendre le contrôle de cette « route de la soie méridionale ». Au bout d'une longue guerre, le roi de Dian fut reconnu vassal par l'empereur de Chine, qui lui délivra un sceau en or. Si la région du lac Dian reste le centre historique de cette brillante civilisation du bronze, aujourd'hui, les archéologues distinguent également la culture du lac Erhai (Dali), du N.-O. du Yunnan et de Yuanjiang (région du fleuve Rouge).

Islam chinois

En 651, l'ambassade du calife abbasside Ibn Affan venait présenter les bases de la foi islamique à la dynastie Tang dans la capitale chinoise, Chang'an (auj. Xi'an, dans le Shaanxi). Si les marchands perses et arabes étaient en contact avec la Chine 500 av. notre ère, cette visite marqua l'entrée officielle de l'islam en Chine et permit le début d'intenses échanges commerciaux avec le monde musulman. Dès lors, de larges communautés islamiques s'installèrent dans les villes chinoises le long de la route de la soie et dans les ports les plus fréquentés du pays. Ces nouveaux venus, prospères et très influents, étaient désignés sous le terme « Fanke » (hôtes étrangers). Entre 1126 et 1278, lors de la conquête mongole, la conversion des conquérants à l'islam encouragea la venue de musulmans. Les Mongols tirèrent profit des talents militaires, commerciaux, culturels et administratifs de ces experts étrangers, les nommant ministres ou conseillers administratifs au sein du nouveau gouvernement. L'envoi de ces gouverneurs dans tout le pays favorisa l'expansion de l'islam. Le prestige de ses adeptes, comme leur nombre, augmenta considérablement ; ils étaient connus sous le nom « Hui ». À Kunming et dans bien d'autres villes chinoises, les mosquées en forme de pagodes, les restaurants musulmans marqués par les caractères chinois qing et zhen (pur et vrai) témoignent d'une communauté active, forte de 20 millions de membres.

Le pilier d'incantation** (Gu Zhuang ; *sur une estrade dans le hall d'exposition à dr. de la salle des bronzes*). Unique vestige du temple bouddhique De Zang, qui s'élevait à l'emplacement même du musée actuel, ce pilier en pierre, de forme octogonale, gravé et sculpté, fut commandé au XIIe s. par un gouverneur du royaume de Dali *(→ p. 216)*. Il apparaît comme un résumé iconographique – et un témoignage exceptionnel – du bouddhisme ésotérique *(mizong)* qui prédomina dans le Yunnan de l'O. pendant la dernière période du royaume de Dali. À sa base est sculpté un tambour orné de quatre couples de dragons. Au-dessus sont représentés les gardiens des Quatre Directions. Parmi eux, la figure exceptionnelle de Vaisravana tenant un bâton diffère, par son style, des trois autres gardiens. Les cinq registres supérieurs sont copieusement gravés de bouddhas, bodhisattva, gardiens, disciples et êtres célestes. L'iconographie, complexe et chargée, fournit un témoignage précieux et rare de ce type de réalisation au Yunnan central.

À l'étage, une exposition sommaire sur l'ensemble des ethnies du Yunnan (costumes, broderies, techniques de tissage et de teinture) donne un avant-goût des collections présentées au musée des Ethnies de Haigeng *(→ p. 186)*. Une autre salle abrite quelques squelettes de dinosaures…

■ **Musée de la Province du Yunnan** (Yunnansheng bowuguan ; *2, Wuyi lu* ; ☎ 316-3694 ; *plan B2 ; f. pour restauration ; entrée payante*). Ce bâtiment à l'allure soviétique conserve des bronzes du royaume de Dian et des collections relatives aux traditions et coutumes de la province. Parmi les pièces intéressantes, un **taureau**** en bronze attaqué par un tigre, découvert en 1972 à Lijiashan (canton de Jiangchuan) dans une tombe du IVe s. av. J.-C. – le taureau faisait alors l'objet d'un culte.

■ **Pagode de l'Est** (Dongsi ta ; *plan B3 ; suivre la Shulin jie sur 500 m ; ouv. 9 h-21 h*). Cette pagode à 13 étages d'une hauteur de 40,5 m est affublée d'une série de marches semi-circulaires. À sa base, une importante stèle Qing relate l'histoire des deux pagodes en mentionnant leurs nombreuses rénovations. À l'origine, elle faisait partie d'un temple (Changle) qui se trouvait sur le site. Ce dernier a totalement disparu.

■ **Pagode de l'Ouest** (Xisi ta ; *plan B2 ; descendre la Dongsi jie, souvent encombrée par un marché local, et repérer sur la dr. un portail rouge qui vous ouvre un sentier que vous suivrez sur une vingtaine de mètres ; ouv. 9 h-21 h*). Légèrement plus petite (13 étages ; 35,5 m) et plus ramassée que sa jumelle, mais mieux préservée. Dans le petit parc qui l'entoure, des retraités viennent boire du thé, jouer au mah-jong, etc. C'est aussi une occasion d'admirer des coiffeurs de rue à l'œuvre.

2 Les temples des faubourgs nord★★

Protégeant Kunming des influences néfastes venant du N. selon les lois de la géomancie chinoise *(fengshui)*, les collines boisées des faubourgs furent choisies par les dévots pour abriter temples et monastères.

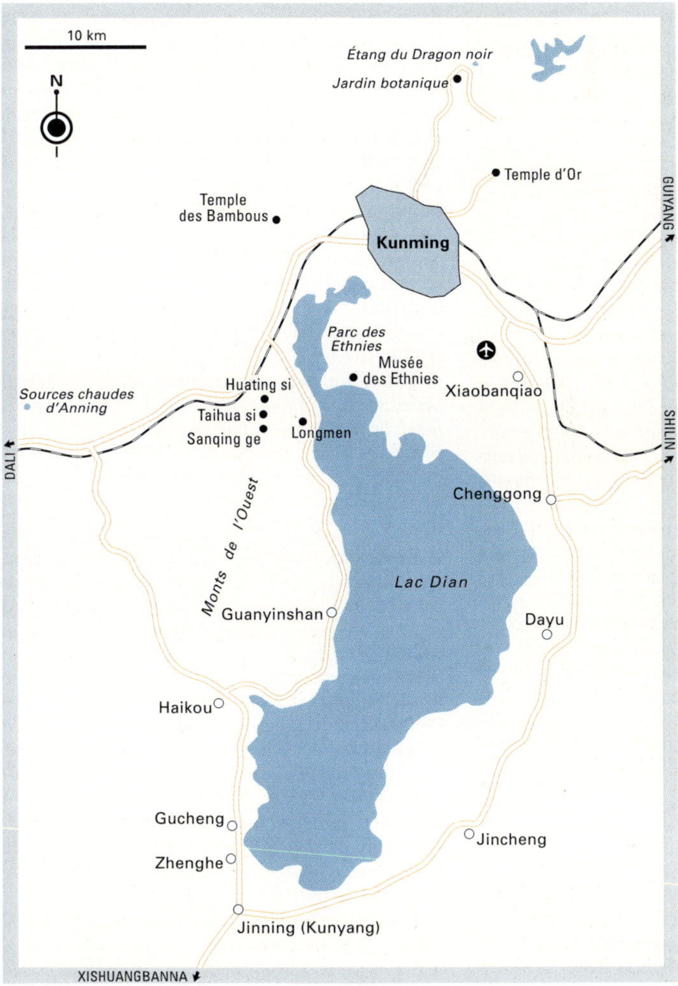

Environs de Kunming.

Chaque année, une exposition florale est organisée au mois de mars. Mars, avr. et mai sont la meilleure période pour visiter le jardin botanique.

Le gouverneur Dianchi

Syed Omar Shamsuddin (au nom sinisé de Sai Dianchi), gouverneur du Yunnan de 1273 à 1279, favorisa un grand nombre de conversions à l'islam. Lors de la rébellion menée par Chu Yuan Chang contre les Mongols, les musulmans de la province restèrent fidèles au pouvoir en place. Ils en payèrent le prix fort : la nouvelle dynastie Ming les réduisit en esclavage. L'un deux gagna néanmoins les faveurs de l'empereur Yongle. Sous le nom de Zheng He, il fut le premier explorateur à atteindre les côtes arabes, lors d'une des expéditions maritimes lancées entre 1401 et 1431. Sai Dianchi bâtit la première mosquée du Yunnan. D'après une légende, les fleuves et les montagnes étaient alors des dragons. Cent d'entre eux, vivant sur la montagne Sanhua (proche de Kunming) avaient l'habitude d'inonder régulièrement la plaine et la ville en contrebas. Le gouverneur ordonna à ses soldats de les capturer. À l'aide de son turban, il les ligota lui-même et rédigea ensuite un édit leur interdisant de provoquer des inondations. Enfin, il fit construire un barrage.

La colline du Temple d'or a été retenue comme site de la foire-exposition internationale d'horticulture « Expo'99 » *(→ p. 170)*. On y accède par remontée mécanique (payante) depuis le pavillon à étages.

Durée : prévoir une journée pour visiter sans se presser les différents temples. Commencera par l'étang du Dragon noir et le Temple d'or, l'après-midi étant consacré au temple des Bambous. on peut louer un véhicule pour cette excursion.

■ **Parc de l'Étang du Dragon noir** (Heilongtan gongyuan ; *17 km N.-O. ; bus n° 9 depuis la gare routière du Nord, plan C1 ; ouv. 7 h-18 h ; accès payant ; restauration sommaire sur place*). Le parc et le jardin botanique adjacent se trouvent sur la colline Wulao, site originel d'un temple restauré sous les Ming, à l'époque le plus grand centre taoïque du S.-O. de la Chine. Selon la légende, l'**étang** contenait dix dragons destructeurs et violents. En 750, un lettré solitaire, Lu Dongbin (l'un des Huit Immortels du taoïsme), se rendit à l'étang du Dragon noir. Il tua neuf dragons mais autorisa le dernier, un petit dragon noir, à rester dans l'étang à condition qu'il œuvre pour le bénéfice de l'humanité.

Le **monastère** taoïque *(50 m à dr. de l'entrée)*, dominant l'étang, est construit sur trois niveaux. Dans la cour du rez-de-chaussée, un superbe **brûle-parfum** en bronze fait face à des arbres centenaires – prunier de l'époque des Tang, cyprès des Song, camélia des Ming, magnolia des Qing. Au 3e niveau, petit temple restauré.

Le jardin botanique de Kunming *(accès par un petit portail sur la g., à 5 mn de marche de l'entrée du parc, face à l'imposant institut de botanique ; accès payant)*. Bien entretenu, il possède des spécimens de plantes de toute la province, mais est particulièrement réputé par sa collection de camélias, pins du Yunnan, rhododendrons et azalées.

■ **Le Temple d'or**★★ (Jindian ; *11 km N.-E. ; bus n° 10 depuis la gare routière du Nord, plan C1 ; entrée payante ; le thé est servi dans les cours de l'édifice*). Le temple, qui s'élève aujourd'hui sur une colline au milieu des pins et des cyprès, est la reproduction (1671) du pavillon principal d'un premier sanctuaire fondé en 1602 dans le style du temple Taihe des Wudang shan (Hubei) et transporté, en 1637, sur le Jizu shan *(→ p. 227)*, mont sacré du bouddhisme, aux environs de Dali. C'est le général Wu Sangui *(→ encadré p. 175)* qui ordonna cette reconstruction sur le lieu d'origine, où il établit sa résidence d'été. Une série de trois portiques monumentaux, les portes du Ciel (Tianmen), précède le Temple d'or, lui-même entouré d'une enceinte.

Le **pavillon en bronze**★★, qui donne son nom à l'ensemble, était autrefois recouvert de feuilles d'or. Il repose sur une dalle en marbre. Le travail du bronze atteint ici un haut niveau artistique, en particulier les piliers revêtus d'inscriptions bouddhiques. À l'intérieur, un oratoire abrite une statue du **dieu de l'Étoile Polaire,** symbole taoïque du souverain vertueux. Dans une salle adjacente, des peintures brossent l'histoire de Wu Sangui. Face au Temple d'or, un étendard en bronze à la symbolique stellaire représente les sept étoiles de la Grande Ourse, dont l'étoile Polaire, axe de l'Univers. Au-dessus de celle-ci, on reconnaît le Soleil et la Lune, accompagnés d'une inscription taoïque : « Le vent et la pluie sont en harmonie, la paix règne sur le monde. »

À la sortie du temple, sur la dr., un petit sentier monte la colline, longeant un **salon de thé** aux tables installées à l'ombre des pins. Le long du chemin, les visiteurs du parc répètent des airs d'opéra, des danses ou jouent de la musique traditionnelle. Au sommet s'élève un élégant **pavillon** à étages. Il abrite une cloche en bronze de 14 t, fondue en 1423, provenant de l'ancienne porte S. de Kunming.

■ **Temple des Bambous**** (Qiongzhu si ; *12 km N.-O. ; le plus pratique est de s'y rendre en taxi ; des minibus assurent également la navette ; un bus part de devant l'hôtel Yunnan – Yunnan fandian – au 83, Dongfeng xilu,* *plan B2* *; ouv. 8 h-18 h 30 ; accès payant*). Dissimulé sur une colline boisée – la colline Yu'an – à laquelle on accède par un chemin en pente raide, ce temple bouddhique, d'obédience chan à l'origine (639), plusieurs fois reconstruit sous les Ming et les Qing, est célèbre par ses statues de 500 *luohan* (arhat) en argile, grandeur nature. Elles furent modelées entre 1883 et 1890 par Li Guanxiu, un maître sculpteur venu du Sichuan, et cinq de ses disciples. Pour les réaliser, il s'inspira de fidèles venant prier au temple ; l'expression de chaque visage est remarquable. Cela donne une véritable galerie de portraits – où l'on rencontre l'industrieux Xingzhi (le moine aux cheveux), des bonzes méditant, Jigong riant – répartie dans les deux pavillons encadrant le hall des Rois célestes (Tianwang dian) et la Grande Salle majestueuse (Daxiong Baodian). On découvre les pèlerins marchant sur les eaux ou chevauchant des animaux fabuleux, frappant des cymbales… Les visages paraissent vivants, dotés d'expressions rieuses, concentrées, détendues : on croirait presque entendre les clameurs des fidèles. La Grande Salle abrite également une statue du Bouddha historique Sakyamuni flanqué du bouddha de la Médecine *(à g.)* et d'Amitabha, le seigneur du Paradis de l'Ouest *(à dr.)*. Au fond du temple, la salle de Guanyin, incendiée en 1988, a été entièrement refaite, avec une fresque représentant le roi du Nanzhao en pèlerinage au mont Jizu. Les arbres multicentenaires, les magnolias et arbustes plantés dans chaque cour contribuent au charme du temple.

Le dieu de l'Étoile Polaire est le symbole d'un souverain vertueux gouvernant son peuple selon le principe taoïque du *wuwei* (« non-agir »). Jusqu'en 1912, cette formule était inscrite au-dessus du trône impérial et symbolisait le peuple regroupé autour de son souverain, comme les constellations le sont autour de l'étoile Polaire.

Une rencontre miraculeuse

Deux princes du Nanzhao chassaient sur la colline Yu'an lorsqu'un rhinocéros les entraîna au plus profond de la forêt où il disparut subitement. Un étrange bonze apparut à sa place, transportant des ballots de bambous. Lui aussi s'évanouit dans un nuage, laissant son bâton de marche planté dans le sol. De ce bâton des feuilles se mirent à pousser et, en l'espace d'un jour, le lieu fut entièrement recouvert d'une épaisse forêt de bambous. Les frères dévots fondèrent un temple pour honorer cette rencontre miraculeuse. Aujourd'hui, les bambous ont disparu, mais la légende demeure.

Les jolies cours ombragées de magnolias et fleuries avec goût abritent de nombreuses stèles ; l'une d'entre elles, rédigée en mongol et traduite en chinois vernaculaire, date de 1314. Il s'agit d'un décret de l'empereur des Yuan demandant à l'abbé du temple de collecter les écritures classiques du bouddhisme afin de répandre la religion, preuve de l'importance de ce temple au XIVe s.

3 Autour du lac Dian★★★

Appelés aussi « monts de la Beauté endormie », les monts de l'Ouest, parsemés de temples bouddhiques et d'oratoires taoïques, offrent un magnifique panorama du lac Dian, véritable mer intérieure qui s'étend sur 40 km du N. au S. et 12,5 km d'E. en O. De l'autre côté du lac, le musée des Ethnies de Haigeng est une excellente introduction à tout voyage dans le S.-O. chinois.

Durée : prévoir une bonne journée ; une matinée pour l'ensemble des monts de l'Ouest et l'après-midi pour le musée (et éventuellement le village ethnique).

S'organiser : dans la mesure du possible, évitez une visite le week-end ou lors de jours fériés. Les chemins et escaliers, creusés à flanc de montagne, sont particulièrement étroits et le site est très fréquenté par les groupes de touristes chinois. Les jours de pluie, les marches des escaliers deviennent extrêmement glissantes.

■ **Les monts de l'Ouest★★** (Xishan ; *16 km S.-O. ; bus n° 6 au départ de la gare routière de Lianjiahe, sur Renmin xilu, jusqu'au terminus de Gaoqiao, puis changer de bus pour le Huating si ; on accède à cet ensemble de temples et de grottes par une route traversant une forêt de pins et de bambous ; service de navettes pour chacun des temples ; chaque temple a un accès payant*).

Le temple du Pavillon majestueux★★ (Huating si ; *à 2,5 km S. de Gaoqiao ; à l'intérieur du temple, restaurant végétarien tenu par des moines, magasins et galerie de peinture*). Fondé en 1320 pour y abriter une copie du canon bouddhique, il a subi plusieurs agrandissements et restaurations, dont la dernière en 1920. Le lieu est vaste (jardin superbe et bassin où poussent des lotus). Les statues des généraux Ha (bouche ouverte) et Heng (bouche fermée) gardent l'entrée du temple. La Salle majestueuse (Daxiong Baodian) contient une trinité bouddhique et 500 arhat *(luohan)*, chefs-d'œuvre d'art bouddhique. Incendiée en 1994, sans doute à cause des grandes quantités d'encens brûlées par les fidèles, elle a été restaurée depuis.

Le temple de la Splendeur suprême★ (Taihua si ; *remonter la route en lacets sur 2 km ; service de bus régulier*). Adossé à la montagne et faisant face au lac, ce temple – le plus ancien des monts de l'Ouest (1306) – à l'imposante toiture s'harmonise avec le site naturel à 2 350 m d'altitude. À l'entrée, un énorme ginkgo aurait été planté en 1402 par l'empereur Jianwen des Ming, détrôné par Yongle et réfugié au Yunnan. Les quatre gardiens célestes ont des traits nettement plus réalistes que les représentations habituelles. Les pigments utilisés sont naturels : graphite, malachite, azurite. Avec des statues de bouddhas côtoyant les immortels taoïstes, la salle principale est caractéristique du syncrétisme religieux. Des jardins fleuris avec galeries couvertes longeant un étang rappellent ceux de Suzhou.

La route se poursuit sur 2 km jusqu'au point de départ du télésiège qui conduit au pavillon des Trois Purs, près du sommet. Deux possibilités : soit, monter en télésiège et redescendre à pied par les différents oratoires (il faudra alors effectuer la visite en sens inverse de la présentation ci-dessous), soit continuer à pied sur 800 m jusqu'au pavillon des Trois Purs (qui marque le début de la montée assez raide – 1 300 marches – conduisant jusqu'à la porte du Dragon) en suivant la visite proposée, puis redescendre par un autre chemin qui rejoint le chemin principal.

Pavillon des Trois Purs★★ (Sanqing ge ; *les 11 temples et oratoires surplombant le lac Dian constituent le temple des Trois Purs, symbolisé par le pavillon du même nom qui en marque l'entrée ; ouv. t.l.j. dès 7 h 30 ; compter 2 h de vis.*). Cet ensemble de temples et d'oratoires taoïques fut fondé sous les Yuan comme un lieu de villégiature pour un prince mongol et agrandi progressivement sous les Ming et les Qing. On attribue à Wu Laiqing (moine taoïste pauvre et dévot) la fondation du site. Il aurait commencé les travaux en 1781 avec pour seul outil un marteau et un burin. Les travaux auraient été poursuivis après sa mort par deux hommes pieux aidés des villageois alentour. L'ensemble aurait été achevé en 1853 et serait plus particulièrement dédié aux lettrés qui venaient prier ici afin de réussir leurs examens *(→ plus bas)*. Au pied du site, une inscription d'époque Qing (1644-1911) « Mer de nuages, forêt de pierres » célèbre les paysages qui dominent le lac *(300 m de dénivellement)*. Toutes les statues peuplant ces oratoires sont des copies récentes peintes de couleurs vives.

L'ascension de la montagne offre un **panorama***** exceptionnel sur le lac Dian, Kunming et ses environs.

Montez la première volée de marches. On passe bientôt devant le dieu de la Richesse (Caishen) chevauchant un tigre noir et portant un gros lingot dans sa main (extrêmement populaire en Chine).

Le buffle respectueux

Il était une fois un boucher du nom de Zhao Wu. Un jour qu'il s'apprêtait à tuer une mère buffle, il entendit un grand cri. Étonné, il sortit un instant de sa cour et, de retour, ne retrouva plus son couteau. Il remarqua alors que le veau agenouillé près de sa mère avait les yeux emplis de larmes. Déplaçant l'animal, il découvrit alors le couteau caché sous la bête. Ému, il n'eut plus la force de tuer la mère buffle et décida de se rendre, avec le buffle et son veau, au pavillon des Trois Purs pour se faire moine. En chemin, le veau perça de sa corne une grotte et recueillit l'eau sur sa langue qu'il présenta à sa mère, assoiffée. Plus tard, on construisit une fontaine en souvenir de ce prodige.

Oratoire du Fonctionnaire habile (Lingguan dian). Il est dédié à Wanshan, petit fonctionnaire (Song) divinisé par l'Empereur de Jade pour le remercier de son équité au travail. Wanshan est devenu le juge des fonctionnaires, parcourant toute la Chine pour distinguer les fonctionnaires justes des fonctionnaires nuisibles. Il possède un troisième œil et joue ici un rôle de gardien (autre forme de Skanda, dieu hindou), sélectionnant, dès l'entrée du site, les bons et les mauvais. Petite statue de Guanyin derrière le temple.

Continuez l'ascension et passez un magasin.

Oratoire du Dieu du Nord de la Chine. Les deux attributs du dieu du Nord de la Chine (Zhaoxuanlang ou Zhenwu), dit aussi le Seigneur Sombre, sont le serpent et la tortue (sa carapace étant assimilée à une armure). La tortue est considérée comme l'incarnation divine de l'étoile Yao Kuang (dans la Grande Ourse). Symbole de longévité, elle est souvent associée au serpent (qui l'enlace), emblème de la terre et du renouveau. Unis, ils constituent le principe yin-yang (eau-feu). Ce couple disparate symbolise le N., la nuit et les abîmes du yin. Une des multiples légendes expliquant l'origine de ces deux animaux aux côtés du dieu raconte que, afin de devenir un immortel, Zhaoxuanlang s'ouvrit le ventre avec un couteau en un geste purificateur. Ses boyaux devinrent un serpent, ses autres organes une tortue.

Au niveau supérieur, fontaine en plâtre blanc affublée d'un buffle. Une légende est liée à cette fontaine.

Reprenez l'ascension et passez la « **Plate-forme où l'on peut embrasser le lac de Dian** » (Lanhaichu) avant d'arriver au **rocher du Phénix** : un oiseau sculpté dans la roche tient dans son bec le sceau d'un fonctionnaire en hommage aux lettrés. Longez la corniche : le panorama du lac Dian en contrebas est de plus en plus grandiose. Dans la **grotte des Nuages bienveillants** (Ciyun dong), temple dédié à Guanyin Donneuse d'enfants. Gravissez ensuite un sentier abrupt puis traversez un tunnel.

La porte du Dragon (Longmen ; *la porte précède une grotte*) est une allégorie connue de tous les fonctionnaires qui aspiraient à des charges importantes. On évoquait alors la carpe (le candidat) qui, sautant par-dessus la porte, allait

Un jeune homme aux amours déçues décida de consacrer sa vie à la réalisation de la porte du Dragon. Il s'attela jour et nuit à ce long travail et s'apprêtait à y apposer la touche finale quand la pointe du pinceau de Kuixing se brisa soudain. Voyant dans cela un mauvais présage pour tous les lettrés de la région, il se jeta du haut de la falaise.

devenir dragon (puissant fonctionnaire). Les trois statues représentées dans le petit temple attenant *(à dr. après la porte)* sont Kuixing *(au centre)*, le protecteur des lettrés, monté sur un dragon et tenant à la main un pinceau à la pointe brisée, Guanyu *(à g.)*, dieu de la Guerre et de la Justice, et Wen Chang, dieu de la Littérature. Des peintures figurant les Huit Immortels, personnages légendaires de la mythologie taoïste, des grues et des pêches (symbole de longévité) ornent le fond de la grotte. En sortant de la grotte, vous verrez une tête sculptée, bien audessus de l'ouverture : il s'agit du dieu de la Longévité, l'ascension à la porte du Dragon étant également une allégorie de la voie vers le ciel.

Une dernière série de marches conduit à une terrasse d'où l'on peut admirer la vue du lac avant de redescendre par un autre chemin qui rejoint ensuite les premiers oratoires. En continuant un peu plus haut, on atteint le téléphérique reliant le sommet au parc Haigang et au parc des Ethnies.

■ **Musée des Ethnies de Haigeng***** *(10 km S.-O. ; terminus du bus n° 44 ; ☎ 431-1361 ; ouv. t.l.j. 9 h 30-16 h 30, f. lun. ; magasin, librairie, salon de thé ; 8 salles d'exposition sur 2 étages ; accès payant ; si vous visitez le musée seul, le plan étant assez complexe, suivez l'ordre des salles indiqué sur le billet)*. Ce musée passionnant constitue une excellente introduction à la découverte des ethnies du Yunnan. Au rez-de-chaussée, les salles 1 et 2 rassemblent les costumes et les parures. La salle 3 est consacrée aux arts populaires, la salle 4 relate les divers voyages maritimes du célèbre explorateur Zheng He. La salle consacrée aux fêtes et coutumes du Yunnan se situe au 1er étage.

Au r.-d.-c., traversez le hall d'entrée, le petit jardin extérieur en suivant le couloir de g. La salle occupe toute la longueur de l'aile opposée à l'entrée.

Costumes et parures*** *(salle 2)*

On y trouve des costumes en écorce, chanvre, fourrure ou peaux d'animaux, des vêtements anciens ou du quotidien représentatifs de chaque ethnie, d'autres parures plus élaborées réservées aux mariages et aux fêtes, à certains rituels religieux ou sacrifices et quelques très beaux modèles de rouets et métiers à tisser.

Les **Tibéto-Birmans** sont représentés à travers les capes étoilées des **Naxi**, les chasubles à rayures des **Dulong**, les parures de tête des **Lisu**, en perles colorées, les costumes festifs des **Hani** ornés de pièces en argent. Les broderies **miao** rivalisent de créativité : ensembles flamboyants des Miao de Kaiyuan, rehaussés d'appliqués, de galons dans des tons de roses, de rouges, où les motifs se découpent avec la finesse

L'origine du jour et de la nuit

À l'aube du temps, le monde n'était pas rythmé par la succession des jours. Les astres, sortis tous ensemble, brillaient continuellement dans le ciel, exposant la terre aux brûlures de leurs rayons destructeurs. Un chasseur émérite décida de mettre fin à cette situation et décocha une flèche au premier astre – masculin – qui tomba à terre. En voyant cela, le deuxième astre – féminin – alla se cacher, plongeant le monde dans l'obscurité. Les hommes envoyèrent alors le coq pour qu'il appelle de son chant l'astre caché et le fasse sortir de sa cachette. Ce qu'il fit. L'astre touché par le chasseur se remit aussi à briller, mais plus faiblement, dans le ciel noir de la nuit. Depuis ce jour, le soleil et la lune se succèdent dans le ciel, n'osant plus nuire à l'homme. Quand le chasseur mourut, son âme monta dans la lune où il vit encore. Les Drung voient d'ailleurs toujours son ombre noire flotter à la surface de la lune…

de la dentelle. Parures plus sobres des **Yao** de Jingping (Yunnan du S.), qui fixent leurs coiffes au moyen de superbes peignes en argent. Plus au S., les robes orangées des bonzes **dai** du Xishuangbanna rappellent que cette région appartient au bouddhisme du Petit Véhicule. Enfin, les **Austro-Asiatiques,** tels les **Wa,** sont parfois vêtus plus simplement et importent de Birmanie une variété de coton jaune qu'ils utilisent pour les costumes du quotidien.

Quelques textiles plus élaborés mettent en valeur la grande habileté de tous ces peuples en matière de travaux d'aiguille : broderies au point de croix des Miao, tissages des Dai, batiks des Bai *(→ encadré p. 220)*, ganses superposées des Hani dont les nombreux rubans et fils d'or appliqués évoquent les merveilleux champs en terrasses de la région de Yuanyang (Yunnan du S.).

Voyez également un costume de ***bimo*** (prêtre yi officiant lors des cérémonies ou rituels sacrés) avec une griffe d'aigle sur le chapeau (totem des Yi avec le tigre), un habit de ***dongba*** (prêtre naxi détenteur du savoir de la communauté) et l'habit sacré d'un **lama** tibétain.

Enfin, de nombreux costumes de fête rivalisent d'originalité comme ce bec d'oiseau qui orne la coiffe jingpo du meneur de la danse lors de la fête Munao.

Arts populaires*** *(salle 3)*

Masques, autels, totems, décorations d'intérieurs, sculptures, papiers découpés, motifs de broderies, etc., illustrent les diverses formes que revêt l'art populaire et sacré chez les peuples du Yunnan.

Masques : les *tunkou* (masques allongés) sont placés de chaque côté des portes afin de chasser les mauvais esprits. La couleur, l'expression, l'apparence varient en fonction de l'esprit ou du fantôme *(gui)* auquel le masque est destiné. Certains ont pour fonction de repousser les mauvais esprits *(bixie)*, d'autres d'attirer les énergies favorables *(yinsheng)*. Quelques-uns sont propres au « **théâtre local** » *(dixi, → p. 286-287)* ou à certaines cérémonies d'exorcisme *(nuoxi)* ; d'autres enfin sont propres à une ethnie, tels les Tibétains, les Yi (masque du tigre), les Zhuang (l'homme de paille lié à un rituel d'exorcisme qui a lieu chaque année au mois d'avr. dans le canton de Wenshan, dans le S.-E. du Yunnan), les Yao (masque en papier représentant un des dieux du panthéon taoïque utilisé à Hekou [à la frontière avec le Vietnam] lors du rite de passage à l'âge adulte), etc. Voir également un masque zhuang représentant une tête de buffle.

Totems : un **totem** jingpo symbolise la route qu'a faite ce peuple dans sa descente vers le S.

Les fêtes donnent lieu à de grands rassemblements et permettent aux jeunes gens partis travailler sur les chantiers des grandes villes côtières (phénomène connu sous le nom de *dagong*), loin de leur village natal, de se retrouver et de rencontrer peut-être l'âme sœur.

Le parc des Ethnies *(en face du musée ; on circule en véhicule, à cheval ou à pied)* est une reconstitution pour les touristes d'une dizaine de villages des principales nationalités peuplant le Yunnan (qui en recense officiellement 26, sur les 56 que compte la Chine). L'habitat est fidèlement rendu, mais le reste est très artificiel.

L'âme du riz

Jadis, avant de planter le riz, les Wa, qui pensaient qu'il avait une âme, organisaient une cérémonie propitiatoire : au jour favorable, on coupait la tête du premier étranger venu. Elle était alors fichée au bout du pieu adjacent au couple de tambours, et son sang était distribué entre les familles. Elles le répandaient dans leurs champs afin d'obtenir une bonne récolte. La tête était ensuite placée dans un totem que l'on cachait dans la montagne. Pour éviter que l'âme de la victime ne s'échappe ou nuise aux vivants, on avait pris soin de lui confectionner une compagne (ou un compagnon si la victime était une femme) en bois. Cette cérémonie s'achevait par le sacrifice d'un buffle – dont la tête irait orner un autre totem, symbole de la richesse du village – et une série de réjouissances.

La géographie

Rien ne dit mieux la diversité ethnique que le costume. Bien sûr, çà et là, on a troqué le vêtement traditionnel pour le T-shirt, à la mode internationale, et le pantalon, à la mode chinoise. Mais le savoir-faire des couturières se transmet toujours de mère en fille, et il y a dans l'année toutes sortes d'occasions d'exhiber ses travaux d'aiguille. Broderie et brocart, damas et appliqué, toutes les techniques de l'ornementation textile sont mises à contribution, transformant le vêtement en un sceau unique et chatoyant de l'identité d'un peuple ou d'un village.

La jupe « aux cent plis »

Il faut parfois trois à quatre ans de travail pour réaliser un costume de fête. Leur variété défie tout inventaire, mais l'un des fleurons est la jupe aux cent plis que portent Miao, Dong, Buyi, Gejia et Yi. La longueur varie de la minijupe de 20 cm à la jupe longue tombant sur les chevilles, mais elle est portée en général sur les hanches, non à la taille. C'est qu'une telle jupe est rarement portée seule lors des grandes occasions, et les quelque 20 ou 30 épaisseurs superposées représentent un poids considérable ! C'est après avoir été teint et brodé que le tissu, légèrement empesé, est plissé en passant plusieurs fils. L'ensemble est glissé le long d'un panier en bambou ou d'un tonneau en bois, trempé dans l'eau, puis mis à sécher à l'abri du soleil. On retire la forme, puis les fils, lorsque la toile est sèche. Une autre technique consiste à suspendre la pièce de tissu à une perche en bambou avant de passer les fils à plisser...

La broderie, un art miao

Pour les Miao, broder n'est pas seulement faire montre de dextérité, c'est développer un véritable langage de motifs figuratifs ou abstraits, qui disent l'origine de leur peuple et ses relations avec l'univers. Selon la légende, les Miao étaient autrefois dotés d'une écriture... Ils la perdirent à jamais en traversant une rivière durant leur lente migration vers le S. La broderie, comme le chant, est l'expression de leur culture.

◀ Treize à quinze mètres de tissu de batik ou brodé sont nécessaires pour réaliser les quelque 500 plis... de la jupe « aux cent plis ».

des couturières

◀ **Le porte-bébé est une pièce maîtresse du trousseau des femmes et la pièce d'étoffe sur laquelle elles déploient toute leur dextérité, dès l'adolescence. À tel point que ce chef-d'œuvre des travaux d'aiguille est parfois détourné de sa fonction pour être seulement montré.**

▲ **Dragon et papillon.**

Le **papillon** est l'élément clef, avec l'oiseau Jiwei, du légendaire miao et fait référence au chant de la sœur Bangliu, l'Ancêtre-Papillon *(→ p. 134-135)*.
Le **dragon** a été emprunté, avec son symbolisme, au bestiaire chinois : porte-bonheur, il garantit le succès dans toute entreprise. Dans le vocabulaire de la broderie miao, il est multiforme. Cornu dans le S.-E. du Guizhou, il est associé au buffle, symbole de fertilité : celui-ci laboure les champs, celui-là apporte la pluie. À Shidong, le dragon est doté d'un corps de poisson ou de serpent et rappelle l'origine des bateaux-dragons *(→ encadré p. 329)*. On trouve encore des dragons-poissons, des dragons-vers à soie, des dragons-mille-pattes…
Les compositions des Miao ont un caractère « organique », elles célèbrent les métamorphoses permanentes qui mêlent l'humain, le végétal et l'animal : la queue d'un oiseau se change en rinceau de fleurs, des ailes poussent aux épaules des hommes, les poissons deviennent dragons…

◀ **En général, les broderies sont effectuées sur des pièces à appliquer, rarement directement sur le vêtement lui-même. Ces pièces servent aussi de renfort contre l'usure et sont cousues sur les tabliers, les manches, épaules et bords de veste, les bas de jupes et de pantalons.**

Un **portique** en bois, auquel sont fixés divers objets symboliques – un couteau en bois pour tuer les mauvais esprits, un coucou qui distingue les hommes bons des mauvais –, protège traditionnellement l'entrée d'un village hani, barrant la route aux démons que les hommes pourraient ramener des champs. Souvent, un homme et une femme sont sculptés de part et d'autre du portique, en une représentation symbolique de la fécondité – et de la prospérité du village. Voir aussi un **couple de tambours wa** (féminin/masculin), protégé par un auvent en bois, jouxtant un pieu au bout duquel l'on fichait les têtes coupées des ennemis en temps de guerre. Il s'ensuivait un ensemble de cérémonies rituelles centrées autour de nombreux totems. Certains d'entre eux sont exposés dans cette salle. Voir aussi un **autel tibétain** entouré de pierres apportées par les fidèles pour exprimer leurs vœux et demander protection ou pardon ; un **autel dai** illustre la vénération de ce peuple pour le paon et l'éléphant.

Suivez le couloir jusqu'au bout. La salle 4 se situe au coin de l'aile.

Zheng He *(salle 4 ; explications en chinois uniquement)*

La salle rassemble les cartes montrant les trajets des expéditions de Zheng He (1371-1434). Originaire d'une riche famille musulmane du Yunnan, le navigateur fut chargé par Yongle (1403-1424) et Xuande (1425-1435), empereurs Ming, d'organiser des voyages, d'ordre diplomatique et politique, vers les mers occidentales. Sa carrière officielle commencerait lors de la dernière bataille de la conquête du Yunnan livrée par les Ming en 1382. Fait prisonnier, il fut choisi pour devenir eunuque et attaché au service du futur empereur Yongle. Compagnon du jeune prince dans toutes ses expéditions, la dernière en date étant l'usurpation du trône dynastique, il fut largement récompensé lorsque le prince devint empereur. Amiral d'une flotte de navires géants, les fameux « bateaux trésors » *(baojian)*, il sillonna les mers, entre 1405 et 1433, explorant les côtes de l'Asie du Sud-Est, de Java et de Sumatra, les îles de l'océan Indien dont le Sri Lanka… Il remonta la mer Rouge, rallia les côtes égyptiennes avant d'atteindre celles du Mozambique. Pour ce septième et dernier voyage, l'amiral aurait disposé d'une flotte de 70 vaisseaux embarquant 30 000 hommes. Certains de ces bateaux, dont on n'a retrouvé aucun vestige, auraient été longs de 130 m, larges de 55 m.
Dignitaires et commerçants étrangers prirent alors le chemin de Pékin en quête de reconnaissance et de riches profits. Les marchands chinois s'installèrent dans les ports de l'Asie du Sud-Est, où ils s'imposèrent au centre du commerce maritime asiatique jusqu'à l'installation des Européens. La Chine montra son incontestable avance maritime, avant de se retirer officiellement à l'intérieur de ses frontières.

L'étage supérieur de cette même salle rassemble les **instruments de musique** utilisés au cours des fêtes : tambours en bronze *(→ p. 374-375)*, en bois (tendus d'une peau de buffle), *lusheng (→ encadré p. 283)*, *mantong* (tube de bambou produisant un son sourd), pipa, gongs, flûtes, pipeaux, mandolines, etc.

Premier étage*

On y trouve des papiers finement dessinés, destinés à être collés sur les murs des maisons, plusieurs autels bouddhiques dai *(→ p. 254-255)*, quelques mandala et tanka tibétains et les différents attributs des *dongba* naxi *(→ p. 114 et 196)*.

La salle des **fêtes et coutumes**** se compose d'une succession de tableaux détaillant les fêtes et les danses propres aux diverses ethnies du Yunnan : **fête des Torches** (fin juil.) célébrée par les Yi et les Bai ; **fête de l'Eau** des Dai (mi-avr. ; *→ p. 96-97*), **fête du Kuzhazha** des Hani (même date que la fête des Torches) ; le **Sanyue san** des Zhuang *(→ p. 61)*, etc. Toutes ces fêtes font évidemment référence aux différents totems vénérés par chaque ethnie (si les Yi imitent le tigre à Chuxiong, les Yao vénèrent un dieu chien appelé Pangu).

Les salles suivantes sont consacrées successivement aux modes de communication de chaque ethnie, aux techniques de chasse et de pêche, aux méthodes agricoles, enfin aux divers habitats. On y admire encore d'impressionnants **manuscrits** tirés du Coran, des **tripitaka** tibétains (canons des rites religieux au Tibet) et, dans la salle consacrée à l'agriculture, d'imposants **pressoirs à huile**.

■ **Parc du Pavillon de la Contemplation*** (Daguanlou gongyuan ; *bus n° 4 depuis la place du Peuple*). Grand parc paysager avec temple de Guanyin (1682), étangs bordés de saules et pavillons divers. Les habitants de Kunming s'y rendent en foule lors de la fête de la Mi-Automne, pour contempler le reflet de la lune dans le lac. Des expositions florales sont fréquemment organisées. Beau point de vue sur le lac Dian et les monts de l'Ouest.

À la sortie du parc, embarcadère d'où il est possible de traverser le lac (en 20 mn) pour Longmencun, au pied des monts de l'Ouest. Des bus pour les monts de l'Ouest font la navette régulièrement.

Environs de Kunming

Sur les hauts plateaux du Yunnan, les deux forêts de pierres de Kunming font partie du manteau karstique qui couvre tout le S. de la Chine jusqu'à la baie de Halong, au Vietnam. À Shilin, la plus connue et la plus spectaculaire, ces formations se caractérisent par une concentration de roches peu élevées aux formes fantastiques que les Chinois se plaisent à affubler de noms poétiques.

S'organiser : si vous disposez de votre propre véhicule, vous pouvez visiter les deux sites en partant très tôt le matin. Si vous projetez de continuer vers le S. du Yunnan, vous pourrez ensuite poursuivre votre voyage jusqu'à Jianshui *(→ p. 260)*.

Route : env. 70 km après avoir quitté Kunming, on passe un grand lac d'eau douce (Yangzong hai) où sont élevées des huîtres perlières. On traverse ensuite (100 km, canton de Yiliang) une région d'élevage de canards destinés à être consommés laqués et, pour beaucoup, meilleurs que ceux de Pékin. Aux abords de la Forêt de pierres (126 km), les champs de tabac laissent la place aux premiers chicots karstiques. Dans cette région, les villages en pisé han – comme le village de Quixing, « des sept étoiles », sur la route de Shilin – ou sani (branche des Yi) ont la couleur rouge de la terre, forme de latérite gorgée de fer.

Petits pieds de Tonghai

Tonghai (à 120 km S. de Kunming, sur la route de Jianshui) possède la plus grande concentration de femmes aux petits pieds de Chine. Malgré l'abolition de cette pratique au tournant du XXe s., on trouvait dans les années 1950 à Tonghai – terre d'exil traditionnelle des fonctionnaires tombés en disgrâce – des fillettes aux pieds bandés. Liuyi, village voisin, compte encore une centaine de femmes aux pieds bandés. Réunies au sein de l'Association sportive du troisième âge, elles pratiquent tous les matins, malgré leur handicap, la gymnastique au terrain de sport. Elles évoquent le souvenir douloureux d'une enfance rythmée par le rituel du bandage quotidien. L'opération commençait dès six ans. Le gros orteil était recourbé et les quatre autres repliés contre la plante du pied. La pression était graduellement augmentée jusqu'à obtenir un angle aigu du tarse et du métatarse. La croissance du pied n'était pas stoppée, causant de terribles souffrances. Deux années étaient nécessaires pour obtenir la taille désirée des trois pouces. D'ici quelques années, on ne rencontrera plus ces femmes à la démarche claudicante, dont les plus jeunes ont aujourd'hui 65 ans. Leurs chaussons attirent déjà les collectionneurs. De coton, de soie, délicatement brodés, ils sont la fierté de ces femmes, qui les fabriquent elles-mêmes.

Le site de Shilin est équipé de quelques hôtels passables. Mieux vaut rentrer passer la nuit à Kunming.

Pour la Forêt de pierres, évitez les bus de la gare de l'Ouest (Xizhan), moins chers mais très inconfortables.

Attention, par temps de pluie, mieux vaut être bien chaussé car les marches deviennent très glissantes.

L'endroit étant extrêmement touristique, essayez de débuter la visite vers 15 h quand la foule des touristes chinois commence à s'en retourner. Sur le site, de nombreux petits restaurants et des boutiques sont installés devant le parking. En face de l'entrée principale, vous trouverez un bureau de poste et un distributeur automatique de billets. De petits hôtels sont également situés à proximité de l'entrée.

Des cartes très approximatives sont installées sur le sentier principal. Une route, circulaire, sillonnée de petits véhicules promenant les moins sportifs, vous permettra de vous repérer.

Sur les différents types de karsts, → *aussi les p. 356-357.*

1 Forêt de pierres★★★ (Shilin ; *126 km E. ; comptez 2 h de trajet en auto, un peu plus en bus ; les bus partent de Kunming toutes les 30 mn, entre 8 h et 12 h, de la gare sur Beijing lu, plan C3 ; évitez les bus pour touristes, qui multiplient les arrêts sur la route ; pour revenir à Kunming, des minibus partent, lorsqu'ils sont pleins, du parking face à l'entrée principale du site ; comptez 3 h de promenade sur place ; ouv. t.l.j. 9 h-18 h ; accès payant ; plan distribué sur place ou possibilité de se faire guider par des jeunes filles sani*). À 1 750 m d'alt., le site s'étend sur 26 000 ha, dont seulement 80 sont aménagés. Formant un impressionnant dédale, les rochers, atteignant parfois 30 m de hauteur, ont été creusés par la dissolution chimique due à l'infiltration des eaux de pluie à travers les failles d'un calcaire très épais. Les géologues ont trouvé des fossiles d'animaux marins, attestant la formation des roches sous la mer au Carbonifère, il y a 270 millions d'années. La Forêt de pierres a peu à peu émergé à la suite des mouvements de l'écorce terrestre.
Sur le circuit balisé, très fréquenté, les sentiers, étroits, sont à sens unique. Il est ennuyeux de croiser un groupe marchant en sens inverse. N'hésitez pas à emprunter les petits chemins quasi déserts qui, serpentant au cœur des pitons karstiques et à l'écart du parcours officiel, vous permettront d'échapper aux foules de touristes.

Près de l'hôtel *Shilin*, de l'autre côté du lac qui borde le site, **village sani des Cinq Arbres,** patrie d'Ashima (*→ encadré*). Le 24e j. du 6e mois lunaire (fin juil.-déb. août), les Sani se rassemblent pour la fête des Torches, dansent et chantent toute la nuit autour de feux allumés dans une clairière de la Forêt de pierres.

2 Forêt de pierre noire★★ (Naigu shilin ; *continuer sur la route venant de Kunming, tourner à g. à 12 km N. de la Forêt de pierres. Rouler encore sur 3 à 4 km ; passé un étang, entrée du site sur la g.*). Un village sani entouré de champs de tabac se trouve à l'entrée de cette « forêt » pétrifiée dont les pics ressemblent à des cathédrales en ruine. Bien qu'un chemin dallé soit aménagé, le site est beaucoup plus sauvage et bien moins touristique que celui de Shilin. Les rochers, moins denses, donnent une vue plus dégagée, et l'on peut monter sur une colline pour avoir une vue d'ensemble. On peut néanmoins facilement se perdre, et le *CITS*, qui vient d'ouvrir un bureau, propose des guides locales en costume sani. Au bout de la promenade, la **grotte des Nuages blancs** (Baiyun dong) a été aménagée pour la visite *(payante)*.

3 La route du Vietnam★ (*→ Env. de Jianshui, p. 276*).

Histoire de la belle Ashima

De nombreux récits légendaires entourent la personne d'Ashima, une superbe jeune fille originaire du village sani de Wukeshu que deux jeunes gens se disputaient et qui aurait connu une mort tragique. D'aucuns disent que les parents du prétendant malheureux auraient ouvert les vannes d'un barrage, noyant la belle, qui serait réapparue, sous une forme pétrifiée, au cœur de la Forêt de pierres. Pour d'autres, elle aurait été emportée par un magicien. Son frère serait venu la délivrer mais, alors qu'ils couraient pour se réfugier dans la Forêt de pierres, le génie malfaisant aurait provoqué une inondation qui emporta la jeune fille.

2 Lijiang et les confins tibétains★★★

Située à 2 400 m d'alt., sur un plateau qu'enserre la chaîne des Hengduan, Lijiang s'étend au pied de la montagne du Dragon de jade, le Yulong shan (5 596 m). Le fleuve au Sable d'or (Jinsha jiang, cours supérieur du Yangzi) s'enroule en boucle derrière ce barrage naturel peuplé de Yi, de Tibétains, de Pumi, de Nuosu, de Naxi et de Lisu. Dans le dédale de ruelles de la vieille ville, on rencontre encore, dans les arrière-cours des maisons en bois typiques, les femmes naxi décrites par Peter Goullard dans les années 1950. Vêtues de leur cape à sept étoiles, elles résistent au passage du temps. Lijiang s'est relevée des dégâts causés par le tremblement de terre de février 1996, mais autour du chapelet des ruelles pavées où s'enchevêtrent les canaux, dominant le bois rouge et les tuiles en argile des habitations basses, une nouvelle ville surgit de terre, moderne et lancée vers le ciel.

Population de Lijiang :
1 100 000 hab., dont 70 % de Naxi.
Chef-lieu du canton autonome naxi.

Distances depuis Lijiang :
Kunming, 600 km ; Zhongdian, 198 km.

Province du Yunnan.

Lijiang mode d'emploi

S'orienter : les vieux quartiers s'enfoncent assez profondément à l'E. de la colline du Lion, reconnaissable à son émetteur radio, tandis que la ville moderne continue à s'étendre à l'O. Pour vous promener dans la vieille ville, partez du pont Yulong, face au *Grand Lijiang Hotel,* d'où descendent la Dong dajie et la Xinyi jie, et qui permet d'accéder à tout un dédale de ruelles et de canaux. Au départ

Indicatif ☎ (0) 888.

ADRESSES UTILES

ⓘ *CITS,* 3/F à l'intersection de Fuhui lu et de Shangrila dadao.
***Tourist Reception Center,* Luyou jiedai (☎ 511-0666 ; ouv. t.l.j. 10 h-22 h), bien en vue sur la place au début de Dong dajie. Anglais approximatif. Organise des excursions dans les environs.**

- **Change : la *Bank of China* sur Xin dajie, dans la nouvelle ville, se charge des opérations de change et fait des avances sur carte de crédit.**
- **Retraits d'argent : un distributeur automatique de billets voisine l'office du tourisme. Il existe également une branche de la *Bank of China* dotée d'un distributeur à 50 m sur Dong dajie.**
- **Poste, sur Dong dajie (ouv. t.l.j. 8 h-20 h), à côté de Sifang jie.**
- **Plaintes : ☎ 512-3432.**
- **Sécurité publique (Gonganju) : Fuhui lu (ouv. t.l.j. 8 h 30-11 h 30 et 14 h 30-17 h 30).**

Peter Goullard, écrivain voyageur qui vécut à Lijiang, fournit un précieux témoignage sur la vie quotidienne des Naxi. Il fut l'un des premiers Européens à faire connaître la culture naxi de la région de Lijiang.

Pour une vue d'ensemble de la ville, montez à la pagode Wanggu sur la colline du Lion (ouv. 9 h-22 h ; accès payant) : suivre Xinhua jie, puis Huangshan jie sur 400 m, avant de prendre à g. la montée vers la pagode.

du *Grand Lijiang Hotel,* à g. en entrant dans la vieille ville, un chemin conduit directement, le long d'un canal, au parc de l'Étang du Dragon noir ; on passera successivement la librairie *Xinhua,* la *Bank of China,* la gare routière du Nord et la statue de Mao avant d'arriver au parc.

S'organiser : prévoyez une journée pour la ville et deux jours pour les environs. Les itinéraires proposés au départ de Lijiang prennent une petite semaine chacun. Peu de bus publics desservent les environs de Lijiang. Il faudra louer un taxi ou un vélo selon la proximité des sites, par soi-même ou en s'adressant au *CITS* local.

Programme : commencez par le parc de l'Étang du Dragon noir et consacrez la matinée – moment où la lumière est la meilleure – à la visite des édifices qui jalonnent le lac, l'Institut de recherche de la tradition dongba, le pavillon aux Cinq Phénix, le musée. L'après-midi, flânez dans la vieille ville. En soirée, vous pourrez vous initier à la musique naxi en assistant aux concerts donnés dans de nombreux théâtres.

Il est impératif de réserver votre chambre avant votre séjour, à toute époque de l'année, plus encore en haute saison (de juin à sept. et lors des jours fériés chinois, → *p. 60*). La très grande majorité des établissements hôteliers, situés à l'entrée de la vieille ville ou près de Sifang jie, s'avèrent très bruyants en raison de l'animation nocturne.

La meilleure période : le temps est clair la plus grande partie de l'année, avec des risques de pluie entre juin et oct., qui sont aussi les mois les plus fleuris. Il peut faire froid l'hiver, surtout en soirée. N'oubliez pas que Lijiang se trouve à une altitude élevée.

Hébergement : la vieille ville dispose d'une gamme d'hôtels de charme – de modestes à confortables – caractérisés par une cour intérieure pavée, une architecture traditionnelle en bois rouge avec toits en encorbellement, un mobilier en bois ou en osier. Certains possèdent de superbes puits en pierre. Dans Xinyi jie : *Sanhe Hotel,* ☎ 512-0891 ; *Ancient Town Inn,* ☎ 518-9000 ; *The First Bend Inn,* ☎ 517-5431 ou 518-1688. Le *Grand Lijiang Hotel,* très bien situé, dispose de chambres offrant de belles vues sur la vieille ville, mais s'avère bruyant le soir en raison de la proximité des bars.

Plaisirs gastronomiques

La grande spécialité naxi est le *baba,* un beignet généralement confectionné à base de pâte de blé – parfois à base de pâte de riz glutineux *(nuomi baba)* –, fourré d'une garniture sucrée (sucre, pâte de haricots rouges, sésame, etc.) ou salée (jambon, oignons verts, viande, etc.).
Autre spécialité locale, le fromage de chèvre est découpé en fines tranches carrées, frites, parfois salées, souvent servies enrobées de deux tranches de jambon.
Lors des banquets, il est de coutume de préparer les *badawan* (« huit grands bols ») composés de différents types de viande (foie de porc, poulet aux champignons, jambon, etc.), de poissons, de lait, de nouilles de soja et d'œufs salés. En dessert, on servira des fruits pochés (pommes, poires) accompagnés de cacahuètes et de noix.

Liaisons aériennes : aéroport, à 25 km S. (40 mn de route). Navettes pour le siège de la *CAAC* (depuis la *CAAC,* départ 1 h 30 avant chaque vol) ; nombreux taxis. **Liaisons** : une dizaine de vols/j. rallient Kunming ; vols t.l.j. pour Shanghai, Chengdu, Canton, Shenzhen, Lhassa. Avant de se rendre au Tibet, il est obligatoire de prendre un « permis » (frais élevés) auprès d'une agence de voyages. **Billetterie** : *CAAC,* angle Fuhui lu et Shangrila dadao, près de l'entrée de la vieille ville (☎ 516-1289 ; ouv. t.l.j. 8 h-21 h).

Liaisons routières : gare routière du Nord, Xin dajie (au 1er carrefour après la librairie *Xinhua*). **Gare routière du Sud,** Minzu lu (face à l'hôtel *Senlong*). Liaisons régulières avec Dali (205 km ; 5 h ; dernier bus à 17 h 30). Bus longues distances ou bus-couchettes pour : Kunming (*via* Dali ; 600 km ; 10 h), Zhongdian (198 km, 5 h), Ninglang (216 km ; 4 h), Yongning (lac Lugu, 285 km ; 11 h, *via* Ning-

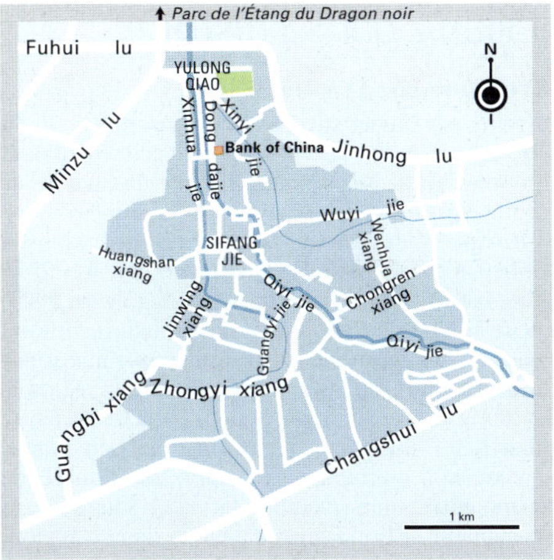

Lijiang.

Les hôtels et le *CITS* distribuent un plan, assez approximatif, de Lijiang. Néanmoins, la vieille ville, constituée d'un dédale d'étroites ruelles, de canaux et de petits ponts, déroute aisément et vous vous y perdrez peut-être, mais jamais très longtemps…

À ne pas manquer

lang), Heqing (30 km ; 1 h), Yongsheng (200 km ; 7 h), Huaping (220 km ; 8 h), Shigu (70 km ; 2 h), Qiaotou (90 km ; 2 h 30), Daju (95 km ; 2 h 30), Jianchuan (110 km ; 3 h 30). Inutile de réserver vos billets. Vous les achèterez dans chacune des deux gares, juste avant votre départ. Une 3e gare, sur Shangrila dadao (perpendiculaire à Fuhui lu), accueille les bus express pour Dali et Kunming.

Liaisons ferroviaires : Lijiang n'est pas desservie par le train. La ligne la plus proche, entre Kunming et Chengdu, s'arrête à Panzhihua (Dukou, sur la frontière du Yunnan et du Sichuan). Des bus réguliers font la liaison, *via* Yongsheng (305 km ; 10 à 12 h).

Spécialités : nombre de restaurants de la vieille ville affichent des menus très variés. Tentez le *Mamafu* (entre Dong dajie et Mishi xiang, face au théâtre où se jouent des concerts naxi) ou la *Maison du Tibet (House of Tibet* ; face au n° 56 de la Xinyi jie), qui propose toute une gamme de plats naxi.

Concerts naxi dans la vieille ville. Puisant aux sources des musiques taoïque et de la Chine ancienne (Tang puis Song), la musique naxi, introduite à Lijiang sous les Ming, demeure le dernier témoignage d'un genre qui disparut dans le reste de la Chine sous la dynastie des Qing (1644-1911). Lijiang compte plusieurs orchestres composés de vieux musiciens qui jouent en costume traditionnel. Certains instruments sont de véritables pièces de musée comme le *sugudu,* un luth venu de Perse, une sorte de pipa (luth chinois à quatre cordes), vieille de 400 ans, et le *bobo,* instrument à vent constitué à partir d'ailes d'oiseaux sauvages.

Le *yinjiu* est le vin naxi par excellence. Sucré, peu alcoolisé (20°), il est obtenu à partir d'un mélange d'orge, de blé et de sorgho, et d'une levure spéciale. L'eau utilisée proviendrait de la montagne du Dragon de jade. Autrefois, on enterrait quelques jarres de ce vin à l'occasion d'une naissance et on les conservait ainsi jusqu'au mariage.

Les plus sobres se contenteront d'un thé au beurre saupoudré de noix émincées et de graines de sésame, et dans lequel on a délayé un œuf.

♥ BONNES ADRESSES

Quelques restaurants, installés sur Xinyi jie, proposent des plats naxis ou occidentaux pour un bon rapport qualité/prix.

Les concerts de la vieille ville commencent à 20 h et durent généralement 1 h 30. La Dong dajie compte plusieurs théâtres. En règle générale, il n'est pas nécessaire de réserver.

Lijiang dans l'histoire

D'un royaume à l'autre

Arrivés par vagues successives des confins N.-E. du Tibet, les nomades naxi se sont peu à peu sédentarisés pour se fixer dans la région de Lijiang aux environs de notre ère. Au VIIIe s., on les trouve regroupés en une principauté des Moxie (Moxiezhao) prise dans la sphère d'influence du Nanzhao de Dali (→ *p. 215*). La conquête de la région par les Mongols, en 1279, pose les premiers jalons de l'implantation chinoise dans ces confins montagneux. Appuyé par une armée musulmane, Qubilaï Khan établit dans la région le système administratif en vigueur dans les zones de marches. Des chefs naxi, aux fonctions héréditaires civiles *(tusi)* ou militaires *(tuguan)*, sont doublés de mandarins chinois révocables *(liuguan)*. Sous les Yuan également, le bouddhisme pénétra dans la région.

En 1995, Lijiang a été mise à l'honneur grâce à quatre documentaires de 52 mn tournés par Phil Agland pour Canal + et Channel Four (River Film Production). Si les autorisations de tournage ont été difficiles à obtenir (deux ans), Phil Agland a consacré le même temps à filmer la ville, captant le quotidien des habitants à travers quelques événements heureux et dramatiques vécus en direct (tournage en 1990-1991).

La renaissance des Mu

Sous les Ming, les Naxi restèrent assujettis à l'Empire. La lignée des *tusi* qui administraient Lijiang depuis l'époque mongole obtint de l'empereur Ming Hongwu le privilège de porter le patronyme chinois « Mu », en 1390. Les seigneurs Mu insufflèrent un nouvel élan à la contrée. L'un d'eux, Mu Tianwang, le « Roi céleste Mu » (fin XVIe-début XVIIe s.), lettré, poète, adopta le lamaïsme du Tibet voisin, encourageant la diffusion de la secte des Karmapa (Bonnets rouges). Les temples visibles aujourd'hui dans les environs de Lijiang furent fondés sous son patronage. Nommé gardien des frontières de la Chine, des rebelles pacifiés et des tribus de brigands, comblé d'honneurs par la cour, il était proposé en modèle aux autres chefs frontaliers. La ville était alors un important centre caravanier sur les routes qui traversaient le Tibet vers la Chine méridionale et la Birmanie. Cet apogée de la culture naxi prit fin en 1723, lorsque les Mandchous substituèrent à l'administration des *tusi* l'autorité d'un magistrat chinois de Kunming.

Le patronyme Mu signifie aussi « bois » en chinois. Or, le caractère « bois », combiné avec le pictogramme d'une muraille, forme l'idéogramme *kun*, qui signifie « être encerclé par des ennemis ». Voilà pourquoi les seigneurs Mu s'abstinrent de ceindre leur cité de Lijiang d'un rempart qui, au lieu de protéger leur ville, l'aurait transformée en une prison « encerclée d'ennemis ».

La tradition « dongba »

Au contact des Tibétains et des Han depuis plus de dix siècles, la société naxi a subi de multiples influences, façonnant une culture originale et syncrétique. Sa religion, de caractère animiste et chamanique, a assimilé des aspects du bön tibétain, (religion indigène du Tibet antérieure à l'introduction du bouddhisme), du bouddhisme, principalement sous la forme du lamaïsme, du taoïsme et des religions persanes. En sont dépositaires les *dongba*, sorciers et chamans, exécuteurs des rites, intermédiaires entre les hommes et le monde des esprits

« Dongba » est l'équivalent du terme tibétain *tsompa*, signifiant le « maître ». Il désigne les chamans naxi, la tradition dont ils sont détenteurs et l'écriture pictographique qu'ils utilisent. Les dongba sont les gardiens et la mémoire de la culture naxi ; leur tradition se transmet de père en fils ; encore au nombre d'une trentaine dans les années 1980, ils ne seraient plus qu'une dizaine aujourd'hui, certains très âgés. L'Institut de recherche de la tradition dongba **(→ *p. 199*)****, créé en 1981, s'est donné pour mission de conserver et d'étudier leur savoir.**

Femmes naxi à Lijiang vêtues de leur cape caractéristique symbolisant les sept étoiles de la Grande Ourse.

et celui des dieux ; ils président les rituels funéraires, les grandes cérémonies collectives (sacrifices aux divinités – au ciel tout d'abord, à la terre, au dieu de la Montagne, aux Rois-Dragons, au vent, etc.), qui visent à assurer de bonnes récoltes et la prospérité des troupeaux, ou la grande fête annuelle qui réunit pendant trois jours les Naxi sur le mont Yulong en l'honneur d'Enpu Sanduo, vaillant guerrier qui, jadis, leur permit, au prix de sa vie, de triompher d'envahisseurs venus de l'O. Quand un danger menace son peuple, il descend, revêtu de son armure, sur son cheval blanc, du mont du Dragon de jade où il réside. Les *dongba* procèdent aussi aux exorcismes (*daochang* ; → *encadré p. 199*).

Lors des cérémonies, les *dongba* dansent coiffés d'une mitre, vêtus d'une chasuble rouge, brandissant une épée, psalmodiant les textes liturgiques. Ceux-ci sont rédigés à l'aide d'une **écriture** pictographique originale d'environ 1 300 signes (simples ou combinés), à l'origine mystérieuse, vieille, selon certains, de quelque 1 000 ans. Seuls les *dongba* savent reproduire et lire cette écriture qui leur sert d'aide-mémoire, de trame sur laquelle ils brodent au cours de leurs chants.

Le **canon *dongba*** (*dongba jing*) comporte environ 1 000 volumes (dont existent quelque 20 000 copies) d'un papier imputrescible fait d'écorce, sur lequel sont tracés au pinceau, à l'aide d'une encre composée de suie, de bile de porc et de plantes, les pictogrammes. Il comprend trois grands poèmes épiques : la *Création du monde*, la *Migration des nomades vers le sud*, le *Poème des héros*, ainsi qu'un ensemble cosmologique et astronomique fortement influencé par le taoïsme et le calendrier chinois. Les textes se présentent sous la forme de véritables bandes dessinées aux couleurs franches, à l'expressivité pleine d'humour et de vie.

Développement délicat

Le Yunnan concrétise un des grands problèmes actuels chinois : concilier les tensions entre développement économique et protection environnementale. La région constitue le foyer de trois grands fleuves : Mékong, Salouen (ou Nujiang) et Jinsha, affluent du fleuve Bleu. Prenant leur source dans le plateau tibétain, ils coulent parallèlement dans l'angle N.-O. du Yunnan avant de filer vers l'Asie

Joseph Rock

En 1922, un Américain d'origine autrichienne arrive à Lijiang. Botaniste à l'esprit aventureux, il se prend de passion pour cette région montagneuse. Nguluko, village naxi où il s'établit, deviendra une base de départ pour diverses expéditions menées pour le compte du National Geographic. Journaliste prolixe et explorateur insatiable, cet homme de caractère expérimente les débuts de la photographie couleur dans des conditions épiques, répertorie plus de 60 000 plantes et spécimens, un millier d'arbres et d'arbustes, 1 600 oiseaux, et envoie régulièrement le fruit de ses travaux et recherches à des institutions spécialisées aux États-Unis. Aidé de toute une équipe naxi, il se passionne pour cette culture. En 1947, l'université Harvard publie son œuvre : *The Ancient Naxi Kingdom of South West China*. Il entreprend également la rédaction d'un énorme dictionnaire *dongba*, qu'il terminera à Hawaii, obligé de quitter Lijiang en 1949. Publié juste après sa mort (déc. 1963), ce dernier est encore utilisé par les chercheurs actuels, et l'on parle de dresser un mémorial à l'infatigable savant que les pas ramenaient toujours à ce coin magique du Yunnan.

du Sud-Est. Constituant d'abondantes ressources hydrauliques, ils doivent répondre aux énormes besoins en électricité d'une Chine en pleine expansion économique, cherchant une alternative au charbon. Aussi les autorités comptent-elles doubler la capacité hydraulique nationale avant 2010 – un quart des énergies hydrauliques seraient utilisées actuellement. Le pays projette donc la construction de 13 barrages sur les fleuves du Yunnan, dont 8 sur le Mékong. L'ouvrage prévu sur la rivière Jinsha, non loin de la gorge du Saut du Tigre, est très controversé. Il devra fournir les villes du littoral chinois en électricité et réapprovisionner en eau le lac Dian, si pollué que Kunming risque de manquer d'eau. Mais la construction de barrages n'est pas sans risques pour l'environnement. En effet, le N.-O. du Yunnan héberge l'une des plus grandes biodiversités du pays : la moitié des espèces animales et un quart des espèces végétales nationales. Les projets hydrauliques perturberont très certainement ces écosystèmes. Ils supposent également des déplacements de populations : 100 000 personnes, vivant actuellement dans les environs de la gorge du Saut du Tigre, devront quitter leurs terres pour se réinstaller, craignent-elles, sur des plateaux arides, entre 900 et 2 800 m d'altitude. Les opposants au barrage ont réussi à faire entendre leur voix et à interrompre 30 projets aux impacts environnementaux incertains. Les dirigeants chinois ont d'ailleurs pris en compte ces questions, créant un « indice vert » pour mesurer la croissance. Néanmoins, depuis quelques années, le pouvoir se décentralisant progressivement, le « Bureau de protection de l'environnement » a de plus en plus de mal à exercer son autorité aux niveaux régional et local.

Visiter Lijiang★★★

■ **Parc de l'Étang du Dragon noir**★★ (Heilong tan ; *à l'extrême N. de Xin dajie ; ouv. 7 h-22 h ; accès payant ; au départ du Grand Lijiang Hotel, une agréable promenade conduit au parc le long d'un canal*). Quatre lions accueillent le visiteur dès l'entrée du parc : deux mâles et deux femelles. Ils gardaient jadis l'un des cinq temples fondés par le Roi céleste Mu autour de Lijiang, dont certaines parties ont été démontées pour être reconstruites dans le parc.

Prenez directement sur la dr. et longez le lac dont les eaux limpides reflètent par temps clair le mont Yulong.

Après un premier pont, une petite avancée permet d'avoir un beau **point de vue**★★ sur le lac, le **Pavillon pour attraper la lune** (Duyue lou), avec la mon-

Face à l'Institut, un petit magasin présente un choix de livres, des batiks dessinés par des peintres naxi et des copies de manuscrits. À l'arrière de la boutique, quelques marches bien raides conduisent au petit musée de l'Institut, dont les collections recoupent, en plus modestes, celles du musée des Dongba. Les passionnés pourront néanmoins demander la clé au magasin.

tagne du Dragon de jade à l'arrière-plan. Deux amoureux s'y seraient suicidés par le feu en 1950, provoquant l'incendie de cet édifice à trois étages d'époque Ming, qui fut reconstruit en 1962. On y accède plus loin par un joli pont en marbre blanc, le **pont de la Ceinture du mandarin.**

Le premier édifice rencontré au bord de l'étang est une **bibliothèque** provenant du temple de la Terre de félicité (Fuguo si), l'une des plus anciennes lamaseries (XVIIe s.) de Lijiang. Cette construction, ainsi que le pavillon aux Cinq Phénix *(→ ci-dessous)*, également transporté ici, est tout ce qui reste de ce complexe religieux qui se trouvait à 30 km de la ville.

Quittez un instant la rive du lac et empruntez le chemin qui monte sur la dr. Après 100 m, vous arrivez à l'Institut de recherche de la tradition dongba (côté dr.).

Institut de recherche de la tradition dongba* (Dongba wenhua yanjiushi). Cet endroit charmant et très calme ne se visite pas à proprement parler, car c'est avant tout un lieu d'étude. Devant l'Institut, un panneau évoque l'art de prédire l'avenir, une des bases de la culture dongba. Il représente le diagramme des devins. Au milieu, Haishibaomei, la grenouille, est l'animal fétiche des Naxi. La tête, les pattes réunies, la queue et l'abdomen de l'animal représentent les cinq points cardinaux (nord, est, ouest, sud, centre). Les cinq éléments (bois, feu, métal, eau et terre) et les douze animaux de l'année apparaissent sur le diagramme. Celui-ci permettra au devin de prédire la chance, la santé ou la maladie, le mariage et la vie entière de la personne qui fera appel à ses services. À la fois centre de recherche et lieu de conservation de manuscrits (il en possède 5 000) issus du canon *dongba*, l'Institut abrite quelques chercheurs, dans de modestes bureaux distribués autour d'un patio fleuri. Ils travaillent à la préservation de la tradition *dongba*, aidés par trois de ses chamans, ultimes détenteurs de ce savoir et seuls à pouvoir en déchiffrer l'écriture pictographique. Grâce à eux, les textes sont traduits en chinois, syllabe par syllabe. Peut-être aurez-vous l'occasion de rencontrer un *dongba* désireux d'échanger quelques mots sur sa culture…

▶ Un escalier, au-delà de l'Institut, escalade la **colline de l'Éléphant** (Xiang shan ; *prévoir entre 30 et 45 mn de montée*), procurant une très belle vue sur Lijiang, le lac et les montagnes avoisinantes. ◀

Redescendez vers le lac et continuez sur la dr. Vous passerez devant le **temple de l'Esprit-Dragon** (Longshen si), construction d'époque Qing.

Le **pavillon aux Cinq Phénix**** (Wufeng lou ; 1601 ; servit de résidence aux *tusi* au XVIIe s.). Chacun

L'exorcisme « dongba »

Par la consultation d'oracles, les *dongba* identifient les démons responsables d'une calamité et les divinités qui vont devoir les combattre ; parmi les démons, les *ssu* sont les plus redoutables ; ces esprits aquatiques gouvernent la nature et sont dotés du pouvoir de dérober les âmes humaines. Les aires sacrificielles et les lieux d'exorcisme sont délimités par des planchettes en bois de pin aux extrémités acérées, sur lesquelles sont peints dieux et démons évoqués (tel le redoutable dragon-serpent que vainc l'oiseau rock, mi-homme, mi-oiseau de proie, qui, après chaque combat, refait ses forces en regagnant l'arbre divin…). À la fin du rituel, les planchettes représentant les démons sont brûlées, signe de la victoire du *dongba* sur les forces du mal, les autres fichées en terre dans les champs, près d'un puits ou d'une source, sous un arbre, plantées de part et d'autre de la porte de la maison (pour les divinités yin et yang) : la religion *dongba* ne possédant pas de temples, les autels doivent être brûlés ou dispersés.

Très expressifs, les pictogrammes *dongba* sont parfois repris par des artistes locaux dans des peintures naïves, dont certaines sont de très grande qualité.

Devant le temple de l'Esprit-Dragon, vous verrez sans doute des femmes naxi se livrant à quelques pas de danse traditionnelle.

des trois avant-toits, de taille décroissante, dresse vers le ciel huit pointes comparées à des phénix en envol. Quel que soit le point de vue, l'on doit toujours en apercevoir cinq… Autrefois salle principale du temple de la Terre de félicité, il fut transporté ici à la fin des années 1970. Au 1er étage sont exposés différents attributs des *dongba* : vêtements, épées, amulettes… *(demandez la clé à l'Institut).*

Musée des Dongba** *(le descriptif ci-dessous, antérieur à la fermeture du musée pour restauration, n'est donné qu'à titre indicatif, pour laisser entrevoir la richesse des collections).*

1re salle *(aile g. après l'entrée)*
Dès l'entrée, une série de photos illustrent des costumes naxi de régions diverses (Lijiang, Zhongdian, Sichuan). Des panneaux présentent quelques pictogrammes, accompagnés de leur transcription dans le syllabaire *geba* et de leurs traductions anglaise et chinoise. Des manuscrits de pictogrammes *dongba* sont exposés dans les vitrines.
Suivent plusieurs **autels** dédiés au ciel (auquel on rendait un sacrifice chaque année), aux dieux de la Nature (souvent représentés par un arbre), aux jeunes suicidés dont le mariage a été contrarié (deux arbres supportent leurs vêtements en une évocation symbolique de leur amour) et qui espèrent renaître dans le « troisième monde » *(Disanguo ; → ci-dessous, Ganhaizi)*. Contre un pan de mur, les **planchettes en bois,** peintes de diverses figures, étaient fichées dans le sol lors des cérémonies d'exorcisme *(→ encadré p. préc.).*
Près de la sortie, un rouleau de peinture long de 20 m *(seule une partie du rouleau est déroulée)* illustre le **cheminement de l'âme** *(se lit de bas en haut).* Y sont représentés 360 divinités et 70 animaux fabuleux, jalonnant le chemin parcouru par l'âme du défunt entre enfers et paradis avant de renaître sous une autre incarnation. Notez la forte influence du bouddhisme tibétain.
La **couronne des cinq divinités** *(dans une vitrine, parmi quelques attributs* dongba*)* est coiffée par le chaman pour être investi de pouvoirs surnaturels. C'est une sorte de mitre dont chacune des cinq pointes représente un dieu : au centre, Dingbashiluo, la plus puissante des quelque 400 divinités naxi ; à sa dr., le protecteur de la foi ; les trois autres personnages sont des dieux de la Guerre. Plusieurs représentations de dieux évoquent les tanka, dénotant une évidente influence du bouddhisme tibétain.

La **3e salle** *(aile dr.)* est consacrée à Lijiang et à ses environs. On y verra des photos prises par Joseph Rock au début du XXe s., une maquette de la ville, un tambour en bronze (d'époque Ming) retrouvé dans un temple lamaïque de la région, deux stèles en pierre – l'une portant des inscriptions tibétaines, l'autre commémorant la mort de huit pilotes des Tigres volants *(→ p. 462)* lors d'un accident d'avion en 1945 –, quelques objets funéraires. Sont également exposés un costume naxi (féminin) et des bijoux. La cape s'orne d'une broderie qui représente le Soleil (principe yang) et la Lune (principe yin) aux extrémités et la Grande Ourse en son milieu.

En sortant du parc, descendez Xin dajie sur 1 km et tournez à g. pour rejoindre le pont du Dragon de jade (Yulong qiao).

■ **VIEILLE VILLE***** (alt. 2 400 m). Fondé sur un plateau au début du XIIe s. (Song du Sud) et agrandi sous les Mongols, le vieux Lijiang est surnommé le « Gros Encrier » (Dayan). À la manière d'un encrier qui se renverse, la vieille ville est parcourue de canaux qui se faufilent vers le S. depuis la rivière de Jade (Yuhe) ; c'est un ensemble gracieux où venelles pavées d'ardoise, ponts en pierre et ruisselets s'enchevêtrent et s'enjambent. En bois rouge ou en brique crue, généralement chaulée, reposant sur un soubassement de pierre, les maisons sont dotées de grands volets permettant de fermer le rez-de-chaussée, occupé le plus souvent par une boutique ; à l'étage, les habitations privées se cachent derrière des claustras en bois qui laissent passer l'air. Premier paravent protégeant des forts rayons du soleil d'altitude, un avant-toit marque la séparation entre les deux niveaux.

Dans les arrière-cours dissimulées par un mur-écran, on respire les senteurs d'une végétation abondante : roses, tulipes, azalées, mais aussi arbres et arbustes. Les habitants de Lijiang aiment par-dessus tout les fleurs, qu'ils cultivent avec passion. Parfois, à l'intérieur d'une cage accrochée dans un recoin plus sombre, un oiseau sommeille.

Depuis le pont du Dragon de jade (Yulong qiao), descendez Xingyi lu. N'hésitez pas à entrer dans la cour du Sanhe Jiudian, superbe hôtel de charme, ni à jeter un coup d'œil dans les quelques venelles qui s'échappent sur votre dr. : elles abritent puits centenaires et superbes maisons à cour carrée (siheyuan). Continuez vers le S. en empruntant le passage Jishi, puis Mishi.

Les **passages Jishi et Mishi** sont bordés de boutiques touristiques : batiks, sculptures en bois, masques peints en terre, parures ethniques, vannerie décorée, rouleaux de peintures chinoises, terres cuites, peintures *dongba*, tableaux en fourrure. Entre les deux passages, remarquez une jolie place.

Traversez le Pont à double arche (Dashi qiao, d'époque Yuan, reconstruit sous les Ming) et empruntez une venelle dont les petits restaurants privés vous régaleront d'odeurs.

La « **rue carrée** » (Sifang jie) est à proprement parler une place rectangulaire où convergeaient les marchands caravaniers en route pour le Tibet ou la Birmanie. Un marché s'y tient à présent chaque jour, sur lequel on vend essentiellement des articles en cuivre (casseroles, woks, louches, pilons à piment, bouilloires, marmites mongoles…) et quelques souvenirs plus touristiques (bijoux, porte-bébés ouvragés, chapeaux en batik, imitations de manuscrits *dongba*…).

Une fois sur la place, on peut revenir par Minzu jie (à l'O. de la place), prolongée par Xinhua jie, qui aboutit non loin du Grand Lijiang Hotel ou repartir en direction du S.-E. (Guangyi jie) pour découvrir la partie moins touristique, non sans charme, de la vieille ville.

▶ Pour le plaisir d'une promenade *(1 h de montée par un sentier escarpé)*, prenez la route de Heqing jusqu'au pied de la colline **Wenbi** *(8 km S.)*. De là, vous accéderez au **temple du Pic de la Culture** (Wenfeng si, 1723), important centre de pratiques

Lijiang étant fréquentée par de très nombreux groupes de touristes tout le long de l'année, n'hésitez pas à vous éloigner du secteur central et de Sifang jie (rue carrée), souvent surpeuplée. Vous retrouverez un peu d'authenticité en vous perdant dans les petites ruelles, hors des sentiers battus. Le site est plus calme tôt le matin.

L'hiver, on aperçoit parfois de longues processions de mariage traversant ces vieux quartiers. La famille du marié se rend chez la nouvelle épouse avec force cadeaux : couettes, couvertures, chaudrons, nécessaires de toilette, bouilloires… ; tout un déballage porté le long de grandes perches, formant de joyeuses ribambelles colorées où s'exhibent les objets de demain.

À voir aussi, le grand marché alimentaire de la ville (t.l.j. jusqu'à 15-16 h ; très animé le matin).

♥ BONNE ADRESSE

En immersion dans la vie des Naxi (maison traditionnelle, cuisine), la pension *Aliang Guesthouse*, tenue par une famille naxi : 110, Whenzhi xiang (300 m E. de Sifang jie) ; ☎ 512-9923 ; aliangguesthouse@sina.com

Lijiang est appelée la « Venise orientale ». En 1997, l'Unesco l'a ajoutée à la liste des plus grands héritages culturels du monde.

Maisons traditionnelles de Lijiang : le rez-de-chaussée est occupé par une échoppe tandis que les pièces d'habitation se trouvent à l'étage.

occultes de la secte Karmapa. Les vestiges actuels ne donnent pas la mesure du faste de l'époque (le temple abritait 80 lamas au XVIIIe s.). Au-dessus coule toujours une fontaine sacrée où les initiés s'adonnaient à toutes sortes de rituels ésotériques. La grotte adjacente servit de refuge à de nombreux pèlerins en route vers le Jizu shan, montagne sacrée du bouddhisme de la région de Dali. ◄

À voir encore : le **palais des Mu** (Mufu ; *ouv. t.l.j. 8 h 30-17 h 30 ; accès payant*). Au cœur de la vieille ville, adossé à la colline du Lion, l'immense palais des Mu a été entièrement reconstitué en 1997, fidèle à ce que fut cette cité du pouvoir naxi, bâtie dès l'époque mongole puis agrandie sous les Ming. Lorsqu'il passe à Lijiang, l'illustre voyageur Xu Xiake compare le palais à la Cité interdite de Pékin.
L'ensemble s'ouvre par un imposant portique de pierre portant les idéogrammes *zhong* (fidélité) et *yi* (justice). Puis, passé un petit canal, on accède à l'enceinte principale où se succèdent les différents bâtiments : les premiers sont dédiés à la cause publique, avec le salon des Affaires d'État *(yishijing)*, où se prenaient les décisions politiques du royaume ; suivent la bibliothèque aux Dix Mille Rouleaux *(wanjuanlou)*, à la triple toiture, et la Grande Salle protectrice de la Loi *(hufadian)*. La partie plus intime comprend le pavillon des Émeraudes lumineuses *(guangbilou)*, autrefois dédié aux réceptions et aux banquets, le salon de Musique *(yuyinlou)*, enfin le temple des Trois Purs *(sanqingdian)*. Ces pavillons abritent des expositions sur l'économie et la culture naxi. On trouve également une petite librairie, un salon de thé et d'inévitables boutiques.

Environs de Lijiang

S'organiser : une journée est suffisante pour découvrir les environs de Lijiang. Prévoyez un à trois jours supplémentaires pour l'excursion à la gorge du Saut du Tigre (→ *plus bas*). Tous les sites sont accessibles depuis la route qui va de Lijiang à Daju, au N. Le plus simple sera de louer un véhicule qui vous permettra d'enchaîner facilement les visites. Emportez une lampe torche pour voir certaines fresques.

Sortez au N. par Xin dajie, après 2 km, prenez sur la g. la route de Baisha.

1 Baisha* *(10 km N. ; bus n° 6 près du grand magasin de Lijiang, au croisement de Xin dajie et du Yulong qiao ;).* Siège du pouvoir naxi avant l'invasion mongole, ce village aux murs en torchis posés sur des soutènements en pierre abritait autrefois 12 temples. L'un d'eux, un temps utilisé par l'école voisine, mais à l'abandon aujourd'hui, marque l'entrée du village. En face s'élève le **temple des Tuiles vernissées**** (Liuli gong ; *ouv. t.l.j. 8 h-18 h ; accès payant*), autrefois intégré dans une résidence des seigneurs Mu. Il fut orné d'une suite de peintures murales entre 1385 et 1619. Singulièrement détériorées pendant la Révolution culturelle – un sgraffite signifie : « ceci est de la superstition » –, elles témoignent de l'éclectisme religieux du temps des Mu, puisant à diverses sources (taoïsme, bouddhisme, lamaïsme, *dongba*, etc.). Elles sont exceptionnelles par la finesse du trait, les détails des costumes, l'expression des visages, la vivacité des attitudes. Le strict ordonnancement des personnages trahit une influence chinoise, tandis que la vigueur des traits et l'exubérance décorative relèvent de la tradition tibétaine. La feuille d'or y fut abondamment utilisée.

La scène qui fait face à l'entrée est la plus grande conservée (5 x 3,67 m). Elle représente le Bouddha Sakyamuni en prédication, entouré de 100 personnages : de haut en bas figurent les grands propagateurs du lamaïsme, des immortels taoïstes, des adeptes de la secte chan, portant un chapeau, et, au dernier rang, des moines tantristes. *Sur le mur de g.*, 163 personnages évoquent *(de haut en bas)* le paradis avec des immortels sur des nuages, le monde des hommes, les différentes sphères de réincarnations et un mandala. *Sur le mur de dr.* sont peintes des allégories édifiantes : un pèlerin terrifié se trouve face à un tigre, mais il n'est pas dévoré par le fauve car il a accompli de bonnes actions dans ses vies précédentes. À dr. de cette scène, un lotus s'épanouit au-dessus de l'eau.

▶ À voir, le très joli village de **Longquan**, situé à 2 km S. de Baisha. On peut y faire une pause, le long d'un canal aux eaux transparentes, ou un petit tour à cheval. Il se dégage un charme tranquille du petit temple de la Fontaine du Dragon (Longquan si), érigé entre une colline de pins et un étang. ◀

Reprenez la route principale en direction de Daju. À la première fourche, tournez à g. et poursuivez sur 7 km.

2 Temple du Sommet de jade* (Yufeng si, *13 km N. ; ouv. t.l.j. 8 h-17 h 30 ; accès payant*). Trois groupes de constructions reliés par un chemin de pierre s'étagent à flanc de colline dans une épaisse forêt de pins.

Le temple à l'entrée du village sert de logement aux instituteurs. Malgré son état d'abandon, il est intéressant : beau jeu de consoles, restes de peintures sur les colonnes et entablements, portes délicatement sculptées (deux cours).

Pensez à vous munir d'une lampe de poche, le temple des Tuiles vernissées est assez sombre. Le mur du fond, derrière le panneau central, est également orné de peintures intéressantes mais plongées dans l'obscurité.

Des fragments de peintures provenant de sanctuaires alentour sont entreposés dans la première salle du temple.

Dans son recueil de notes de voyage *Qu'est-ce que je fais là* (trad. fr., 1991), Bruce Chatwin a rendu célèbre le docteur Ho, du village voisin de Baisha. Disposant d'une excellente connaissance des herbes médicinales, il a entreposé dans sa maison une centaine de plantes originaires de la région et a créé la « Jade Dragon Snow Moutain Chinese Herbal Medicine Clinic », où il soigne ses patients en échange d'un don. Sa notoriété a fait le tour du monde, il reçoit une bonne dizaine de visiteurs par jour.

Longquan peut constituer l'occasion d'un déjeuner, sur la route vers le Yufeng si : les restaurants, cafés et hôtels flambant neufs à l'architecture traditionnelle ne cessent de s'y multiplier.

À dr. de la route qui traverse le plateau au N. de Lijiang s'étendent de vastes champs en friche. Ils correspondent à l'ancienne piste d'atterrissage des Tigres volants américains. Entrés en guerre après Pearl Harbor (déc. 1941), ils apportaient, depuis l'Inde en survolant l'Himalaya, munitions et vivres aux troupes de Jiang Jieshi repliées à Chongqing. Aujourd'hui, la nature a repris ses droits.

C'est sur la mer de fleurs de Ganhaizi que les Naxi situent le « troisième monde », paradis sur terre où les tigres sont doux comme des chiens. Les amoureux contrariés vont se suicider à cet endroit en avalant une plante qui les étouffe peu à peu, espérant ainsi revivre éternellement ensemble dans le « troisième monde ».

Dans la région de Yunshanping, où les herbes médicinales abondent, le « thé des neiges » *(xuecha)* est réputé pour faire baisser la pression artérielle. On en conseille l'absorption avant l'ascension en téléphérique.

Pour profiter du romantisme de la gorge du Saut du Tigre, vous seriez bien avisé de vous y rendre à l'aube ou en basse saison. Sinon, de nombreux bus de touristes encombrent la route d'accès et, dans l'escalier conduisant à la gorge, le défilé ininterrompu des visiteurs continue… Une manne pour les locaux : on vous proposera colifichets, photos, snacks, bijoux, et même des chaises à porteurs !

Le sanctuaire principal recèle au fond d'une jolie cour les statues de Padmasambhava (fondateur du bouddhisme tibétain), de Sakyamuni et de Chenrezig (Avalokitesvara). Remarquez les portes et les fenêtres finement ouvragées. En montant, on laisse à dr. un bâtiment dans lequel habite encore un vieux lama. Dans la cour du bâtiment supérieur, un superbe camélia de 500 ans (en fait deux arbustes plantés ensemble, aux troncs entrelacés) draine de vastes foules à la fin de l'hiver, au moment de sa floraison abondante. Superbe **vue** sur la vallée et les montagnes environnantes. Le temple qui l'enserre est plus tardif (1723).

Depuis le Yufeng si, regagnez la route de Daju.

3 Ganhaizi★ *(30 km N.)*. La route traverse ce vaste plateau d'altitude, couvert en été d'un véritable océan de fleurs jaunes, violettes, blanches : edelweiss, gentianes… semblables aux fleurs des alpages d'Europe.

En continuant vers le N., vous passerez l'ensemble hôtelier de Xuehuashan, « fleurs de neige », situé près du village tibétain de Baishuihe. Des jeunes femmes yi noirs y proposent des excursions à cheval.

4 Plaine de la Montagne des Nuages *(40 km N.; bus n° 7 au départ de l'intersection Minzu lu-Fuhui lu, via Baisha ; renseignez-vous pour connaître l'heure de retour ; coût de l'excursion élevé : droit d'entrée général + télésiège ; Yunshanping est le point de départ du télésiège ; possibilité de louer des parkas bien utiles en cas de crachin)*. Le trajet est superbe, la route se déroulant au cœur d'une très belle vallée, mais c'est seulement en redescendant que l'on profite des plus belles vues sur les glaciers en face. Après l'ascension en télésiège *(20 mn)*, un sentier aménagé (tout en bois) part sur la g. jusqu'à à une vaste clairière *(800 m)*. L'altitude élevée (3 200 m) permet de bénéficier d'une très jolie vue du mont du Dragon de jade et du Shanzidou (5 996 m), le plus haut de ses 13 pics. Inutile de vous rendre sur les lieux si vous n'avez que de peu de temps à Lijiang : le site, très fréquenté par les groupes et les commerçants, manque d'authenticité, et on ne peut sortir du sentier.

En continuant sur la route de Daju, vous trouverez, à 20 km au N. de Yunshanping, un chemin (sur la g.) menant au vaste pâturage de Maoniuping (3 800 m, 50 km²). Tibétains et Yi noirs y viennent faire paître les yacks entre juil. et sept.

5 Daju et **la gorge du Saut du Tigre**★★ (Hutiao xia ; *95 km N. ; accès payant ; avant d'entamer le trekking de la gorge du Saut du Tigre, renseignez-vous sur les conditions météo : durant la saison des pluies [juil.-août] ou après plusieurs jours de mauvais temps, les sentiers*

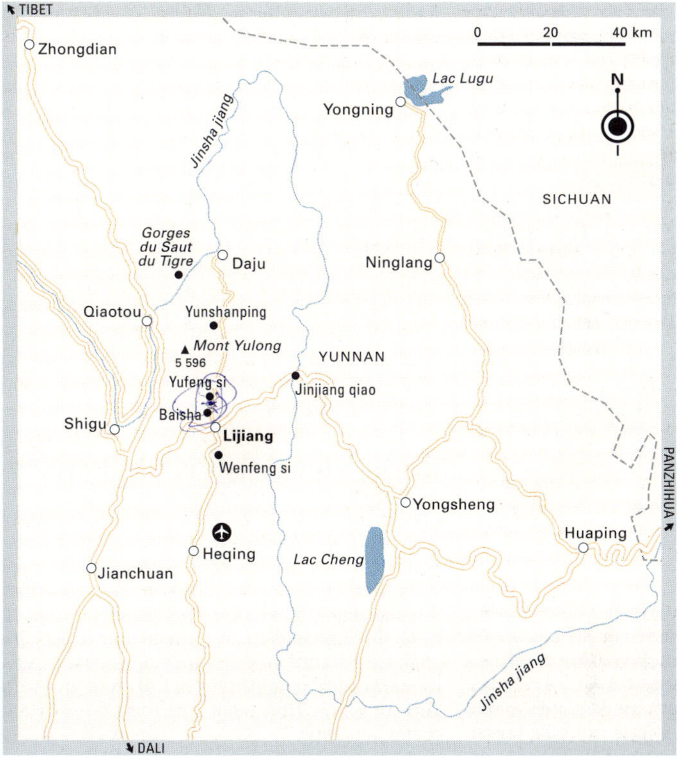

Environs de Lijiang.

risquent d'être glissants ou coupés par des glissements de terrain. Ne partez jamais seul : vous êtes en montagne et un certain nombre de mesures de sécurité s'imposent. Soyez bien équipé, muni de bonnes chaussures de marche, emportez de l'eau, de la nourriture, de la crème solaire et un vêtement chaud. Pour rallier un groupe, adressez-vous à votre hôtel ou à une pension disposant de guides anglophones – le CITS ne paraît pas en avoir beaucoup. Selon votre forme physique, comptez 2 à 4 jours de marche pour un trajet de 23 km).

Enserré entre la chaîne du mont Yulong (5 596 m) et celle de Haba (5 396 m), un chemin rocheux longe la rive dr. de la gorge (profondeur maximale : 196 m ; 18 rapides ; trois chutes). Le cours supérieur du Yangzi jiang y est si étroit (30 m) qu'on raconte qu'un tigre fuyant un chasseur pouvait le franchir d'un bond. Ce chemin était autrefois utilisé par les Tibétains qui échangeaient à Lijiang des peaux et des pattes d'ours (mets très recherché de la cuisine chinoise) contre du sel. En 2003, lors de négociations pour établir les limites du parc des Trois Rivières, les autorités locales firent en sorte que la gorge du Saut du Tigre soit laissée à l'extérieur du site protégé : la construction d'un barrage sur le site leur permettrait de tripler leurs revenus fiscaux…

Vous aurez le choix entre deux chemins, de difficulté variée. Le premier *(4 à 5 h de marche)*, au départ de Qiaotou, est à fond de vallée. Facile mais monotone,

À défaut du trekking de la gorge du Saut du Tigre, vous pourrez vous rendre à Qiaotou en taxi ou en bus (*2 h 30 de trajet*; belle route avec vue du coude du Yangzi à hauteur de Shigu et le début de la gorge). À Qiaotou, on emprunte une route qui longe le Yangzi sur quelques kilomètres ; sur la dr., un sentier aménagé en escalier descend jusqu'au fond de la gorge, à l'endroit où le tigre aurait franchi le Jinsha jiang d'un bond *(compter 30 mn pour la descente et la remontée)*. Revenir ensuite à Lijiang ou continuer sur Zhongdian *(env. 3 h)*.

il suit la route conduisant à Walnut Grove *(modestes pensions en chemin)*. Ensuite, une autre route, nettement moins pittoresque, continue vers Daju. Un second sentier *(6 h de marche de Qiaotou à Bendiwan, 8 h jusqu'à Walnut Grove)*, étroit et à fort dénivelé, demande une bonne condition physique. Des pensions permettent de faire étape en cours de route. Vous pouvez ensuite rentrer sur Qiaotou à pied, en bus ou en taxi.

▶ Au départ de Walnut Garden, les amateurs de randonnée ont la possibilité de continuer jusqu'au village de Haba et aux terrasses de Baishuitai *(4 j. de marche ; → ci-après)*. Des guides louent leurs services pour vous conduire à Haba *(7 à 8 h de marche)*. De là au village de Sanba, compter encore 7 à 8 h de marche. Un bus assure ensuite la liaison avec Zhongdian. ◀

Route des confins tibétains★★

L'ouverture, en 1992, de Zhongdian aux étrangers s'inscrit dans une volonté de promotion touristique de la part des autorités locales. Cet itinéraire vous permet d'aborder le Kham, l'ancien Tibet oriental, aujourd'hui morcelé entre l'E. du Tibet, le N.-O. du Yunnan, l'O. du Sichuan et le S. du Qinghai. Ce point de passage, qu'empruntaient jadis les caravanes acheminant le thé en briques du Yunnan vers le Tibet, était autrefois un important centre lamaïque.

La route vers le Tibet est désormais ouverte mais les étrangers, avant de se rendre sur place, doivent officiellement faire partie d'un « groupe » et détenir un « permis », que délivrent des agences de voyages, moyennant finances. Elles organisent des voyages en jeep de Zhongdian vers Lhassa par les routes tibétaines septentrionales ou méridionales *(8 à 12 j. de route à très haute altitude)*. Ces dernières, difficiles, sont souvent bloquées par la neige de nov. à mars.

Il est possible d'aller de Zhongdian à Chengdu, en 6 jours au minimum de voyage très éprouvant, sur des routes périlleuses de haute montagne, à travers la région tibétaine du Sichuan (par Derong, Litang et Kangding).

Par temps clair, l'arrivée à Zhongdian en avion est superbe. On survole les premiers contreforts himalayens se déclinant à perte de vue. Les massifs ressemblent à des marches géantes, dont les plus hautes, au N., culminent à 6 480 m et les plus basses, au S., à 1 480 m.

Programme : 1er j., trajet Lijiang-Zhongdian ; 2e et 3e j., Zhongdian et environs ; 4e j., route vers Dechen *via* Benzilan ou retour à Lijiang.

Fêtes : le Nouvel An tibétain (Laqishi) a lieu au même moment que le chinois, la date variant selon le calendrier lunaire (fin janv.-début fév.). Des courses de chevaux sont organisées au pied du Wufeng shan (à l'E. de Zhongdian), selon les années, entre le 31 mai et le 15 juin, durant 4 jours ; on peut y apprécier la rapidité et la nervosité de ces petits chevaux. En sept., un autre festival est dédié aux minorités du Yunnan. À l'occasion de la cérémonie Gedong, le 29e j. du 11e mois lunaire (déc.), un grand rassemblement de lamas, avec des danses masquées incarnant les divinités du panthéon tibétain, se tient dans les lamaseries Songzanlin et Dongzhulin.
Si vous vous rendez à Zhongdian à ces périodes, pensez à réserver votre chambre d'hôtel bien avant.

Conseils : évitez de faire ce voyage en hiver : les routes, très mauvaises, sont dangereuses, voire bloquées par les chutes de neige. En raison de l'altitude, pensez toujours, quelle que soit la saison, à prendre des vêtements chauds, les hôtels ne disposant que de couvertures chauffantes (il neige encore au printemps). La meilleure saison est l'été, pour la température et pour assister aux fêtes locales.

Quittez Lijiang par la route n° 214 du Tibet, en direction de Qiaotou.

■ *70 km N.* : **SHIGU.** Le cours supérieur du Yangzi, dévalant du plateau tibétain, effectue son premier coude à 120° N. Sur la rive, une tablette en marbre en forme de tambour commémore une victoire sino-naxi sur les Tibétains en 1548. Ce village traditionnel ne manque pas de charme et offre de très belles vues sur la vallée et le fleuve. Les lieux auraient constitué un point stratégique sur la route de la soie sous la dynastie des Han (206 av. J.-C. - 220 apr. J.-C.). Plus tard, le chef mongol Qubilaï Khan (1215-1294), futur fondateur de la dynastie Yuan, aurait traversé le fleuve Bleu avant d'installer ici un bureau administratif. Un mémorial rappelle le passage de l'Armée rouge en 1936, lors de la Longue Marche. N'hésitez pas à vous perdre dans les petites ruelles à flanc de montagne *(petits restaurants)*.

■ *90 km* : **QIAOTOU.** Possibilité de rejoindre Daju par la gorge du Saut du Tigre *(→ ci-dessus)*.

■ En route vers Zhongdian, un paysage sans cesse changeant dévoile les premières images du monde himalayen. On quitte les larges plaines voisinant Lijiang pour rejoindre la première courbe du fleuve Bleu. Des maisons de torchis s'élèvent dans une vallée de plus en plus étroite. Le Jinsha jiang se rétrécit encore pour devenir simple torrent. Plus en altitude, sur de hauts plateaux herbeux au vert profond, des maisons tibétaines massives cernées par les premiers contreforts de l'Himalaya annoncent un autre univers. Les demeures s'élèvent sur de larges pâturages, où broutent les yacks.

■ *198 km* : **ZHONGDIAN**** (Shangri-La ; alt. 3 160 m). Une ville du bout du monde, une sorte de Far West, aux confins du Yunnan et du Tibet, offrant le spectacle anarchique et hallucinant de bâtiments en béton surgissant du sol en terre battue, qui côtoient baraquements en planches et quelques belles maisons tibétaines traditionnelles en bois. Boutiques de souvenirs, cafés et modestes pensions s'y multiplient. La ville même présente peu d'intérêt, hormis son vieux quartier, au S., qui conserve quelques **maisons tibétaines*** caractéristiques, en bois et à deux niveaux, et les deux marchés d'alimentation qui se tiennent t.l.j. dans **Changzheng lu,** l'une des deux artères principales. On y trouve des produits frais, qui étaient fort rares il y a peu, et des plantes médicinales (champi-

ZHONGDIAN

ⓘ *CITS* : Changzheng lu.

Hébergement correct (eau chaude, mais pas de chauffage).

Liaisons aériennes : l'aéroport (Diqing, en tibétain Dechen) se trouve à 5 km de la ville. Vols directs pour Kunming (t.l.j.), Lhassa (2 vols/sem.), Shenzhen, Chengdu (3 ou 4 vols/sem.), Guiyang, Shanghai, Pékin.
CAAC : Wenming jie, ☎ 822-9901.

Bus : de Lijiang à Zhongdian, t.l.j. toutes les heures entre 7 h et 19 h (trajet 5 h). De Zhongdian, 1 bus/j. pour Baishuitai (trajet 4 h) ; 1 bus toutes les heures pour Xiaguan (trajet 8 h), entre 7 h 30 et 0 h 30 ; 3 bus/j. pour Kunming (trajet 15 h).

Plusieurs banques sur Changzheng lu. À l'angle avec Xiangyang lu, l'*Agricultural Bank of China* effectue des opérations de change (avance sur carte de crédit, argent liquide et traveller's cheques). En revanche, les distributeurs de billets n'acceptent pas les cartes de crédit étrangères.

Bureau de la sécurité publique (PSB) : Changzheng lu (ouv. t.l.j. 8 h 30-12 h 30 et 14 h 30-17 h).

Capitale de la préfecture autonome tibétaine de Diqing (Dechen), cette petite ville est en pleine expansion. Sa population se compose de Tibétains, de Han, de membres des ethnies naxi, hui et lisu.

Zhongdian est aussi désignée, en chinois, sous le nom « Xianggelila » ou « Shangri-La ». Son nom en tibétain, Ghyaltan, signifie « bonté sans limites ». Le nom Shangri-La signifierait « pays du sacré et de la paix ».

Les environs de Zhongdian révèlent de superbes paysages, larges plaines cernées de massifs montagneux et de lacs aux reflets d'argent. On y croise de temps à autre un Tibétain au visage buriné, surveillant son yack. Cet animal, farouche, ne se soumet qu'à son maître. Il représente une fortune dans ces contrées : 2 000 euros (le revenu moyen mensuel ne dépasse pas 70 euros dans la région). Après être passé d'un champ de colza à un autre, de retour au village, ce pâtre mi-sédentaire, mi-nomade se nourrira de mouton parfumé à la menthe et de fromage, l'ensemble arrosé d'un alcool de céréales.

Une maison au Tibet

Vous serez peut-être invité à pénétrer dans l'une de ces grandes demeures, pour y partager le thé salé au beurre de yack. Cernées d'un large mur d'enceinte, autour d'une cour, elles se découpent en deux niveaux. Le rez-de-chaussée abrite le bétail, on y stocke les outils agricoles et le bois de chauffage. Sur la terrasse sèche le linge. La pièce centrale (du poêle), de dimensions imposantes, est lambrissée de planches de bois. Un pilier massif soutient un toit élevé. Sous les combles, on a remisé les récoltes à sécher. On range les ustensiles de cuisine en cuivre et autres objets utilitaires dans des vaisseliers au bois ciselé. Autour s'organisent cinq ou six pièces plus petites : garde-manger, chambres à coucher, salle de prières, où l'on honore Bouddha. Une photo du dalaï-lama côtoie souvent celles des ancêtres de la famille dans ces oratoires dont certains conservent au plancher les marques d'usure des genoux des fidèles. Le blanc, considéré comme sacré pour les Tibétains, prédomine sur les murs extérieurs : les ancêtres vénéraient les pierres blanches.

gnons, herbe-chenille, bile d'ours, angélique...). On y croise des lamas à vélo et de vieilles Tibétaines revêtues de leurs parures de bijoux.

À 3 km N. (suivre la route après l'hôpital tibétain ; compter 1 h de marche), la **lamaserie Songzanlin*** (XVIIe s. ; *ouv. t.l.j. 5 h-20 h ; accès payant*) était l'une des 13 grandes lamaseries de la secte des Bonnets jaunes. L'un des deux « bouddhas vivants » *(tulku)* qui dirigeaient cette lamaserie a suivi le dalaï-lama dans son exil indien à Dharamsala. Quoique rénové, le monastère (actuellement 600 moines) a conservé une très belle allure, doté de ses édifices massifs, couleur crème, coiffés de toits dorés, s'échelonnant à flanc de montagne. La première vue de cet ensemble religieux donne un avant-goût du Tibet. Ses dimensions imposantes attestent le poids politique qu'avait cette secte à Zhongdian. La **grande salle** *(accès payant, guichet et porte à dr. du bâtiment)* aux 108 piliers, installée dans le bâtiment au sommet, domine tous les autres édifices ; elle a été reconstruite depuis 1982, mais avec des moyens insuffisants (revêtements synthétiques sur les toits). Avant sa destruction, 1 600 moines pouvaient s'y rassembler. En son centre trône un bouddha géant. Les murs s'ornent de peintures tibétaines que l'on découvre en marchant dans le sens des aiguilles d'une montre. Du haut de l'édifice, au-dessus de la salle où sont installés les moulins à prières, on jouit d'une superbe **vue** sur la vallée. En grimpant les escaliers, on visite successivement des salles de prière qui jouxtent les quartiers des moines.

À 8 km O., le pâturage d'altitude de **Napahai*** présente une grande diversité de paysages selon la saison. L'été, il est gorgé des eaux de centaines de ruisseaux, formant un véritable lac ; au printemps, c'est un marais verdoyant aux herbes hautes où paissent les troupeaux de yacks. De nombreux villages tibétains sont disséminés aux alentours, avec leurs maisons en bois à deux niveaux et leurs séchoirs à céréales caractéristiques tendant leurs grands bras vers le ciel. De jeunes Tibétains louent des petits chevaux vifs pour s'aventurer dans la plaine, au cœur d'un paysage grandiose. Dommage qu'on n'ait que 10 mn avant de faire demi-tour !

À 10 km, le **Dabao si** *(louez un taxi ; accès payant dans le hameau en contrebas)*, perché sur une colline au cœur d'une forêt de mélèzes, dans un site comme oublié par le temps et par les hommes, figure parmi les édifices religieux les plus vieux du Yunnan. Un escalier conduit à un petit bâtiment, abritant le sanctuaire *(vis. en traversant la 1re cour)* et les habitations des moines. Ce temple bouddhiste, haut lieu de pèlerinages, est cerné de milliers de drapeaux de prière tibétains aux couleurs rituelles, témoignant de la visite de nombreux fidèles. Imprimés de mantras (formules sacrées), de sutra et de prières, accrochés en guirlandes aux branches d'arbres, ils sont si nombreux que l'on peut à peine se déplacer dans le bois. Lorsque le drapeau a totalement disparu, à la suite de l'action du vent et des autres éléments combinés, la prière est exaucée. L'excursion permet d'admirer en chemin la beauté des champs de colza et des prairies, où broutent les petits chevaux et les yacks.

▶ *À 108 km S.-E.,* **Baishuitai**★★, la « terrasse d'eau blanche », est un vaste dépôt calcaire *(quittez Zhongdian par la sortie N.-E., puis suivez vers le S. la route de Sanba ; il est conseillé de louer un véhicule ; prévoir une bonne journée d'excursion, 2 h 30 pour l'aller simple ; accès payant).* De petits bassins y ont été creusés sous l'action de l'acide carbonique de l'eau d'une source, formant ainsi une multitude de cuvettes remplies d'eau, miroitant au soleil, d'une blancheur immaculée. Du haut des terrasses (alt. 2 480 m), la **vue** sur la vallée et les plaines au loin est superbe. Un peu en arrière des terrasses se trouve la source. Tout autour sont plantés des bâtons recouverts de pictogrammes *dongba.* ◀

■ Quittez Zhongdian par le N.-O. et longez le cours du Jinsha jiang jusqu'à **Benzilan** *(81 km),* où l'on retrouve des rizières, en raison de la plus faible altitude. Les Tibétains y fabriquent des bols en bois appelés pola. Le 29e jour du 11e mois lunaire, une importante cérémonie a lieu dans la lamaserie **Gedan Dongzhulin** *(104 km),* restaurée. Dans un cirque de montagnes, **Dechen** (Diqing en chinois ; *183 km* ; alt. 3 480 m ; hôtel *Meili,* au centre-ville) est la dernière étape avant le Tibet.

Lungta

Sur la majorité des drapeaux de prière est représenté Lungta, le cheval de vent, ancien symbole tibétain : flottant au vent, il émet des énergies curatives. Médiateur entre le ciel et la terre, le cheval, surmonté du « joyau qui exerce les souhaits », symbolise la rapidité, la puissance et l'élan. Il emporte les prières des fidèles vers les cieux. Ce cheval porte « les trois joyaux » bouddhistes ; le Bouddha, le Dharma (loi bouddhiste) et le Sangha (communauté monastique). Ces drapeaux sont également des porte-bonheur censés écarter les difficultés. Les *darchok*, longues bannières de tissu, sont accrochées à des mâts de 3 à 5 m de haut : lorsque le vent souffle, les prières sont dispersées dans l'espace.

Le pèlerinage à Baishuitai, le 8e jour du 2e mois, fait partie des rites d'ordination des prêtres *dongba.* Là est vénéré Dingbashiluo, patriarche fondateur de leur ordre. Le bourg voisin de Baidi est d'ailleurs considéré comme le berceau de la tradition *dongba.*

Route du lac Lugu★★

Cet itinéraire mène jusqu'à la frontière du Sichuan par une des plus belles routes du Yunnan, à travers la région des Yi noirs, sur fond de montagnes découpées en terrasses.

S'organiser : une route directe relie Lijiang au lac Lugu dans un paysage somptueux, le long de la vallée du fleuve bleu. Comptez 5 h 30 de trajet en véhicule privé. Compte tenu de l'affluence touristique ces dernières années, les conditions d'hébergement se sont nettement améliorées. Avant d'arriver à destination, vous devrez vous acquitter d'un droit de péage, relativement élevé. Évitez de vous rendre sur le site en hiver, en raison de la neige.

Hébergement au bord du lac. Rudimentaire mais correct à Lige.

Deux livres pour mieux comprendre la réalité du lac Lugu :
Cai Hua, *Une société sans père ni mari, les Na de Chine*, PUF, 1997 ;
Bernard Allanic, *La Voie blanche, entre Chine et Tibet*, éd. La Digitale, 1994.

La déesse Gemu venait de passer la nuit avec son amant Waru Shila. Le couple fut surpris par le soleil au lever du jour. Le dieu partit précipitamment à cheval vers l'E., mais ne put s'empêcher de se retourner encore une fois vers son amante. Les rayons de l'aube le transpercèrent alors et le transformèrent en montagne. Gemu pleura tant que ses larmes formèrent un lac. Puis elle tira de sa chevelure sept perles, qu'elle jeta dans les eaux, les joyaux se changeant aussitôt en petites îles. Ensuite, elle se transforma en montagne. Ainsi pouvait-elle contempler éternellement son amant... et garder le nouveau lac ainsi formé, le lac Lugu.

La rançon du succès

Le lac Lugu est l'objet d'un certain développement touristique. Visiteurs individuels et groupes s'y rendent toujours plus nombreux. Les bus de touristes arrivent généralement vers 16 h 30 avant de repartir le lendemain en début de matinée. Conséquence de cet afflux, les habitants de Luoshui, le bourg principal, se sont disputé les terres sur la rive pour construire des hôtels et des restaurants. Ces établissements et les boutiques d'artisanat s'alignent au bord du lac, construits à l'image des maisons mosso, en rondins de bois. Ils accueillent les 300 visiteurs quotidiens. Si ce tourisme a amélioré les conditions de vie locales, il représente un nouveau danger pour l'environnement : le revenu local a doublé, les 73 familles du bourg ont désormais la télévision et le téléphone, mais les eaux du lac, pour le moment encore transparentes, risquent de devenir de plus en plus polluées...

Liaisons routières : de Lijiang (gare routière au N., place Mao) à Luoshui, au bord du lac Lugu, 3 bus directs par jour (trajet 7 à 8 h). Alternative, prendre un bus pour Ninglang, puis un autre pour Luoshui : Lijiang-Ninglang toutes les heures depuis la gare routière longues distances (trajet 5 h) ; Ninglang-Luoshui, départs à 13 h et 14 h 30 (trajet 3 h). À Luoshui, minibus pour Lige. Dans le sens inverse, 2 bus/j. pour Ninglang (à 9 h et 10 h 30) ; là, connexions pour Lijiang toutes les 30 mn de 9 h à 16 h.

Quittez Lijiang par l'E. (route de Panzhihua).

■ *51 km :* **JINJIANG QIAO,** pont sur le Jinsha jiang (fleuve au Sable d'or). Superbe point de vue.

■ En route, on admire les villages yi accrochés sur les versants des montagnes, dominant le fleuve Bleu en contrebas. On traverse des vallées où se déploient les rizières, puis on grimpe vers des cols culminant à 3 000 m. Enfin, la route descend vers le lac. La vue est grandiose : le ciel se confond avec les eaux marines du lac cerné de hautes montagnes aux tons saphir.

■ *218 km :* **NINGLANG,** canton autonome yi de 200 000 hab., dont 57 % sont des Yi. Ancien carrefour commercial entre le Sichuan et le Tibet, sur la « route des chevaux et du thé » *(chama lu).*

La route traverse des villages yi noirs, puis franchit les Petites Montagnes fraîches (Xiaoliang shan) avant d'arriver à une impressionnante piste serpentant à plus de 3 000 m, bordée de précipices.

■ *303 km :* **LAC LUGU**** (2 685 m ; *à 85 km et 3 h de route de Ninglang*). À cheval sur la frontière entre Yunnan et Sichuan, ce vaste lac naturel d'eau douce (50 km^2) est le plus élevé du Yunnan. Tibétains, Pumi, Yi demeurent dans cette région surtout caractérisée par son importante communauté mosso, branche des Naxi, dont les villages sont répartis autour du lac. Leurs maisons sont en rondins de bois, les interstices étant bouchés avec de la terre. Plusieurs petites îles se trouvent au centre du lac. Sur l'**île Xiewa,** l'été, des centaines d'oiseaux migrateurs se réunissent, et des canards sauvages y font leur nid. L'**île Liwubi*** abrite une petite lamaserie de la secte des Bonnets jaunes. Dans l'unique salle de prière, un lama récite les sutra, devant les statues de Chenrezig, de Sakyamuni et les photos du dalaï-lama. Détruit pendant la Révolution culturelle, le temple a été reconstruit récemment. En escaladant la colline, on atteint le stupa funéraire d'Ayunshan,

En fin de volume, le Petit dictionnaire regroupe les définitions des noms propres ou communs spécifiques à chaque pays ; le Lexique réunit un vocabulaire de base pour les différentes situations de la vie quotidienne.

tusi de Yongning (1898-1933). *Des habitants de Luoshui louent des embarcations pour se rendre sur l'île. Si vous êtes en petit comité, vous devrez attendre l'arrivée d'un groupe de touristes pour partager un bateau. Vous aurez droit à 20 mn de visite sur le site avant de repartir.*

▶ **Lige** *(à 10 km de Luoshui)* est un hameau tranquille, s'organisant autour d'une petite baie. Face à l'île éponyme, il jouit d'un superbe panorama, décliné dans divers tons de bleu. Deux pensions avec restaurants s'élèvent sur une petite presqu'île s'étirant à côté de la baie. Le site s'avère, pour le moment, un havre de paix… On bâtit des hôtels en bois, d'architecture « typique » mosso, tout au long de la baie. ◀

Les 22 km de route entre le lac Lugu et Yongning (évitez de l'emprunter à la saison des pluies) sont bordés d'azalées sauvages qui fleurissent en avr., oct. et déc.

■ *325 km :* **YONGNING*** *(zhaodaisuo)*. Située dans un bassin entre les montagnes du Lion à l'E. et du Yack à l'O., Yongning était un passage obligé des caravanes en provenance du Sichuan. Des marchands apportaient de Kangding, de Dechen (Diqing en chinois) et du Tibet des peaux, du sel, de la laine pour les vendre à Yongning et y acheter du thé, des médicaments et des céréales. Le marché *(tous les matins)* de Yongning est encore aujourd'hui un spectacle qui tient du Moyen Âge et du Far West à la fois.

Au N. de la ville, la **lamaserie Zhamei Geba** abrite 60 lamas et simples moines, y compris des enfants. L'ensemble a été fondé à l'époque des Yuan (1276-1368). La grande salle de prière, d'époque Ming (1368-1644), a été détruite pendant la Révolution culturelle et entièrement reconstruite. Il se dégage des lieux une certaine beauté et une grande sérénité. Si l'édifice principal est fermé, demandez à l'un des religieux vivant sur place de l'ouvrir *(une petite donation sera la bienvenue)*. Les rouleaux de prières, de part et d'autre de la porte centrale, symbolisent la roue de la vie et le cycle des naissances éternelles. Le fidèle entame

Sur les hautes terres du plateau du Yungui et dans une grande partie du Yunnan (ici, dans la vallée du Jinsha jiang), on construit à la mode chinoise en terre damée *(hangtu)*. Les murs sont montés par lits successifs de terre, compactée avec de lourds pilons en bois, à l'intérieur d'un coffrage en planches. Cette construction offre l'avantage d'une régulation thermique hiver comme été.

Le concubinage « azhu »

La région du lac Lugu est appelée « Royaume des femmes ». Rare groupe ethnique à avoir conservé un système de parenté matriarcal, les Mosso pratiquent toujours l'union libre, que les Naxi ont dû abandonner dès le XVIIIe s. La femme est chef de famille, dirige la production agricole et gère le clan. Dès leur puberté, les jeunes ont le droit de nouer des relations *azhu*, sorte d'union libre, sauf s'ils sont de la même lignée maternelle. L'homme rend visite à son *azhu* à la tombée de la nuit et rentre chez lui au petit matin. La relation s'arrête s'il ne vient plus ou si elle n'ouvre plus sa porte. Les enfants appartiennent à la mère et restent toute leur vie chez elle. C'est l'oncle maternel qui tient lieu de père.

son pèlerinage dans le sens des aiguilles d'une montre et fait tourner ceux-ci. Les rotations imposées libèrent les mantras écrits à l'intérieur des rouleaux de papier et enroulés autour de l'axe rotatif. À l'intérieur, l'odeur assez forte provient des bougies en beurre de yack se consumant.

La **salle du Bouddha****, à dr., a été miraculeusement préservée et conserve sa belle façade d'époque Ming. Elle renferme une statue parée de Maitreya haute de 15 m, refaite en 1994. Sur les murs, des fresques d'époque Ming représentent la Tara verte et la Tara blanche. Derrière Maitreya, Manjusri sous la forme terrible à tête de taureau de Yamantaka avec 9 têtes, 34 bras et 18 pieds, en accouplement mystique avec sa Dakini ; à sa g., Mahakala (Gonpo) à 6 bras, puis Palden lamo sur sa mule, la terrible protectrice de Lhassa.

Il est inutile de revenir à Lijiang. Retournez à Ninglang (3 h) pour y emprunter la route de Panzhihua (à 87 km de Ninglang), via Huaping (5 h). À Panzhihua (Dukou), vous pourrez prendre le train pour Kunming (à 340 km de Panzhihua ; 6 h de trajet) ou Chengdu (15 h de trajet).

3 Dali★★

Grâce à son site exceptionnel entre les Cangshan (alt. moyenne 4 000 m) et l'immense lac Erhai, et à son climat ensoleillé, Dali est depuis longtemps une halte réputée et appréciée dans la Chine du Sud-Ouest par routards et voyageurs « en solo ». Ancienne capitale du royaume (yi) du Nanzhao (VIIIe-Xe s.) et du royaume (bai) de Dali (Xe-XIIIe s.), la ville connut son heure de gloire lorsqu'elle était une étape importante sur la route de la soie méridionale. Elle contrôlait alors l'essentiel du commerce entre la Chine, l'Inde et la Birmanie. La ville ancienne a gardé son caractère, avec ses ruelles, ses maisons en pierre aux jardins fleuris, tandis que la ville moderne, Xiaguan, s'étend à l'extrémité S. du lac, à 14 km. Dali est renommée pour son marbre, issu des Cangshan, dont le polissage fait apparaître des motifs semblables à des peintures chinoises traditionnelles. Fiefs des Bai, ethnie dominante de la région, les bourgs voisins de Zhoucheng et de Xizhou ont conservé de beaux exemples de l'architecture propre à ce peuple.

Dali mode d'emploi

La meilleure période : le climat est doux et ensoleillé en hiver et souvent pluvieux en été. Aux mois d'avr.-mai se déroulent plusieurs festivités bai, mais attention aux tempêtes sur le lac.

Préfecture autonome bai.
Capitale : Xiaguan.

Alt. : 1 974 m.

Population : 3 200 000 hab. (Dali et Xiaguan), dont 65 % de Bai.

Distances depuis Dali :
Kunming, 410 km ; Lijiang, 191 km ; Baoshan, 200 km.

Province du Yunnan.

Indicatif ☎ (0) 872.

ADRESSES UTILES

ℹ *CITS*, 77, Boai lu ; ☎ et fax 266-1700 ; ouv. de 8 h 30 à 22 h 30.
Un certain nombre d'agences de voyages sur Boai lu et Huguo lu. Outre la vente de billets d'avion, de trains et de bus, elles organisent des excursions dans les environs, des visites des marchés, des promenades en bateau des expéditions en 4x4 au Tibet jusqu'à Lhassa.

- **Sécurité publique à Xiaguan : 21, Tianbao jie (ouv. du lun. au ven. 8 h-11 h et 14 h-17 h).**
- **Police : ☎ 2675-5294 .**
- ***Bank of China* : à l'angle de Huguo lu et Fuxing lu (ouv. 8 h-19 h 30). La banque, au 333, Fuxing lu, est équipée de distributeurs automatiques de billets.**
- **Poste à l'angle de Fuxing lu et de Huguo lu (t.l.j. 8 h-20 h). Téléphones internationaux.**

À ne pas manquer

Distinguez bien la vieille ville de Dali (Dali gucheng), sur la rive O. du lac Erhai, et la ville moderne de Xiaguan (capitale de la préfecture autonome des Bai), sans intérêt touristique, située à l'extrémité S. du lac Erhai, à 14 km de la vieille ville : personne n'y séjourne à moins d'avoir à y prendre un bus grande ligne le lendemain matin. Dali et Xiaguan possèdent toutes deux des gares routières. Vérifiez donc bien la destination indiquée sur votre billet.

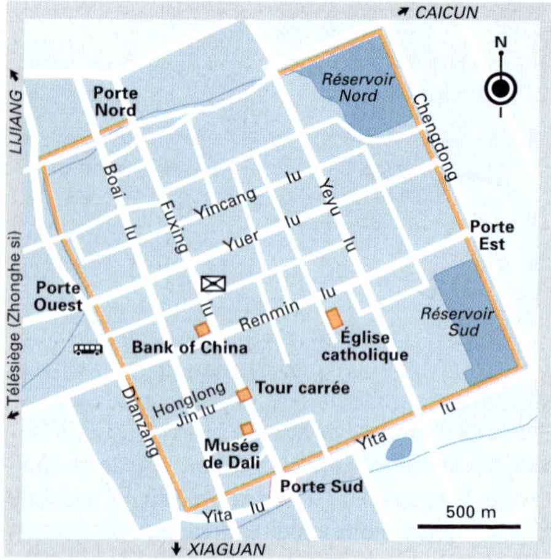

Dali, la vielle ville *(→ aussi carte des environs de Dali, p. 218).*

S'orienter : la vieille ville de Dali, toute petite avec son plan en damier, est d'un repérage facile. Autre élément de repère, la chaîne des Cangshan, que vous apercevrez toujours, où que vous vous trouviez : si elle est à votre g., c'est que vous êtes face au N. L'artère principale, **Fuxing lu,** relie la porte S. monumentale à la porte N. Elle est croisée par **Huguo lu,** où se trouvent la plupart des cafés – où l'on peut consommer café au lait, cappuccino, bière, pizzas, beignets, etc. –, des galeries de peinture, des boutiques d'artisanat et des restaurants. Les Chinois l'ont baptisée « rue des Étrangers » (Yangren jie) dans sa section centrale. La majorité des sites à voir dans les environs se situent sur la rive O. du lac, entre Dali et Xiaguan. Ils ne sont pas exceptionnels, mais sont l'occasion de très agréables promenades.

S'organiser : vous visiterez la vieille ville à pied (comptez 30 mn pour rejoindre à pied la porte N. depuis la porte S., soit env. 2 km). Possibilité de louer des bicyclettes sur Boai lu. Des minibus locaux, à destination de Xizhou et de Zhoucheng, partent d'un arrêt face à la gare routière, à proximité de la porte de l'O. située à l'extrémité de Huguo lu.

Programme : comptez **deux jours** pour visiter Dali et ses environs. **J. 1 :** consacrez la matinée à la visite des Trois Pagodes (à vélo ou à pied) et à la découverte de la vieille ville. L'après-midi, croisière sur le lac depuis l'embarcadère de Longkan jusqu'à l'île de Jinsuo. Au retour, promenade dans le village de pêcheurs de Longkan. **J. 2 :** le matin, visite des bourgs de Zhoucheng et de Xizhou. (Inversez les étapes ou les journées pour assister le lun. matin au marché de Shaping, au N. de Xizhou.) L'après-midi, arrêt à l'oratoire de Guanyin. Soirée dans le vieux Dali. Si vous n'avez qu'une journée : visite de la vieille ville et des Trois Pagodes le matin, de Zhoucheng et de Xizhou l'après-midi.

Hébergement : de modeste à confortable. Choisissez la vieille ville de Dali.

On trouve de très bonnes cartes dans la librairie *Mandarins Books & CD (Wuhua shuyuan),* sur Fuxing lu, non loin de la « rue des Étrangers ». Le libraire propose un grand choix en anglais et en français, beaux livres, romans et guides de voyages. Les agences de voyages mettent en vente des cartes de la ville et de la région, très esthétiques mais assez approximatives.

Vous pouvez marcher sur les remparts cernant la vieille ville. Cette promenade offre une jolie perspective sur la cité en contrebas et sur le lac. N'hésitez pas à sortir des rues les plus touristiques (Wenxian lu, Fuxing lu, Boai lu et Huguo lu) pour prendre le pouls d'une ville un peu plus authentique. De belles maisons traditionnelles bai jalonnent Renmin lu et l'E. de la ville.

Le bus n° 4 relie Dali et Xiaguan toutes les 15 mn à partir de 6 h 30 (trajet 30 mn). Le bus n° 8 fait la liaison entre Dali et la gare ferroviaire de Xiaguan.

Des petites voitures à cheval, hors les murs, vous permettront de parcourir de petites distances.

Croisières sur le lac Erhai, embarcadères : → *p. 224.*

Marchés : grand marché de **Shaping** (à la pointe N. du lac Erhai) le lun. matin (10 h-14 h 30 env. ; avant 11 h, les tractations commerciales sont en pleine effervescence ; nombreux minibus pour Shaping devant les hôtels ou à l'extrémité O. de Huguo lu) ; marché de **Xizhou** tous les matins (minibus à l'extrémité O. de Huguo lu). Sur la rive E., marchés de **Wase** et de **Shuanglang** les jours comptant 5, 10, 15, 20, 25 et 30.

Fêtes et manifestations : la **foire de la 3e lune** est la plus grande fête des Bai. Elle commémore une visite légendaire de Guanyin au royaume du Nanzhao. Elle se déroule au pied des Cangshan du 15e au 21e j. du 3e mois lunaire (généralement en **avr.**) et consiste en un grand marché, suivi de courses hippiques et d'une foire aux chevaux. Elle peut attirer jusqu'à plus d'un million de visiteurs venus de toute la Chine. La **fête des Trois Temples** (du 23e au 25e j. du 4e mois lunaire ; fin mai) est considérée comme le carnaval des Bai. C'est un pèlerinage populaire et villageois accompagné de chants et danses aux temples Shengyuan de Xizhou, au village Jingui, au bord du lac Erhai – le temple est aujourd'hui détruit – et au temple Majiuyi, dans le village du même nom, lieu de vénération de la princesse Jinhua, qui régna sur les Bai à l'époque du royaume de Dali. La **fête des Torches** (**fin juil.,** particulièrement animée à Zhoucheng) est célébrée par les Yi et les Bai afin d'obtenir une bonne récolte. Elle donne lieu à Haidong à une course de « bateaux de fleurs » sur le lac Erhai.

Liaisons aériennes : 13 vols/sem. pour Kunming (45 mn de vol) ; 2 vols/sem. pour Pékin **Aéroport :** Fengyi, 25 km S. de Dali et 15 km E. de Xiaguan ; pas de navette entre Dali et l'aéroport : prendre un taxi, ou le bus jusqu'à Xiaguan puis un taxi. **Billetterie :** au bureau de *China Yunnan Airlines,* Yunling dadao, zone de développement économique (Xiaguan).

Liaisons routières : Les deux gares routières principales de **Xiaguan**, sur Jianshe lu, disposent de bus desservant les mêmes destinations : Baoshan (2 h 30 de route), Mangshi (6 à 8 h), Ruili (10 à 12 h), Jinghong (17 h). De **Dali**, des bus partent vers Zhongdian (7 à 8 h de route), Kunming (7 h) ou Lijiang (3 à 4 h), depuis un arrêt à la porte O. de la ville. **Billetterie :** dans la vieille ville, agences de voyages sur Fuxing lu, Huguo lu et Boai lu. Faites jouer la concurrence. Le plus simple est de prendre son billet au départ de la vieille ville de Dali.

Spécialités : *shaguo yu,* poisson cuit à l'étouffée accompagné de champignons, fromage de soja, tranches de poulet, foie de porc… ; *rushan,* sorte de fromage coupé en fines tranches ; fruits confits, *diaomei* ; jambon de Nuodeng ; alcool sec de Heqing et thés verts et noirs.

Achats : Dali est submergée de boutiques touristiques, vendant en somme le même type d'articles. Il est impératif de marchander. Petit marché d'objets en marbre de Dali juste après la porte S. quand on pénètre dans la vieille ville. Grand choix également de produits d'artisanat local, batiks, sacs tissés, tabliers brodés des femmes bai… dans les boutiques de Fuxing lu. Sur Huguo lu, étals, galeries de peintures contemporaines inspirées de la culture des minorités, boutiques de vêtements, antiquaires ; les articles en argent proposés n'ont parfois qu'un rapport très lointain avec le précieux métal.

Dali dans l'histoire

La puissance du Nanzhao (738-902)

L'occupation des berges du lac Erhai est ancienne (on y a découvert des instruments en bronze du XIe s. av. notre ère), et la région constitua une zone de transit sur les routes commerçantes de la Birmanie et de l'Inde dès le IIe s. av. notre ère. Elle échappa pourtant au contrôle de l'Empire chinois jusqu'au Moyen Âge. Au début du VIIIe s., les Tang, préoccupés par l'expansionnisme du royaume du Tibet, contractèrent une alliance avec le chef tibéto-birman (ethnie yi) Piluoge. Avec l'appui des armées chinoises, celui-ci fédéra les principautés locales sous sa seule autorité et reçut de la Chine le titre de Nanzhao, « prince du Sud », en 738.

Le marbre de Dali

Le mot chinois pour désigner le marbre est *dali shi*, « pierre de Dali ». Le plus prisé de Chine est extrait des flancs de la chaîne des Cangshan depuis près de 12 siècles. Il servait de tribut du royaume de Dali à l'empire Song. On appelle « pierres de rêve » ces tablettes de marbre dont le polissage fait apparaître des montagnes, des chutes d'eau ou des nuages, comme dans une peinture à l'encre de Chine. Les blocs sont découpés à l'aide d'un faisceau de lames en fer arrosées de sable et d'eau. Chaque année, plus de 10 000 m² de marbre « jade blanc pur », « fleurs colorées », « nuages gris » et surtout le précieux *shuimo hua*, « tableau à l'encre de Chine », sont réservés à la confection de panneaux décoratifs et exportés vers Hong Kong, le Japon et l'Asie du Sud-Est.
Les blocs sont débités dans une usine *(dalishi chang)* à la sortie N. de la ville, sur le chemin des Trois Pagodes, près d'un étang où l'on vient admirer leur reflet dans l'eau.

Une terre du bouddhisme

Sous l'influence des Chinois, mais aussi des Tibétains, les souverains du Nanzhao et de Dali adoptèrent le bouddhisme du Grand Véhicule (Mahayana), qui connut un immense rayonnement dans la région du lac Erhai. La pagode des Mille Éveils (la plus grande des Trois Pagodes,) et la montagne sacrée Jizu shan (à l'E. du lac Erhai) attiraient des milliers de pèlerins. Plusieurs souverains du royaume de Dali se firent moines à la fin de leur règne. Sous les Yuan et les Ming, chaque monastère possédait des terres et une fortune qu'il faisait fructifier par des prêts à intérêt. Cet âge d'or du bouddhisme a laissé de nombreuses traces sur les berges du lac.

Le trafic commercial du S.-O. de la Chine assura la prospérité du Nanzhao, qui, dès le milieu du VIIIᵉ s., rejeta la suzeraineté chinoise pour s'allier aux Tibétains. Depuis les rives du lac Erhai, le Nanzhao se lança alors dans une série de campagnes militaires. Il conquit le N. de la Birmanie et infligea une défaite cuisante aux troupes chinoises, massacrant une armée entière. Plus tard, dans une nouvelle offensive contre son puissant voisin, le roi Ge Luofeng occupa le N. du Vietnam et attaqua le Sichuan, menaçant l'empire Tang.

Le royaume de Dali (937-1253)
Au début du Xᵉ s., l'État du Nanzhao sombra, miné par les soulèvements de ses différentes ethnies. Il fit place à trois principautés éphémères jusqu'à la fondation, en 937, du royaume de Dali, « la Grande Concorde ». Dirigé par la noblesse bai, cet État pluriethnique renoua les liens de vassalité avec la Chine et tissa avec elle de nouvelles relations économiques. Ces échanges connurent leur apogée sous les Song, au XIIᵉ s. Les Chinois appréciaient surtout les chevaux robustes de Dali et son marbre précieux *(→ encadré)*, mais aussi les couteaux, les figurines bouddhiques en bronze, ciselées avec beaucoup de raffinement, les armures en résine, très résistantes, tous ces produits étant offerts en tribut à la cour.
Sous les Song du Sud (1127-1279), les routes commerciales d'Asie centrale étant coupées par les invasions barbares, la livraison des chevaux (auxquels l'État chinois consacrait une grande part de son budget) à l'Empire fut entièrement effectuée par le royaume de Dali, contribuant à sa prospérité et à sa position de puissant vassal.

L'éphémère sultanat de Dali (1855-1873)
En 1253, Qubilaï Khan, fondateur de la dynastie mongole des Yuan (1276-1368), dirigea en personne la conquête du royaume de Dali, avant même de soumettre le S. de la Chine, imposant en même temps la domination de l'Empire sur tout le Yunnan. Une partie de ses armées, composées de Mongols et de musulmans, Turcs ou Hui enrôlés en Asie centrale, demeura sur place après la campagne. L'islam pénétra ainsi dans la région.
En 1856, les musulmans de Dali se soulevèrent, entraînant d'autres ethnies dans leur sillage. Sous l'égide de Ma Dexin, un chef religieux qui s'était rendu à La Mecque, à Istanbul et à Alexandrie, le letté Du Wenxiu établit le sultanat de Dali et prit le titre de sultan Suleyman. Une puissante offensive des Mandchous vint à bout de cet État dissident en 1873. Une importante communauté hui subsiste aujourd'hui à Xiaguan.

1 Dali et la rive Ouest du lac Erhai

Les deux rives du lac Erhai ne se ressemblent pas : la rive O. borde une plaine fertile et arrosée. Sa terre noire permet de cultiver le riz, le blé, le maïs, les fèves, la canne à sucre, le coton, le tabac. Autre atout, l'axe de communication N.-S., qui permit à Dali de contrôler, dès le VIIIe s., les routes marchandes entre la Chine, le Tibet, la Birmanie et l'Inde. Les bourgs de la rive O. ont gardé, dans leurs belles maisons, des traces de l'opulence passée, fondée sur le commerce du thé (cultivé sur les collines des Cangshan), du cuivre, de l'étain, des tissus, du sel, etc. De la brillante époque du royaume du Nanzhao, et des temps plus anciens, Dali et ses environs possèdent de nombreux vestiges, dans la plaine, comme sur les hauteurs des Cangshan, qui égrènent un chapelet de temples et d'ermitages bouddhiques.

■ **Le vieux Dali★★** (Dali gucheng)

Porte Sud★. La ville fut fondée en 1383 sous les Ming selon un plan en damier à la chinoise et entièrement fortifiée. De ces fortifications, il ne reste quasi plus que cette porte monumentale à deux toits superposés, édifiée en 1383, ainsi que la porte N., prolongées, chacune, par quelques mètres de remparts.

Musée★ de Dali (Dali bowuguan ; *sur Fuxing lu, à g. ; en remontant vers le N. ; ouv. t.l.j. 8 h 30-18 h 30 ; entrée payante ; quelques indications en anglais, le reste est en chinois*). Il occupe l'ancienne résidence, bien restaurée, de Du Wenxiu (→ *ci-dessus* ; cours paisibles, bambous et bougainvilliers, ouvertures en forme de lune, etc.). Les objets archéologiques constituent l'essentiel des collections : objets du Néolithique, tambour en bronze *(→ p. 374-375)* de l'époque de Dapona (site au S.-E. de Dali qui a donné son nom à une culture du bronze contemporaine du royaume de Dian, IVe-IIe s. av. notre ère), objets plus nombreux datant des royaumes du Nanzhao (738-902) et de Dali (937-1253), dont de belles poteries qui contenaient des reliques bouddhiques, des cauris (coquillages de la famille des porcelaines, jadis utilisés comme monnaie), des tuiles décorées, des statuettes bouddhiques, etc. Collection de miroirs en bronze, dont, certains, remarquables, datent de la dynastie des Song. Voir aussi six statues en bois doré (d'env. 1 m de hauteur) de l'époque des Yuan (1276-1368) représentant **quatre rois-gardiens★** et les **deux bodhisattva★** Samantabhadra (Puxian), chevauchant un éléphant, et Manjusri (Wenshu), monté sur un lion. Le musée présente également une très intéressante **collection de figurines en argile★** (1534), ou *mingqi*, placées dans la tombe pour suivre le mort dans sa dernière demeure : hommes et femmes chargés de présents, musiciens, cavaliers encadrés d'autres maîtrisant des chevaux, danseurs, etc.

Salles abritant des panneaux en marbre de Dali *(→ encadré)* autour de la dernière cour-jardin. À g., dans deux cours, nombreuses **stèles** érigées depuis les Tang dans la région, d'importance historique, culturelle, artistique, et statues de deux hommes et de deux chevaux - restes d'une Voie des Esprits *(shendao)*. Les salles cernant la cour voisine rassemblent de belles estampes du XIXe s. et quelques batiks.

La vieille ville, heureusement préservée de la présence d'affreux immeubles modernes, a conservé des ruelles bordées de maisons à l'architecture traditionnelle, en pierre, organisées autour d'une cour carrée, généralement fleurie. Enfoncez-vous dans les ruelles les plus étroites (Honglongjing, Cangping jie) pour accéder aux jardins privés des habitants qui font le charme du vieux Dali (un signe amical aux habitants suffit) - certaines familles bai ont fait fortune en ouvrant des restaurants dans leur jardin, offrant un cadre typique et une ambiance chaleureuse.

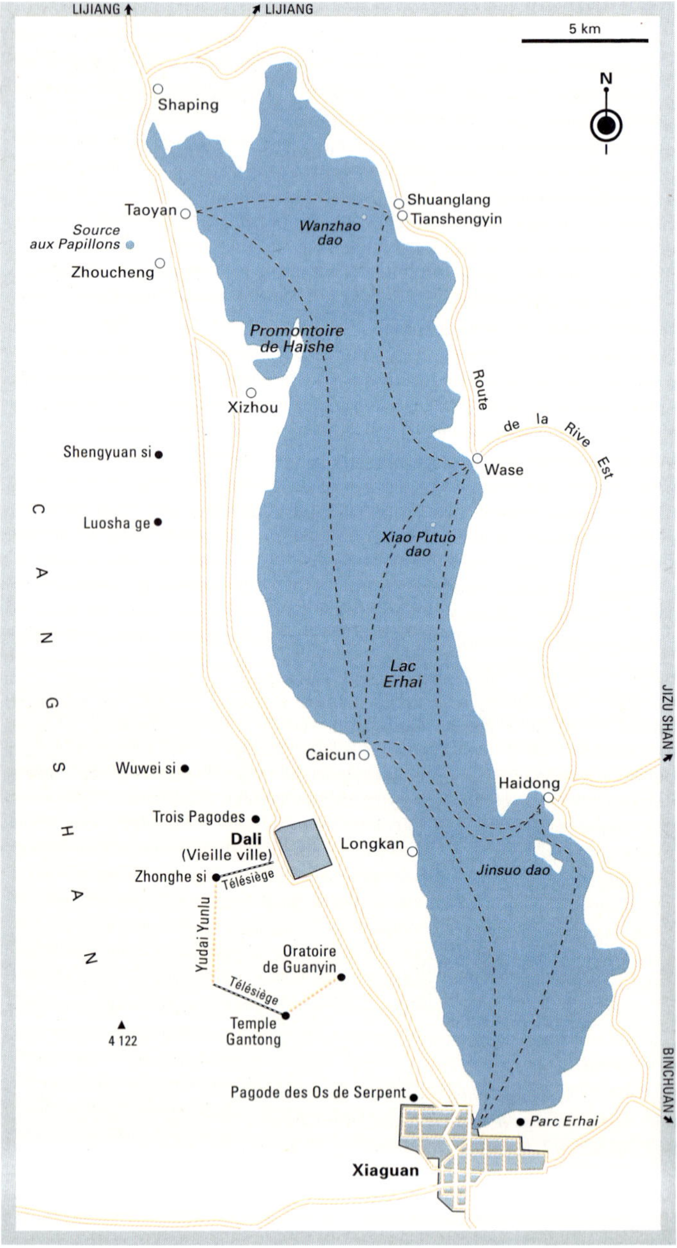
LIJIANG
LIJIANG
5 km
N
Shaping
Shuanglang
Tianshengyin
Taoyan
Source aux Papillons
Wanzhao dao
Zhoucheng
Promontoire de Haishe
Xizhou
Route de la Rive Est
Shengyuan si
Wase
Luosha ge
Xiao Putuo dao
CANG SHAN
Lac Erhai
JIZU SHAN
Caicun
Wuwei si
Haidong
Trois Pagodes
Dali (Vieille ville)
Longkan
Zhonghe si
Télésiège
Jinsuo dao
Yudai Yunlu
Oratoire de Guanyin
Télésiège
Temple Gantong
4 122
BINCHUAN
Pagode des Os de Serpent
Parc Erhai
Xiaguan

Yu Eryuan* *(entre Yuer lu et Yincang lu)*, « jardin du lac de jade », aménagé sur le modèle d'un jardin privé (fleurs, stèles, poèmes gravés sur bois), est ouvert au public. Les quartiers E. de la ville, au-delà de Fuxing lu, sont moins fréquentés par les touristes : vieilles maisons, échoppes, étals de bouchers, etc.
Une église catholique construite en 1938 *(signalée par un panneau en anglais)* s'élève au n° 6 de Xinmin lu, derrière Renmin lu. L'extérieur est totalement de style chinois, contrairement à l'intérieur.

Au sud de Dali

■ **ORATOIRE DE GUANYIN*** (Guanyin tang ; *5 km S. ; par un chemin à dr. de la route de Dali à Xiaguan*). Ce temple bouddhique faisant face au lac a été construit sous la dynastie des Ming (belles sculptures sur bois et sur pierre). Au centre d'un jardin planté de magnolias et d'osmanthes, un gros rocher entouré d'eau sert de base à un autel dédié à Guanyin (→ *aussi p. 428-429*). Dans la salle suivante, le bodhisattva est représenté sous les traits d'une vieille femme.

▶ **Temple Gantong*** (Gantong si ; *ouv. t.l.j. 8 h-18 h 30 ; entrée payante ; accès par un sentier de 3 km, au départ du village de Guanyin tang, à 6 km de Dali*). Situé dans un environnement particulièrement beau, sur les flancs des Cangshan, ce temple, construit sous la dynastie des Tang, détruit sous les Yuan et reconstruit sous les Ming, servit de refuge, à plusieurs reprises, à de célèbres lettrés en exil, tel le poète et peintre Dandang (1593-1673), qui se fit moine pour éviter de collaborer avec les Mandchous. La cour, où poussent deux vieux théiers, domine des plantations de thé où est produit le cru *gantong*, très apprécié des habitants de Dali. ◀

■ **STÈLE DU NANZHAO** (Nanzhao Dehua bei ; *7 km S. ; à dr. de la route de Xiaguan*). Elle fut érigée en 766 par Ge Luofeng, fils du fondateur du royaume, sur le site de Taihe, première capitale du Nanzhao (les monticules qui bossellent la colline sont les restes de ses remparts). Sur une face, les inscriptions relatent l'histoire du royaume du Nanzhao et ses démêlés avec les Tang (en 742 et 756) ; sur l'autre, elles présentent la liste de tous les fonctionnaires en titre du royaume. La stèle a subi les outrages du temps et des paysans de la région, qui, depuis des siècles, la grattent pour en faire une poudre aux vertus médicinales pour les enfants.

■ **PAGODE DES OS DE SERPENT** (Shegu ta ; *10 km S.*). Seigneur des fleuves et des rivières, des marais, des

◀ **Environs de Dali.**

Rusé bodhisattva

Une légende raconte que, sous la dynastie des Han, des soldats chinois ont envahi la région de Dali. Pour sauver les populations locales, Guanyin se déguisa en vieille femme. Portant sur son dos une énorme pierre, elle passa près des soldats qui s'étonnèrent de sa force. Elle leur dit que ce n'était rien comparé à la force des jeunes gens de Dali. À ces mots, les soldats s'enfuirent terrorisés. Les habitants de Dali viennent remercier Guanyin de sa protection, le 19e jour des 3e, 6e et 9e mois du calendrier lunaire (fin avr., juil. et oct.).

Une remontée mécanique (tarif élevé) a été construite au-dessus du temple Gangtong. Si le trajet offre de très belles vues sur le lac et les montagnes avoisinantes, le site auquel il donne accès n'a pas d'intérêt.

Un sentier très agréable dans les bois permet d'accéder au tombeau de Dandang, derrière le temple *(suivre les marches à g. de l'édifice en montant)*.

À Xiaguan, le parc Erhai (Erhai gongyuan ; *bus n° 4 depuis Dali, puis bus n° 6 à Xiaguan fandian ; accès au sommet par un escalier monumental*), aménagé sur une colline à la pointe S. du lac, offre la meilleure vue panoramique du lac et de la chaîne des Cangshan (certaines croisières touristiques y font escale).**

Les pentes orientales des Cangshan comptent d'autres petits temples et oratoires qui peuvent faire l'objet d'excursions (pas toujours faciles) sur des sentiers à flanc de montagne. L'excursion vers Zhonghe si (accès payant) s'avère très agréable. Vous pouvez emprunter le télésiège, faire l'ascension à pied (compter 1 h de marche en suivant l'un des sentiers sans perdre le télésiège de vue) ou encore à cheval. Le site offre un superbe panorama sur le lac.

L'art de la réserve

Au pays du coton et de l'indigotier, les jeux du bleu et du blanc sont infinis. Les Bai de Dali et les Buyi du Guizhou du S. perpétuent une technique de réserve qui ne doit rien à la cire et tout à la dextérité des couturières. Les motifs sont tracés sur la pièce à teindre à la craie. Le tissu est ensuite plié en plusieurs épaisseurs à l'emplacement du tracé. Ces parties, destinées à ne pas être teintes, sont fixées par un faufil passé à l'aiguille. Le réseau des piqûres est si dense que l'étoffe ressemble à un ballot. Elle est alors plongée dans le bain de teinture, jusqu'à dix fois. Les coutures, vérifiées entre chaque bain, sont resserrées, le cas échéant, pour préserver les motifs en réserve. Lorsque le bleu obtenu est satisfaisant, la couleur est fixée à la chaux. Une fois le tissu sec, le faufil sera dénoué point par point, dévoilant le dessin resté blanc. Ce procédé, appelé *jiaoxie*, fut sans doute emprunté aux Chinois sous les Tang (618-907). Il était alors très en vogue à la cour. Des fragments d'étoffe ornée selon cette technique ont même été découverts dans les tombes du VIIe s. du cimetière d'Astana, à Turfan, ville étape importante sur les routes de la soie.

lacs et des mers, le dragon crée les nuages en respirant et fait tomber la pluie. Cet animal mythique était fréquemment accusé des débordements du lac Erhai. À l'époque du Nanzhao, le dragon – revêtant ici la forme d'un serpent résidant dans le lac Erhai – provoquait des inondations dans la région ; le roi promit une fortune à celui qui débarrasserait le pays de ce monstre. Un jeune homme courageux n'hésita pas à tuer le serpent au prix de sa vie. Il entra dans les eaux du lac, plusieurs couteaux attachés autour de la taille. Le monstre n'en fit qu'une bouchée mais il eut du même coup les entrailles transpercées par les couteaux. Le roi fit ériger cette pagode pour commémorer l'exploit. Les cendres du monstre, brûlé par les paysans de la région, auraient été mêlées à de l'argile pour fabriquer les briques de l'édifice. Par sa silhouette élancée (13 étages, 30 m de hauteur), elle rappelle la pagode des Mille Éveils *(→ plus bas)*, qui fut érigée peu avant elle.

Au nord de Dali

Dominant de leur silhouette élancée les toits de la vieille ville et le lac Erhai, les Trois Pagodes sont l'emblème de Dali. Dans la plaine quadrillée de champs traversés de canaux d'irrigation, domaine des rizières et des cultures maraîchères, les villages bai de Zhoucheng et de Xizhou ont conservé de beaux restes de leur passé marchand : décorations peintes au-dessus des portes, sculptures en bois, murs ornés de motifs géométriques, etc., que l'on découvre au hasard des ruelles.

■ **Les Trois Pagodes**** (Santa si ; *3 km N. ; ouv. t.l.j. 9 h-21 h ; entrée payante ; sortir par la porte N. puis prendre la route à g.*). Construite sous la direction de trois ingénieurs de Chang'an (Xi'an), ce qui explique sa ressemblance avec la Grande Pagode de l'oie sauvage à Xi'an, la pagode des Mille Éveils (Qianxun ta), qui domine les deux autres de ses 69 m et de ses 16 étages, est aussi la plus ancienne (IXe s.). Elle rencontre un succès toujours grandissant auprès des groupes de visiteurs chinois. Son plan carré est caractéristique du style Tang. Les deux autres, plus petites (43 m ; 10 étages), sont plus tardives (Xe s.), comme le traduit leur plan octogonal. À l'époque du Nanzhao, la pagode des Mille Éveils faisait partie d'un ensemble monastique très important, le temple Chongsheng, qui fut détruit par la suite par un tremblement de terre. Les caractères gravés sur sa base de la main de Mu Shijie, seigneur du lieu sous les Ming (à ne pas confondre avec les Mu qui régnèrent sur Lijiang), signifient « souveraineté et paix éternelles ». Les deux autres pagodes sont plus chargées, s'ornant

Maisons bai

La porte est l'élément le plus remarquable de l'architecture extérieure dans les maisons bai : un véritable portail surmonté de deux petits auvents en tuiles grises superposés, aux extrémités relevées, ou d'un décor (frise ou fronton) de motifs géométriques, de vases d'allure « classique ». Les deux types peuvent se combiner et la frise se prolonger au-delà de la porte. Ce décor de pierres grises contraste avec le crépi blanc ; la base des murs est construite en pierres, taillées ou simplement équarries, l'élévation en briques crues ou en pisé (terre mêlée de nombreux graviers et même de tessons, tassée entre deux planches), chaulés ou non. La pierre est utilisée aussi aux angles des bâtiments et, à l'occasion, en bandes verticales au milieu des parois. Dans les demeures les plus importantes, les parties hautes, notamment les pignons, dont le sommet affecte la forme d'une loupe qui correspond à l'arête faîtière, sont plaquées de pierres grises, dessinant parfois des cartouches dont l'intérieur est simplement blanchi ou orné d'une peinture (style des peintures à l'encre de Chine). Dans les maisons modestes, ce décor n'est qu'un trompe-l'œil, peint en gris sur le pisé. La porte ouvre sur un portique latéral ; au fond, en face du mur-écran, la partie noble de l'habitation au toit plus élevé, aux portes-paravents sculptées ou peintes.

à chaque étage et sur chacun des côtés d'une niche abritant une statuette du Bouddha.

■ **Xizhou**★★ *(19 km N., puis à dr. sur 3 km ; accès en minibus depuis Dali, sur Huguo lu ou à la porte S., et depuis la gare routière de Xiaguan ; prendre un bus à destination de Eryuan, départ toutes les 30 mn, 30 mn de trajet ; marché tous les matins, à la sortie de la ville).* Avant 1949, Xizhou était un important bourg marchand où 140 grandes familles prospéraient grâce au commerce des plantes médicinales, des tissus et du thé. Ancienne forteresse militaire du royaume du Nanzhao et résidence royale temporaire, Xizhou fit fortune sous les Ming (1368-1644), principalement dans le commerce du thé, qui était exporté au Tibet. Cette activité florissante donna naissance à une classe de négociants qui établirent à Xizhou leurs maisons de plaisance. Une **porte**★ monumentale marque l'entrée de la ville. Les ruelles ont un tracé en dents de scie – toute maison importante comporte sur la rue une succession de murs légèrement décalés les uns par rapport aux autres. La rue principale est bordée d'échoppes et d'ateliers d'artisans.

La maison du clan Yan★★ *(elle s'ouvre sur une ruelle donnant sur la grand-place ; ouv. t.l.j. 8 h-18 h ; accès payant)* est exceptionnelle par son ampleur. Les Yan ont fait fortune dans le commerce à Xizhou,

« Benzhu », ou le panthéon des Bai

Presque chaque village bai possède un autel voué à son dieu protecteur, *benzhu* (le « seigneur principal »), garant du bonheur et de la prospérité du village. Sont vénérés comme *benzhu* des héros populaires, des gouverneurs, des ministres fidèles, des fils pieux, des femmes vertueuses et, plus rarement, des divinités de la nature, comme le dieu des Nuages et de la Brume (dieu du lac Erhai). À la différence d'autres dieux, les *benzhu* sont généralement dotés de désirs et de sentiments à l'instar des hommes. Chaque village honore son (ou ses) propre(s) *benzhu* selon un calendrier et des rituels qui lui sont spécifiques. Des sacrifices de porcs et de chèvres ponctuent les cérémonies, souvent accompagnées de chants et de danses exécutés par la population villageoise.

Femmes bai sur le marché de Shaping.

échangeant le cuivre, l'étain et les briques de thé contre la soie. Derrière une porte dite « aux trois gouttes » (comportant jadis trois auvents superposés), ornée d'assiettes disposées entre les deux auvents restants, trois cours de style chinois se succèdent *(→ p. 267)* ; une quatrième cour cache une maison bourgeoise de style français – maison d'une quatrième épouse française ? La polygamie était signe de richesse.

Au bout de la rue principale, plusieurs maisons possèdent une structure similaire. Les portes et les fenêtres sont toutes délicatement sculptées. Xizhou compte encore 88 cours de ce style, certaines très délabrées. Parmi les plus belles maisons, celle du **clan Dong** ; celles des **clans Yang et Yin** se trouvent au bout du bourg *(à l'E.)*, près du mur d'enceinte en brique au-delà duquel s'étendent les rizières *(demandez l'autorisation d'entrer par un signe de tête amical aux propriétaires)*.

Au n° 37 de Dajie lu s'élève une très belle **maison bai.** Bâtie il y a 120 ans, elle appartient à l'une des quatre familles les plus riches de Xizhou. Les demeures bai se caractérisent par un mur d'enceinte autour d'une ou de plusieurs cours, selon la richesse des lieux. La porte s'ouvre au N.-E. Le bâtiment central est cerné de plusieurs pièces et d'un mur-écran décoratif, qui protège l'ensemble des ondes négatives extérieures et reflète la lumière. Le domaine se compose d'un entrelacs de petites cours, aux murs rehaussés de panneaux de marbre, de pans de murs et d'escaliers de bois sculptés. Autrefois, chaque maison était dotée d'un grand salon, de plusieurs pièces (dont un oratoire réservé aux ancêtres), d'une cuisine, d'un entrepôt réservé aux céréales et d'une étable. Les portes, les volets et les fenêtres, de même que les murs-écrans, sont toujours ornés de peintures et de délicates sculptures. Les artisans font apparaître des dragons ou des motifs floraux sur les volets gravés. Les « fresques sur mur blanc » représentent des cours d'eau, de la calligraphie, des montagnes… L'architecture des maisons varie selon l'époque et le niveau social des propriétaires. Elles rassemblent, de nos jours encore, plusieurs générations de la même famille.

N'hésitez pas à vous perdre dans les ruelles de Xizhou. Vous pourrez visiter d'autres demeures, mais demandez la permission avant d'y pénétrer *(elle vous sera généralement accordée et les résidents vous proposeront quelques objets d'artisanat)*.

► Beau point de vue sur le lac Erhai depuis le **promontoire de Haishe*** *(à 2 km de Xizhou)*, large de 300 m à la base et long de 1 500 m. Un pont permet d'accéder directement à la pointe, d'une largeur de 60 m env. Les autorités locales projettent d'établir en ces lieux un village de vacances avec plage. ◄

■ **Zhoucheng**** *(25 km N., à g. de la route ; accès au départ de Dali par un minibus à destination de Eryuan)*. C'est le plus grand village bai de la région (1 200 familles sont bai, contre 50 seulement qui ne le sont pas). Certaines maisons ont conservé de beaux détails typiques de l'architecture traditionnelle. La grand-place, à l'écart de la rue principale, accueille un marché très animé, qui a lieu tous les jours. Elle est ombragée par deux banians centenaires, plantés, rapporte la tradition, lors de la construction de la ville. Selon le *fengshui*, ces arbres sont censés préserver l'harmonie des lieux.

Prendre la petite ruelle montante débouchant sur la place, en face de vous lorsque vous arrivez de la rue principale.

Un autre banian s'élève à la porte du **Longuan ci**. Exemple du syncrétisme populaire, ce temple, construit en 1800, est consacré au *benzhu* (→ *encadré p. 221*). Dans le pavillon central, au toit plus élevé, la statue du *benzhu* (Long Yun, gouverneur de la région au début du XXe s., → *p. 160*) côtoie les représentations du Bouddha Sakyamuni, de Laozi et de Confucius, ainsi que celle d'une divinité relevant du lamaïsme tibétain (aspect terrifiant, épiderme bleu, six bras). Dans la chapelle de dr., assis, le dieu qui s'occupe des concours musicaux, entouré de deux assistants debout vêtus en lettrés-fonctionnaires. Sur le portique de cette chapelle, deux mots, « fidélité et piété », conformes à l'idéal confucéen. À g., assis, en armure, le « général à la belle barbe » – il s'agirait d'un guerrier lettré de l'époque des Trois Royaumes, Guan Yu, dont l'empereur Qianlong , au XVIIIe s., fit le dieu de la Guerre –, entouré de son fils vêtu de rouge et de son général, hallebarde à la main. Ce temple mérite une visite pour son animation : l'ancienne génération s'y retrouve pour discuter et entamer des parties de mah-jong.

► Sur les basses collines des Cangshan, la **source des Papillons** (Hudie quan ; *à 1 km de Zhoucheng, juste à l'écart de la route principale ; entrée payante*) n'attire plus beaucoup de ces insectes depuis 1958 (année du « Grand Bond en avant », qui vit l'introduction massive des insecticides dans l'agriculture chinoise). Néanmoins, ce lieu reste populaire et quasi vénéré chez les Bai, car il est lié

L'atelier de teinturerie de Zhoucheng se visite et expose de jolies pièces de batik. Vous y observerez les employées à l'ouvrage, préparant les textiles avant la teinture ou les plongeant dans les grandes cuves d'indigo. N'oubliez pas de marchander si vous voulez acquérir certaines de ces pièces.

Le service des trois thés

Cette cérémonie est un des aspects de l'hospitalité des Bai, qu'il ne faut pas manquer de goûter à Dali. On sert successivement trois tasses de thé : un thé fumé, dit « thé amer », puis un « thé sucré » contenant du gingembre, du miel, des noix, du fromage *rushan* et des condiments. Enfin, on sert le thé de « l'arrière-goût », mélange des deux premiers. Il y a un sens philosophique à cette cérémonie du thé : dans la vie, il faut d'abord supporter les difficultés (thé amer), ensuite on peut obtenir le bonheur (thé sucré), l'âge venu, on fait le bilan du passé (thé de l'arrière-goût) pour voir quelles sont les bonnes et les mauvaises choses accomplies, c'est le temps de la sagesse.

Deux jeunes gens bai s'aimant d'un amour passionné avaient coutume de se rejoindre près de cette source, métaphore de leur amour. Ils filaient un bonheur parfait que rien ne semblait pouvoir assombrir, jusqu'au jour où un cruel despote voulut prendre la jeune fille, Wengu, pour concubine et interdit leur mariage. Persécutés, les amants ne parvinrent à se retrouver que dans la mort en commettant un double suicide. Depuis ce jour de mort tragique, ils réapparaissent, à chaque printemps, sous la forme d'un couple de papillons.

à une légende (→ *p. préc.*). Le 15e jour du 4e mois lunaire (2e quinzaine de mai), les jeunes Bai de Dali et des environs viennent chanter et danser autour de la source. ◀

■ **Marché de Shaping**★★ *(30 km N. ; les hôtels et pensions affrètent des minibus les jours de marché, partant à 9 h (réservez votre place la veille) ; on peut aussi se rendre sur la grand-route reliant Dali et Xiaguan pour prendre le bus à 9 h 30 de la gare routière principale ; l'activité bat son plein entre 9 h et 11 h)*. Il se tient le lun. matin et constitue l'un des points forts du séjour à Dali. On y trouve de tout : cochons vivants, énormes pains de sucre roux, montagnes de piments, nouilles de soja, de riz et de haricot, larges (3 à 4 cm) et plates, qui forment d'élégants écheveaux, offrandes pour les morts, paniers de toutes tailles, porte-bébés brodés, nasses pour la pêche, sans oublier le coin du dentiste, qui actionne sa roulette avec le pied et propose à la vue de l'éventuel patient un vaste choix de dents – lesquelles sont aussi le gage de sa carrière et de son expérience. Vous trouverez des textiles brodés, des batiks, des « antiquités » *(à l'entrée du marché)*, des bijoux. N'hésitez pas à marchander si vous comptez remporter un souvenir : les prix demandés sont exorbitants. De petits restaurants sont installés en plein air.

▶ Les grottes de Shibao shan★★ *(→ p. 228)* se trouvent sur la **route de Lijiang**, splendide, qui traverse une région agricole florissante au-delà de Shaping *(169 km ; compter 5 h en véhicule privé sans escale à Shibao shan)*. On longe les rizières, au cœur de larges vallées. Au moment des récoltes, on voit les paysans battre les gerbes dans de grands paniers en rotin, et les façades des maisons en briques crues ou parfois en rondins se parent de chapelets rouges de piments et de larges grappes dorées d'épis de maïs. Les fermiers placent les gerbes de blé sur la route afin que les roues des véhicules séparent le grain de l'ivraie. Des paysans marchent, tirant leurs buffles ou menant leurs cochons, en route vers le prochain marché. Des femmes bai en costume traditionnel portent leur lourde charge dans des paniers en paille posés sur le dos. Notez les toits des greniers surélevés pour la ventilation et le séchage des récoltes. ◀

2 Le lac Erhai★★ et sa rive Est

Une promenade en bateau sera l'occasion de découvrir la vie des pêcheurs sur l'eau, leurs villages, sur les rives ou sur les îles, qui ont gardé leurs maisons traditionnelles et leurs temples voués aux divinités locales *(benzhu, → encadré p. 221)*. Contrastant fortement avec la rive O., la rive E. du lac Erhai, dominée par la chaîne montagneuse des Hongshi shan, qui s'élève directement au bord du lac, est inhospitalière. La pêche sur le lac est donc l'unique ressource des villages de Haidong, Wase et Shuanglang.

Accès : à 40 mn de marche depuis Dali, 10 mn à vélo. Vous pouvez vous rendre sur les berges du lac en petite voiture à cheval ; vous en trouverez à la porte N. de Dali, à côté de la grande route, au bout de Yincang lu et Yuer lu, ou près du temple des Trois Pagodes. L'embarcadère le plus proche de Dali se trouve à Caicun (village à l'E. de Dali). Accès payant.

Quel type de bateau : vous aurez le choix entre les **barques des pêcheurs,** les **bateaux de croisière** et les **bacs** – lesquels ont pour inconvénient majeur de ne repartir, souvent, que le lendemain.

Embarcadères : de **Caicun,** chaque après-midi, bac pour Wase sur l'autre rive. De **Longkan** (rive O. env. 3 km au S. de Caicun), bateaux pour Haidong, et de **Xiaguan** (parc Erhai), bateaux pour Jinsuo. Les bacs *Dali, Fengguang* et *Yufeng* partent également de Xiaguan à 15 h pour Wase et Shuanglang (retour le lendemain matin). Le bac *Jinsuo* part à 16 h

Jours de marché

▲ La palanche est le système de portage le plus répandu en Extrême-Orient. Mais l'équilibre des charges suspendues nécessite un terrain plat. On ne croise donc ces silhouettes évoluant au pas glissé que dans les plaines et les bassins de Chine méridionale.

Foires et marchés rythment le temps des rencontres dans ces campagnes saupoudrées de villages. Du Yunnan au Guangxi, on traverse des bourgs baptisés Niuchang ou Niujie, « marché du buffle », Gouchang ou Goujie, « marché du chien », Longchang ou Longjie, « marché du dragon ». Ces toponymes signalent que l'agglomération servait, et sert parfois encore, de site à la foire hebdomadaire locale, organisée le jour du Buffle, du Chien ou du Dragon. De nos jours, la semaine des 12 animaux est remplacée par d'autres décomptes : jours comptant 3, 6 et 9 de chaque mois, jours fixes de chaque semaine, rotation tous les cinq jours... Le marché est resté un événement périodique et vital pour écouler volailles et bétail, production maraîchère ou artisanale et pour s'approvisionner en sel, en vinaigre ou en fromage de soja. Leur signe annonciateur est l'activité qui se déploie ce jour-là le long des routes. Des cortèges de paysans traversent les campagnes et confluent vers les routes, transportant tout ce qu'ils espèrent vendre. Chaque région a son système de portage, adapté au poids et au terrain, et conservé à travers les âges.

◀ Il n'y a pas trois arpents de terre plate dans le S.-E. du Guizhou, aussi Miao et Ge des environs de Kaili ont-ils adapté le système de la palanche : au lieu d'être suspendus par des cordes, les paniers tressés sont fixés directement au fléau.

▶ Sur le plateau du Yungui et dans les régions les plus élevées du Yunnan, le portage humain est assuré à l'aide de hottes. Dans le N.-O. du Guizhou, elles sont à bretelles. Les Yi noirs des Petites Montagnes fraîches et les Bai de Dali utilisent le bandeau frontal. Le dos des porteurs (qui sont plus souvent des porteuses !) est protégé du frottement de la charge par une cape en écorce. Ici, femme yi noir portant une hotte à bandeau frontal.

Attention aux tempêtes sur le lac en avr.-mai.

Le lac Erhai est célèbre par ses clairs de lune qui baignent les sommets enneigés des Cangshan. Pour savourer ce moment, essayez de trouver une barque de pêcheurs (assez grande pour plus de sécurité).

de Xiaguan pour Haidong (retour le lendemain matin). Billets aux embarcadères.

Croisières sur le lac Erhai : La majorité des hôtels, agences de voyages et pensions organisent des excursions sur le lac, incluant le transfert en voiture à cheval aller-retour vers le port et la promenade en bateau. La promenade la plus commune inclut trois escales : le pavillon Tianjin, l'île de Putuo et le temple de Guanyin sur l'île de Jinsuo. Compter 4 h d'excursion. Vous pouvez également louer un bateau privé, qui vous permettra de définir vous-même votre itinéraire.

S'organiser : on peut emporter son vélo et l'embarquer avec soi pour faire des circuits plus longs (rallier différents villages de pêcheurs sur la rive E., par exemple).

La promenade sur le lac, incontournable, offre de très belles perspectives sur les montagnes environnantes. Véritable mer intérieure (42 km de longueur sur 9 km de largeur), il est formé par la rivière Miju et relié à la mer par la rivière Xi'er, qui se jette en aval dans le haut Mékong. Très poissonneux (on y dénombre plus de 40 espèces de poissons), il fait vivre les villages alentour grâce à la pêche et à la pisciculture (nombreux viviers où l'on engraisse la carpe, poisson de fête dans la gastronomie chinoise). Aujourd'hui, le tourisme constitue une manne supplémentaire.

L'île de la Navette d'or* (Jinsuo dao ; *au large de Haidong, à env. 1 h de bateau de Xianguan*). Son temple, dédié à la Richesse, au Bonheur et à la Longévité – les trois bénédictions qu'espèrent les Chinois –, est un petit sanctuaire syncrétique abritant divinités taoïques, bouddhiques et *benzhu*. Si les statues, souvent mal restaurées, ne présentent pas un intérêt artistique majeur, le lieu est assez intéressant et authentique. À dr. du temple, sanctuaire de Guanyin avec 18 arhat ; à g., une scène surélevée destinée à la représentation d'opéras : au plafond peint, le jeune homme vaillant de la légende tuant le serpent *(→ p. 220)*, entouré des Huit Immortels. Le village des pêcheurs a gardé quelques très belles maisons en brique crue avec base et parfois encadrements de fenêtres en pierre qui nécessitent, hélas, des restaurations.

La Petite Île de Putuo** (Xiao Putuo dao ; *au large de Wase*). Minuscule îlot sur lequel s'élève un édifice unique : un temple de Guanyin *(→ p. 428-429)*, semblable à celui de l'île de Putuo au Zhejiang. D'après la légende, Guanyin, pour apaiser le lac, aurait jeté son sceau au fond de ses eaux. Et c'est ainsi que se serait formée l'île. La vue du lac et de la chaîne des Cangshan est idéale.

Le Nuage-de-la-princesse-qui-pleure

Il était une fois, au royaume du Nanzhao, une princesse qui tomba amoureuse d'un jeune chasseur. Le roi s'opposa au mariage et fit tuer le prétendant par un maître bouddhiste, Luoquan, qui le transforma en un coquillage. De désespoir, la princesse mourut, et son âme se métamorphosa en un nuage qui, chaque année, tente d'écarter les eaux du lac pour apercevoir le coquillage gisant dans ses profondeurs. Dans la région de Dali, on dit que ce nuage existe bel et bien : par très beau temps, il arrive que, dans le ciel d'azur, il se forme, tout blanc, au-dessus des Cangshan et devienne tout noir. D'aucuns y reconnaîtraient la silhouette éplorée d'une jeune femme à la chevelure défaite, tournée vers le lac Erhai. Une tempête accompagne l'apparition de ce phénomène, et les vagues qui se forment à la surface des eaux rendent alors la navigation impossible. Dans le village de Haidong, le Luoquan si (temple du nom de maître Luoquan) évoque cette légende.

Le lac Erhai – *Er* signifie « oreille » et *hai* veut dire « mer » – est très poissonneux. Les Bai pratiquent la pêche au cormoran (→ *encadré p. 362*) en eau peu profonde, où sont également installés de nombreux viviers, et la pêche au filet loin des rives.

Haidong, **Wase** *(possibilité d'hébergement ; marché le sam.)*, **Tianshengyin** et **Shuanglang** (charmant village réputé comme le plus beau des bords du lac avec canaux et ponts en pierre ; *marché le dim.*) sont des villages de pêcheurs traditionnels dont on peut combiner la visite à vélo.

Environs de Dali

1 Mont des Pattes de coq★ (Jizu shan ; *95 km N.-E. de Xiaguan ; accès payant ; le plus pratique est de louer un véhicule privé au départ de Dali ; compter 2 h 30 de trajet aller simple ; sinon, bus depuis la gare routière de Dali ou de Xiaguan pour Binchuan [à 70 km de Xiaguan ; 3 h de trajet], puis prendre un autre bus ou un minibus pour le village bai de Shazhi [25 km, 1 h 30 de trajet], au pied de la montagne. Depuis Shazhi, montée jusqu'au sommet [compter 3 h] ; le dernier tronçon de 1,5 km, en pente très raide, peut être gravi en téléphérique ; possibilité de se loger de manière rudimentaire au pied de la montagne, à mi-chemin, ou au sommet ; emporter des provisions car la restauration au sommet est relativement chère ; prévoir des vêtements chauds et un duvet pour le couchage*).

Si le site offre un point de vue exceptionnel – du sommet, à 3 240 m, on embrasse du regard le lac Erhai, les Cangshan et le mont Yulong (« dragon de jade ») de Lijiang –, les temples, récemment restaurés ou en cours de restauration, sont d'un intérêt moindre. Haut lieu de pèlerinage des bouddhistes et des taoïstes depuis le VIIe s. – des pèlerins y venaient en grand nombre de Chine, du Tibet, de Birmanie –, ce centre monastique de premier ordre – sous les Qing, plus de 5 000 moines vivaient dans quelque 300 temples et ermitages dispersés dans la montagne – a subi les destructions de la Révolution culturelle. Cela n'empêche pas les pèlerins d'affluer chaque année et de faire l'ascension de la montagne pour assister au lever du soleil.

Le mont Jizu doit son appellation particulière à la configuration du massif auquel il appartient, constitué de trois barres distinctes à l'avant et d'une barre à l'arrière, évoquant ainsi une gigantesque patte de coq.

Une option, très recommandée, consiste à faire une partie de l'ascension à cheval, et de la terminer soit en prenant les escaliers raides, soit en téléphérique. Des femmes dai proposent leurs chevaux, excellents grimpeurs, rassemblés au-dessus du temple Zhusheng. Ces derniers, robustes, ont le pied très sûr. Le sentier désormais bétonné, large et en lacet, facilite la montée aux équidés et aux randonneurs. Cette promenade, d'une durée moyenne de 1 h 30 à cheval pour l'aller simple, est un véritable plaisir. On grimpe au cœur d'une forêt de pins et d'eucalyptus avant d'atteindre les escaliers donnant accès au sommet. Compter de 30 à 45 mn de marche pour terminer l'ascension.

En chemin, vous découvrirez le **Zhusheng si** (temple « du Vœu sacré » ; *à 1 h de marche env. depuis l'arrêt de bus de Shazhi ; sinon, accès direct en auto*), le plus important de la montagne, dédié au moine Jiaye, venu d'Inde pour répandre le bouddhisme sur le mont Jizu.

Le sentier pédestre part du parking, légèrement après le temple.

À mi-hauteur, le **temple Huidengan** *(1 h env. de cheval depuis le Zhusheng si ; restauration récente, possibilité d'y faire étape, jardin de camélias)* abrite une communauté de moines. La **porte Huashou** (Huashou men) marque le début du dernier tronçon conduisant au sommet, couronné par la **pagode Lengyan** (probablement érigée au XIe s.), de base carrée, haute de 40 m et 13 étages. À côté, le **temple du Sommet d'or** (Jinding si) offre un hébergement sommaire.

2 GROTTES DU MONT DU TRÉSOR DE PIERRE, ou **GROTTES DE SHIBAO SHAN**★★ (Shibao shan shiku ; *env. 120 km N. de Dali, sur la route Dali-Lijiang ; prendre un bus au départ de Dali pour Jianchuan, à 55 km ; descendre au village de Diannan ; à un embranchement à la sortie de celui-ci passent régulièrement des bus pour Shaxi ; de Shaxi, un chemin goudronné conduit directement aux grottes. Le plus pratique consiste à louer un véhicule privé à Dali – ou à Lijiang – et de continuer ensuite vers Lijiang – ou Dali – ; compter 3 h de route au départ de Lijiang en voiture ; si vous êtes basés à Dali, comptez la journée pour cette excursion ; prévoir 1 h à 1 h 30 pour la visite du site ; si une partie des grottes principales sont fermées, demander la clé*).

Le plus bel ensemble rupestre du Yunnan abrite un temple et 16 sanctuaires, sculptés de rondes-bosses et de bas-reliefs *(pas de fresques)*, dont les plus anciens datent du début du IXe s. *(on n'en visite qu'une partie ; accès payant)*. Ils forment le vaste complexe du mont du Trésor de pierre et se répartissent en trois groupes : le **temple de la Cloche de pierre** *(grottes n° 1 à 8)* est le groupe principal, le **col du Lion** (Shizi guan ; *en face du temple de la Cloche de pierre ; grottes n° 9 à 11*) et **Shadengqing** *(5 km au S. du temple de la Cloche de pierre ; grottes n° 12 à 16)* sont les groupes secondaires. Ces sanctuaires constituent, à travers le réalisme de leurs représentations – costumes, coutumes, individus –, un document précieux sur la vie des souverains du Nanzhao (VIIIe-Xe s.) et de leurs sujets.

Après s'être acquitté des droits d'entrée, on accède à un parking face à l'entrée principale. Un sentier pierré conduit, en 5 mn de marche, au premier site (grottes n° 1 à 7).

La **Cloche de pierre** (Shizhong), ou **grotte n° 1** *(à dr. après une volée de marches)*, sculptée dans un gros rocher rond, abrite l'effigie du roi Yi Mouxun, petit-fils de Ge Luofeng et 6e roi du Nanzhao, qui régna de 779 à 808. Il est représenté revêtu d'une robe d'apparat, entouré de huit fonctionnaires. Les statuettes sont remarquables par leur finesse et la vivacité de leurs expressions.

En montant quelques marches à g., on atteint la **grotte n° 2**, sculptée de 16 personnages, dont Ge Luofeng, 5e roi du Nanzhao (il régna 30 ans avant Yi Mouxun), coiffé d'une mitre caractéristique. Représenté au faîte de sa puissance – il a anéanti les armées des Tang dans la région du lac Erhai –, il est assis sur un trône dans une salle de son palais à la charpente en bois. À sa dr., son frère cadet est assis sous un parasol au manche recourbé, don du ministre Tufan Xiang Yele au roi du Nanzhao.

La **grotte n° 6** *(plus haut)*, la plus grande (12 m de long), contient une statue du Bouddha Sakyamuni, flanqué de deux bodhisattva et de huit grands rois, campés sous les traits terribles des divinités tantriques.

Dans la **grotte n° 7**, une statue de Guanyin assise sur un trône a la poitrine percée d'un trou symbolisant le don de sa propre chair pour sauver les êtres.

Un peu plus haut, la **grotte n° 8** abrite le Trésor de pierre, une roche noire évoquant une sorte d'énorme vagin, reliquat probable d'un culte matriarcal, que les femmes viennent toucher pour avoir un enfant.

On sort ensuite du complexe englobant les premières grottes pour prendre un sentier qui descend au fond de la petite vallée avant de regrimper sur l'autre versant de la colline voisine.

La **grotte n° 11**, dans le **col du Lion**, est célèbre par sa représentation d'une figure d'un noble persan, qui documente sur les liens commerciaux que nouait ce puissant royaume avec cette contrée lointaine. La **vue** ouvrant sur les collines boisées est superbe.

À **Shadengqing**, dans la **grotte n° 13**, statue d'Acuoye Guanyin, représentation de Guanyin vénérée uniquement par les adeptes du bouddhisme ésotérique *(mizong)* du Yunnan. Dans les **grottes nos 15 et 16**, représentations d'une divinité revêtant l'apparence d'un géant noir particulièrement honoré par les Bai, qui l'ont fait entrer dans leur panthéon *(benzhu)*, car, d'après la légende, il les aurait sauvés en avalant des poudres empoisonnées destinées à les détruire, d'où sa couleur noire.

3 WEISHAN *(65 km S. de Xiaguan ; possibilité de faire l'aller-retour dans la journée).* Célèbre par ses **temples taoïques** du mont Weibao (Weibao shan ; *pèlerinage important du 1er au 15e jour du 2e mois lunaire, env. mi-mars ; la meilleure période pour s'y rendre étant la fin de l'automne*) aux belles **fresques** – ils étaient plus de 20 avant que la Révolution culturelle ne les réduise au nombre de trois *(on reconstruit)*. Parmi les fresques les plus fameuses, citons celle de la grotte Changcun, au style raffiné influencé par la tradition bouddhique, qui représente un banquet des immortels, et, dans la salle de l'Étang du Dragon (Wenchang gong), une autre (1759) figurant des Yi chantant et dansant au son du *lusheng* et de la flûte. La ville possède en outre de beaux **édifices du XIXe s.**, des **mosquées** (importante communauté hui) et des marchés.

4 La route de Birmanie★★

Itinéraire de **500 km**
Luxi (Mangshi)-Ruili-Tengzhong-Baoshan.

Distances depuis Luxi (Mangshi) :
Kunming, 722 km ; Dali, 391 km ;
Baoshan,191 km.

Distances depuis Baoshan :
Kunming, 531 km ; Dali, 200 km.

Province du Yunnan.

Hébergement possible à Luxi, Ruili, Tengzhong et Baoshan.

Si le célèbre marchand vénitien ne vint jamais jusqu'ici, le *Devisement du monde* de Marco Polo relate avec quelle habileté les cavaliers mongols du XIIIe s. arrosèrent de flèches les éléphants sur lesquels était juchée l'armée birmane !

À ne pas manquer

Parc de la montagne du Grand Protecteur impérial★★★ à Baoshan	242
Pagode enlacée par un arbre★★ à Luxi	234
Villages jingpo et deang★★ des monts Santai	234
Temple Hansa★★ à Ruili	239
Mer de Chaleur★★ à Tengzhong	240
Bouddha en jade blanc couché★★ à Baoshan	243

Des paysages tout en contrastes se succèdent dans ces confins extrêmes de la Chine, au fil de l'ancienne route de la soie méridionale, que sillonnaient de longues caravanes ployant sous les jades birmans et les cotonnades chinoises. En suivant leur trace d'O. en E., vous verrez la nature subtropicale exubérante autour de Ruili, prospère port frontalier ouvert sur la Birmanie, les volcans arrondis et les sources bouillonnantes crachant de longs jets de vapeur autour de Tengzhong, puis, au-delà de la Salouen, le bassin de Baoshan, l'ancienne Yongchang, l'Uncian de Marco Polo. Cette région est aussi un formidable creuset ethnique : Dai des rizières, Jingpo (les Kachin de Birmanie), Deang (autrefois appelés Benglong), Achang et Lisu des montagnes. Ouvert depuis peu au tourisme, cet itinéraire à l'écart des sentiers battus est moins connu que le Xishuangbanna, mais tout aussi attachant, encore loin de l'urbanisation effrénée. Mais pour combien de temps ?

La route de Birmanie mode d'emploi

Accès : le plus pratique est d'arriver à Luxi par avion ; liaisons quotidiennes avec Kunming. À Luxi, *Yunnan Airlines*, sur Wenhua lu (ouv. 8 h 30-12 h et 14 h 30-18 h). Au départ de l'aéroport, des minibus se rendent à Ruili en 2 h de route. Si vous êtes déjà à Dali, la route de Birmanie continue vers le S.-O.

Meilleure période : mars-avr., avant les pluies, ou oct.-nov., lorsque la température n'est plus aussi chaude. Attention aux soirées d'hiver, très fraîches en altitude (à Tengzhong notamment).

S'organiser : des minibus relient régulièrement les villes entre elles, mais il faudra louer un véhicule pour explorer leurs environs, ainsi que les villages de minorités à l'écart de la route.

Programme. Prévoyez au moins **cinq jours.** Les excursions aux gorges du Mékong et de la Salouen demandent une ou deux journées supplémentaires. **J. 1 :** arrivée à Luxi et visite de la ville. **J. 2 :** le matin, route pour Ruili, avec un crochet par les villages jingpo et deang ; l'après-midi, visite de Ruili et de ses environs. **J. 3 :** route pour Tengzhong avec un arrêt à Yingjiang et la vue des volcans en arrivant sur Tengzhong. **J. 4 :** prévoir la matinée pour visiter Tengzhong avant de gagner Baoshan. **J. 5 :** Baoshan et ses environs.

Que rapporter : une profusion de jades birmans (jadéites), à choisir avec attention et à marchander. Mais encore : ananas confits ou en conserve de Luxi ; couteaux et sabres ciselés de Husa ; petites fèves grillées de Baoshan ; bois sculptés ; sacs d'épaule.

La région dans l'histoire

De la route de la soie à la « route de l'opium »

Dès le IVe ou le IIIe s. avant notre ère, un ensemble de chemins, pistes et passerelles en bois suspendues à flanc de montagne reliait la province du Sichuan à la Birmanie et l'Inde par le Yunnan. Connu plus tard sous le nom de route de la soie du S.-O., il permettait aux marchands chinois d'échanger leurs superbes étoffes contre des ivoires, des coquillages et des pierres précieuses. Bien qu'elle fût dangereuse, cette route lucrative resta ouverte durant des siècles : aux étapes du Yunnan les plus anciennes – Tengzhong-Baoshan-Dali-Kunming – s'ajoutèrent des ramifications vers Luxi et Ruili. C'est ce dernier tracé que suivra la « route de Birmanie », construite en 1937 par les Chinois pour échapper au blocus japonais. Elle assurait le ravitaillement en armes et pièces détachées, en vivres et médicaments de la Chine occupée par les Japonais (1937-1945). À la fin de la guerre, une fraction des armées nationalistes du Guomindang resta dans la région, et certains seigneurs de la guerre s'engagèrent dans la culture du pavot et le trafic de la drogue.

Aujourd'hui, Ruili est devenue un passage important de la drogue, dont les trafiquants sont punis de mort, sur ce qu'on pourrait appeler la « route de l'opium ». La Birmanie voisine est le plus gros fournisseur

Chez un hôte dai

Les Dai sont particulièrement chaleureux et hospitaliers. Si vous êtes invité dans une traditionnelle « maison en bambou » sur pilotis, le respect de quelques règles s'impose, et vos hôtes apprécieront votre délicatesse. Voici ce qu'il faut retenir : ôter ses chaussures au pied de l'escalier ; avant le repas, se laver les mains dans l'une des jarres d'eau disposées sur le balcon ; parler sans élever la voix, ne pas siffler ; la chambre à coucher est un lieu tabou : résistez à l'envie d'y pénétrer ou même d'y jeter un coup d'œil par curiosité ; ne pas enjamber l'âtre ni déplacer le trépied en fer sur lequel repose la marmite de cuisson et dont, selon la légende, les trois pieds symbolisent la richesse – rubis, or, émeraude – ; ne pas s'adosser au pilier sacré situé près de l'âtre, qui serait une faveur du Roi-Dragon. Sachez aussi que les Dai n'accueillent pas de visiteurs lorsqu'ils célèbrent le dieu tutélaire de leur village.

Les groupes ethniques vivant sur la frontière sino-birmane, tels les Wa et les Jingpo (Kachin), sont largement mis à contribution dans la culture du pavot. Au bas de l'échelle, des familles entières vivent de cette culture de rapport, qui pousse facilement dans les régions de moyenne altitude et de climat subtropical. En guise de rétribution, elles reçoivent opium et héroïne, qui les maintiennent en situation de dépendance.

La route de Birmanie et le Yunnan du Nord-Ouest.

d'héroïne de l'Asie du S.-E. et l'un des principaux producteurs de l'opium mondial. D'abord aux mains des barons de la drogue, le trafic est désormais contrôlé par la junte au pouvoir, qui puise dans cette manne de quoi équiper ses soldats, avec les armes vendues par Pékin. Si la Chine proteste sur l'existence de raffineries d'héroïne sur son territoire, il n'empêche que les barons de la drogue du Triangle d'or empruntent les routes des caravanes d'opium du XIXe s. Les policiers chinois de la brigade des stupéfiants saisissent régulièrement au Yunnan de la poudre blanche de la meilleure qualité : il faut 10 kg d'opium brut pour obtenir 1 kg de cette variété, la China Light n° 4 !

Huit passes pour une frontière

Les Dents d'or (Jinchi) – les populations autour de Baoshan appliquaient le précieux métal sur leurs dents – furent un lieu d'échanges, un lieu de batailles sanglantes aussi. En 1594, devant les incursions répétées des armées birmanes, le gouverneur du Yunnan Chen Yongbin édifia huit passes en arc de cercle sur la frange O. de ces confins de l'Empire. Ceintes d'une épaisse muraille, surmontées d'une tour d'où les soldats observaient à plus de 15 m de haut les mouvements ennemis, elles commandaient le passage vers les points stratégiques de la région. Il ne reste plus aujourd'hui que quelques vestiges des quatre passes situées le plus au N. Les autres sont en territoire birman : au début du XXe s., les Chinois les revendiquèrent en vain, arguant de leur ancienne présence. Si la frontière moderne ignore la disposition des passes, l'histoire résonne encore de leurs noms évocateurs : « Dragon des Han », « Tigre accroupi », « Cheval céleste », « Paroi d'airain ».

L'émigration céleste

L'émigration chinoise en Birmanie a largement repris depuis 1985. C'est à cette date que Pékin a convaincu les maquis communistes qui tenaient les régions frontalières de la fameuse route de Birmanie d'évacuer la zone. Les Chinois ont ainsi entrouvert une vieille voie de passage, provoquant un afflux de Yunnanais en quête de travail et de produits de contrebande. L'ouverture officielle des postes frontières, au début des années 1990, n'a fait qu'accélérer ce processus.

Luxi★★ (Mangshi)

Également appelée Luxi, « à l'O. de la Nujiang », Mangshi était une modeste bourgade de quelques centaines de foyers lorsqu'elle fut projetée capitale de la préfecture autonome dai et jingpo du Dehong en 1953. La ville a pris son véritable essor au début des années 1990, profitant du commerce frontalier avec la Birmanie et de l'ouverture d'un aéroport. Dans ses rues ombragées de palmiers, les femmes dai en sarong foncé, reconnaissables à leur haut turban, proposent mangues juteuses et ananas sucrés. De chatoyants sanctuaires bouddhiques sont concentrés à proximité de l'hôtel *Mangshi* *(Mangshi binguan ; dans la Zheng nanlu).*

S'orienter : la ville (alt. : 850 m) est traversée du N. au S. par Tuanjie dajie ; les temples bouddhiques se concentrent à l'E. de cet axe, dans un périmètre délimité au N. par Hongqi lu et au S. par Youyi lu (toutes deux perpendiculaires à Tuanjie dajie), et à l'E. par Zheng nanlu (parallèle à Tuanjie dajie). Commençant dans Youyi lu et parallèle à Tuanjie dajie, côté E., Qingnian lu conduit à son extrémité S. au palais de la Culture des nationalités.

Liaisons aériennes : aéroport à 10 km S.-O. de Luxi. Vols quotidiens de (et pour) Kunming.

Liaisons routières : les deux gares routières, au S. et au N. de la ville, desservent les mêmes destinations : Ruili (t.l.j., 2 h de route) et Baoshan (t.l.j., 5 h de route), Kunming (3 bus/j., trajet 13 h), Xiaguan (3 bus/j., trajet 14 h), Jinghong (1 bus/j., trajet 24 h), Lijiang (1 bus/j., trajet 17 h). Des minibus à destination de Ruili et de Wanding attendent à un arrêt près de la gare du Sud.

Location de voitures : ☎ 212-5534 (en chinois).

■ **TEMPLE AUX CINQ NUAGES★★** (Wuyun si ; *à l'extrémité O. de Hongqi lu* ; XVIIe s.). Il doit son nom aux aigrettes blanches volontiers nichées sur les cinq ficus qui en jalonnent l'entrée. À l'intérieur, vous

LUXI (MANGSHI)

Indicatif ☎ (0) 692 (préfecture du Dehong).

ⓘ ***CITS du Dehong (Dehongzhou guoji lüxingshe),*** **Tuanjie dajie, hôtel *Nanjiang (Nanjiang fandian),* ☎ 212-2368.**

Bank of China, **Dongfeng lu.**

Hébergement très correct.

« La cité maîtresse est appelée Uncian [Yongchang, l'actuelle Baoshan]. Les gens ont tous les dents d'or, c'est-à-dire chaque dent recouverte d'une mince plaque d'or ; car, très habilement, ils font un moule d'or tout pareil à la forme de leurs dents, et s'en couvrent celles d'en bas tout comme celles d'en haut. Ce font les hommes, et non les dames. Car d'après leurs usages, tous les hommes sont chevaliers, et ne font rien fors que d'aller en guerre, et aller chassant et oiselant. »

Marco Polo, *Le Devisement du monde*, éd. La Découverte, 1989.

À la mode des Jingpo

Les hommes jingpo portent une tunique noire à col rond boutonnée au centre, un pantalon court et large, enfin un turban noir ou blanc dont les deux extrémités sont brodées et ornées de pompons de laine. Pour sortir ou pour voyager, ils arborent également un long sabre et un sac d'épaule, contenant leur nécessaire de voyage : flacon d'alcool, pipeau, tabac coupé, etc. Les femmes portent une tunique noire, courte et serrée, décorée de piécettes d'argent cousues, sur une jupe fourreau de couleurs vives, riche en motifs de toutes sortes, où le rouge domine. Bracelets, boucles d'oreilles et colliers en argent agrémentent le costume. Les femmes mariées serrent leurs cheveux dans un turban noir.

Dai et Jingpo du Yunnan arborent leur sac d'épaule en toute occasion. Chacune des ethnies le brode différemment d'arabesques originales, souvent rehaussées de perles en argent ou de houppes multicolores. C'est une véritable poche amovible, leur costume traditionnel en étant dépourvu. Même lorsque celui-ci a été troqué contre veste et pantalon, le sac d'épaule reste utilisé pour serrer monnaie et menus outils.

Pour en savoir plus sur les Dai, consulter les p. 248-249 et 254-255.

Population du Dehong : 1 020 000 hab. (50 000 hab. pour la ville de Luxi), dont la moitié de minorités – Dai (32 %), Jingpo (13 %), Achang (3 %), Lisu (2,5 %), Deang (1,5 %).

pourrez voir une belle statue du Bouddha en bronze, l'une des plus anciennes de la région, ainsi qu'un grand plat en cuivre remontant au XVIIIe s. – il peut contenir jusqu'à cent portions de riz !

■ **Temple de la Lumière du Bouddha**** (Foguang si ; *Jianguo lu*). En 1873, le *tusi* de Luxi s'offrit indûment un magnifique palais en bois : dénoncé à la cour de l'empereur, il fut contraint de le transformer en ce sanctuaire à la gloire du Bouddha. La récente restauration du temple a préservé sa belle structure en bois, ornée de dragons et soutenue par des piliers colorés.

■ **Temple de l'Illumination**** (Puti si ; *à dr. en sortant de l'hôtel Mangshi*). Gardé par une farouche paire de monstres bariolés, il mêle en une architecture originale styles dai (structure sur pilotis) et chinois (toits retroussés). Une large entrée donne sur la salle principale, où trônent un bouddha et d'autres divinités.

■ **Pagode enlacée par un arbre**** (Shubao ta ; *descendre Youyi lu en face de l'hôtel Mangshi et entrer dans la cour de l'école primaire n° 1*). C'est une jolie curiosité de la nature : une graine de ficus se glissa dans un interstice – mais n'est-ce pas un oiseau de légende qui l'y déposa ? –, et l'arbre prospéra, étreignant de ses majestueuses racines aériennes la pagode bleu et or (1740), masquant presque sur son pourtour les grandes niches ornées de statues de Bouddha.

■ **Palais de la Culture des nationalités*** (Minzu wenhua gong ; *extrémité S. de Qingnian lu*). Ce parc planté de bambous s'ouvre sur un grand autel jingpo – comme ceux que l'on érige dans les villages les plus importants de cette ethnie majoritairement animiste – et le kiosque du Dragon blanc (Bailong ting), autour duquel les Dai célèbrent le Nouvel An (*→ p. 96-97*).

De Luxi à Ruili

Cette première étape *(100 km)* **est ponctuée d'une halte dans les pittoresques villages jingpo et deang.**

Quittez Luxi en direction du S.-O. par une belle route bordée de rizières – les grains parfumés étaient jadis offerts en tribut à la cour –, de bananiers et de théiers.

■ *9 km* : **Fengping,** grand village dai avec sa gracieuse pagode blanche aux anneaux d'or ceinte de 28 minuscules pagodons (1728 ; hauteur 23 m).

Au km 32, bifurquez à dr. et grimpez sur 6 km env. par une piste étroite.

■ *38 km* : **monts Santai**** (Santai shan). Un village jingpo s'accroche au sommet du coteau planté de canne à sucre et de riz de montagne, dont la récolte sera ensilée dans de grands paniers pour la consommation de l'année à venir. Les familles les plus riches délaissent les traditionnelles maisons en bambou flanquées de leur abri à buffles au profit de constructions en dur. Plus loin se découpent les longues cases sur pilotis des Deang, coiffées de chaume ou de tuiles. Les femmes portent une courte veste bordée de pompons et boutonnée de plaques en argent sur un sarong foncé rayé de rouge ; des cerceaux en rotin enserrent leur taille par dizaines, sinon, dit une légende, elles s'envoleraient vers le ciel ! Les hommes rangent leurs couteaux et leurs arcs pour la chasse aux oiseaux dans de petites vanneries en bambou. Planteurs de thé selon une coutume ancestrale, les Deang apprécient les breuvages forts, qu'ils offrent volontiers à leurs visiteurs, tandis que les Jingpo sont réputés pour leur alcool à base de riz gluant fermenté – on dit qu'ils aiment ponctuer la journée d'une « rasade du réveil », d'une « rasade de la rencontre »...

Continuez ce chemin : après une dizaine de kilomètres, il rejoint la route principale en direction de Wanding.

■ *76 km* : **Wanding***. Un agréable parc forestier en signale les abords, dont le belvédère (hauteur 25 m) offre une jolie perspective sur les pagodes dorées de la Birmanie toute proche. Deux morceaux de bois jetés sur la rivière Ruili (Shweli en birman), affluent de l'Irrawaddy, reliaient les deux pays jusqu'en 1938, quand un pont en pierre fut construit avec la route de Birmanie (celui que les forces alliées empruntèrent pour repousser les armées japonaises en 1945) ; puis on le remplaça par une structure en béton armé. Dès le lever des couleurs chinoises à 8 h du matin, les frontaliers s'y pressent, s'acquittant à chaque passage de 1 yuan symbolique au poste de douane.

■ *90 km* : **Pagode d'or de Jiele**** (Jiele jinta ; hauteur 40 m). Dans un écrin de fleurs tropicales, encadrée de 16 pagodons de toutes tailles poudrés d'or, l'élégante pagode au bulbe effilé reçoit régulièrement les offrandes de très nombreux fidèles. D'après une inscription dai, elle fut restaurée en l'an 2300 du calendrier bouddhique (1756).

■ *96 km* : **Ruili** (→).

Ruili et ses environs

Ruili, connue dans l'histoire sous son nom dai, Mengmao (« terre du brouillard »), a prospéré au rythme des échanges frontaliers, détrônant

Munao, l'histoire dansée des Jingpo

Le 15e jour de la 1re lune (mars), les Jingpo recréent l'histoire sur le rythme d'une éblouissante fête de danses et de chants autour de l'autel sacré – quatre immenses piliers symbolisant la lune et le soleil, au milieu desquels deux sabres croisés magnifient l'esprit héroïque de leur peuple. Les volutes de couleurs vives peintes sur chaque pilier évoquent la longue migration des Jingpo depuis leur terre d'origine au pied de l'Himalaya. Ou bien figurent-elles des pas de danse stylisés ? Les hommes en coiffe blanche frangée d'une profusion de pompons rouges, un sabre étincelant à la main, et les femmes en jupe tubulaire rouge et corsage noir rehaussé d'un châle à pendentifs en argent se glissent dans la ronde sous les roulements du tambour en bois. Guidés par des meneurs au chapeau orné de plumes de paon, leurs mouvements tracent une vaste fresque de la création du monde, des combats et des victoires. Durant quatre jours, les Jingpo valseront en souvenir de leur ancêtre, qui apprit l'art de la danse au « royaume du soleil » et inventa le premier Munao (« danser ensemble »).

Sous peine de gros ennuis, n'achetez surtout pas les capsules de pavot séchées en vente libre sur les étals du marché de Wanding, bien visibles au milieu d'un bric-à-brac de quincaillerie.

Comme les Dai, les Lisu ou d'autres ethnies, les Deang mâchent longuement des noix d'arec mélangées à des feuilles de bétel et de la chaux vive, puis en rejettent un jus âcre qui leur noircit les dents. L'odeur de ce masticatoire astringent éloigne, dit-on, les serpents.

Les coulisses de l'opium

Les vertus analgésiques de l'opium sont connues dans le monde depuis l'Antiquité. Mais au XIXe s., sa consommation répond à des désirs plus qu'à des besoins : narcotique et euphorique, il accompagne la quête des paradis artificiels. Les Anglais, qui en ont adopté l'usage dans l'empire des Indes dès le XVIIe s., le mangent sous forme de confitures ou de bonbons ; les Français le fument. C'est cet usage de l'opium, avec son cortège de dépendances psychiques et physiologiques, que l'Occident introduit en Chine dès le début du XIXe s.

La boue des « barbares »

Au début du XIXe s., les Occidentaux cherchent à compenser le volume croissant de leurs achats de soieries et de thé, payés jusque-là avec le métal argent du Nouveau Monde. L'opium, produit à moindre coût dans les possessions britanniques du Bengale, va s'avérer une lucrative réponse à ce problème. Pourtant, son importation en Chine avait été interdite par les autorités dès les premières tentatives, au XVIIIe s. Le commerce de l'opium s'effectue donc en contrebande, mais dans des proportions considérables. L'opiomanie se répand rapidement dans l'Empire du Milieu : la population d'opiomanes passe de deux millions de Chinois au milieu du XIXe s. à 120 millions au tournant du siècle. Dès lors, la culture du pavot devient l'enjeu économique des seigneurs de la guerre. Son interdiction de façade alimente leurs caisses par le biais des recettes des brigades anti-opium.

▶ **Officiellement condamnée, la contrebande de l'opium forge un inextricable réseau de complicités entre bateliers et caravaniers convoyeurs, négociants et pirates, fonctionnaires civils et militaires. L'opium est dissimulé parmi d'autres marchandises, telles ces saucisses, fourrées au pavot, ou caché à l'intérieur d'un talon de chaussure…**

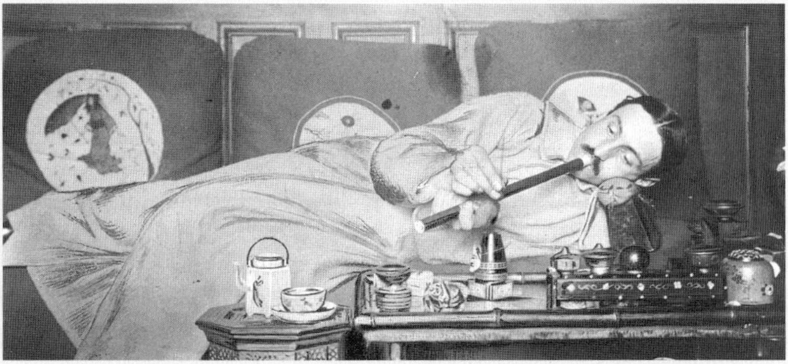

▲ L'Occident fit des commentaires horrifiés sur les ravages de l'opiomanie en Chine. L'archétype en est le personnage du « diabolique » Dr Fu Manchu, créé par Sax Rohmer en 1913. Pour d'autres (Pierre Loti ou Victor Segalen), l'opium est l'incontournable expérience exotique du voyage en Chine.

Son trafic illicite auprès des puissances étrangères qui l'ont introduit assure leur prospérité. Les provinces du S.-O. subissent ses répercussions de plein fouet. Pour répondre à une demande croissante et diminuer ses importations, la Chine sème le pavot dans ses marches. Dans la première moitié du XXe s., le Yunnan fournit un tiers de l'opium chinois, le Guizhou un sixième. Long Yun, gouverneur militaire du Yunnan, se taille un véritable Triangle d'or.

■ La sève d'or

L'opium est extrait du fruit du pavot *(Papaver somniferum)*. Finement incisée, sa capsule ovoïde libère une sorte de latex. La sève blanche s'oxyde et sèche au soleil ; on obtient alors une gomme aux reflets ambrés. Recueillie à l'aide de couteaux à large lame, puis malaxée en boulettes, elle donne l'opium brut, un narcotique dont on tire la morphine. Dans les années 1930, le Yunnan approvisionne non seulement le marché chinois, mais aussi l'Indochine française.

Le spectacle de ses champs de pavots enchante les voyageurs de la voie ferrée Yunnan-fou – Hanoi :

« Pour commencer je revis la mer des pavots. C'est le plaisir des yeux et le contentement du sceptique : il se refuse à imaginer que l'on cultive ces fleurs charmantes dans le seul souci de la décoration des campagnes. L'opium, dont la Chine se plaint qu'on l'empoisonne, on le trouve donc aussi sur son propre territoire. [...] J'ai fait au passage la plus désirable des photographies : l'art et le document à la fois. » (René Jouglet, *Dans le sillage des jonques*, Grasset, 1935.)

▲ Fumer l'opium est un minutieux rituel. La boulette de suc est chauffée à la flamme au bout d'une longue aiguille. Devenue incandescente, elle constitue une perle d'or déposée dans le fourneau en forme de godet. Le fumeur en tire alors une unique et longue bouffée.

RUILI

Indicatif ☎ (0) 692 (préfecture du Dehong).

ADRESSES UTILES

• ***Société du tourisme outre-mer de Ruili*** **: 18, Jianshe lu ; ☎ 414-3223 et 412-5980.**

• Bureau de Sécurité publique : Jianshe lu, en face de l'hôtel *Binguan* (t.l.j. 8 h 30-11 h 30 et 14 h 30-17 h 30).

• ***Bank of China*** **: Nanmao jie ; propose un service de change.** ***Industrial Bank of China*** **: Renmin lu.**

• Poste, à l'angle de Renmin lu et de Mengmao lu.

Hébergement très correct.

Le chat chinois et la souris birmane

Qu'importe qu'il soit noir ou blanc pourvu que le chat attrape la souris. La Chine a appliqué une fois de plus cet aphorisme célèbre de Deng Xiaoping : quand la plupart des puissances étrangères proféraient des menaces de boycott économique après le coup d'État de 1988, elle a entamé des négociations très officielles avec la Birmanie. Il faut dire que ces négociations avaient pris corps dès les années 1980. Pékin avait alors peu à peu abandonné son soutien traditionnel aux maquis rebelles à la junte birmane pour se tourner vers Rangoon. C'est la Chine qui soutient un des objectifs principaux du gouvernement militaire, le renforcement de l'armée gouvernementale, en poursuivant des livraisons massives d'armes et d'équipements militaires. Ceux-ci ont largement servi les grandes opérations conduites par Rangoon contre les rebelles. New Delhi veille sur ce réchauffement des relations entre Pékin et Rangoon : la Chine, toujours en quête de nouveaux débouchés maritimes, pourrait bien étendre sa zone d'influence au golfe du Bengale.

Tengzhong. Une ambiance cosmopolite et décontractée anime la petite ville frontière, dont le marché de nuit est particulièrement coloré (dans Mengmao jie). Les caractères chinois se mêlent aux lettres birmanes et dai sur les publicités, les marchands pakistanais, indiens et thaïlandais se côtoient dans les rues, les restaurants birmans proposent une cuisine parfumée au lait de coco.

S'orienter : Ruili est traversée d'E. en O. par Nanmao jie ; Mengmao jie (marché de nuit) la coupe perpendiculairement sur l'O. Un peu plus à l'O. encore, la rivière Ruili coule parallèlement à Mengmao jie et sépare la Chine de la Birmanie. La ville étant petite, on s'y promène aisément à pied.

Liaisons aériennes : des minibus font la liaison entre l'aéroport de Luxi et les bureaux de *Yunnan Airlines* de Ruili (Renmin lu ; ☎ 414-8275 ; t.l.j. 8 h 30-12 h et 14 h 30-18 h). Renseignez-vous à ce bureau pour connaître les horaires et confirmer votre vol.

Liaisons routières : la gare routière pour les bus longues distances se trouve au centre-ville. Bus pour Mangshi, bus-couchettes pour Kunming (16 h) et Xiaguan (11 h). Minibus au départ du marché de jade (dans Nanmao jie, à la hauteur du carrefour avec Ruijing lu) pour Wanding, Nongdao, Zhangfeng, et le poste frontière de Jiegao.

Passage à la frontière : pour se rendre en Birmanie, le voyageur doit faire partie d'un groupe, les passages individuels étant interdits. Il faut impérativement être muni d'un visa à jour (consulat de Birmanie à Kunming) et d'un permis. Le « groupe » peut ne comprendre qu'un seul individu, mais un guide officiel est obligatoire, qui vous accompagnera du poste frontière de Jiegao jusqu'à la ville birmane de Hsipaw. De là, vous pourrez continuer seul jusqu'à Mandalay ou Rangoon.

Une agence de voyages peut se charger du permis et du guide pour se rendre en Birmanie : *Way Thar Li Tour & Travel Company* (19, Zhuyu jie, ☎ 928-2987, *waytharli@mptmail.net.mm*). À Kunming, l'agence de voyages du *Camellia Hotel* s'en occupe également (*plan de Kunming C2 ; Koh Wah Lin Travel,* 154, Dongfeng lu, Room 221).

■ **NONGAN.** Dans les faubourgs S.-O., les Dai vénèrent le **temple des Canards d'or** (Jinya ta) : le couple de volatiles aurait débarrassé la région de marécages infertiles.

■ **JIEGAO*** *(6 km S. ; on peut s'y rendre à vélo)*. Cette ville frontière vaut surtout par les alignements de boutiques qui regorgent de jades, bois sculptés, cosmétiques importés de Thaïlande, sans compter quelques bouddhas de pacotille. En sortant du marché, allez par curiosité jusqu'au poste de douane tout proche : Birmans et Chinois se croisent en un ballet continu. Vous ne manquerez pas, sur la g., les deux créatures léonines d'un jaune flambant neuf qui supportent une stèle gravée de quatre caractères annonçant le… « bout du monde ».

■ **Temple Hansa**** (Hansa zhuangfang ; *8 km S.-O. ; village de Jiedong*). Ce grand temple en lattes de bambou juché sur des pilotis en bois, coiffé de tôle ondulée, ruisselle de rubans colorés et de bouddhas, dont une immense statue, celle de Sakyamuni, fondateur du bouddhisme, qui trône en son centre. Tout autour, des bambous queue-de-phénix et des banians enserrés de leurs racines aériennes, des « maisons en bambou » *(zhulou)* disparaissant sous les frondaisons… et une volée de bonzillons en robe safran.

De Ruili à Tengzhong

Une longue route (plus de 200 km) relie les deux villes, dont la première partie, jusqu'à Yingjiang, est classée « site touristique national » pour ses somptueux paysages subtropicaux : montagnes douces (alt. 900 m) à la végétation exubérante, peuplées d'hévéas, de bambous queue-de-phénix, de palmiers à huile et de bananiers. La route serpente, frôle Husa, territoire des célèbres couteliers achang, dont les femmes se parent de lourds turbans noirs. Puis elle se faufile entre des montagnes verdoyantes coupées de bassins généreux, mêlant hévéas et palmiers, bananiers et canne à sucre. Il n'est pas rare d'apercevoir sur les routes des chèvres noires ou blanches trottinant derrière buffles et chevaux.

■ *136 km* : **Yingjiang** (alt. 800 m). Le bourg tranquille aligne quelques échoppes de jade tenues par des Birmans. Ne manquez pas la **pagode Yunyan**** (Yunyan fota, aussi appelée pagode Manding ; *1,5 km au S.-E., sur le mont Yunyan*). Soucieux d'apaiser les démons des eaux et de la peste, le dernier *tusi* de Yingjiang invita en 1946 un architecte birman à construire la pagode dorée en forme de cloche renversée (hauteur 20 m) et ses 40 pagodons, comme les étoiles enlaçant la lune.

■ La route se poursuit dans un paysage bucolique, diapré de l'or des colzas, vers **Lianghe** (*182 km* ; alt. 900 m), qui compte encore de belles maisons en bois, puis s'élève en direction de Tengzhong. On quitte le Dehong pour entrer dans la région de Baoshan.

■ *229 km* : **Tengzhong**** (alt. 1 650 m ; → *p. suiv.*).

Poisson séché contre quincaillerie

Une caravane de camions traverse Station Rd, l'avenue principale Lashio. L'odeur qui se dégage de certains dissipe tous les doutes sur la nature de leur chargement : poissons séchés et produits dérivés. D'autres sont pleins à craquer de tout ce que la Birmanie peut produire de fruits et de légumes. Le convoi est en partance pour Muse, à 241 km, sur la frontière avec la province chinoise du Yunnan. Depuis l'ouverture de cette frontière en 1985-1986, la Birmanie exporte ses ressources agricoles en échange d'une avalanche de quincaillerie chinoise. Pour Pékin, en effet, cette ouverture a pour but de désenclaver la province du Yunnan et d'offrir des débouchés à ses industries : thermos en tôle émaillée, couvertures à pivoines, lampes de poche de la marque Tête de Tigre envahissent les marchés birmans après avoir fleuri sur ceux du Laos ou du Vietnam, également frontaliers de cette province. Une économie régionale qui n'est que la partie visible d'un énorme iceberg commercial.

Tenant garnison dans la région de Husa, l'armée impériale des Ming (1368-1644) aurait enseigné aux Achang l'art de forger les épées. Leurs couteaux au tranchant redoutable et leurs sabres aux poignées finement ciselées se vendent jusqu'au Tibet. On en trouve à Ruili.

Les jeunes filles achang portent un turban, une veste bleu indigo, blanche ou noire, et des pantalons longs, bleus ou noirs. Mariées, elles se glissent dans une jupe fourreau. Les femmes mûres affectionnent le noir, tant pour leur veste que pour leur turban, qui peut faire jusqu'à 30 cm de hauteur. Hormis les vieux qui portent turban, rien ne distingue le costume des hommes de celui des Dai et des Han de la région.

Tengzhong et ses environs★★

TENGZHONG

Indicatif ☎ (0) 875 (région de Baoshan).

***Bank of China*, à l'angle de Fengshang lu et Yingjiang lu. Distributeurs de billets et opérations de change.**

Sécurité publique, Yingjiang xilu (lun.-ven. 8 h 30-11 h 30 et 14 h 30-17 h 30).

Hébergement correct.

Avec ses ruelles bordées de maisons en bois, dont les paravents-cloisons s'entrouvrent sur un sourire, ses échoppes de tailleurs de jade et ses minuscules restaurants birmans, Tengzhong est une petite ville pleine de charme, adossée au versant O. des monts Gaoligong. Elle est réputée pour ses camélias éblouissants et ses azalées géantes, ainsi que pour le festival des Lisu (*→ encadré*). Prospère, la « première cité des confins du Sud-Ouest » le fut sans conteste jusqu'au début du XXᵉ s., lorsque les caravanes y déchargeaient la presque totalité du jade birman, négocié par de grandes maisons de commerce. La précieuse cargaison s'acheminait ensuite vers Baoshan, sur une route jalonnée de périls…

Orientation : la ville est coupée en son centre par le carrefour entre Fengshan lu et Guanghua lu. Yingjiang lu, un peu au S. de Guanghua lu et qui lui est parallèle, recèle le plus de maisons en bois traditionnelles.

Liaisons routières : il existe deux gares routières : sur Dongfeng lu, bus desservant toutes les villes méridionales (pour Ruili, 6 h de trajet) ; bus longues distances au N. de la ville. Liaison t.l.j. avec Kunming, Baoshan et Xiaguan.

■ **Temple de la Venue du phénix★★** (Laifeng si ; *2 km S.-O.*), ravissant dédale de pavillons aux murs blancs, kiosques aux toits recourbés et ponts miniatures, à l'orée du parc forestier.

■ **Parc forestier des monts Laifeng★★** (Laifeng shan senlin gongyuan ; *2 km S.-O.*). Planté de pins, de catalpas et de ginkgos centenaires, le parc est assis sur l'un des nombreux volcans éteints de l'ère cénozoïque (ères tertiaire et quaternaire, débutant il y a 60 millions d'années) qui ceinturent la ville de leurs croupes arrondies – « sur dix montagnes, neuf n'ont pas de tête », assure-t-on.

■ **Mer de Chaleur★★** (Rehai ; *12 km S.-O.*). L'activité géothermique est particulièrement intense dans cette féerie sauvage de geysers turbulents, de vapeurs échappées des entrailles de la terre et de bulles énormes jaillies des sources chaudes, au milieu desquels le « chaudron bouillonnant » crache sans discontinuer ses jets soufrés à près de 100 °C.

Wang Ji, Génie des armées

Cavalier émérite qui excellait au tir, Wang Ji (1378-1460) fut reçu « lettré accompli » (*→ p. 453*) en 1406. Il était ministre des Armées et d'un âge fort avancé lorsqu'un édit impérial le dépêcha sur les confins du Yunnan avec 350 000 hommes pour pacifier des chefs récalcitrants. L'histoire officielle retiendra ses victoires remportées au cours de trois campagnes successives, entre 1441 et 1449, bien qu'il fût accusé par certains courtisans d'avoir forgé de faux mémoires au Trône. Mais pour les Lisu au N. de Tengzhong, où il tint garnison, Wang Ji était le Génie des armées, celui qui leur enseigna l'art de la guerre et que des ministres félons empoisonnèrent lors d'un banquet. Jurant de venger avec bravoure le pacificateur de leurs frontières, ils dansèrent sur des brasiers ardents et escaladèrent d'immenses échelles aux barreaux de couteaux acérés. Depuis, revêtus de leurs costumes d'un bleu lumineux, perlés d'agates et de coquillages, les Lisu se rassemblent aux 7ᵉ et 8ᵉ jours de la 2ᵉ lune (mars) en un festival de chants et de danses, où les plus courageux n'hésitent pas, pieds nus, à « plonger dans l'océan de flammes et gravir la montagne d'épées ».

De Tengzhong à Baoshan

Les lacets grimpent sans merci à l'assaut des monts Gaoligong, « labyrinthe vert » où croissent quelque 1 700 espèces végétales, refuge des rares

takins, gibbons à sourcil blanc et petits pandas, puis dévalent vers Bawan et la Salouen.

■ *93 km :* BASSIN DE BAWAN. Des villages dai de maisons en bois sur pilotis plantés de manguiers émaillent cette terre alluviale chaude et humide, où miroitent des mosaïques de rizières encadrées de caféiers et de poivriers. La région était jadis rongée par des miasmes pestilentiels, et les marchands de la plaine Centrale qui s'y risquaient préféraient répudier leurs femmes, craignant de ne pas revenir vivants. Un dicton prédisait en effet que « sur dix hommes descendus dans la vallée, neuf seront décimés ».

■ **PONT DU VENT D'EST** (Dongfeng qiao). Peu après Bawan, on enjambe une **Salouen** plutôt sage. C'est bien plus au N. qu'elle mérite son nom chinois de « fleuve en colère », Nujiang, là où ses flots impétueux roulent au fond des deuxièmes gorges du monde. Descendue des hauts plateaux tibétains, la Nujiang (ou Salouen en Birmanie) se jette dans l'océan Indien au terme d'un cours de 2 800 km.

■ *167 km :* **BAOSHAN** *(→).*

Quelque 40 volcans et 80 sources chaudes, se répartissant sur 750 km², ont valu au canton de Tengzhong son nom de « musée naturel de géologie » ; les réserves géothermiques atteignent 400 000 kilowatts. Des séismes secouent fréquemment la région.

Trente mille Chinois originaires de Tengzhong résident outre-mer, surtout en Birmanie (le canton compte 540 000 hab.). D'autres se sont retirés avec leur famille à Heshun *(à 4 km S.-O.)*, village égrenant ses étangs aux nénuphars et ses ruelles empierrées, que bordent des maisons chaulées aux toitures retroussées vers le ciel ; il abrite en outre la plus riche bibliothèque rurale de Chine : 60 000 volumes.

Baoshan et ses environs★★

Enserrée par la Salouen (Nujiang) à l'O. et le Mékong (Lancang jiang) à l'E., Baoshan la moderne déborde de vitalité. Pourtant, il plane un souffle de nostalgie sur les dernières façades en bois, qu'ébranlèrent tant de riches caravanes ! Elles sillonnaient sans trêve le prospère carrefour commercial aux sentiers polis par les sabots des chevaux et des mules.

S'orienter : la ville est traversée d'E. en O. par Baoxiu donglu et Baoxiu xilu, dont l'extrémité O. mène au parc Taibao shan. Xiaobeimen jie, en direction du temple du Bouddha couché (vers le N.), part de Baoxiu xilu.

Combien de temps : la découverte du parc Taibao shan (à pied), qui occupe l'O. de la ville, suivie de celle des autres sites proposés (en voiture), demande une journée. Le bureau du tourisme organise des excursions aux gorges du Mékong, le long d'une ancienne piste caravanière (1 j.) et aux gorges de la Salouen (2 j. et 3 j.).

Baoshan en fête : le 5e j. de la 5e lune (juin), la fête Duanyang, fête des Bateaux-Dragons, est l'occasion d'une extraordinaire foire horticole ; des centaines de milliers de plantes, de fleurs et de paysages en pot rivalisent d'éclat sur les étals égayés par le pépiement des oiseaux, dans une débauche de lampions multicolores et de poésies artistement calligraphiées.

BAOSHAN

ℹ Bureau du tourisme (Baoshanshi lüyouju), 26, Baoxiu xilu.

***Bank of China*, 100, Baoxiu donglu.**

Hébergement très correct.

Les habitants de Baoshan cultivent quelque 360 variétés d'orchidées, dont les connaisseurs admirent tout autant les feuilles que les fleurs aux couleurs éblouissantes. L'orchidée a été choisie comme emblème floral de la ville.

Savourez l'excellent café local : Baoshan s'enorgueillit de ses caféiers à petits grains, dont les premiers plants furent importés d'Asie du S.-E. dans les années 1950. Et pourquoi ne pas l'adoucir avec du sucre de canne ? Sa grande pureté fait de Baoshan la « ville du sucre ».

Lac aux environs de Baoshan. Fabrication de briques en terre crue au premier plan.

Jades birmans

Dès le XIIIe s., les Chinois se rendaient dans les mines de Mogaung, à une centaine de kilomètres de l'actuelle Myitkyina (haute Birmanie), pour extraire la jadéite, plus dure, plus brillante aussi que la néphrite produite à Khotan ou à Yarkand (Turkestan chinois). Vers la fin des Ming (1368-1644), Tengyue (l'actuelle Tengzhong) devint un grand centre de taille de la jadéite birmane : les artisans façonnaient dans la pierre verte (parfois blanc olivâtre) des fleurs et des animaux, mais également des bracelets, bagues et pendentifs d'oreilles ou de ceintures qui seront particulièrement prisés des souverains mandchous de la dynastie des Qing (1644-1911). Aujourd'hui encore, les Chinois gardent la haute main sur l'exploitation des mines birmanes.

Liaisons aériennes : 3 vols/sem. Kunming-Baoshan. Durée du vol : 45 mn. **Aéroport :** à 9 km au S. du centre-ville.

Liaisons routières : la gare routière, au carrefour de Baoxiu donglu et de Huancheng donglu, dessert de nombreuses destinations plusieurs fois par jour – Kunming (premier départ à 6 h du matin), Xiaguan (6 h 40), Ruili (6 h 30), Luxi (6 h 30), Tengzhong (6 h 20).

■ **PARC DE LA MONTAGNE DU GRAND PROTECTEUR IMPÉRIAL***** (Taibao shan gongyuan ; 102 ha ; *entrée principale par l'extrémité O. de Baoxiu xilu*). Ce très beau parc forestier coupé de chemins entrelacés foisonne d'une centaine d'essences différentes, dont des ficus et des cyprès vénérables ; son sommet plat, que l'on atteint par une volée de 700 marches, ménage un splendide panorama de la ville.

Il est parsemé d'édifices anciens, tels le **pavillon de l'Empereur de Jade***** (Yuhuang ge ; fin du XIVe s.), sanctuaire taoïque admirable pour ses fresques murales aux personnages exquis – l'Empereur de Jade, considéré comme l'ancêtre du taoïsme et le héros civilisateur des Chinois, entouré de divinités dansantes – et son plafond magnifiquement ouvragé (hauteur 18,6 m), et le **temple du Marquis militaire**** (Wuhou ci ; 4 500 m^2 ; salles du XIIIe s. fidèlement restaurées et jardins de camélias et d'azalées), dédié au fameux stratège Zhuge Liang (181-234). Une allée descend vers le S., jusqu'aux rives ombragées de saules de l'**étang Yiluo**** (Yiluo chi ; 2 000 m^2), dont les reflets se referment sur le **Kiosque au cœur du lac** (Huxin ting ; fin du XVIe s.).

Les « quatre trésors du cabinet du lettré » – encre, pierre à encre, pinceau et papier – renvoyaient l'image en miniature d'un paysage idéal : ici, l'étang Yiluo, le Kiosque au cœur du lac, la pagode étagée qui se profile sur une verte colline et les murailles de Baoshan…

■ **Clos des Poiriers**★★ (Lihua wu ; village de **Yaowan,** *3 km S.-O.*). Nimbé au printemps du parfum suave des fleurs de poirier, ce grand sanctuaire bouddhique du XVIIe s. étage sur plusieurs niveaux belvédères et kiosques, galeries et pavillons, ornés de belles statues en jade birmanes et rehaussés d'inscriptions poétiques. Sa cuisine végétarienne, parfaite imitation des mets carnés, s'est acquis un excellent renom.

■ **Temple du Bouddha couché**★★ (Wofo si ; *16 km N. ; quitter la ville par Xiaobeimen jie*). Adossé à la montagne, le temple (début du VIIIe s.) s'ouvre sur une vaste grotte étoilée de stalactites. On prétend qu'un jeune Dai y arrêta de son corps les eaux en crue de la Salouen et qu'en souvenir un gigantesque Bouddha fut sculpté à même la pierre. Constellant la voûte rocheuse comme une nuée d'immenses papillons colorés, 500 arhat en argile veillent aujourd'hui dans une profusion d'oriflammes rutilantes sur un majestueux Bouddha couché en jade blanc, drapé d'une tunique d'or – le plus grand de Chine : 9,5 t pour 6 m de long !

Depuis Baoshan, vous pouvez rentrer sur Kunming en avion ou franchir les eaux encaissées et fangeuses du Mékong, afin de continuer en une journée votre périple vers le N.-E., par une route de montagne empierrée, puis goudronnée et ourlée d'eucalyptus en arrivant sur Dali (200 km).

En 1986, un généreux donateur fit l'offrande de deux Bouddhas en jade blanc estimés à plusieurs centaines de milliers de yuans (vous les verrez près du Yuhuang ge). Les temples de Baoshan se sont depuis enrichis d'une cinquantaine d'exquises statues en jade, dont ce Bouddha couché, offert en juin 1988 par un Chinois de Birmanie.

Le chant des caravaniers

Vaillamment conduits par les sonnaillers harnachés de pompons rouges et de grelots aigus, au front orné de petits miroirs porte-bonheur, chevaux et mules s'enfoncent dans les lacets montagneux, se déchirant les paturons contre les aspérités pierreuses, peinant sur les sentes grossièrement dallées. Des coups de gong rythment la progression du convoi le long de ces « boyaux de chèvre », ils empêchent aussi les robustes animaux de s'effaroucher des bruits inconnus de la forêt. Si elles ne débordent plus d'étoffes soyeuses, de musc odorant, de jades et d'agates comme au temps de leur splendeur, des caravanes s'égrènent encore le long des routes de Baoshan et restent l'unique moyen de transport sur les reliefs les plus difficiles. Une stricte hiérarchie régit les conducteurs altiers, jaloux de leurs pratiques ancestrales – ainsi, le « vieux chat » a détrôné le « tigre », mot tabou. Ils chantent l'âpreté du voyage le soir autour du feu, où repose sur trois pierres en guise de trépied une marmite en cuivre fumante. Les lointaines montagnes du Yunnan résonnent toujours de leurs échos mélancoliques.

5 Le Xishuangbanna**

Préfecture autonome dai du Xishuangbanna (Xishuangbanna daizu zizhizhou). Elle comprend trois cantons : la ville-canton de Jinghong, la capitale, et les deux cantons de Menghai et Mengla.

Alt. : 600 m (bassin de Jinghong) ; point culminant : 2 429 m.

Population : 830 000 hab., dont 34,8 % sont des Dai. Autres minorités : Hani (Aini), Lahu, Yi, Bulang, Jinuo, Yao, Wa, Bai. Les Han représentent env. 30 % de la population totale.

Distances depuis Jinghong : Kunming, 710 km ; Simao, 162 km.

Province du Yunnan.

Sachez qu'il est quasi impossible pour un voyageur individuel d'obtenir des places d'avion à la mi-avr., époque du Nouvel An dai (fête de l'Eau), tous les avions et charters étant retenus de longue date. Les hôtels de Jinghong font eux aussi le plein. Vous pouvez essayer de résider dans un des villages dai alentour, une occasion d'assister à la fête de l'Eau un peu plus loin de la foule.

À ne pas manquer

À la lisière N. de la zone tropicale où se joignent les frontières de la Birmanie et du Laos, le Xishuangbanna est un formidable écrin de verdure, traversé par les eaux du Mékong. En sa partie E., un dernier pan de la forêt des tropiques pluvieux offre une rare profusion de plantes grimpantes et tueuses, corolles géantes, fleurs vibratiles qui se referment sitôt frôlées, pour éclore à nouveau, fougères démesurées, troncs enlacés, arbres à l'assaut de l'horizon. Ce prodigieux enchevêtrement forme le sanctuaire naturel des éléphants sauvages, des gibbons à joue blanche et des timides loris, des calaos casqués de leur énorme bec recourbé, jusqu'aux magnifiques paons verts. Quelques trouées dans la végétation épaisse révèlent une présence humaine – villages des Jinuo, cueilleurs de cardamomes au goût poivré. À l'O., les hauteurs douces plantées de théiers et de canne à sucre abritent d'autres peuples : Bulang, Aini, Lahu, qui se rassemblent les jours de marché en une multitude animée et chatoyante.

Les bassins fertiles semés de rizières sont le domaine incontesté des Dai (ou Lü, apparentés aux Shan de Birmanie, aux Thaïs et aux Lao) : ils les ont accaparés au fil des siècles, repoussant vers les montagnes les autres peuples qu'ils asservissaient. Les moussons fécondes, mais aussi les célébrations religieuses et la grande fête du Nouvel An dai, à la mi-avril, rythment la vie de ces fervents adeptes du bouddhisme du Petit

Véhicule. Lovés dans des bosquets de bambous, les villages sur pilotis s'illuminent de pagodes blanc et or et de monastères qui accueillent à nouveau de jeunes bonzillons.

Le Xishuangbanna mode d'emploi

Accès : dotée d'un aéroport, **Jinghong** est l'accès le plus direct au Xishuangbanna (→ p. 247). **Simao** *(à 162 km N. de Jinghong)* peut être une solution si vous n'avez pas de vol pour Jinghong : 3 vols/sem. Kunming-Simao, puis route de Simao à Jinghong (4 h de bus env.).

Meilleure période : à condition de trouver des places d'avion et d'hôtel, mars-avr., le début de la saison chaude, pour assister à la fête de l'Eau, avant les pluies quotidiennes de juin à sept., fréquemment ponctuées de violents orages. La température est agréable d'oct. à fév. (avec des matins qui peuvent être très frais au cœur de l'hiver), mais il flotte le soir un épais brouillard qui ne se dissipe pas avant le début de la matinée suivante.

Combien de temps : les trois itinéraires proposés demandent chacun une journée (sans inclure le séjour éventuel dans la vallée des Éléphants) ; comptez aussi 1 j. pour Jinghong, plus si vous aimez les excursions (à vélo) dans la verdure tropicale, où se nichent les villages dai.

S'organiser : pour découvrir le Xishuangbanna, le mieux est de rayonner à partir de Jinghong. Des minibus desservent régulièrement toutes les directions (les principales destinations se trouvent à 2 à 3 h de Jinghong). Le **marché de Menghun,** où se côtoient de nombreuses populations descendues des montagnes alentour, a lieu tous les **dim.** Pour apprécier pleinement cette région, le rythme nonchalant de sa population, l'exubérance de sa végétation, le meilleur moyen de découverte est la **bicyclette.** Depuis Jinghong, on peut aller à l'aventure dans quantité de villages dai ou d'autres ethnies alentour. Le plaisir sera autant dans l'excursion que dans l'exploration des villages et des pagodes, disséminés çà et là dans la verdure.

Que rapporter : petits paniers tressés, dans lesquels on glisse les offrandes de nourriture destinées au monastère ; ombrelles en tissu peint, à armature en bambou ; coiffures et sacs d'épaule rehaussés de pompons ou de pièces d'argent ; tapisseries en brocart dai. À ne pas oublier : les thés, dont le fameux cru *pu'er.*

Fêtes : célébration du **Nouvel An dai** à la mi-avr. ; l'arrosage populaire clôture trois jours de réjouissances, rythmées notamment par des lancers de fusées d'artifice et

Fritures gastronomiques

Prenez 100 g de belles chrysalides de guêpes auxquelles vous ajoutez deux œufs battus, salez, faites frire dans de la graisse de porc jusqu'à ce qu'elles soient bien croquantes et poivrez. Même préparation avec les œufs de fourmis jaunes, que l'on aura au préalable rincés à l'eau, pour obtenir de minuscules sphères brillantes et croustillantes. Ces fourmis de la forêt tropicale, longues de 1 cm env., pondent à l'intérieur de leurs nids faits de feuilles larges roulées en tube. L'opération pour les vers blancs de bambou est tout aussi simple : après les avoir ébouillantés, faites-les revenir directement dans une casserole avec un peu de graisse. Les peaux de buffle ou de porc débarrassées de leurs poils, découpées en lanières, constituent d'autres mets de choix, légères et craquantes sous la dent. Les amateurs de légumes se régaleront d'une friture de mousses, cueillies aux premiers mois de l'année dans le lit du Mékong et conservées en galettes saupoudrées de sel et de gingembre haché menu, que l'on fait sécher au soleil. Dans tous les cas, festin réussi et protéines garanties !

On peut désormais acquérir un visa au poste frontière de Mengla et traverser la frontière pour passer au Laos. Celle-ci ferme à 17 h 30.

Particulières au brocart dai *(dai jin),* les frises alternant motifs géométriques et animaux stylisés issus de la tradition mythologique – chevaux au galop, serpents lovés au sommet des pagodes, éléphants sacrés – égaient le tissu blanc de leurs couleurs vives, allant du jaune orangé au rouge et au noir.

La capitale, Jinghong, ou Yunjinghong, est la « cité de l'aube », car l'enseignement du Bouddha lui serait parvenu aux premières lueurs du jour…

des régates de bateaux-dragons (→ *p. 96-97*). La **période de la Porte fermée** (mi-juil. à mi-oct.) attire dans les temples une foule de fidèles chargés d'offrandes de nourriture, d'argent et de fleurs. Elle correspond à la haute saison agricole, et l'on dit que si mariages et voyages ne sont alors pas permis, c'est pour que tous se consacrent aux travaux des champs. Dans une explosion de pétards, la grande **fête de la Porte ouverte** marque la fin du carême bouddhique et de ses interdits (mi-oct.). D'autres fêtes jalonnent le calendrier dai, dont **Danpa** (oct., parfois mars), où les jeunes garçons entrent au monastère pour y recevoir une initiation, et **Dantan** (en général sept.), où les familles expriment leur ferveur en offrant des sutra à la pagode.

Le Xishuangbanna dans l'histoire

En 1570, le roi lü restructura sa région en 12 circonscriptions administratives, ou *sipsong*, « douze », *panna*, « cantons producteurs de riz, ou principautés », chaque *banna* ayant sous sa juridiction d'un à plusieurs *meng* (bourgs). « Xishuangbanna » est la transcription chinoise du terme dai. La fidélité à l'étymologie voudrait que l'on parle *des* Xishuangbanna, au lieu *du* Xishuangbanna communément admis…

Les « banna »

En 1160, après avoir conquis plusieurs petits royaumes dai (lü) et mis fin à une longue période d'anarchie, Payazhen fonda le royaume féodal du Palais d'Or à Jinglan (actuelle Manjinglan, dans les faubourgs de Jinghong). C'est plus tard, en 1570, que la région fut structurée en 12 circonscriptions administratives, ou *banna*, dont les noms ont varié au cours des siècles. Elle était connue sur les cartes chinoises sous le nom de Cheli, et son roi dai payait un tribut à la Chine et à la Birmanie. À la fin du XIXe s., on compte cinq *banna* sur la rive dr. du Mékong et sept *banna* sur la rive g., ces dernières entretenant des liens plus étroits avec la Chine. Alors que les Anglais ont annexé la Birmanie (1885), devenue une province de l'empire britannique des Indes, et que les Français ont établi un protectorat sur le Laos (1887), un traité anglo-chinois de mars 1894 cède le Xishuangbanna à la Chine, mais l'année suivante une *banna* sur la rive dr. du Mékong est arrachée par les Français et intégrée au territoire du Laos. Le système des *banna* survivra jusqu'au milieu du XXe s., avant d'être démantelé avec l'avènement de la République populaire. La préfecture autonome est créée en avr. 1953.

Les bonzillons

Ils entrent au monastère vers l'âge de sept ou huit ans, pour trois années ou plus. Là, ils reçoivent une initiation religieuse et une instruction générale dans leur langue, qui leur vaudront plus tard le respect de la communauté et la considération des jeunes filles. Au cours d'une promenade dans un village dai, vous ne manquerez pas de rencontrer ces petits moines revêtus de la robe safran : tôt le matin, ils vont demander l'aumône ou quêter la nourriture – riz gluant, légumes salés – auprès des familles du voisinage et, après la classe, profitent de leurs loisirs pour aller voir leurs parents, se balader à vélo ou se baigner dans la rivière.

Menaces sur la forêt tropicale

La terre riche du Xishuangbanna produit une grande variété de fruits tropicaux – ananas, noix de coco, bananes, mangues et papayes –, du thé, de la canne à sucre ; l'hévéa a été bien acclimaté depuis le début des années 1950. Les rizières donnant une triple récolte ont valu à la région son surnom de « grenier à riz du Yunnan méridional ». Mais le développement rapide de l'agriculture s'est fait au détriment de la forêt

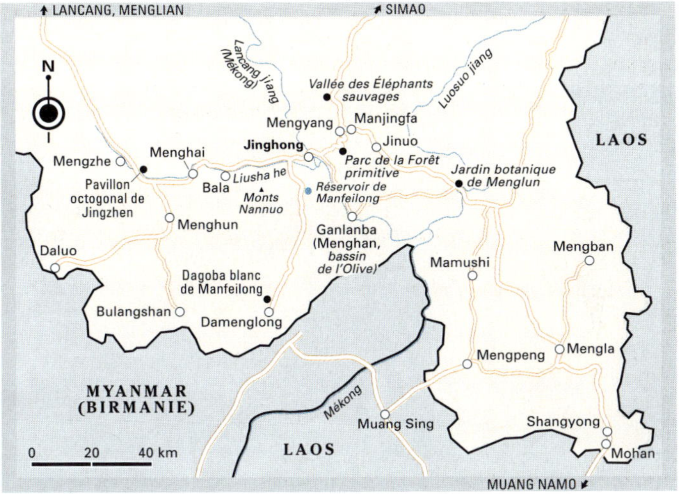

Le Xishuangbanna. De nombreux toponymes commencent par *ban* (« man » en transcription) et *meng*, qui signifient respectivement « village » et « bourg » en dai.

tropicale. La couverture forestière du Xishuangbanna atteint à peine 34 % aujourd'hui, elle était encore de 50-70 % il y a un demi-siècle. Plusieurs réserves naturelles ont été créées depuis 1958, elles couvrent environ 13 % de la superficie de la préfecture autonome. Il s'agit de protéger 300 espèces de plantes médicinales, une centaine d'essences précieuses, mais aussi plus de 1 000 espèces animales, dont certaines comme le tigre sont menacées d'extinction. La luxuriance des forêts du Xishuangbanna est assurément l'un de ses atouts touristiques majeurs.

Une ferveur bouddhique intacte

Le bouddhisme du Petit Véhicule (différent du Grand Véhicule, répandu ailleurs en Chine intérieure) fut introduit vers le VIIIe s. de Thaïlande et de Birmanie chez les Dai, jusqu'alors animistes (les croyances animistes n'ont pas totalement disparu aujourd'hui), imprégnant tous les aspects de la vie sociale. Après les ravages de la Révolution culturelle, qui avait interdit toute activité religieuse, les temples ont été reconstruits et ont peu à peu retrouvé leur fonction monastique. En particulier, les jeunes garçons y font leur noviciat *(→ encadré)*. Durant les fêtes, les bonzes décorent les pagodes de fleurs et d'oriflammes multicolores, et les fidèles s'y pressent pour apporter leurs offrandes, réciter les sutra et prier Bouddha.

Jinghong et ses faubourgs

Jinghong est une ville moderne, pas très étendue, dont les larges avenues bordées de fromagers et de palmiers donnent un avant-goût de l'Asie tropicale. Grâce à son hébergement de qualité et à sa situation centrale au Xishuangbanna, c'est surtout une bonne base pour découvrir la région. Des cohortes de touristes chinois viennent s'y faire asperger en une manière de cérémonie d'arrosage quotidienne, sous le regard amusé de jeunes femmes dai en sarong chatoyant et court boléro, très ajusté, abritant sous une ombrelle leur chevelure de jais piquetée de fleurs.

Sous le signe

À l'extrême S. du Yunnan, les villages dai aux maisons majestueuses grimpent à flanc de coteau, tissant le réseau des *moeng (meng)*, les bourgs placés sous la protection des esprits tutélaires. Peuple de riziculteurs, les Dai vouent à l'eau une vénération profonde en la personne de Nang Thorani, la déesse de la Terre, qu'invoqua le Bouddha lors des assauts du démon Mara. Comme les Dai « aux longs cheveux », Nang Thorani tordit sa chevelure, d'où sortirent des torrents d'eau qui noyèrent les armées démoniaques. Chaque année, en avr., quand s'amoncellent les nuages annonciateurs de la mousson du S.-O., les Dai appellent la pluie bienfaisante en s'arrosant à grands seaux.

▲ Village dai aux environs de Ganlaba.

de l'eau

▲ Par ses matériaux et sa forme, la maison dai est en totale harmonie avec son environnement. Pa Ya Shanmudi, l'ancêtre des Dai, est à l'origine de sa conception. Au temps où son peuple vivait dans des grottes, il remarqua que la pluie glissait sur les feuilles de taro et conçut le premier abri couvert de feuillages. Touchés de tant d'obstination, les dieux lui vinrent en aide sous la forme d'un phénix d'or. En se posant aux pieds de Pa Ya Shanmudi sous une pluie battante, l'oiseau se dressa sur ses longues pattes et ploya ses ailes pour en faire glisser l'eau. Ainsi naquit le modèle de la maison dai à son image : surélevée sur de hauts pilotis et protégée par la longue pente de son toit.

► La déesse de la Terre Nang Thorani, tordant ses cheveux (stupa de Manfeilong).

◄ Puits de Mengjingbo. Tout village dai traditionnel a son temple bouddhique, son autel pour les esprits et son puits, construit à l'ombre de vieux banians. Essentiel pour le quotidien, le puits est aussi, par son emphase architecturale, le signe de l'importance symbolique de l'eau aux yeux des Dai. Lorsqu'il est orné, on ne manque pas d'y faire figurer la silhouette de Nang Thorani, tordant ses longs cheveux.

JINGHONG

Indicatif ☎ (0) 691.

ⓘ *CITS Jinghong* : 2/F Jinghong International Travel Building, Luandang jie, ☎ 663-8459. Organise des excursions dans la région.

Bank of China, Jinghong nanlukou (près du carrefour central de la ville).

Vous pourrez vous procurer des plans de Jinghong au *Banna Mansion Hotel*, à côté de la *Bank of China.*

Liaisons aériennes : vols quotidiens de (et pour) Kunming (durée 50 mn), Dali, Lijiang, Chiangmai, Bangkok. Vols de (et pour) Canton, Chengdu, Chongqing. **Aéroport :** à 5 km au S. du centre-ville (route de Damenglong). Navettes pour le bureau de *Yunnan Airlines.* **Billetterie :** *Yunnan Airlines,* Jingde lu (t.l.j. 8 h-12 h et 15 h-18 h).

Liaisons routières : gare routière n° 1, longues distances (5, Minzu beilu) : bus pour Xiaguan (Dali ; 18 h), Baoshan (30 h) et Ruili (40 h). **Gare routière n° 2** (23, Jinghong beilu) : destinations locales. Des bus-couchettes relient Kunming à Jinghong en 11 h non-stop au départ des deux gares. Minibus réguliers pour toutes destinations.

Combien de temps : 1 j. suffit pour la ville et ses proches faubourgs.

Hébergement : très bon. Les hôtels ont poussé comme des champignons autour du parc des Nationalités (Minzu fengqing yuan, sur Minhang lu), dans les faubourgs S.

Le marché de l'artisanat (Zhuanghong lu, au N. de la ville, entre Galan zhonglu et Jinghong beilu, non loin du fleuve) vaut le détour pour ses échoppes qui se pressent des deux côtés de la rue piétonne. Elles regorgent de jades birmans et de sculptures sur bois.

S'orienter : la ville est située sur la rive O. du Mékong, appelé Lancang jiang par les Chinois, à 30 km env. de la frontière birmane. Le carrefour des rues Jinghong beilu (qui mène vers le N.), Jinghong donglu (vers l'E.), Jinghong nanlu (vers le S.) et Jinghong xilu (vers l'O.) constitue le centre de la ville (autre point de repère : le petit lac artificiel du Paon, Kongque hu).

Circuler : Jinghong n'étant pas très étendue, on peut aisément la parcourir à pied ou à vélo. **Location de bicyclettes :** *Banna Mansion Hotel* (Jinghong nanlukou, à côté de la *Bank of China*), *Pension Xishuangbanna* (juste à côté du *CITS*, sur Galan zhonglu), *Mekong Cafe* (Manting lu ; ☎ 212-8895).

♥ BONNE ADRESSE

Le *Mei Mei Café*, sur le rond-point de Manting lu, petit restaurant à l'atmosphère accueillante, propose de bons petits plats. Les gérants pourront vous donner des informations sur les excursions à faire dans la région.

Dans ces régions de chaleur humide, la saveur épicée et aigre de la cuisine dai est un excellent stimulant de l'appétit aux vertus digestives.

Faire une pause : dans **Manjinglan,** le quartier des restaurants dai à l'architecture traditionnelle (le long de Manting lu, au S.-E. de la ville, sur le chemin du parc Chunhuan), vous dégusterez de succulentes spécialités : poisson enveloppé de feuilles de bananier et cuit à la vapeur, poulet rôti à la citronnelle, marinade de bœuf cru, fritures variées (→ *encadré p. 245*), le tout accompagné de condiments forts. Le riz glutineux cuit dans un bambou, dont la membrane intérieure odorante imprègne les grains, est tout à fait savoureux.

■ **Parc Chunhuan** (Chunhuan gongyuan ; *à l'extrémité S. de Manting lu*). Uniquement pour visiteurs pressés qui n'auraient pas le temps d'explorer le Xishuangbanna : on y voit des reproductions du dagoba blanc de Manfeilong et du Pavillon octogonal de Jingzhen. Juste à l'entrée, le **temple de Manting** (Manting fosi), ancien, vaut un coup d'œil.

Remontez Manting lu, puis Galan nanlu jusqu'au carrefour, et tournez à g. dans Jinghong donglu et Jinghong xilu.

■ **Institut de recherches sur les plantes tropicales**★ (Redai zhiwu yanjiusuo ; *sur Jinghong xilu ; la boutique à l'entrée vend feuilles de thé, grains de café et herbes médicinales du cru*). Vous y découvrirez l'extraordinaire richesse de la végétation tropicale du Yunnan. En 1953, dès la fondation de l'Institut et sous l'impulsion du Premier ministre Zhou Enlai, les chercheurs expérimentèrent avec succès l'acclimatation de l'hévéa, que l'on croyait réservée aux régions situées au S. du 17e parallèle de latitude N. Le Xishuangbanna, compris entre le 21e et le 22e parallèle, est aujourd'hui le 2e producteur de latex en Chine, derrière l'île de Hainan. 1 300 personnes travaillent dans cet institut.

Reprenez Jinghong xilu vers l'E., puis, au lac du Paon (Kongque hu), prenez Jinghong beilu et continuez vers le N. pour traverser le grand pont sur le Mékong ; le village de Mange se trouve tout de suite sur Cangjiang beilu.

■ **Monastère Mange**★★ (Mange fosi). Animé d'une intense activité lors des fêtes, il est l'un des plus représentatifs de l'architecture dai : deux dagoba (*that* en lü), un temple abritant une statue du Bouddha, ombragés de ficus et protégés par une enceinte. Le temple original daterait de 1477 ; restauré dans la première moitié des années 1980, il possède une belle charpente en bois, assemblée sans clous ni rivets ; sous son imposante toiture, que soutiennent 16 piliers géants (hauteur 8 m), court une fresque de paons, d'éléphants blancs et de dragons dorés.

De Jinghong à Menghun

Route : on peut se rendre directement au marché de Menghun pour son animation du dim. matin, et revenir ensuite sur Jinghong au fil des visites proposées. Au départ de la gare routière n° 2 de Jinghong, bus pour Menghun toutes les 20 mn entre 7 h et 17 h (2 h 30 de route env.).

■ *30 km O.* : **Bala**★★. Une fois franchie la rivière Liusha, un portique en bambou (un léger bandeau horizontal aux motifs géométriques soutenu à chacune de ses extrémités par plusieurs tiges verticales), flanqué de deux statuettes mâle et femelle aux sexes démesurés, symboles de fertilité, marque l'entrée de ce village akha (groupe localement appelé Aini et incorporé à la nationalité hani). Hommes et femmes vivent dans des pièces séparées et accèdent aux maisons sur pilotis par deux escaliers distincts – cette dernière tradition est allégrement rompue aujourd'hui. Des « huttes fleuries » construites à proximité des maisons principales abritent les amours des jeunes gens.

Des thés dans tous leurs états

On découvrira l'étonnante variété de présentation des thés : feuilles en vrac bien sûr, mais aussi insérées dans une section de bambou odorant, qui pousse sur les hauteurs du Yunnan du S.-O., à 2 500 m d'altitude ; feuilles compressées à la vapeur sous forme de nids, de galettes ou de briques, dont on émiette une toute petite quantité pour l'infusion. Le thé compressé était facilement transporté par les caravaniers sur de longues distances, jusqu'au Tibet. → *aussi p. 258-259.*

Le cru *pu'er* s'appréciait jusqu'à la cour de Pékin : les empereurs Qing (1644-1911) exigeaient que leur soient offerts chaque année en tribut 3 300 kg de feuilles de ce thé noir fermenté aux vertus curatives et laxatives !

Le CITS de Jinghong propose des visites dans une fabrique de thé locale.

On dit que le Xishuangbanna est la terre d'origine du paon. Animal sacré, il est considéré comme l'ancêtre des Dai.

■ *53 km :* **Menghai**★. Environné de plantations de thé, Menghai est le berceau d'un cru fameux, *pu'er*, du nom de l'ancienne préfecture située bien plus au N., dont le bourg dépendait et où se rassemblaient les grands négociants. Sur les monts Nannuo *(au S.-E.)*, un immense « **théier roi** » – vieux, dit-on, de 800 ans – donne toujours des feuilles odorantes ; des arbres plus vieux encore, sauvages ceux-là, ont été découverts dans les environs.

À Menghai, marché quotidien à explorer pour sa profusion d'épices et d'herbes médicinales, de légumes et de fruits : pamplemousses doux, ananas sucrés, mangues et papayes, noix de coco, artocarpes, ou arbres à pain, dont les gros fruits à la chair blanche pèsent jusqu'à 15 kg.

■ *69 km :* **Pavillon octogonal de Jingzhen**★★ (Jingzhen bajiaoting ; hauteur 21 m ; → *ill. p. 255 en haut*). Il correspond à la **salle du chapitre** *(busu)* du monastère. Édifié en 1701, plusieurs fois restauré, il repose sur une base en briques peintes de bandes parallèles vivement colorées. Il est coiffé d'une toiture complexe de section octogonale, formée de dix étages successifs d'avant-toits, qui vont en se rétrécissant et dont le sommet est couronné d'une pointe effilée ; architecture originale qui épouserait, selon la légende, la forme de la coiffe du Bouddha. Durant les fêtes, une activité débordante anime l'imposant temple qui le jouxte.

Reprenez sur 1 km env. la direction de Menghai ; à l'embranchement, empruntez la route de Menghun vers le S.

■ *80 km :* **Menghun**★★. Une symphonie de couleurs et d'odeurs réveille le bourg paisible chaque dimanche matin et jusqu'en début d'après-midi. Assises sur de petits tabourets, les femmes dai en blouse bleu ciel ou blanche, ceintes d'un sarong foncé et coiffées d'un chapeau de paille conique, proposent de la vannerie en bambou, des vêtements, des brochettes de poissons épicées, des portions de riz glutineux aux légumes salés – petit déjeuner typique. Les femmes descendues des montagnes alentour ont revêtu leurs costumes et leurs parures : les **Bulang** en sarong foncé et boléro chatoyant, boutonné sur le devant, ont entassé le produit de leur cueillette dans une hotte en bambou tressé, qu'elles portent sur le dos avec une attache fixée au front ; elles ont pris soin de draper leur chevelure d'un épais tissu rouge ; quant aux femmes **aini**, si elles empilent plusieurs lourdes coiffes traditionnelles, c'est pour mieux les vendre. N'hésitez pas à marchander ces ornements de tête en toile foncée, rehaussés de perles, pendeloques et pièces d'argent, ou ces sacs d'épaule ourlés de pompons colorés et ces bracelets en métal ciselé.

Les Aini, qui se nomment encore Akha au Xishuangbanna, appartiennent au groupe ethno-linguistique des Hani, lui-même classé dans la famille des Tibéto-Birmans.

Les coiffes aini sont très élaborées, et chaque femme adulte garde précieusement la sienne ; les plus originales s'ornent d'anciennes piastres indochinoises. *→ ill. p. 326.*

En fin de volume, le Petit dictionnaire regroupe les définitions des noms propres ou communs spécifiques à chaque pays ; le Lexique réunit un vocabulaire de base pour les différentes situations de la vie quotidienne.

De Jinghong à Manfeilong

Route : une excursion dans le S. du Xishuangbanna, pour découvrir le dagoba blanc de Manfeilong, l'un des fleurons de l'architecture de style birman. Des bus quittent Jinghong (gare routière n° 2) pour Damenglong toutes les 10 mn entre 7 h et 18 h 30 (2 h de route env.).

■ *17 km S. :* **RÉSERVOIR DE MANFEILONG*** (Manfeilong shuiku). Construit en 1958, il contient jusqu'à 15 000 000 m^3 d'eau pour l'irrigation. On peut sillonner ses eaux limpides en canot, pédalo ou radeau en bambou. À la mi-avr., courses de bateaux-dragons. Grand choix de poissons tout juste pêchés au restaurant aquatique.

■ Continuez vers le S., traversez **Xiaojie** *(57 km)* et ses sources d'eau chaude. La région est riche en villages lahu, hani et bulang ; Manfeilong, village aux banians ombreux, se trouve à 2 km avant Damenglong, tout proche de la frontière birmane.

■ *69 km :* **DAGOBA BLANC DE MANFEILONG**** (Manfeilong baita ; *traverser Manfeilong jusqu'au temple sur la dr., gravir 200 marches bordées d'hévéas*). Au sommet de la colline se dressent, comme des « pousses de bambou après la pluie », le **dagoba central,** couronné d'une longue flèche (hauteur 16,30 m), et ses **huit petits** ***that*** (hauteur 9 m). La peinture argentée, un peu écaillée aujourd'hui, dont on a recouvert le dagoba blanc, contraste avec les vives couleurs de sa base circulaire. Sur le pourtour, des niches multicolores ornementées de phénix et de dragons abritent chacune une statue du Bouddha. Trois moines indiens dessinèrent les plans du dagoba, qui fut édifié en 1204 dans ce lieu où l'Illuminé (Sakyamuni, fondateur de la religion bouddhiste) aurait récité des sutra. Au bas du petit *that* situé le plus au S., on honore avec ferveur durant les fêtes religieuses l'empreinte sacrée de son pied g. (80 x 58 cm).

Les villages lahu ne comptent pas plus d'une trentaine de maisons de bambou, de forme carrée ou ovale, sur pilotis de bois et recouvertes d'herbe à paillote. Quand ils vivent au milieu des Han, les Lahu construisent leur maison au sol, en pisé ou en bois et bambou, sur un terrassement dans la pente.

Sur les costumes des Lahu noirs, jaunes, blancs, → *p. 119.*

Le dagoba blanc de Manfeilong, appelé aussi « pagode blanche », est un site culturel majeur sous protection de l'État.

Les dragons dai présentent un style différent de celui de la Chine intérieure : peints de couleurs vives, ils ont parfois des dents en forme de défenses d'éléphant.

De Jinghong à Menglun

Route : une visite « en boucle » de 180 km dans l'E. du Xishuangbanna jusqu'au jardin botanique de Menglun, riche de 3 000 espèces tropicales. Au départ de la gare routière n° 2 de Jinghong, bus très fréquents à destination de Ganlanba (1 h de route env.) et bus à destination de Menglun toutes les heures de 7 h à 15 h (2 h 30 et 3 h de route env.). Ces bus ne s'arrêtant pas dans les villages, il faudra louer un véhicule pour réaliser ce circuit. Traversez le grand pont sur le Mékong et quittez Jinghong par la Cangjiang beilu en direction de Ganlanba.

Prier Bouddha en pays dai

Établis sur les marches des anciens royaumes bouddhistes de Siam et de Birmanie, les Dai adoptèrent le Theravada (ou bouddhisme du Petit Véhicule) au XVe s. Aujourd'hui, la plupart des villages du Xishuangbanna sont dotés d'un temple, même modeste, dont le fonctionnement et l'architecture diffèrent en tout point des établissements bouddhiques chinois qui relèvent des préceptes du Grand Véhicule. Dans le cadre du Theravada, l'accent est porté sur l'enseignement du Bouddha, dont la communauté monastique est dépositaire. À l'intérieur des temples, seules les images du Maître, de ses disciples ou de quelque moine vénérable veillent sur les fidèles venus se recueillir.

▲ Intérieur du vihara de Manshangman.

Le « wat »

À l'instar du temple chinois, le *wat* des Dai est un complexe, souvent entouré d'une enceinte. Il est constitué d'un vihara, c'est-à-dire le temple proprement dit, qui abrite l'image principale, d'une tour du Tambour et de logements pour les moines. Les ensembles plus importants comprennent en outre une salle du chapitre *(busu)*, une bibliothèque et un ou plusieurs reliquaires monumentaux (stupa). L'emphase donnée à sa toiture rend le vihara immédiatement repérable au sein du village. Les bâtiments annexes sont édifiés alentour, en fonction des contraintes topographiques, mais sans aucun souci de symétrie.

Le vihara

Le vihara est bâti sur un axe E.-O. (et non N.-S. comme les temples chinois) et porté par une double rangée de colonnes. Celles-ci matérialisent un déambulatoire autour d'une grande salle centrale. Sur le côté faisant face à l'entrée, un autel en maçonnerie en brique, souvent rehaussé de verroterie et de motifs dorés, supporte l'effigie d'un Bouddha assis monumental, flanqué de répliques de taille plus modeste. La plupart des images sont de récents substituts à des statues plus anciennes, détruites pendant la Révolution culturelle. Leur style est cependant homogène et très voisin des Bouddhas que l'on observe dans les temples du N. de la Thaï-

▶ Vue du vihara de Jingzhen.

lande. Sur le côté g., l'estrade en longueur est réservée aux moines. Les fidèles prennent place sur des nattes déroulées sur le sol. Les étroites fenêtres ménagées sur le pourtour de la salle ne laissent passer qu'un jour parcimonieux. Dans la pénombre, seules luisent les effigies du Bouddha badigeonnées d'or et les bannières votives suspendues à la charpente. Le bandeau séparant les deux niveaux de toitures est peint de récits édifiants, de même que le mur extérieur protégé par les auvents du toit.

▼ Le pavillon octogonal de Jingzhen est un *busu*. Bâti en 1706, il fut détruit pendant la Révolution culturelle. L'édifice visible aujourd'hui fut relevé à l'identique au début des années 1980.

Le « busu »

La salle du chapitre est un édifice de dimensions plus modestes, mais somptueusement décoré. On accède à l'intérieur surélevé par une volée de marches que garde un couple de lions ou de dragons. Ici, une fois par mois, les moines se réunissent pour la récitation commune des 277 règles du *patimokh*, qui régit l'organisation monastique. Les hommes peuvent y pénétrer, mais non les femmes, dont l'impureté souillerait ce lieu dévolu à la parole du Bouddha.

Le stupa

Édifice sacré par excellence, le stupa est un monument plein enchâssant des reliques ou commémorant le séjour ou le prêche du Bouddha sur ces lieux. Il est construit en brique, plus rarement en pierre, chaulé ou peint, parfois incrusté de mosaïques de miroir ou de poterie vernissée. De plan carré ou octogonal, il est simple, ou multiple lorsque d'autres stupa plus petits lui forment une couronne. Sa base est quelquefois scandée de niches abritant des statues du Bouddha. La pointe effilée est prolongée d'un parasol, antique symbole de souveraineté associé à l'image bouddhique.

▼ Stupa de Manfeilong.

Sur le bassin se trouvent 64 villages dai.

■ *37 km S.-E. :* **BASSIN DE L'OLIVE**** (Ganlanba, encore appelé Menghan ; alt. 500 m, *point le plus bas du Xishuangbanna ; on peut aussi s'y rendre en bateau – bien que ce moyen de transport ne soit plus aussi prisé par les touristes depuis qu'une route convenable lui fait concurrence –, mais évitez absolument la traversée durant les hautes eaux, et de toute façon ne prenez que les gros bateaux de ligne, les petits bateaux à moteur ne présentant pas de conditions de sécurité suffisantes. Attention aux matinées qui peuvent être très fraîches sur le fleuve en plein hiver. Durée : 1 h 30 sur le Mékong, l'embarquement se fait dans Galan zhonglu ; marché quotidien*).

Les puits – chaque village dai possède le sien, niché sous les frondaisons – sont des petits bijoux d'architecture : en forme de stupa blancs, dorés ou colorés, plus originaux les uns que les autres, parfois incrustés de miroirs, ils s'ouvrent sur un côté, par lequel on glisse une longue perche en bambou munie d'un récipient.

Un dicton veut que Ganlanba, qui épouse la forme d'une olive, soit la « queue du paon vert », le plus bel endroit du Xishuangbanna. Un écrin de cocotiers et de bananiers, de pamplemoussiers et d'hévéas se referme sur chaque village dai, avec son dagoba aux bulbes d'or, son temple, ses « maisons en bambou » sur pilotis et son puits orné d'animaux sacrés. Les maisons conservent leur appellation traditionnelle de « maisons en bambou », mais elles sont aujourd'hui construites en bois et recouvertes d'une imposante toiture en tuile. Le rez-de-chaussée non clos sert d'étable pour le bétail ; le premier étage, auquel on accède par un escalier extérieur, est séparé en deux pièces par une cloison de planches : le salon, avec coin-cuisine au foyer placé à même le sol, bordé par un couloir jusqu'au balcon, et la chambre à coucher des propriétaires.

Hébergement possible à l'intérieur du jardin botanique.

■ *85 km :* **JARDIN BOTANIQUE DE MENGLUN**** (Menglun zhiwuyuan, également appelé **jardin des plantes tropicales,** Redai zhiwuyuan ; *sur la presqu'île de la Gourde, Huludao* ; 900 ha). Orchidées, palmiers, bambous, plantes oléagineuses et médicinales, arbres fruitiers, cet immense parc fondé en 1959 se divise en une dizaine de zones spécialisées ; ses chercheurs, qui dépendent de l'Académie des sciences de Chine, œuvrent activement pour la préservation des ressources botaniques en région tropicale. La nature s'y épanouit dans toute son exubérance : gigantesques « arbres à l'assaut du ciel » (*Parashorea chinensis*), griffant l'horizon du haut de leurs 80 m, banians que ceinturent des racines aériennes démesurées, « arbres sang-de-dragon » (*Dracaena cochinchinensis,* en français dracéna ou dragonnier), dont on tire un médicament pour la circulation sanguine, et qui seraient d'une longévité extraordinaire – 8 000 ans !

Le Yunnanais Mao Lan (1397-1476) sillonna la province à la recherche de plantes médicinales, qu'il répertoria soigneusement dans son *Traité de la matière médicale du Yunnan* (1436). Un siècle et demi plus tard, Li Shizhen publiait sa très célèbre et générale *Somme de la matière médicale.*

La route pour Jinghong traverse la luxuriante forêt tropicale, trouée par quelques villages pittoresques peuplés de Jinuo, dont celui de **Longpa** *(km 109).*

Ne vous enfoncez pas dans la forêt primitive, même de quelques mètres : serpents et sangsues y pullulent !

■ *129 km :* **JINUO****. Les Jinuo qui peuplent ce village sont la 56ᵉ nationalité reconnue (en 1979) par le gouvernement chinois. Si les longues maisons claniques sur pilotis de ces villages jinuo ont disparu, on verra encore quelques costumes traditionnels. Les femmes se coiffent d'une capuche en tissu blanc aux fines rayures de couleurs, qui leur tombe jusqu'aux épaules ; elles sont vêtues d'une jupe noire galonnée de rouge recouvrant les genoux – ou de pantalons noirs courts – et de molletières noires. Ce sont les femmes jinuo qui filent, tissent et confectionnent. Elles travaillent assises par terre, sur un métier primitif sans cadre, retenant la trame, d'un côté par un poteau, de l'autre par une sangle qu'elles ont passée dans le dos. Les hommes portent un ensemble blanc égayé de quelques rayures noires et rouges ; ils s'entourent la tête d'un lourd turban foncé. Tous se trouent les lobes des oreilles depuis l'âge le plus tendre : un trou important symbolise le courage et l'ardeur au travail, et les jeunes gens y insèrent les fleurs qu'ils s'offrent mutuellement pour montrer leurs sentiments.

■ *144 km :* **MANJINGFA****. Ce village, habité par les Taï Ya (terme dai) ou Dai « aux hanches fleuries » (Huayaodai) pour les Han, qui singularisent leurs jupes et leurs ceintures brodées hautes en couleur, mérite une halte. Les femmes filent et tissent sur le pas de leur porte en costume traditionnel à dominante noire : court boléro, orné sur la poitrine de perles en argent, et trois jupes de longueur différente, toujours enfilées par la tête, qu'elles superposent de façon à en révéler les bords rayés de couleurs vives ; une ceinture brodée, enroulée plusieurs fois autour de la taille, retient l'ensemble, dont l'esthétique veut que le côté g. se porte légèrement plus relevé que le dr. Elles se parent de grands anneaux d'oreille en argent et inclinent savamment sur leur coiffe noire enrubannée un large chapeau en bambou rond.

Environ 2 km après Manjingfa, un vieux banian, dont le tronc tortueux dessine la silhouette d'un éléphant, annonce le bourg de Mengyang. Depuis Mengyang, deux solutions : ou bien rejoindre Jinghong (à 35 km de là ; parc de la Forêt primitive [Yuanshi senlin gongyuan], 8 km avant Jinghong) ou bien continuer vers le N. pour rejoindre la vallée des Éléphants sauvages (Yexiang gu).

Au nord de Jinghong

Une chance unique en Chine d'observer les derniers troupeaux d'éléphants sauvages évoluant au milieu de l'exubérante forêt primitive. Il faut s'armer de patience : les animaux ne passent que tous les 4 ou 5 jours, le plus souvent entre la nuit tombante et les premières lueurs de l'aube.

Quittez Jinghong vers le N.-E. (en direction de Simao), laissez Mengyang au km 35 et continuez vers le N.

■ *47 km N. :* **VALLÉE DES ÉLÉPHANTS SAUVAGES**** (Yexiang gu ; 370 ha ; alt. 747-1 055 m ; *entrée payante ; pour l'hébergement, contacter – en chinois – l'Agence de voyage de la forêt du Banna :* Banna senlin lüxingshe, ☎ *213-3657*). Une galerie suspendue entre les branches et des bungalows *(où l'on peut passer la nuit)* ont été aménagés à plusieurs mètres du sol pour observer dans les meilleures conditions le passage des derniers éléphants d'Asie (on estime leur nombre à 300-350) et leurs bains de boue savourés collectivement dans l'étang tout proche. On peut aussi apercevoir des bœufs sauvages, des paons verts et des macaques. Ce site protégé a été créé en 1996 au sein d'une vaste réserve naturelle vouée à l'écotourisme, qui s'est enrichie récemment d'un jardin aux Papillons et d'un jardin aux Cent Oiseaux ; son école propose des **numéros de dressage** d'éléphants particulièrement originaux.

Le thé des marches

Au cœur des monts Nannuo, à l'extrême S.-O. du Yunnan, croît un théier roi, un arbre vénérable âgé, dit-on, de 800 ans. D'autres ancêtres du *Camellia sinensis*, plus vieux encore, poussent à l'état sauvage dans les forêts environnantes. Le Yunnan est avec l'Assam l'un des berceaux naturels de cette feuille parfumée, dont on fit un breuvage tout au long de l'histoire de la Chine impériale, à l'aide des recettes les plus variées.

■ Du thé à manger

Au Xishuangbanna, en Thaïlande du N. et en Birmanie s'est conservé l'usage, en vogue jadis aux marches de la Chine, de consommer le thé comme un légume, non comme un breuvage. *Miang* en dai, *myam* en palawng (môn-khmer) désignent une choucroute de thé. Après la cueillette, les feuilles sont cuites à la vapeur, serrées dans des feuilles de bananier, ou des sections de bambou, et mises à fermenter, entassées dans des jarres, pendant plusieurs mois à un an. Au terme du processus, elles sont lavées avec soin, puis marinées dans l'huile, assaisonnée de citron, de sel et d'ail et, parfois, de piment.

▲ Dégustée à la fin du repas, en guise de pause-café, la choucroute de thé est restée largement répandue en Birmanie. On la déguste arrosée d'huile de sésame, agrémentée d'un assortiment de friandises croustillantes : pois et ail frits, sésame grillé et crevettes séchées.

■ Un thé médicinal

Le thé *pu'er* est l'un des grands crus de thé chinois. Pu'er est le nom d'une ancienne préfecture du centre S. du Yunnan où se trouvait centralisé, non sa culture mais son négoce. D'ailleurs, on cultive de nos jours le *pu'er cha* aussi bien au Yunnan que dans la province du Guangdong. Derrière ce label de qualité se cachent toutes sortes de préparations : au Guangdong, on fait fermenter ses feuilles pour produire un thé noir, parfois parfumé au litchi ou au chrysanthème. Au Yunnan, on en fait un thé vert, à base de feuilles torréfiées immédiatement après la cueillette, ou un thé semi-fermenté *wulong (oolong)*, en interrompant le processus de fermentation. Il fut, pour les royaumes du Yunnan, une denrée lucrative, vendue aux régions voisines. Sa diffusion dans le monde chinois ne date que de la conquête du S.-O. orchestrée par les Yuan au XIIIe s. Ses vertus médicinales assurèrent son succès : les feuilles, exceptionnellement larges, dégagent un arôme d'une parfaite rondeur qui aide au transit intestinal et, dit-on aujourd'hui, abaisse le taux de cholestérol.

Nids et galettes de thé

Dans la région de Menghai au Xishuangbanna, on conditionne toujours le thé selon un mode en vigueur aux VIIe-VIIIe s., en pressant les feuilles dans des moules. Sous la dynastie des Tang, ce thé compacté était râpé pour servir de base à une décoction, la soupe de thé, relevée de gingembre, d'oignon et d'écorce d'agrumes. Galettes ou briques de thé se transportaient aisément et constituèrent, à la même époque, une marchandise prisée, voire une monnaie d'échange avec les peuples voisins de la Chine. Turcs et Tibétains, éleveurs et pourvoyeurs de chevaux pour l'Empire, adoptèrent le thé sous cette forme et continuent d'en faire un breuvage reconstituant, mêlant à la soupe de thé produits laitiers, sel et farine d'orge.

▲ Au Xishuangbanna, quel que soit le degré de fermentation, les feuilles sont étuvées puis pressées dans des moules en forme de galette (thé *pu'er* du Yunnan, noir ou *wulong*) ou de nid (*tuocha*, vert ou *wulong*).

◀ Les modalités de séchage des feuilles de thé jouent un rôle essentiel. Pour le thé vert, les feuilles fraîches sont mises à sécher quelques heures à l'ombre sur des nattes, puis elles sont torréfiées dans de grandes bassines de métal sur des foyers. Enfin, elles sont roulées à la main dans des cuves de pierre. Les thés noirs subissent une fermentation d'une à quatre heures : ils sont entreposés en épaisseur plus ou moins grande et maintenus à l'air chaud. La fermentation, qui libère des tanins, confère aux thés noirs un arôme plus fort.

6 Jianshui et le Yunnan du Sud★★

Capitale du canton du même nom, dans la préfecture autonome hani et yi du fleuve Rouge.

Alt. : 1 300 m.

Population du canton : 470 000 hab., dont 32 % de minorités (Yi, Hani, Miao, Yao, Dai, Hui).

Distances depuis Jianshui : Kunming, 214 km ; Yuanyang, 108 km ; Gejiu, 72 km ; Kaiyuan, 86 km ; Hekou, 243 km ; Simao, 504 km.

Province du Yunnan.

« Quatre saisons pour une montagne, un ciel différent tous les dix *li.* » Comment décrire mieux que ce dicton les variations du climat dues aux brusques élévations du relief ? Point culminant du canton de Jianshui : 2 515 m.

À ne pas manquer

Située sur un ancien point stratégique du Yunnan méridional, Jianshui, ancienne ville de garnison, a, malgré sa course vers la modernité, conservé quelques beaux vestiges. Le splendide temple de Confucius (fin du XIIIe s.) en constitue le fleuron, de même que la très belle maison de la famille Zhu. Le centre-ville, cerné de bâtisses modernes et de magasins « d'architecture chinoise » flambant neufs, recèle encore quelques rares rues longées de bâtisses en terre et de petites demeures ornées de beaux porches. Pour un temps qui semble compté, elles gardent une page d'histoire de la ville. À terme, la floraison d'immeubles offrant de meilleures conditions de vie aura raison de ces constructions. À peine voilés par la fumée de quelque four d'usine ou de potiers, qui travaillent une terre pourpre, les faubourgs s'ouvrent sur des damiers de rizières. La douceur du relief se rompt au pied des montagnes qui ceinturent ce bassin fertile, où l'on a découvert tessons de poterie et outils en pierre attestant un peuplement vieux de 3 500 ans. Au S., par-delà les eaux boueuses et encaissées du fleuve Rouge, Yuanyang offre ses pentes façonnées en escaliers aux courbes harmonieuses, découpées en terrasses, où chaque parcelle de rizière est le témoin du labeur minutieux des hommes depuis 2 000 ans. Villages hani et yi se blottissent à flanc de montagne, entre les plantations de thé.

Jianshui mode d'emploi

Liaisons routières : Jianshui est à 2 h 30 en véhicule privé de Kunming. Bus pour Kunming (toutes les 30 mn entre 8 h et 22 h ; trajet 4 h), pour Yuanyang (entre 7 h 30 et 18 h 30 ; trajet 3 h 30), pour Hekou (frontière vietnamienne ; départ à 7 h 30).

Liaisons ferroviaires : Jianshui se trouve sur la ligne de chemin de fer à écartement étroit (1 m) Mengzi-Baoxiu. La gare se situe à l'E. de la ville, au bout de Chaoyang nanlu, qui part de la Tour face au soleil (Chaoyang lou). Trains de (et pour) Baoxiu, Mengzi, Kaiyuan *(via* Caoba*)*.

Meilleure période : mars et avr., lorsque les rizières sont inondées sous le soleil. Mais Jianshui bénéficie d'un climat doux toute l'année.

S'orienter : Chaoyang lou, la Tour face au soleil, ancienne porte orientale de Jianshui, marque l'entrée de la vieille ville, qui regroupe les deux principales curiosités : les jardins de la famille Zhu et le temple de Confucius. Le quartier hui s'étend au N.-O. de la Tour face au soleil, à partir de Mashi jie.

Combien de temps : comptez **2 j.** pour découvrir Jianshui et ses environs immédiats ; il faut en outre une demi-journée (en bus ; 1 h 30 en véhicule privé) pour rejoindre Yuanyang, et, sur place, 1 j. au minimum pour aller contempler les rizières en terrasses et se rendre dans les villages des Yi et des Hani.

Programme. J. 1 : consacrez la matinée à la visite du temple de Confucius et des jardins de la famille Zhu ; réservez le début d'après-midi à une promenade dans le quartier hui (vieilles maisons, mosquée, temple bouddhique), puis louez un véhicule pour aller voir le pont du Double Dragon et vous rendre ensuite au village de Tuanshan (Tuanshan cun). **J. 2 :** route pour Yuanyang (matinée) et découverte du bourg et de son marché (tous les 5 jours) ; l'après-midi, excursion aux rizières des environs de Yuanyang. **J. 3 :** dans la matinée, randonnée dans les villages yi et hani depuis Shengcun, puis retour à Jianshui dans l'après-midi en passant par le village de Huangcaoba. **J. 4 :** visite de la grotte aux Martinets, puis retour sur Kunming.

S'organiser : la vieille ville se découvre à pied, les curiosités étant peu éloignées les unes des autres. Sinon, on trouvera partout des motos-taxis (elles sont étiquetées d'une grosse lettre, A ou B, qui les autorise à circuler alternativement un jour sur deux). Pour les environs, il vous faut disposer d'un véhicule (à louer à Jianshui). Le plus pratique consiste à louer un véhicule au départ de Kunming, ce qui permet de perdre moins de temps dans les transports en commun.

Indicatif ☎ (0) 873.

ADRESSES UTILES

ℹ *Agence de voyages de Jianshui (Jianshui lüxingshe)* : Benzheng lu, ☎ 765-2241. Le personnel met à votre disposition une carte de Jianshui et donne quelques prospectus sur les sites à voir, mais personne ne parle anglais.

• *China Construction Bank* : 75, Chaoyang beilu (ouv. lun.-ven. 8 h-11 h et 14 h-17 h).

• Bureau de Sécurité publique : 109, Jianzhong lu (☎ 765-2434 ; ouv. lun.-ven. 8 h-11 h 30 et 14 h-17 h 30).

• Poste : à l'O. de la gare routière, sur Chaoyang beilu.

Hébergement correct.

Pour les moins aventureux, il existe un restaurant doté de menus en anglais à 50 m en face de l'entrée principale de la maison de la famille Zhu.

Que rapporter : la poterie pourpre – petites figurines représentant les animaux du zodiaque chinois, services à thé, marmites pour la cuisson du poulet à la vapeur. Les tomates et autres fruits confits sont une spécialité locale.

Si vous optez pour les déplacements à moto, pensez à faire écrire votre adresse en chinois.

Jianshui dans l'histoire

Une place stratégique ancienne

La région de Butou, qui deviendra Jianshui vers 810, commandait depuis les temps anciens l'un des passages vers le Vietnam, en prolongeant la route de la soie du S.-O. *(→ p. 231)*. Elle fut au milieu du VIIIe s. le théâtre de longs et violents affrontements entre les Tang (618-907), qui régnaient en Chine, et les maîtres du Nanzhao *(→ p. 215)*, impatients d'asseoir leur puissance sur le S. de la province et au-delà. L'armée impériale fut sévèrement défaite, malgré l'envoi de renforts impressionnants en hommes et en chevaux. Après plusieurs offensives menées sans succès depuis Jianshui, le Nanzhao réussira un siècle plus tard à occuper, pour un temps, le N. du Vietnam actuel.

Le sabre et le pinceau

Jianshui, ville du bout de l'Empire, devint dès la fin du XIIIe s., sous la dynastie mongole des Yuan (1276-1368), un centre politique et militaire actif. Les conquérants amenèrent avec eux nombre de soldats hui (musulmans), installèrent des colonies militaires pour défricher les terres fécondes, mais s'entourèrent également d'artisans habiles venus de la plaine Centrale. Des monastères bouddhiques furent édifiés sous la férule des Yuan lamaïstes, ainsi que le majestueux temple de Confucius (1285), symbole d'un rayonnement moral qui devait subjuguer les populations barbares. Écoles et académies fleuriront aux siècles suivants ; des pagodes seront dédiées à la vertu exemplaire des lettres, telle la pagode pour la Vénération de la littérature (Chongwen ta) – encore visible aujourd'hui. Prospère capitale de la préfecture de Lin'an, Jianshui s'enorgueillira toujours d'être le berceau de maints lauréats aux examens officiels, de maints esprits savants et raffinés, « à l'égal, affirme un dicton, des principautés de Zou et de Lu, qui ont vu naître les grands sages Mencius et Confucius ».

Les Yuan déportèrent dans le S.-O. chinois de nombreux lettrés ou des membres de la famille impériale. Aussi, le temple de Confucius, lieu de culture et d'enseignement pour préparer les examens mandarinaux, représentait pour tous ces bannis le moyen de garder leur identité et, pour leurs descendants, de retourner un jour dans leur pays natal.

Les fonctionnaires impériaux se recrutaient par un système complexe d'examens aux niveaux local, provincial et métropolitain (suivait alors une ultime épreuve au palais, présidée par le Fils du Ciel en personne). Le candidat heureux prenait successivement les titres de « talent distingué » (bachelier), « homme promu » (licencié) et « lettré accompli » (docteur).

L'entrée dans l'ère du rail

Lorsque, sous l'impulsion de Paul Doumer, gouverneur général de l'Indochine française (1897-1902), des ingénieurs chargés de construire le chemin de fer entre Kunming et Haiphong *(→ p. 264-265)* imaginèrent de le faire passer par Jianshui, les habitants s'opposèrent si farouchement aux ambitions de la France que l'on fut bien obligé de changer l'itinéraire. Mais les avantages du nouveau moyen de transport ne leur échappèrent pas longtemps. En 1912, c'est-à-dire deux ans après l'inauguration de cette ligne à écartement de rails étroit (1 m), des industriels furent autorisés à construire avec des fonds locaux une voie à écartement très étroit (60 cm) entre Mengzi et Shiping, passant cette fois par Jianshui. Devenant le second chemin de fer du Yunnan, elle fut mise en service en 1936 avec une mini-locomotive à vapeur fabriquée à Philadelphie et quelques minuscules wagons où les voyageurs s'asseyaient face à face sur deux rangées de bancs inconfortables et genoux contre genoux ! La ligne fut transformée quelques années plus tard en voie à écartement étroit (1 m) et prolongée vers l'O. jusqu'à Baoxiu ; seul un court tronçon, qui n'est plus en service aujourd'hui, a conservé l'écartement initial de 60 cm, entre Jijie et Gejiu.

Jianshui aujourd'hui

Dans ce bassin fertile poussent grenades au goût sucré-acide et grosses mandarines, canne à sucre et légumes divers, qui seront exportés jusqu'en Russie ! Sans oublier une sorte de « salsifis blanc » local, sitôt cueilli sitôt cuisiné, des céréales en abondance et du tabac de très bonne qualité. L'industrie s'appuie sur un sous-sol riche en manganèse, zinc, plomb, charbon ; toute proche, Gejiu, capitale de la préfecture autonome hani et yi du fleuve Rouge, est la « ville de l'étain », avec 95 % de la production chinoise. Autre activité importante, la poterie de Jianshui a remporté de nombreuses médailles lors de foires nationales et internationales (→ *encadré p. 271*).

Depuis 1994, Jianshui est classée « ville historique et culturelle de niveau national », tandis que son vieux quartier, la grotte aux Martinets (ouverte aux visiteurs en 1987) et les environs S. du canton semés de villages pittoresques forment les sites majeurs d'une « région touristique de niveau national ». Huangcaoba, à 40 km S. sur la route de Yuanyang, a été choisi comme « village touristique » hani (→ *p. 272*).

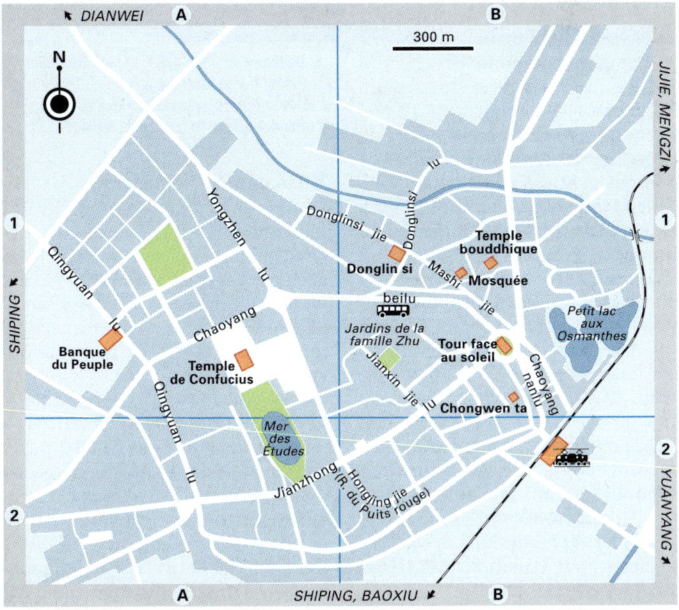

Une épopée ferroviaire

En 1910, les Français inaugurent la première voie ferrée du Yunnan, reliant Kunming au port de Haiphong. Les Britanniques établis en Birmanie avaient bien envisagé une liaison Mandalay-Kunming, mais l'ampleur de la tâche les avait contraints à abandonner. La France avait eu plus de chance. En 1867, l'exploration des sources du Mékong par la mission Francis Garnier-Doudart de Lagrée permit la découverte de la voie du fleuve Rouge, qui offrait moins de difficultés techniques que la route de Birmanie. En 1885, au terme de la courte guerre franco-chinoise, les Français obtinrent le droit de construire des voies ferrées entre le Tonkin et les provinces du Sud, mais ce fut la limite de leurs pas dans la Chine, tant convoitée.

▲ **Restauré en 1955-1957, le pont frontalier de Hekou fut de nouveau saboté en 1979, lors de la guerre sino-vietnamienne. Il attend toujours sa remise en service.**

■ À l'assaut du plateau

Une Compagnie française des chemins de fer de l'Indochine et du Yunnan (CIY) fut créée le 10 août 1901. La première section, de Haiphong à Lao Cai, fut conduite sans trop de difficultés de 1903 à 1906. Au-delà, la fameuse déclivité de Manhao (1 600 m sur 90 km), marquant l'un des bords du plateau du Yunnan, contraignit les ingénieurs à abandonner le fleuve Rouge pour son affluent, le Nanxi he (appelé Nam-Ti à l'époque), à l'exception d'une déviation de 16 km dans la vallée latérale du Beihe, ou fausse Nam-Ti. Du bassin de Mengzi, la voie fut poursuivie vers la plaine de Kaiyuan, d'où elle remontait la vallée du Nanpan jiang, franchissait son point culminant à 2 026 m, avant de déboucher dans la plaine de Kunming. La saison des pluies, de juin à sept., et les répercussions des grèves dans les mines voisines ralentirent périodiquement les travaux.

■ Un gouffre financier

Le coût de l'opération fut si considérable qu'il ne fut jamais amorti. L'un des arguments qui avait soutenu le lancement du projet avait été la richesse minière du Yunnan. Mais la CIY déchanta rapidement : hormis l'étain, le minerai était rare ou de mauvaise qualité. L'opium *(→ p. 236-237)* devint très vite la seule marchandise rentable, en dépit de l'interdiction de cultiver le pavot prononcée en 1920 par la commission de contrôle de la Société des Nations. À partir des années 1930, la concurrence du Transindochinois, qui desservait la station climatique de Dalat, poussa la CIY à jouer la carte du tourisme : mise en place d'un train cou-

◀ À l'assaut du plateau.

Il fallut construire 107 viaducs et 155 tunnels sur la section Lao Cai-Kunming (460 km). La majorité des ouvrages fut bâtie en maçonnerie. La portion de la fausse Nam-Ti exigea le recours aux poutrelles d'acier, tel le pont sur arbalétriers d'une portée de 70 m jeté sur une gorge profonde de 100 m. Les pièces nécessaires étaient acheminées par les voies traditionnelles : transport en jonques sur le fleuve Rouge jusqu'à Manhao, transbordement à dos d'homme ou de cheval pour atteindre Mengzi par la route des Dix Mille Escaliers. ▼

chettes entre Hanoi et Yunnan-fou (trajet 21 h 30) et construction d'un hôtel de standing international à Kunming. Malgré les dépliants vantant le Yunnan comme « l'un des pays les plus pittoresques du globe », rares furent les touristes européens. L'essentiel des billets étaient de 3e et 4e classes, vendus à la population locale pour de courts trajets. Un quasi-monopole du ravitaillement de la Chine libre, basée à Chongqing durant l'occupation nippone, fit monter les bénéfices de la CIY en flèche. Mais, en sept. 1940, les Chinois choisirent de se protéger des Japonais par l'isolement et firent sauter le pont frontalier de Hekou. La voie fut déposée jusqu'à Mengzi. Elle ne fut rétablie par la Chine populaire qu'en 1957.

◀ Sur les 60 000 hommes (et femmes !) qui participèrent à la construction, 12 000 y laissèrent la vie. La main-d'œuvre fut largement puisée parmi les coolies du Guangxi et du Guangdong.

Visiter Jianshui★★

Durée : comptez une demi-journée pour visiter (à pied) le temple de Confucius et les jardins de la famille Zhu et env. 1 h 30 pour explorer la vieille ville derrière la rue Mashi et autour du croisement de Donglinsi jie et Donglinsi lu.

■ **Temple de Confucius★★★** (ou temple de la Littérature, Wenmiao ; 80 ha ; *entrée par Jianzhong lu ; ouv. 8 h-17 h ; accès payant*). Magnifique construction de l'époque mongole (1285), agrandie au cours de quelque 50 restaurations successives, il ne le cède en superficie qu'au temple de Qufu (Shandong), d'où est originaire le Maître. L'agencement est classique *(→ p. 281)*, l'architecture somptueuse. Le site a été élu comme lieu de rendez-vous par les personnes âgées qui viennent y bavarder, jouer au mah-jong ou pêcher dans l'étang.

L'entrée se fait par le S. Un premier **portique** donne sur la **mer des Études,** vaste pièce d'eau – évocation symbolique de l'immensité du savoir, dont seul le travail permet d'atteindre l'autre rive – avec kiosque central accessible par un pont à trois arches. Passée la mer des Études, **deux portiques** se font face, parallèles à l'axe central N.-S. Près de chacun d'eux, une stèle porte l'inscription « Qu'ici les fonctionnaires, les soldats et les gens du peuple descendent de cheval ». Ils précèdent un haut **portique** (9 m) en bois ouvragé, aux piliers en pierre sculptés sur les deux faces d'un dragon, d'une licorne, d'un lion et d'un éléphant, donnant sur la première cour. La **porte de l'Étoile du talent littéraire** (Lingxing men), dont les colonnes de soutien sortent du toit et sont coiffées d'une porcelaine renversée, donne accès à la cour suivante. Au centre de cette dernière, s'élève un joli pavillon de pierre aux colonnes sculptées de dragons. Une balustrade entoure l'ensemble. L'édifice abrite le **buste de Confucius,** entouré de ses disciples. Son front est creusé par les fidèles qui l'effleurent avant de se toucher le visage pour acquérir le savoir.

Puis vous franchirez la **porte de la Grande Perfection,** qui donne sur une cour plantée de cyprès centenaires, où, lors de la cérémonie en l'honneur de l'anniversaire de Confucius, les mandarins civils prenaient place à g., les mandarins militaires à dr. Observez le nombre de clous ornant les battants de la porte : neuf par rangée, chiffre symbolique du yang par excellence, normalement réservé aux seuls édifices impériaux, mais Jianshui était si loin de la capitale… Au centre de la cour s'élève un imposant brûle-parfum.

Quelques degrés de part et d'autre d'une dalle en marbre, sculptée d'un dragon jouant dans les nuages, mènent à une terrasse, le long de laquelle court une balustrade décorée des animaux du zodiaque. Au milieu de la terrasse, immense **brûle-parfum** en bronze coulé sous l'ère Qianlong (1736-1796) ; orné de dragons, il repose sur des têtes et trompes d'éléphants.

La **salle de la Grande Perfection★★★** (Dacheng dian) est le temple principal : admirable paravent-cloison à 22 battants ciselés de motifs d'animaux ; colonnes artistement sculptées en « dragons de pierre embrassant le pilier » ; avant-toit en tuiles jaunes vernissées, sous lequel trois imposants caractères « temple de l'Ancien Maître » brillent de tout leur or.

Une salle, à dr. du temple principal, renferme une belle **stèle** (hauteur 4,6 m ; largeur 1,83 m) gravée en mandchou et en chinois : elle reproduit une calligraphie de l'empereur Qianlong commémorant la victoire de ses armées sur les tribus du N.-O. (Ouïgours et Dzoungares) de l'Empire.

Longez Jian zhonglu en direction de l'E. et de Chaoyang lou.

Avec sa succession de cours et de pavillons, la résidence de la famille Zhu s'inscrit dans le modèle traditionnel de la résidence chinoise.

▶ Sur la dr., Hongjing jie, la « rue du Puits rouge », bordée d'anciennes maisons en brique. Au n° 12 *(sur la dr. ; plaque à l'entrée)*, maison dans laquelle résida Zhu De lorsqu'il tint garnison à Jianshui au début de la République *(propriété privée ; on peut entrer, mais pas grand-chose à voir)*. Zhu De (1886-1976), né dans une famille de fermiers pauvres du Sichuan, diplômé d'une école militaire au Yunnan, rejoindra Mao dans un soviet de la province du Jiangxi en 1928, avant de prendre, trois ans plus tard, le commandement de l'Armée rouge. ◀

Continuez sur Jian zhonglu dans la direction de Chaoyang lou, puis tournez à g. dans Jianxin jie.

■ **JARDINS DE LA FAMILLE ZHU**★★ (Zhujia huayuan ; *accès par Jianxin jie, payant ; ouv. t.l.j. 8 h-22 h*). Construite à la fin du XIXe s., cette résidence cossue déploie sur 20 000 m^2 somptueux jardins et bosquets de bambous, pavillons d'habitation et kiosques d'agrément, galeries couvertes et cours intérieures – on en dénombre plus de 40. Près du temple des ancêtres du clan, admirez le **Théâtre sur l'eau**★★, gracieux pavillon en bois élevé à quelques centimètres au-dessus d'un petit étang couvert de lentilles d'eau – elles ont remplacé les lotus –,

Résidences chinoises

Les résidences traditionnelles s'organisent autour d'une cour que délimitent les différents bâtiments. Le bâtiment central, au fond de la cour et ouvrant au S., est le plus important. Ses pièces servaient au chef de famille, les deux bâtiments latéraux étant souvent destinés aux frères plus jeunes et aux fils mariés. La cour se ferme au S., vers la porte, par un mur ou par un quatrième bâtiment face au N., qui était reservé aux domestiques. Si la porte d'entrée est placée dans l'axe du bâtiment central, elle est immédiatement doublée d'un mur-écran, formant chicane pour barrer la route aux mauvais esprits qui ne se déplacent qu'en ligne droite. Le haut des murs donnant sur la cour est souvent bordé de petits tableaux en noir et blanc ou en couleurs, représentant des fleurs, des oiseaux ou des personnages de la mythologie. Une impression de symétrie se dégage, alors que les jardins des habitations riches, aménagés à l'arrière le plus souvent, sont le fruit de l'imagination, et présentent des paysages célèbres en petit, compositions séparées par des murs percés de portes en forme de lune pleine ou de gourde.

♥ BONNES ADRESSES

• Les jardins de la famille Zhu ont été aménagés en hôtel, de loin le meilleur de Jianshui. Ses très jolies chambres confortables, dotées de lits à baldaquins et d'un bel ameublement traditionnel, sont disséminées de part et d'autre des multiples cours. Le calme des lieux peut être rompu par des airs d'opéra chinois venus d'une salle de spectacle voisine, mais ceux-ci cessent vers 23 h.

• Au 1er étage de la Tour face au soleil, une maison de thé a pris place dans l'ancienne salle des Gardes. Elle vaut le coup d'œil, ne serait-ce que pour observer les joueurs, parieurs, bavards, oisifs… qui s'y retrouvent. Les lieux ne semblent jamais désemplir.

Terre d'exil, terre de passion

Yang Shen (ou Yang Sheng'an, 1488-v. 1560) se destinait à une brillante carrière officielle après avoir été classé premier à l'examen du palais en 1511. Mais l'adversité frappa ce fils de ministre dans la fleur de l'âge lorsqu'il reprocha au souverain d'avoir choisi pour présidents de la prestigieuse Académie impériale deux hommes soupçonnés de répandre des doctrines hérétiques. Ses protestations véhémentes élevées aux portes du palais lui valurent d'être bâtonné et emprisonné, puis banni à vie dans le lointain Yunnan. Yang Shen nourrit une curiosité passionnée pour sa terre d'exil, dont il admirait les beautés naturelles, et y noua de solides amitiés avec les populations indigènes. Écrivain fécond, poète infatigable, il laissa des œuvres d'une grande valeur littéraire et historique, dont une bien intéressante *Monographie des monts et rivières du Yunnan* (non traduite à ce jour).

le long duquel courent des balustrades en pierre richement sculptées de bas-reliefs – les signes du zodiaque couronnant les balustrades ont été cassés sous la Révolution culturelle – ou gravées d'inscriptions poétiques. Il résonnait autrefois des scènes d'opéra qui rythmaient les réjouissances familiales, auxquelles le maître de maison conviait volontiers ses hôtes distingués. Derrière le pavillon sur l'eau, un autre édifice abrite une exposition (photos à l'appui) relatant l'histoire de la famille Zhu. Il se dégage des lieux une atmosphère de grande sérénité. On prend plaisir à s'y promener, passant de cour en cour pour admirer les estampes, les panneaux de bois sombre ciselés, portant calligraphies et peintures à l'encre de Chine. Les portes, au décor soigneusement travaillé, ouvrent sur des cours ornées de bonzaïs et de petits patios abritant de beaux meubles, qui semblent se démultiplier à l'infini.

Reprenez Jian zhonglu jusqu'à son extrémité E.

■ **Tour face au soleil*** (Chaoyang lou). Édifiée en 1389 pour garder l'entrée E. de la ville, c'est une porte percée dans un mur ocre, dont il ne reste qu'un très court tronçon, et surmontée d'un imposant pavillon à trois étages, aux avant-toits gracieusement recourbés. Elle symbolise l'intérêt stratégique de l'ancienne Jianshui. Six rangées de huit piliers en bois soutiennent deux à deux et séparément chacun des étages : cette structure ingénieuse, dite « en crabe », lui a permis de résister aux séismes les plus dévastateurs. Les portes de l'O., du N. et du S., qui ne bénéficiaient pas d'une telle charpente, ainsi que les remparts ceinturant la ville ont été détruits.
Sur la place qui entoure la porte, de même qu'à l'étage supérieur, les vieillards se rassemblent pour jouer aux cartes, au mah-jong, aux dames chinoises, et fumer la pipe à eau (→ *encadré p. 275*).

■ **Quartier hui.** Il se déploie essentiellement sur Mashi jie, prolongée par Donglinsi jie et Donglinsi lu. Le charme de ce quartier réside surtout dans l'animation qui règne sur Mashi jie et les rues alentour, et dans le plaisir que l'on a à découvrir, au hasard de la promenade, de beaux détails d'architecture ancienne voisinant souvent avec la laideur des immeubles d'époque Mao ou actuelle. Ces rues sont jalonnées de petites maisonnettes vétustes en torchis, de couleur claire et aux toits bas. Certaines arborent de superbes porches en pierre. De plus en plus rares, elles laisseront place, à terme, aux demeures modernes. Dans les cours, les vieillards, sur le pas de leur porte, fument et profitent de la lumière. Dotée d'une architecture à l'image d'un temple chinois, à la toiture rehaussée du croissant musulman, la **mosquée** *(accès interdit aux non-musulmans)* présente un aspect original. Un temple bouddhique s'élève un peu plus loin. Un second sanctuaire, de l'autre côté de Mashi jie, abrite aujourd'hui un collège.

▶ En revenant sur vos pas et en ressortant de Mashi jie, traversez la grande artère et prenez la ruelle en face de vous. Le **petit lac aux Osmanthes*** (Xiaogui hu) s'étire à votre g. après quelques dizaines de mètres. C'est le cadre d'une promenade le long de ses diguettes ombragées de saules pleureurs. Le lettré Yang Shen *(→ encadré)*, tombé en disgrâce en 1524 et contraint de s'exiler plus de 30 ans au Yunnan, aimait à composer des poèmes sur ses rives ; il le nomma en souvenir du lac aux Osmanthes de son village natal, au Sichuan. ◀

Environs de Jianshui

Durée : le pont du Double Dragon et la résidence de la famille Zhang, accessibles par la même route, peuvent être vus dans une demi-journée.

S'organiser : prévoyez de visiter la grotte aux Martinets, sur la route de Kaiyuan. Quant au village de Huangcaoba, vous pourrez le découvrir en vous rendant à Yuanyang (ou bien en revenant de Yuanyang à Jianshui). Si vous n'êtes pas motorisé, prenez un minibus à la gare routière de Chaoyang beilu, destination Huanglong si, puis un second vers Tuanshan. Vous vous rendrez ainsi d'abord à la résidence de la famille Zhang et, sur le chemin du retour, vous pouvez demander au chauffeur de vous déposer non loin du pont du Double Dragon.

1 Pont du Double Dragon** (Shuanglong qiao ; *3 km O. ; quitter la route de Shiping, jalonnée de maisons anciennes et d'échoppes de tailleurs de pierre, pour longer, à g., une digue entre les champs, puis traverser le chemin de fer à voie étroite*). Ce très bel ouvrage, que l'on appelle également pont aux Dix-Sept Arches (Shiqikong qiao), enjambe à leur confluence les rivières Tachong et Lu (Lujiang), qui ondulent tels deux dragons dans une paisible verdure. Les trois premières arches datent du règne de Qianlong (1736-1796) ; les autres ont été construites au

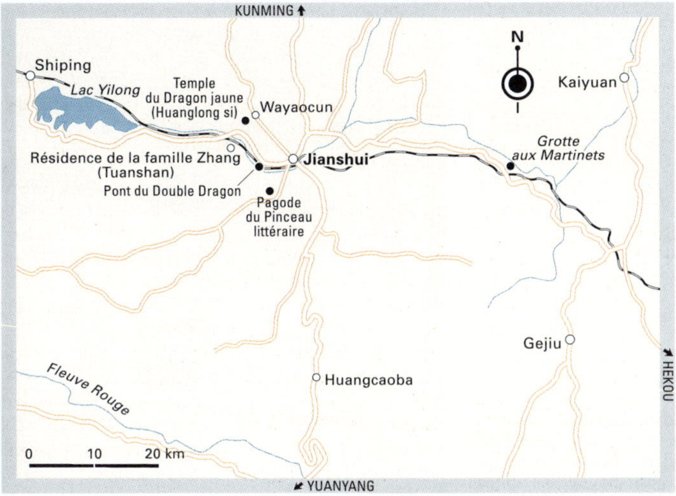

Environs de Jianshui.

début du XIXe s. C'est le plus grand pont ancien du Yunnan. Tout autour s'étendent des jardins maraîchers. Les véhicules à quatre roues passent à gué.

2 RÉSIDENCE DE LA FAMILLE ZHANG** (Zhangjia minju ; *prendre à l'O. la route de Shiping, passer le temple du Dragon jaune* [Huanglong si], *célèbre par ses eaux thermales à 26 °C, puis, au bout de 13 km, emprunter à g. un chemin de terre sur 800 m jusqu'au village de* ***Tuanshan,*** *que l'on visite à pied et dans lequel s'étend la résidence de la famille Zhang ; accès payant ; on vous proposera un guide bien utile pour vous ouvrir les portes des plus belles demeures, mais il y a de fortes chances qu'il ne parle que chinois*). Elle s'ouvre sur un lacis de ruelles, au détour desquelles sont nichées les belles demeures bâties à la fin du XIXe s. par les propriétaires, puissants marchands de sel, originaires de la province du Jiangxi. L'opulence d'hier semble aujourd'hui disparue, mais les ornements des demeures sont splendides, malgré l'usure du temps de certains. On a du mal à imaginer, en parcourant ces rues pavées étroites longées de maisons aux murs ocre, qu'une porte en lune cache ici une somptueuse demeure à plusieurs corps de bâtiments, aux frontons ornés de délicates peintures pastel. Depuis

Ce village (10 000 m²) semble arrêté dans le temps. Sur le pas des portes, des dames âgées tressent de la vannerie ou proposent au passant de minuscules chaussons qu'elles ont elles-mêmes brodés.

Une partie de la résidence Zhang est aujourd'hui occupée par une école primaire.

Les demeures anciennes de Tuanshan sont encore habitées par les descendants des riches propriétaires qui les firent construire. Fréquemment utilisées pour entreposer le charbon, des outils ou du matériel agricole, les cours recèlent encore d'admirables fragments d'architecture et de sculpture.

les cours intérieures carrées, autour desquelles s'ordonnent les bâtiments, on découvre les détails de l'architecture traditionnelle, relativement bien conservée : paravents-cloisons en bois délicatement ciselés, treillis de fenêtre et linteaux de porte ornementés, frises décorées de personnages mythiques ou d'animaux fantastiques. L'une des maisons, à l'entrée du village, dotée d'un grand bassin, est particulièrement remarquable. Les frontons bleu ciel des édifices principaux sont ornés de dessins à l'encre de Chine, représentant des dragons, des lions, des phénix ou encore des singes, des éléphants ou des fleurs. Les hauts de piliers soutenant une véranda sont sculptés en forme de lotus.

Tout en haut du village s'élève un ancien **temple** bouddhique. Un hall ouvert à deux escaliers latéraux est orné de **peintures** célébrant les vaillants travailleurs et soldats de Mao (avant de pénétrer dans la première cour). La salle principale (Daxiong baodian) abrite trois statues de Bouddha encadrées des bodhisattva Ksitigarbha (son bâton de moine à la main) et Guanyin (accompagnée de son serviteur et de sa servante) ; une petite salle, sur la g., renferme d'autres peintures, de facture assez grossière, représentant des personnages de la légende du Roi des Singes (Sun Wukong), dont Zhu Bajie, le fameux cochon...

▶ En revenant vers Jianshui, prenez, en direction du N., la route de Dianwei jusqu'au village de **Wayao cun** (« village du four à tuiles »), où des générations d'artisans, émules des célèbres potiers de Yixing (Jiangsu), ont enrichi par leur esprit fécond un savoir-faire traditionnel : la poterie pourpre *(→ encadré)*. ◀

3 Grotte aux Martinets★★ (Yanzi dong ; *30 km E. sur la route de Kaiyuan ; entrée de la grotte à g. de la route ; vis. à pied et en canot*). L'érosion de l'eau a façonné en autant de sculptures surréalistes les concrétions de cette immense cavité karstique – qui est au demeurant une grotte morte, c'est-à-dire dans laquelle de nouvelles concrétions ne se forment plus –, l'une des premières d'Asie. Ainsi du vertigineux **Pilier de jade soutenant le ciel**★ (Qingtian yuzhu), colonne de 34 m, et du **Monde de rêve**★ (Menghuan shijie), salle de 10 000 m², dont les contours chaotiques sont drapés d'éclairages colorés. Une rivière souterraine – la Lujiang – serpente sous la haute voûte rocheuse constellée de stalactites et de stalagmites. Au début du printemps, plusieurs centaines de milliers de martinets viennent nicher entre ces aiguilles en calcaire. Du 8 au 10 août, juste après leur envol pour des cieux plus cléments, des jeunes gens yi, rivalisant d'agilité, escaladent à mains nues

Du grès « brillant comme un miroir »

Jianshui est renommée pour sa poterie, en particulier sa poterie pourpre, mélange de terres à tesson brun-rouge, rouge, jaune, vert et blanc extraites localement, riches en oxydes de fer et d'aluminium. Elle cuit sans couverte à 1 000-1 150 °C dans de grands fours-tunnels, puis elle est longuement polie à la main pour devenir « claire comme l'eau, brillante comme un miroir, sonore comme un carillon ». Les maîtres potiers façonnent des figurines d'animaux fantastiques, qui s'aligneront sur les toits en ornements de faîtage, mais aussi des objets de la vie quotidienne aux contours rustiques, sur lesquels se détachent en blanc d'élégantes calligraphies ou des dessins de fleurs et de bambous : théières, dans lesquelles les crus les plus délicats conservent tout leur arôme grâce à la porosité de la terre, marmites où cuit le poulet à la vapeur préparé avec la racine *tianqi (Panax notoginseng)* – spécialité provinciale et fortifiant sanguin réputé.

Des bus partent t.l.j. de Jianshui pour la grotte.

Dans la grotte inondée, un chemin mène les visiteurs à travers une douzaine de halls.

Chaque année, du 8 au 18 août, se tient une exposition de nids d'hirondelles.

les 40 ou 50 m de parois abruptes pour cueillir les « nids d'hirondelles » *(p. 46)* tant convoités. On peut d'ailleurs en déguster sur place dans le restaurant aménagé à l'intérieur de la grotte avec un bar à karaoké.

Femme hani de Huangcaoba en costume de fête. Des pièces de monnaie chinoises (parfois des piastres) ornent son plastron.

4 Huangcaoba** *(40 km S., sur la route de Yuanyang)* est un village hani typique, qui compte 500 âmes env. (110 familles). Derrière l'école (quatre maîtres, 70 élèves), située juste à l'entrée du village, presque sur le bord de la route, il faut descendre un sentier escarpé pour remonter vers une étroite esplanade : là se rassemblent les jeunes gens pour leurs joutes chantées... et pour les spectacles de danses organisés sur la demande des touristes – ils revêtent alors leurs costumes traditionnels, qui ne sont plus guère portés au quotidien que par les personnes les plus âgées. Là encore pousse l'arbre sacré des Hani, l'**arbre-dragon,** dont les familles cueillent quelques feuilles chaque nouvelle année pour les déposer chez elles, au-dessus de leur lit. Plus loin enfin se profilent les petites maisons en brique crue aux minuscules fenêtres, qui éclairent à peine l'intérieur noirci par la fumée du foyer posé sur trois pierres en guise de trépied, avec leur enclos à cochons et l'arbre où est accrochée une immense grappe orange de maïs séché, qui se conservera au moins une année. La vie est rude, mais avec l'électricité sont arrivés quelques postes de télévision en noir et blanc, puis, tout récemment, l'unique boîte à images en couleurs du village...

Yuanyang et ses rizières**

Dans ces confins méridionaux, la végétation se fait plus tropicale : bosquets de bambous, bananiers, papayers, champs de manioc et plantations de thé. L'arrivée à Yuanyang est un festival pour les yeux, les rizières en terrasses s'échelonnent sans fin et se prolongent bien après le bourg. La route grimpe dans les montagnes au vert sombre, contrastant avec une terre pourpre. On dépasse les premiers villages yi et hani, aux maisons enveloppés dans des écharpes nuageuses, accrochés à flanc de montagnes. Plus loin, on descend dans la vallée enserrant le fleuve Rouge (Yuanjiang), qui poursuit sa course vers le Vietnam avant de rejoindre la mer dans le golfe du Tonkin.

♥ BONNE ADRESSE

L'hôtel *Yunti*, en haut de la ville, est, pour le moment, le seul établissement proposant un hébergement vraiment correct.

Capitale du canton de Yuanyang, la nouvelle ville administrative de Shaping, sur le fleuve Rouge, offre une meilleure infrastructure hôtelière, mais elle est bien éloignée des plus beaux champs en terrasses.

Accès : 108 km S. de Jianshui. 1 h 30 en véhicule privé. Liaisons régulières par bus avec Jianshui : départ de Nansha (nouvelle ville) entre 7 h et 19 h, compter 3 h 30 de trajet. Des minibus font la liaison entre la vieille et la nouvelle ville (Yuanyang et Nansha) en 30 mn. Vous pouvez louer un taxi à la journée.

Les miroirs du ciel

Il fallait être hydraulicien émérite pour s'accommoder d'un relief aussi complexe et étrange. Les rares fonds de vallées cultivables ont été progressivement accaparés par certains peuples au détriment des autres. Ainsi, ceux qui n'eurent plus que des pentes pour faire pousser le riz s'improvisèrent sculpteurs de montagnes. Sur l'Échine du Dragon du N.-E. du Guangxi, sur les contreforts des monts Ailao au Yunnan, au piémont du pic du Tonnerre au Guizhou, ils ont taillé les degrés d'escaliers de géants qui reflètent le ciel quand les rizières sont en eau.

◀ Région de Yuanyang. Vus du ciel, les champs en terrasses paraissent l'œuvre d'un cloisonniste abstrait. Paradoxe, car c'est un paysage sans haies, ni barrières. Seul le réseau des diguettes dessine les contours de ces terres minuscules que le rythme des saisons et le cycle des cultures constellent de couleurs. Les premiers mois du printemps marquettent la campagne du jaune d'or du colza en fleur. L'été voit le triomphe du vert, l'automne la gloire des ors : or pâle des gerbes de riz mûr, mises à sécher le long des diguettes, or brun des pailles, suspendues à de grands séchoirs tels des portiques, ou disposées autour des arbres qu'elles métamorphosent en sentinelles des rizières.

L'escalier géant des Hani

On dit que les Hani de Yuanyang furent le premier peuple tailleur de terrasses. Au S. de Shaping, les montagnes sont devenues de véritables amphithéâtres où l'eau est distribuée d'étage en étage, à travers les brèches ménagées dans les levées de terre. La nécessaire gestion collective de la distribution de l'eau a fortement soudé et structuré la société des Hani.

Les berceaux du riz

Après le colza du printemps débute le cycle du riz. Les semis sont effectués en rangs serrés dans des pépinières. Les premières feuilles paraissant aux arbres accompagnent la mise en eau des rizières qui deviennent un scintillement de palais des miroirs. Avant le repiquage, elles forment autant de viviers où l'on pêche l'anguille la nuit venue. Au bout de quatre semaines, lorsque les pousses de riz ont atteint 15 à 20 cm, elles sont repiquées dans les rizières par touffes de quelques brins, espacées d'une main pour pouvoir être moissonnées par poignées. Les rizières sont en eau pendant toute la saison de croissance des épis car le riz aime avoir les pieds dans l'eau et la tête au soleil.

▲ Rizières inondées dans la région de Yuanyang.

Combien de temps : sur place, 1 j. au minimum pour aller contempler les rizières en terrasses et se rendre dans les villages des Yi et des Hani.

Le meilleur moment : il est recommandé de visiter la région en mars-avr., lorsque les rizières sont gorgées d'eau, lors de la culture du riz. On profite alors des plus beaux paysages. En mai, les premières pousses apparaissent. L'été, les rizières offrent également un beau spectacle, arborant un vert sombre et ceintes d'écharpes nuageuses. Dès juil., le climat est humide et couvert. On récolte le riz en août. À partir du mois d'oct., les terres prennent une couleur de miel.

■ **Yuanyang*** (alt. moyenne 1 800 m). Yuanyang est un bourg tranquille, qui s'étire tout en hauteur à env. 30 km au S. du fleuve Rouge. Son **marché** – qui a lieu tous les cinq jours –, est un festival de couleurs. Il s'organise dans les rues face à l'hôtel *Yunti*, tout en haut de la ville. Là, les vendeurs proposent de tout : étoffes multicolores, herbes, viande, fruits et légumes… On y rencontre, outre des Yi et des Hani, des Miao, des Dai et des Zhuang. Les femmes hani et yi, parées de leurs costumes traditionnels, s'y approvisionnent en tissus colorés, tandis que les hommes choisissent leurs pipes à eau en bambou pour quelque 50 yuans l'unité.

■ **Rizières en terrasses*****. Elles s'étagent à perte de vue aux alentours de Yuanyang. Les panoramas les plus éblouissants se trouvent à une dizaine de kilomètres au S. de Yuanyang, sur la route de Lüchun *(route d'où il est possible de gagner le Xishuangbanna ; compter deux longues journées : 430 km entre Yuanyang et Simao, env. 150 km entre Simao et Jinghong, → p. 244)*. Les champs de formes irrégulières se profilent en majestueux escaliers aux milliers de marches, épousent harmonieusement le contour des pentes, scintillent comme autant de miroirs sous le soleil de printemps. Du sommet des montagnes, jusqu'à 2 000 m d'alt., l'eau d'irrigation, amenée par des canalisations en bambou, cascade d'étage en étage, se faufilant par une trouée pratiquée dans les buttées de terre qui encadrent chaque parcelle, pour finalement atteindre le creux des

Village hani dans la région de Yuanyang. Les toits en herbe à paillote sont de plus en plus souvent remplacés par de la tôle ondulée. Les maisons sont dotées d'une aire de séchage pour céréales, piments, etc.

vallons. Ces rizières du ciel offrent leur plus beau spectacle dans les premières heures de la matinée, lorsqu'elles émergent de l'horizon embrumé, ou en fin d'après-midi, au coucher du soleil.

■ **Qinkou** *(7 km de Yuanyang)*. Ce village hani manquera d'authenticité pour certains, on y accorde une trop grande place au tourisme de masse. Les allées dallées sont jalonnées de maisons typiques, en terre et en briques crues, à la toiture couverte d'herbes. On croise des femmes en costume traditionnel, lourdement chargées de fagots de bois. Certaines maisons sur pilotis évoquent les villages hani du Xishuangbanna. Les énormes tambours au centre de la cour, au fond du village, marquent le rythme des fêtes au village. À l'arrière, trois maisons sur pilotis abritent un **musée** dévoilant les coutumes locales ; à l'étage, les costumes traditionnels portés lors des diverses étapes de la vie. Derrière ces trois maisons, un petit sentier, en contrebas, mène aux rizières et à la meule, mue par un ingénieux système de roue à eau et de canalisations.

▶ 3 km avant l'entrée de Shengcun, un petit parking et une maison répondant au nom de Ba Do annoncent le point de départ d'**excursions à pied** un peu hors des sentiers battus, à la découverte de somptueux paysages de rizières et de villages plus authentiques *(comptez 2 h aller-retour)*. Des sentiers étroits longeant les rizières à flanc de coteau conduisent à ces villages yi, accrochés à la pente, dont les maisons aux murs en pisé ont un toit tout plat qui sert d'aire de séchage pour les céréales. Les jours de marché, on croise sur ces chemins de terre des paysans en costume qui remontent sur Shengcun, avec leur hotte de légumes et éventuellement leur cape de pluie en feuilles de palmier. ◀

■ **Shengcun** *(20 km S.-E. de Yuanyang)*. Ses maisons chaulées de blanc s'étirent le long de la grand-rue où se tient un **marché** intéressant. C'est un village peuplé de Yi et de Hani – vous pourrez y voir des femmes yi, en turban rose et blouse bariolée, ainsi que des femmes hani, revêtues d'un pantalon foncé rayé d'une bande bleue, une hotte en bambou jetée sur le dos, se pressant dans l'une des rares boutiques. Dans son palais du Peuple, aujourd'hui déserté, se déroulaient des séances d'autocritique durant la Révolution culturelle. Plus loin, alignées de part et d'autre d'une ruelle empierrée, des petites maisons carrées en brique, coiffées d'un haut toit de chaume, à l'ombre desquelles les femmes bavardent en petits groupes.

Retour à Jianshui.

Pipes à eau et tabac d'or

Dans la Chine du S., les hommes se délassent volontiers en fumant de typiques pipes en bambou. Vous les verrez un peu partout, accroupis sur le bord de la route ou attablés au restaurant, dans une posture caractéristique, la bouche enfouie dans le long tube de 70 cm rempli d'eau qu'ils tiennent d'une main, aspirant la fumée du tabac, qu'ils introduisent et allument de l'autre main par un bec en métal faisant saillie à mi-hauteur à peine. Des éventaires alignent leurs petits tas de tabac à fumer d'un beau jaune doré ou cuivré, découpé en filaments – ce sont les « fils de tabac ». Ils offrent quelques bouffées gratuites aux acheteurs indécis, ravis de pouvoir apprécier les différentes qualités avant de fixer leur choix.

Avant de vous rendre au village de Shengcun, faites-vous confirmer la date exacte du jour de marché (théoriquement les lun. 10 h-12 h), seul centre d'intérêt des lieux. Si vous avez raté le bon jour, optez pour une marche à la découverte des villages voisins.

Au retour, en arrivant à Jianshui, on aperçoit au loin les contours originaux de la pagode du Pinceau littéraire (Wenbi ta), construite en 1828 : toute de pierre de taille, d'une circonférence au sol égale à la hauteur (31,4 m), elle doit son nom à sa silhouette qui évoque un gigantesque pinceau dont la touffe de poils serait la base évasée et le manche, le sommet effilé. Une légende raconte que son pouvoir merveilleux transformait en écrivains de génie les hommes du voisinage, des colosses capables de soulever un bœuf d'une seule main, mais singulièrement incultes.

La route du Vietnam★

Il était autrefois possible d'emprunter le « chemin de fer du Tonkin » à destination de Hekou, ville frontière aux portes du Vietnam. Construite dans les premières années du XXe s. par les Français, la ligne ferroviaire reliant Kunming à Hanoi *(p. 264-265)* **a été fermée il y a quelques années pour cause de risque de glissements de terrains et par manque de rentabilité. La route longe de temps à autre la voie ferrée au cœur de paysages superbes.**

Accès : au départ de Kunming, 2 bus/j. rallient Hekou (12 h de trajet, départs à 9 h 45 et 13 h 30).

Visa : un consulat du Vietnam a ouvert à Kunming *(→ p. 174)* mais mieux vaut vous en charger dans votre pays de départ. Il est impossible d'obtenir un visa à la frontière. Celle-ci est ouverte t.l.j. de 7 h à 16 h (heure chinoise ; de 8 h à 17 h côté vietnamien, en raison du décalage horaire entre Chine et Vietnam).

« Combien de tunnels à forer à travers les aspérités friables ? Combien de ponts à jeter au-dessus d'abîmes ? Combien de chefs-d'œuvre à concevoir comme le pont en arbalétrier, un miracle qui relie deux tunnels ? Et toujours cette nature d'un blanc écrasant, calcinant, avec par-ci par-là quelques veines de roches dures, schistes ou granits, et toujours cette nudité à peine revêtue sur quelques pentes d'un rabougri de végétation desséchée. »

L. Bodard, *Les Grandes Murailles*, éd. Grasset, 1987.

■ **Hekou.** Capitale du canton autonome yao de Hekou et point le plus bas de la province (76,4 m). Le pont de l'Amitié, jeté sur le cours sinueux du fleuve Rouge, marque la frontière avec le Vietnam. Démoli lors des conflits frontaliers de 1979, il est aujourd'hui reconstruit. Entre bananiers et ananas, manguiers et litchis, découvrez l'atmosphère particulière d'une ville où Chinois et Vietnamiens viennent échanger leurs vanneries en bambou, sculptures sur bois ou objets en corne… sans compter quelques trafics de cigarettes !

Depuis Hekou, vous pouvez continuer vers le Vietnam. Il faut franchir la frontière à pied en traversant le pont de Hekou, puis prendre un nouveau train pour Hanoi.

7 Le Guizhou de l'Ouest★★

À l'O. de Anshun, ancienne étape sur la route du thé et du jade entre Birmanie et Chine, les routes partent en étoile vers le Yunnan. Au N.-O., contrée des Yi, les pitons se resserrent, déchiquettent l'horizon en dents de loup ou en pointes de sabre, tandis que monte la route pour finalement longer le ciel sur les hautes terres du plateau du Yungui (Yunnan-Guizhou). Au S.-O., les cataractes de la Baishui à Huangguoshu annoncent le lent travail du fleuve Beipan : un formidable canyon, taillé comme une plaie dans le calcaire. L'horizon ne s'élargit que tout à fait au S., quand le calcaire se dissèque en mamelons karstiques, groupés ou erratiques, annonçant le Yunnan et ses forêts de pierres. La plus chaotique et étrange des régions du Guizhou demeure la plus sauvage et la moins visitée.

Région couvrant les territoires de **Anshun** (alt. 1 393 m ; 780 000 hab.), **Liupanshui** (alt. 1 810 m ; 2 740 000 hab.), **Bijie** (alt. 1 475 m ; 1 200 000 hab., dont 25 % non-Han) et **Xingyi** (alt. 1 250 m ; 680 000 hab., dont 18 % non-Han), la capitale de la préfecture autonome miao et buyi du Guizhou du S.-O. (Qianxinan).

Distances depuis Anshun (et temps de trajet en véhicule individuel) : Guiyang, 95 km (1 h 30) ; Huangguoshu, 45 km (40 mn) ; Kunming, 599 km (par Xingyi, 10 h) ; Wangmo, 184 km (5 h) ; Weining, 224 km (5 h 30) ; Xingyi, 224 km (4 h).

Province du Guizhou.

Le Guizhou de l'Ouest dans l'histoire

Petits arrangements avec les Yi

Malgré les campagnes conduites par les Mongols au XIIIe s. pour contrôler les marches S.-O. jusqu'au Yunnan, l'O. du Guizhou resta dominé par les Yi jusqu'au XVIIe s. Ils formaient une entité ethnique aussi floue que celle des Miao à l'E. En revanche, ce peuple, de langue tibéto-birmane, constituait une société beaucoup plus structurée. Les Han, dans leur implantation au Guizhou, durent compter avec les grands clans dominants des Yi. Ces familles avaient autorité sur les

i L'information touristique fait totalement défaut à cette partie du Guizhou. Pour la logistique de votre voyage, adressez-vous aux agences de Guiyang ***(p. 297)*****.**

À ne pas manquer

Canyon du Beipan jiang★★★	291
Temple de la Littérature★★ de Anshun	281
Village tunpu de Yunshan★★	282
Mer herbue★★ de Weining	285
Foires et marchés★★ de l'itinéraire Anshun-Wangmo	288
Cascade de Huangguoshu★★	290
Parc de Tianxingqiao★★	290
Forêt aux Dix Mille Sommets★★	294
Gorges du Maling he★★	294

différentes tribus de la même ethnie, dont dépendaient, à leur tour, ceux qui travaillaient la terre, le plus souvent comme métayers : Miao et Buyi. Au bas de cette hiérarchie, les esclaves étaient majoritairement des Han, capturés lors des combats ou achetés aux marchands buyi. L'autorité des Yi était reconnue de fait par les populations locales, et le fut par l'administration impériale, qui trouva là un semblant d'organisation lui permettant de pacifier ces marches à moindres frais. Dès la période mongole, elle décerna donc des titres d'officiers à ceux des chefs qui se soumettaient, sans pour autant interférer dans les affaires locales. La position des Yi, retranchés dans leur citadelle naturelle de Shuixi (auj. Qianxi, au N. de Anshun) et dont les terres débordaient sur le Yunnan et le Sichuan, les mettait en possession du carrefour des routes entre les trois régions.

La création de l'unité administrative de Qian (→ *p. 295)* sous les Ming s'accompagna de la mise en place d'une bureaucratie originale. Au lieu de l'administrer par des fonctionnaires, on fit appel aux chefs yi, parfois à des Han, qui reçurent le titre de *tusi* et *tuguan*, les premiers relevant de la hiérarchie civile, les seconds de la hiérarchie militaire. L'originalité de ces charges tenait à leur caractère héréditaire, leurs émoluments étant collectés directement sur la population qu'elles contrôlaient. *Tusi* ou *tuguan* avaient pour seules obligations d'envoyer leur successeur dans une école han et de se rendre à la capitale tous les trois ans pour porter le tribut. Autrement dit, on accordait au Guizhou un traitement qui n'était autre que celui des États étrangers, mais tributaires de la Chine.

Les derniers jours du Dragon

Lorsque le S. de la Chine fut occupé par les Bannières mandchoues, au milieu du XVIIIe s., plusieurs chefs locaux épousèrent la cause des Ming du Sud, plus par intérêt personnel que par élan nationaliste. Il en fut ainsi de Sun Kewang, qui se fit décerner le titre de roi de Qin, établit sa capitale à Guiyang et invita l'empereur Yongli, fuyant le Guangdong et le Guangxi, à s'installer dans une petite ville du S.-O. du Guizhou. Pour la circonstance, elle fut baptisée d'un nom qu'elle porte toujours : Anlong, « installation du Dragon ». Le Dragon régna presque dix ans sur quelques arpents de terre, entouré d'une parodie de cour. En 1658, Sun Kewang choisit de rallier les Mandchous et chassa l'empereur des Ming du Sud. De leur côté, les Qing (1644-1911) envoyèrent le général Wu Sangui pacifier le S.-O. En entrant sous sa juridiction militaire, les provinces du Yunnan et du Guizhou allaient connaître la plus radicale de leurs mutations : Wu Sangui écrasa l'autorité des Yi en substituant aux *tusi* des fonctionnaires révocables. Il créa des monopoles sur l'exploitation des mines et le commerce de certaines denrées rares. Il prépara ainsi la mainmise de Pékin, qui s'inquiéta de sa toute-puissance régionale et finit par envoyer des troupes. Wu Sangui réagit, se souleva, mais mourut au combat en 1678.

Le « troisième front »

Au XIXe s., l'O. du Guizhou subit de plein fouet les répercussions des guerres de l'Opium. Les terres, si difficiles à exploiter dans cette région où rien ne pousse, furent partout plantées de pavot. La zone devint l'une des pauvres antichambres dépendantes du commerce lucratif de l'opium. Le Guizhou entra alors dans un long sommeil dont il s'éveilla à peine lors du passage de la Longue Marche.

Mais, dans les années 1960, le Grand Timonier se souvint des régions qui avaient permis sa longue marche vers la Chine nouvelle. Après le Sichuan et le Shaanxi, dernière base de la République voyageuse, il décida d'implanter au Guizhou tout un arsenal militaire. Le Guizhou entrait dans la stratégie du « troisième front », du développement d'une industrie de guerre chargée de la défense nationale. Pendant 20 ans, plus de 3 milliards de yuans furent investis dans la recherche en matière d'électronique, d'aéronautique et d'aérospatiale. Liupanshui, ville nouvelle bâtie à quelques *li* de la cité de Shuicheng, devint l'épicentre de cette industrie secrète. Cette décentralisation de l'appareil industriel par Mao dans les années 1960 s'accompagna d'une immigration massive de Chinois de tout le pays qui modifia complètement et définitivement le peuplement de la province. À la fin des années 1980, ces infrastructures passèrent du militaire au civil, constituant une des bases du développement industriel de la province. C'est en effet à la présence de cette implantation militaire que le Guizhou dut une longue politique de fermeture aux visiteurs étrangers.

Les Buyi, tisserands et marchands

Autrefois connus sous le nom de Zhongjia ou Yijia, ils appartiennent au groupe taï et sont apparentés aux Zhuang du Guangxi. Les 2,84 millions de Buyi du

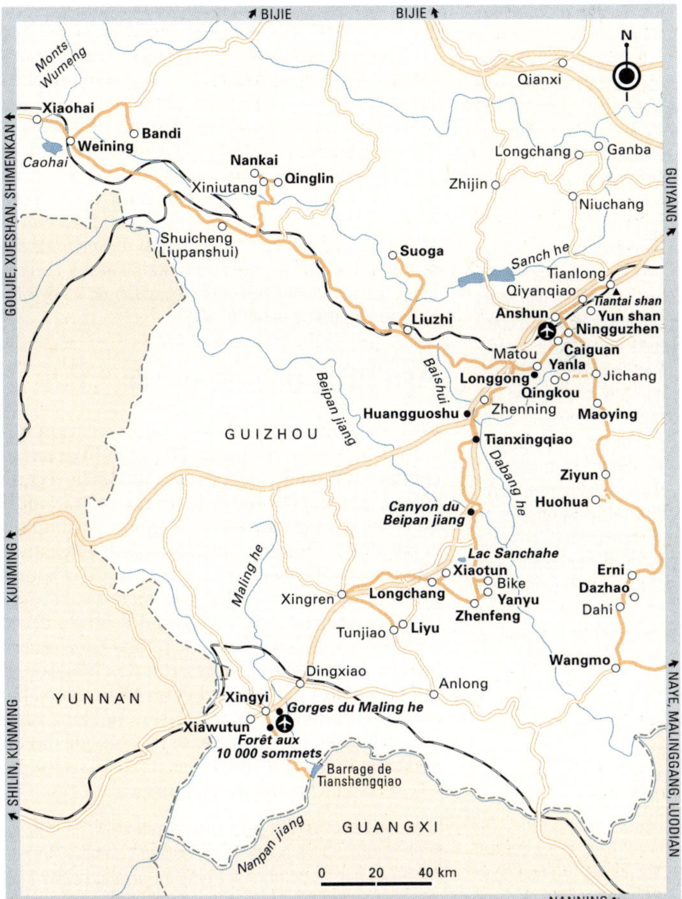

Le Guizhou de l'Ouest.

Guizhou occupent bassins, dolines et poljés du Qiannan et du Qianxinan. Bons cultivateurs, ils sont toujours réputés, comme les Dong de l'E. de la province, pour la culture du coton, qu'ils filent et tissent sur des métiers très élaborés. Sous les Ming et les Qing, ils faisaient commerce de ces étoffes, ainsi que du bois et des esclaves, han ou barbares. Cette activité commerciale leur permit d'entretenir un contact plutôt pacifique avec les Chinois et favorisa une certaine sinisation de ce groupe. C'est probablement dans ce cadre qu'ils empruntèrent aux Han une forme de théâtre exorciste quasi disparue dans la tradition chinoise : le *dixi*, « théâtre sur le sol » ou « théâtre local », joué au moment des fêtes du Nouvel An ou avant les récoltes *(p. 286-287)*. Les villages buyi trahissent une société très organisée, de même que leurs vastes demeures, toujours remarquablement construites, en tirant le meilleur parti des matériaux de construction disponibles dans la région. Ainsi, dans le bassin de la rivière Baishui, en amont de Huangguoshu, les Buyi ont fait leur deuil du bois et de la terre, rares dans cette région, pour exploiter au maximum les ressources de la pierre. Taillée en dalles (style architectural *shibanfang*), elle sert à construire les maisons, mais aussi à couvrir leurs toits, à élever portails et pavillons, à bâtir les séchoirs à tabac *(→ ill. p. 306)*.

Gens de Nankin

Les cités fondées par les colons étaient autant de petites cellules de civilisation chinoise qui s'efforçaient de faire tache d'huile sur les populations locales. Cependant, la résistance farouche des chefs miao et yi et, plus encore, l'isolement dû au relief compartimenté provoquèrent l'effet contraire. Plusieurs villages de la région de Anshun et du canton de Weining sont habités par les Lao Han, les « Anciens Han » ou Tunpu. Autour de Anshun, on leur donne aussi le nom de « peuple de Nankin » *(Nanjing zu)* : lorsque Zhu Yuanzhang, fondateur de la dynastie des Ming, établit sa capitale à Nankin, il opéra des transferts massifs de populations entre le Jiangnan (bas Yangzi) et le Yunnan. Mais tous les Lao Han ne sont pas des descendants d'immigrés du Jiangsu. Ces réfugiés han s'implantèrent en travaillant comme artisans ou comme clercs pour le compte de seigneurs yi. Isolés du monde chinois, ces Han se sont acculturés au contact des populations locales. Ils forment un groupe à part possédant, comme les autres peuples de la province, un costume identitaire. Les femmes âgées portent toujours le vêtement de leurs ancêtres sous les Ming : longue tunique bleue fermée sur le côté et bandes molletières. Certaines ont même eu les pieds bandés, ce que trahissent leurs minuscules pantoufles. En revanche, les turbans et les tabliers brodés portés par les Lao Han de la région de Weining sont directement empruntés aux ethnies voisines.

Anshun et ses environs★

Comme Guiyang, Anshun est une création des colons han, sous les Ming. Elle grandit grâce au commerce, celui du thé, des cotonnades buyi et du cuir yi, puis de l'opium à la fin du XIXe s., tandis qu'on plantait le pavot dans la région. Anshun n'a guère plus à offrir que son temple de la Littérature. Elle commande toutefois l'accès aux deux routes qui conduisent vers le Yunnan. Au S.-O., la route de Huangguoshu – les plus grandes chutes d'Asie – rejoint les grandes forêts de pitons karstiques à Xingyi, à travers une succession de villages peu visités, habités par les Buyi et les Miao. Au N.-O., une route et une voie ferrée desservent Liupanshui qui, avant d'être la grande base énergétique de l'an 2000, est la porte d'entrée des hauts plateaux où vivent les Yi, éleveurs de chevaux.

Liaisons ferroviaires : gare à l'extrémité de Nanhua lu, au S. du centre. Située sur la ligne Guiyang-Kunming, Anshun est reliée par de nombreux trains à Guiyang (trajet 2 h).

Liaisons routières : la gare routière principale se situe dans Tashan xilu, près de la mairie : nombreux bus entre Guiyang et Anshun (1 h 30 par autoroute). La gare routière du S. se trouve non loin de la gare ferroviaire, dans Nanhua lu, à 3 km S. du centre : excursions Longgong-Huangguoshu (plus fréquentes les sam. et dim.) et bus longues distances pour Kunming (10 h), *via* Xingyi (4 h), Liuzhi (2 h), Shuicheng (3 h), Wangmo (5 h), Weining (2 h 30) et Ziyun (2 h).

Liaisons aériennes : aéroport à 6 km S. (☎ 335-2990). Vols de (et pour) Kunming et Canton.

S'orienter : l'agglomération s'étend au N. de l'axe routier et ferroviaire qui la relie à Guiyang. Le temple de la Littérature se trouve au N.-E. du centre-ville, près du parc Hongshan.

S'organiser : Anshun peut constituer une étape d'une nuit pour visiter les environs immédiats, tel Longgong, ou pour préparer la suite du périple.

■ **TEMPLE DE LA LITTÉRATURE**** (Wenmiao ; *ouv. 8 h-17 h ; les salles donnant sur la dernière cour abritent une exposition consacrée au batik*). Fondé en 1368, au tout début de la dynastie Ming, et reconstruit pendant la grande colonisation du XVIIe s., c'est une parfaite illustration de l'implantation des Han en terre barbare : le dieu de la Littérature, Kuixing, et Confucius faisaient l'objet de cultes officiels dans les tout premiers établissements dont se dotaient les cités de fondation chinoise.

■ *13 km S. :* **CAIGUAN*** *(8 km E. jusqu'à Ningguzhen, puis 5 km ; pas de bus)*. Ce village est exemplaire des établissements buyi de la rivière Baishui : maisons et séchoirs y sont construits en pierres plates, empilées sans mortier, et couverts de lauzes ou de dalles en calcaire. Depuis le Festival d'automne de 1986, consacré à la Chine, Caiguan s'est taillé un petit succès auprès du public parisien : ce village fut choisi pour donner en France des représentations du **théâtre masqué *dixi*** *(p. 286-287)*. Caiguan entretient cette réputation en présentant toujours des spectacles *(payants et sur rés.)*. Son petit musée expose les masques étroits que portent les acteurs de cet ancien théâtre rituel.

Depuis Caiguan, vous avez la possibilité de gagner Longgong (14 km S.-E.) sans repasser par Anshun, en prenant à g. à Matou (8 km S.-E.).

■ *27 km S. :* **LONGGONG*** *(croisière de 4 km organisée à bord de canots de dix places ; température moyenne 16 °C)*. Ce « palais du Dragon » est une enfilade de grottes à travers lesquelles se faufilent ou cascadent les eaux d'une rivière, sur près de 15 km. C'est l'occasion d'observer ce travail d'érosion de l'eau, particulier aux régions karstiques. On pénètre dans ce palais souterrain par l'**Étang du ciel**, qui s'engouffre sous une arche de stalactites, forée à la base d'une colline. Les canots circulent de salle en salle, à travers un véritable

ANSHUN

Indicatif ☎ (0) 853.

Agence de voyage : *CTS*, Tashan donglu, Dongfang Building, 3e ét., ☎ 322-3273.

Hébergement correct.

Spécialités : fromage de soja fermenté *(furu)*, légumes conservés dans le soja *(baihuaquan)*, sans oublier un alcool réputé *(anjiu)*.

Les temples de la Littérature de la Chine impériale servaient d'abord de lieux de culte à Confucius. Leur conception et leur cérémonial étaient une copie à échelle réduite de ceux du temple bâti dans la ville natale de Confucius, Qufu (Shandong). On y honorait également les descendants spirituels du vieux maître : les lettrés lauréats des examens littéraires y étaient consacrés par des fêtes organisées à leur intention, et les tablettes portant leur nom étaient entreposées dans l'un des pavillons.

À Caiguan et dans les villages voisins, depuis une dizaine d'années, de nombreuses familles sculptent, devant les visiteurs, les masques du théâtre exorciste et les vendent. Le masque est sculpté à partir d'un tronc d'orme ou de peuplier, il est ensuite poli et peint. Tous sont exécutés directement, sans modèle.

Pour en savoir plus sur les formations karstiques dans le S.-O. chinois, *→ p. 356-357.*

De 1933 à 1949, les collections impériales réunies depuis des siècles par les dynasties successives dans la Cité interdite à Pékin effectuèrent un long périple de 10 000 km en train, en camion, en bateau, à travers des zones de combat pour échapper à la destruction, avant d'être embarquées vers Taiwan par les nationalistes de Jiang Jieshi. Durant l'hiver 1938, une partie des 20 000 caisses contenant ces trésors fut entreposée en lieu sûr dans des grottes près de Anshun.

Le temple de nonnes de Yunshan met à disposition 5 chambres au confort précaire, mais avec une jolie vue.

Témoins de la lenteur et des difficultés avec lesquelles les Han s'établirent au Guizhou, les temples, bouddhiques ou taoïques, ne se développent au Guizhou qu'avec la dynastie des Ming. La plupart furent fondés par des moines itinérants, venus du Sichuan et du Hunan.

Chaque année, le 5e jour du 5e mois lunaire, Ganba célèbre la fête de la danse des Fleurs, destinée aux rencontres des filles et des garçons *(→ encadré p. 284).*

labyrinthe aquatique. Des éclairages multicolores soulignent la forme étrange des concrétions calcaires.

■ *17 km N.-E. :* **Yunshan★★** *(13 km sur la route de Guiyang jusqu'au bourg de Qiyanqiao, puis à dr. 4 km de piste).* Les habitants de ce village, **les Tunpu** *(→ encadré p. 280)*, sont les descendants des soldats qui avaient été envoyés à Anshun sous les Ming (1368-1644) pour combattre. Le village a connu sa période de prospérité sous les Ming et les Qing, soit jusqu'au début du XXe s. Entouré de pics karstiques servant de fortification, ce village très bien situé présente également des remparts à son entrée et à sa sortie. Les maisons sont construites en bois et en pierre, les toits sont dallés. Les façades des maisons sont munies de comptoirs en pierre sous les fenêtres. À l'entrée du village, des marches montent sur la g. jusqu'au sommet du mont Yunjiu où un **temple bouddhique** surplombant la montagne offre, de l'étage supérieur, une vue magnifique sur les pics karstiques des alentours.

■ *28 km N.-E. :* **Tiantai shan★** *(26 km sur la route de Guiyang jusqu'au bourg de Tianlong, puis à dr. 2 km de petite piste).* Le **temple Wulong** (1590), mi-bouddhiste, mi-taoïste a été construit sur un piton rocheux à 60 m de hauteur, sur trois niveaux. On atteint ce temple encore en activité par des marches aménagées à travers une colline boisée. Dans les pièces qui ne sont pas dédiées aux moines, a été aménagé un **musée du Théâtre d'exorcisme**. Le ginkgo, planté au pied du mont par le fondateur du temple il y a 500 ans, est considéré comme sacré : on y attache des amulettes de tissu rouge calligraphiées, représentant des vœux.

Emprunter la route qui conduit à Niuchang, à 73 km N., puis prendre à dr. la piste de 17 km qui mène au bourg de ***Longchang****.*

■ *91 km N.-E. :* **Ganba★** *(à 1 km de piste de Longchang)* est l'un des hameaux (160 hab.) de **Miao blancs** qui forment une constellation autour de Longchang. Les maisons y sont construites en terre damée, couvertes d'un épais toit de chaume. Le surnom de ce groupe miao est dû à la tenue traditionnelle féminine : une cape blanche de chanvre non teint, dont seules les épaules sont ornées de broderies au point de croix. La jupe plissée est entièrement décorée de motifs en batik, rehaussés de plusieurs frises horizontales taillées dans un tissu orange. Une paire de cornes, taillée dans une pièce de bois polie, est passée dans les cheveux, noués en chignon sur la nuque. Cette coiffure n'est pas sans rappeler celle des Miao de Suoga *(→ p. suiv.)*.

De Anshun à Weining★

Avant l'arrivée des Han, deux peuples se sont partagé cette région de hautes terres, coupée par la chaîne des monts Wumeng (alt. moyenne 2 500 m), qui séparent le Guizhou du Yunnan : les Yi, de grande tradition guerrière, et les Miao, longtemps réduits en esclavage par les précédents. Cet itinéraire vous emmènera à leur rencontre.

Itinéraire de 224 km sur 2 jours.

S'organiser : vous pouvez faire organiser cet itinéraire au départ de Guiyang ou de Anshun. Sinon, empruntez un des bus interurbains qui circulent entre Guiyang et Weining (trajet 7 h), *via* Anshun (5 h). Prévoyez au moins deux nuits à Weining *(hébergement convenable)* et revenez ensuite en faisant étape à Shuicheng (3 h de minibus ; *hébergement convenable*) ou Liuzhi (reliée par minibus à Shuicheng, trajet 3 h 30 ; *hébergement convenable*). Train et minibus pour Anshun et Guiyang au départ de Liuzhi. Sur place, vous n'avez d'autre choix que de louer un taxi pour rayonner dans les environs.

■ En quittant Anshun, vous traverserez un de ces **paysages rocheux** si singuliers du Guizhou de l'O. : pitons découpés, demi-sphères des tombes au milieu des rochers, murets en pierres sèches, maisons en calcaire et en ardoise.

■ *52 km O.* : **Liuzhi** est une petite ville plutôt agréable. Son hôtel convenable *(Jinlong, Nanping lu, ☎ 0-858/532-68-98)* vous permettra d'y faire étape pour partir à la rencontre des **Miao « à cornes »** de l'arrière-pays.

► *À 52 km N.-O.*, **Suoga**★ *(47 km jusqu'au bourg administratif, puis 5 km de piste ; trajet 2 h 30)* est un hameau de **Miao « à cornes »**, accroché à une pente. L'habitat y est mixte : murs montés en appareil grossier, façade en bois et toit de chaume, parfois posé sur une terrasse en pierres sèches. Les maisons sont toutes de plain-pied et surmontées d'un grenier qui fait également office de chambre à coucher. Même au quotidien, femmes et jeunes filles portent une parure de tête qui a valu à ce groupe son surnom de Miao « longues

Au son du « lusheng »

Largement répandu chez les populations des confins de la Chine et de l'Asie du S.-E. intérieure, cet instrument à vent est la base de leurs traditions musicales. Il est constitué de six pipeaux en bambou, munis d'une anche en cuivre et encastrés dans un tube central, dont la longueur varie de 20 cm à 6 m, dans lequel souffle l'instrumentiste. La gamme de notes demeurant réduite, le *lusheng* est plus volontiers joué à plusieurs, en contrepoint. Les notes peuvent être modulées par le passage de l'air dans les tubes en bambou, modulation obtenue en inclinant l'instrument de haut en bas et de g. à dr. Il en résulte une véritable chorégraphie du *lusheng*, les musiciens évoluant en farandole, imprimant à leur corps tout entier le mouvement souple qui fait varier le son du *lusheng*.
Cet instrument est aux hommes ce que la parure est aux demoiselles : l'occasion de montrer leur adresse, la fête devenant un véritable tournoi de séduction propice aux rencontres conclues par l'union, à l'essai ou définitive, entre filles et garçons. Cet amour libre, fustigé par les censeurs confucianistes, puis par la pudibonderie maoïste, fut pourtant pratiqué dans une Chine très ancienne : les poèmes d'amour des jeunes gens miao ont la même saveur grivoise et populaire que ceux du plus vieux livre de poèmes chinois, le *Shijing* (*Livre des odes*).

◄ Joueurs de *lusheng*.

« Youfang », cours d'amour

Le chinois *youfang* transpose un vocable miao aussi intraduisible qu'important. Le *youfang* est à la fois un lieu et un moment. Le moment, c'est la fête de rassemblement, durant laquelle filles et garçons se rencontrent et se courtisent. Les Miao se sont d'ailleurs dotés d'une panoplie de moyens de séduction. Pour les jeunes filles, c'est tout l'art d'être belles, parures brodées de leurs mains ou parures en argent. Pour les garçons, c'est l'art de danser en soufflant dans le *lusheng*. Pour les uns et les autres, c'est un répertoire de chansons, dont les couplets font et défont les jeux de l'amour. Toute fête du calendrier miao est l'occasion de ces cours d'amour, fondées sur le libre choix des futurs époux.

La ville de Shuicheng s'étire le long de Renmin lu. La gare ferroviaire se trouve au S.-E. de la ville, la gare routière au centre.

Autour de Shuicheng, les Miao ne se distinguent pas par la virtuosité de leurs broderies, mais par celle de leurs batiks, traités en bleu et blanc dans une ornementation foisonnante et abstraite. Ils apparaissent en appliqués de manches, sur les pans de vestes courtes et en bandes intercalées sur les jupes plissées. Ils forment surtout la totalité de la surface des porte-bébés qui, avant d'être fonctionnels, sont surtout l'occasion de proclamer sa dextérité.

cornes » (Changjiao Miao, → *ill. p. 127*). Une paire de cornes, taillée dans une pièce de bois polie, est passée dans les cheveux, noués en chignon sur la nuque. Lors des fêtes, elles servent de support à un impressionnant métrage de postiche en laine et en lin noirs, enroulé de manière à cacher totalement les cornes, tout en épousant leur forme. Cette volumineuse coiffure est sanglée à l'aide de bandes en toile blanche. Sur leur longue jupe, rayée de couleurs contrastées, les jeunes filles endossent une veste entièrement ornée de motifs géométriques, tracés avec la technique du batik. Celui-ci ne se cantonne pas au jeu classique de l'indigo sur la réserve, mais il est rehaussé de jaune et de rouge. Un sac d'épaule, teint en indigo foncé, complète cette tenue. ◄

■ *147 km* : **Shuicheng** est l'une des trois villes formant le canton de Liupanshui. Héritage de la délocalisation opérée durant le « troisième front » (*→ p. 278*), Liupanshui est un centre de recherche sur l'exploitation des ressources minières. Pour les Chinois, c'est l'épicentre de l'énorme complexe minier de la « mer de charbon », base énergétique dans laquelle puisent les centres côtiers de Shanghai et de Canton. La ville doit à ce contexte, mais nullement à ses attraits touristiques, la présence d'excellentes infrastructures.

► *À 47 km N.*, **Qinglin** *(41 km sur la route de Nankai, jusqu'au bourg de Xiniutang, puis à dr. 6 km de piste – impraticable par temps de pluie)* est un pauvre village de **Miao « petites fleurs »** (Xiaohua Miao) aux chaumières en adobe. Après avoir traversé des paysages désertiques, on débouche sur une vallée cultivée et arborée. Non loin, des mines de charbon sont exploitées. La bande indigo appliquée au bas de la jupe de certaines femmes traduit leur statut d'épouses. Avant d'être décoratives, les broderies orange appliquées aux épaules de leur veste sont des pièces de renfort, destinées à les protéger lorsqu'elles portent de lourdes charges.

Nankai *(retour à Xiniutang, puis 4 km de piste)* est un autre village de **Miao « petites fleurs »**, sans intérêt notable sauf une fois l'an, lors de la grande fête de rassemblement de ce groupe (15e jour du 2e mois lunaire), l'une des plus spectaculaires du Guizhou. Elle a lieu à Shenxianpo, la « colline des immortels », lieu à l'écart, à 5 km du village. Ce jour-là, les sentiers des montagnes environnantes se pavoisent de « petites fleurs » : les jeunes filles miao se coiffent d'énormes postiches en laine rouge et orange (*→ ill. p. 132*) pour venir écouter les garçons jouer du *lusheng* (*→ encadré p. 283*). ◄

Dès la sortie de Shuicheng, la route entame la montée vers le **plateau de Yungui**. Aux lacets zigzagant à travers les pitons calcaires, dont certains sont éventrés par des carrières, succède une **prairie d'altitude**, rase et sans arbres, à l'exception de bosquets de pins maigrelets. Les sols cultivables sont rares et s'étirent en longues bandes entre des terres ingrates.

■ *224 km :* **WEINING**★ *(indicatif ☎ 0-857)*. Bâti sur le **haut plateau du Yungui** (alt. 2 230 m), voici le Far West du Guizhou. L'agrément de Weining tient à son climat, beaucoup plus ensoleillé que dans le reste du Guizhou, et surtout à la présence, insolite dans cette région d'une extrême sécheresse, du grand lac d'eau douce de la **Mer herbue**★★ (Caohai ; *à la lisière S.-O. de la ville ; accès en barque par un chenal ; location de barges à fond plat, dirigées à la perche par un rameur, sur place*). C'est une véritable forêt de roseaux qui sert de refuge, au début du printemps et à la fin de l'automne, à toutes sortes d'échassiers migrateurs, dont la grue à col noir, une espèce en voie d'extinction. Au printemps, la vaste prairie humide et marécageuse des abords du lac devient une mer de fleurs, et les montagnes qui l'entourent sont couvertes d'azalées.

À la sortie N.-E., sur la route de Bijie, des temples construits sur des collines dominant la ville ont été restaurés. Le **temple de Ningguang** (Ningguang miao) est consacré à une divinité gardienne, mi-bouddhique, mi-taoïque. Au-delà, un sentier bordé de pins ménage de jolies vues de Caohai.

Transports à Weining : gare routière sur Jianshe xilu. Bus de/pour Shuicheng (2 h 30), Guiyang (7 h, *via* Anshun). Notez qu'il n'existe pas de bus directs entre Weining et Liuzhi, l'autoroute passant au S. de cette dernière.

Caohai ne s'est formé qu'au début du XXe s. Sa superficie initiale (45 km²) a peu à peu été réduite à 20 km² du fait de l'exploitation des berges en rizières.

Goûtez le couscous de farine de sarrasin, les galettes de pommes de terre frites *(yangyuba)* et le délicieux jambon cru de Weining.

► *À 43 km N.-O.*, **Xueshan**★ *(16 km jusqu'à Xiaohai, puis à dr., par une très mauvaise route, jusqu'au bourg-marché de Goujie – marché les jours comptant 2, 5 et 8 – ; à la sortie du bourg, piste de 2 km sur la g.)* est un village des **Miao « grandes fleurs »** (Dahua Miao), qui se distinguent des Miao « petites fleurs » de Nankai par les motifs de leur tenue traditionnelle : une cape de coton non teint, tissée de grands losanges en laine rouge. Les hommes l'ont troquée contre la vareuse chinoise, plus pratique, les femmes également, mais elles continuent à porter une grande jupe en coton blanc ou bleu indigo et tissent leur costume à domicile. Les maisons du village, de plain-pied, construites en terre damée, sont couvertes d'ardoise. ◄

En rayonnant vers les villages yi et miao des environs, vous découvrirez la vie sur le haut plateau, très différente de celle du reste du Guizhou : élevage de chevaux des Yi, champs de pommes de terre et de maïs remplaçant les rizières, paysans transportant outils et récoltes à la hotte, et non à la palanche.

► *À 35 km N.-E.*, **Bandi**★ *(24 km par la route de Bijie, puis à dr. 11 km de piste)* est un **village yi**, construit au fond d'un des bassins qui crevassent le plateau au N. de Weining. Les maisons les plus anciennes sont en terre damée, les plus récentes en pierre. Toutes sont couvertes d'un épais toit de chaume. Les Yi sont éleveurs de chevaux et de

La voix des masques

Au moment du Nouvel An chinois, dans certains villages han, buyi et gelao du Guizhou, vient le temps d'ouvrir les coffres où dorment des masques de théâtre depuis un an. Plusieurs jours durant, des villageois vont les animer lors des danses et des chants d'un théâtre rituel dont le but est de balayer tout événement néfaste de l'année écoulée et de placer celle qui vient sous les meilleurs auspices. Le répertoire des pièces qui seront jouées est entièrement tiré de l'histoire de la Chine et fut emprunté aux Han sous les Ming. Mais tous ces grands personnages, rois ou généraux, sont considérés comme des incarnations de puissances stellaires, et la représentation de leurs hauts faits doit anéantir les puissances malignes.

Un théâtre exorciste

Nuoxi est le terme générique pour les théâtres masqués de Chine dont la fonction première est d'exécuter un rituel exorciste. On fait remonter leur origine aux grands rituels d'exorcismes des Zhou (1050-771 av. J.-C.). C'est sous les Han qu'il se serait enrichi de danses. Sous les Song (960-1279), le *nuoxi* réduit le nombre de ses acteurs mais se dote d'un répertoire d'éléments historiques ou d'histoires liées à des héros mythiques. Lors de l'organisation administrative et militaire du Guizhou au début des Ming (XIVe s.), les soldats colons importent ce théâtre exorciste et populaire dans la région de Guiyang et de Anshun. Aujourd'hui, le Guizhou est l'une des rares provinces de Chine où survit cette forme de spectacle, qui compte parmi les ancêtres de l'opéra chinois.

Un théâtre rituel

Chargée de magie divine, une représentation de théâtre masqué doit s'accompagner de précautions et de prescriptions rituelles. Puis, le chef de troupe, ou le sculpteur des masques, intronise chacun d'eux, en prononçant les paroles canoniques qui exhortent les divinités à venir s'y établir. La pièce de théâtre proprement dite, la « danse des dieux », est jouée plusieurs jours durant. Composée de paysans amateurs, la troupe interprète toujours la même pièce, car il s'agit non pas de distraire, mais toujours d'accomplir un rite. Le cycle achevé, la scène où les danseurs masqués ont évolué est balayée afin qu'en soit chassée toute trace démoniaque. Les dieux sont remerciés et invités à retourner au ciel, d'où ils

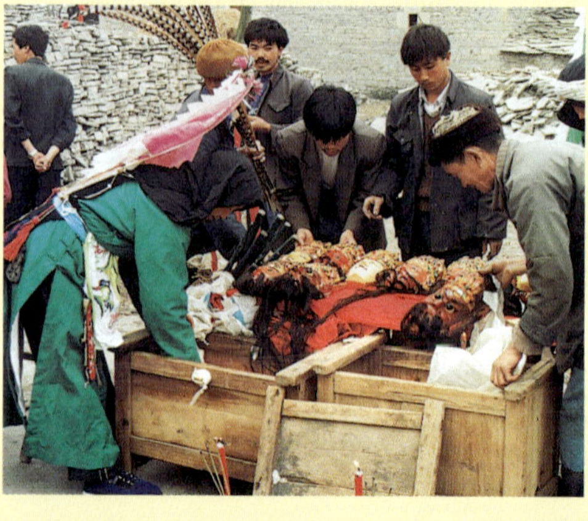

◀ **L'ouverture de la malle où sont serrés les masques est précédée d'une cérémonie de purification, qui consiste à brûler des bâtons d'encens et à faire des offrandes pour honorer les dieux.**

veilleront sur le village. Les acteurs qui les ont incarnés quittent le village sans se retourner et retirent leurs masques.

Un théâtre masqué

Le *dixi*, ou « théâtre local » de la région de Anshun, est une forme très élaborée de ces antiques drames masqués. Masques et livrets, brûlés pendant la Révolution culturelle, ont été peu à peu reconstitués par les villageois. Totalement oublié, le *dixi* a été redécouvert par les organisateurs du Festival d'automne en 1986 : 300 troupes ont été recensées alors. Appelés « visages » *(lianzi)*, les masques correspondent à cinq catégories de personnages : les généraux, qui sont les plus nombreux, les magiciens, les clowns, figures les plus théâtrales du *dixi*, les officiers subalternes, qui jouent le rôle de messagers, et les génies animaux. Taillés dans le bois de giroflier, ils sont le produit de l'imaginaire collectif. Leurs couleurs, plus qu'à des caractères, sont associées à tel ou tel personnage. La forme des yeux renseigne sur la nature, généreuse ou maléfique, de son âme. Un motif symbolique dans la coiffe représente l'étoile dont le héros est l'incarnation. Le *dixi* est chanté : chaque phrase du héros est reprise en chœur par les autres acteurs, rythmée par un gong et un tambour.

▲ Les plumes de faisan trahissent l'emprunt au théâtre des Han et à son répertoire d'histoires martiales tirées du roman fleuve des Trois Royaumes. À l'instar de l'opéra de Pékin, cet ornement est le panache des généraux dans la convention du costume militaire fixée sous les Ming.

Les acteurs portent les masques sur le front, la bouche cachée par une écharpe noire. Leur unique champ de vision est procuré par les narines forées dans le masque, car les yeux ne sont eux jamais évidés. Ce dispositif confère une atmosphère fantastique à l'évolution des personnages. ▼

Le phalanstère de Shimenkan

Parmi les Miao « grandes fleurs » du plateau de Weining, nombreux étaient chrétiens jusqu'à l'établissement de la République populaire, qui les contraignit à abandonner cette confession. L'intense activité, au début du XXe s., de la mission évangélique établie par Samuel Pollard à Shimenkan, au cœur du haut plateau, à 140 km N.-O. de Weining, fut à l'origine de ces conversions. Les conditions de vie des Miao étaient alors d'une grande précarité. Paysans sans terres, ils travaillaient pour le compte des Han, mais surtout des Yi, solidement implantés dans cette région. Beaucoup cultivaient l'opium pour leurs maîtres, et sa consommation faisait des ravages. En se convertissant au christianisme (ils furent 10 000 à le faire entre 1905 et 1915), les Miao accédaient enfin à une identité d'hommes que leur déniaient Yi et Han, qui les traitaient en esclaves. Samuel Pollard renforça ce sentiment en établissant avec leur aide une transcription de la langue miao. Il fut emporté par la typhoïde en 1915.

Quelques kilomètres avant d'arriver à Jichang, remarquez sur la dr. les champs de thé sur les collines.

Ziyun et Wangmo sont restées longtemps des régions enclavées. La première n'a été ouverte au tourisme qu'en 2000, la seconde en 2003. Néanmoins, les deux villes sont dotées d'une hôtellerie tout à fait convenable (chambres avec salle de bains, eau chaude et chauffage).

chèvres. Aussi, au voisinage de leurs villages, découvre-t-on des barrières de branchages. Mais Bandi est surtout l'une des rares agglomérations yi des environs de Weining où les femmes de ce peuple continuent de porter leur costume d'autrefois : cheveux serrés dans un turban et longue tunique, ornée d'empiècements brodés, boutonnant et fendue sur le côté. ◀

De Anshun à Wangmo★★

Au gré des jours de foire★★, cet itinéraire vous plongera dans une région à la formidable bigarrure ethnique, bien que très pauvre. Surnommé le « Tibet du Guizhou », le canton de Wangmo connaît peu de précipitations et les terres arables y sont rares. À la lisière des cantons de Ziyun et de Wangmo, le relief karstique déploie de fabuleux panoramas de pics.

Itinéraire de 184 km.

S'organiser : Ziyun et Wangmo sont desservis par des autobus au départ de Anshun, mais une voiture vous donnera toute la souplesse requise pour faire étape sur les différents marchés. Possibilité d'étape à Ziyun.

■ *52 km :* **YANLA** et **QINGKOU** *(35 km S. jusqu'au bourg de Jichang, puis à dr. 14 km de piste pour Yanla et encore 3 km vers l'O. pour Qingkou).* Ces deux villages sont habités par des **Miao « chignon-corne »** : les femmes portent leur chignon noué sur le front, telle une corne de rhinocéros. Le ven., jour de marché à Yanla, est l'occasion de rencontrer ces femmes miao en costume.

Revenir sur la route de Wangmo.

■ *64 km :* **MAOYING**. Son jour de marché *(mer.)* est le grand rassemblement des **Miao « chignon-corne »**.

■ *93 km :* **ZIYUN**. Sa région est peuplée par les ethnies **miao** et **buyi**. Les marchés locaux y sont très authentiques.

▶ *À 22 km S.-O.,* **Huohua** *(6 km sur la route de Wangmo, puis piste à dr. sur 16 km)* est un **village buyi** dont le marché *(jeu.)* à la particularité d'être un lieu important de production de pâte d'indigo. Le costume des femmes buyi est teint de cette pâte puis enduit d'une colle obtenue après avoir fait bouillir de la peau de buffle. ◀

■ *148 km :* **ERNI**. Le jour du marché *(mer.)*, on peut découvrir les **Baola**, un sous-groupe des Buyi, qui vit dans des régions plus reculées et ne se mélange pas aux autres Buyi. Les femmes sont toujours en costume traditionnel : elles portent de grandes jupes plissées indigo, une veste brodée recouverte d'un tablier, et leur coiffe brodée est maintenue et ornée de multiples chaînes de cuivre ceignant le haut du front.

▶ *À 10 km env.*, **Dazhao** (*quelques km avant le bourg de Dahi, par une piste à g. qui monte sur 5 km ; marché le lun.*). Dans ce **village baola**, blotti au fond d'une vallée, vivent une vingtaine de familles. ◀

■ *184 km :* **Wangmo**, chef-lieu de canton, ville étape pour explorer les environs.

▶ *À 45 km E.*, **Naye** est un **village buyi** qui occupe une vallée. Les jours de marché (*mer.*), les **Miao de feu** des alentours y descendent pour se ravitailler. Ce sous-groupe doit son nom à la jupe des femmes : un mélange de batik et de travail en appliqué à dominante rouge. La coiffe, ornée sur la nuque de cauris (coquillages du groupe des porcelaines), leur vaut aussi le sobriquet de **Miao « coquillages »**. Si vous êtes intéressé par les Miao « feu », vous pouvez poursuivre au-delà de Naye, jusqu'à **Malinggang** (*10 km, accès difficile en période de pluie*). Il faut quitter la vallée et passer un col. Le village est visible depuis la route en contrebas, sur la dr., à flanc de montagne, accroché comme un nid d'aigle. Ce village très pauvre et isolé compte une vingtaine de familles. Les maisons de bois au toit de chaume avec une avancée en terrasse pour le séchage du riz sont très particulières. ◀

De Wangmo, vous pouvez poursuivre vers Luodian (trajet 4 h 30) et le Guizhou du S. (p. 302).

♥ BONNE ADRESSE

Hébergement très convenable à l'hôtel *Tianma*, près du pont qui traverse la rivière Wangmo (☎ 0-859/461-5399).

Miao de feu dans la région de Wangmo.

Parc de Huangguoshu★★

À 45 km au S.-O. de Anshun, il est tout entier placé sous le signe du jeu de l'eau (les rivières Baishui et Dabang) et de la pierre. Inaugurée avec l'ouverture du site des chutes de la Baishui, à Huangguoshu, cette vaste zone karstique de 450 km² a fait l'objet d'une prospection systématique qui a permis d'ouvrir de nombreux circuits de randonnée, tel celui du parc du Pont des Étoiles (Tianxingqiao).

Se déplacer : bus touristiques au départ de Guiyang *(p. 297)* et Anshun *(p. 280)*. Pour vous rendre aux autres chutes ou à Tianxingqiao, vous trouverez sans difficulté minibus et taxis. De l'arrêt des autobus, des sentiers de randonnée permettent d'accéder aux autres chutes de la Baishui : Doupotang, à 1 km en amont (105 m de large ; 28 m de haut), et Luositan, à 1 km en aval (120 m de large ; 29 m de haut).

Indicatif ☎ (0) 853.

Hébergement confortable.

Les dames buyi de la région de Huangguoshu, qui parlent le patois de l'O., ont une coiffure particulière : elles renforcent leur turban par une planchette en bambou et posent dessus une pièce rectangulaire de coton décorée au batik.

On a découvert, le long de la Baishui et du Dabang he, un ensemble de 19 chutes, 9 cascades, 100 grottes, 4 rivières souterraines, conséquence d'un phénomène d'érosion des plateaux calcaires sous l'effet des eaux tropicales.

Les chutes de Huangguoshu sont connues de tous les Chinois. Pendant des années, elles figuraient au générique des informations télévisées de la chaîne nationale. Elles ont finalement été détrônées par la cascade du Bec de la théière (Hukou), où le Huanghe déverse ses eaux bouillonnantes, entre Shanxi et Shaanxi.

Xu Xiake, une passion géographique

Près de la station du téléphérique de Huangguoshu, une statue en marbre blanc évoque Xu Xiake (1586-1641), le découvreur des chutes de la Baishui. Natif du Jiangsu, ce géographe passionné avait à peine 20 ans quand il fit son premier voyage. Pieux bouddhiste et amateur de montagnes, il explora jusqu'à 50 ans les grands monts sacrés du domaine chinois, à pied et sans escorte. En 1636, il entreprit son plus long périple qui le conduisit au Yunnan, *via* le Hunan, le Guangxi et le Guizhou. En atteignant Guilin, il se prit de passion pour les fantasmagories karstiques, qu'il fut le premier à décrire avec un luxe de détails et un grand sens poétique. Il gravit un à un les pitons, explorant soigneusement chaque grotte. De Guilin, il gagna Liuzhou, puis Nanning et le Zuojiang. En 1637, il entra au Guizhou par le S., en dépit de la réputation d'insécurité de cette région, aux mains de barbares « crus ». Au fil des bourgs de garnison, il parvint à Guiyang, puis à Anshun, où il retrouva les fantaisies karstiques, « clou » de la Chine du S. Il admira les cataractes de la Baishui – actuelles chutes de Huangguoshu – puis poursuivit vers le Yunnan. Mais là, assailli par les fièvres, il dut faire l'immense voyage de retour vers son pays natal. Il y mourut un an plus tard, sans doute d'épuisement.

S'orienter : le terminus des bus se trouve à l'entrée du parc. Des téléphériques descendent vers l'étang du Rhinocéros, au pied de la grande cataracte. L'entrée du parc de Tianxingqiao est à 7 km en aval, desservie par une route.

S'organiser : l'accès au parc fait l'objet d'un droit d'entrée, que vous pourrez acquitter auprès de l'hôtel *Huangguoshu*. Il comprend également l'entrée de Tianxingqiao, mais pas les transports (téléphérique et minibus). Une journée vous permettra de visiter la grande chute de Huangguoshu et le parc de Tianxingqiao.

La meilleure période : le flux d'eau varie selon la saison. En été, le débit d'eau est si puissant (1 000 m^3/s) qu'on entend son grondement à 10 km. En revanche, le flux se raréfie dès la fin nov., pour se réduire à quelques filets d'eau en mars. Cette période présente cependant l'avantage de la morte-saison : les visiteurs étant plus rares, les prix baissent et les sites ne sont plus envahis par les petits marchands.

■ **Cascade de Huangguoshu**★★ *(un sentier entrecoupé de marches descend vers l'entrée de la Grotte derrière le rideau – Shuilian dong –, offrant plusieurs points de vue sur les chutes ; il traverse la grotte, puis descend encore en zigzag vers l'étang du Rhinocéros, qu'il longe pour déboucher au pied de la station de téléphérique ; possibilité de remonter à pied)*. Avec leurs 71 m de haut et 80 m de large, ce sont les plus grandes chutes d'Asie. Selon la saison, la Baishui vous livrera un spectacle très différent quand vous la découvrirez des marches qui descendent à flanc de falaise : en été, c'est une véritable fureur aquatique, un grondement d'écume, formant un voile continu qui ne s'achève que pour exploser en embruns que diapre la lumière. Au début de l'hiver, la roche noire qui barre le cours de la rivière resurgit çà et là entre l'eau écumante qui fuse en longs jets. En toute saison *(en période de hautes eaux, prévoyez un imperméable et protégez votre matériel photo)*, vous pourrez admirer les chutes de l'intérieur en empruntant la grotte tunnel qui les traverse sur toute leur largeur, ouvrant par six « fenêtres » sur la nappe d'eau.

■ **Parc de Tianxingqiao**★★ *(plusieurs circuits de randonnée ont été tracés pour sillonner les paysages créés par les eaux du Sancha he, bras de la Baishui ; prévoir 3 h pour couvrir la totalité ; pas de difficulté)*. Judicieusement dessiné, ce parc de 3 km^2 permet d'admirer toutes sortes de curiosités karstiques. On y entre au N. par le **bonsaï de Tianxing** (Tianxing penjing), qui, à l'image des paysages en pot, est un microcosme naturel (minuscules collines, bosquets d'hibiscus, de poinsettias et de bambous se reflétant dans l'eau) ; on poursuit par la **grotte des Étoiles** (Tianxing dong), tunnel rocheux serpentant à l'intérieur d'un piton ; on se perd enfin dans le dédale de la **Forêt de pierres sur l'eau** (Shuishang shilin), en serpentant à gué entre les aiguilles karstiques.

De Huangguoshu à Xingyi★★

L'itinéraire qui suit, de 224 km, peut être envisagé par ceux qui souhaitent se rendre au Yunnan, *via* la Forêt de pierres de Lunan *(p. 192)*. **La route est à elle seule un régal pour les yeux, par la diversité de ses paysages minéraux et vertigineux.**

S'organiser : si vous ne disposez pas d'un véhicule, vous irez directement à Xingyi en autocar, d'où vous pourrez rayonner dans les environs. Sinon, comptez une étape à Zhenfeng (à 110 km et 2 h de route) pour visiter les environs et profiter du marché si c'est son jour.

La route longe un temps la chaîne des monts Guanling, puis s'en écarte pour traverser un pays de collines aux courbes très douces aux abords de Huajiang, à 41 km S. du parc de Huangguoshu.

■ *56 km :* CANYON DU BEIPAN JIANG★★★. Après Huajiang, l'autoroute file à travers un plateau au relief confus avant de franchir ce canyon sur un splendide **pont haubané**, suspendu à 405 m au-dessus du vide. La rivière Beipan a creusé cette tranchée sur 400 km, la profondeur du précipice atteignant 800 m par endroits. Du pont, on peut voir la route que l'on empruntait jusqu'en 2004. Tracée en longs zigzags sur la pente abrupte, elle descend au fond de la gorge et remonte le long d'une paroi sauvage, en se faufilant à travers le chaos de grands reliefs tabulaires. Partout la roche affleure, défiant toute tentative de culture. Pourtant, çà et là, les riverains montent des murets en galets pour constituer des terrasses cultivables. Au sortir de cet univers minéral et sans âge, on débouche sur un plateau cultivé, où émergent de petites forêts de pierres et de pitons très espacés.

■ *102 km :* **ZHENFENG** est le bourg-marché des **villages buyi** environnants. D'une colline dominant le bourg, une pagode veille sur l'ordre géomantique des lieux. La région mérite que l'on quitte provisoirement l'autoroute pour aller explorer les alentours.

▶ *À 7 km N.-E. (piste impraticable par temps de pluie),* **Yanyu**★ *(prononcer « aille-yu »)* est un **village buyi** de 800 hab., environné de champs aménagés en degrés d'arène dans de minuscules dolines. L'habitat est différent de celui des agglomérations de la Baishui. Les murs porteurs sont élevés en gros appareil en pierre, mais la maison est fermée d'une façade en bois à la mode chinoise (une porte enca-

L'imagination chinoise voit dans la grotte de Huangguoshu, retiré derrière la nappe d'eau, l'entrée du monde paradisiaque, caché par le rideau d'une cascade, où règne le roi des singes de *La Pérégrination vers l'Ouest*, né d'un œuf en pierre. La même référence littéraire à ce roman fantastique de l'époque Ming vaut son nom au site : Huangguoshu, le « verger des fruits jaunes », est une allusion à ce royaume des singes que le roman appelle « terre bénie du Mont de Fleurs et Fruits, paradis caverneux de la grotte au Rideau-Torrentiel » (trad. A. Lévy, « La Pléiade », 1991).

Le passage du Beipan jiang

Une tradition, certainement légendaire, peut-être historique, fait remonter l'occupation chinoise de cette région aux temps troublés des Trois Royaumes (220-265). Zhuge Liang, stratège et conseiller de Liu Bei, le roi de Shu, y aurait fait tracer les premières routes pour rallier les gouverneurs du S.-O. contre le royaume de Wei au N. Cette même tradition tenace rattache la chaîne Guan, qui borde le canyon du Beipan jiang, à l'un des personnages de la saga des Trois Royaumes : Guan Suo, fils du général Guan Yu, autre fidèle du roi Liu Bei, qui aurait accompagné Zhuge Liang lors de son expédition. Autrefois, le seul moyen de traverser le fleuve était de descendre au fond de la gorge. En l'absence de route, on devait progresser en s'aidant de cordes, fixées dans la paroi rocheuse. Ce passage périlleux était d'ailleurs bien connu des bandits de grand chemin, qui y guettaient les voyageurs épuisés pour mieux les détrousser. L'épopée a gommé la réalité du passage redouté des voyageurs, remplaçant *guansuo*, « la passe encordée », par son héros homonyme.

Établis avec les Han sur les sols fertiles des dolines et poljés du Guizhou, les Buyi ont la réputation d'être d'excellents agriculteurs. Le costume, même au féminin, est fonctionnel avant d'être esthétique : pantalon noir et tunique discrètement brodée, fermant sur le côté. Les jeunes filles se ceignent la tête d'un turban blanc et arborent un court tablier à motifs les jours de fête. Leur tradition textile est fondée, à la différence des Miao voisins, sur le tissage du coton et non sur la broderie. Leurs étoffes, finement tissées en carreaux et rayures, jouent sobrement sur les bleu, noir et blanc.

drée de deux fenêtres, fermées de claustras en bois). Elle est précédée d'un vaste perron où les femmes vaquent à leurs activités textiles : égrener, filer et tisser le coton. Contrairement aux hommes, qui l'ont abandonné, elles portent toujours un costume traditionnel, teint en bleu indigo : pantalon ample, tunique fermant sur le côté et tablier noir, orné sur la poitrine d'une broderie triangulaire à motifs d'oiseaux et de fleurs. Elles drapent leurs cheveux dans un grand turban blanc, noué à la manière d'une cornette. Les jeunes filles ont également la chevelure serrée dans un turban en coton blanc ou rayé de bleu (*voir ill. p. 78 et 80*). Les jours de marché et de fête, elles revêtent une à plusieurs jupes plissées, tombant aux chevilles, ornées de bandes de batik. Leur veste longue, ouvrant sur le côté, est renforcée aux coudes, aux poignets et sur les bords de bandes décoratives mêlant batik et broderie. ◄

► *À 10 km N.-E.*, **Bike**, avec 500 foyers et plus de 200 hab., est la plus grande **agglomération buyi** de la région. Costumes et architecture sont sensiblement les mêmes qu'à Yanyu, si ce n'est que les maisons, au lieu de se blottir les unes contre les autres, se déploient pour occuper un vaste bassin. Le long de la rivière qui traverse le village, on peut observer, à la fin de l'été, les activités autour de la teinture à l'indigo. ◄

► *À 27 km N.-O.*, **Xiaotun*** *(18 km pour Longchang, « le marché du [jour du] dragon », puis 9 km de piste)* est un village spécialisé dans la **fabrication artisanale du papier**. Tous les hommes du village s'activent autour des cuves en pierre où trempe la pâte à papier. Elle est tirée de l'écorce de l'arbre *goupishu*, plongée dans la chaux, mise à sécher dans des fours spéciaux, puis foulée, malaxée et écrasée au mortier. La pulpe ainsi obtenue est diluée dans les bassins où on la recueille sur des cadres en bambou souples. Les feuilles sont ensuite mises à sécher sur des claies. 72 opérations sont nécessaires pour les papiers les plus élaborés. Cette petite industrie locale fournit la matière première de la monnaie d'offrande (destinée à être brûlée lors des cultes), des vêtements de deuil… et des bandes de papier qui servent à serrer les liasses de billets de banque.

À 12 km N. de Xiaotun, on atteint le **lac Sanchahe**, au bord duquel on peut passer la nuit. De l'hôtel *Sanchahe Dujiacun* (☎ *0-859/673-2044*), la vue

En fin de volume, le Petit dictionnaire regroupe les définitions des noms propres ou communs spécifiques à chaque pays ; le Lexique réunit un vocabulaire de base pour les différentes situations de la vie quotidienne.

sur le lac entouré de collines karstiques est particulièrement reposante. À l'hôtel, on peut louer une barque pour traverser le lac et se rendre dans des villages buyi, juste en face. ◀

Reprendre l'autoroute à Longchang pour atteindre **Xingren** *(à 54 km de Zhenfeng). De là, emprunter la route de Anlong jusqu'à Tunjiao (16 km, arrêt des bus Xingren-Anlong).*

■ *174 km :* **Liyu** *(à 2 km N. de Tunjiao)* est un village de **Miao noirs**. Ceux-ci sont des Hmu originaires des cantons de Huangping et Kaili, au S.-E. du Guizhou, qui ont fui la répression mandchoue au milieu du XIXe s. Leurs costumes sont dominés par le bleu foncé. Dans une région où le bois manque, ils ont dû construire des maisons en pierres, tout en conservant des façades en bois.

■ *224 km :* **Xingyi** *(→).*

Xingyi et ses environs**

À l'extrême S.-O. du Guizhou, Xingyi tourne le dos aux chaos rocheux du Beipan jiang pour s'ouvrir aux Yunnan et Guangxi voisins. L'importante station hydroélectrique de Tianshengqiao, construite en 1980, la proximité de la voie ferrée ultramoderne reliant Kunming à Nanning favorisent le développement de cette ville de 150 000 habitants. Fatale conséquence de la modernisation, ses vieilles maisons ont définitivement disparu. C'est dans les environs immédiats qu'on trouvera l'agrément d'un séjour à Xingyi.

Liaisons ferroviaires : située sur la ligne Kunming-Nanning, la gare ferroviaire est à Dingxiao, à 20 km N.-E.

Liaisons routières : les minibus moyennes distances partent de la gare routière E. (près de l'hôtel *Panjiang* sur Hunan jie). Au départ de la gare de l'O. (sur Pingdong dadao), bus longues distances pour Guiyang (325 km, 5 h, la plus grande partie par autoroute), *via* Xingren et Anshun, et Kunming (340 km, 5 h, excellente route).

Liaisons aériennes : aéroport à 3 km E. (taxis ou bus n° 1). 1 vol/j. pour Kunming et Guiyang, 2 vols/sem. pour Shenzhen. **Billetterie :** *Aviation Hotel*, Ruijin nanlu, ☎ 312-6666.

S'orienter : Xingyi s'est développé à quelques km à l'O. des gorges du Maling he. L'hôtel principal de la ville *(Panjiang fandian)* vous servira de point de repère. Il est situé au débouché de l'avenue Panjiang, qui forme la lisière de la vieille ville.

S'organiser : que vous arriviez du Yunnan ou du Guizhou, prévoyez deux nuits à Xingyi pour consacrer toute une jour-

Dans le canton de Huangping, la jupe des Miao, dont la bordure inférieure est décorée de galons superposés, est plissée et portée avec un tablier. L'étoffe, teinte en noir (ou, aujourd'hui, en vert mordoré, à l'aide de colorants chimiques ; → *ill. p. 188*), met en valeur les appliqués et les galons d'épaules et de manches, brodés de rose et de violet. La dominante sombre de l'ensemble contraste avec la couronne en argent, entièrement piquée de fleurs du même métal. Elle est posée sur une toque, réalisée en étoffe martelée et ceinte d'un large galon rouge, que les femmes de ce canton portent au quotidien.

XINGYI

Indicatif ☎ (0) 859.

Agence de voyage :
Qianxinan Yunhai Travel Service,
16, Zunyi lu, *Jiexiang Hotel,* 3e ét. ;
☎ 322-2682 ; fax : 322-2236.

Hébergement confortable.

Goûtez la soupe aux boulettes de riz glutineux *(tangyuan)*, farcies à Xingyi de chair de poulet, ou encore les nouilles de pousses de bananier, autre spécialité régionale, qui sèchent, à la porte des maisons, dans les faubourgs.

À Xingyi, on fume la pipe à eau, que l'on bourre d'un tabac d'une belle couleur jaune d'or, coupé aussi fin que des cheveux.

Si vous comptez vous rendre à la Forêt de pierres de Lunan, au Yunnan *(274 km, p. 192)*, sachez que les bus pour Kunming s'arrêtent à la gare routière du chef-lieu de canton de Lunan, où vous prendrez un minibus pour accéder au parc.

née à vos visites. De gros efforts ont été faits pour développer les infrastructures touristiques et vous trouverez facilement bus et taxis pour visiter les environs.

■ **Musée des Coutumes de mariage*** (Hunsu bowuguan ; *à 2,5 km S. ; ouv. 9 h-12 h et 14 h 30-18 h, f. dim. ; commentaires en chinois slt*). Le musée est installé dans l'**ancienne résidence d'un seigneur de la guerre**, issu de la grande famille des Liu, influente dans la région depuis la dynastie des Qing. Cette demeure, agrémentée de cours cantonnées de galeries en bois, remonte aux années 1860. Cinq salles exposent, au moyen de photos et d'objets (quelques très belles pièces), les temps forts de la vie de couple, de la rencontre à la naissance du premier enfant, chez les différents peuples du Guizhou. À l'instar des guildes de marchands et comme toute demeure cossue du temps des Qing, la résidence des Liu possédait son propre **théâtre**, dont la scène est toujours parée de son bandeau en bois sculpté où deux dragons se disputent une perle.

Vous remarquerez un cartel calligraphié au fronton de l'une des salles de la résidence des Liu. Il est de la main de He Yingqing, rival de Jiang Jieshi, qui le remplaça temporairement à la suite de l'« incident de Xi'an », en 1936. Le général nationaliste avait alors été capturé par l'Armée populaire de libération pour le contraindre à constituer un front uni avec le PC chinois.

■ *5 km S. :* **forêt aux Dix Mille Sommets**** (Wanfeng lin ; *bus n° 1*). Couvrant 110 km^2 (elle s'étend jusqu'à Bajie, à 37 km S.), c'est l'une des grandes forêts de pitons de l'arc karstique du Yunnan au Guangxi. Le spectacle de ces myriades d'aiguilles, qu'explora Xu Xiake *(→ encadré p. 290)* lors de son ultime voyage, est particulièrement saisissant aux lever et coucher du soleil, quand les pics émergent des brumes. Au S., une partie de la forêt est immergée dans les eaux du lac de barrage de Tianshengqiao.

■ *6 km N.-E. :* **gorges du Maling he**** *(bus n° 4 ; accès par le bureau d'administration du parc ; des marches mènent à l'intérieur de la gorge, où plusieurs sentiers et ponts permettent de varier les plaisirs ; en longeant la rivière sur 2 km, en direction du N., vous passerez sous l'arche d'un pont routier qui l'enjambe ; le pont est à 14 km de la ville)*. La rivière Maling est coupée de 13 chutes sur 1 km, dues à la forte déclivité du cours d'eau dans une gorge très encaissée. À ces torrents d'eau bouillonnant dans les rochers s'ajoute le spectacle de cascades dévalant les falaises du sommet de la gorge.

Qianxinan Yunhai Travel Service organise des descentes en rafting sur la rivière (8 km, env. 3 h). Comme tous les parcs du Guizhou dédiés à l'eau, les gorges du Maling he peuvent être décevantes en hiver, quand les cascades sont réduites à un filet d'eau. Attention si vous êtes sujet au vertige : les sentiers taillés dans la pierre à flanc de falaise sont extrêmement glissants et dépourvus, par endroits, de rambardes de sécurité.

8 Le Sud et le Centre du Guizhou★★

« Guiyang est comme la poitrine d'un homme dont les bras, à l'E. et à l'O., seraient constitués par les préfectures et les garnisons », lit-on dans un ouvrage de géographie du XVIIe s. L'actuelle capitale du Guizhou fut en effet le principal point d'appui de l'implantation de l'Empire à partir du XIIIe s. Les « bras » auxquels le traité fait allusion ne sont autres que les sections E. et O. de la route Mandarine, qui menait du Hunan à la Birmanie en traversant le Yunnan. Pour filer la métaphore, il faut leur ajouter des jambes, moins vitales pour l'Empire, mais d'une grande importance régionale : celles qui, traversant Guiding, Duyun et Dushan, reliaient le Guizhou au Guangxi. C'est précisément cet itinéraire que l'infatigable marcheur et géographe Xu Xiake emprunta au soir de sa vie. Lors de son voyage en 1638, les cités du Qiannan, le « Qian du Sud » (le Guizhou s'appelait alors le Qian), n'étaient qu'une suite de gros bourgs de garnison. Autour de Guiyang, les voies desservent aujourd'hui une suite d'enclaves où perdurent les traditions des Miao et des Buyi, ennemis jadis, mais aussi des Yao et des Shui.

La région dans l'histoire

Une préfecture chinoise en terre barbare

L'histoire de Guiyang est une chronique de l'établissement des Han au Guizhou. Au cœur du plateau,

Région couvrant le territoire de **Guiyang** (**capitale du Guizhou** ; alt. 1 072 m ; 3 870 000 hab., dont 13,8 % non-Han) et la préfecture autonome du **Guizhou du Sud** (Qiannan), capitale **Duyun** (alt. 775 m ; 460 000 hab.).

Distances depuis Guiyang (et temps de trajet en véhicule individuel) : Duyun, 143 km (2 h 30) ; Kaili, 156 km (2 h 30) ; Luodian, 163 km (4 h 30) ; Guilin, 783 km (11 h) ; Kunming, 639 km (11 h).

Province du Guizhou.

ℹ Vous pourrez obtenir plans de Guiyang et cartes sommaires du Guizhou (en anglais) auprès des agences de voyages de Guiyang ***(p. 297)*****, qui vous permettront également d'organiser la logistique de votre voyage.**

À ne pas manquer

Le terme *ba* qui apparaît dans le nom de Pingba est propre à la langue chinoise des confins du S.-O. Il est l'équivalent des poljés et dolines des géographes occidentaux *(→ p. 14-15).*

elle devint un point d'appui vital pour l'Empire, entre Chine centrale et Yunnan, lorsque les Huit Tribus barbares de Shunyuan (auj. Guiyang) firent leur soumission à la dynastie des Yuan, en 1279. Parmi elles, il y avait les Yi, dont les clans dominèrent largement l'O. de la province jusque sous les Qing. Les relations entre leurs chefs coutumiers et l'ordre de l'administration han n'allèrent pas sans heurts *(→ encadré p. 301)*. Malgré le développement et le rôle commercial de Anshun, plus à l'O. sur la route Mandarine, Guiyang conserva un rôle politique prééminent, grâce à sa situation. À ses portes, elle a le grand poljé de Pingba, à l'O., et de Huishui, au S., assurance de surfaces arables, sans égales ailleurs au Guizhou. L'approvisionnement en eau, si aléatoire dans cette région où les rivières disparaissent en réseaux souterrains, est également garanti par le Guancheng he et le Shixi he, qui traversent la ville, pour se jeter dans la douve naturelle du Nanming he, au S. Sans être une place imprenable, Guiyang fut une position défendable, atout majeur dans une province qui ne fut entièrement pacifiée qu'au XVIIIe s.

Carte d'identité du Guizhou

Superficie : 176 100 km^2 (alt. moyenne 1 000 m), dont 10,5 % de terres cultivées, 51,1 % de zones urbaines et incultes, 12,6 % de forêts, 24,3 % de pâturages.
Températures : minimales, 3 à 6 °C ; maximales, 22 à 26 °C.
Pluviométrie : 1 100 à 1 300 mm. La province la plus arrosée de Chine avec 274 j. de pluie par an.
Population : 39 037 000 hab.
Densité de la population : 221 hab./km^2.
Ethnies : 12 peuples minoritaires forment 36,77 % de la population (12 900 000) : Miao (et Gejia), 4 760 000 (soit 49,8 % des Miao de Chine) ; Buyi, 3 100 000 (97,3 %) ; Dong, 1 800 000 (55,7 %) ; Yi, 812 000 ; Shui, 932 000 (93,2 %) ; Tujia, 1 584 000 ; Gelao, 620 600 (98,2 %) ; Maonan, Zhuang, Yao et Hui.
Principales villes (population du canton) : Liupanshui (2 740 000 hab.), Bijie (1 055 000 hab.), Zunyi (830 000 hab.), Anshun (780 000 hab.), Xingyi (680 000 hab.), Kaili (450 000 hab.).
Principales ressources : riz, maïs, tabac, canne à sucre, colza, thé, arachide, sésame, coton. Sapin, arbre à laque, camphrier. Importantes réserves de mercure, bauxite, phosphore, fer, charbon, étain.
Industries : chimie (engrais), agroalimentaire (alcools, dont le maotai), métallurgie (aluminium), textile, papier, cigarettes, matériaux de construction, optique de précision.

Les petits chevaux du Qiannan

L'implantation coloniale des Han au Guizhou s'accompagna, au XIIIe s., du développement des routes et des relais de poste *(matou)*. Ceux-ci étaient d'autant plus nombreux que la progression sur des routes accidentées était pénible. Le nombre de relais était d'ailleurs bien plus éloquent pour les voyageurs que les distances entre deux bourgs (comme il reste plus utile, aujourd'hui, de connaître la durée approximative d'un trajet plutôt que la distance). Leur entretien et leur approvisionnement incombaient aux autorités locales, han ou indigènes. C'est à ce titre que fut développé l'élevage de petits chevaux dans la région de Duyun, dans le Guizhou du S. Ils sont restés aujourd'hui un élément distinctif des transports et des communications au Qiannan : c'est avec le haut plateau du N.-O. le seul endroit où l'on croise des carrioles attelées ou des chevaux montés. Ces animaux jouent un rôle important pour la société shui *(→ encadré p. 307)*, implantée dans le S. de la province : les courses équestres accompagnent toujours les grandes festivités de leur Nouvel An.

La fin de l'enclavement

À l'aube du IIIe millénaire, le Guizhou demeure la plus pauvre des provinces chinoises, avec 17 % de sa population vivant au-dessous du seuil de pauvreté et un revenu annuel de quelques centaines de yuans dans les zones agricoles. L'enclavement et l'état lamentable des communications ont aggravé une situation qui est celle de nombre de zones rurales de la Chine intérieure. La mise en œuvre du programme de développement du Grand Ouest *(Kaifa Xibu)* est en train de mettre un terme à la question du manque d'infrastructures. Car, si le Guizhou est pauvre, son potentiel est considérable. Sous l'Empire, ses ressources forestières avaient suscité l'intérêt des marchands. Aujourd'hui, son sous-sol est convoité par les ogres de matières premières que sont les grands centres de production de la Chine côtière : 200 millions de tonnes de bauxite, soit 1/5 des ressources chinoises, 2 milliards de tonnes de phosphate, des réserves de charbon considérables, pour ne citer que les ressources majeures.

Guiyang a été l'épicentre du processus de désenclavement du Guizhou, conduit depuis la fin de la décennie 1990. La capitale est désormais reliée par l'autoroute à toutes les villes importantes de la province, elles-mêmes raccordées au réseau autoroutier des provinces limitrophes : à l'E., Kaili et le Hunan ; au N., Zunyi, et Chongqing au Sichuan, qu'on peut encore rejoindre depuis Bijie au N.-O. ; à l'O., Anshun, Shuicheng et Xingyi communiquent avec le Yunnan ; au S., Duyun avec le Guangxi. La volonté politique de mettre fin à une longue période d'isolement se manifeste encore par la construction de nouveaux aéroports à Tongren, au N.-E. (2001), à Xingyi, au S.-O. (2004), à Liping, au S.-E. (2005) et à Libo, au S. (2006). Le réseau ferroviaire, enfin, a fait l'objet de gros travaux de modernisation : la voie qui traverse la province d'E. en O. a été doublée et celle qui la relie au Guangxi, au S., peut désormais accueillir des convois roulant à 150 km/h.

Comme sur l'ensemble du pays, le développement concerne en premier lieu les territoires urbains. Dans les villes importantes, des gratte-ciel ont poussé. Le contraste est d'autant plus détonnant avec des campagnes qui, à 2 ou 3 h de route, restent figées dans le temps éternel du cycle des saisons de culture.

Guiyang★

En mars 1935, Jiang Jieshi y dirigea les opérations contre l'Armée rouge de Mao. La ville fut détruite au tiers par les bombardements de l'aviation japonaise en 1939. Jusqu'à la fin des années 1950, le plus grand immeuble de Guiyang avait cinq étages, et les transports se faisaient en charrette à cheval. Aujourd'hui dotée de plusieurs hôtels de luxe, Guiyang n'est plus la cité grise des années Mao, au triste parfum d'exil, mais une métropole jeune et dynamique, poussée sous l'œil impavide du Grand Timonier, dont une statue géante s'élève encore sur la place du Peuple.

La province du Guizhou, en tant qu'unité administrative, ne date que de la dynastie des Ming. En 1413, l'Empire crée le Qian (on retrouve ce terme dans le découpage régional : Qiandongnan, Guizhou du S.-E., Qianxinan, Guizhou du S.-O., et Qiannan, Guizhou du S.), en prenant des terres sur les trois provinces du Hunan, du Yunnan et du Sichuan. Sa morphologie actuelle remonte aux Qing, avec le rattachement de la préfecture de Zunyi et ses dépendances, prises sur le Sichuan en 1727.

GUIYANG

Indicatif ☎ (0) 851.

ADRESSES UTILES

ℹ Agences de voyage : *CITS*, 1, Hequn lu, Longquan Building, 7e ét., ☎ 690-1575 ; fax : 690-1660 ; *www.gzcits.com*
Minorités-Guizhou Voyages (accueil francophone ; programmes très complets, randonnées, nuits chez l'habitant), 53, Zhonghua beilu, Meijia Building, 20e ét, ☎ et fax : 685-1623 ; *www.minogz.com* ; e-mail : *zhou010@hotmail.com*
OTC, 7, Hequn lu, Daheng Building, 11e ét., ☎ 657-6076 ; fax : 657-3199 ; *www.gzotc.com*

• **Change :** dans les hôtels 4 étoiles. Pour les retraits d'espèces avec une carte bancaire : *Bank of China*, Dusi lu, non loin du carrefour avec Zhonghua nanlu (t.l.j. 8 h 30-17 h 30 ; distributeur automatique 24 h/24).

• **Poste :** au carrefour de Zunyi lu-Zhonghua nanlu et au carrefour Penshuichi (t.l.j. 8 h 30-17 h 30).

• **Public Security Bureau :** Zhongshan xilu (près du carrefour Dashizi).

Hébergement très confortable.

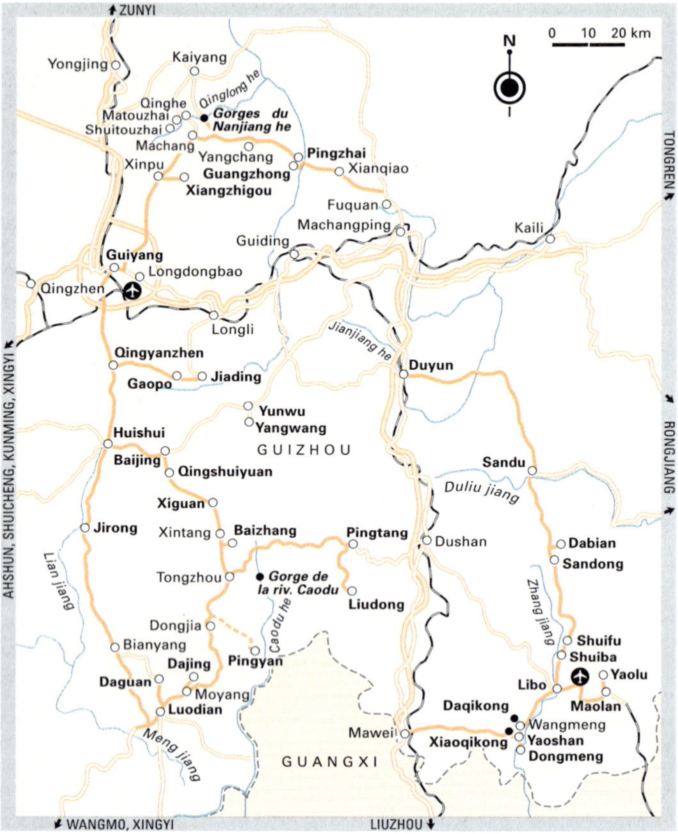

Le Sud et le Centre du Guizhou.

Liaisons aériennes : aéroport à Longdongbao (8 km E.). Navettes pour la billetterie de la *CAAC,* en centre-ville. Liaisons t.l.j. avec Canton, Guilin, Kunming, Pékin et Shanghai ; 3 liaisons/sem. avec Nanning et Hong Kong. **Billetterie :** *CAAC,* 264 Zunyi lu, ☎ 585-2300.

Liaisons ferroviaires : gare très excentrée, à l'extrême S. de la ville (rens. ☎ 581-3762). Trains pour Guilin (17 h), Chongqing (9 h 30), Changsha (16 h), Kunming (train de nuit, 11 h 30), Liuzhou (14 h 30), Canton (22 h *via* le Hunan ; évitez les trains passant par Liuzhou et le Guangxi qui rallongent considérablement le trajet), Chengdu (train de nuit, 18 h 30). Au Guizhou, liaisons avec Anshun (1 h 15), Duyun (3 h 30), Kaili (3 h 30), Mawei (7 h), Shuicheng (3 h 20), Zhenyuan (5 h 30) et Zunyi (3 h).

Liaisons routières : au départ de la gare routière de Yan'an xilu (à l'O. du centre-ville, desservie par les bus n°s 1, 2, 3) : bus pour Huishui (1 h 30), Luodian (3 h 30), Shuicheng (4 h 30), Weining (7 h) et Xingyi (5 h). Au départ de la gare routière de Jiefang lu (près du stade, au N. de la gare ferroviaire) : bus et minibus pour Anshun (1 h 30), Huaxi (17 km), Huangguoshu (2 h 30), Huishui (1 h 30), Qingyanzhen, Kaili (autoroute, 2 h 30) et Zunyi (autoroute, 3 h). Au départ de la gare du carrefour Beijing lu-Zaoshan lu (face au parc Qianling) : bus touristiques pour Huangguoshu, Longgong et Xiangzhigou.

S'orienter : Guiyang s'étend au S. d'un arc de collines sur 7 km jusqu'à la gare ferroviaire. Il n'est pas difficile de s'y orienter, mais les centres d'intérêt sont distants les uns des autres. De la gare ferroviaire, Zunyi lu remonte vers la place du Peuple puis traverse le Nanming he, qui formait autrefois la lisière S. de la cité. Franchie la rivière, une rue sur la dr. conduit au pavillon Jiaxiu, construit sur un méandre. En prenant sur la g., vous trouverez la longue rue de la Chine (Zhonghua lu), qui conduit au centre-ville. Elle forme le carrefour Dashizi avec Zhongshan lu, puis celui de Penshuichi avec Yan'an lu. Les principaux magasins sont dans ce périmètre.

Circuler : en ville, préférez les taxis, aux prix modiques.

S'organiser : vous épuiserez les centres d'intérêt de Guiyang l'espace d'une journée. En revanche, c'est, grâce à ses agences de voyage *(p. 297)*, une excellente base pour organiser déplacements et séjour au Guizhou.

■ **Temple de la Générosité et du Bonheur**★ (Hongfu si ; *1,5 km N.-O. du centre-ville ; bus nos 1 et 2 ; ouv. 6 h-21 h*). Fondé en 1673, mais presque rasé pendant la Révolution culturelle, le temple, reconstruit et desservi par quelques moines, s'étend à l'entrée de l'immense **parc Qianling** (300 ha), planté de sapins et de mélèzes autour d'un lac artificiel. Des singes y vivent en liberté.

■ **Temple de Wang Yangming**★ *(à l'E. de la ville, au pied du mont Fufeng)*. Construit en 1819, dans le style Qing, il donne sur un vaste jardin peuplé de bonsaïs. Ce lieu calme et agréable est l'occasion de faire la connaissance d'un grand philosophe néo-confucianiste de l'époque Ming *(→ encadré)*. Les pavillons du temple ont été convertis en maisons de thé.

■ **Pavillon de l'Éminence littéraire**★ (Jiaxiu lou ; *au S.-E. du centre-ville ; bus n° 9 à l'E. de Beijing lu*). Édifié sous les Ming, en 1597, sur un promontoire rocheux de la rivière Nanming, cet élégant kiosque à triple toiture proclame le talent couronné par le succès aux examens littéraires, pierre d'angle de la diffusion de la culture chinoise dans ses marches. Ce caractère allégorique est renforcé par la présence, face au pavillon, de deux colonnes métalliques célébrant la mise au pas des populations locales par les Chinois. L'une fut fondue en 1732 par le prince Ortai, avec les armes confisquées aux Miao. L'autre fut érigée en 1797 par le gouverneur Lei Bao après la répression des Buyi de la région de Anlong (Guizhou du S.-O.).

Wang Yangming

Représentant de la philosophie « intuitionniste » ou École de l'esprit *(xinxue)*, fortement influencée par le bouddhisme chan, Wang Shouren, alias Wang Yangming (1472-1528), est considéré comme le plus grand penseur des Ming. S'il s'inscrit dans une lignée de lettrés indépendants, d'ermites laïcs aux lectures peu orthodoxes (romans, textes chan et taoïstes), il n'en effectue pas moins la carrière mandarinale, réussissant l'examen impérial le plus élevé en 1499. Mais son souci de justice et d'équité ne lui attire guère d'amitiés à la cour des Ming, minée par la corruption et par le pouvoir des eunuques. En 1506, il s'attaque à l'un d'entre eux, Liu Jin, qui avait fait jeter en prison un policier chargé d'enquêter… sur la corruption. Le policier est relaxé, mais Liu Jin se venge : après avoir reçu la bastonnade, Yangming est affecté au service postal de Longchang, dans la province de Xiuwen (45 km au N. de Guiyang). Durant cet exil au Qian, il fortifie sa volonté et sa croyance dans un idéal universel. Réhabilité à la mort de Liu Jin en 1510, il reprend une carrière officielle qui le mène à Nankin, puis à Pékin. Ses critiques ouvertes à l'encontre de la « boutique de Confucius » et du détournement de la pensée du Maître au « profit du pouvoir et pour le pouvoir du profit » lui attirent, jusqu'à sa mort, autant d'ennemis que de farouches partisans.

Les colonnes de victoire, fondues avec les armes des barbares vaincus, reposent sur une longue tradition chinoise. Le général Ma Yuan, « Dompteur des flots » *(→ encadré p. 369)*, en fit dresser de semblables lors de la campagne qui le mena du Guangxi au N. du Vietnam sous les Han.

Manger sur le pouce

La coutume à Guiyang est de « dîner en rentrant chez soi ». Le soir, on prend plaisir à flâner le long des petits marchés de nuit où se vendent des spécialités culinaires appétissantes. De nombreuses gargotes de rue – principalement sur Shanxi lu (près de Penshuichi, en face du *Trade Point Hotel*), Dashizi, et en face du *Park Hotel* – proposent *changwangmian* et *caowangmian* (soupe de nouilles pimentée aux lamelles de porc ou aux tripes), *doufuguo* ou *leijia doufu yuanzi* (pavé de soja ou boulettes de fromage de soja panées et frites), brochettes de bœuf aux graines de sésame, *gansao jiyu* (friture de perche à l'huile pimentée), *tangyuan* ou *yuanxiao* (boulettes de riz glutineux fourrées d'une pâte sucrée au sésame), *baba xifan* (soupe sucrée au riz glutineux rouge, raisins, fruits confits, châtaignes d'eau...), *heye ziba* (gâteau de riz gluant), *yumi chao songzi* (maïs sauté aux pignons), etc.

L'église catholique de Guiyang. Des deux églises que possédait la capitale du Guizhou, c'est la seule rescapée des Missions de Paris.

La population de Guiyang est han à 86 %, mais vous croiserez assurément des femmes miao, vêtues de leur jupe plissée, reconverties dans des activités citadines, telle la vente ambulante de charbon.

▶ En quittant le pavillon, tournez à g. et longez la rivière jusqu'au carrefour de Binhe lu et Zhonghua nanlu. Remontez cette artère à dr. sur une centaine de mètres pour trouver le départ de la ruelle de la Lumière du Soleil (Yangming lu) : un **marché de poissons**, oiseaux, bonsaïs, brocante et curiosités s'y tient chaque jour. ◀

De Guiyang à Luodian★★

Une échappée au S., vers une contrée des Buyi. Passé Huaxi, aux portes de Guiyang, on entre dans une jolie campagne, où des champs de la taille de petits jardins maraîchers tapissent de minuscules dolines, au pied des collines karstiques.

Itinéraire de 163 km.

S'organiser : Qingyanzhen, Huishui et Luodian sont desservis par des bus de ligne au départ de Guiyang. Possibilité d'étape à Huishui.

■ *30 km :* **QINGYANZHEN**★★ *(prononcer « tsingaille-djen »)* est un bourg fortifié d'époque Ming, établi en 1378 ; c'est tout un pan de ces villes chinoises greffées au Guizhou qui resurgit ici, avec ses familles patriciennes, son marché et ses temples, à l'abri du mur d'enceinte. L'ensemble a fait l'objet d'une campagne de restauration en 1990.

Suivez la grand-rue au-delà de l'arrêt des autobus sur une centaine de mètres : vous découvrirez sur votre dr. la vieille ville, toujours ceinturée de son rempart. La rue pavée qui mène à la porte de la ville est traversée d'un paifang, arche commémorative élevée à la fin du XIXe *s. en l'honneur d'une dame Zhou qu'un veuvage précoce n'empêcha pas de rester chaste.*

La **porte de la ville** (construite en 1660), surmontée d'un pavillon de guet, débouche sur une rue pavée, encadrée de maisons aux façades en bois, qui serpente à l'intérieur des remparts. Vous passerez d'abord sous un *paifang*, érigé à la mémoire d'un centenaire, aïeul de Zhao Yitong *(→ encadré p. suiv.)*, gloire du village. Ses colonnes en pierre reposent sur des lions, campés dans des attitudes acrobatiques. La rue longe ensuite la façade d'une **église** *(à dr.)*, avant de monter vers un petit **temple** dédié à Guanyin *(à g.)*. Au-delà d'une placette circulaire, elle monte encore, cantonnée de boutiques vendant encens, bougies et monnaies d'offrande.

Empruntez la 1re *ruelle sur la g. après la place : à 30 m se trouve la porte d'entrée de la résidence de Zhao Yitong.*

De dimensions modestes et dépouillée de son mobilier, la **résidence de Zhao Yitong** est, par sa succession de courettes et de pavillons, exemplaire de la demeure d'un notable provincial. Ses salles exposent les archives locales et une suite de peintures retraçant l'ascension du lettré Zhao Yitong *(→ encadré p. suiv.)*.

▶ *19 km E.*, la route longe l'impressionnant **canyon de la Porte en pierre** (Shimen) pour déboucher sur le plateau de **Gaopo**★★, un univers minéral où des Miao, dépouillés de leurs terres, se retirèrent au XVe s. La faim les poussa à attaquer Duyun pour s'y emparer des réserves de céréales. La répression conduite par les impériaux fut atroce : 4 000 hommes furent tués, leurs femmes capturées et leurs enfants castrés. Il se dégage quelque chose de sauvage et d'étrange de ces formes calcaires tabulaires, dominées çà et là par des reliefs ruiniformes qui évoquent autant de forts abandonnés.

Après la traversée de Gaopo, la route redescend vers la campagne riante, dominée par des mamelons

La tyrannie d'un gouverneur

C'est au début de la dynastie des Ming, en 1352, que les Han fortifièrent la place de Guiyang en la dotant d'un rempart en brique et en pierre. Pour élever la muraille de Guiyang, le gouverneur de la province Ma Yu exigea de la population locale, alors majoritairement composée de Yi, qu'elle fît une chaîne continue pour transporter les briques depuis les fours jusqu'au chantier. Il finit pourtant par signer son propre arrêt de mort en s'en prenant à She Xiang, dame yi qui avait succédé à son époux en tant que chef coutumier *(tuguan)* de la région. Sous un fallacieux prétexte, il la condamna à être fouettée nue en public, espérant secrètement une révolte de son peuple que les armées chinoises noieraient dans le sang pour en finir avec les Yi. Mais ceux-ci portèrent l'affront devant la cour de Nankin : l'honneur de She Xiang fut lavé et Ma Yu condamné à mort.

Boutique de textiles et costumes tribaux au 17, Bei jie.

L'évolution du taux de réussite des lettrés du Guizhou aux trois niveaux d'examens littéraires est significative de l'accélération de la sinisation de cette région de marche à la fin des Ming. Sous les Yuan, la province ne compta guère que 9 *juren*, licenciés du 2e degré, c'est-à-dire des épreuves de niveau provincial. Sous les Ming, ils furent 1 720, tandis que 120 candidats passaient avec succès les examens de niveau national *(jinshi)*. Sous les Qing enfin, les *juren* furent 3 100, les *jinshi* 616.

Sur les karsts, → *aussi p. 356-357.*

karstiques, de **Jiading*** *(12 km plus loin ; des minibus permettent de rejoindre Huishui, → ci-dessous).* C'est le bourg-marché des **hameaux miao** de Gaopo, dont les femmes portent un costume singulier, imité, dit-on, de l'allure du coq. Leurs cheveux sont enfermés dans un turban noir drapé en longueur à la manière d'une crête. D'autre part, elles portent sur leur pantalon une bande d'indigo très raide, ajustée sur les reins à la manière d'une queue d'oiseau. En poursuivant la route sur 2 km, en direction de Longli, vous trouverez *(sur la g., identifiable par une stèle)* une falaise percée d'une grotte qui fait office de **catacombe***. Les cercueils en bois y sont entreposés, avec leurs brancards, depuis des générations. ◄

■ *57 km :* **HUISHUI**, chef-lieu d'un canton établi dans un poljé fertile, permet de faire étape.

■ Passé Huishui, vous remarquerez, en traversant les villages, un type de construction particulier à cette région : les murs y sont faits de galets de rivière, disposés en rangs alternés, formant des motifs en arête de poisson. À partir de **Jiarong** *(23 km plus loin)*, la route entre dans un décor karstique majestueux, tandis qu'apparaissent les premiers hameaux buyi : maisons de pisé ou de bois, posées sur de puissants soubassements de pierres sèches et adossées au pied des montagnes.

■ *163 km :* **LUODIAN**. Limitrophe du Guangxi, c'est un **canton buyi** que seule désenclave la route de Guiyang. La région jouit d'un climat doux toute l'année et approvisionne en fruits et légumes le reste de la province. Les confins du Guizhou et du Guangxi présentent la plus fantastique collection de fantasmagories karstiques. Une équipe française de spéléologues explora, en 1996, une grotte à 1 800 m de profondeur, près du hameau de Luoshang.

► *À 4 km N. de Luodian,* **Daguan*** *(route à g.)* est devenu un village modèle : la dure vie des paysans les a obligés à réfléchir à des solutions pour améliorer leurs conditions de vie. À l'aide d'explosifs, ils ont raboté les flancs de la montagne pour élargir les champs. La terre des vallées, ainsi récupérée, leur a permis de construire des terrasses. Le gouvernement a fait l'éloge de cette initiative et encourage les autres paysans à faire de même. La route offre un très beau panorama sur les reliefs karstiques, avec des vallées taillées en amphithéâtres. ◄

De Daguan, on peut poursuivre jusqu'à Bianyang, d'où il est possible de rejoindre Huishui et Guiyang.

Un major ne fait pas un marchand

Zhao Yitong (1857-1906) est la gloire de Qingyanzhen, mais aussi de la province : c'est le tout premier lettré du Guizhou à avoir passé avec succès les trois niveaux des examens littéraires pour être reçu *zhuangyuan*, major de l'académie impériale. Cependant, les temps étaient troublés et l'Empire agonisant. En 1900, au moment de la révolte des Boxeurs – insurrection paysanne, millénariste, antichrétienne et xénophobe qui fut réprimée par les grandes puissances dont les intérêts étaient directement menacés (1898-1901) –, Zhao revient au pays à la mort de sa mère, dont il porta le deuil, en digne confucéen, pendant trois ans. Lorsqu'il retourne à Pékin, il trouve un pouvoir politique en pleine décomposition qui n'applique des réformes modernisatrices que pour mieux s'emparer de ce qui subsistait de rentable dans l'Empire. Zhao Yitong démissionne et retourne, définitivement, au Guizhou pour y enseigner comme simple précepteur.

La mésaventure qui lui arrive en chemin est une véritable fable, illustrant cet esprit de lettré fonctionnaire, aussi rompu aux subtilités littéraires qu'il est ignorant des malices de l'existence. Lors d'une étape dans une maison de thé de Chengdu, il fait la connaissance d'un marchand de sel *(→ encadré p. 338)*. Sur la bonne mine de l'homme, Zhao Yitong lui laisse tout son argent contre la promesse d'une livraison régulière de sel… qui bien sûr jamais ne vint.

L'art de la réserve, suite *(→ encadré p. 220)*

Les Buyi sont passés maîtres dans l'art du batik. La réserve est appliquée à l'aide d'un stylet dont la pointe en cuivre permet de varier l'épaisseur du trait. Les étoffes buyi se distinguent des batiks miao ou gejia *(→ encadré p. 330)* par la seule gamme des bleus de l'indigo et du blanc de la réserve, et le parti esthétique tiré du « craquelé » de la cire. Les motifs s'organisent en une composition centrée et rayonnante à partir d'une fleur stylisée, alternant avec des frises de volutes et de spirales et des rangs de fleurs. Outre son usage dans la confection des tenues de fête, l'étoffe de batik faisait autrefois office de linceul.

Les Buyi de Luodian confectionnent aussi des couvre-lits, selon la technique des pseudo-batiks de Dali : les motifs linéaires sont réservés par des plis maintenus par des piqûres et décousus après teinture. ▶

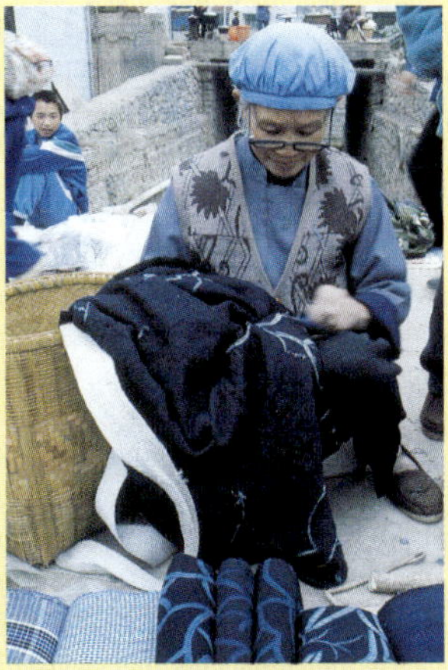

De Luodian à Duyun★★

Cette alternative d'itinéraire dans le Guizhou du S. traverse des régions particulièrement attachantes, où les fantaisies du relief calcaire ménagent de belles surprises.

Itinéraire de 414 km sur 2 jours.

S'organiser : pas d'alternative au taxi pour cet itinéraire, guère desservi par les bus de ligne. Attention : de déc. à fév., le verglas peut isoler totalement le causse de Xiguan. Étape possible à Pingtang (à 3 h 30 de Luodian, *hébergement convenable)* ou à Yunwu (à 4 h 30 de Luodian, *auberges modestes).*

Quitter Luodian par la route de Tongzhou. À Moyang (minibus au départ de Luodian), prendre à g. sur 8 km.

■ *23 km :* **Dajing**★★ est un hameau au cadre enchanteur : bambous-phénix et petite forêt de pierres. Le **fleuve Moyang** peut être descendu à bord de radeaux faits de tiges de bambou assemblées : une courte croisière qui permet d'admirer rizières en activité et pains de sucre karstiques.

■ Revenir à **Moyang** *(foire les j. comprenant 3 et 8).* Après ce bourg, la route se fraie un chemin en balcon, au flanc d'un imposant relief karstique, barrant l'horizon. Elle ne quitte cette forteresse calcaire qu'à **Dongjia** *(26 km plus loin).*

■ *82 km :* **Pingyan**★ *(à 14 km de Dongjia, prendre à dr. une piste de 29 km).* Cette agglomération est peuplée de **Miao**, chez lesquels les femmes coiffent leurs cheveux en un volumineux chignon au sommet de la

S'il reste distinctif, le costume des Buyi des environs de Luodian est sobre et fonctionnel, même les jours de foire. En revanche, pantalons, vestes et turbans sont taillés dans des étoffes traditionnelles. À l'instar de leurs cousins linguistiques, les Dong, les Buyi filent le coton, le teignent et le tissent à domicile, ou au sein de petites entreprises familiales.

Un coup d'œil sur la campagne alentour vous confirmera la douceur du climat subtropical de Luodian : bananiers, banians et plantations de thé sur les collines.

Au pas des chevaux

▲ Femme yi aux environs de Yuanyang.

Jusqu'au début du xxe s., rares étaient les routes carrossables dans le S.-O. chinois. Seules ses régions orientales disposaient de biefs navigables, reliés au bassin du moyen Yangzi ou à celui du Xijiang. Pourtant, des réseaux commerciaux se constituèrent dès l'Antiquité. Le cheval fut leur vaisseau. Le plateau du Yungui et les hautes terres du Yunnan du N. lui servirent de pâturages. Les peuples tibéto-birmans, les Yi en particulier, furent ses éleveurs. Pour l'Empire chinois, ce cheptel méridional fut une manne, lorsque les Empires nomades le coupèrent des haras de tarpans du corridor du Gansu et de la boucle des Ordos. Sous les Song du Sud (1127-1279), la livraison des chevaux fut même entièrement effectuée par le royaume de Dali, contribuant à sa prospérité et à sa position de puissant vassal. C'est à cette époque que leur élevage fut étendu du Yunnan au Guizhou voisin, où l'on croise toujours cette race de petits chevaux robustes dans la région de Duyun.

Caravanes de chevaux

Le cheval fut le moyen de transport privilégié sur les routes commerciales du S. Pour ménager sa monture, on évitait de trop la charger, préférant organiser des convois de plusieurs dizaines de bêtes. Ainsi, sur la voie des Dix Mille Marches, dans le Yunnan du S., on comptait en moyenne un trafic de 87 000 chevaux et mules par an, au tournant du xxe s. Les charges, d'une soixantaine de kilos, étaient réparties de chaque côté d'un petit bâti, simplement posé sur la selle en bois. La selle même n'était retenue que par une bricole de poitrail et une avaloire à l'arrière. L'équilibre assuré par le bissac rendait une sangle ventrale inutile. Ce système permettait de desseller et décharger rapidement les bêtes en cours de route.

Symbole de fête

Pour les peuples éleveurs de chevaux (les Yi, mais aussi les Shui du S. du Guizhou), pas de fête traditionnelle qui ne soit accompagnée de fantasia. Les spectateurs font cercle autour de l'aire de course improvisée où les cavaliers lancent leur monture au triple galop. Plus prosaïquement, la noble conquête des Yi est devenue attraction dans les régions qui se sont ouvertes au tourisme : le temps d'une pause photo en tenue d'apparat ou d'un petit tour à dos de cheval.

◄ Femme yi noir des environs de Lijiang en costume de fête et cheval.

tête et portent un foulard vert en guise de ceinture, des jambières et un costume très coloré.

Retour sur la route principale, vers Tongzhou (24 km).

■ *151 km :* **GORGE DE LA RIVIÈRE CAODU**** *(à 8 km de Tongzhou, descendre à dr., sur 8 km, jusqu'au pont qui permet de traverser la gorge).* Une route en zigzag descend d'abord au fond de la gorge, à flanc de colline, jusqu'à la rivière Caodu, puis remonte de l'autre côté. La vue de cette profonde gorge, avec en arrière-plan d'abruptes montagnes en dents de loup, est impressionnante.

■ *195 km :* **PINGTANG**. Cette capitale de canton fut érigée dans un endroit appelé « cuvette d'or traversée par la rivière de jade » : un mini-bassin entouré de pitons karstiques et peuplé de Maonan.

▶ *18 km S. :* **Liudong***. Ce **village maonan** (sous-groupe taï-kadai) est traversé par la rivière Pingzhou. Les agglomérations maonan sont en de nombreux points similaires à celles de leurs voisins Buyi, attestant du métissage de ces deux groupes : mêmes maisons en bois, mêmes textiles. ◀

Revenir à Tongzhou (36 km).

■ *251 km :* **BAIZHANG**** *(à 19 km de Tongzhou, piste à dr. sur 1 km abritée par des arbres)* est un très beau **village de Miao « coquillages »** entouré de forêts de bambous et d'arbres. Les femmes ont une coiffe assez simple : leur chignon est cerné de petites tresses, confectionnées avec les cheveux de leurs aïeules, transmis de mère en fille. La coiffure de fête des jeunes filles est agrémentée de deux plumes de faisan et des cauris ornent le dos de leur vêtement.

■ Regagner la route principale, qui entame l'ascension d'un causse situé à plus de 1 500 m dont **Xiguan** est le point culminant. Dans toute cette zone, l'eau disparaît dans les profondeurs calcaires, véritable problème pour les villages environnants. Franchi Xiguan, le plateau ménage d'extraordinaires **panoramas**** : moutonnements de forêts de collines karstiques à perte de vue. Enfin, la route descend vers une vallée fluviale qui débouche sur le bassin de Qingshuiyuan.

■ *291 km :* **QINGSHUIYUAN****. Trois hameaux s'adossent aux falaises qui cantonnent ce minuscule bassin drainé par une rivière. Qingshuiyuan est un **village buyi** *(à g. de la route)* qui doit son nom (jardin des eaux claires) à la présence d'un plan d'eau limpide, captée grâce à une source qui jaillit d'une grotte. Le village lui-même est d'une propreté méticuleuse. Des portiques en bois, fermés de portes à deux vantaux, le cloisonnent en

Femme en costume de fête chez les Miao « à coquillages de mer ».

Qingshuiyuan. Les villages buyi trahissent une société très organisée. Leurs vastes demeures tirent le meilleur parti des matériaux locaux. Dans le bassin de la rivière Baishui, les Buyi ont fait leur deuil du bois, rare dans cette région, pour exploiter la pierre au maximum. Taillée en dalles (style architectural shibanfang), elle sert à construire les maisons, mais aussi à couvrir leurs toits, à élever portails et pavillons, à bâtir les séchoirs à tabac.

autant de « quartiers » qu'il y a de fils dans une famille. Les maisons sont des superstructures en bois, élevées sur des soubassements en pierres sèches.

De Qingshuiyuan, poursuivre au N., en bifurquant à dr. à ***Baijing.*** *Il est également possible d'arrêter là l'itinéraire en rejoignant Huishui (31 km O.) et, de là, Guiyang.*

■ *331 km :* **Yunwu*** *(à 37 km de Baijing).* Ce bourg doit son nom aux monts des Nuages et des Brumes (Yunwu) qui s'élèvent au centre du Guizhou. On y fabrique le **thé à duvets blancs**, un des meilleurs thés verts de Chine.

► *À 7 km de Yunwu,* une piste monte vers le village miao de **Yangwang***, situé sur un plateau. Elle traverse des collines couvertes de théiers. Entre fin mars et début mai, l'activité de fabrication du thé y bat son plein. ◄

De Yunwu, vous pouvez rejoindre Huishui (61 km) et regagner Guiyang, ou encore poursuivre vers Duyun et enchaîner avec l'itinéraire suivant.

■ *414 km :* **Duyun** *(→).*

De Duyun à Yaoshan**

De Duyun à Libo, on traverse le pays des Shui et des Buyi à la rencontre des Yao, établis plus au S., dans la forêt de collines des confins du Guangxi et du Guizhou. C'est aussi une des rares régions du Guizhou où il est possible de voir des traces des rites de ces peuples, partout balayés par la Révolution culturelle. Aux marches méridionales du Guizhou s'étendent les Shiwan dashan, les Cent Mille Montagnes, une des plus grandes forêts de pitons karstiques de Chine méridionale. Une partie de ce labyrinthe de collines est occupée par la réserve de Maolan, conservatoire d'espèces tropicales, comprenant des arbres de haute futaie tels le ginkgo, le tulipier et le catalpa. Deux merveilleux parcs y ont été aménagés pour l'enchantement des promeneurs.

Itinéraire de 243 km sur 2 jours.

S'organiser : il est indispensable de disposer d'un véhicule. Possibilité d'enchaîner avec un itinéraire dans la contrée des Dong ou de poursuivre à travers le S. du Guizhou. Étape possible à Sandu *(hébergement correct)*, Libo *(hébergement confortable)*, Xiaoqikong (plusieurs hôtels, *hébergement confortable*).

■ **Duyun**. Le siège de la préfecture du Guizhou du S. s'étire sur la rive E. de la rivière des Épées (Jianjiang he), estampillée en son centre de la pagode du Pic littéraire (Wenfeng ta), que dessert le vieux pont Baizi. La présence de la rivière fait tout l'agrément de cette petite ville prospère. Les collines environnantes sont plantées de l'un des grands crus de thé vert, le *maojian cha*.

■ *84 km :* **Sandu** *(accès en bus de Duyun et Libo ; également depuis Rongjiang, dans le S.-E.)*. Établi sur le cours supérieur du Duliu jiang, le village marque l'entrée dans une zone à forte population shui (63 %). Le paysage s'y incurve en douces dépressions, ponctuées de roches aux formes fantastiques.

■ *120 km :* **Dabian**** *(accès sur la g., au bout d'une piste de 500 m)*. Situé sur un plateau environné de rizières, ce **village shui** de 1 000 hab. a gardé ses maisons traditionnelles en bois à plusieurs portes. En cas d'incendie, on puise dans les étangs creusés près des maisons. Éleveurs de chevaux, les Shui s'en servent pour le travail aux champs. Les femmes utilisent le crin pour confectionner les broderies de leurs porte-bébés. Centre important de la communauté shui, Dabian accueille les fêtes de son calendrier.

■ *121 km :* **Sandong**. 2 km après la sortie de ce bourg, vous remarquerez un groupe de rochers aux formes étranges *(à g. de la route)*. Ce lieu est un **sanctuaire*** des Shui qui, comme les Dong, rendent culte au dieu du Sol. À la différence de leurs voisins, ils n'en ont pas d'image et préfèrent l'honorer en des lieux naturels, dont la conjonction géomantique sied à la divinité. Un sentier bordé d'ex-voto, faits de boîtes en bois fixées sur des pieux, conduit à un menhir, flanqué d'un rocher plus petit : le grand est considéré comme le dieu du Sol (Digong), l'autre comme son épouse, Dimu.

■ *151 km :* **Shuifu**. En contrebas de ce village shui, des **sépultures*** aristocratiques sont dispersées parmi les rizières *(à dr., à 100 m de la route, près de l'école du village)*. Chaque tumulus est précédé d'une stèle (certaines sont finement gravées de motifs de fleurs et d'oiseaux), protégée d'un auvent en pierre à l'imitation des toitures à tuiles formant canal. L'ensemble est surmonté d'un mystérieux symbole à trois pointes, parfois accompagné d'autres sculptures

DUYUN

Agence de voyage : ***Qiannan Travel Service (Qiannan Zhongguo luxingshe)***, **58, Gongren lu, ☎ 0-854/822-6236 ; fax : 0-854/822-5060.**

Gare ferroviaire : sur Jianjiang zhonglu, en face de l'hôtel *Longtan* ; ligne Guiyang-Liuzhou.

Gare routière : sur Jianjiang beilu, au N. de la ville. Autocars pour Guiyang (176 km ; trajet 2 h 30) et Kaili (73 km).

Hébergement toutes catégories : l'hôtel principal, *Longtan bingguan*, donne sur la rivière, en face de la pagode Wenfeng.

Les Shui

La quasi-totalité de l'ethnie shui (400 000) vit au Guizhou, dans un triangle dont la pointe est Duyun, la base allant de Libo à Rongjiang. Linguistiquement apparentés aux Dong (branche kam-shui du groupe taï-kadaï), ils sont sans doute aussi issus de l'antique tribu des Bai Yue (Jiangxi, Fujian). Leur histoire est d'autant plus difficile à cerner qu'il n'y a nulle mention de ce peuple dans les chroniques et traités de géographie avant la dynastie des Qing. C'est alors, au XVIIIe s., qu'ils migrèrent depuis le Guangxi voisin pour venir s'établir dans la région qu'ils occupent aujourd'hui. Les rituels shui, autrefois très élaborés, obéissent à des prescriptions et tabous stricts, consignés dans une écriture propre à ce peuple. C'est un système de 400 signes, largement pictographique, répartis en deux familles, les caractères néfastes et les caractères auspicieux. Manipulés par les chamans exclusivement, ils servent encore à déterminer le jour propice à un mariage, à un enterrement ou à la construction d'une maison. Dans le passé, on les a utilisés pour rédiger de véritables traités d'astrologie et de lois et coutumes.

empruntées aux objets de bon augure des Chinois. Les dates relevées sur les stèles situent ce cimetière à la fin du XIXe ou au début du XXe s.

■ *156 km :* **Shuiba** *(à dr. de la route)* est un village dominé par une colline, autre siège du dieu Digong. Le chemin qui grimpe au sommet est là encore jalonné de pieux votifs. Dans cette zone où le climat est doux et pluvieux toute l'année, les maisons sont bâties sur pilotis. L'espace entre les poteaux sert à enfermer cochons et volailles pour la nuit. Le niveau d'habitation est fait d'une vaste pièce « multi-fonction » où seule est isolée, par une cloison de planches, une chambre à l'usage des parents.

LIBO

ℹ Agence de voyage : *Guizhou Libo Zhangjiang Travel Service* (9, Zhangjiang zhonglu ; ☎ 0-854/361-8555) peut organiser des excursions dans les environs (Yaolu, Daqikong, Xiaoqikong).

Transports : si vous ne disposez pas d'un véhicule, vous trouverez facilement des taxis pour vous conduire aux différents sites.
Au départ de la gare routière (près du pont du Zhangjiang) : bus pour Xiaoqikong (40 mn) et liaisons interurbaines avec Duyun (3 h), Guiyang (5 h) et Sandu (2 h 30).
Liaisons aériennes : aéroport à 13 km E., vols de/pour Guiyang et Shanghai.

Hébergement confortable.

■ *170 km :* **Libo** *(accès en bus depuis Duyun : 4 départs/j.)* est une toute petite ville, installée sur les berges du Zhangjiang.

▶ *À 34 km E. (2 h de trajet sur une route non asphaltée),* **Yaolu*** est un **village de Yao « pantalon bleu »** (Qingku Yao, du groupe mien), ce que vous ne constaterez qu'en demandant à voir des costumes de fête : ici, comme au Guangxi, les Yao ne revêtent leur tenue traditionnelle que pour les grandes occasions. Les maisons sont bâties en bois, sur un haut terrassement en pierre. Une volée de marches en pierre, parfois gravées de motifs, montent vers un perron qui sert d'espace de séchage. C'est également là que l'on suspend les cages des oiseaux chanteurs dont les Yao sont amateurs. Le côté dr. du perron forme la cloison commune avec la chambre des jeunes filles à marier. Au bas, vous remarquerez l'orifice par lequel les galants viennent éveiller leur belle. Les céréales sont stockées dans des greniers séparés, juchés sur des pilotis posés sur des plots en pierre.

En continuant la route 2 km après le village, vous atteindrez une gorge karstique, trouée de passages et de cavernes. Les Yao de Yaolu ont aménagé des **catacombes**** dans une vaste salle souterraine. On y pénètre par une sorte de corridor, gardé à l'entrée par un rocher dont la forme évoque un lion couché. Le passage monte dans l'intérieur de la falaise pour déboucher sur une immense caverne, naturellement ventilée par la baie rocheuse qui s'ouvre à l'opposé. Des centaines de cercueils sont entreposés là depuis des générations. Les plus récents conservent quelques éléments de décor symbolique, tels le petit poisson en bois fiché sur le cercueil ou les planches taillées en forme de cornes stylisées et peintes de motifs abstraits ou très naturalistes. Parfois un chapeau est resté sur le sarcophage, car le défunt est accompagné de ses objets favoris (blague à tabac, instrument de musique…). ◀

Faites-vous conduire aux catacombes de Yaolu par quelqu'un du village, car ce lieu, occupé par les mânes de leurs ancêtres, doit être entouré de respect. Avant d'y pénétrer, votre guide effectuera quelques rites et offrandes afin d'apaiser les esprits des morts.

Quittez Libo en direction de Wangmeng.

■ La route remonte le Zhangjiang sur fond de lointains découpés en une multitude de pics. Vous traversez une zone de **villages buyi** dont les maisons sont ici d'impressionnantes bâtisses en brique, élevées sur un haut soubassement en terre damée et percées de rangs de meurtrières qui leur donnent des allures de fortins.

■ *200 km :* **PARC DE DAQIKONG**** *(trois maisons en bois peintes en rouge marquent l'entrée du parc, sur le côté dr. de la route ; comptez 2 h de marche facile aller-retour).* Ce parc, créé en 1991, est aménagé dans le **canyon d'un affluent du Zhangjiang**. Un sentier a été construit en balcon sur la paroi rocheuse où s'accrochent de minuscules jardins suspendus. Il débouche, à 800 m, sous un impressionnant « pont naturel » *(tiansheng qiao)*. L'érosion a taillé dans le calcaire cette arche suspendue à 80 m au-dessus de la rivière. Des barques permettent de remonter jusqu'à sa source *(à 100 m)*, qui jaillit en un fracas de cascade dans l'obscurité d'une grotte.

Passé le bourg de Wangmeng, une piste conduit à 3 km à l'une des deux entrées du parc de Xiaoqikong.

■ *235 km :* **PARC DE XIAOQIKONG***** *(traversé par une piste carrossable sur 10 km E.-O. le long du Xiangshui he ; accès par Wangmeng et Mawei, aux deux extrémités du parc).* C'est l'une des plus extraordinaires féeries naturelles qu'il soit donné de voir en Chine. L'âme de Xiaoqikong, c'est l'eau du **Xiangshui he**, qui se fraie un chemin dans le lacis des lianes et des racines d'une forêt primitive, dans le labyrinthe des roches karstiques, se déversant en chutes ou s'écoulant en minuscules cascades.

Xiaoqikong est un parc entièrement conçu autour des jeux de l'eau. L'enchantement se dissipe donc à mesure qu'on entre dans la saison sèche, de nov. à mars.

Cascade du Xiangshui he***. La rivière s'est dessiné un parcours des plus fantaisistes sur 2 km. Elle descend en 60 chutes les degrés de bancs calcaires que ses eaux cisèlent, sertissant des pierres moussues, creusant de petits bassins où elles paressent, polissant des rochers ronds comme des perles.

Parc de Xiaoqikong.
Ici, pas de kiosques aux tuiles vernissées, ni de stèles : le parc, ouvert en 1988, est judicieusement dessiné pour se fondre dans les fantaisies de l'environnement.

Variations indigo

L'indigo est la couleur emblématique du vêtement des peuples de Chine méridionale. Du bleu clair au bleu profond, cette teinture végétale se décline en turbans, vestes et sarraus, jupes et bandes molletières.

▲ L'étoffe indigo est achetée au métrage sur les marchés, parfois encore teinte à domicile. La couleur est obtenue en faisant fermenter les feuilles d'indigotier jusqu'à obtention d'une pâte. Plusieurs bains permettent de varier l'intensité.

Le batik

Son principe repose sur l'application d'une réserve (cire animale ou végétale, tirée de l'arbre à cire blanche, *bailashu*, ou de l'huile d'érable) qui composera un décor en négatif après teinture. Elle est appliquée sur l'étoffe à main levée, au stylet ou au pinceau, ou à l'aide de blocs d'impression taillés et gravés dans le bois.

Les marches S.-O. de l'Empire pourraient bien avoir été les pionnières de cette « peinture à la cire » : un texte du XIe s. en décrit la technique avec précision. Buyi, Gejia et Miao de l'O. sont passés maîtres dans l'art du batik (→ *p. 303*). La réserve est appliquée à l'aide d'un stylet dont la pointe en cuivre permet de varier l'épaisseur du trait. Quand la cire est sèche, le tissu est plongé dans un bain d'indigo. Des motifs de cire peuvent être appliqués entre les différents bains pour obtenir une gradation des bleus. Une fois le batik terminé, l'étoffe est mise à bouillir : la cire fondue remonte à la surface et pourra être réemployée.

◄ Séchage de l'indigo. En pays dong, on fait varier la toile indigo en appliquant du blanc d'œuf, qui confère un brillant, en ajoutant du sang de bœuf ou de porc qui lui donne une nuance brun-rouge. Les vêtements d'hiver, ouatés, sont taillés dans une étoffe martelée, qui revêt le lustre de l'usure. Sa finalité est d'ordre pratique : les fibres écrasées donnent une grande solidité au tissu, le lustre le rend intachable.

▶ La composition des batiks dépend de la finalité de l'étoffe. Sur un porte-bébé, ou un tablier, elle s'organise en plans concentriques à partir d'un ornement central. Sur les jupes plissées des Gejia, la réserve forme des bandes horizontales de motifs géométriques, scandés de points de croix de couleurs vives, créant dans le jeu des plis innombrables un effet quasi cinétique.

Les Bai utilisent une technique différente : ils ne recourent pas à la cire, mais aux points de couture très serrés pour réserver les motifs (→ *encadré p. 220*).

Légende du batik

Pour les Buyi, le berceau du batik est le village de Pierre, au pied du mont de la Palanche, près des chutes de Huangguoshu. Là, il y a longtemps, une belle jeune fille teignait ses étoffes de rouge, vert et bleu avec les feuilles des arbres cueillies dans la montagne. Un jour, une abeille vint se poser sur son travail et y déposa une goutte de cire : la jeune fille n'y prêta pas attention mais lorsqu'elle teignit le tissu, elle remarqua un point blanc. C'est ainsi que fut découverte la propriété de la cire, et la jeune fille fut nommée « Sœur du Batik ».

Depuis longtemps, le batik est une véritable monnaie d'échange pour ce peuple.

▶ Dames shui au marché de Sandong (Guizhou). Bleu de Chine – bleu de chauffe ; bleu du Sud – bleu indigo. Les campagnes de ces marches renvoient parfois l'image d'une Chine désuète, conservatrice des années Mao dans le costume des femmes et des hommes. Ce n'est pas une conservation nostalgique, c'est un retour au bleu d'antan que Buyi et Shui du S. du Guizhou portent avec sobriété au quotidien.

Colline du Dos de la tortue★★. Ce mont doit son nom à une variété de bambous qui y pousse en luxuriants bosquets et dont les feuilles évoquent des carapaces de tortue. Dans ce chaos rocheux, le végétal est parvenu à imposer son règne. Partout des racines, jaillies des interstices terreux entre les pierres, rampent en lignes torturées sur les surfaces rocheuses, pour pousser leurs frondaisons vers la lumière.
En contrebas de la colline, les **Neuf Perles du Dragon** sont neuf petits bassins que l'érosion a forés dans une dalle en calcaire ; parfaitement circulaires et similaires, on les croirait faits de main d'homme.

Forêt sur l'eau★. C'est la version aquatique des noces du minéral et du végétal. Un gué de 300 m serpente entre les racines aériennes, à l'ombre des bambous.

Lacs des Canards mandarins★ *(location de barques pour canoter à la rame)*. Ce sont deux lacs jumeaux, aux eaux vertes, que relient d'étroits passages rocheux.

Barrage du Dragon couché★. Une retenue a été construite à la source du Xiangshui he, formant un lac aux eaux marines où se reflètent quelques pitons karstiques solitaires. Le site marque la sortie O. du parc.

Retourner à Wangmeng et emprunter, sur la g., la route qui longe le Xiangshui he.

■ *243 km :* **Yaoshan★** est un **hameau des Yao « pantalon blanc »** (Baiku Yao), dispersés en petites communautés jusqu'à Nandan, au Guangxi. Les Yao de Yaoshan, hommes et femmes, portent toujours un costume identitaire. Pour les hommes, c'est un pantalon bouffant, resserré au genou. Un double turban noir et blanc, serré en bandeau sur le front, leur confère des allures de vieux maîtres taoïstes. Les femmes portent une jupe, claire, faite de bandes horizontales assemblées et s'arrêtant au-dessous du genou. Leur buste est protégé par deux grandes pièces carrées, assemblées aux épaules seulement. L'ornementation de batik et d'appliqués formant la pièce du dos évoque l'empreinte d'un sceau. Elles nouent leurs cheveux en chignon serré, pris dans un carré de toile noir, maintenu par plusieurs tours de turban blanc.
À 800 m du village, le **cimetière de Yaoshan★** obéit à des prescriptions radicalement différentes de celles de Yaolu *(p. 308)*. Ici, les tombes sont des tumuli à

Jeunes Baiku Yao (Yao « pantalon blanc ») à Yaoshan.

la mode chinoise, devant lesquels sont fichés des pieux sculptés, ornés d'une paire de cornes de buffle. C'est le trophée du sacrifice opéré lors des funérailles. Autant de fils du défunt fondateurs de foyer, autant de pieux devant la sépulture. Par-delà les obsèques, les Yao de Yaoshan entretiennent des relations avec leurs morts et se rendent dans ce cimetière chaque année au moment de Qingming (fête des Morts).

▶ Une piste de 5,5 km conduit à **Dongmeng**⋆⋆, autre village de **Yao « pantalon blanc »** (200 hab.). Situé à l'écart, dans un amphithéâtre formé de pics karstiques couverts d'une forêt verdoyante, il procure, plus que Yaoshan, authenticité et tranquillité. ◀

De Wangmeng, on peut poursuivre le voyage vers le Guangxi, au S. Ou encore gagner Dushan (115 km N.), puis Pingtang (32 km O. ; p. 305), pour rejoindre Duyun ou Guiyang par le chemin des écoliers. Autre possibilité : revenir sur ses pas jusqu'à Sandu (110 km ; p. 307) et entrer dans la contrée des Dong à Rongjiang (à 109 km de Sandu).

Malgré la proximité du site touristique de Xiaoqikong, Yaoshan reste un village dramatiquement pauvre. La construction en béton à l'entrée du village abrite l'école et le dispensaire : occasion de laisser quelque bénéfice touristique à ce village.

L'étoffe du pantalon blanc des Yao de Yaoshan est ornée de cinq bandes verticales appliquées, évoquant l'empreinte d'une main sanglante. Ce motif serait inspiré d'une légende. Jadis, un roi yao se trouva, malgré sa bravoure, acculé avec ses troupes par le chef d'une tribu voisine. Alors qu'il désespérait d'échapper au piège, un paysan l'avertit de l'existence d'un sentier secret. De joie, le roi se mit à se frapper les cuisses de ses mains couvertes du sang de ses blessures. Les troupes furent sauvées, et l'on conserva, comme un talisman protecteur, la coutume d'apposer le motif de l'empreinte sanglante et royale.

De Guiyang à Kaili *via* le canton de Kaiyang⋆⋆

Cet itinéraire permet de découvrir les curiosités du canton de Kaiyang, au N. de Guiyang. Dans cette région prospère grâce à son industrie de phosphates, le tourisme est en plein essor. Elle est peuplée de Buyi, mais aussi de Miao « petites fleurs » dont le costume, riche en couleurs, est porté au quotidien, signe d'une culture très enracinée. À la fin du mois de mars, les champs de colza en fleur recouvrent la montagne d'un somptueux manteau jaune.

Itinéraire de 240 km.

S'organiser : une voiture est indispensable pour réaliser cet itinéraire, qui peut être fractionné sur 2 jours. Possibilité d'hébergement dans la vallée de Xiangzhigou *(auberges ou chez l'habitant)*, la gorge de Nanjiang *(hôtel correct)* ou à Qinghe *(auberge et hôtel corrects)*.

■ *40 km :* **Xiangzhigou**⋆⋆ *(au départ de la gare routière de tourisme de Guiyang, bus à 8 h, 10 h 30, 14 h et 16 h, trajet 1 h 10 ; comptez 2 à 3 h pour découvrir le site)*. Cette vallée doit son nom à ses fabriques traditionnelles de papiers d'offrandes *(xiangzhi)*. Le long de la rivière qui parcourt la vallée, on peut voir les moulins de pierre servant à broyer la fibre de bambou qui, une fois réduite en pulpe, servira à la fabrication de la pâte à papier.
3 km après l'entrée dans la vallée, au village de **Longjiaozhai**, de nombreuses entreprises familiales produisent le papier. On peut y observer l'ensemble du cycle de fabrication : séchage, calibrage, empaquetage. De petits chevaux sont utilisés pour transporter le papier qui sera ensuite acheminé vers les monastères et les autres lieux religieux où se pratiquent les offrandes aux ancêtres. Des balades à cheval sont organisées pour découvrir les forêts de bambous de la vallée, utilisés pour la fabrication du papier.

Revenir sur la route principale à Xinpu (9 km) et prendre en dir. de Kaiyang au N.

■ *51 km :* **Qinghe**, **Matouzhai**★★ et **Shuitouzhai**★. Situé dans une vallée, **Qinghe** est environné de **villages buyi** établis le long de la **rivière du Dragon bleu** (Qinglong he). L'architecture traditionnelle y est particulièrement bien préservée, mêlant usages chinois et buyi : les maisons sont en bois, avec des fenêtres sculptées et des colombages dans la partie haute, passés à la chaux.

Matouzhai *(au pont de Qinghe, prendre la route à g. ; le village est à 500 m)* est le plus grand de ces villages, avec 1 000 hab. Construit sur une petite colline, il fut la capitale du royaume buyi de la puissante famille Song, qui contrôla le centre du Guizhou du VIIe au XVIIe s. En 1301, elle lança depuis Matouzhai une rébellion contre le gouverneur mongol. À **Shuitouzhai** *(1 km plus loin, par la même route)*, autre village traditionnel buyi, on peut observer la fabrication du *doufu* et de l'alcool de riz. *Étape de charme possible dans une auberge en bois entourée de bambous, avec vue imprenable sur la rivière.*

De Qinghe, prendre à g. la route qui longe le Qinglong he sur 8 km pour atteindre les gorges.

■ *59 km :* **gorges du Nanjiang he**★★ *(accès payant ; comptez 2 à 3 h de marche ; possibilité de faire du rafting).* Elles offrent une vue impressionnante sur une vallée cultivée en terrasses. On y accède en bateau au fil du Nanjiang he (nom du cours inférieur de Qinglong he), après une navigation de 1 km entre des falaises, puis par 1 km de marche sur des passerelles suspendues, installées le long de la rivière. Les gorges courent sur une distance de 45 km ; une dizaine de mètres seulement séparent les falaises. À mi-chemin, à g., on peut voir la cascade de la Cloche d'Or.

*Rejoindre la route Machang-Yangchang, à 10 km au S. À **Yangchang** (17 km), emprunter la piste menant à **Pingzhai** (23 km). Aux alentours, dans cette très belle vallée, plusieurs villages très authentiques sont peuplés de Miao « petites fleurs ».*

■ *109 km :* **Guangzhong**★★ *(à 1,5 km de Pingzhai).* Quelque 200 familles vivent dans ce très beau **village de Miao « petites fleurs »**. On y voit encore les maisons typiques du N. et du Centre du Guizhou qui sont en bois au toit de chaume. La partie du haut, en colombage, est blanchie à la chaux pour mieux protéger de l'humidité et des insectes. Promenez-vous dans les environs et admirez la vue du haut de la colline. Le costume et la coiffe traditionnelle sont portés tous les jours. La jupe des femmes, en batik indigo, a un balancement très particulier, frappant surtout quand on aperçoit un groupe marchant ensemble. Leur veste est un mélange de broderies colorées au point de croix et de batik aux motifs de fleurs (d'où leur nom). Le costume des jeunes filles est plus sobre.

Quitter Pingzhai et poursuivre vers Fuquan au S.-E.

■ *126 km :* **Xianqiao** est le bourg-marché des **Miao « petites fleurs »** des villages alentour. Le jour de la foire *(tous les 6 j.)* est une bonne occasion d'apprécier le costume des femmes, venues vendre produits agricoles et pâte d'indigo.

De Xianqiao, poursuivre vers Machangping (54 km) pour emprunter l'autoroute Guiyang-Kaili.

■ *240 km :* **Kaili** *(p. 318)*.

9 Le Guizhou de l'Est★★★

L'Est du Guizhou est aussi montagneux que l'Ouest est pierreux. Ici, pas d'horizons karstiques en dents de scie, mais un fantastique chaos de massifs et de vallées fluviales. Celles-ci ont d'ailleurs dessiné les grandes voies d'accès au château fort naturel du Guizhou, depuis la province voisine du Hunan. Timidement, à partir de la dynastie des Tang, l'administration impériale y enfoncera ses préfectures comme autant de coins en contrée barbare. Car l'Est du Guizhou demeure avant tout une constellation de villages miao. Dans cette région dépourvue de plaines, ils s'accrochent en grappes aux parois des vallées fluviales, se resserrent pour libérer le moindre arpent de terre arable, tissant l'étonnant réseau d'influences de ce groupe ethnique acéphale et polymorphe. Les Miao eurent des chefs, mais jamais ne se fédérèrent face aux Han ou aux autres peuples.

Autant de villages miao, autant de costumes et de parures différents. Les brodeuses puisent dans les légendes de leur peuple, mais aussi dans les métamorphoses du monde. Car, dans cette contrée où les hommes ont façonné la terre, pour la cultiver, en terrasses, en petits croissants minuscules qui épousent de façon concentrique les flancs des vallées, le jeu des saisons est un enchantement.

Région couvrant les territoires de **Kaili** (alt. 690 m ; 450 000 hab., dont 70 % non-Han ; capitale de la préfecture autonome miao et dong du Guizhou du S.-E., Qiandongnan) et de **Tongren** (alt. 480 m ; 331 000 hab., dont 47 % non-Han).

Distances depuis Kaili (et temps de trajet en véhicule individuel) : Guiyang, 156 km (2 h 30) ; Rongjiang *via* Sandu, 213 km (6 h ; 173 km et 5 h par le Leigong shan) ; Songtao, 286 km (6 h) ; Zhenyuan, 106 km (3 h ; 130 km et 4 h par la vallée du Wuyang he).

Provinces du Guizhou et du Hunan.

ℹ Pour la logistique de votre voyage, adressez-vous aux agences de Guiyang *(p. 297)* ou à l'antenne *CITS* de Kaili *(p. 318)*, auprès de laquelle vous trouverez brochures et cartes de la région en anglais.

À ne pas manquer

L'inquiétante étrangeté des Miao

Malgré la mise en place de l'ordre han, sous l'Empire, puis dans la Chine nouvelle, les Miao demeurent, pour les Han qui les côtoient, un peuple insaisissable et déconcertant. Dans le parler local, être « miao », c'est être pareil à eux : rigide, opiniâtre et définitivement étrange. Les histoires bizarres qui circulent sur leur compte ne sont pas sans rappeler les légendes forgées sur le peuple rom dans les campagnes de l'Europe. La plus étonnante d'entre elles rapporte les pouvoirs du poison *gu*, dont les Miao détenaient le secret. Ils le fabriquaient en jetant dans une jarre toutes sortes d'animaux venimeux (scorpions, geckos, serpents) sans les nourrir de façon qu'ils s'entre-dévorent. Le corps du survivant, chargé du venin de tous les autres, était pilé pour en faire le poison *gu*. Cette recette permettait de se débarrasser d'un ennemi ou encore d'un amant infidèle. Sa particularité résidait dans son action lente : une victime repentante pouvait être sauvée. Le conte est éloquent. Sa morale est que les Miao, sans être hostiles, gardent une véritable défiance envers les autres peuples. Leur absence d'organisation politique solide leur valut d'être réduits par l'armée et l'administration han ou par l'autorité despotique des chefs yi.

Les Han n'hésitèrent pas à édifier une Grande Muraille afin de séparer les Miao du Guizhou de leurs frères du Hunan. Construite sous l'ère Wanli (1573-1619), elle partait de Fenghuang pour aboutir à Qianzhou, sur l'actuelle frontière entre les deux provinces. Il ne reste aujourd'hui plus rien de ce mur, rasé par des Miao révoltés au début du XVIIe s.

Le Guizhou de l'Est dans l'histoire

La route Mandarine

Fermé au N. par le chaos des Wuling shan, au S. par le massif des Miaoling, qui sépare les eaux tributaires de la rivière des Perles de celles du Yangzi, le Guizhou de l'E. regarde vers le Hunan voisin. L'extrême E. ne fut d'ailleurs séparé de l'ancien Huguang qu'en 1413, au moment où les terres de Sizhou furent rattachées à la province. La région est traversée par les rares biefs navigables du Guizhou : le Jinjiang, navigable jusqu'à Tongren, préfecture depuis les Tang ; le Wuyang he, la plus grande voie de pénétration, navigable jusqu'à Huangping, en période de hautes eaux ; le Qingshui jiang, partiellement praticable et surtout utilisé pour le flottage du bois. Timidement d'abord, puis décisivement à partir des périodes Yuan et Ming, les Han firent de ces voies fluviales, doublées de routes pavées qui escaladaient les montagnes, renforcées par un réseau dense de relais de poste, la route Mandarine, qui traversait la province pour atteindre Guiyang et, par-delà, le Yunnan. Au XVIe s., un important trafic commercial transitait dans l'E. : les marchandises venaient de l'O., transportées à dos d'homme et de cheval, puis, embarquées à Zhenyuan, elles rejoignaient les centres de la Chine du moyen Yangzi, aux mains de puissantes corporations de négociants du Jiangxi et du Fujian.

Les Miao, inclassables « barbares » du Sud

Si les Han contrôlaient la route Mandarine, l'arrière-pays était sous la domination des Miao. Jusqu'au premier tiers du XVIIIe s., ces régions furent considérées comme des territoires qui leur étaient propres, organisés en *zhai* (villages qui formaient l'unité tant sociale que politique). Il existait bien des clans, mais sans véritables chefs. L'autorité de ces derniers était ailleurs, elle se fondait sur le prestige et sur la possession de terres. Cette absence d'aristocratie et de hiérarchie véritable, renforcée par des troubles endémiques, déconcertait les Han. À cela s'ajoutait l'incompréhension de la langue et des mœurs indigènes.

Le vent de la révolte

L'autorité impériale sur la région fut sérieusement remise en question par la chute des Ming et les troubles qui accompagnèrent la dynastie éphémère des Ming du Sud, ballottée entre les seigneurs de la guerre. Passé aux mains des Mandchous, l'Empire exerça sa tutelle par la force en la personne du prince

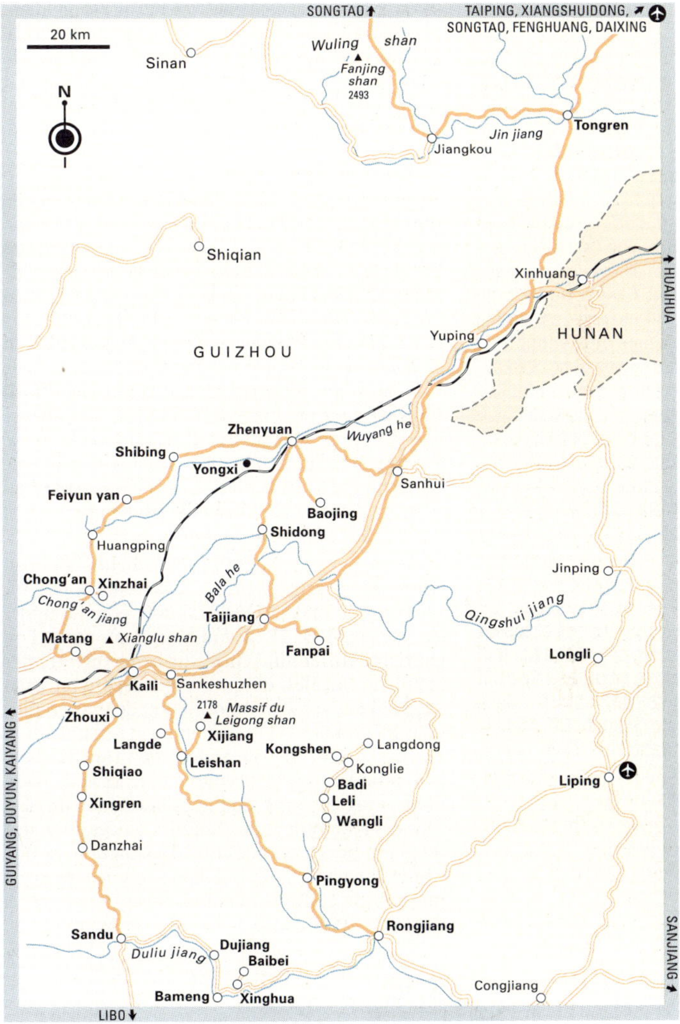

Le Guizhou de l'Est.

Ortai, nommé gouverneur du Yunnan et du Guizhou en 1726. Cette pacification brutale fut de courte durée. Dès 1731, les Miao occupèrent Taijiang. Puis, en 1735, ils s'attaquèrent à toutes les positions chinoises dans l'E. : Zhenyuan, Huangping, puis Kaili tombèrent en leur pouvoir. Un temps déconcertés, les Han s'organisèrent : des centaines de villages furent détruits, des milliers de Miao tués. Les impériaux firent main basse sur leurs armes et confisquèrent les terres des rebelles, qui furent allouées aux colons militaires. Cette dernière décision engendra une

Des forteresses naturelles

Sous l'Empire, les bourgs *(zhai)* miao étaient organisés en véritables camps retranchés, protégés par une rivière difficile à franchir ou l'une de ces positions imprenables que le relief chaotique du Guizhou rendait propice. Le *Précis de géographie historique* de Gu Zuyu (XVIIe s.) livre une description éloquente d'un de ces villages, établi sur le mont Xianglu, au N.-O. de Kaili : « Le mont Xianglu est entouré de montagnes qui se font face comme des fers de lance. S'enroulant en lacets, un sentier arrive jusqu'au sommet où pourraient tenir près de 1 million de personnes. Il y jaillit une source et les terres cultivées sont arrosées par mille petits canaux. C'était jadis un repaire sur lequel s'appuyaient les brigands pour commettre leurs méfaits. À la fin de l'ère Zhengtong (1436-1449), un Miao, nommé Wei Tonglie, s'y installa avec ses troupes et opposa une résistance aux armées han venues le combattre ; il ne fut battu qu'en 1452 » (extrait traduit dans C. Lombard-Salmon, *Un exemple d'acculturation chinoise : la province du Guizhou au XVIIIe siècle*, EFEO, Paris, 1972).

seconde révolte, encore plus violente que la première. Elle éclata à Songtao et, en quelques jours, se propagea dans l'ensemble du Guizhou, du Hunan et du Sichuan. Il fallut dix ans à l'armée impériale pour venir à bout des Miao, affaiblis par leur désunion. Les derniers feux de la révolte furent étouffés en 1806.

La donne du tourisme

Les premiers temps de la Chine nouvelle se déroulèrent sans heurts dans l'E. du Guizhou. Les Miao avaient d'ailleurs épousé la cause des communistes lors de la « Longue Marche » et de la conférence de Zunyi. La République populaire découpa la région en nouveaux cadres administratifs entre 1952 et 1958, et créa la grande préfecture autonome dong et miao du Guizhou du S.-E. (Qiandongnan), avec pour capitale Kaili, ainsi que plusieurs cantons autonomes miao sur le territoire de Tongren. En revanche, l'expérience collectiviste du « Grand Bond en avant » et la chasse aux traditions orchestrée par la Révolution culturelle causèrent des chocs terribles et des pertes irréparables pour ces peuples, dont l'identité repose précisément sur le maintien de leurs coutumes.

En 1985, la Chine ouvrit l'E. du Guizhou aux visiteurs étrangers. Ils furent 50 à visiter Kaili. Dix ans plus tard, ils étaient près de 8 000, pour atteindre 22 400 en 2005. L'E. devint ainsi le pionnier d'un tourisme différent, centré sur la découverte des minorités locales, qui pouvaient recouvrer leurs usages dans ce cadre. Aujourd'hui, de plus en plus de jeunes routards chinois emboîtent le pas des touristes étrangers : peu de régions de Chine peuvent prétendre à autant de beautés naturelles et de traditions préservées, sans compter la fascination qu'exercent des communautés ethniques restées en marge du grand boom économique. Le Guizhou est une Chine différente ; le Qiandongnan est son image de marque ; le costume rehaussé de parures d'argent des Miao des environs de Kaili est son symbole.

Kaili

KAILI

ⓘ *CITS* dans l'hôtel *Yingpanpo*, 53, Yingpanpo donglu, ☎ 0-855/822-9441 ; fax : 0-855/826-8695.

Change : *Bank of China*, 2, Shaoshan nanlu (près du carrefour avec Beijing lu).

Poste sur Beijing lu, près du carrefour avec Shaoshan lu.

Hébergement confortable.

À 2 h 30 d'autoroute de Guiyang, Kaili est la base idéale pour sillonner la région. Équipée d'hôtels confortables, cette petite ville vous permettra de gagner en bus de nombreux cantons ou de louer une voiture avec chauffeur pour explorer les environs. Le marché qui anime le quartier de Yingpanlu le dimanche est bien gris et citadin : vous aurez beaucoup plus de chance de croiser les villageois en habit traditionnel sur les marchés des cantons alentour.

Les voies du Sud

Jusqu'au milieu du XXe s., le voyage vers le Yunnan était une entreprise complexe de transbordement des hommes et des marchandises de bateaux à vapeur en jonques, de dos de mule en chaises à porteurs. Explorateurs n'est pas un vain mot pour désigner les voyageurs occidentaux qui, depuis le Tonkin ou la Birmanie, abordèrent la Chine méridionale à la fin du XIXe s. Les récits de leurs voyages renvoient l'image d'une contrée aux communications particulièrement difficiles. La plupart des routes qu'ils sillonnent sont celles qu'utilisèrent de tout temps les caravanes. Cet enclavement aurait pu se maintenir tard dans le XXe s. si l'occupation japonaise n'avait contraint le gouvernement nationaliste à déplacer la capitale à Chongqing. Voie d'approvisionnement de la Chine libre, les provinces du S.-O. sont peu à peu désenclavées à partir de 1939.

▲ Qingyanzhen (Guizhou) : jusqu'aux années 1950 durant lesquelles la plupart des remparts urbains furent abattus, la cité murée chinoise imposait au voyageur le rythme de l'ouverture et de la fermeture de ses portes. Il fallait absolument arriver avant la nuit si on ne voulait trouver porte close... On restaure aujourd'hui ces vestiges de l'administration impériale, mais à la notable exception de Xi'an, seules quelques petites cités ont gardé leurs murailles.

■ Interminable, la route !

La très lente absorption par l'Empire de ses marches S.-O. tenait autant à l'irrédentisme de ses peuples qu'à ses contraintes géographiques. Seul l'E. de la région et ses biefs navigables pouvait être raccordé au réseau des voies fluviales du Yangzi jiang et de la rivière des Perles. C'est d'ailleurs aux frontières orientales de ces marches que ces deux grands bassins sont reliés l'un à l'autre par un canal aménagé à Xing'an (au N. de Guilin), dès la création de l'Empire. Les routes furent progressivement tracées aux limites des zones navigables. Les entreprenants marchands du Sichuan furent sans doute les premiers à baliser le parcours de leurs caravanes de sel et de brocarts vers le plateau du Yun-Gui, ou à travers les cols des Grandes Montagnes fraîches pour atteindre l'or du Yunnan et le jade de Birmanie. La route Mandarine, sous administration impériale, qui relaie vers l'O. et par voie de terre, le parcours des jonques du Yangzi et de ses affluents, ne fut réellement contrôlée qu'à partir du XVIe s.

■ Dur, le pavé au pied !

Ces routes créées par l'administration impériale étaient pavées, mais pas toujours bien entretenues. De plus, la forte inclinaison des pentes contraignait souvent les terrassiers à poser les dalles en escaliers. Francis Garnier, l'explorateur du cours chinois du Mékong, raconte sa progression vers Gongtan, sur le Wujiang, à la frontière du Sichuan et du Guizhou, lors de son second périple en Chine : « *La route se compose de montées et de descentes en escaliers dans le plus singulier des paysages de montagnes qu'on puisse voir. J'ai compté jusqu'à 1 250 marches de suite. Le marbre dont elles sont faites est horriblement glissant. La route devient souvent le point d'écoulement des eaux et les escaliers se transforment en cascades ; à la montée, je ne prends pas ma chaise par humanité, à la descente par prudence. Beaucoup de marches manquent, d'autres sont trop inclinées.* » (Francis Garnier, *De Paris au Tibet, notes de voyage...*, Paris, Hachette, 1882.)

■ Périlleuses, les traversées des gorges !

Remplacés aujourd'hui par des ponts suspendus sur câbles en acier, les ponts de chaînes et en bambou étaient légion pour franchir les gorges de la Chine méridionale. L'une des voies les plus périlleuses était celle qui conduisait de Kunming à Mandalay, en Birmanie, partiellement reprise dans le tracé de la Burma Road, décidé par les Alliés pour ravitailler la Chine libre pendant l'occupation japonaise. Jusqu'au début du XXe s., les véhicules à roue ne pouvaient l'emprunter qu'au début et à la fin du parcours en Chine. Sur 1 000 km, il fallait franchir 46 cols et cinq fleuves, encaissés dans des gorges profondes. Parfois, le passage ne pouvait même pas être assuré par un pont suspendu. Hommes, bêtes et marchandises traversaient la gorge, accrochés à une glissière passée sur un câble en bambou tressé. Une variante, tout aussi vertigineuse, consistait à descendre au fond du canyon sur des sentes en encorbellement, aménagées le long des parois rocheuses : des poutres fichées dans la pierre soutenaient des planches sur lesquelles on progressait en se retenant à une chaîne.

André Guibaut et Louis Liotard firent l'expérience de ces difficultés lors de leur mission d'exploration aux confins du Yunnan, du Tibet et de la Birmanie (1936-1937) : « *Le sentier disparaît parfois complètement et est remplacé par des échelles de bambou suspendues à de véritables murailles rocheuses, ou par des passerelles étroites soutenues par des lianes à quelques dizaines de mètres du lit du fleuve. Aux fatigues que nous endurons viennent s'ajouter les dangers d'un climat humide et chaud redouté même des indigènes lissou [lisu] et la gêne d'un ravitaillement difficile et insuffisant.* » (A. Guibaut et L. Liotard, *Les Gorges de la Salouen moyenne et les montagnes entre Salouen et Mékong*, Annales de géographie 50, 1941.)

▲ Vue de Qingshuiyuan (Guizhou) : le pavement reste encore largement utilisé sur les voies secondaires, voire sur des artères importantes, telle la route qui franchit le canyon du Beipan jiang *(→ p. 291).*

◀ **Pont suspendu sur le Mabie he, à Xingyi (Guizhou).**

■ Bienvenu, le train !

La voie ferrée construite par les Français *(→ p. 264-265)* au début du XXe s., entre le golfe du Tonkin et Kunming, amorça un tournant considérable dans le désenclavement du Yunnan. La province ne fut pourtant définitivement reliée au réseau ferré chinois qu'entre 1968 et 1974, avec la voie Chengdu-Kunming qui emprunte partiellement le tracé de la route caravanière de Lingguan, route du thé et du sel. Elle fut construite au prix de difficultés techniques considérables, soulevées par les problèmes de dénivelés (1 800 m entre Chengdu et la passe de Fengshuiling, dans les petites montagnes Xiangling) et compte un grand nombre d'ouvrages d'art (900 ponts et 2 291 tunnels sur 1 085 km). En 1998, l'extension du réseau du S.-O. s'est rappelé à l'actualité avec l'ouverture de la voie Kunming-Nanning.

■ Réconfortante, la vision des « paifang » !

Quelques cités chinoises comme Qingyanzhen ont conservé ces arches en pierre qui, jadis, en signalaient les abords et matérialisaient le parcours des routes impériales sur les frontières interprovinces. Ces *paifang* avaient en outre une fonction commémorative, servant à rappeler le souvenir d'un homme de bien, d'un fonctionnaire populaire ou d'une veuve chaste.

Consultez la carte « Les voies du Sud » en fin d'ouvrage.

Les *paifang* de Guiyang, au XIXe s. ▼

Goûtez le canard cuit à la bière *(pijiuya)* et les spécialités de la cuisine miao, en particulier le poisson acide épicé *(suantangyu)* ou les légumes acides *(suantangcai).*

Jour de marché au Guizhou

Les marchés de canton sont une aubaine pour les ethnologues en herbe et les photographes. Leur signe précurseur est l'activité qui se déploie ce jour-là le long des routes. Des cortèges de villageois circulent, transportant à la palanche quelques légumes ou des cochons ficelés comme des rôtis. Car c'est à pied que l'on se rend au marché, et c'est pourquoi celui-ci ne bat son plein qu'au début de l'après-midi. Il faut laisser le temps de parcourir les 10 à 15 km qui séparent les villages du bourg-marché. Les Miao transportent leurs marchandises à l'aide de palanches d'un genre particulier : au lieu d'être suspendus par des cordes, les paniers tressés sont fixés directement au fléau. Au marché, la production locale, disposée dans des paniers aux formes variées, toujours confectionnés par les villageois, côtoie sans s'y mêler les étals de produits manufacturés : cassettes de pop stars, quincaillerie et prêt-à-porter. Les merceries ne désemplissent pas : on trouve là le fil à broder ou les colorants qui permettront la réalisation des travaux d'aiguille. Les dames arborent leurs plus beaux habits, autant de signes de leur appartenance ethnique et géographique. Les Miao portent les coiffures les plus extravagantes, fixant parfois sur l'épingle en argent qui retient leur chignon un bouquet de fleurs artificielles, des oiseaux, des papillons.

Liaisons ferroviaires : Kaili se trouve sur la ligne Kunming-Guiyang-Changsha ; nombreux trains de (et pour) Guiyang, Zhenyuan (2 h), Yuping (4 h ; accès ferroviaire pour Tongren). Si vous venez de Kunming, vous pouvez rejoindre directement Kaili sans faire étape à Guiyang, car les trains de nuit, au départ de Kunming, s'y arrêtent.

Liaisons routières : la gare routière est sur Wenhua beilu, au N.-E. du centre-ville. Nombreux bus pour Guiyang (2 h 30) et Duyun (1 h 30). Autres bus pour Congjiang (6 h 30), Dushan (2 h 30), Huangping (2 h), Huishui (4 h), Leishan (1 h 30), Liping (7 h), Rongjiang (4 h 30), Sandu (3 h), Shibing (2 h 30), Shidong (2 h) et Zhenyuan (3 h).

S'orienter : l'agglomération s'étend sur 5 km, au S.-E. du Qingshui jiang. La gare ferroviaire est à l'extrême N. En descendant vers le S., vous emprunterez Shaoshan lu, qui croise Yingpan lu, la rue où se tient le marché *(le dim.)*, puis forme le centre-ville à son carrefour avec Beijing lu.

De Kaili à Zhenyuan *via* Shidong**

De Kaili, il faut franchir trois vallées pour retrouver la route Mandarine à Zhenyuan. Ainsi, vous traverserez une contrée miao, ponctuée de grappes de minuscules hameaux. Où vous apprendrez que les Miao ne sont pas seulement de prodigieux sculpteurs de montagnes, qu'ils façonnent pour cultiver leurs champs en terrasses, mais encore des nautoniers, héritage du temps où leur connaissance de la topographie et des dangers des rivières les rendait indispensables à l'équipage des bateaux.

Itinéraire de 129 km, 3 h 30 sans le détour de Fanpai.

S'organiser : minibus de Kaili à Taijiang, de Kaili à Zhenyuan. À Sankeshuzhen (11 km E. de Kaili), vous laisserez sur la dr. la route qui remonte le Bala he vers le S. en direction de Leishan et longerez le cours inférieur de cette rivière sur quelques kilomètres.

■ *54 km E. :* **TAIJIANG**. Le seul intérêt de ce chef-lieu d'un canton peuplé de **Miao** à 93 % est de permettre une échappée vers la route qui conduit à Fanpai. C'est aussi le lieu du marché pour les villages environnants *(tous les 5 j.)*.

► *26 km S.-E. (1 h 15 de route) :* **Fanpai.** La **route**** qui conduit au village offre un prodigieux spectacle de champs en terrasses : à perte de vue, il n'est pas un arpent de montagne qui n'ait été épargné, parfois pour une culture de la taille d'un mouchoir. Fanpai est un hameau minuscule, où l'on pénètre par deux petits ponts couverts. Les poutres séparant les deux étages des maisons, bâties dans le style *ganlan*, ont leurs extrémités taillées en forme de fleurs. Au quotidien, les femmes serrent leurs cheveux dans un turban rouge, piquant leur chignon d'une longue épingle en forme de flèche. ◀

Passé Taijiang, la route serpente à travers des montagnes, tantôt sauvages, tantôt cultivées, avant de descendre vers l'ample vallée du Qingshui jiang à Shidong.

■ *94 km :* **Shidong** est le siège de deux grandes fêtes des Miao : la **fête des Sœurs**, en avr.-mai, et celle des **Bateaux-Dragons** *(→ encadré p. 329)*, en juin-juil.

■ *129 km :* **Zhenyuan****. Lovée dans un méandre du Wuyang he, étirée entre des falaises karstiques, Zhenyuan doit à cette topographie de n'avoir pas été retenue pour capitale du Qiandongnan : impossible d'étendre les dimensions de cet ancien port fluvial. Et c'est tant mieux ! Épargnée par les « projets d'urbanisation », Zhenyuan demeure une ville de charme et une chronique de ce que furent les cités des Han, établies le long de la route Mandarine.

Au temps des Ming et des Qing, la cité comptait de nombreux lieux de culte, liés aux différentes communautés commerçantes établies dans ce port fluvial. Si les gens du Jiangxi rendaient culte à Xu Sun ou à Wen Gong, ceux du Sichuan honoraient Li Bing, auteur d'un barrage dans la région de Chengdu. Les négociants du Fujian partageaient avec les Cantonais le culte de Mazu, déesse protectrice des marins.

Sur le **pont Wuxi**, un pavillon récent abrite une stèle gravée sous les Qing : « Balayant tous les obstacles du Wuxi [ancien nom du Wuyang he], l'envoyé des Han quitte son pays par voie d'eau, se frayant un chemin sans embûches, tandis que les Birmans franchissent le pont à dos d'éléphant. » Tout est dit : vous êtes à une étape clef de l'ancienne route entre la Chine et la Birmanie.

Grotte du Dragon vert** (Qinglong dong ; *ouv. 8 h 30-17 h*). Ce complexe, constitué de sanctuaires mi-bâtis, mi-aménagés dans des grottes naturelles, mêle panthéons taoïque et bouddhique. Le secteur le plus ancien, le Qinglong dong proprement dit, fut fondé en 1388, au début de la dynastie des Ming. L'ensemble fut agrandi au gré des donations effectuées par les marchands immigrants qui transposaient, dans cette terre lointaine, les cultes de leurs provinces d'origine. Le résultat est une succession de **temples suspendus**. Ruinés par un incendie en 1855, les bâtiments furent relevés à la fin du XIXe s. De nouvelles statues remplacent celles détruites durant la Révolution culturelle.

Les jours de fête, dans le canton de Shidong, le costume s'efface devant les parures en argent, dont l'ensemble pèse de 15 à 20 kg. Des pendeloques descendent le long de la tunique, d'autres sont fixées à de grands torques. Les cheveux sont piqués de longues épingles en argent et maintenus dans un diadème à quatre pointes.

La fête des Sœurs perpétue les cours d'amour *(→ encadré p. 284)*, attachées autrefois à toutes les grandes fêtes de rassemblement des Miao. L'écrivain Gao Xingjian en a donné l'évocation la plus troublante dans son récit de voyage, à la fois quête amoureuse et spirituelle, *La Montagne de l'âme* (Éd. de l'Aube, 1995).

ZHENYUAN

ⓘ Agences de voyages : *Zhenyuan Xinglu Travel Service*, Wuyangzhen, Xinglong jie, ☎ 0-8653/572-5666 ; *Zhenyuan Huajing Travel Service*, 26, Xixiu jie, ☎ 0-8653/572-2556.

Transports : bus pour Guiyang (5 h), Kaili (3 h), Shibing (1 h) et Yuping (2 h) au départ de la gare routière. Située sur la voie ferrée Guiyang-Yuping, Zhenyuan peut également être ralliée en train.

Zhenyuan s'étire du S. au N. en rues parallèles au Wuyang he ; les gares se situent à l'entrée S. de la ville. De là, en remontant Ximen jie, vous trouverez des possibilités d'hébergement (correct) et atteindrez le pont moderne qui traverse la rivière et forme le centre-ville. Les quartiers anciens de Zhenyuan s'étendent au N., face à la falaise du Qinglong dong.

Zhenyuan est réputée pour sa choucroute *(daocai)*, ses nouilles de fèves *(dousi)* et son pâté de soja fermenté *(meidoufu)*.

Vous débuterez la visite par un passage ouvert dans la falaise rocheuse, dans l'axe du pont Wuxi. Les principaux sanctuaires sont décrits en longeant la falaise du N. au S. Vous déboucherez d'abord dans la cour du Zhongyuan dian.

Le **Zhongyuan dian**, de fondation bouddhique, a été repeuplé d'images en 1993 : un bouddha en jade birman y siège, encadré des deux bodhisattva Wenshu (Manjusri) et Puxian (Samantabhadra), et des 18 *luohan*, ou arhat.

Le sanctuaire suivant est dédié à Wen Gong, ou Wen Tianxiang, qui s'illustra dans la lutte contre les Mongols sous les Song du Sud. Ce héros divinisé est l'une des divinités tutélaires des communautés chinoises du Jiangxi qui furent une importante source de peuplement han au Guizhou.

► En contrebas se trouve un autre établissement lié aux gens du Jiangxi, le Wanshou gong, que vous visiterez en fin de parcours. ◄

À mi-parcours de la falaise, là où elle forme surplomb, se dresse un élégant pavillon à deux étages, aux toitures fortement relevées, à la mode de la fin du XIXe s. L'étage supérieur, entouré d'une galerie fermée de claustras en bois, sculptés de fleurs et d'oiseaux, était dédié à Zhuxi, instaurateur du néo-confucianisme. Le sanctuaire du r.-d.-c. abritait, lui, une chapelle bouddhique.

Les bâtiments du **Qinglong dong** clôturent le complexe au S. Reconstruits au milieu du XVe s., ils furent desservis par 25 générations de prêtres. Le dernier pavillon, partiellement aménagé dans une grotte, est occupé par une statue récente de l'Empereur de Jade. De son balcon, vous aurez une jolie vue des toitures des chapelles du complexe et, sur l'autre rive, des vieilles maisons de Zhenyuan, bordant le Wuyang he.

Des escaliers taillés dans la pierre descendent vers le Wanshou gong.

Le vocable de **palais des Dix Mille Générations** (Wanshou gong) est caractéristique des fondations établies par les associations originaires du Jiangxi en l'honneur de Xu Sun, ou Xu Jingyang, leur héros tutélaire. Cet immortel, qui circulait dans les airs à bord d'une barque en fer, débarrassa la région des dragons qui l'infestaient. Ici, il s'agit à la fois du temple et du siège *(huiguan)* de la guilde des négociants du Jiangxi. À ce titre subsiste une magnifique scène de théâtre (1902), encadrée de sentences parallèles dissertant sur le mélange du vrai et du faux dans l'opéra. Le pourtour de la scène a conservé son décor sculpté de scènes romanesques en haut relief. Les autres bâtiments et cours sont occupés par une

D'éloquents toponymes

Au Guizhou cohabitent deux familles de toponymes : ceux, intraduisibles, qui transcrivent phonétiquement des noms miao, buyi ou dong, et ceux qui furent donnés par les Han. Ces derniers forment une petite chronique de l'histoire de la province. Beaucoup relatent la pacification de ces marches. Ainsi, Zhenyuan est la « répression des lointains », Guiding, la « pacification du Guizhou », Liping, celle des (barbares) Li, cousins des Miao, aujourd'hui établis dans l'île de Hainan. Au S.-O. de la province, Anlong est l'« installation du Dragon », métaphore pour l'empereur, liée à un épisode de l'histoire des Ming du Sud.

À côté de ces vocables martiaux, d'autres traduisent l'organisation économique de la contrée. Vous trouverez ainsi des bourgs appelés Niuchang, « marché du buffle », Gouchang, « marché du chien », ou Longchang, « marché du dragon ». Dans le N.-O., le suffixe *-chang* (marché), est remplacé par *-jie* (rue). Ces appellations ne correspondent pas aux bêtes dont il était fait commerce (même dans le mystérieux Guizhou, il n'y avait pas de foire aux dragons !), mais au cycle de 12 jours, baptisés des noms des 12 animaux de l'horoscope chinois, qui régissait autrefois la rotation des jours de marché.

exposition consacrée à l'architecture du Guizhou (photographies et maquettes). Le dépôt lapidaire présenté dans la dernière cour (bases de colonnes sculptées et lions en pierre) est tout ce qui subsiste des résidences des *tusi* de Bijie (N.-O. de la province) et de Shibing.

Vous quitterez le Qinglong dong par le porche ouvrant sur la cour de la scène de théâtre.

▶ *À 37 km S. de Zhenyuan,* **Baojing** est un **village dong** qui s'anime au moment de la fête du Double Trois, lorsque les jeunes filles, vêtues de leur plus beau costume brodé et la tête parée d'une couronne de fleurs en argent ciselé, vont au bord de la rivière laver des brins de ciboule qu'elles offrent ensuite à leurs amoureux. ◀

De Zhenyuan au Hunan★

Si la visite de l'E. marque la fin de votre périple au Guizhou, vous pouvez emprunter cet itinéraire pour gagner Fenghuang et Huaihua, dans le Hunan voisin.

Itinéraire de 450 km jusqu'à Fenghuang.

Accès : Tongren est desservi par **bus** depuis Kaili (4 h). Alternative : prendre le train depuis Zhenyuan jusqu'à Yuping, reliée a Tongren par des minibus (1 h 30). **Liaisons aériennes :** aéroport à Daxing (21 km N. de Tongren). Vols t.l.j. pour Guiyang et Changsha, 2 vols/sem. pour Canton. Billetterie : ☎ 0-856/593-8066.

S'organiser : il est possible d'effectuer cet itinéraire en bus : 2 h de Zhenyuan à Yuping, avec changement pour Tongren (70 mn ; *hébergement correct* ; possibilité de rayonner vers le parc naturel du Mont Fanjing) ; bus Tongren-Songtao (2 h 30) ou Tongren-Fenghuang (2 h).

■ *153 km N.-E. :* **Tongren**. La situation de ce chef-lieu de canton, au confluent de deux rivières qui forment le Jinjiang, dit son passé de port fluvial. Le cadre des collines karstiques qui enserrent la rivière est aussi beau que la ville est laide. Seul rescapé de ce désastre urbanistique, le vieux quartier suspendu à la colline qui domine le confluent. Au sommet de cette dernière, les bâtiments du **temple du Mont de l'Est** (Dongshan si) abritent un **musée**★ consacré à l'une des formes de théâtre masqué, toujours pratiquée au Guizhou : le *nuoxi* *(→ p. 286-287)*.

▶ *82 km N.-O. par Jiangkou :* **Fanjing shan**★ (alt. 2 493 m ; *hébergement sommaire sur place ; possibilité de revenir par Songtao, à 101 km N.-E. du mont*). Ce refuge des anachorètes bouddhistes, dont les temples ont été dévastés par les guerres, abrite désormais des espèces protégées, tels le singe doré ou l'arbre gongtong *(Davidia involucrata)*, que ses inflorescences blanches ont fait surnommer l'« arbre à colombes ». Parc national depuis 1978, il est couvert à 80 % d'une dense forêt subtropicale. Comme toutes les montagnes élues au cœur des Chinois, le Fanjing shan est aussi le domaine des nuages et des brouillards, d'autant qu'il est un véritable château d'eau. ◀

■ La route de Tongren à Songtao monte à travers les contreforts des Wuling shan jusqu'à Taiping *(59 km)*. Avant de redescendre vers Songtao, vous découvrirez sur la dr. un fabuleux paysage de terrasses suspendues au-dessus du vide. Au bas de la descente, dans un virage, une piste dessert les villages miao de Xiangshuidong.

▶ **Xiangshuidong**★★ *(5 km de piste pour atteindre le premier village ; si vous voyagez en bus de ligne, vous pourrez vous y faire conduire en taxi depuis Songtao)*. Cette petite vallée, entrecoupée de cascades, est occupée par plusieurs **villages miao**. Les vastes maisons en bois sont d'un noir lustré : tous les trois ans, elles sont

L'éclat de l'argent

Pour de nombreux groupes ethniques de Chine méridionale, l'argent est le signe incontestable de la richesse, du rang et du prestige. Ce symbole social se montre : avec l'argent, on martèle, cisèle, repousse et assemble des parures que porteront les filles de la famille, lors des fêtes du calendrier lunaire. Dans l'E. du Guizhou, ces parures sont poussées à leur paroxysme. On couvre les belles de la tête aux pieds d'un ruissellement de tiares, de colliers, de boucles d'oreille et de pendeloques qui peut atteindre jusqu'à 10 kg. L'argent reste aussi le métal protecteur et magique dont le port guérit l'âme et le corps.

▲ La réputation des Miao de la région de Kaili en matière d'orfèvrerie n'est plus à faire. Les parures de fête qu'arborent les jeunes filles du Bala he, ou les demoiselles de Huangping, en sont le témoignage étincelant. Pour supporter ces échafaudages de métal, elles s'enveloppent le crâne d'une serviette sur laquelle est posée la tiare aux motifs de fleurs et de phénix. L'étoffe enroulée sert à maintenir la base des cornes d'argent dont la hauteur confère à ces jeunes filles un port de princesse.

◄ Jeune fille hani à Banla (Xishuangbanna). Les groupes ethniques du Yunnan portent l'argent avec plus de réserve, à l'exception des Akha (Hani) du Xishuangbanna. Martelé et repoussé en petites plaques, l'argent est cousu sur le vêtement ou assemblé en ceinture. Il sert surtout à façonner la coiffe féminine, distinctive de ce groupe : un véritable casque, dont le cimier varie, mais toujours orné de sequins mêlés de perles et de floches de laine.

◀ Le contrepoids en argent en forme de double spirale, appelé *yinyangjing*, « miroir du yin-yang », est une parure propre aux femmes du groupe dong. Passé dans une bride et porté sous la nuque (visible sur la veste d'été), il sert à ajuster la hauteur de la brassière brodée qui fait office de soutien-gorge (du moins de « cache-gorge », à la mode chinoise d'autrefois).

▶ À l'instar des bonnets en forme de tigre qui coiffent le chef des enfants han du bassin du Huanghe, plusieurs groupes ethniques protègent les garçons en les couvrant d'un chapeau orné d'effigies de moines ou d'immortels. Au temps où, sous les Ming, Miao et Dong perpétuaient la tradition de leurs travaux d'aiguille, à l'abri des montagnes du Guizhou, un moine itinérant fit, un jour, halte dans un village, fasciné par le travail d'une jeune fille qui brodait un phénix aux cinq couleurs. Ému de tant d'adresse, il lui promis que, si elle ornait sa broderie d'une effigie d'argent à son image, ses descendants vivraient cent ans. Il disparut sur ces mots et la jeune fille se mit en quête d'artisans pour façonner l'image du curieux moine. Depuis, le moine d'argent est devenu un symbole de longévité dont on orne la coiffure des bébés et jeunes enfants.

▶ Si les femmes mariées et âgées miao portent des bijoux moins extravagants et des costumes aux couleurs plus sourdes que ceux des jeunes filles, elles n'en manifestent pas moins l'indéfectible goût pour la parure des dames de ce groupe. Le torque luit discrètement, débarrassé des chaînes, pendeloques et aumônières réservées aux demoiselles. Leurs cheveux, gardés longs et enroulés en chignon, sont sobrement maintenus par une épingle en argent.

traitées à l'huile d'aleurite, extraite d'une variété de paulownia, qui les protège des insectes et imperméabilise le bois. Le costume traditionnel est beaucoup plus sobre que dans la région de Kaili, au quotidien mais aussi durant les fêtes. Les femmes portent le pantalon et drapent leurs cheveux dans de volumineux turbans d'étoffe rayée bleu et blanc, qui forment de véritables tours sur leur tête. La version d'apparat de cette coiffure consiste à piquer le chignon, noué au sommet du crâne, de longues antennes en argent. ◄

■ *238 km :* le bourg de **SONGTAO***, hérissé çà et là de collines calcaires, se déploie dans un méandre du **Songjiang he**, échappé du château d'eau des Wuling shan. La plus haute, à l'entrée S. de la ville, est dominée par une **pagode géomantique.** En longeant la grand-rue, vous trouverez, sur la g., le portique qui conduit à la **Forêt de bambous pourpres*** (Zishu lin), temple construit sur un autre promontoire rocheux, repeuplé d'une kyrielle d'effigies, mêlant panthéons bouddhique et taoïque. À la sortie du bourg, de l'autre côté du Songjiang he, se dresse un autre temple bouddhique de reconstruction récente. Vous atteindrez la **falaise de Yunluotun***, muraille naturelle le long de la rivière, en coupant à travers les champs qui tapissent une dépression. Vous y remarquerez des dizaines de cavités, creusées de main d'homme. C'est tout ce qui subsiste de l'immense **cimetière de tombes suspendues**, établi par les Miao.

De Songtao, pour gagner le Hunan, vous reviendrez vers le S., jusqu'au carrefour de Daxing (67 km). De là, vous pourrez rejoindre Fenghuang (à 45 km), jolie cité de bord de rivière où l'écrivain Shen Congwen (1902-1988) passa son enfance.

De Zhenyuan à Kaili par la vallée du Wuyang he★★

Itinéraire de 130 km (4 h).

S'organiser : minibus de Zhenyuan à Shibing, Huangping et Kaili, mais ils ne vous permettront pas d'effectuer les visites de cet itinéraire. Possibilité d'étape sympathique à Chong'an, en bord de rivière.

Quitter Zhenyuan vers l'O.

■ *17 km O., puis piste sur la g. :* **YONGXI ET LA CROISIÈRE SUR LE WUYANG HE**** *(10 mn pour descendre à pied vers l'embarcadère ; 1 h de croisière aller-retour ; possibilité sur demande de remonter le Wuyang he jusqu'à Shibing, durée 3 h).* En amont de Zhenyuan, le Wuyang he était entrecoupé de rapides. En 1980, on apaisa la rivière en y construisant un barrage hydroélectrique. De l'embarcadère de Yongxi, vous descendrez le Xiangjian he, au fil des parois karstiques, tapissées de bambous nains, jusqu'à son confluent avec la rivière Wuyang. Les croisières explorent son cours supérieur, qui s'écoule dans la gorge du Roi-Dragon, puis son cours inférieur, où le rocher du Paon veille comme une sentinelle aux abords du barrage. Au fil du parcours, vous croiserez d'autres silhouettes rocheuses où il est question de lions et de coqs, de miroirs et de canards mandarins.

■ La route, bordée de peupliers, décrit de larges lacets, pour descendre en pente douce vers l'ample vallée du Wuyang he et Shibing. C'est sans doute la seule région de l'E. du Guizhou où le paysage est doux et l'horizon vaste. Au hasard des villages, vous croiserez des dames miao, coiffées ici d'une toque rouge.

■ *40 km :* **SHIBING.** Au temps des Ming, la ville se nommait Pianqiao, ce qui traduit son rôle sur la route Mandarine, car *pianqiao* désigne une sorte de pont, particulier au Guizhou. Ce bourg résolument moderne s'est développé grâce au tourisme vert *(randonnées sur les sentiers du mont de la Terrasse des nuages [Yuntai shan], descente en bateau du Wuyang he)*. Avec Shidong, c'est le site des joutes nautiques des bateaux-dragons, lors du Double Cinq *(→ encadré)*.

■ *62 km* : **FEIYUN YAN**★ (falaise des Nuages volants ; *ouv. 9 h-17 h 30*). Ce lieu étrange a captivé l'imagination des Miao et des Han. Les premiers l'ont élu pour *youfang (→ encadré p. 284)*, le 8ᵉ jour du 4ᵉ mois du calendrier lunaire, les seconds y ont bâti un **temple**. Comme la plupart des établissements religieux des Han au Guizhou, il fut fondé sous la dynastie des Ming, en 1443, par un moine itinérant. À l'instar du Qinglong dong de Zhenyuan, ce fut un sanctuaire mi-bouddhique, mi-taoïque. On y pénètre par un *paifang*, animé par des statuettes multicolores de vieux sages et d'immortels. Ses pavillons et ses salles en bois (XIXᵉ s.) ne sont plus affectés au culte, mais abritent documents, instruments de musique et costumes liés aux fêtes traditionnelles du Guizhou. Le temple est dominé par une imposante falaise, incrustée de stèles et taillée de marches, qui dessert une multitude d'oratoires (cavités naturelles ou petits kiosques).

■ *95 km* : **CHONG'AN**★. Au cœur de villages gejia et miao, ce bourg a connu une époque florissante au début du XXᵉ s. grâce au trafic fluvial du bois sur la **rivière Chong'an**, affluent du Qingshui jiang, qui se jette dans le lac Dongting pour rejoindre le Yangzi. Les marchands chinois venus s'établir ici ont laissé des traces, comme le **pavillon de la Splendeur littéraire**, près de la rue principale. Dans cette région, les Gejia sont repoussés dans les montagnes par les Miao, installés plus bas, dans les vallées.

Empruntez la route Huangping-Kaili qui traverse le village, puis quittez-la pour longer la rivière ; 300 m plus loin, vous arriverez aux ponts.

Trois ponts, construits à des époques différentes, éloignés de seulement 3 ou 4 m, enjambent parallèlement la rivière. Le 1ᵉʳ, en chaîne de fer, est le plus ancien. Il fut construit sous la dynastie Qing (1873). Le 2ᵉ est en acier et date des années 1940. Ses matériaux ont été importés de France. Le 3ᵉ, en béton, a été édifié après les inondations de 1996. Un temple bouddhiste se trouve à proximité de ces ponts. De là, si on remonte la rivière, on atteint la **gorge de la Chong'an jiang**, longue de 5 km, qui se parcourt à pied *(possibilité de croisière, rens. auprès de Chong'an Jiang Holiday Resort)*.

À la sortie du bourg, en suivant la Chong'an jiang vers l'aval, vous découvrirez une série de **moulins à eau**, dressés au milieu de la rivière. Ils servent

Les courses de bateaux-dragons

Les joutes nautiques placées sous le signe du dragon sont célébrées à travers tout l'antique pays des Yue, en Chine du S. Elles ont lieu le 24ᵉ jour du 5ᵉ mois lunaire, entre la fin de la saison sèche et le début de la saison des pluies, et ont pour origine l'invocation de l'eau, dont le dragon, habitant des fleuves et des nuées, est le maître. Les bateaux concurrents, propulsés par des rameurs, sont encouragés par les clameurs de la foule, le roulement des tambours et le tintamarre des gongs. Ces instruments, dont le son évoque le grondement du tonnerre, annonciateur des pluies d'orage, sont le souvenir du sens premier de ces festivités.
En pays miao, une légende raconte l'origine de ces bateaux. En ce temps-là, le vieux Bao vivait avec son fils Jiu Bao. Un jour que celui-ci pêchait sur un étang, un dragon jaillit de l'eau et s'empara de lui. Bao, plongeant au secours de son fils, découvrit le dragon endormi, la tête posée sur le corps de Jiu Bao. Fou de colère, il s'arma d'un poignard et d'un gourdin, et, après neuf jours de combat, découpa le dragon en trois morceaux, récupéra son fils et mit le feu à l'antre du monstre. Mais le dragon occis s'en vint tourmenter Bao en rêve chaque nuit. N'y tenant plus, l'homme le conjura de lui donner le remède qui l'apaiserait. Le dragon lui confia qu'il lui suffisait de tailler un bateau d'après sa forme, sa tête en guise de proue, sa queue en guise de poupe, pour que de nouveau il puisse aller sur les eaux.

♥ BONNE ADRESSE

Hébergement sympathique au *Chong'an Jiang Holiday Resort* (à la sortie du bourg, non loin du pont, sur la route principale, au bord de la rivière ; toilettes et salle de bain communes).

Les Gejia

La plus grande confusion règne sur l'origine et l'identité des Ge *(prononcer « gué »)* ou Gejia *(prononcer « gueutia »)* qui, assimilés aux Miao, réclament le statut de nationalité distincte. Leur habitat se distingue de celui des Miao voisins : les maisons en bois sont élevées de plain-pied sur le sol en terre battue et leur implantation est beaucoup plus lâche. L'intérieur, divisé en trois pièces, est surmonté d'un grenier pour remiser fourrage et patates douces. Les Ge sont, avec les Buyi et certains Miao de l'O., des maîtres du batik, toujours exécuté par les femmes. La technique du batik est la même que celle des Buyi *(p. 303)*, mais le répertoire des motifs est plus géométrique (spirales, motifs concentriques) et toujours souligné de broderies au point de croix dans des teintes fuchsia ou corail. Cette coutume confère une grande spécificité à leur costume, en particulier celui des jeunes filles, d'allure très martiale : jupe plissée courte en batik, veste en batik rehaussée d'appliqués de manche brodés, casaque indigo sans manches, tabliers courts superposés en batik, rehaussés de points de croix, longue bande tissée enroulée plusieurs fois autour de la taille pour maintenir l'ensemble et bandes molletières. Si les femmes mariées portent un simple carré de batik noué autour d'un chignon serré sur la tête, les jeunes filles arborent un casque de métal agrémenté d'une frange de teinte corail.

Jeune fille gejia (Matang) portant la coiffe caractéristique en forme de shako, couverte de fils de laine rouge et maintenue au-dessus du front par un cerceau de métal fixé au chignon au moyen d'une épingle. Le tout symboliserait le casque, l'arc et la flèche du premier ancêtre des Gejia.

L'originalité de la tenue de fête du canton de Leishan *(p. suiv.)* tient à la combinaison de jupes plissées très courtes, portées superposées, et d'une tunique qui descend sur les mollets à la manière d'un frac. Le chignon est piqué d'une longue épingle en argent, où sont posés des phénix ciselés.

à décortiquer le riz et à moudre un bois odoriférant pour fabriquer de l'encens, destiné aux offrandes.

▶ **Xinzhai**★★. Juste en face du *Chong'an Jiang Holiday Resort* part le chemin qui permet de gagner ce **village gejia**, au sommet de la montagne. Cette marche *(1/2 h)* offre un joli panorama de la vallée de la Chong'an jiang. De nombreuses familles fabriquent de l'encens. ◀

■ *113 km :* **Matang**★. On accède à ce **village gejia** par un chemin de 1 km *(à g. de la route)* coupant à travers champs et bordé de théiers oléagineux *(→ encadré p. 339)*, dont la floraison a lieu en oct. et en nov.

■ La route qui descend de Matang vers Kaili longe le **mont du Brûle-Parfum** (Xianglu shan), imposante formation calcaire en forme de forteresse. Il fut autrefois une place forte des Miao, il est resté un lieu de *youfang (→ encadré p. 284)*.

■ *130 km :* **Kaili** *(→ p. 318)*.

De Kaili à Rongjiang à travers les Miaoling shan★★

Au S. de Kaili s'élève la forteresse naturelle des Miaoling shan, dont le point culminant est le pic du Tonnerre (Leigong shan, 2 178 m). Pour y pénétrer, la route emprunte le passage de la rivière Bala, affluent du Qingshui, jusqu'à Leishan. Ces montagnes servirent de refuge aux Miao durant les campagnes de pacification conduites par les Ming et les Qing. Mais cette retraite fut chèrement payée : rares sont les sols cultivables dans ce pays de montagne, rare est le soleil, qui ne brille que 132 heures par an sur le canton de Leishan.

Itinéraire de 291 km.

S'organiser : des minibus desservent Leishan et les chefs-lieux de cantons situés au-delà, mais ils ne permettent pas de s'arrêter quand on le souhaite. Étape possible à Xijiang *(auberge bien tenue)*, Leishan *(hôtel)*, Leli *(auberge acceptable)* et Rongjiang *(hôtel)*.

■ *27 km :* **LANGDE**★★ est un beau **village miao**, accroché aux pentes de la vallée de la rivière Bala. En contrebas, une noria géante tourne en permanence pour assurer l'irrigation des cultures. À distance du village, on remarque des cavités dans les pentes abruptes des montagnes : ce sont des greniers aménagés au temps où les Miao organisaient leurs villages en camps retranchés. Un chemin empierré grimpe dans le village, pour se subdiviser en étroites ruelles, entre les belles maisons en bois à trois étages. L'espace entre les pilotis sert de porcherie et de poulailler, le 1er étage est le lieu d'habitation, souvent pourvu d'un balcon qui court le long de la façade, l'étage supérieur est le grenier. Au centre du village, la grand-place pavée sert d'aire de battage et de scène pour les spectacles folkloriques, organisés sur demande *(→ encadré)*.

■ *43 km :* **LEISHAN**, la « montagne du Tonnerre », est un vilain bourg, tapi dans la vallée du Bala he. Très bien desservi par minibus depuis Kaili, il permet une escapade d'un ou plusieurs jours vers le grand village miao de Xijiang.

▶ *À 36 km N.-E.,* **Xijiang**★★ *(2 h de route ; bus directs depuis Kaili ou changement à la gare routière de Leishan)* est la plus grande **agglomération miao** du Qiandongnan, avec 1 500 foyers et donc autant de maisons de bois traditionnelles. Accrochées aux pentes, desservies par un faisceau de sentes dallées et de marches, elles forment cinq villages en un tissu continu descendant vers une rivière, que

Les jeunes filles miao de la vallée du Bala he revêtent pour les fêtes une « jupe volante », portée sur un long jupon, et se coiffent d'une paire de hautes cornes en argent. La jupe est faite de pièces d'étoffe, découpées en forme de fleurs et reliées à la ceinture par des fils, qui forment un ensemble entièrement mobile. La veste, indigo sombre, est ornée d'appliqués où domine le motif du dragon, brodé à l'aide d'un jeu de points en relief.

La parabole de Langde

Langde fait partie de ces villages triés sur le volet par le bureau du tourisme provincial pour servir de cadre à des représentations folkloriques. La proximité de Kaili a assuré son succès. Cette pratique a ses amateurs (les photographes et ceux qui y voient l'assurance du maintien du répertoire chanté et dansé) et ses détracteurs (qui critiquent le fait que les villageois sont détournés de leurs activités agricoles par de l'argent plus facilement gagné, la disparité de ce bénéfice, le caractère artificiel des représentations). Cependant, Langde fut le pionnier des spectacles sur demande dans la région. Lorsque le maire du village soumit le projet à son conseil, ce fut un tollé. Assurément, les esprits des ancêtres trouveraient matière à se venger ; ils rendraient la terre stérile ou déchaîneraient leur colère en faisant pourrir les récoltes. Le maire ne tint pas compte de cet avis défavorable : quelques jeunes filles furent sélectionnées pour se produire sur la place du village dans leurs plus beaux effets, coiffées de leurs cornes en argent. Avec l'argent gagné, le maire fit acheter des engrais chimiques qui assurèrent de bonnes récoltes au village.

Jour de marché à Leishan : des jeunes filles miao ont coiffé leurs cheveux à la mode des princesses Tang.

Les convois du « dagong »

Milieu d'après-midi à la gare routière de Danzhai, des batteries de minibus attendent que tous leurs sièges soient occupés pour partir. Ils ont déjà doublé de hauteur, leur toit croulant sous les marchandises. À l'intérieur, tous les espaces disponibles sont obstrués par des cartons, obligeant les voyageurs à se contorsionner pour gagner leur place. Au bout du parking, un grand bus-couchettes attend lui aussi ses passagers. Sa destination : Dongguan, une zone de développement économique, près de Canton, à plus de 1 500 km de là. Le voyage sera long. Ceux qui montent à bord le savent. Ils partent pour le *dagong*, la « quête d'emploi », expression d'origine cantonaise. Filles et garçons, ils sont jeunes (pas plus de 25 ans) et pas du tout qualifiés. Leur métier, ils rêvent de l'apprendre au cœur des mirages économiques cantonais. Ils seront manœuvres sur les chantiers de construction de routes et d'immeubles. Elles travailleront dans les usines de jouets ou de confection. Dans la majorité des cas, ils grossissent le flux de la « population flottante ». Les plus chanceux, chichement logés et nourris par l'employeur, économisent leur salaire qu'ils envoient à leurs parents restés au village, ou qu'ils convertissent en téléviseurs, ou lecteurs de disques vidéo. Les plus entreprenants, de retour au pays, ouvriront à leur tour de petites entreprises. Dans la plupart des cas, l'exode dure deux ou trois ans, mais vide des villages entiers de leur population de jeunes adultes.

longe la grand-rue. Les possibilités d'hébergement, même modestes *(deux auberges)*, permettent la découverte du mode de vie des Miao et des randonnées dans la campagne alentour. En empruntant les voies pavées depuis la grand-rue, on peut monter sur les hauteurs du village, où se trouvent les réservoirs d'eau indispensables aux cultures en terrasses, mais aussi les cimetières des vieilles familles de Xijiang. L'un de ces chemins conduit à une **cascade** *(à 40 mn à pied du centre)*. Au-delà, commence la difficile montée *(5 h env.)* vers le **Leigong shan**, mont sacré des Miao. ◄

Passé Leishan, la route escalade les contreforts du Leigong shan jusqu'à un col, situé à 1 200 m. De là-haut, si le temps est clair vous embrasserez du regard ce dernier grand bastion naturel des Miao.

■ *115 km* : **Pingyong** est un canton pluriethnique. Les jours de marché, vous y croiserez des **Miao « jupe bariolée »** (Huajun Miao) en grande tenue : jupe plissée en batik, veste à garnitures brodées et tablier, le cou paré d'un torque et d'une longue chaîne en argent. Les femmes dong portent ici, sur leur jupe plissée, une veste boutonnée sur le côté, d'une nuance indigo plus claire que dans la région de Congjiang. Quelques Shui sont vêtues d'une tenue proche de celle des Dong, mais au lieu de nouer leurs cheveux en chignon, elles se coiffent d'un fichu à carreaux noirs et blancs ou, pour les dames plus âgées, d'un rectangle de tissu noir, brodé de discrets motifs blancs.

À Pingyong, quitter la route de Rongjiang et emprunter sur la g. une route non asphaltée sur 33 km.

■ *148 km* : **Leli★**. Ce gros bourg est le centre administratif et commercial d'une constellation de **villages dong** à l'architecture préservée, notamment **Baoli★★** *(9 km N.)* et **Wangli★** *(11 km S., entre Pingyong et Leli)*. Ici, la panoplie féminine se compose d'une veste –généralement bleu et blanc dans les saisons chaudes, bleu foncé en hiver ; broderies assez chargées sur les pans et les manches –, d'une jupe noire plissée et de jambières.

■ La route non asphaltée se prolonge vers Langdong au N.-E. Elle traverse la **zone protégée du Leigong shan★★**, à 2 000 m d'alt., occasion d'admirer la forêt primitive parcourue de cascades et de visiter en route des villages isolés.

À Konglie (21 km de Leli), prendre à g. une piste de 5 km.

■ *174 km* : **Kongshen★★**. Au costume des dames miao de ce village, vous comprendrez l'origine de leur surnom : **Miao « minijupe »**. Elles portent, superposées, quatre à cinq jupes aux 100 plis, version mini (longueur env. 20 cm). Sur le devant, un long tablier descend jusqu'aux chevilles, et leurs jambes sont protégées de bandes molletières brodées.

Poursuivre jusqu'à Langdong, à 16 km, d'où une route descend vers la vallée de Rongjiang.

■ *291 km* : **Rongjiang**.

À la saison des accordailles, les jeunes Dong de Leli pratiquent la cour avec une assiduité acrobatique : juchés sur une échelle et postés à l'appui de la fenêtre, les gars entretiennent des heures durant leurs belles cachées dans leur chambre.

Répertoriés comme Hmu, les Miao de la région du Leigong shan se désignent eux-mêmes comme Genao *(prononcer « kanao »)*, nom du dialecte dans lequel ils s'expriment.

De Kaili à Rongjiang *via* Sandu★★

En empruntant cette voie, on quitte le Guizhou montagneux pour le Guizhou karstique, le bastion des Miao pour la contrée des Shui, avant d'atteindre celle des Dong dans la vallée de la rivière Duliu. Les différentes ethnies qui vivent dans son bassin déploient une étonnante diversité de costumes et de parures, arborés les jours de marché.

Itinéraire de 213 km, 6 h.

S'organiser : bus réguliers entre Kaili et Sandu (piste non asphaltée de Kaili à Xingren, 2 h 30 de trajet), Sandu et Rongjiang (2 h 30 de trajet par une belle route). Si vous souhaitez photographier ou visiter, mieux vaut disposer d'un véhicule. Étape possible à Sandu *(hôtel confortable)*.

■ *18 km S.-O.* : **Zhouxi**. Les jours de marché *(jours comptant 5 et 0)*, les dames miao des villages environnants jouent la sobriété d'une jupe bleu indigo et d'un tablier, gardant broderies et parures pour les jours de fête. En revanche, leur chevelure, lustrée

Le costume masculin des Shui témoigne de la forte sinisation de ce groupe : une veste sans col ouvrant sur le devant et des pantalons, totalement inspirés de l'habit traditionnel des Han. Même les femmes portent plus volontiers le pantalon, très large en bas, avec un ourlet doublé d'un galon, la jupe étant réservée aux jours de fête. À l'instar des Buyi, l'ensemble est sobre, jouant sur des nuances bleu et vert clair. Comme les dames dong, les brodeuses déploient leur dextérité dans la réalisation des porte-bébés. Elles mêlent aux fils de coton et de soie du crin de cheval, utilisé pour broder en relief le cerne des motifs.

à l'huile de thé *(→ encadré p. 339)*, est arrangée en chignons, rappelant certaines coiffures en vogue à la cour des Tang au VIIIe s. Elles n'hésitent pas à l'augmenter de postiches de cheveux pour en accroître l'effet. La région est aussi réputée pour sa fabrication de *lusheng* *(→ encadré p. 283)*.

■ *36 km :* **Shiqiao**★ *(prendre à g. ; marcher 200 m ; après un virage, on arrive au village)*. Dans ce village miao, le papier est encore fabriqué grâce à des méthodes ancestrales. On peut y voir des maisons traditionnelles en bois.

■ *52 km :* **Xingren**. Chose devenue rare de nos jours, les **Miao** de la région portent leurs bijoux d'argent les jours de marché *(jours comptant 5 et 0)* : une épingle, terminée d'une fleur ou d'un papillon, ferme la toile d'indigo drapée en cône sur le chignon (parfois remplacée par une serviette éponge) ; des pendeloques du même métal ornent les oreilles. Quant au costume, il superpose, dans cette audace vestimentaire si particulière aux Miao, une courte camisole à col officier sur une tunique mi-longue, fermant sur le côté et gansée de bandes brodées.

■ *104 km :* **Sandu** *(→ p. 307)*.

■ Entre Sandu et Rongjiang, la route emprunte la **vallée de la rivière Duliu**, enserrée entre des montagnes abruptes. Sur les hauteurs, les pentes sont couvertes d'une épaisse forêt. Les piémonts sont taillés de rizières en terrasses.

■ *142 km :* **Dujiang**★★ est le seul site de la vallée établi en hauteur, ménageant de belles vues sur les rizières en terrasses. Sous la dynastie des Qing, le village fut fortifié pour servir de point d'appui stratégique lors de la campagne de pacification du Guizhou. Des tronçons du **rempart** et d'**anciennes portes** ont subsisté.
La **foire hebdomadaire** *(tous les 6 j.)* y est particulièrement attrayante : on y croise les Shui montés de la vallée et les Miao descendus de leurs montagnes.

■ *164 km :* **embarcadère de Bameng**★★. Encerclé par un affluent de la rivière Duliu, ce **village shui** n'est desservi que par bac. Il est desservi par un **pont couvert**, dans un cadre splendide de bambous et de bananiers.

■ *165 km :* **Xinghua**. Dans ce bourg shui, on peut croiser les Miao « veste à plumes des cent oiseaux », descendus de leur nid d'aigle de Baibei.

▶ **Baibei**★★★ *(à 3,5 km N.-E. ; accès à pied uniquement depuis Xinghua, par un chemin escarpé ; compter 1 h 30 par temps sec, 2 h 30 si le chemin est mouillé)*. Situé à flanc de montagne, ce village miao de 400 foyers est fait de maisons en bois sur pilotis blotties les unes contre les autres. Les toits sont couverts de bardeaux. Le costume de fête de ce groupe miao est une splendeur. Des motifs d'oiseaux aux couleurs vives en constituent le répertoire ornemental. La jupe est composée de multiples bandes colorées dont l'ourlet est garni de plumes. Pour ces raisons, on surnomme ce groupe **Miao « veste à plumes des cent oiseaux »**. Baibei est connu aussi pour ses célébrations à l'occasion de Guzang jie, la fête des Tripes de buffle *(p. 61)*. ◀

■ *213 km :* **Rongjiang**.

Quand Tonnerre déclencha le déluge

Le dieu Tonnerre est une divinité importante pour les Miao et les Dong *(→ encadré p. 350)*. Bafoué par les hommes, il voulut les punir en ensevelissant la terre sous le limon et les eaux du Déluge. Il choisit néanmoins un frère et une sœur, Nogong et Nomu, pour donner une seconde chance à l'humanité. Il leur remit donc des graines de courge avant de déclencher l'orage diluvien. Les courges poussèrent si grosses que Nogong et Nomu trouvèrent refuge dans l'une d'elles et flottèrent ainsi pendant les pluies interminables. Rescapés du désastre, ils conçurent un enfant monstrueux, car né de leur inceste. De désespoir, ils coupèrent son corps en 100 morceaux, qu'ils dispersèrent dans la nature. En touchant le sol, chaque morceau de chair devint enfant à son tour. Ainsi naquirent les 100 ancêtres des clans miao, qui s'en allèrent peupler les quatre coins de l'univers.

10 La contrée des Dong★★★

En empruntant cette route, qui conduit d'abord aux confins du Guangxi et du Hunan, puis du Guangxi et du Guizhou, on suit une partie de l'itinéraire de la Longue Marche, lorsque les communistes abandonnèrent leur base du Jiangxi. Les voies de passage existent, mais elles sont difficiles. Descendue du château d'eau du Guizhou, la rivière Duliu s'élargit de manière trompeuse en entrant au Guangxi. Mais en amont, dans le S.-E. du Guizhou, son cours se resserre en gorges étroites que des ponts ne sont venus franchir qu'à la fin du XXe s.

Cette zone de confins resta longtemps une enclave. Aux yeux des Han, la région qui s'étendait autour de Guzhou, l'actuelle Rongjiang, demeura une terre inaccessible contrôlée par des Miao « crus » *(encadré p. 66)* terriblement dangereux jusqu'à l'occupation de la région par les impériaux, dans les années 1730. Grâce à ses gorges-douves et à ses montagnes-murailles, cette zone au relief peu élevé, mais infiniment compartimenté et confus, fit aussi office de refuge et de conservatoire pour le peuple dong. Rendus célèbres pour leurs traditions chantées – qu'ils ont en partage avec les Zhuang et les Yao –, les Dong s'expriment encore dans une architecture originale et virtuose, dont les tours et les ponts sont les éléments les plus spectaculaires.

Itinéraire de 393 km, de Guilin (Guangxi) à Rongjiang (Guizhou), *via* Zhaoxing. Peut se faire également dans l'autre sens, au départ de Kaili.

Distances depuis Sanjiang (et temps de trajet en véhicule individuel) : Guilin, 152 km (4 h 30) ; Congjiang, 107 km (3 h 30 ; 156 km *via* Zhaoxing) ; Rongjiang, 191 km (5 h 30) ; Kaili, 364 km (10 h 30).

Distances depuis Rongjiang (et temps de trajet en véhicule individuel) : Kaili, 173 km (5 h) ; Liping, 97 km (3 h) ; Sandu, 109 km (3 h) ; Duyun, 193 km (5 h 30).

Province du Guizhou et Région autonome zhuang du Guangxi.

i Pour la logistique de votre voyage, adressez-vous aux agences de Guiyang *(p. 297)*, Sanjiang *(p. 342)*, Guilin *(p. 339)* et Yangshuo *(p. 365)*.

À ne pas manquer

La contrée des Dong dans l'histoire

Un triangle de terre entre deux rivières

Ces confins du Guangxi et du Guizhou demeurèrent *terra incognita* jusqu'au XVIIIe s. Situés à l'écart des voies de pénétration, puis des axes de communication créés par les Han dans ces contrées sauvages, ils forment une masse de terres aux reliefs variés, délimités par deux voies fluviales : la rivière aux Eaux claires (Qingshui jiang) qui, à l'E., s'en va rejoindre le Hunan, et le Duliu jiang qui, passé Sanjiang, entre dans les eaux tributaires du Xijiang qui se jette dans la mer à Canton. L'une et l'autre servirent, et servent toujours, au flottage des grumes venues des forêts du S.-E. du Guizhou, réputées pour leurs essences rares, tel le *nanmu*, variété de palissandre dont on fait toujours des cercueils à Liuzhou. Jusqu'en 1730, ces voies fluviales étaient aux mains de populations miao que les Chinois qualifiaient de *sheng*, « crues », absolument pas sinisées et par conséquent particulièrement « barbares ». C'est à peine si les colporteurs osaient emprunter les sentiers dans la région, de peur de se faire détrousser par ces brigands. Lorsque, au début du XVIIIe s., le pouvoir central décida du contrôle définitif de la forteresse naturelle du Guizhou, les impériaux s'emparèrent de

La contrée des Dong.

l'enclave en dirigeant des expéditions depuis Duyun et Sandu. L'ordre des Han établi, la contrée entra peu à peu dans le réseau commercial du vaste S. Cela eut d'ailleurs pour conséquence l'acheminement d'une denrée, si rare ici qu'elle était payée au prix de l'or : le sel *(→ encadré p. suiv.)*, venu de Canton, parvint enfin à Guzhou (auj. Rongjiang).

Les Dong, barbares « cuits »

Le peuple dong (3,3 millions, dont 1,8 million au Guizhou), originaire des zones côtières du S.-E. de la Chine, appartient à la grande famille des Bai Yue, repoussée vers le S.-O. par les Han. Installés dans la région frontière entre Guizhou, Hunan et Guangxi, ils vivent en communautés compactes de la culture du riz de montagne. À la naissance de chaque fille, un « cèdre des 18 ans » est planté. Symbole de la nouvelle maison à construire, il sera coupé le jour de son mariage. Malgré cela – et quelques autres coutumes comme la croyance dans l'efficacité magique du chant ou bien l'entretien soigneux de kiosques avec bancs, fontaines et même sandales de paille destinés au voyageur de passage sur leur territoire –, ils ont presque complètement assimilé la culture chinoise.

Au XVIIIe s., les montagnes qui s'élèvent au S. du Duliu jiang fournissaient une importante ressource forestière, alors appelée la forêt de Neuf Mille Li. Comme les Grands Monts Yao (Dayao shan) du Guangxi voisin, la région connut une déforestation intense dans les années 1960-1970. Aujourd'hui, une partie de l'ancienne forêt a été reconvertie en un immense verger de mandariniers qui s'étend entre Congjiang et Rongjiang.

Dans ces confins peu connus des Han, les Dong ne furent distingués en tant que groupe à part entière que sous la dynastie des Ming. Par leur langue, ils appartiennent au groupe taï-kadaï. Dans les textes du XVIIe s., ils sont présentés comme une population « cuite », très sinisée, occupant de préférence les plaines – le terme *dong* désignant une plaine enclose par un cirque de montagnes et traversée par une rivière –, où ils pratiquent la culture du coton (qui vient d'être introduite dans la région). Cette sinisation dont font état les textes chinois trahit un autre aspect de l'économie des Dong : à l'instar des Buyi du S. du Guizhou, ils se sont tournés vers d'autres activités que l'agriculture, en particulier le commerce. Il est probable que, si les Miao exploitaient la forêt dans la région, les Dong jouaient un rôle d'intermédiaire important dans la commercialisation du bois dans les centres de Liping et de Guzhou.

Des architectes virtuoses

Les Dong ont signé les confins du Guangxi et du Guizhou par le réseau de sentiers, coupant à travers les montagnes, qu'ils y ont tracés, par le modelage en rizière du moindre arpent de terre, par leurs villages compacts aux maisons en bois. Ces hameaux, qui dépassent rarement les 5 000 âmes, se distinguent des agglomérations des Yao ou des Miao voisins par la présence d'une ou plusieurs tours, en forme de pagode, élevées par le clan dominant du village ou de la région. Autrefois, on y sonnait le tocsin pour rappeler les habitants au village en cas d'attaque ou d'incendie. À cet effet, un tambour, fait d'un tronc évidé et tendu d'une peau de buffle, était placé au sommet. Les **tours du Tambour** sont muettes aujourd'hui, car ces instruments ont disparu durant les ravages causés par la Révolution culturelle. Cette dernière, mais aussi toutes les périodes de troubles qui ont secoué périodiquement la région, a entraîné nombre de destructions du patrimoine architectural des Dong. Celui-ci connaît une renaissance depuis les années 1980 – près de 300 structures monumentales (ponts et tours) ont été recensées sur l'ensemble de la région – : les communautés villageoises organisent des collectes, n'hésitant pas à mettre à contribution les touristes de passage. Les sommes réunies permettent d'acheter le bois nécessaire et de reconstruire à l'identique, en suivant les préceptes géomantiques des Dong, les tours détruites par le temps. Le même principe vaut pour les **ponts du Vent et de la Pluie**, dont ce peuple fut également maître d'œuvre. Ce sont d'imposants ouvrages à tablier plat, reposant sur des consoles et dont la toiture est couverte de tuiles. Le long de la nef centrale, qui sert de passage, des banquettes sont aménagées

Une province sans sel

On explique généralement le goût marqué pour les saveurs acides dans le S.-E. du Guizhou par l'habitude de pallier un manque chronique de sel. Le N. de la province se trouvait d'ailleurs alimenté de manière à peine plus régulière par le sel en provenance du Sichuan, vendu au prix fort. Voyageurs traversant le Guizhou ou fonctionnaires résidants sont unanimes à déplorer le manque de sel dans cette région ; il est si précieux qu'il sert de monnaie d'échange contre d'autres denrées. Quand son approvisionnement est trop aléatoire, on lui substitue des feuilles de tétragone, variété d'oseille particulièrement acide, ou encore une espèce de poivre, le « poivre de chien », au goût âcre. Mais ce ne sont là qu'ersatz lorsque cette saveur chère aux Han, amateurs de saumure, fait cruellement défaut.

dans les travées latérales. Tours et ponts bâtis par les Dong sont construits sans un seul clou, par le seul jeu de l'assemblage à tenons et mortaises et des toitures à consoles.

De Guilin à Sanjiang*

En quittant Guilin, vous plongerez très vite dans la réalité du Guangxi, que font parfois oublier les féeries karstiques et le développement touristique du Lijiang (rivière Li). En plaine, il n'y a que quelques années que les pompes électriques sont venues remplacer les traditionnelles roues à godets en bambou, permettant une double récolte de riz annuelle dans cette partie de la province. Les montagnes, elles, ont été replantées de conifères. Malgré l'altitude, le climat subtropical domine, imposant la présence insolite de bananiers.

La région reste essentiellement rurale, malgré de maigres terres : 80 % de collines, 10 % d'eau et 10 % de terres arables ne laissent allouer que 0,80 *mu* par hab. (1 *mu* = 1/6 ha).

Itinéraire de 153 km (4 h, route de montagne).

S'organiser : depuis Guilin : plusieurs bus par jour pour Sanjiang (4 h 30). Si vous optez pour le bus de ligne, il est préférable de fractionner l'itinéraire en faisant étape à Longsheng : de nombreux minibus assurent la liaison Longsheng-Sanjiang (2 h) ; à partir de Sanjiang il vaut mieux disposer d'une voiture pour s'arrêter dans les villages. **Depuis Kaili :** bus pour Rongjiang ou Congjiang ; ensuite, il est indispensable de disposer d'un véhicule jusqu'à Sanjiang.

Quitter Guilin par la route de l'aéroport. À 40 km, passé Yuantian (canton autonome yao), la route commence à escalader les contreforts des Danan shan sur une soixantaine de kilomètres.

■ *40 km* : **Heping**. La route serpente à travers un fantastique **paysage**** de champs et de rizières taillés en terrasses, dominés par des pics couverts de forêts (alt. 1 000-1 500 m), que l'on surnomme **Longji**, « l'Échine du Dragon ».

▶ Pour profiter davantage du fabuleux « land art » de Longji, prenez la route de Heping à **Jinjiang** *(4 km E.)* et montez à pied au village de **Ping'an** *(env. 1 h 30 de marche).* ◀

À 73 km, vous quitterez la route de montagne pour suivre la vallée d'un affluent du Xunjiang.

■ *88 km* : **Longsheng** est le chef-lieu d'un canton pluriethnique zhuang, yao, miao et dong, blotti au fond de la vallée du Xunjiang. Inutile d'y faire étape : les attractions touristiques sont faites pour les voyageurs pressés qui effectuent l'aller-retour depuis Guilin dans la journée.

■ *153 km* : **Sanjiang** *(→ p. 342).*

Thé à l'huile et huile de thé

Le colza est la principale culture oléagineuse au Guizhou. Il n'a cependant pas remplacé d'autres essences indigènes, tels l'arbre *tong*, une variété de paulownia, dont on extrait l'huile d'aleurite, ou le théier oléagineux, dont les graines fournissent une huile avec laquelle les femmes miao enduisent leurs longs cheveux.
L'huile entre d'ailleurs dans la recette d'un breuvage, servi dans le Qiandongnan, qui n'est pas sans rappeler les soupes de thé cuisinées dans la Chine médiévale : les feuilles de thé sont saisies à l'huile, ou au saindoux, puis jetées dès que la graisse est parfumée ; celle-ci est alors arrosée d'eau et portée à ébullition. Le thé à l'huile est servi parsemé de croquettes de riz émiettées et de cacahuètes pilées.

Les maîtres architectes

Les Dong ont signé les confins du Guangxi et du Guizhou de leur présence par le réseau de sentiers, coupant à travers les montagnes, qu'ils y ont tracés, par le modelage en rizière du moindre arpent de terre, par leurs villages compacts aux maisons en bois. Ces hameaux, qui dépassent rarement les 5 000 âmes, se distinguent des agglomérations des Yao ou des Miao voisins par la présence d'une ou plusieurs tours, en forme de pagode, élevées par les différents clans, et par des ponts couverts, enjambant la rivière qui borde le village. Leur site est choisi en accord avec un géomancien, et leur construction doit relever de cinq principes canoniques : ni fondations, ni échafaudage, ni clous, ni liens, ni mortier.

■ Contre vents et pluies

La plupart des villages dong possèdent un pont qu'une galerie couverte protège des intempéries, ce qui lui vaut l'appellation de « pont du Vent et de la Pluie ». Les ponts de ce type, couverts et à tablier plat, sont rares en Chine, où on leur a préféré le pont voûté, appareillé en pierre.

Enjambant la rivière qui d'ordinaire longe le bourg, il est son unique voie d'accès et, par conséquent, le lien symbolique et protecteur entre le monde du village et le monde du dehors. L'emphase architecturale accordée à ces édifices dit bien l'importance prêtée au passage dans les croyances des Dong : passage du dehors au dedans, mais aussi passage vers la vie à la naissance ou de la vie au trépas. La tradition dong fait une large place aux esprits invisibles, forces naturelles ou ancêtres protecteurs, qui régissent les vivants. De fait, le pont du Vent et de la Pluie est souvent doté d'un oratoire, dédié au génie qui l'habite et le rend protecteur. Dans la plupart des cas, c'est Guandi, le général divinisé du panthéon chinois, qui fait office de gardien.

▲ Pont du Vent et de la Pluie à Chengyang.
Autrefois, on franchissait les rivières sur de gros troncs d'arbres. Un jour qu'un couple traversait un cours d'eau, une bourrasque renversa la jeune femme. Elle tomba dans le domaine du crabe de la rivière, qui la convoitait. Mais le mari cria si fort qu'il alerta un dragon, maître de la pluie et du vent. Celui-ci tua le crabe et sauva la jeune épouse. En souvenir du dragon sauveur et pour se protéger du vent et de la pluie, les Dong construisirent le premier pont.

▲ **La réputation d'un village dong se mesure au nombre de ses ponts et de ses tours. À côté des monuments vedettes de Diping ou de Chengyang, il existe quantité d'édifices plus modestes, mais tout aussi traditionnels, qui jouent le rôle de place du village (Longtu).**

▲ **Tour du Tambour à Zhaoxing.**

À l'origine des tours du Tambour

On ne sait pas quand les Dong commencèrent à édifier les ponts du Vent et de la Pluie, et pas davantage de quand date la première tour du Tambour *(gulou)*. C'est donc encore une légende qui illustre l'une des fonctions de cet édifice. En ce temps-là, des hordes de brigands semaient la terreur dans la région, pillant et saccageant les villages. Or, dans l'un d'eux vivait Gu Jianglang, une jeune fille aussi sage que belle. Zhang Julou, l'un des chefs des pillards, la convoitait secrètement. Il finit un jour par adresser une missive au chef du village l'intimant de lui remettre en temps et en heure tout ce que le village comptait de riz et de sapèques, de buffles et de cochons et, bien sûr, de lui accorder la main de la jeune fille. S'il n'obtempérait pas, toute la population serait passée au fil de l'épée et le village réduit en cendres. La nouvelle affola les villageois. Mais Gu Jianglang, pleine de sang-froid, présenta un astucieux stratagème au conseil des anciens…

Le jour dit, Zhang Julou et sa bande entrèrent dans le village. On avait éclairé les ruelles à leur intention, et le chef lui-même vint s'incliner à leur rencontre. Comme ils approchaient du bassin du village, « bang ! bang ! bang ! », des roulements de tambour éclatèrent de toute part. Ce fut la débandade parmi les brigands, qui s'enfuirent sans demander leur reste. C'était là le plan ingénieux de Gu Jianglang : elle avait réuni les femmes du village, qui, à son signal, se mirent à frapper l'eau dans leur cuve à indigo, provoquant le bruit que l'on sait et sauvant ainsi le village. Depuis lors, chaque hameau s'est doté de tambours d'alarme, pour lesquels une tour spéciale fut édifiée.

Pont de Heli. Détail de la charpente. ▲

Sanjiang et ses environs★★

Le chef-lieu du canton autonome dong (54 % de la population) de Sanjiang doit son nom, « trois rivières », au confluent des Xunjiang, Mengjiang et Rongjiang. Ses environs comptent quelques fleurons de l'architecture des Dong.

SANJIANG

Indicatif ☎ (0) 772.

ⓘ Agences de voyages : *Fenyuqiao Travel Company*, 13, Yagu lu (☎ 861-8999 ; fax : 861-2896) ; *Chengyangqiao lüxingshe*, 15, Jiangfeng lu (☎ 861-9090 ; fax : 861-8091).

Hébergement : correct à Sanjiang (hôtels), bucolique à Chengyang (un hôtel et des auberges sympathiques).

Liaisons ferroviaires : la gare est à 15 km N.-O. de Sanjiang (navettes par bus). Trains en direction de Liuzhou (Guangxi du N.-E.), d'où vous pourrez poursuivre vers Nanning ou le Guizhou du S. Au N., vous rejoindrez l'important carrefour ferroviaire de Huaihua, au Hunan, d'où vous pourrez gagner le Guizhou de l'E. par la route (Tongren, *via* la ville pittoresque de Fenghuang) ou par le train (Zhenyuan).

Liaisons routières : la gare routière se situe à l'entrée S. de Sanjiang, au bas de Jiangfeng lu, la rue principale. Bus et minibus pour Guilin, Longsheng, Liuzhou et Long'e. Minibus s'arrêtant à Chengyang (direction Linxi) et Mapang (direction Guihang).

S'orienter : à hauteur de l'hôtel *Chengyangqiao*, une rue puis des escaliers montent à dr. vers une colline. Au sommet, une place-terrain de basket où se trouvent le **musée du canton** (collection d'étoffes et objets dong ; s'adresser aux agences de voyage pour le visiter) et, en continuant la rue sur 50 m, l'hôtel d'État.

■ La promenade jusqu'à la **nonnerie de Xianglin** est agréable : emprunter la rue principale, traverser le pont et longer la rivière sur 500 m ; à l'école, tourner à dr. et grimper le chemin à travers champs.

■ **CHENGYANG★★★** *(20 km N.-E. ; en taxi ou en bus).* Beau village bâti selon les normes géomantiques des Dong : adossé à de petites collines, il est bordé par la rivière Linxi. Le **pont Yongji★★★** *(ill. p. 340)*, qui l'enjambe, est la gloire de Chengyang et l'un des plus majestueux ponts du Vent et de la Pluie bâtis en pays dong. Il fallut 12 ans, entre 1911 et 1924, pour dresser cet édifice, dont le tablier en bois, posé sur des consoles en pierre, s'étend sur plus de 70 m de long. Sa galerie en bois, couverte d'un toit en tuiles grises, est scandée de cinq pavillons à toitures superposées, ornées d'acrotères en forme de dragons stylisés et d'un épi faîtier en forme de courge. Les fonds nécessaires à la réalisation de l'ouvrage furent réunis à l'initiative de six vieillards qui sollicitèrent les habitants de Chengyang, mais aussi des villages alentour. Il est classé monument historique, et le financement de ses restaurations périodiques est aujourd'hui assuré par l'État en recourant toujours au savoir-faire des architectes dong. Un pont moderne en béton a été construit en amont pour permettre le passage du bétail et des tracteurs.

Pour organiser une représentation de chants et de danses, adressez-vous au guichet à l'entrée du pont. Cela vaut la peine, ne serait-ce que pour la beauté des costumes de fête masculins : des tuniques, ornées d'appliqués en soie jacquardée et frangées de plumes, portées sur de larges pantalons blancs. C'est aussi une occasion d'écouter les traditions musicales qui ont valu à cette contrée l'appellation « mer des chansons », en particulier le *dage*, « grand chant » exécuté en contrepoint par des voix d'hommes.

Le Qiandongnan est une région forestière. Les Miao et les Dong qui l'habitent construisent leurs demeures en bois, sur deux ou trois étages. On élève d'abord le squelette de la maison (colonnes, entraits et charpente) et on constitue les espaces intérieurs à l'aide de cloisons en bois. L'habitation est au niveau intermédiaire, la basse-cour et le bétail sont relégués au r.-d.-c., l'étage supérieur étant réservé au stockage. Cette architecture intérieure modulaire est qualifiée de ganlan, « palanque » ou « palissade », comme ici à Chengyang.

▶ **Guandong*** *(à 7 km N.)* conserve des exemples modestes, mais tout à fait authentiques, d'édifices dong. Dans la galerie du pont couvert qui conduit au village, se trouve un autel dédié à Guandi. Au cœur du bourg, une petite tour du Tambour s'élève face à la traditionnelle scène de théâtre. ◀

■ **Mapang*** *(25 km N. ; en taxi ou en bus)*. Village célèbre pour sa **tour du Tambour*** qui doit sa notoriété à son ancienneté (elle a survécu depuis 1928) et à ses dimensions – neuf toitures superposées sur 20 m de haut. Les bandeaux des toitures, passés au blanc de chaux, sont peints de motifs puisés dans le bestiaire chinois, où le dragon prend une large part. Les arêtes du toit sont hérissées de statues multicolores, modelées dans un mélange de chaux, de glaise et de fibres de chanvre, sur armature en bambou, fil de fer et paille. Comme tous les exemples conservés dans le canton, la tour est fermée à la base, pour des raisons essentiellement climatiques puisqu'elle fait aussi office de lieu de réunion. À l'intérieur, vous remarquerez le savant travail des charpentiers : l'ensemble est porté par quatre énormes colonnes, simplement posées sur des tambours en pierre et relayées par un jeu d'entraits et de bras de consoles pour former les auvents.

De Sanjiang à Rongjiang***

En longeant le Xunjiang, qui devient Duliu jiang dans son cours supérieur, vous quitterez le Guangxi pour le Qiandongnan (Guizhou du S.-E.). À la frontière des deux provinces, la vallée fluviale s'étrangle et la route la quitte pour escalader les montagnes, toutes taillées de champs en terrasses. Là commence le voyage au Guizhou, contrée où « il n'y a pas trois arpents de terre plate, trois jours sans pluie et trois sous dans la poche des habitants », dit un proverbe, toujours d'actualité.

Itinéraire de 245 km, sans le détour de Liping.

Le costume traditionnel dong demeure largement porté au quotidien dans les villages : veste ouvrant sur le devant et pantalon pour les hommes ; veste, jupe plissée et bandes molletières pour les femmes. Au printemps, celles-ci revêtent une veste sans col ouvrant sur le côté dr. et maintenue par une ceinture en étoffe ; en été, une veste sans col à manches étroites, ouvrant sur le devant, sans boutons ni ceinture. Si le costume dong ne recourt à la broderie qu'avec modération, la virtuosité des femmes en matière de travaux d'aiguille s'exprime dans les trousseaux de bébé.

Autrefois, les *miaohui*, les fêtes de temples, étaient aussi l'occasion de représentations théâtrales destinées à divertir les hommes et à réjouir les dieux. C'est pour cette raison que le dispositif scénique fait face au sanctuaire.

S'organiser : pour réaliser cet itinéraire, il est indispensable de disposer d'un véhicule. Sinon, plusieurs bus circulent t.l.j. entre Sanjiang et Congjiang (109 km, 4 h), et entre Sanjiang et Liping, *via* Zhaoxing. À Zhaoxing, vous trouverez des minibus pour vous emmener à Luoxiang (7 km, 15 mn), ou à Congjiang (53 km, 2 h). Étape possible à Zhaoxing *(hôtel correct et auberges de charme)*, Congjiang *(hôtels corrects)* et Rongjiang *(hôtels corrects)*.

■ *22 km S.-O. :* **Heli*** est le premier village rencontré lorsque la route quitte provisoirement la rive g. du Duliu jiang pour longer l'un de ses petits affluents. Son **pont du Vent et de la Pluie****, qui enjambe cette rivière *(à g. de la route)*, est doté de trois pavillons à étages. La galerie couverte abrite un autel dédié à Guandi. Pavée de galets dessinant des motifs géométriques, elle conduit à un grand temple, le **palais des Trois Princes*** (Sanwang gong), reconstruit en 1995 grâce à diverses donations. C'est un intéressant exemple du syncrétisme des Dong, qui ont largement puisé dans le panthéon taoïque des Han pour accompagner leurs divinités locales. Ainsi le palais est-il dédié au troisième fils d'un souverain historico-mythique de Yelang, le Roi-Bambou *(→ encadré)*, et à ses deux fils, tout en faisant place à Diwang et Tianwang, les rois de la Terre et du Ciel. Ces divinités ont repris place dans un double sanctuaire. Le porche d'entrée qui ouvre sur la cour est surmonté d'une scène de théâtre à la mode chinoise. Dans la cour, un pavillon abrite les stèles gravées lors de la restauration et servant de registres de donation. L'une d'elles rapporte l'histoire du roi de Yelang, telle que la raconte l'historien Sima Qian dans ses *Mémoires historiques (Shiji)*.

■ *30 km :* **Chankou** se trouve au carrefour d'une route qui remonte vers le N. du canton de Sanjiang, et où s'échelonnent plusieurs agglomérations dong, le long du Mengjiang, un affluent du Duliu jiang.

■ De Chankou à Gao'an, vous longerez le secteur le plus large de la **rivière Duliu** et pourrez jouir du

Heli : un pont du Vent et de la Pluie méconnu.

spectacle du fleuve : trains de bois flotté, venu des forêts du Qiandongnan, orpailleurs accroupis sur des radeaux de fortune, lavandières battant le linge sur les bancs calcaires, énormes banians à l'ombre desquels on vient bavarder (signe que vous êtes encore, et jusqu'à Congjiang, dans le climat subtropical de la province de Guangxi).

■ *57 km :* **Gao'an**. À partir de ce village, l'itinéraire quitte le Duliu jiang et le Guangxi pour entrer au Guizhou.

▶ *À 7 km O. de Gao'an,* en direction du village autonome miao de Fulu, **Diyang** est le site des festivités organisées au moment du 3e jour du 3e mois lunaire *(→ p. 61)*, occasion d'un grand rassemblement des populations dong, mais aussi miao et yao de la région. ◀

■ *65 km :* **Diping***. À l'entrée du village, le **pont du Vent et de la Pluie***** à trois tourelles, long de 70 m, semble suspendu au-dessus des eaux de la Nanjiang. Édifié en 1882, il a été détruit à deux reprises par un incendie (le dernier en 1959). Mais l'édifice de 1964 a été à son tour victime de l'eau. Emporté par une crue de la Nanjiang l'été 2004, il est en cours de réfection.

■ Vous suivrez la petite **vallée de la Nanjiang,** sur 6 km, jusqu'à **Long'e**, agglomération en béton que domine une tour du Tambour. Plusieurs hameaux, toujours avec des ponts et des tours aux dimensions modestes, sont établis sur les éperons dominant les méandres de la rivière, où tournent de grandes norias. À partir de Long'e, vous commencerez à escalader un plateau montagneux, dont les reliefs sont sculptés de champs en terrasses, renforcées par des murets bâtis avec les galets de la rivière.

■ *95 km :* **Tang'an***** *(accès par une route de 1 km, sur la g. de la route principale)*. De ce village situé au sommet de la montagne, la **vue***** domine le vallon bordé de rizières où est tapi le village de Zhaoxing. Tang'an a été converti en **écomusée** dans le cadre d'une coopération sino-norvégienne *(musée et centre d'informations situés au-dessus du village)*. Une route pavée conduit à la place de la tour du Tambour, où se déroulent les scènes de la vie quotidienne : les vieux se reposent en fumant la pipe, les femmes font la lessive et lavent les légumes dans une ancienne fontaine.

▶ Depuis Tang'an, on peut emprunter un chemin qui descend à travers les rizières en terrasse vers Zhaoxing *(2 h 30 de marche)*, en passant par le joli village de **Xiage****. ◀

Le Roi-Bambou

Le Yelang était l'une des trois unités politiques qui occupaient la Chine du S. au tout début de l'établissement de l'Empire chinois. Ses voisins étaient le Dian, à l'O., dans la région de Kunming, et le Nanyue, dont la capitale était Panyu, l'actuel Canton. Ce royaume n'a livré que de maigres vestiges archéologiques, et on ignore toujours quel était son centre. En revanche, plusieurs sources chinoises rapportent les origines légendaires de son fondateur, le Roi-Bambou, Zhuwang.
Tandis qu'une jeune fille du pays se baignait dans une rivière, une grosse tige de bambou à trois nœuds heurta sa jambe. Entendant des cris venant de l'intérieur de la tige, elle la fendit et découvrit un bébé, qu'elle éleva ; devenu grand, ses talents de guerrier le firent désigner pour chef du royaume de Yelang, sous le nom de Roi-Bambou. La tige qui l'avait porté devint une forêt dans laquelle on lui dressa un sanctuaire. Inquiet de la puissance de ce royaume à ses frontières, l'empereur des Han fit assassiner le Roi-Bambou. Puis, regrettant cette décision, il envoya au Yelang des émissaires chargés de cadeaux, en signe de repentir. Les deux fils du Roi-Bambou hésitèrent à accepter les présents du meurtrier de leur père. Finalement, la sagesse les poussa à les recevoir : un refus aurait déclenché une guerre à l'issue fatale pour leur peuple.

Le don des esprits

Pour les Miao et les Shui, les Yao et les Buyi, les tambours en bronze sont sacrés. Dans les villages buyi, on ne frappe ces instruments qu'en deux occasions : le Nouvel An et les funérailles. Le reste de l'année, ils sont remisés dans un endroit entouré du plus grand respect, car les tambours en bronze furent jadis offerts aux hommes par les esprits célestes.

Le secret du paradis

Au temps où vivait le vieux Bu Jie, les hommes qui mouraient ne pouvaient gagner le douzième étage du paradis, domaine des immortels. Ils restaient désespérément confinés au septième étage des mers profondes.

Une nuit, le vieillard de la Grande Ourse descendit à bord de son char de nuages bigarrés pour visiter le vieux Bu Jie en rêve et lui livrer le secret de l'accès au paradis. « Les esprits célestes détiennent des tambours en bronze dont le son porte très loin. Si l'un d'eux était donné aux hommes, ils pourraient le frapper lors des funérailles. Ses notes claires parviendraient aux esprits, qui dépêcheraient leurs gens pour guider le mort vers le séjour des immortels. Bu Jie, tu es vieux, mais ton cœur est généreux. Tu y puiseras la force de marcher jusqu'au mont Qinglong, où tu escaladeras l'arbre Masang, qui permet de gagner la porte du Ciel. Là-haut, tu demanderas aux esprits de te remettre un tambour en bronze. » Sur ces mots, le vieillard de la Grande Ourse regagna le ciel.

Bu Jie au palais céleste

Au réveil, le vieux Bu Jie se prépara pour son long voyage. Il marcha jusqu'au mont Qinglong et le gravit. Au sommet, il trouva l'arbre géant, qu'il escalada de branche en branche, des jours et des nuits durant, avant d'atteindre ses fron-

daisons, son vieux corps contusionné et couvert d'égratignures. Les soldats qui gardaient la porte S. du palais céleste lui dirent d'abord de passer son chemin. Mais l'un d'eux, reconnaissant le bon Bu Jie, lui permit d'entrer.

Le vieil homme fut reçu par les esprits célestes, à qui il expliqua le but de sa visite. Ils consentirent à lui remettre un tambour, à condition que Bu Jie livre la bonne réponse à la question suivante : « Qui, du ciel et de la terre, est le plus grand ? » Bu Jie flaira le piège de la question. Les esprits s'attendaient qu'il les flatte en donnant le ciel pour le plus grand. Mais il n'était pas homme à flagorner, aussi répondit-il : « Du ciel et de la terre, ce sont les parents qui sont les plus grands. » « Faux ! rétorquèrent les esprits, tu devais dire que nous sommes les plus grands. » Inflexible, Bu Jie développa son idée : « Certes, vous êtes grands, mais vos parents le sont davantage, car, sans ceux qui vous ont donné le jour, que seriez-vous ? » À ces mots, les esprits sourirent, le félicitèrent pour sa droiture et lui remirent un tambour en expliquant : « À compter de ce jour, chaque fois que mourra un homme, il faudra frapper trois fois ce tambour. Informés par ce son, nous enverrons les immortels le chercher afin de le guider vers le paradis. »

Bu Jie monte au paradis

Bu Jie remercia les esprits, chargea le tambour sur son dos et quitta le palais céleste par la porte du S. Il était si transporté de joie qu'il trébucha par mégarde sur le seuil, tomba et dévala jusqu'à la terre, où il se rompit les os. Le tambour roula dans une grotte qui existe encore de nos jours. Les hommes le frappèrent trois fois afin que le vieux Bu Jie gagne le paradis. Depuis lors, les Buyi battent le tambour en bronze lors des funérailles. Mais il résonne aussi à une autre occasion. Le dernier soir de l'année passée et le premier jour de l'année nouvelle, on le frappe trois fois pour inviter les ancêtres montés au paradis à se joindre aux festivités du Nouvel An, sous la conduite de Bu Jie.

♥ BONNES ADRESSES
À Zhaoxing, plusieurs auberges en bois dans le style traditionnel. *Lulu's Homestay*, au bord de la rivière, près d'un pont couvert (☎ 0-855/613-0112) ; *Zhaoxing Hotel* (☎ 0-855/613-0899) propose 2 bâtiments confortables au choix (le 1er près de la route – ancienne mairie du village –, le 2e est une vaste maison en bois, en amont de la rivière qui traverse le village).

■ *102 km* : **Zhaoxing*****. Une étape dans ce village de 2 000 hab. est une excellente occasion de mieux connaître le quotidien et les traditions des Dong. En effet, la plupart des maisons sont traditionnelles, y compris les auberges qui accueillent les voyageurs. Le village s'enorgueillit de quelques petits **ponts** et de **cinq tours****, dont la plus haute s'élève à 20 m, toutes édifiées par le clan des Lu. Contrairement à celles que l'on trouve dans la région de Sanjiang, les tours ne sont pas fermées à la base. Sur leur parvis, vous noterez la présence de petites scènes de théâtre. Près de celle qui se dresse à la sortie du village *(à côté de l'école, sur la route de Congjiang)*, vous remarquerez, à ses peintures extérieures, un petit temple *(pas de vis.)*. Ce dernier est dédié à Shasui (Saxsis), déesse tutélaire des Dong qui, curieusement, ne fait l'objet d'aucune représentation.

Vous retrouverez Shasui, déesse à l'histoire mystérieuse et confuse, sous différents noms en pays dong : Xingni, ou encore Mang Furen, « dame Mang ».

▶ **Jitang** *(à 4 km S. ; bon dénivelé au-dessus de Zhaoxing, la route n'est carrossable que par temps sec)*. Cette promenade offre un magnifique **panorama***** de la mer de toits en tuiles grises de Zhaoxing, dominée, çà et là, par les toitures étagées de ses tours, soulignées de blanc de chaux. À l'entrée du village, vous trouverez une **tour du Tambour** ; si vous continuez sur la dr., vous en rencontrerez une 2e, ainsi qu'un **temple** dédié à Shasui. En prenant le chemin qui monte à g. à l'écart du village, vous découvrirez l'**oratoire du dieu du Sol***, Digong *(à 500 m)*. Fondé à l'époque de l'implantation du village, en 1880, il ne fut reconstruit qu'en 1986 ; en observant sa toiture, vous remarquerez que les culs de bouteilles constituent un substitut économique à la tuile-canal. À l'intérieur, Digong siège en famille, avec sa femme et son fils. De part et d'autre, Yue Fei, le général des Song, et Xue Rengui, le général des Tang, font office de gardiens. Le rôle dévolu à Digong est d'assurer une descendance mâle et de soigner les maladies. Pour invoquer sa puissance, on lui sacrifie des coqs, dont les plumes, collées de sang, maculent le devant de l'autel. Pour le remercier de son intervention, on lui offre des ex-voto, sous la forme de bannières rouges portant les noms des heureux bénéficiaires, ou de petites plates-formes fixées sur des pieux, qui sont fichés dans le sol aux abords du sanctuaire. ◀

En pays dong, vous trouverez nombre d'allusions aux grandes figures de l'histoire martiale chinoise. Leurs hauts faits tiennent une large place dans le répertoire du théâtre local, tandis que leurs effigies veillent sur les temples. La raison de cette omniprésence des généraux han tient sans doute à la nature de l'implantation chinoise au Guizhou sous les Ming, reposant essentiellement sur des colonies et des fermes militaires.

Quitter Zhaoxing vers le N.-O. Au bout de 18 km se présente une bifurcation : la route de g. conduit à Congjiang, celle de dr. à Liping, autre possibilité pour gagner Rongjiang (à 97 km de Liping).

▶ *53 km N.* : **Liping**. La région de la capitale du pays dong est en plein développement depuis la construction d'un aéroport en 2005 *(12 km N.-E.)*. Reliée par avion à Guiyang, Guilin et d'autres grandes villes de Chine, elle devient une porte d'entrée d'importance pour tout le Guizhou du S.-E.

40 km N. (dir. Jinping) : **Longli**★★ est un village fortifié chinois, fondé au début de la dynastie des Ming (1368-1644). Remparts, portes et maisons de style traditionnel han y sont remarquablement préservés. Comme Tang'an *(p. 345)*, et dans le même cadre de coopération sino-norvégienne, le site a été converti en écomusée en 1999.

45 km S.-O. : **Dimen**★ *(41 km sur la route de Rongjiang, puis à dr. piste de 4 km)*. Ce beau village dong de 3 000 hab. compte pas moins de trois ponts du Vent et de la Pluie et trois tours du Tambour. ◀

■ *109 km* : **Luoxiang**. À la sortie du village, sur le côté dr. de la route, s'élève un **oratoire**, cantonné de deux dragons. Il est dédié à Digong, flanqué de son épouse, qui tient un enfant sur ses genoux. Ici, les offrandes au dieu sont consumées dans un four, aménagé sous ses pieds.

■ *120 km* : **Longtu**★★ mérite un arrêt pour ses tours et ses ponts *(→ ill. p. 341)*. Les premières furent édifiées par le clan des Liang sur le modèle rencontré à Sanjiang : l'étage inférieur est fermé d'une maçonnerie en brique, ou de planches en bois, et percé de fenêtres à volets. Vous trouverez le plus joli pont de Longtu en prenant la 1re ruelle à g., à l'entrée du village. Elle débouche sur le bel ensemble d'un **pont du Vent et de la Pluie** miniature, dominé par une **tour du Tambour.** La tour la plus imposante a été élevée sur la colline qui se trouve à la sortie du village *(sur le côté dr. de la route)* et flanque un **temple** dédié à Shasui. Les bandeaux de sa toiture ont été peints d'animaux, réels ou fantastiques, défilant dans un paysage rocheux à la mode chinoise. Sur les arêtes faîtières ont été modelées les silhouettes facétieuses de trois singes se contorsionnant pour attraper… le reflet de la lune.

■ *146 km* : **Gaozeng**★★. Une petite route, sur la dr., descend vers le village, que vous apercevrez en contrebas, et où l'on entre en franchissant un portique en bois, suivi d'un petit pont. Les maisons en bois s'y serrent autour d'un lacis de ruelles pavées de pierres. L'unique **tour du Tambour** abrite un curieux banc, taillé dans un tronc d'arbre, dont une extrémité prend la forme d'une tête de dragon aux yeux globuleux.

■ *155 km* : **Congjiang**. Vous retrouverez ici le Duliu jiang, quitté au Guangxi. L'agglomération, grandie trop vite en constructions anarchiques, a gardé sa vocation de bourg-marché, grâce au trafic fluvial.

LIPING

ⓘ Agence de voyage : *Dongzu Fengqing lüxingshe*, 2, Fujing Huayuan (près du *Liping Hotel*, dans le quartier moderne de Beimen), ☎ 0-855/613-0899.

Transports : par avion, 3 liaisons/sem. avec Guiyang. Bus réguliers pour Congjiang (104 km, 3 h), Rongjiang (97 km, 2 h 30) et Sanjiang (*via* Zhaoxing : 2 h jusqu'à Zhaoxing, puis 3 h pour gagner Sanjiang).

Hébergement confortable.

Funestes noces à Guandong

Guandong, un bourg-marché sur la route de Congjiang, est le théâtre d'une fameuse ballade dong qui brode sur le thème des amants maudits. Il s'appelait Zhulang, elle se nommait Niangmei. Mais, conformément aux codes des Dong, Niangmei était promise à l'un de ses cousins du côté maternel. Aussi les deux amants décidèrent-ils de fuir Rongjiang, où ils tenaient leur amour secret, pour s'établir à Guandong et le vivre au grand jour. Ils étaient vaillants tous les deux et trouvèrent sans difficulté une place dans la maisonnée d'un riche fermier. Zhulang travaillait aux champs, Niangmei comme servante. Mais la beauté de la jeune femme troubla tant le fermier que, décidé à l'épouser, il fit assassiner Zhulang. Niangmei ne dit rien et ravala ses larmes jusqu'au jour du mariage. La nuit de ses noces fut celle de son crime : elle tua le fermier et regagna son pays natal, portant sur son dos le corps de Zhulang, tant aimé.

Un soufflet décoiffant

Vous remarquerez peut-être, dans la région de Rongjiang, que les dames dong portent en toute dignité le chignon de travers. Voici l'origine de cette curieuse mode. Leigong, le dieu du Tonnerre, que révèrent également les Miao, s'était mis en tête de déplacer des montagnes. Pour ce faire, il utilisa le même stratagème que l'immortel de Guilin *(→ encadré p. 359)* et les métamorphosa en un troupeau de chèvres. Comme il traversait la contrée, une dame dong lui demanda ce qu'il comptait bien faire avec un tel troupeau. Le dieu lui expliqua que ce qu'elle prenait pour des chèvres était des montagnes, transformées grâce à son pouvoir. À ces mots, la femme se mit à rire : « Voilà un drôle de dieu qui prend ses chèvres pour des montagnes ! » Offusqué de voir ainsi bafouée sa puissance, Leigong souffleta la dame si fort que son chignon dégringola sur le côté. En souvenir de cette ancêtre, les femmes dong portent le chignon de travers.

Près du pont, d'immenses trains de bois flotté transitent avant de continuer la descente vers le Guangxi.

▶ *À 6 km S.-O.*, par une route qui grimpe en lacets à travers des vergers de mandariniers, **Biasha****. Les maisons de ce beau **village miao** rappellent celles de Zhaoxing ou de Gaozeng, les femmes vont vêtues de leur jupe plissée indigo, mais il n'y a ni pont ni tour. En effet, Biasha est peuplé de Miao « acculturés » auprès des communautés dong environnantes. Un chemin pavé permet de descendre de la route vers la place principale, fermée de grands portiques qui servent de séchoirs à fourrage. La promenade dans le village, construit en balcon au-dessus d'une vallée, toute taillée de champs cultivés, ménage de superbes **points de vue****. ◀

■ *161 km* : **YINTAN***** *(accès par une piste montagneuse de 10 km, qui prend sur la dr. de la route)*. Trésor caché au fond d'une vallée, ce **village dong** est environné de montagnes couvertes de denses forêts de bambous et de sapins. 220 foyers y vivent au bord d'un ruisseau, dans un habitat particulièrement bien préservé. Au centre du village se dressent deux belles **tours du Tambour**.

Jusqu'à Rongjiang, la route suit la vallée du Duliu jiang.

■ *245 km* : **RONGJIANG**.

Depuis Rongjiang, possibilité de gagner Kaili (173 km N.-O., 5 h), Liping (97 km N.-E.) ou Sandu (109 km, 2 h 30), dans le Guizhou du S.

En oct.-nov., les pailles de riz, qui serviront de fourrage pour les bêtes, sont mises à sécher autour des arbres qu'elles transforment en sentinelles des rizières, comme ici, près de Zhaoxing.

11 Le Guangxi du Nord-Est★★

Une cinquantaine de liaisons aériennes quotidiennes avec toutes les grandes villes de Chine, un aéroport international ultra-moderne, des hôtels de luxe, bâtis à grands renforts de capitaux coréens et japonais, de solides infrastructures pour accueillir 5 millions de visiteurs par an, dont 4 millions de Chinois... Qu'est-ce qui fait courir le monde à Guilin ? Une modeste rivière : le Lijiang. Un petit cours d'eau, qui se faufile à travers l'un des plus extraordinaires paysages de Chine : une succession de collines karstiques, une fantasmagorie géologique, sculptée par les pluies subtropicales et dont les eaux multiplient le reflet à l'infini. Les chiffres sont éloquents : on ne jouit pas seul des beautés naturelles de la rivière Li ! Alors, sachez que Yangshuo, bourg plus modeste, et plus chaleureux peut-être, permet aussi toutes les échappées sur le Lijiang, en barque ou en radeau. Et, si vous êtes las du jeu des collines et des eaux, vous pourrez opter pour la bicyclette et parcourir le plat pays de rizières qui dallent la campagne du Lijiang. À quelque 4 h de route de Yangshuo enfin, vous entrerez dans l'univers très montagnard des Grands Monts Yao (Dayao shan), un des bastions des Yao du Guangxi, qui rassemble pas moins de cinq groupes de Yao de langues et de coutumes différentes.

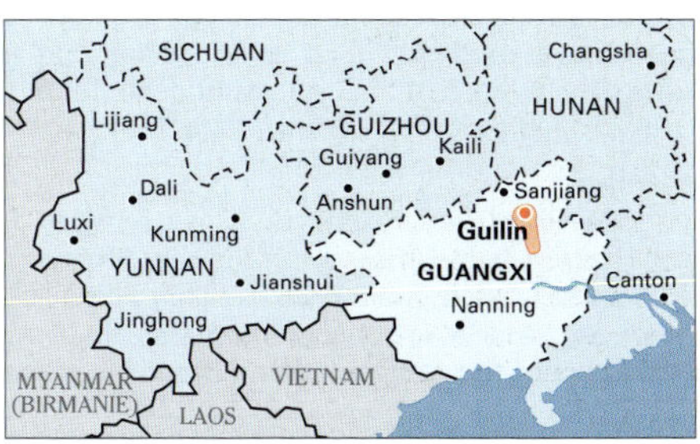

Ville principale : Guilin, 1 500 000 hab.

Distances depuis Guilin
(et temps de parcours en véhicule individuel) : Nanning, 362 km (5 h 30) ; Liuzhou, 140 km (2 h) ; Sanjiang, 152 km (4 h 30) ; Wuzhou, 338 km (6 h).

Région autonome zhuang du Guangxi.

Vous pouvez vous rendre de Guilin à Xing'an pour visiter le canal Ling (Lingqu ; *66 km N.-E. ; accès par le train, ou à 2 h de bus au départ de la gare routière).* Un parc a été aménagé au N. de la ville, procurant une agréable promenade jusqu'à l'ouvrage de maçonnerie (maintes fois restauré) qui force les eaux de la rivière pour constituer le canal. Quelques écluses ont été également construites en 825, sous les Tang, pour pallier la trop forte pente de la section S. du Lingqu.

À ne pas manquer

Le Guangxi du Nord-Est dans l'histoire

Le petit canal du Premier Empereur

Parallèlement au chantier de la Grande Muraille, qui bornait son empire au N., Shi huangdi des Qin lança de vastes expéditions vers le S. du pays pour pacifier et s'assurer ces marches méridionales. Lors de l'une d'elles, en 214 av. J.-C., il fit aménager le canal Ling, d'une part pour acheminer troupes et vivres, mais aussi pour relier le réseau hydrographique de la Chine du Sud à celui de la Chine centrale, déjà dotée d'un solide réseau de canaux permettant la circulation fluviale. Les ingénieurs du Premier Empereur choisirent le site de Xing'an, en amont de Guilin. L'ouvrage fut créé en forçant une partie du cours d'un affluent du Lijiang, pour constituer un canal de dérivation qui le raccordait à une autre rivière, le Xiangjiang. Celle-ci appartient au bassin du Yangzi, tandis que la première appartient au système de la rivière des Perles : le petit canal Ling, long de 36 km, constituait le lien entre les deux grands réseaux hydrographiques.

Les Ming du Sud

Célébrée par les poètes pour ses paysages, la région du Lijiang traversa les siècles sans événement notable jusqu'à la période Ming (1368-1644). Elle connut alors un regain d'importance lorsque Guilin devint capitale de la nouvelle entité administrative du Guangxi. Un palais fut construit dans la ville, au pied du pic de l'Élégance solitaire, et les 11 princes qui se succédèrent à la charge de souverain local se firent aménager des sépultures dignes de leur rang, sur l'autre rive du Lijiang, à l'E. de Guilin.

En 1647, lorsque Canton et le S. tombèrent aux mains des envahisseurs mandchous (fondateurs de la dynastie Qing, 1644-1911), Guilin devint la base du mouvement légitimiste des Ming du Sud (Nanming), soutenu à ses débuts par l'artillerie des Portugais de Macao. Le prince Zhu Youlang fut proclamé empereur de cette nouvelle dynastie, sous le titre de Yongli (1647-1660). Ses troupes parvinrent à reprendre Canton et une grande partie de la Chine du Sud, qu'elles contrôlèrent jusqu'en 1648. Mais la pression de l'armée impériale mandchoue contraignit bientôt l'empereur des Ming du Sud à se réfugier au Yunnan. La réalité du pouvoir était aux mains de ses généraux, qui s'entre-déchiraient. Wu Sangui, le général chinois qui pacifia le S.-O. de l'Empire au bénéfice de la dynastie des Qing, n'en fit qu'une bouchée durant ses campagnes de 1658-1659. Yongli, après avoir vainement cherché refuge auprès du royaume de Birmanie, fut capturé et mourut étranglé à Kunming, en 1662.

La révolte des Taiping

Décidément rebelle, l'E. du Guangxi fut le point de départ du formidable soulèvement des Taiping en 1850. Ce mouvement de révolte paysanne d'inspiration chrétienne fut déclenché par un enfant du pays, Hong Xiuquan (1813-1864), issu d'une famille hakka, minorité méprisée d'anciens immigrants de la Chine du Sud. La rébellion prit naissance dans le modeste village de Jintiancun, puis se propagea en 1852-1853 jusque dans la vallée du Yangzi, avant de s'effondrer après la perte de Nankin en 1864. La répression fut terrible *(→ p. 156)*.

Guilin au temps des années folles

Lors de l'invasion japonaise en 1936, les reliefs karstiques du Lijiang servirent de refuge à l'armée nationaliste, chassée de la Chine côtière par les Nippons. Le Guomindang fit même de Guilin sa capitale, avant d'aller s'établir plus à l'O., à Chongqing en 1938. Durant ces deux années, la population de la cité fut considérablement augmentée du flot des réfugiés, atteignant le million d'habitants.

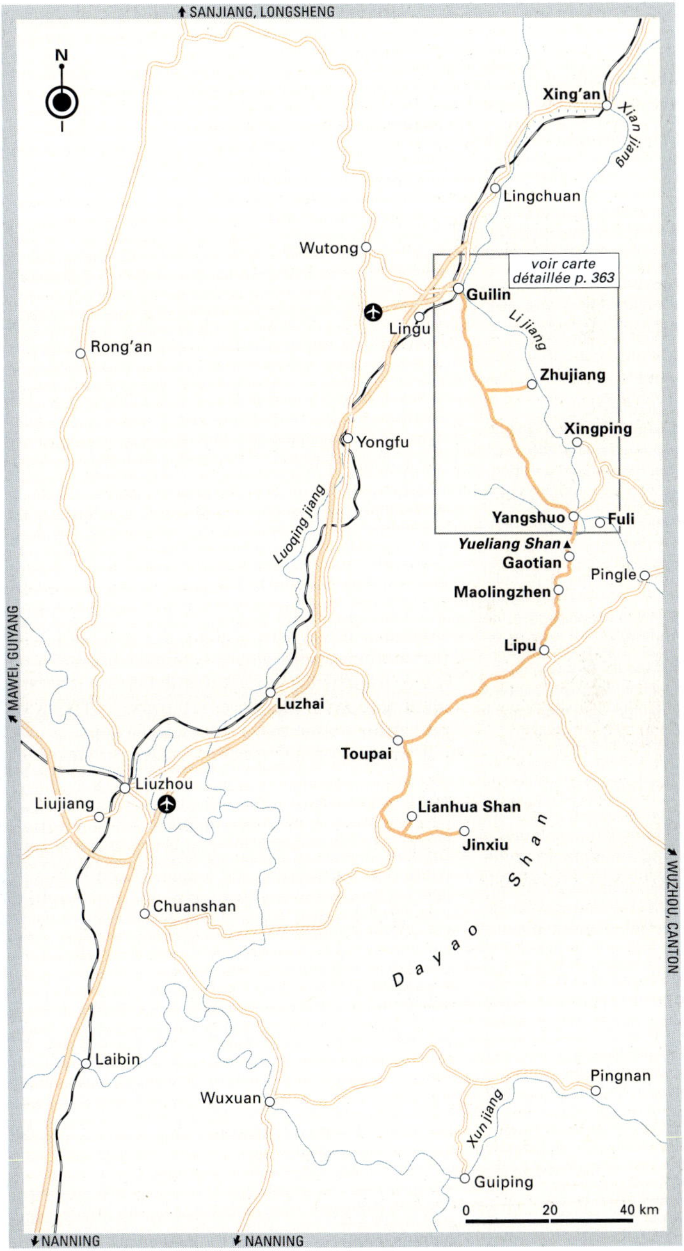
SANJIANG, LONGSHENG
N
Xing'an
Xian jiang
Lingchuan
Wutong
voir carte détaillée p. 363
Guilin
Lingu
Li jiang
Rong'an
Zhujiang
Xingping
Yongfu
Luoqing jiang
Yangshuo
Fuli
Yueliang Shan
Gaotian
Pingle
Maolingzhen
Lipu
MAWEI, GUIYANG
Luzhai
Toupai
Liuzhou
Liujiang
Lianhua Shan
Jinxiu
Dayao Shan
WUZHOU, CANTON
Chuanshan
Laibin
Pingnan
Wuxuan
Xun jiang
Guiping
0
20
40 km
NANNING
NANNING

L'affirmation d'une identité nationale y anima une vie intellectuelle intense avec ses maisons d'édition, ses journaux et ses troupes de théâtre. En 1944, la région tomba aux mains des Japonais, qui balayèrent en grande partie les vestiges de son histoire.

Le phénomène touristique

Guilin a perdu son rang de capitale provinciale du Guangxi au bénéfice de Nanning dans les années 1950, en même temps qu'était créée la Région autonome Zhuang du Guangxi. Avant d'être l'un des centres touristiques les plus dynamiques du pays, la région prospère surtout grâce à diverses industries agroalimentaires (caoutchouc, bière Liquan) et légères. Plus récemment, la guerre sino-vietnamienne conféra à la région du Lijiang un rôle non négligeable de base arrière. Guilin lui doit d'ailleurs l'une des plus fortes concentrations militaires de la Chine d'aujourd'hui. Avec les années 1990, Guilin est entrée dans le concert de la course aux investisseurs qui touchent les villes grandes et moyennes en Chine. C'est à leur intention qu'a été créé le Festival des eaux et des collines, organisé chaque année en oct.-nov. pour solliciter de nouveaux investissements.

Enfin, les chiffres le montrent : le tourisme est un facteur important pour l'avenir économique du Lijiang. On lui doit partiellement l'aménagement d'infrastructures, tels le nouvel aéroport international de Guilin, l'autoroute qui relie Guilin à Liuzhou – première tranche de travaux d'aménagements autoroutiers, visant à désenclaver la province et à relier ses principaux centres névralgiques. Le Guangxi, principalement agricole, figure parmi les provinces les moins développées du pays : il est l'un des principaux bénéficiaires du projet gouvernemental de développement du « Grand Ouest ». Les autorités mettent l'accent sur l'ouverture de nouveaux réseaux routiers et ferroviaires : la « route du Grand Ouest », reliant le Guangxi aux provinces limitrophes, permettra de désenclaver la région.

Le développement du Grand Ouest

Pour tenter de combattre les inégalités régionales, les autorités chinoises ont lancé, en 2001, un vaste programme de « développement du Grand Ouest ». Quatre projets de grands travaux ont démarré, visant à désenclaver la partie la plus continentale de la Chine, avec un grand oléoduc et gazoduc transportant gaz naturel et pétrole du Xinjiang (Ouest musulman) jusqu'au port de Shanghai et à la ville de Shijiazhuang, dans la province du Hebei, située à un carrefour ferroviaire. Il a été achevé en 2005. Les autres projets concernaient le développement d'autoroutes dans ces provinces de l'Ouest et la construction d'une voie de chemin de fer reliant Golmud (au Qinghai) à Lhassa. Elle a été inaugurée le 1er juil. 2006 à grand renfort de propagande car il s'agit d'une performance technique (la ligne la plus élevée du monde, avec une gare à 5 200 m d'altitude) et symbolique : voilà le Tibet connecté à l'ensemble du réseau ferroviaire chinois, ce qui facilitera la venue de touristes, mais aussi de colons chinois... Enfin, un gigantesque projet de dérivation des eaux du fleuve Bleu (Yangzi) vers le fleuve Jaune, plus au N. et en voie d'assèchement, est également en cours. Mais le développement du Grand Ouest se heurte aux mentalités. Peu de sociétés étrangères sont pour l'instant prêtes à s'implanter aussi loin des principaux canaux de communication. Le personnel local manque de formation et la corruption est omniprésente. Des responsables locaux sont envoyés en formation à Shanghai, afin de se frotter à la Chine moderne. C. P.

Guilin★★

La meilleure période : le printemps est une bonne saison pour visiter Guilin, ainsi que l'automne. Juin-juil. voient fleurir les osmanthes blanches ou rouges, dont la ville porte le nom : Guilin signifie « forêt d'osmanthes ». Pour descendre le Lijiang, attention à la période d'étiage, de nov. à fév., qui perturbe l'organisation des croisières *(voir plus bas)*.

Programme : 1 j. suffit pour faire le tour des collines et grottes dans la ville, et découvrir ses proches environs. Une autre doit être consacrée à une croisière sur la rivière Li.

Les féeries karstiques de Guilin, ou une baie de Halong terrestre où la rivière Li serpente au milieu des rizières.

Accès en avion : aéroport Liangjiang, à 30 km à l'O., sur la route de Sanjiang, desservi par l'autoroute (☎ 283-3063). Navettes avec l'agence de la *CAAC*. Vols réguliers : Canton, Guiyang, Hong Kong, Kunming, Pékin et Shanghai. **Compagnies aériennes :** *CAAC*, à l'angle de Shanghai lu et de Minzhu lu (☎ 384-7252) ; *Dragonair*, bureau au *Guilin Bravo Hotel*, 14, Ronghu nanlu (☎ 282-5588, poste 8895) ; *Shanghai Airlines*, 93, Zhongshan lu (☎ 282-7046, 8008-201-018). Nombreux vols internationaux : Séoul, Fukuoka, Bangkok, Kuala Lumpur, Singapour…

Accès en train : les voyages en train à destination ou au départ de Guilin sont ardus en raison du relief. En outre, le délai d'obtention de billets en classe couchette est plus long. Privilégiez de préférence l'avion. Gare ferroviaire, Zhongshan nanlu, au S.-O. de la ville (☎ 383-3124). Nœud ferroviaire pour Changsha, Pékin et Shanghai : trains directs pour Canton, Kunming (29 h 30), Guiyang (17 h), Liuzhou (3 h), Nanning (7 h).

Accès en autocar : gare routière, Zhongshan nanlu (près de l'hôtel *Taihe*). Autobus pour tous les grands centres de la région : Longsheng, Sanjiang et Liuzhou. Bus-couchettes pour Canton. Minibus pour Yangshuo et Xing'an au départ de la gare ferroviaire.

Se repérer : peu étendue, la ville proprement dite occupe la rive dr. du Lijiang, dominée au N. par les collines des Couleurs accumulées et de Fubo, au S. par la Colline en trompe d'éléphant, au confluent du Taohuajiang. Les berges du Lijiang sont plantées d'arbres le long de Binjiang lu. De Binjiang lu, une avenue pénètre, vers l'O., en direction du quartier le plus agréable de la ville, le long des rives

Indicatif ☎ (0) 773.

ℹ Plusieurs bureaux du *CITS*, dans le centre-ville, proposent billets d'avions, réservations d'hôtels, croisières sur la rivière Li et tours de la ville. Ils sont installés le long de Zhongshan nanlu, à proximité des gares routière et ferroviaire. Le bureau principal, en face du plan d'eau Ronghu, s'avère le plus pratique ; le personnel y parle des rudiments d'anglais (14, Ronghu beilu ; ☎ 280-0318 ou 282-7491, plaintes 280-0135, n° gratuit 8008-793-318 ; *www.guilin.com.cn* ; ouv. t.l.j. 8 h-22 h). Les grands hôtels ont également un département agence de voyages.

Bureau de sécurité publique (*PSB*) : sur la rive orientale de la rivière Li, au S. de Longyin lu (☎ 582-9930 ; ouv. lun.-ven. 8 h 30-12 h et 15 h-18 h).

Féeries karstiques

Les karsts du S. sont nés de la mer. Il y a plusieurs millions d'années, quand ses eaux recouvraient le S. de la Chine, la sédimentation marine a formé une épaisse couche calcaire que les mouvements de la croûte terrestre ont façonné en plateaux et vallées. Au retrait de la mer succéda l'intense activité d'érosion des eaux pluviales, rendues acides par la luxuriante couverture végétale de cette zone subtropicale. Plusieurs milliers d'années durant, le calcaire fut dissous, emporté par les eaux de ruissellement, qui s'infiltrèrent dans le sous-sol, formant des rivières souterraines qui, à leur tour, poursuivirent le travail de dissolution, creusant un fantastique réseau de grottes et de cavernes du Yunnan au Guangxi. Çà et là, l'effondrement de ces dernières est à l'origine des ravins profonds, isolant des pitons calcaires que l'on désigne sous le nom de karsts coniques, ou kegelkarsts. Les Chinois, toujours en verve quand il s'agit de décrire la nature, les nomment « forêt de pierres » ou « forêt de collines ». Laissons la parole à deux géographes voyageurs.

◀ **Collines karstiques à Fuli (Guangxi).**

■ **Poésie d'un géographe chinois**

1637. Xu Xiake (→ *encadré p. 290*) part de Huangshapu, aux confins du Hunan et du Guangdong. Il gagne Xing'an et le « canal Surnaturel » (Lingqu), qui relie la rivière Xiang à la rivière Li. C'est ainsi qu'il arrive à Guilin, dont il explore systématiquement les curiosités karstiques, tout particulièrement les grottes et les cavernes, notant leur orientation et la direction des eaux souterraines. Il décrit les panoramas du Lijiang tel un panthéon rocheux et féerique, comme on le fait encore aujourd'hui : « *Ce trajet nous montre, alignés devant nous, le Lion jouant à la balle, la Trompe d'Éléphant, le Chameau à Deux Bosses, le Sacrifice au Tumulus, les Soies de Sanglier, les Palmes d'Oies ; et il y a, bien en ligne au-dessous, le Banquet des Arhats, avec sa vaisselle d'or sur une table d'argent [...].*
Empilement et dédale de rocs qui semblent former des vagues, éclore en pétales, et dont la surrection, la bousculade, donnent le tournis ! » (Xu Xiake, *Randonnées aux sites sublimes,* trad. Jacques Dars, Gallimard, « Connaissance de l'Orient », 1993.)

◀ **Shilin, Forêt de pierres près de Kunming (Yunnan).**

■ Surprise d'un géographe français

1872. Francis Garnier, après avoir exploré le cours chinois du Mékong, revient en Chine dans l'intention d'atteindre le Tibet. Il découvre la zone karstique des confins du Sichuan et du Guizhou :

« Figurez-vous une série de mamelons de formes bizarres jetés sans ordre sur un sol présentant des dépressions profondes. Ni vallées, ni chaînes de montagnes. Aucune direction générale que l'on puisse saisir. Les eaux coulent dans tous les sens. On se heurterait à chaque pas à des impossibilités géographiques, si l'on ne s'apercevait bientôt que la plus grande partie du cours des rivières est souterraine. Il faudrait faire la carte du dessous en même temps que celle de la surface. […] J'entre dans l'une de ces grottes. Sans être de dimensions colossales, elle attirerait en Europe la visite de tous les touristes. Elle a une forme rectangulaire, et son plafond, parfaitement horizontal, s'encadre de moulures régulières formées par les couches rocheuses des parois. Des stalactites pendent aux quatre coins comme des lustres ; on en cherche involontairement au centre, tellement il est facile de se croire dans le salon en ruine de quelque vieux château. Au fond, les eaux bouillonnantes battent le pied même du rocher et remplissent l'ombre de leurs mugissements. » (Francis Garnier, *De Paris au Tibet, notes de voyage…*, Paris, Hachette, 1882.)

▲ **Anshun, grotte de Longgong (Guizhou).**

◀ **La forêt de collines de Xingyi (Guizhou).**

Il est recommandé de faire la croisière sur la rivière Li plutôt au départ de Yangshuo : en effet, les bateaux partant de Guilin sont bondés, ce qui ôte au voyage tout son attrait.

Hébergement toutes catégories.

Banque : des succursales de la *Bank of China* jalonnent l'artère principale, Zhongshan lu, de même que des distributeurs de billets ATM acceptant les cartes Visa. La *Bank of China* installée à l'angle de Zhongshan lu et Shanghai lu, près de la gare, change les chèques de voyage. Possibilité de changer de l'argent dans tous les grands hôtels.

Poste : Zhongshan nanlu, près de la gare ferroviaire.

Pour les destinations à l'O. de Guilin : départ et arrivée à la nouvelle gare du N. de la ville. Pour les destinations au N. de Guilin : départ et arrivée à la gare de l'O.

Comme toutes les gares de Chine, le fronton de la gare de Guilin est dûment estampillé des deux caractères calligraphiés du nom de la ville. Au-dessous, vous lirez « Gweilinz ». Il ne s'agit pas de mauvais pinyin mais de la prononciation de Guilin en langue zhuang.

♥ BONNES ADRESSES
Marché de nuit de Zhongshan lu (entre le Taohuajiang et le lac des Banians). Nombreux restaurants en plein air, pittoresques, dans Sicheng lu. Restaurant dans le parc des Sept Étoiles.

nord des lacs des Cryptomères (Shanhu) et des Banians (Ronghu). Elle porte successivement les noms de ces deux lacs : Shanhu beilu, puis Ronghu beilu. Elle croise la longue avenue de Zhongshan, qui traverse la ville du N. au S. La grotte des Flûtes de roseau se trouve dans la banlieue ouest Le parc des Sept Étoiles et les tombeaux des Ming de Jingjiang, à l'E., sur l'autre rive du Lijiang. Vous trouverez des plans de ville actualisés chez les marchands de journaux, autour des gares et dans les hôtels.

Se déplacer : de nombreux sens uniques endiguent la circulation des voitures et des bus. Mieux vaut opter, selon les distances, pour la bicyclette (terrain tout à fait plat) ou le cyclopousse. Il existe également des motos-taxis, identifiables au casque à l'usage du passager, suspendu à l'avant. L'abondance d'hôtels permet de trouver des taxis très facilement. **Bus :** le bus n° 2 part de la gare ferroviaire, traverse la ville et dessert la Colline en trompe d'éléphant, et celles de Fubo et des Couleurs accumulées ; le bus n° 3 part de la gare routière et se rend jusqu'à la grotte des Flûtes de roseau ; le bus n° 11 se rend aussi à la colline des Sept Étoiles. Le bus n° 58 *(gratuit)* et le bus n° 15 desservent les principaux centres d'intérêt de la ville. **Location de bicyclettes :** nombreuses boutiques de location dans Zhongshan zhonglu et près des gares routière et ferroviaire. Sinon, auprès de la plupart des hôtels.

La rive droite

La rive dr. correspond à la plus ancienne implantation de Guilin. L'invasion japonaise de 1944, qui a balayé les vestiges historiques, a épargné les beautés naturelles : des parcs sont aménagés autour de pics aux formes singulières qui ont bâti la réputation de la ville. Gravés d'inscriptions poétiques ou historiques, parfois de quelques reliefs bouddhiques, ils sont agrémentés de kiosques, de stands de photographes ou de petits restaurants. Leur ascension permet de découvrir le magnifique cadre d'une ville qui, elle, n'a rien d'extraordinaire.

S'organiser : à moins d'avoir beaucoup de temps, il n'est pas nécessaire de passer en revue tous les parcs de Guilin. En une demi-journée, vous privilégierez la colline des Couleurs accumulées, qui livre le plus beau panorama, et celle de Fubo pour les bas-reliefs bouddhiques de sa grotte de la Perle restituée. Vous pourrez ensuite emprunter un bus pour aller découvrir un autre aspect des reliefs karstiques, souterrain cette fois, avec la grotte des Flûtes de roseau. Tous ces sites font l'objet d'un droit d'entrée et sont ouv. de 8 h à 18 h.

■ **COLLINE DES COULEURS ACCUMULÉES*** (Diecai shan ; *bus n°s 1, 2 et 11*). Elle doit son nom à des veines de calcaires multicolores qui ont inspiré de nombreux vers dont la roche porte témoignage, sous la forme de stèles. Diecai shan est d'ailleurs la promenade préférée des amateurs de calligraphies à Guilin. L'un de ces poèmes fut gravé par le maréchal Zhu De, commandant l'Armée rouge pendant la Longue Marche. L'ascension, facile, est interrompue à mi-pente par la Grotte ventée (Fengdong), tunnel naturel qui rejoint l'autre versant de la colline et dont les parois sont taillées de stèles et de **reliefs bouddhiques***, qui pour la plupart datent de la dynastie des Song (960-1279).

Parmi les inscriptions gravées sur les parois de la Grotte ventée, on lit celle-ci, due au poète Yuan Mei (1716-1798) : « On sort d'ici comme on sort d'un rêve. »

Passé la Grotte ventée, les marches se font un peu plus raides pour atteindre le sommet : vue superbe des pains de sucre boisés qui entourent Guilin.

■ **Colline de Fubo*** (Fubo shan) et **grotte de la Perle restituée*** (Huanzhu dong). Le piton Fubo fut ainsi baptisé à la mémoire du général Han Ma Yuan, surnommé le « Briseur de vagues » (Fubo). À mi-chemin des marches, assez escarpées, qui conduisent au sommet, vous remarquerez sur une terrasse une marmite géante, puis une cloche de 2,50 t, fondue en 1650, qui proviennent d'un temple disparu aujourd'hui. Du sommet, beau panorama des collines de l'E., de l'autre côté de la rivière.

Le pied de la colline est traversé de part en part par la **grotte de la Perle restituée**, qui descend en pente douce vers le Lijiang. Elle doit ce nom populaire à l'une des innombrables légendes, suscitées par l'étrangeté des reliefs du Lijiang. Jadis, un dragon égayait ses vieux jours en jouant avec une perle d'un éclat si pur qu'elle illuminait tout l'antre. Un pêcheur, intrigué par la lumière, osa y pénétrer, s'empara de la merveille mais, pris de remords, la restitua. Ses parois ont été sculptées à la fin de la dynastie des Tang de quelque 239 reliefs votifs bouddhiques. La plupart figurent le Bouddha assis sur un trône de lotus, encadré de ses disciples et de bodhisattva.

▶ **Pic de l'Élégance solitaire** (Duxiu feng ; *bus nos 1 et 2*). La résidence royale (Wangcheng) des souverains de Jinjiang fut établie au pied de cette colline (152 m), dès 1369. Sous les Qing, elle servit de salle d'examen. Il n'en subsiste qu'une terrasse avec ses balustrades et escaliers, dans un parc qui abrite aujourd'hui l'École normale de la ville. Du sommet du pic, belle vue de Guilin, du Lijiang et des collines environnantes. ◀

Un troupeau de collines

Jadis, les eaux de la mer du S. menaçaient d'envahir la région. Un immortel s'émut du sort de ses habitants, qui fuyaient, éperdus, à l'annonce de ce cataclysme. Pour établir un barrage contre les eaux destructrices, il décida de déplacer des collines qui s'élevaient au N. Pour ce faire, il les métamorphosa en autant de chèvres à la robe noire et conduisit cet immense troupeau vers Guilin. Lorsque les bêtes parvinrent dans la région, un vent étrange se mit à souffler sur la plaine et les chèvres, une à une, reprirent leur forme originelle de collines.

Xu Xiake, le passionné de géographie *(encadré p. 290)* qui explora systématiquement les curiosités de Guilin, donne au nom de cette grotte une étymologie aussi simple qu'émouvante : pour lui, ses concrétions calcaires avaient le poli et l'éclat sourd d'une perle.

Au pied de la colline, le temple Yunfeng, fondé à l'époque Tang, abrite une exposition sur la rébellion des Taiping, de la céramique et des peintures des dynasties Ming et Qing.

L'éléphant épinglé

Inutile d'avoir une imagination débordante pour voir dans la colline Xiangbi un éléphant plongeant sa trompe dans le Lijiang pour se désaltérer. Celui-ci, d'après le folklore local, faisait partie de la suite de l'Empereur de Jade, qui organisa un voyage en grand apparat dans le S. de la Chine, détruisant sur son passage tout ce qui gênait la progression de l'imposant cortège. Le pachyderme, qui transportait une jarre pleine de joyaux, tomba malade alors qu'il traversait la région et, jugé désormais inutile, fut abandonné sur place. Un vieil homme s'émut de son sort, le recueillit et le soigna. En remerciement de ses bons soins, l'éléphant aida le vieillard à rebâtir son village, détruit par le passage impérial. Lorsque l'Empereur céleste apprit la nouvelle, il entra dans une rage folle et envoya un détachement punir cet éléphant qui s'intéressait trop au sort des hommes. L'animal se défendit avec courage pendant plusieurs jours et fut tué par traîtrise : alors que, épuisé, il plongeait la trompe dans le Lijiang pour se désaltérer, un soldat lui enfonça son épée jusqu'à la garde dans le dos. Et c'est ainsi que l'éléphant est resté, le dos toujours marqué du pommeau de l'épée du traître… qui n'est autre que la pagode Puxian.

■ **Colline en trompe d'éléphant** (Xiangbi shan ; *bus n° 2 ; accès payant*). Le stûpa qui la couronne, dédié au bodhisattva Puxian, fut érigé sous la dynastie des Ming, véritable sémaphore pour qui gagnait Guilin par la rivière.

En quittant les berges du Lijiang et en suivant Shanhu beilu, vous entrerez dans le quartier le plus ancien de la ville. Le lac des Cryptomères (Shanhu) et le lac des Banians (Ronghu) communiquent par un chenal court et étroit, enjambé par un pont. Ce sont des vestiges d'une nappe d'eau plus vaste qui, à l'époque Tang, protégeait le front sud du mur d'enceinte de la ville. De ce rempart, il ne reste plus grand-chose, hormis l'ancienne **porte sud** (Gunan men), restaurée, seule à avoir subsisté des quatre accès fortifiés de la ville. Au-delà, vous sortirez de la ville en direction de la banlieue ouest, en longeant le parc Zhongshan.

■ **Grotte des Flûtes de roseau**** (Ludi yan ; *à env. 8 km N.-O. du centre ; terminus des bus n°s 3 et 13 ; l'extrême fréquentation du lieu a contraint à aménager la visite selon un parcours en coude ; accès payant*). Des roseaux dont on fait des pipeaux masquaient l'entrée de cette grotte jusqu'en 1959. Son extraordinaire collection de stalactites et de stalagmites, colonnes et draperies de calcaire, a fait l'objet d'éclairages étudiés et multicolores, destinés à mettre en exergue les fantasmagories qu'y voit l'imagination des Chinois. Vous y croiserez des lions et des dragons, des courges et des perles magiques, des lettrés et des immortels… Sans parler, au fond du palais de Cristal du Roi-Dragon (la grande salle souterraine de 200 m de long qui forme le « coude » de la grotte), d'un panorama nocturne de la ville de Guilin se reflétant dans les eaux du Lijiang.
La vaste salle souterraine peut facilement contenir un millier de personnes. Elle fut d'ailleurs utilisée comme abri antiaérien durant la guerre sino-japonaise.

La rive gauche

En voie d'urbanisation timide, la rive g. du Lijiang permet de s'échapper rapidement dans la campagne environnante. Passé le parc des Sept Étoiles et sorti des faubourgs, vous vous retrouverez tout à coup dans une forêt de collines karstiques aux formes sages où reposent les seigneurs et les humbles de la Guilin de jadis. Une très bucolique balade à conclure avec l'ascension du mont Yao pour des perspectives côté monts et rizières.

S'organiser : prévoir 2 h pour la visite du tombeau de Zhuangjian et le panorama du Yaoshan, une demi-journée si vous visitez également le parc des Sept Étoiles.

Traverser le Lijiang par le pont de la Libération (Jiefang qiao) et prendre la première rue à g., Dongjiang lu.

■ **Parc des Sept Étoiles** (Qixing gongyuan ; *bus nos 9, 10 et 11 depuis la gare ; ouv. 7 h-21 h 30, grottes 8 h-17 h*). On entre dans le parc par le **pont des Fleurs*** (Huaqiao), couvert, peut-être inspiré des « ponts du Vent et de la Pluie » des Dong du N.-O. du Guangxi. Construit en bois sous les Ming, en 1456, il fut rebâti sur des arches en pierre bien appareillées en 1540, et plusieurs fois restauré. Le parc tire son nom des sept sommets qui évoqueraient la position relative des étoiles de la Grande Ourse. Sentiers et marches permettent d'en faire le tour, au gré de falaises et de grottes, toutes gravées de stèles, d'inscriptions et de poèmes.

Le parc des Sept Étoiles abrite aussi le zoo de Guilin, auberge pitoyable d'espèces animales qu'on préfère voir ici à sa table. Il y a bien de malheureux pandas, mais ils boudent la plupart du temps les visiteurs, préférant rêver à leurs terres du Sichuan dans leur baraque en béton. En revanche, de jolis bonsaïs sont régulièrement exposés dans le parc. Ce peut être enfin un endroit agréable pour une pause thé, parfumé aux fleurs d'osmanthes.

Au-delà du parc des Sept Étoiles, vous quitterez les faubourgs ouest de Guilin pour déboucher dans une zone de collines karstiques et découvrir un immense cimetière, établi selon les préceptes de la géomancie. Les tombeaux s'adossent aux piémonts au N.

À env. 5 km du parc, sur la g. de la route, vous verrez émerger des statues en pierre représentant des animaux et des fonctionnaires impériaux : il s'agit d'un des shendao du complexe funéraire des princes de Jingjiang. Poursuivez la route qui s'engage ensuite dans une vaste pinède, résultat d'un reboisement récent, puis dans une allée bordée de châtaigniers taillés. Au bout, vous êtes à l'entrée de l'ensemble funéraire de Zhuangjian, 3e prince des Ming du Sud, le seul restauré pour l'instant.

Onze sépultures en tout sont dispersées dans les environs. Dans la majorité des cas, elles n'ont conservé que leur Voie des Esprits et leur tumulus.

■ **Tombeaux royaux de Jingjiang**** (Jingjiang wangling ; *à 10 km à l'E. du centre-ville ; accès en vélo ou en taxi ; ouv. t.l.j. 8 h 30-16 h 30 ; entrée payante*). Dégagé depuis 1977, le site regroupe 11 tombeaux des princes de Jingjiang. Leur lignée remonte au début de la dynastie Ming, lorsque Zhu Yuanzhang (→ *encadré*), le fondateur des Ming, fieffa son neveu sous le titre de prince de Jingjiang, en 1369, et lui confia l'administration de cette région. Ces sépultures furent saccagées et violées lors de la

Zhu Yuanzhang, roi de lumière

Dans la première moitié du XIVe s., les crues catastrophiques du Huaihe et du Huanghe déclenchent de terribles famines et avivent le mécontentement des paysans, excédés du joug de la bureaucratie mongole. Dans la plaine centrale et au Anhui, l'insurrection est conduite par la société secrète des Turbans rouges (Hongjin), animée par le messianisme professé par la secte bouddhique du Lotus blanc. Une prophétie annonçait la descente sur terre d'un roi de lumière, *mingwang*, envoyé par Maitreya pour rétablir la paix. Remarquablement organisés, les Turbans rouges remportent plusieurs victoires grâce à l'un de leurs chefs, Zhu Yuanzhang, dont le père était journalier agricole et la mère fille d'un chaman. Ses succès militaires l'assimilent au souverain salvateur de la prophétie. Lorsque, après avoir étendu son autorité sur tout le bassin du bas Yangzi, il fonde une dynastie en 1368, à Nankin, il lui donne un nom qui est une claire référence à la prophétie de la secte du Lotus blanc : Ming, « lumière ». Zhu Yuanzhang est alors âgé de 40 ans, il poursuivra son œuvre de réunification du pays sous la férule chinoise et régnera sous le titre de Hongwu jusqu'en 1398. La dynastie des Ming (1368-1644) était née.

reprise en main des Mandchous, après l'écrasement du mouvement légitimiste des Ming du Sud (→ *p. 352*). Quoique de dimensions infiniment plus modestes, les tombeaux des princes de Guilin, répondent, dans leur agencement et leur décor, aux mêmes prescriptions protocolaires que ceux des empereurs Ming de Pékin.

Vous entrerez dans l'ensemble funéraire du prince Zhuangjian en traversant une 1re cour, dont la porte du fond est gardée par deux lions en pierre. L'ensemble est entièrement ordonné sur un axe N.-S.

2e cour. Elle comprend une Voie des Esprits, coupée en deux sections par un triple pont, version miniature de celui de la Cité interdite de Pékin, appelé « Ceinture de jade ». L'ornementation sculptée de ses piliers joue sur la combinaison de motifs symboliques : la pêche pour l'immortalité, le bouton de lotus pour la pureté et le vase pour l'abondance. Parmi les animaux fantastiques qui composent le *shendao*, vous retrouverez quelques-uns des « neuf fils du dragon ». Dans la première section du *shendao* se succèdent une paire de piliers, puis un couple de lions Suanni, pareils à ceux qui forment les brûle-parfums, et de béliers, animal emblématique de la beauté. Deux Bi'an, 4e fils du dragon, qui ici ressemblent davantage à des chiens qu'à des tigres, ouvrent la 2e section du *shendao*. Ils sont suivis par des *qilin*, unicornes symboles de la paix, des palefreniers retenant leur cheval par la bride et des éléphants – vous remarquerez que les sculpteurs ont esquivé le risque de casse de leur trompe en les taillant, repliées sur le flanc de l'animal, garant de stabilité. Enfin, deux fonctionnaires civils se présentent avec leur tablette honorifique.

Vous franchirez une autre porte dont la toiture en tuiles vernissées est ornée d'une rangée de cinq animaux aux arêtes faîtières.

3e cour. Un couple de statues de fonctionnaires précède la dernière salle de l'ensemble dont l'importance est signalée par le jeu des nombres : elle est formée de cinq entrecolonnements, percée de trois portes et sa toiture est coiffée de rangées de sept animaux. Elle abritait les tablettes des ancêtres du prince et sert aujourd'hui de lieu d'exposition.

▶ Le **mont Yao** (Yaoshan ; *accès par une allée carrossable, à env. 800 m au N. du tombeau du prince Zhuangjian*). Un télésiège permet de monter *(25 mn)* au sommet, d'où l'on découvre l'une des plus belles **vues**** de Guilin : d'un côté, les tumuli et les *shendao* des princes de Jinjiang ; de l'autre, un moutonnement de pains de sucre bleutés, à perte de vue. ◀

La descente du Lijiang***

Tout le long des rives jalonnées de reliefs en pain de sucre et de petits villages, c'est le spectacle de la Chine traditionnelle avec ses buffles d'eau, ses paysans au travail dans les champs et les rizières, ses pêcheurs au cormoran, accroupis sur leurs radeaux faits de tiges de bambou assemblées.

Point de départ : embarcadère de Zhujiang à 28 km au S. de Guilin. Cet embarcadère est réservé aux touristes étrangers, qui, pour information, paient quatre fois plus cher que leurs homologues chinois. Un autre embarcadère a été aménagé à leur intention à Mopanshan, à env. 1 km au N. de Zhujiang. Lorsque le niveau des eaux le permet, le départ des bateaux à destination de Yangshuo se fait de l'embarcadère situé au bout de Renmin lu, sur Binjiang lu, à proximité du *Golden Elephant Hotel*. La dernière section de navigation décrite dans l'itinéraire qui suit s'effectue au départ de l'embarcadère de Yangshuo seulement. De

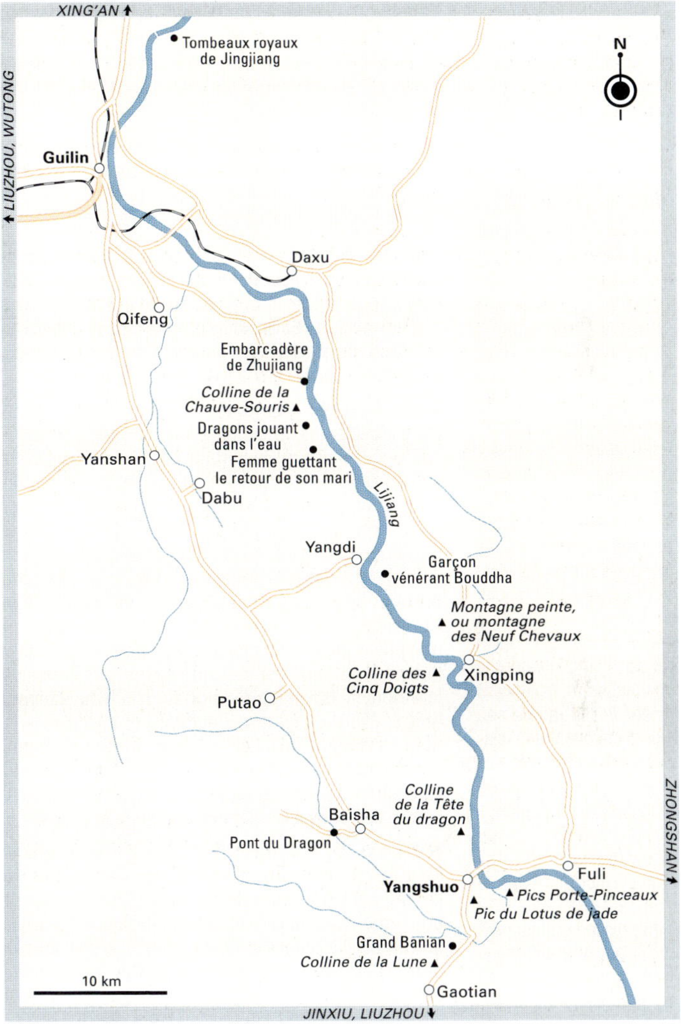

Le Lijiang entre Guilin et Yangshuo.

petits bateaux d'une trentaine de passagers font la liaison avec Fuli (aller-retour ou aller simple et retour à bicyclette). Attention ! ils ont tendance à ne partir qu'une fois remplis.

S'organiser : la croisière de Zhujiang à Yangshuo est vendue par le *CITS* et les grands hôtels de Guilin, sous la forme d'un forfait comprenant le transfert en minibus à l'embarcadère de Zhujiang, la croisière avec plateau-repas à bord jusqu'à Yangshuo et le retour en bus à Guilin. Il est également possible (mais pas plus économique) de se rendre en taxi à l'embarcadère, d'acheter son billet sur place et de séjourner à Yangshuo au terme de la croisière.

Bateaux : t.l.j., une soixantaine de bateaux partent de Zhujiang entre 9 h 30 et 10 h ; leur nombre sur la rivière donne une idée de l'affluence en haute saison. Les bateaux effectuant la croisière de Zhujiang à Yangshuo sont des embarcations à deux ponts, d'env. 100 places.

Durée : la durée de la croisière de Zhujiang à Yangshuo varie, en fonction des saisons, de 3 h 30, pendant la saison des pluies (de juin à août), à 4 h 30, voire 6 h, au début de la période d'étiage (automne).

Attention : durant la période d'étiage, si les eaux sont vraiment trop basses pour permettre la navigation, les croisières sur le Lijiang sont organisées au départ de Yangdi, à 46 km au S. de Guilin, en aller-retour jusqu'à Huashan (Montagne peinte, dite aussi montagne des Neuf Chevaux), → *plus bas.* Durée : env. 2 h 30.

■ **De Zhujiang à Yangdi**.** Sur cette partie du parcours où le cours du Lijiang est relativement large, les collines calcaires plongent en falaises dans les eaux de la rivière. Vous y remarquerez ces microscopiques jardins suspendus, mousses, fougères et arbustes grêles, qui s'accrochent aux réserves de terre que forment les aspérités de la roche. Quelques pitons se distinguent par leur forme insolite, sur la rive dr., dûment baptisés par les Chinois : la colline de la Chauve-Souris (Bianfu shan) déploie ses ailes, un peu plus loin, des Dragons jouent dans l'eau (Yanglong xishui) ; une colline coiffée d'un piton dessine la silhouette d'une femme portant son bébé dans ses bras et évoque l'épouse « guettant le retour de son mari » (Wangfu shi). Peu avant le village de Yangdi, également situé sur la rive dr., le panorama s'élargit, les collines reculent en pains de sucre bleutés derrière l'écran des bosquets de bambous-phénix.

■ **De Yangdi à Xingping***.** Peu après Yangdi se déploie l'un des plus spectaculaires panoramas du Lijiang : des myriades de collines viennent mourir doucement sur la rivière, telles des vagues géantes pétrifiées. Cette vision fantastique (même sous la pluie !) est sans doute celle qui reflète le mieux le déluge de qualificatifs dont écrivains et poètes ont doté les collines du Lijiang au cours des dynasties : « des pousses de bambou de jade » (Fan Chengda), « des épingles de tête de jade vert » (Han Yu), « elles sortent de terre pareilles à des arbres dans une forêt » (Liu Zongyuan), « elles semblent des îles flottant sur une mer imaginaire » (Liu Shuji).

Puis, sur la rive g., deux pics tout couverts de verdure, évoquent, pour les Chinois, un enfant se prosternant au pied du bodhisattva Guanyin (Tongzi bai Guanyin). Ils précèdent un des « clous » de la croisière : la **Montagne peinte,** ou montagne des Neuf Chevaux

Cormorans pêcheurs

Les panoramas de pitons karstiques ne sont pas le seul attrait du voyage sur le Lijiang. Il y a aussi cet oiseau au long cou, posé, telle une figure de proue, sur les frêles radeaux en bambou : le cormoran. Grand consommateur de poissons (il peut en engloutir jusqu'à 1 kg par jour), il est dressé pour la pêche par les riverains du Lijiang. Le cormoran doit ses talents de pêcheur à un handicap : à la différence des autres oiseaux, son plumage n'est pas « huilé », et ses plumes, gorgées d'eau, lui permettent de descendre vers le fond de la rivière à la manière d'un scaphandrier lesté de plomb. Un lacet noué autour de sa gorge l'empêche d'avaler les poissons, qu'il vient régurgiter sur le radeau de son maître. Celui-ci entretient une relation particulière avec ses oiseaux, précieuse source de revenus (au produit de la pêche est d'ailleurs venu s'ajouter le droit d'image réclamé aux touristes photographes). Un cormoran dressé se négocie entre 1 500 et 2 000 yuans, un investissement qui peut être amorti sur une année, l'oiseau pêchant en moyenne de 600 à 1 000 kg de poisson. Sa reproduction fait l'objet des plus grands soins. Les couples nidifient sur le bateau de leur propriétaire, au moment de la fête du Printemps. La femelle pondra 10 à 15 œufs, dont une partie sera donnée à couver par des poules pour favoriser un taux d'éclosion maximal. Le cormoran peut servir son maître pendant une quinzaine d'années.

(Huashan ou Jiuma shan, *rive g.*). Dans les veines et les taches sombres de cette imposante falaise calcaire, qui plonge à la verticale dans la rivière, les Chinois voient la surface d'une peinture géante où s'ébattent neuf chevaux. Jadis, quand les lettrés se rendaient en bateau à Guilin, pour y passer leurs examens, ils scrutaient la surface du Huashan : s'ils parvenaient à déceler les neuf chevaux, ils étaient assurés d'obtenir le premier rang. Avant d'atteindre le bourg de Xingping *(rive g.)*, au confluent d'une petite rivière, d'autres féeries karstiques se déploient sur la rive dr. : reflet de la **Plage jaune** (Huangbu daoying) et du **mont des Cinq Doigts** (Wuzhi shan).

■ **De Xingping à Yangshuo***. **Xingping** fut, avant Yangshuo, chef-lieu du canton. C'est un petit bourg très animé les jours de marché (mêmes jours que Yangshuo : les jours comptant 3, 6 et 9 de chaque mois) : vieilles maisons et échoppes témoignent de son passé de port fluvial *(les croisières régulières ne font pas escale à Xingping. Si vous séjournez à Yangshuo, à 20 km S.-O., vous pourrez prendre un petit bateau de ligne, en emportant une bicyclette pour revenir par la route ; compter en tout 4 h de promenade)*.

Passé Xingping, les collines s'éloignent des rives et laissent place à la campagne et ses activités : gamins juchés sur des buffles, flottilles d'oies ou de canards, femmes venues laver le linge. Juste avant d'arriver à Yangshuo, terminus des croisières régulières *(rive dr. ; informations ci-dessous)*, le **mont de la Tête du dragon** (Longtou shan) est une colline penchée sur la rivière *(rive dr.)*.

■ **De Yangshuo à Fuli*** *(de l'embarcadère de Yangshuo uniquement, bateaux de ligne et petits bateaux touristiques assurent la descente, une fois pleins [env. 20 passagers] ; on peut effectuer la navigation aller-retour ou rentrer à vélo : 8 km ; compter 3 h de promenade)*.Partant de Yangshuo, vous remarquerez la silhouette parfaitement rhomboïdale du **pic du Lotus de jade** (Bilian feng). Les collines sont plus clairsemées en aval de Yangshuo, isolant quelques silhouettes fantastiques aux dénominations très littéraires. Ainsi, vous verrez d'abord *(rive dr.)* le groupe des **cinq pics Porte-Pinceaux** (Bijia feng), allusion au support en porcelaine ou en pierre dure utilisé par les calligraphes pendant leur travail pour faire reposer la pointe gorgée d'encre de leur instrument… support qui généralement affecte la forme d'une rangée de cinq pics. Là où la rivière fait un coude, avant d'atteindre Fuli, se dresse une véritable stalagmite géante, baptisée **mont du Shutong** (les *shutong* étaient les jeunes garçons affectés au service des écoliers pendant leurs études).

Pour qui veut éviter les hordes de touristes prenant le bateau de Guilin à Yangshuo, le village de Xingping constitue le point de départ d'une très belle croisière sur la rivière Li. En passant par une agence de Yangshuo, on peut louer un bateau privé et remonter la rivière pendant 2 ou 3 h.

Bistrots de Yangshuo

Villégiature d'élection des voyageurs à petit budget, Yangshuo s'ingénie à satisfaire les envies des routards. Xijie lu, rue piétonne, est jalonnée de bars, restaurants, cafés, boutiques de souvenirs. On peut aussi y siroter une bière en terrasse, tard le soir, en écoutant du jazz et du blues, enregistré ou live. L'aspect très touristique de Xijie lu peut exaspérer, mais cette rue s'avère bien reposante pour les étrangers ayant voyagé hors des sentiers battus. Elle est même devenue une nouvelle attraction pour les touristes chinois qui, aussitôt débarqués, sont moins intéressés par les boutiques de souvenirs que par les *laowai*, les étrangers. En outre, il suffit de sortir de Yangshuo pour retrouver la beauté des campagnes de Chine traditionnelle. Si vraiment la touche chinoise vous manque, vous trouverez à Yangshuo les gargotes de plein air où se restaurent les touristes chinois. Rendez-vous au marché couvert, face à la gare routière, au carrefour de la route de Guilin et de Diecui lu ou dans les établissements qui bordent le marché aux légumes, à mi-parcours de Xijie (il n'y a pas à se tromper : c'est en face du siège du PCC local, reconnaissable à l'étoile rouge de son fronton).

Fuli** *(rive dr.)* est une escale très agréable. Une longue rue, pavée et sinueuse, traverse tout le bourg, du débarcadère au marché *(qui a lieu les jours comptant 2, 5 et 8 de chaque mois)*. Pas une construction moderne n'est venue troubler l'alignement des façades en bois, aux portes garnies de sentences parallèles et surmontées du miroir chasseur de mauvais esprits. Quelques-unes ouvrent sur des ateliers où l'on confectionne des balles d'étoffe, brodées de fils multicolores, ou encore de grands éventails en bambou, tendus de tissu rouge.

Yangshuo*

Indicatif ☏ (0) 773.

ℹ Il suffit de suivre la rue de l'Ouest (Xijie lu), qui va de la route de Guilin à l'embarcadère de Yangshuo : petites agences privées et cafés proposent les services les plus divers (location de bateaux, de bicyclettes, achat de billets de bus, de train, d'avion) et parlent anglais. Prenez le temps de choisir, et si possible faites-vous conseiller par d'autres voyageurs. Les services de certaines agences (ou guides), loin de valoir les prix demandés, frisent l'escroquerie.

Hébergement : de modeste à très confortable.

Banque : *Bank of China,* au début de Xijie lu, tout près de Pantao lu (t.l.j. 8 h-17 h). Pensez à prendre des photocopies de votre passeport si vous voulez changer des chèques de voyage.

Poste : Pantao lu (au carrefour de Xijie lu et de la route de Guilin).

♥ BONNES ADRESSES
Sur Xijie lu, le *HongFu Palace Hotel* de même que le restaurant *Le Vôtre* occupent une belle maison de mandarins datée du XVIIIe s., restaurée dans sa splendeur originelle.

Gare routière : Pantao lu (près de l'entrée du parc de Yangshuo). Nombreux minibus pour Guilin (1 h env.), autocars pour Nanning, Liuzhou, Wuzhou et Canton.

S'orienter : au S., le bourg est bordé par Pantao lu, sur la route Guilin-Fuli, où se trouvent la gare routière et la poste, ainsi que quelques hôtels (bruyants) de style chinois. Trois rues principales partent de Pantao lu, en direction de l'embarcadère, situé au N.-E. : Diecui lu longe le parc de Yangshuo et traverse le marché touristique ; Xijie lu, la rue la plus animée *(→ encadré)*, passe par le marché d'alimentation ; la 3e rue rejoint l'embarcadère à hauteur du kiosque où l'on achète les billets de bateau.

Enchâssé dans ses collines karstiques et lové dans un méandre du Lijiang, Yangshuo conserve, pour le moment, bien plus de charme que la grande ville de Guilin et constitue une bonne base pour rayonner aux alentours. Son nom est moins célèbre aussi, puisque Yangshuo n'eut jamais rang de capitale. Mais ce chef-lieu de canton a ses petites gloires. Xu Xiake (XVIe s.), l'excentrique géographe voyageur, a décrit ses collines comme un « pays de lotus et de pousses de bambou ». Xu Beihong (1895-1953), le fameux peintre de chevaux, y résida un an et l'on trouve toujours des reproductions de ses peintures dans les boutiques locales.

Yangshuo n'est pas à proprement parler un but de visite, mais un très agréable lieu de villégiature : le bourg se parcourt aisément à pied et, surtout, le tourisme ici est bien moins tapageur qu'à Guilin (sauf au moment de l'arrivée des bateaux de croisière). Yangshuo même n'a pas grand-chose à offrir en matière de visite, en dehors de son marché touristique. Celui-ci vaut le détour. On y trouve à peu près tout ce qui se fabrique en Chine et dans la région, de fort jolies antiquités vraies ou fausses, des nappes brodées ou à jours, des costumes et des bijoux des ethnies miao ou yao, des masques de théâtre en bois sculpté… On peut aussi s'y faire confectionner un *qipao* (robe moulante, fendue sur le côté, de la Chine des années 1930) sur mesure.

Environs de Yangshuo

Il existe de nombreuses possibilités de **promenades à bicyclette** au cœur de rizières s'étendant au pied des pitons karstiques. On peut également visiter quelques villages traditionnels. Ne vous chargez pas trop, emportez de quoi vous désaltérer et vous protéger du soleil. Pour éviter de se perdre, mieux vaut être accompagné d'un guide local.

La plus jolie promenade consiste à se rendre à **Gaotian** *(à 8 km au S.)*. La **route****, tout à fait plate, est très facile et les pitons karstiques à portée de pas.

Quittez Yangshuo par Pantao lu, en direction de Xingping et Fuli. À la sortie du bourg, vous laisserez sur la g. l'embranchement qui conduit à Fuli (p. préc.) ; après quelques kilomètres, vous traverserez la rivière Jingbao ; à dr., une petite route conduit au ***Grand Banian*** *(Darong shu) : cet arbre solitaire a fini par former au cours des siècles une forêt à lui tout seul sur les rives de la Jingbao. 1 km plus loin, avant le bourg de Gaotian, vous verrez sur la dr. une colline, perforée au sommet d'un large orifice circulaire.*

La **colline de la Lune*** (Yueliang shan ; *8 km S. ; 30 mn à vélo puis 15 mn de montée un peu raide pour atteindre le sommet*). Du sommet, superbe vue panoramique : les pics s'élèvent dans la brume, formes lourdes et vieillies à l'E., élancées et dansantes à l'O. – les Chinois y voient une caravane de dromadaires. La route conduisant à Yueliang shan permet d'atteindre, en pleine campagne, le **pont du Dragon** *(objet d'une excursion à part entière)*, daté de 1412, qui enjambe la rivière Yulong. À proximité, le village ming **Jiu Xian** conserve une très belle architecture traditionnelle.

Une **descente en radeau** *(2 h)* constitue aussi une excursion agréable.

Aux portes de Yangshuo, le cinéaste Zhang Yimou a créé un grandiose spectacle son et lumière. Tous les soirs, les pitons karstiques s'illuminent, faisant apparaître 1 800 danseurs et figurants, qui évoluent sur un plan d'eau dans des mises en scène très esthétiques. Les tableaux évoquent la vie traditionnelle dans les campagnes. Un moment magique à ne pas manquer si vous passez la nuit sur place.

Pins, sapins et mélèzes poussent en abondance dans les Grands Monts Yao et constituent une des principales zones d'exploitation forestière du Guangxi. Ils ont permis aux Yao, qui peuplent la région en majorité, de maintenir l'une de leurs activités économiques traditionnelles. L'acheminement des grumes est facilité par l'important réseau de rivières qui s'échappent du château d'eau des Dayao shan.

Vous pourrez revenir de la colline de la Lune par le chemin des écoliers *(20 km)* en empruntant le sentier à l'E. qui passe par Yongcun et Aishan ; la promenade vaut le détour. Une autre possibilité consiste à poursuivre la route, toujours à travers la forêt des collines karstiques, de Gaotian à Maolingzhen *(25 km de Yangshuo)*.

⑫ Le Guangxi du Sud★★

Capitale :
Nanning, 1 400 000 hab., agglomération : 3 300 000 hab.

Distances depuis Nanning (et temps de parcours en véhicule individuel) : Beihai, 204 km (3 h 30) ; Guilin, 362 km (5 h) ; Liuzhou, 222 km (3 h 30) ; Hanoi, 404 km ; Canton, 729 km ; Kunming, 972 km.

Région autonome zhuang du Guangxi.

Dans le S. de la province, le climat est assez chaud pour que l'on puisse réaliser une triple récolte de riz par an (et même y ajouter une quatrième récolte de blé ou de pois).

Au S. de la rivière aux Eaux rouges (Hongshui he) et de la rivière de Droite (Youjiang), on parle le cantonais. Tournant le dos aux passes montagneuses qui entrent au Guizhou et au Hunan, dans le N. de la province, le Guangxi du S. leur préféra traditionnellement les voies fluviales qui rejoignaient le Xijiang, à Wuzhou et, de là, gagnaient la mer par l'estuaire de la rivière des Perles, à Canton. Le Guangxi du S. fut ainsi une sorte d'arrière-pays cantonais. Sur ses franges S., il est mi-frontière avec le Vietnam voisin, mi-littoral, ouvrant sur la côte très découpée du golfe de Beibu, l'ancien golfe du Tonkin. Voie maritime et voie côtière furent les passages qu'emprunta l'Empire chinois pour occuper et contrôler ses voisins vietnamiens. Il n'y a d'ailleurs pas de rupture entre les campagnes du Guangxi et celles du Tonkin. De climat franchement tropical, ces régions se prêtent à la culture intensive du riz, à côté des cultures fruitières tel le longane, qu'on faisait venir à grands frais à la cour de Pékin. Les femmes vont par les diguettes des rizières, coiffées de chapeaux coniques, leurs paniers ballottant au bout de la palanche. On traverse ici toutes sortes de forêts de pierres, contrepoint des reliefs si fameux de Guilin, dans le N.-E. de la province ; certaines, au bord de la rivière Ming, furent ornées de peintures pariétales en des temps lointains. Telles des ondes,

À ne pas manquer

les collines karstiques forment des arcs successifs, transformant la frontière sino-vietnamienne en un labyrinthe où se retranchèrent d'innombrables guérillas et qui viennent mourir en mer, dans l'une des baies du monde les plus réputées : Halong, à l'embouchure du fleuve Rouge, sur le golfe du Tonkin.

Le Guangxi du Sud dans l'histoire

Le Sud pacifié

Dans la première partie de son histoire, le S. du Guangxi joua le rôle de marche vers le Vietnam. C'est le royaume sécessionniste de Nanyue, basé à Canton, qui marcha le premier vers le pays de ceux que les Chinois appelaient les Luo Yue (vietnamien : Lac Viet) et s'empara de leur citadelle de Cô Loa, au N. de Hanoi, en 208 av. J.-C. La bataille fut acharnée car les troupes chinoises devaient faire face au tir infaillible des arbalètes des Luo Yue. Lorsque le royaume de Nanyue se soumit à l'empire des Han, sous le règne de Wudi, en 111 av. J.-C., cette conquête entra dans l'orbite de la Chine, et le Vietnam fut annexé jusqu'au col des Nuages (région de Huê). Cependant, il fut considéré non pas comme une province à part entière, mais comme une commanderie, le Jiaozhi (vietnamien : Giao Chi), sous protectorat militaire, payant l'impôt et devant présenter le registre du cens à la cour. Sous ce statut, il appartint à l'Empire chinois jusqu'en 939. Au VIIe s., il fut rebaptisé Annan (vietnamien : An Nam), le « Sud pacifié ».

Les peuples des montagnes

Malgré le lien commercial qui l'unissait à Canton, le Guangxi du S. resta une région pauvre, terre d'exil en pays barbare où l'on envoyait les fonctionnaires à l'esprit trop critique terminer leur carrière. Il jouait pour l'Empire un double rôle d'observatoire : contrôler l'essor du jeune État du Dai Viêt, qui accéda à l'indépendance en 939, et, surtout, sa politique d'alliance avec les chefs des différents groupes ethniques, tay principalement, qui occupaient depuis toujours les montagnes de la zone frontière. Jusqu'à l'époque contemporaine, l'Empire et le royaume durent compter avec ces montagnards qui pouvaient, selon les cas, fournir leur soutien militaire ou constituer des foyers de rébellion, alimentés par le mécontentement contre l'administration, imposée tour à tour par les Chinois et les Vietnamiens.

Les sœurs Trung contre le « Dompteur des flots »

À l'annexion par l'empire des Han succéda une sinisation intense du Vietnam, appuyée par l'implantation d'une administration sur le modèle confucianiste. Cette atteinte portée à la vieille aristocratie locale, menacée dans son autorité et ses privilèges, suscita le premier grand sursaut nationaliste des Vietnamiens en la personne des deux sœurs Trung. Ralliant tout le delta du fleuve Rouge, elles tinrent tête à la Chine pendant deux ans (40-42). Mais l'Empire promut le général Ma Yuan, plus connu sous son titre de légende de Fubo, le « Dompteur des flots » *(Guilin, p. 359)*, pour mater la révolte. Celui-ci entra au Tonkin en utilisant la double voie maritime et continentale. Vingt mille hommes le suivirent à marche forcée à travers les montagnes sauvages qui forment aujourd'hui la frontière, tandis qu'une flotte de 2 000 jonques l'escortait le long du golfe de Beibu. Acculées, les deux sœurs se jetèrent dans le fleuve Rouge avec leurs fidèles. Achevant la soumission du pays de manière radicale, Ma Yuan y fit massacrer plusieurs milliers d'habitants.

Le Guangxi du Sud.

L'armée de la misère

Au milieu du XIXe s., le S. du Guangxi servit de point de départ à l'un des plus formidables soulèvements populaires de l'histoire de la Chine : la révolte des Taiping (→ *p. 156*). Elle fut animée par des Hakka, groupe originaire du N. de la Chine, qu'ils avaient fui au moment des troubles des XIe et XIIe s. Jamais complètement intégrés dans le S., les Hakka constituaient une minorité pauvre, possédant rarement les terres qu'ils cultivaient et forcés de se tourner vers les métiers précaires qu'offraient l'exploitation minière ou l'activité des ports fluviaux et côtiers. Ils subirent de plein fouet la répercussion des guerres de l'Opium : le déplacement du centre de gravité du commerce international de Canton à Shanghai, qui priva d'emploi des milliers de coolies. Leur chef de file fut Hong Xiuquan, que des études à Canton avaient mis en relation avec les missionnaires protestants britanniques. De ce contact, il forgea une idéologie égalitaire et syncrétique qu'il appliqua d'abord dans sa base de Jintian, à 270 km au N.-E. de Nanning. Passant de la prédication à l'opposition ouverte au pouvoir mandchou et à ses bureaucrates, il est rallié par l'un des peuples les plus irrédentistes du S.-O. de la Chine, les Miao, en la personne de Wei Changhui. Les Miao fournirent également la majorité du contingent féminin, qui représentait au moins un quart de l'armée taiping. En 1853, les Taiping marchent sur Nankin dont ils font la capitale du Royaume céleste de la Grande Paix, *Taiping tianguo*. Ce fut peut-être la plus grande rébellion populaire de l'histoire de la Chine, mais les impériaux réduisirent peu à peu leur zone d'influence, pour les liquider complètement en 1864. La répression, menée par le général Zuo Zongtang, fut atroce. Les rares rescapés refluèrent vers le S., d'où la rébellion était partie. Certains passant la frontière du Tonkin furent à l'origine des Pavillons noirs, basés à Lao Cai, qui donnèrent du fil à retordre à l'administration coloniale française dans les années 1880.

Nouvelle frontière

À la fin du XIXe s., la Chine du S. se trouvait sous le double contrôle des Britanniques de Hong Kong, relié par un service de vapeurs réguliers à Wuzhou, et des Français du Tonkin. Les mandarins du Guangxi tentaient de contenir ces derniers en soutenant secrètement la guérilla des Pavillons noirs, dont les bandes œuvraient le long des régions montagneuses qui formaient la frontière. L'armée coloniale française vint finalement à bout des rebelles en même temps qu'elle défit l'armée régulière chinoise en 1885, à l'issue de la courte guerre franco-chinoise. En signant le traité de Tianjin, en 1885, la Chine dut s'engager à faire respecter par ses troupes les frontières du Tonkin. Malgré le revers de Lang Son, au cours duquel les Français battirent en retraite face à une garnison chinoise, et qui provoqua la chute du gouvernement Jules Ferry, le « Tonkinois », qui avait soutenu le traité, cette frontière ne fut pas remise en question lors de la création de la république de Chine puis de l'indépendance du Vietnam. Le contrôle de la région permit aux Français de construire une première voie ferrée qui reliait le N. de Hanoi à Lang Son et de créer la route coloniale n° 4, qui longeait la frontière, de Lang Son à Cao Bang. Cependant, plutôt tournés vers la Chine, ces confins montagneux s'avérèrent impossibles à contrôler et servirent de base au Viêt-minh.

La crise sino-vietnamienne

Le S. du Guangxi fut le principal théâtre des opérations militaires conduites par les Chinois contre le Vietnam à la fin des années 1970. Pékin saisit le prétexte d'une opération montée contre les commerçants chinois de Saigon en 1978 pour déclencher une série de mesures contre l'ancien « petit frère » : cessation de l'aide économique, fermeture des consulats vietnamiens et coupure des voies de communication ferroviaires et routières avec Hanoi. L'invasion du Cambodge par l'armée vietnamienne, en janv. 1979, accrut la tension entre les deux pays et déclencha l'occupation de Lao Cai, Cao Bang et Lang Son par les troupes chinoises, qui entamèrent une guerre de 16 jours. Cependant, la raison véritable du conflit ne réside pas dans les événements de 1978-1979, mais dans le choix du Parti communiste vietnamien d'un rapprochement politique avec Moscou, amorcé dès la réunification du Vietnam en 1975. Ainsi, la crise fut l'occasion pour les deux parties d'une remise en cause de la définition des frontières terrestres et maritimes par le traité de Tianjin. Il fallut plus de dix ans pour voir s'ébaucher une réconciliation. En sept. 1990, le général Giap adressa à Pékin un message de repentance, alors que l'Europe de l'E. basculait et que l'URSS était au bord de l'implosion.

Vers une économie régionale

Le conflit sino-vietnamien contribua largement à ralentir le développement du Guangxi du S., mais la situation a radicalement changé à la fin des années 1990. Nanning, ville principale de la région, mais aussi capitale, depuis 1958, de la Région autonome zhuang du Guangxi, en est le principal bénéficiaire. Au-dessus de la ligne uniforme des immeubles-barres des années 1960 pousse une véritable forêt de gratte-ciel, résultat d'une politique de délocalisation d'entreprises hongkongaises et d'un encouragement aux investissements. La réouverture de la route vers le Vietnam, puis des liaisons aériennes avec Hanoi et de la voie ferrée, enfin, a redonné à la ville son rôle de carrefour. Celui-ci est renforcé par la mise en place

La R. A. des Zhuang du Guangxi en chiffres

Superficie : 236 970 km².
Population : 49 000 000 hab., dont Zhuang (15 380 000) et Yao (1 500 000), Miao et Dong.
Langues : mandarin, cantonais, zhuang, yao.
Densité de la population : 202 hab./km².
Capitale : Nanning (3 300 000 hab.).
Principales villes : Liuzhou (2 140 000 hab.) ; Guilin (1 500 000 hab.) ; Beihai (1 500 000 hab.) ; Wuzhou (800 000 hab.).
Principales ressources : canne à sucre, thé, fruits tropicaux, plantes médicinales, bois, fer, étain, bauxite, charbon.
Industries : agroalimentaire, mécanique et chimie.

d'un réseau autoroutier en direction du littoral, qui sera suivi de la création d'autoroutes reliant Nanning à Liuzhou, au N., et à Pingxiang, sur la frontière. La mise en service, à la fin de 1997, de la nouvelle et coûteuse voie ferrée de Kunming à Nanning, contournant le S. de la province du Guizhou, inscrit désormais cette ancienne région de marche dans la dynamique de l'économie régionale d'un grand Sud, aux frontières ouvertes, du Yunnan au Guangdong.

Nanning★

Située sous le tropique du Cancer, Nanning est une cité verte et notablement propre, aux rues bordées de beaux arbres tropicaux. L'ancienne ville des *kaihui*, réunion des grosses entreprises d'État ou des services administratifs de la province, est devenue un centre de commerce, avec la normalisation des relations sino-vietnamiennes.

Indicatif ☎ (0) 771.

ⓘ *CITS*, 40, Xinmin lu (à côté de l'hôtel *Mingyuan*) ; ☎ 280-4960 ; fax : 281-6197.

Sécurité publique : Gonghe lu.

Hébergement : toutes catégories.

Bank of China : Gucheng lu (près du musée).

Liaisons aériennes : aéroport Wuxu, à 32 km au S. de la ville ; ☎ 456-3604 ; taxi pour Nanning : 10 yuans. Navettes de (et pour) l'agence de la *CAAC*. Vols réguliers de (et pour) : Canton, Guilin, Hong Kong (1 h 10), Kunming, Pékin, Shanghai. Vol international de (et pour) Hanoi. Compagnie aérienne : *CAAC*, 82, Chaoyang lu ; ☎ 282-1459.

Liaisons ferroviaires : gare ferroviaire, Zhonghua lu, au N. du centre-ville ; ☎ 282-2468. Trains pour Guilin (7 h env.), Liuzhou (4 h), Ningming, Pingxiang, Pékin, Changsha, Chongqing, Guiyang, Kunming et Hanoi.

Liaisons routières : gare routière, Chaoyang lu (quartier de la gare ferroviaire). Bus pour Beihai (sur la côte ; 3 h 30), Liuzhou (3 h 30) et Pingxiang (2 h 30). Bus-couchettes pour Canton (13 h).

Combien de temps : Nanning est certes une ville agréable, mais n'a pas grand-chose à montrer en dehors du Musée provincial (1 h 30 de vis.). Vous y modulerez votre emploi du temps en fonction de votre moment d'arrivée et de la suite de votre programme : aller-retour à Ningming pour la croisière sur le Mingjiang ou trajet de Ningming vers la frontière du Vietnam.

Wang Yangming (1472-1528 ; → *encadré p. 399*), philosophe à l'écoute de l'intuition, des mouvements de la spontanéité, vécut et prodigua son enseignement à Nanning. Ce philosophe fut aussi un réformateur politique qui prôna une forme d'autogestion des communautés paysannes, reposant sur l'autocritique publique de chacun de leurs membres. Il marqua la vie intellectuelle jusqu'au début de l'occupation mandchoue (1644).

Circuler : le bus n° 6 va jusqu'au parc Nanhu et dessert les gares et le musée. Nombreux taxis.

S'orienter : la ville s'est d'abord développée au N. d'un méandre du Yongjiang, qu'enjambent trois ponts vers les quartiers S. et l'aéroport. Dans l'axe du plus ancien, Yongjiang qiao, partent deux avenues principales. Zhongshan lu, qui devient Chaoyang lu dans sa partie N., dessert les gares. Minzu dadao file vers les quartiers E. et dessert le musée.

Les principaux hôtels se trouvent au carrefour de Minzhu lu et Xinmin lu, rue qui prend sur Minzu dadao.

■ **Musée de la Région autonome zhuang du Guangxi**★★ (Guangxi zhuangzu zizhiqu bowuguan ; *2 accès : par Minzu dadao ou par Gucheng lu et le parc des Minorités ; 8 h 30-11 h 45 et 15 h-17 h ; en été 8 h 30-16 h 30*). Les collections occupent le 1er étage d'un grand bâtiment de style soviétique. Elles sont regroupées dans deux ailes : l'exposition ethnographique est installée dans l'aile g., celle des tambours en bronze dans l'aile dr.

Galerie des Tambours en bronze★★ *(→ p. suiv.)*. Une cinquantaine de tambours découverts au Guangxi et fondus entre l'époque des Printemps et Automnes (722-484 av. J.-C.) et la dynastie des Qing (1644-1911) y sont exposés *(explications en chinois et en anglais)*. Une première section montre l'aire de diffusion (de la Chine à l'Indonésie, en passant par l'Asie du S.-E.) de ces instruments et leurs usages, à travers des photos. Vous remarquerez que, fort lourds, ils ne sont pas percutés posés, mais suspendus au moyen de cordes, passées dans les anneaux assujettis au corps du tambour, à la manière des cloches en bronze de la culture chinoise. La résonance peut être captée et modulée à l'aide d'un seau en bois, présenté face à la partie creuse de l'instrument. Les plus petits sont portés par le musicien, grâce à une sangle passée sur l'épaule. Les plus grands sont suspendus en carillons à des portants en bois.

La section suivante est consacrée à la **typologie** établie par les archéologues chinois, qui définit huit types en fonction de la taille, de la forme et des motifs, dénommés d'après les sites de leur découverte. Les plus anciens proviennent du Yunnan : cultures de Wangjiaba (VIIIe-Ve s. av. J.-C.) et de Shizhaishan (IVe s. av. J.-C.-Ier s. apr. J.-C.) ; ces derniers présentent les scènes figuratives les plus complexes *(encadré p. 179)*. Les **tambours** du style de Lingshuizhong, fondus entre le Ier s. av. J.-C. et le XIIe s., ont été retrouvés sur une aire couvrant les provinces du Sichuan, du Yunnan et du Guangxi. Leur plateau est posé sur un cylindre étroit et haut, et les motifs y amorcent une tendance à la géométrisation. Le style de Lingshan contemporain (IIIe-Xe s.) est propre au Guangxi : les motifs géométriques sont très travaillés. Les cultures de Zunyi (Xe-XIVe s.) et de Majiang (VIIe-XIXe s.) marquent un déclin certain. Enfin, les styles de Ximeng et de Beiliu, respectivement attachés au Yunnan et au Guangxi, illustrent des cultures régionales tardives, les tambours du Guangxi développant d'immenses plateaux

La grenouille fait la pluie

Une légende zhuang raconte que le jeune Dong Linglang, ayant perdu sa mère, ne supportait plus le coassement des grenouilles qui, chaque nuit, troublait son sommeil. Il finit par s'en débarrasser en les jetant dans l'eau bouillante. Affolées, leurs consœurs s'en furent vers d'autres contrées, et la région connut des années de sécheresse. Torturé par le remords, Dong Linglang s'en fut consulter le dieu ancestral Buluoduo. Celui-ci lui révéla que les grenouilles étaient les messagères du dieu du Tonnerre, qui dirige le vent et la pluie, le malheur et le bonheur des hommes. Leur départ avait provoqué la colère du dieu, et la sécheresse s'était abattue sur le pays. Il fallait donc apaiser les mânes des grenouilles injustement tuées en leur organisant une cérémonie funéraire. Alors seulement les grenouilles reviendraient. Il restait encore aux hommes à s'assurer de leur soutien en les conviant aux fêtes célébrées pour le Nouvel An. Ce fut chose faite, la pluie revint et le village retrouva sa prospérité. Depuis, les Zhuang de Donglan *(env. 360 km au N.-O. de Nanning, dans le Guangxi du N.-O.)* perpétuent la fête des Grenouilles, chaque année, entre le 1er et le 15 du 1er mois lunaire.

Il faisait 7 °C à Nanning le 7 janv. 1958. Cette température ne dissuada pas Mao d'effectuer une prouesse dont il était coutumier. Il se jeta à l'eau et traversa le Yongjiang à la nage. Un kiosque à tuiles vernissées jaunes commémore cet exploit au bord du fleuve, près du Yongjiang qiao.

Les tambours en bronze

Les premiers tambours en bronze découverts dans un contexte archéologique proviennent du site de Dông Son, dans le N. du Vietnam, et datent de la seconde moitié du Ier millénaire av. J.-C. Les tambours de la culture de Dông Son sont les témoins d'une civilisation protohistorique, développée sur une aire géographique considérable, qui s'étend de l'E. de la Birmanie et du S. de la Chine (du Yunnan à l'O. du Guangdong) à l'Indonésie, en passant par l'ensemble de l'Asie du S.-E.

▲ **Pour que résonne la voix du tambour, il faut le suspendre à l'aide de cordes, passées dans les anneaux soudés au corps de l'instrument, à la manière des cloches en bronze de la culture chinoise.**

■ Que contaient les premiers tambours ?

Leur forme a évolué, dans le temps plus que dans l'espace, vers la simplification, évoquant, pour certains spécialistes, un mortier à piler le riz renversé ; pour d'autres, une marmite retournée.

Le décor des tambours les plus anciens est extrêmement élaboré, figurant de véritables scènes, disposées en cercles concentriques, sur le plateau : oiseaux échassiers, personnages parés de plumes, pirogues effilées, maisons sur pilotis... Le sens de ces scènes n'a toutefois pas été complètement élucidé : s'agit-il de rites ? de scènes du quotidien ?

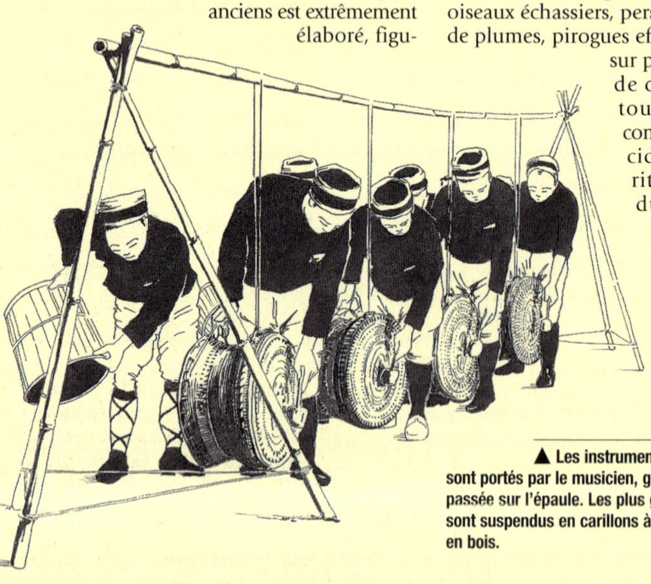

▲ **Les instruments de petite taille sont portés par le musicien, grâce à une sangle passée sur l'épaule. Les plus grands sont suspendus en carillons à des portants en bois.**

▲ **Aux confins du Guangxi et du Guizhou, les Yao « pantalon blanc » continuent à battre le tambour lors de leurs fêtes à l'instar d'autres peuples du S.-O. (Buyi, Shui, Miao...). Le tambour en bronze peut être accompagné d'un seau en bois. Dans ce cas, le son est émis en deux temps – dong-boup, dong-boup. Le premier son est celui de la vibration du tambour percuté (dong), le second (boup), celui de sa résonance, aspirée et restituée par le seau, qui capte le son à l'intérieur du creux du tambour.**

Magie des voix du bronze

Une particularité des tambours en bronze est la continuité de leur usage : on en a fondu en Chine du S. jusqu'au début du XXe s., et dans certains villages – en particulier des groupes buyi (→ *p. 346-347*), miao, shui et yao –, on continue à utiliser les tambours ancestraux comme instruments de musique, lors de fêtes. Il est évident que le tambour en bronze fut, à l'époque protohistorique, un objet à la signification complexe, dépassant largement sa fonction musicale (parfois, ils ont d'ailleurs été inhumés avec leur propriétaire, signe de sa puissance ou de sa richesse). Le maintien de son usage chez certains peuples dénote le caractère magique qui lui est attribué : les tambours en bronze ne sortent qu'en des occasions spéciales telles des cérémonies liées aux ancêtres et à la mort, ou à la pluie et aux récoltes.

L'ornementation du plateau des tambours en bronze fut simplifiée au cours des âges. Les scènes figuratives ont fait place à un jeu de motifs géométriques, toujours disposés en cercles concentriques, tandis que de petites rondes-bosses animalières (principalement des grenouilles) apparaissent sur le plateau. ▶

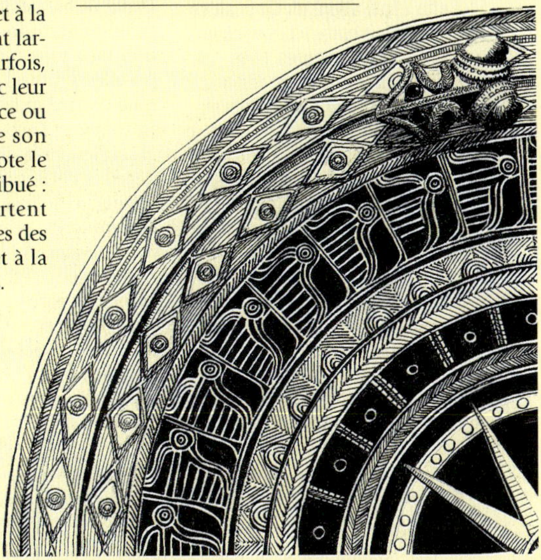

Le plus gros tambour (1,65 m de diamètre, 0,675 m de hauteur ; 300 kg), de style Beiliu, fut fabriqué à l'époque des Printemps et Automnes (Chunqiu). Avant d'entrer dans les collections du musée, il était conservé dans un couvent bouddhique des environs.

En quête de Zhuang

Sur les quelque 17 millions de Zhuang que compte la Chine, 90 % vivent au Guangxi, les 10 % restants étant répartis dans les provinces du Yunnan, du Guizhou, du Hunan et du Guangdong. Mais vous aurez des difficultés à identifier ce groupe, largement sinisé : ni habitat ni costume distinctifs dans la majorité des cas. Le fait est d'autant plus intéressant que la Chine ne compte que cinq structures administratives, dites régions autonomes : Xinjiang ouïgour, Ningxia hui, Tibet tibétain, Mongolie mongole et Guangxi zhuang.

Qu'en est-il de l'identité zhuang ? Cette appellation, plutôt positive puisqu'elle signifie « brave, courageux », apparaît après 1949. Elle regroupe cinq ethnies de parler taï-kadaï : Puzhuang, Puthai, Pumang, Punung et Pusha.

Dans la foulée de la réforme agraire, une préfecture autonome zhuang est créée dans l'O. du Guangxi, en 1952. Tandis que se poursuit la collectivisation des terres et malgré de fortes oppositions au sein du Comité central, la province est constituée en Région autonome zhuang en 1958. La même année fut créé un système de transcription alphabétique de la langue zhuang (il figure toujours, en sous-titre des caractères chinois, sur la plupart des bâtiments administratifs).

(env. 1 m de diamètre) posés sur un corps très bas, des grenouilles en ronde bosse *(→ encadré p. 373)* scandant la surface ornée de nuages stylisés. Techniquement *(section suivante)*, les premiers **tambours** furent fondus selon le même système que les bronzes archaïques chinois : un modèle en argile permettait de réaliser un moule à sections, dans lequel était coulé le métal en fusion, tandis que le modèle de départ, dégraissé, servait de noyau. Une copie d'un tambour de Shizhaishan *(→ Musée provincial à Kunming)*, accompagnée d'un agrandissement photographique de la scène complexe en ronde bosse figurant sur le plateau, explore la valeur symbolique et magique des tambours : symbole du pouvoir, instrument rituel présenté lors des cérémonies d'alliances, d'investiture ou de tribut. La dernière salle de la galerie est consacrée aux motifs rencontrés sur les tambours du Guangxi.

Sur le palier séparant les deux galeries, une exposition photographique présente quelques-unes des fêtes des nationalités minoritaires du Guangxi (non légendées).

Galerie ethnographique*. Elle présente les costumes, les techniques textiles, les fêtes et les traditions des groupes ethniques ayant rang de nationalité minoritaire au Guangxi. Les plus remarquables sont les **Zhuang** (surtout établis dans l'O. de la province, *→ encadré*), les **Yao**, dispersés en six cantons autonomes (Bama, Du'an, Fuchuan, Dahua, Gongcheng et Jinxiu), les **Miao**, installés aux confins du S. du Guizhou, dans le canton de Rongshui, et les **Dong** de Sanjiang *(p. 342)*.

La **tenue traditionnelle zhuang** (pantalon pour les hommes, jupe plissée et blouse fermant sur le côté pour les femmes) est très sobre, jouant sur les seules nuances de l'indigo.

La variété et la couleur caractérisent le **costume yao** et soulignent la diversité des groupes qui se cachent derrière cette nationalité minoritaire. Le rouge, l'orange et le rose tyrien sont les notes dominantes des broderies, principalement exécutées au point de croix, rehaussant les vêtements teints à l'indigo. Les coiffures de fête sont très élaborées, variations autour du turban à floches ou à visière, composant parfois un échafaudage de rubans et de galons. Parmi les tenues de fête les plus spectaculaires, vous remarquerez celle des Yao de Longsheng *(p. 339)* : les vestes, ouvrant sur le devant, sont entièrement brodées de teintes fuchsia, sur une jupe plissée courte, portée avec des bandes molletières. Les Yao « tête pointue » (Jiantou Yao) de Jinxiu doivent cette appellation à leur coiffure : le turban, rehaussé de paillettes, est monté sur un cône qui évoque les pitons karstiques du Guangxi. À Nandan, aux confins du S. du Guizhou, le pantalon non teint porté par les hommes a valu à ce groupe la dénomination de Yao « à pantalon blanc » (Baiku Yao ; → *p. 137*).

Les **femmes miao** de Rongshui revêtent une jupe plissée, décorée de motifs réservés à la cire. Les petits groupes miao, voisins des Yao de Nandan, se distinguent par la variété des empiècements, réalisés en batik, appliqués, petit point, etc.

La tenue de fête des **hommes dong** de Sanjiang *(p. 342)* est notable au sein de ce groupe, qui partage avec les Zhuang la sobriété de l'indigo. Leur tunique, brodée de couleurs claires, est frangée de graines et de plumes d'oiseaux. Parmi les bijoux de ce groupe, vous remarquerez un torque en argent, doté d'un pendentif orné d'émaux cloisonnés.

Les vitrines de la section suivante exposent quelques techniques textiles particulières. Ainsi, les **brocarts** des Zhuang, aux motifs très sinisés (dragons, phénix, nuages), qui, malgré la savante manipulation des nappes de fils qu'exige la technique du brocart, sont exécutés sur un métier à tisser archaïque, les différents fils de trame étant enroulés sur une cage à cochon en bambou tressé. Les différents groupes yao pratiquent également le brocart pour tisser les galons de leurs coiffures. Les brocarts des Dong se distinguent par le jeu sur les seuls noir et blanc, tissant de savants motifs géométriques. Vous verrez enfin des batiks miao et divers empiècements brodés.

La dernière section, consacrée aux **fêtes**, s'appuie principalement sur une documentation photographique. Vous y verrez cependant un ensemble de **marionnettes à fils,** dont le jeu est pratiqué par les Zhuang, ainsi qu'une série de **masques du théâtre *nuo*** *(→ p. 286-287)*.

Le **parc des Minorités** *(dans l'enceinte du musée ; accès par le hall du r.-d.-c., sortie par un* pailou *donnant sur Gucheng lu ; ouv. t.l.j. 8 h 30-18 h 30)* mérite une promenade. On y a reproduit, dans un environnement assez proche de leur cadre naturel, des constructions traditionnelles de quelques groupes ethniques. En tournant dans le sens des aiguilles d'une montre, on trouve une chaumière zhuang, un pavillon dong (près de la reproduction d'une tour du Tambour, élément traditionnel des villages de cette ethnie), etc. Le fameux pont en bois de Chengyang *(p. 342)*, construit au début du XXe s. dans les environs de Sanjiang, a été reconstitué à échelle réduite avec trois pavillons au lieu de cinq. Ce pont enjambe la grande pièce d'eau au centre du parc.

Si vous êtes « en panne » à Nanning, il ne vous restera guère à visiter que les parcs, aménagés autour de pièces d'eau (Bailong, au N.-E. de la ville, et Nanhu, au S.-E. ; Qingxiu shan, à 12 km O. par le bus n° 202).

Le marché aux fleurs et aux oiseaux *(huaniao shichang)* se trouve à la lisière E. de la ville *(à l'angle de Yuangu lu et Wangzhouling lu, à 4 km du centre ; ouv. 9 h-18 h 30 ; sam. et dim. 7 h-18 h 30)*. Paradoxe de cette contrée où l'on consomme, à l'instar de Canton, le chien et le chat, Nanning est réputée pour l'élevage de ces animaux… pour l'agrément, non pour la table ! Outre les pékinois et les chats angoras, vous y verrez tout l'attirail de l'aquariophile et de l'amateur d'oiseaux chanteurs, mais aussi des meubles fantastiques, taillés dans les racines du banian. Un marché aux puces s'installe sur les lieux tous les week-ends.

♥ BONNE ADRESSE
La maison miao abrite un restaurant qui propose un menu de spécialités empruntées à la cuisine miao, dong, zhuang et yao (☏ 280-7634).

Viennent ensuite le pavillon yao, dans l'angle du parc, puis une **maison en bois miao.** Près de la sortie, la réplique géante, construite en béton, d'un tambour en bronze abrite un karaoké !

Ningming et le Mingjiang★★★

Les panoramas du Mingjiang sont moins spectaculaires que ceux du Lijiang. En revanche, cette rivière offre une sérénité bucolique que la rivière Li, sillonnée chaque jour par des trains de bateaux touristiques, a perdue depuis longtemps. Le trafic fluvial est peu intense, et les radeaux en bambou bien légers : les bateliers semblent assis sur l'eau. De plus, sur les falaises karstiques qui plongent dans ces eaux, on peut admirer de petits bonshommes, peints à l'ocre rouge en des temps reculés.

S'organiser : excursion à effectuer en aller-retour (376 km) de Nanning, avec une nuit sur place, ou en étape sur la route de Pingxiang et la frontière du Vietnam. Si vous ne disposez pas d'un véhicule, empruntez le train rapide Nanning-Ningming du matin (4 h 15 de trajet). En sortant de la gare de Ningming, prenez la rue en face et longez le marché couvert qui se trouve sur le côté dr. sur 50 m. Vous trouverez une petite agence qui se charge de la location des bateaux. Faites préciser ce que comprend votre forfait, car il existe plusieurs options : trajet aller-retour jusqu'au Huashan, repas à bord, droit d'entrée du site de Huashan, hébergement au village de Huashan. Vous pouvez aussi acheter cette excursion au départ de Nanning, avec la totalité des prestations, auprès du *CITS*.

Si vous hésitez entre le train et l'autobus pour vous rendre à Ningming, sachez que le paysage est beaucoup plus beau le long de la voie ferrée : jardins maraîchers avec palis de haricots verts, maisons zhuang en terre damée et au toit à la croupe légère, champs de canne à sucre, rangs d'eucalyptus, flottilles de canards, forêts de collines karstiques.

Hébergement : vous trouverez de petits hôtels rudimentaires à Ningming. Vous pouvez également passer la nuit au bord de la rivière dans l'une des maisons en bois de l'hôtel du village de Huashan.

Départ : pour aller à l'embarcadère, empruntez le chemin qui prend à dr. juste après le marché. Un chemin longeant la rivière sur env. 15 km mène également au village de Huashan. Le site de Huashan n'est accessible qu'en bateau.

Durée : le village de Huashan est à 1 h de navigation et la falaise, encore à 45 mn en aval. Au retour, vous naviguerez à contre-courant : comptez env. 2 h 30, parfois plus en période d'étiage (nov. à mars, profondeur parfois inférieure à 1 m et nombreux bancs de sable).

Peu après avoir quitté Ningming, vous passerez sous un pont à poutrelles métalliques de type Eiffel, construit par les Français dans les années 1930. Le long des berges, les riverains installent des pièges à poisson en plantant des boutures de jacinthes d'eau, à l'intérieur d'une clôture en bambou : les poissons viendront pondre leurs œufs dans ces racines, rares sur le Mingjiang. Des sampaniers vivent sur le fleuve, pratiquant la pêche à l'aide de chaluts fixés à de longues perches en bambou (pas de cormorans pêcheurs sur le Mingjiang). Cette partie du cours de la rivière est jalonnée de bancs calcaires. Vous entrerez dans la zone des falaises karstiques au bout de 40 mn de navigation. Sur certaines d'entre elles, vous remarquerez des **peintures rupestres*****, toujours tracées à l'ocre rouge.

■ **Village de Huashan*** *(rive dr., à env. 15 km et 1 h de bateau)*. Ce petit village zhuang, d'env. 200 âmes, est adossé à un cirque d'imposants pitons karstiques, dans une végétation d'une prodigieuse diversité : manguiers, caroubiers, kapokiers (très belle floraison rouge en mars), banians, bambous-phénix, etc. L'endroit est paisible et idéal pour admirer lever et coucher de soleil sur la rivière. À env. 300 m du débarcadère, le bureau du tourisme de la région a aménagé un hôtel plein de charme, fait de trois maisons en bois dong, miao et zhuang *(rés. auprès du CITS de Nanning)*. La maison dong, la plus vaste et la plus ancienne, était la demeure d'un gros propriétaire terrien de Bajiang, dans le canton de Sanjiang *(au N.-E. de Guilin)*. Elle fut démontée pour être reconstruite ici en 1987.

► **Réserve de Longrui**** (Longrui ziran baohuqu ; *accès par un col, à 25 mn de marche au N.-E. du village ; accès payant ; possibilité de louer les services d'un guide en vous adressant à l'hôtel*). Cette belle réserve subtropicale est le sanctuaire de deux espèces rares : le singe à feuilles blanches et le camélia à fleurs d'or (*Camellia chrysanthera,* la variété la plus rare parmi les 200 camélias qui existent dans le monde). Les premiers sont env. 400 à vivre en colonies dans la réserve. Vous les reconnaîtrez aux longs poils blancs soyeux qui auréolent leur tête et auxquels ils doivent leur nom. Pour admirer les seconds, il faut visiter la réserve entre fin sept. et début nov., période de leur floraison. Si vous n'avez pas le temps de visiter la réserve de Longrui, montez au moins au col qui y donne accès : le panorama des deux versants, avec leurs collines karstiques à perte de vue, est extraordinaire. ◄

■ **Montagne fleurie***** (Huashan ; *rive dr., à env. 25 km et 1 h 40 de bateau ; accès payant ; une passerelle longe la falaise, mais seules des jumelles vous permettront d'apprécier les détails ; bonne luminosité l'après-midi*). Des centaines de silhouettes, humaines et animales, ont été peintes en rouge, sur cette falaise calcaire

L'un des problèmes soulevés par les peintures rupestres du Mingjiang est celui de leur exécution, les falaises tombant à pic dans la rivière, sans surplomb permettant de s'y tenir en équilibre, ni possibilité de construire un échafaudage. L'hypothèse la plus vraisemblable s'appuie sur l'observation d'une pratique d'inhumation, commune à de nombreuses ethnies du S.-O. de la Chine : les cercueils suspendus. Ceux-ci étaient descendus le long de la paroi rocheuse à l'aide de cordes et déposés sur des supports, faits d'une planche maintenue en équilibre par des chevilles, fixées dans la roche. Il est probable que les mêmes techniques (descente en rappel et balcons en bois provisoires) ont été utilisées par les auteurs des peintures.

Légende des falaises peintes

Mengka, jeune homme à la force surhumaine, est l'un des héros zhuang qui se dressa contre l'iniquité du pouvoir. Mais Mengka, s'il était fort, était pauvre et n'avait pas les moyens de lever une armée contre le despote. Un magicien lui confia cependant un stratagème : il lui suffisait de peindre un à un, et avec tous les détails, les soldats de sa troupe sur des feuilles de papier. Au bout de 100 jours, les dessins viendraient à la vie. Aussi Mengka s'absorba-t-il, semaine après semaine, à constituer son armée de papier. Au 99e jour, sa mère, ignorante du projet et inquiète de voir son fils s'isoler, profita de son absence pour visiter sa chambre. En ouvrant son coffre, elle vit avec stupeur s'échapper les hommes et les chevaux en papier, patiemment peints par Mengka. Mais leur naissance prématurée d'un jour les empêchait de devenir tout à fait vivants : une à une, les images s'envolèrent et vinrent tapisser les falaises environnantes.

d'env. 40 m de haut. Signalées dans un ouvrage géographique du XVe s., ces peintures rupestres n'ont été identifiées qu'en 1950. C'est le plus spectaculaire des 80 sites répertoriés le long des rivières Ming et Zuo. Souvent situées sur un méandre, les falaises historiées sont orientées au S. et toutes peintes à l'aide du même pigment : du rouge d'hématite lié au sang de bœuf. La figure dominant leur répertoire est celle d'un orant, représenté de face, bras levés. Ces silhouettes sont parfois armées d'une épée, passée à la ceinture, et accompagnées d'autres représentations : embarcations, chiens, oiseaux et de mystérieux cercles. Ceux-ci, ornés en leur centre d'un motif en étoile, ne sont pas sans rappeler les plateaux des tambours en bronze, leurs contemporains *(p. 374-375)*.

Dans la composition peinte sur la falaise du Huashan, les orants sont représentés de face, ou de profil et, dans ce cas, toujours tournés vers la dr. La taille des quelque 1 300 personnages varie entre 0,40 m et 3,50 m. Les représentations de « tambours » sont abondantes. Vous remarquerez que les images de chiens sont systématiquement associées aux porteurs d'épée, sans qu'on puisse en décrypter la signification, ni celle, d'ailleurs, de l'ensemble de la composition. La datation, au carbone 14, des concrétions calcaires qui recouvraient certaines les fait remonter à 3 000 ans (période des Printemps et Automnes).

Huashan est le terminus des excursions organisées. Vous pouvez demander, en réglant un supplément, à être conduit en aval, jusqu'à la grotte naturelle Zixia (env. 1 h). Au-delà, le confluent du Mingjiang et du Zuojiang à Shangjin est fermé par une écluse hors d'usage. Si vous souhaitez poursuivre la navigation jusqu'à Chongzuo (à 5 à 6 h du confluent, en aval du Zuojiang), il vous faudra louer un autre bateau. Cependant, la progression sur le Zuojiang est rendue difficile par le faible niveau d'eau et les nombreux bancs rocheux. À Chongzuo, vous retrouverez la ligne ferroviaire Nanning-Ningming.

La route du Vietnam*

Parvenu au S. du Guangxi, vous pourrez quitter la Chine par l'une de ses frontières terrestres et gagner le Vietnam. En franchissant la passe de l'Amitié, l'ancienne porte de la Chine des Vietnamiens, vous renouerez les fils de l'histoire complexe qui unit et opposa tour à tour les destinées des deux pays. De l'autre côté, vous traverserez le haut pays du fleuve Rouge, à travers des forêts karstiques, crevées de champs minuscules que cultivent les Nung. Ce groupe ethnique, de parler taï-kadaï, est apparenté aux Zhuang du Guangxi.

Transports : de Nanning, vous avez trois possibilités pour rejoindre Hanoi. **Par avion :** 2 vols/sem., les lun. et jeu. **En train :** départs les mar. et sam. du n° 215, qui part à 20 h 20, arrive à Pingxiang à 0 h 20 et reste en gare 1 h 30 pour le règlement des formalités. Arrivée à Dông Dang, de l'autre côté de la frontière, à 2 h 30. Une fois effectuées les formalités d'entrée, vous devrez changer de train pour le M2, qui continue sur Hanoi (départ à 5 h, arrivée à 11 h 30), l'écartement des voies n'étant pas le même des deux côtés de la frontière. Dans l'autre sens (et avec un scénario similaire), le train M2 part de Hanoi les mar. et ven. à 17 h pour arriver à Nanning à 7 h 10 le lendemain. **Par la route :** vous vous rendrez d'abord, en train ou en bus, à Pingxiang, à 20 km du poste frontière de Youyiguan (vietnamien : Huu-Nghi ; minibus au départ de la gare routière). Une fois réglées les formalités de sortie du territoire chinois, vous devrez traverser à pied le no man's land d'env. 800 m qui le sépare du poste vietnamien de Dông Dang. Des services de bus font la liaison avec Lang Son, à 14 km, où vous pourrez prendre un train pour Hanoi.

Visa : le *CITS* de Nanning peut se charger de vous obtenir un visa. Cependant, étant donné les délais, il est recommandé de faire établir votre visa par les services consulaires du Vietnam de votre pays d'origine avant le départ. Attention ! vérifiez au moment de récupérer votre visa qu'on y a bien fait figurer votre port d'entrée au Vietnam : Nôi Bai, l'aéroport de Hanoi, si vous empruntez la voie aérienne, et Huu Nghi, si vous choisissez la voie terrestre. Vous n'avez aucune chance d'être refoulé, seulement d'être contraint de verser une amende, négociable selon les heures de la journée et le personnel de service…

Distances : indiquées depuis Ningming.

■ *45 km S.* : **Pingxiang.** C'est dans ce bourg frontalier que se manifestèrent les signes avant-coureurs de la normalisation des relations entre la Chine et le Vietnam. Dès la fin des années 1980, on y stockait bouteilles thermos, ventilateurs, télévisions ou réfrigérateurs *made in China,* destinés à traverser la frontière, en l'absence d'accords douaniers.

■ *65 km* : **passe de l'Amitié** (Youyiguan, en vietnamien Huu Nghi). Le 1er avr. 1992, une petite cérémonie marqua la réouverture de la route n° 1, passage séculaire des invasions chinoises et des ambassades vietnamiennes. Pour l'occasion, les Chinois ont reconstruit la porte de la citadelle qui gardait la passe, élevée en 1823 et détruite lors des événements de 1979. Du côté vietnamien, vous êtes à Dông Dang.

■ *79 km* : **Lang Son** (chinois : Liangshan). Aux trois quarts détruite lors de la guerre de frontière en fév. 1979, la ville a depuis connu un boom économique, grâce à la contrebande frontalière puis à la réouverture de la frontière. C'est ici qu'un détachement militaire du gouvernement colonial français se heurta à une garnison chinoise, après la signature du traité de Tianjin, provoquant la chute du gouvernement Jules Ferry.

Au-delà, la route suit le couloir montagneux de la vallée du Sông Câu, cadre de nombreux combats pour s'approprier cette zone de passage à travers l'arc des collines du Dông Triêu (500 à 1 000 m d'alt.).

■ *234 km* : **Hanoi** (chinois : Henei). Capitale du Dai Viêt, du protectorat français du Tonkin, puis du Vietnam unifié, Hanoi est une ville d'atmosphère, baignée de lacs résiduels (lac de l'Épée restituée, lac de l'Ouest), mélange indéfinissable de demeures à la française, chaulées d'ocre jaune, et de quartiers vietnamiens, tel celui des anciennes corporations d'artisans et de commerçants, très animé. Au temps du Dai Viêt, elle était Thang Long, « dragon volant », cité administrative bâtie sur le modèle des capitales impériales chinoises, protégée par la ceinture aquatique du fleuve Rouge, qui lui vaut son nom actuel de Hanoi, « au cœur du fleuve ».

Des billets en fumée

Lorsque Pékin décida de donner une leçon à Hanoi en envoyant ses troupes sur la frontière, en 1979, une véritable guerre secoua la région pendant plusieurs semaines. Les Chinois ne pénétrèrent toutefois guère plus avant que Lang Son, mais saccagèrent cette zone, au prix de lourdes pertes humaines. Les corps des soldats morts durant cette guerre d'intimidation furent inhumés dans des cimetières militaires, près de la frontière. Mais les familles des victimes vengèrent les mânes de leurs morts d'indirecte façon. Il est d'usage en Chine, lors de la fête des Morts, de brûler du papier-monnaie factice à l'usage du défunt. Généralement, on veille à imprimer ces billets de fortes sommes afin que les morts puissent être prodigues dans l'au-delà. Or, à l'époque, le dông vietnamien, très affaibli, se changeait à près de 2 000 unités pour 1 yuan. Ainsi, plutôt que de faire fonctionner la planche à billets de la « banque du ciel », les Chinois brûlèrent des billets de 500 et 1 000 dông pour apaiser leurs défunts.

Sur la route entre Lang Son et Hanoi, on franchit la ligne de partage entre les eaux coulant vers la rivière des Perles et vers le delta du fleuve Rouge.

13 Canton★★ (Guangzhou)

Situation : à 70 km de la mer sur l'estuaire de la rivière des Perles. Hong Kong, 182 km ; Guilin, 1 038 km ; Wuhan, 1 084 km ; Shanghai, 1 837 km ; Pékin, 2 313 km.

Population : 7 500 000 hab. (env. 11 500 000 avec la banlieue).

Capitale du Guangdong.

Indicatif ☎ (0) 20.

ℹ *CITS Guangdong*, 179, Huanshi xilu *(plan B1)* ; ☎ 8666-6889 ; *www.citsgd.com.cn* ; *www.newsgd.com*
ℹ *CTS Guangzhou*, 10, Qiaoguang lu *(plan C2)* ; ☎ 8333-6888 ; ouv. 8 h 30-18 h, le w.-e. 9 h-17 h. Pour vos billets de train ou d'avion, vos excursions, vos réservations d'hôtel. Pour d'autres services, adressez-vous plutôt à la réception de votre hôtel.

Sécurité publique : 155, Jiefang nanlu, entre Dade lu et Daxin lu *(plan C2)* ; ☎ 8311-5808 ou 5800 ; ouv. t.l.j. 8 h 30-17 h.

À ne pas manquer	
Musée des Yue du Sud★★★	396
Île de Shamian★★	391
Temple des Ancêtres★★ à Foshan	401

La capitale de la Chine du Sud est aujourd'hui en pleine transformation. Face aux intrusions brutales du modernisme subsistent des îlots qui, tels le quartier de la Beijing lu, la rive g. aux abords de la Binjiang lu, ont conservé une atmosphère bon enfant, où la vie est dans la rue. Canton, c'est cette ambiance à la fois nonchalante et active, un S. convivial associé à un goût prononcé pour le commerce. Flâner dans les rues, déjeuner à la terrasse d'un restaurant, aller « boire le thé du soir avec des amis » sont les plaisirs de cette ville unique en Chine. Il faut oublier le bruit, la pollution et s'immerger dans ce monde surprenant. La croissance du delta est en grande partie le fruit de la délocalisation des industries à forte valeur ajoutée de Hong Kong. Canton a su allier sa culture d'entreprise aux traditions marchandes, portées par les réseaux chinois de la diaspora, ce qui a permis à la région de financer elle-même ses infrastructures.

Troisième métropole économique chinoise, derrière Shanghai et Pékin, Canton multiplie les projets de grande envergure : elle compte tirer parti de sa position privilégiée, au cœur du delta de la rivière des Perles, pour revendiquer une place essentielle dans les échanges internationaux. Sur le plan national, pour asseoir son statut de capitale commerciale, financière et industrielle régionale, elle travaille à l'amélioration de ses infrastructures et de son tissu indus-

triel. Le port en eaux profondes de Nansha constitue un des grands projets qui lui permettra de remédier à une situation à l'origine défavorable aux activités portuaires : pour le moment, Hong Kong assure l'essentiel des échanges de Canton. Le récent aéroport de Baiyun, le plus grand de Chine, est entré en fonction au N. de la ville. En outre, les autorités cantonaises développent le secteur tertiaire en vue d'attirer toujours plus d'investisseurs étrangers et de faire contrepoids à la rivalité croissante de Shanghai.

Canton mode d'emploi

■ La meilleure période

Éviter l'été et le début de l'automne en raison du climat et des risques de typhon. De plus, les hôtels doublent leurs prix en cette saison. Éviter également les fêtes : 1er mai, 1er oct. et Nouvel An chinois. Si vous comptez vous rendre à Canton fin oct. ou fin avr., réservez votre chambre longtemps à l'avance car ce sont les périodes de la Foire de Canton.

■ Durée

On consacre généralement une journée à la visite de Canton. C'est assez pour voir l'essentiel et s'imprégner de l'atmosphère cantonaise. Un 2e jour permet de découvrir les environs (notamment le temple des Ancêtres★★ de Foshan *(p. 401)*.

■ Programme

1er jour. Le matin, prenez le petit déjeuner au célèbre hôtel du Cygne Blanc *(White Swan Hotel)*, qui offre une vue superbe de la rivière ; arpentez l'île de Shamian★★ *(plan B3)*, enfoncez-vous dans le marché Qingping★★ et faites un tour au marché au jade et aux antiquités avant de visiter les temples de la Brillante Piété filiale★, des Six Banians★ ou des Ancêtres de la famille Chen★ *(plan B2)*. Consacrez l'après-midi à la visite du musée des Yue du Sud★★★ *(plan C1)*, avant de vous promener dans le parc Yuexiu★, qui offre un intéressant point de vue de la ville du haut de la tour Zhenhai★ et abrite le Musée municipal, consacré à l'histoire maritime cantonaise. Vous pourrez terminer votre promenade par une halte au jardin des Orchidées★ *(plan C1)*. Après dîner, mêlez-vous à la foule des badauds de Xihu lu et finissez, si le cœur vous en dit, la soirée dans une des boîtes à la mode ou dans un bar.

2e jour. Après une flânerie matinale dans les rues commerçantes du centre autour de la Beijing lu, en n'omettant pas un détour par la mosquée *(plan B2)*, l'après-midi, effectuez la promenade 3, sur les traces du Canton révolutionnaire, si le ciel est couvert, ou profitez d'un ciel dégagé et d'une bonne visibilité pour vous rendre *(en taxi puis en téléphérique)* au sommet de la montagne Baiyun★ *(→ p. 401)* qui offre un beau panorama de Canton.

■ S'orienter

La rivière des Perles (Zhujiang) est un excellent point de repère. Le centre-ville se situe sur la rive nord, où sont regroupées les principales curiosités de Canton. On peut se repérer en gros, à partir de quatre centres : au S. de la gare centrale, le **quartier des affaires** s'étend jusqu'aux abords des parcs Liuha et Yuexiu (*plan B-C1* ; avec le *CITS*, les principaux hôtels, la poste centrale, la gare routière et les deux grands musées de Canton) ; plus à l'E., entre le mémorial des Martyrs de l'insurrection de Canton et le mausolée des 72 Martyrs, un autre quartier cosmopolite s'est développé au bord de **Huanshi donglu** (*plan D1* ; avec hôtels, centre commercial international, *Magasin de l'Amitié*). Le **centre-ville** *(plan C2)* s'étend entre Zhongshan lu et les avenues Beijing et Guangzhou, qui mènent à la rivière des

Canton ⓭

Guangzhouhuochezhan
Bus longue distance
Foire de Canton
Dongfang Hotel
Parc du lac Liuhua
Temple de la Brillante Piété Filia
Temple des Ancêtres de la famille Chen
Temple Six Ban
Chenjiaci
Ximenkou
Mosquée Huaishen
Parc du lac Liwan
Changshoulu
Marché de jade
Cathédr du Sacré-
Ancien marché Qingping
Parc de la Culture
Huangsha
ÎLE DE SHAMIAN
White Swan Hotel
Baie Tan
Rivière des Perles (Zhujiang)
Parc Zuiguan
FANGCUN
Fangcun
Embarcadère Pinzhougang
0 500 1 000 m

Canton.

FOSHAN
C
D
Baiyun shan
Lac Luhu
Luhu lu
Luhu lu
Xiatangxi
lu
Hengfu
lu
1
Zoo
na Hotel
exiugongyuan
Parc Yuexiu
Huanshi
lu
zhonglu
Mausolée des 72 Martyrs
Parc Huanghuagang
Xianlie zhonglu
e et tombeau des Yue du Sud
Musée municipal
Xiaobei
Yuexiu
Huanshi donglu
Tianhe, Gare de l'Est
Mémorial Sun Yat-sen
Xianlie nanlu
Dongfeng
zhonglu
Dongfeng donglu
Mairie de Canton
beilu
Musée révolutionnaire du Guangdong
Mémorial des Martyrs de l'insurrection de Canton
Jiniantang
Jardin royal des Yue du Sud
Institut nat. du mouvement paysan
Parc du Peuple
Zhongshan
silu
Zhongshan
sanlu
Dongshankou
Zhongshan
erlu
Zhongshan wulu
Lieshilingyuan
Yuexiu zhonglu
Yangji
uanqian
Nongjiangsuo
Wende lu
Xihu
lu
Beijing
lu
Donghua
xilu
Donghua
donglu
2
Guangzhou
donglu
Wenming
Yuexiu
lu
lu
Sécurité publique
Baiyun
DASHATOU
qiyi
lu
nanlu
Haizhuguangchang
Parc du lac Dongshan
zhonglu
PLACE HAIZHU
Yanjiang
Jiefang
nanlu
Rivière des Perles
Donghu
PONT HAIZHU
xilu
xilu
Nanhua
donglu
(Zhujiang)
ÎLE D'ERSHA
Binjiang
PONT HAIYIN
zhonglu
Palais des Arts de Guangdong
Tongfu donglu
donglu
zhonglu
Shiergong
Jiangnan
Qianjin
lu
3
dadao
Jiangnanxi
Parc Xiaogang
C
D
Université Sun Yat-sen

Canton au quotidien

À Canton, plus qu'ailleurs, tout se passe dans la rue : chacun essaie de grignoter un mètre carré sur les espaces publics. Sur les trottoirs s'affairent des coiffeurs, des chauffeurs de taxis réparant leur véhicule, des couturières, des cordonniers, des réparateurs de vélos, des marchands de fruits ou de vêtements... À chaque moment de la journée, la rue est un spectacle. La longue artère Binjiang, qui longe la rive sud de la rivière des Perles, est un véritable microcosme : le matin tôt, les retraités s'y retrouvent pour leur gymnastique quotidienne ; un peu plus tard s'y tient le marché aux puces ; les joueurs de dames, accroupis, entourés de parieurs, et les vieux avec leur cage à oiseau envahissent le trottoir. Tout le monde s'interpelle, bavarde. À midi, on vient y déjeuner ou faire la sieste sur les bancs de pierre. Vers 16 h, les barques accostent et de grands paniers de poissons sont déchargés, puis leur contenu rapidement mis sur les porte-bagages des motocyclistes qui attendent de prendre livraison. Le soir, c'est au tour des *tai pai dan*, petits restaurants en plein air, d'installer leurs tables basses, leurs sièges et leurs fourneaux rudimentaires. L'hiver, on vient y déguster la « marmite », sorte de fondue préparée avec de la viande, des légumes, du soja...

Attention ! seuls les trains express entre Canton et Hong Kong arrivent et partent de la gare de l'Est qui se trouve loin du centre. Les autres partent de la gare ferroviaire centrale. Vérifiez au moment de l'achat de votre billet.

Pour acheter vos billets de train, rendez-vous directement à la gare ou utilisez les services de billetterie des hôtels.

Attention à la circulation et aux heures de pointe en semaine.

Perles. L'ancienne concession franco-britannique, sur l'île de Shamian, se trouve à l'O. du pont Renmin *(plan B3)*. Les quartiers du **vieux Canton** *(plan B2-3)* s'étendent au N. de Shamian avec le célèbre marché Qingping et, en se dirigeant toujours vers le N. jusqu'à la Dongfeng lu, les principaux temples.

■ Circuler

Le métro et les taxis constituent des moyens de transport nettement plus pratiques que les bus, bondés et dont les directions sont toujours inscrites en chinois. L'essentiel des curiosités se trouve près des stations de métro. Les plus pratiques se situent sur la ligne n° 1, qui court le long de Zhongshan lu avant de filer vers le S. *via* Shamian dao (l'île) et relie Renmin lu à la gare de l'Est, d'où partent les trains pour Hong Kong. La ligne n° 2, qui s'étire du N. au S., dessert la gare centrale, les centres d'intérêt et les hôtels situés autour du parc Yuexiu et les établissements s'élevant le long de la rivière des Perles. Les rames fonctionnent tous les jours de 6 h 30 à 23 h. On peut acheter les titres de transport au guichet central en indiquant sa destination, ou aux guichets automatiques *(prévoir de la monnaie)*. Des cartes forfaitaires sont en vente aux guichets *(Yang Cheng Tong)*, moyennant le dépôt d'une caution remboursable.

■ Se déplacer

Aéroport : inauguré en 2004, le nouvel aéroport de Baiyun, à 28 km de Canton, est doté de deux terminaux pour les vols internationaux et domestiques *(comptez 1 h de trajet, la durée du parcours variant selon la circulation)*. Sa capacité doublera d'ici 2009.

Liaisons internationales : vols pour Amsterdam, Bangkok, Djakarta, Hanoi, Hô Chi Minh-Ville, Kuala Lumpur, Los Angeles, Melbourne, Osaka, Paris (11 vols/sem.), Phnom Penh, Séoul, Singapour, Sydney et Tokyo. **Liaisons intérieures** : vols pour presque toutes les grandes villes de Chine. **Compagnies aériennes** : ***China Southern Airlines*** représente la CAAC, située à côté des bureaux du CITS près de la gare ferroviaire *(☎ 8612-0330)* ; ***Singapore Airlines*** *(☎ 8732-0600)*, ***Vietnam Airlines*** *(☎ 8386-7093)*, ***Thai Airways International*** *(☎ 8365-2333)*, ***Dragonair*** *(Japan Airlines, ☎ 8666-5581)* ont également des bureaux. Le vol pour Hong Kong ne durant que 20 mn et les gares se trouvant au centre-ville, il est conseillé de prendre le train.

Liaisons ferroviaires. La **gare centrale** *(Renmin beilu, plan B1)* est utile pour se rendre dans les environs proches de Canton, notamment Zhaoqing. La **gare de l'Est**, au N.-E. de Canton, relie Hong Kong 12 fois/j. (1 h 45 de trajet) ainsi que Pékin, Shanghai

Désossés puis séchés, les canards sont prêts à poster...

et d'autres villes chinoises. Propre et moderne, elle dispose d'un efficace service de réservations.

Liaisons terrestres. Gare routière longues distances à coté de la gare centrale ; bus pour Guilin, Zhaoqing, Shenzhen, Hong Kong. Les deux dernières sont également desservies au départ des hôtels proches du parc des expositions.

Bateau. Le port de Nanhai, à Pingzhou *(23 km S.-O. de Canton)*, assure 2 départs/j. vers Hong Kong (2 h 30 de traversée). Chaque jour, 2 navettes relient Nanhai au départ de l'hôtel *White Swan* (*plan B3*).

■ Consulats

France : *Guangdong International Hotel (GITIC)*, Main Tower 8/F, Room 803, 339, Huanshi donglu, 510098 Canton ; ☎ 2829-2019, (urgences :) 1360-008-1395 ; fax : 2829-2011. **Vietnam** : *Landmark Hotel* 2/F, 8, Qiaoguang lu ; ☎ 8330-5910.

■ Gastronomie

Le premier plaisir des Cantonais est de se retrouver, si possible nombreux, autour d'une table pour déguster la plus grande variété de plats. Les prétextes aux réjouissances gustatives sont inépuisables ; allez faire un tour au marché Qingping pour vous en convaincre. La qualité et la diversité des ingrédients sont à mettre à l'actif d'une cuisine imaginative qui compte un nombre considérable de plats, dont une immense variété de petits fours salés et de pâtisseries. Les fameux *dim sum*, entremets salés ou sucrés cuits à la vapeur, le cochon de lait caramélisé, croustillant à souhait, l'oie rôtie, le travers de porc braisé et la soupe de serpent aux vertus curatives ne sont qu'un échantillon des spécialités gastronomiques.

■ Shopping

Les trois principales avenues, qui constituent le centre commerçant de la ville, sont, d'O. en E., Renmin lu (qui passe à l'E. du parc Liuha et de l'île de Shamian), Jiefang lu (qui passe à l'O. du parc Yuexiu) et, à proximité du temple des Six Banians, la très commerçante Beijing lu. Le plus grand magasin de Canton est le *Nanfang Shangdian* (*plan B1*), au début de la Renmin lu, près de la rivière des Perles. Le quartier fourmille de boutiques, librairies, pharmacies et restaurants

♥ BONNES ADRESSES

Le restaurant *Guangzhou (2, Wenchang nanlu ; plan B3 ; ☎ 8138-0388)* est une institution de la vie cantonaise depuis plus de 70 ans ; il propose une très grande variété de plats de cuisine traditionnelle ; parmi ses spécialités, citons le poulet au maotai, les pattes de canard farcies aux crevettes et mille façons de farcir les raviolis.

Sur la rive nord, près du pont Haiyin *(plan D3)*, une série de restaurants de fruits de mer et de poissons se sont installés à côté de la criée aux poissons. Les Cantonais l'ont surnommée « Saigon ». L'été, il y a foule jusqu'à 3 h du matin. On y choisit son poisson, ses coquillages et son serpent : celui-ci sera tué devant vous, et vous pourrez en boire le sang accompagné de quelques gouttes d'alcool.

populaires. Enfoncez-vous dans les petites rues commerçantes qui partent de la Renmin lu. Dans les rues Wenming *(plan C2)*, Beijing *(plan C2* ; des boutiques chic au grand magasin *Baihuo da lou*, nombreuses adresses pour découvrir la mode cantonaise ; nombreuses librairies également) et Xihu *(plan C2)*, dont les boutiques « branchées » attirent la jeunesse, il y a foule, surtout les sam. et dim. Ces deux artères étant alors piétonnières.

■ Visites spéciales

Usines de la fabrique de céramique à Shiwan avec plus de 700 ans de traditions dans la production de céramique.

■ Au fil de l'eau

Sur Yanjiang lu *(plan B3-D2)*, la promenade longeant le fleuve, deux embarcadères proposent des croisières de 1 h 30 sur la rivière des Perles, entre 18 h 30 et 21 h : Xidi, proche de l'île Shamian (dao), et Tianzi, face à Beijing nanlu, à l'E. du pont Haizhu *(Guangzhou Passenger Ship Company ; ☎ 8333-0397)*.

Canton dans l'histoire

Porte chinoise des mers du Sud

Le grand essor de Canton date des Tang, lorsque, à partir de 714, le port fut déclaré accessible aux étrangers, des Arabes et des Persans surtout, qui le pillèrent en 758. Les musulmans y possédaient des mosquées dans les quartiers de la rive sud de la rivière de Canton, réservés aux étrangers, parmi lesquels on dénombrait encore des marchands vietnamiens, khmers, malais, et d'autres venus d'Indonésie, de l'Inde et de Ceylan pour faire le commerce de la soie, du thé, des porcelaines, du camphre... Canton comptait alors 200 000 hab. de confessions et d'ethnies très diverses.

L'effondrement de la dynastie des Tang permit à la ville de devenir la capitale d'un royaume des Han du Sud, qui représente l'une des dernières tentatives d'indépendance de la région cantonaise. L'aventure prit fin en 971, avec le retour du bâton impérial, suivi d'une renaissance commerciale. Le port fut doté dès cette année-là d'un office pour les bateaux marchands qui assurait la perception des recettes douanières.

Point de rencontre entre Chine et Occident

L'ère Yongle (1403-1424), sous les Ming, fut une époque de prospérité pour Canton, surtout au moment des grands voyages maritimes, en particulier ceux de Zheng He (1371-v.1434), eunuque musulman qui dirigea sept expéditions, mi-commerciales et mi-militaires, vers le Sud-Est asiatique, l'Inde,

Nanyue, royaume sécessionniste

Vers 214 av. J.-C., Shi huangdi des Qin établit une commanderie à Panyu, l'actuelle Canton. Entre la chute des Qin et la conquête des Han de l'Ouest, cette région (le Lingnan) fut gouvernée par la dynastie des Yue du Sud (Nanyue). Le général Zhao Tuo, son fondateur, fut d'abord vassal des Han de l'Ouest, mais se sentit bientôt assez puissant pour s'attribuer le titre d'empereur et régna de 203 à 137. C'est son petit-fils, Zhao Mei (r. 137-122) qui eut les honneurs des projecteurs de l'actualité lorsque sa tombe fut découverte fortuitement en ville, en 1983 *(→ musée p. 396)*. Peu après la mort de Zhao Mei, la dynastie des Yue du Sud s'étiola et l'empereur Wen des Han de l'Ouest n'eut aucun mal à agrandir son empire en annexant Canton (111 av. J.-C.).

l'Arabie et le long des côtes de l'E. africain, et qui est encore vénéré de nos jours dans des temples sous le nom de Sanbo. Après la découverte de la route du cap de Bonne-Espérance (1497) vers l'Inde, par Vasco de Gama, les premiers bateaux portugais arrivèrent en 1514. En 1567, les Portugais obtinrent des empereurs Ming l'autorisation de s'établir sur la presqu'île de Macao, à l'embouchure de l'estuaire de la rivière des Perles, à une centaine de kilomètres de Canton, qui restait interdite aux étrangers. Dans leur sillage, les Espagnols, puis les Hollandais (v. 1600) et, plus tard, les Anglais, les Français et les Américains, au XVIIIe s., commercèrent avec Canton, qui devint le principal, puis l'unique (1757) port d'entrée du commerce européen avec la Chine. À partir du XVIIIe s., le commerce du thé assura la renaissance du port de Canton, où de puissantes associations de marchands entretenaient des relations avec la Compagnie des Indes orientales, qui avait ouvert un comptoir.
Les missionnaires, arrivés avec les marchands européens, rencontrèrent les mêmes difficultés : saint François Xavier, l'évangélisateur des Indes et du Japon, mourut en 1552 sur une petite île de la région, au large de Canton, alors qu'il attendait l'autorisation de pénétrer en Chine pour y répandre le christianisme ; ce fut Matteo Ricci (1552-1610), un autre jésuite, qui commença cet apostolat, d'abord à Macao, en 1582, puis à Zhaoqing *(à env. 100 km de Canton)*, où il fut autorisé à s'installer en 1583, avant de gagner très progressivement Pékin *(encadré p. 401)*.

Témoins de l'importance de Canton, tout au long de l'histoire, dans le commerce maritime international, Shamian, la cathédrale et la mosquée attestent également l'ouverture précoce de la ville sur le monde des « barbares ».

Ce sont les Portugais qui donnèrent le nom de Canton à la province du Guangdong ; ce nom fut ensuite utilisé pour désigner la ville de Guangzhou.

Les marchands occidentaux sont confinés dans le quartier réservé des factoreries, au bord de la rivière des Perles, hors les murs de Canton, à une vingtaine de km du mouillage autorisé de Whampoa. Ils doivent repartir chaque année à la fin de la saison commerciale. Ils ne peuvent traiter avec les fonctionnaires et les marchands de Canton que par l'intermédiaire d'un groupe de courtiers maritimes accrédités *(cohong)*. C'est le fameux « système de Canton ».

L'ordre mandchou

Canton devint l'éphémère refuge des derniers descendants de la dynastie des Ming en fuite devant les armées mandchoues, qui prirent la ville en 1647 et la perdirent un an plus tard, après le succès passager du prince Zhu Youlang, proclamé empereur des Ming du Sud (1647-1667) à Guilin, sous le nom de Yongli. Le général Wu Sangui fit rentrer les choses dans l'ordre mandchou au cours d'une campagne en 1658-1659. Cet ordre ne profita guère à Canton, au début de la dynastie mandchoue, puisque l'évacuation des côtes fut décrétée en 1662 pour lutter contre la prolifération des actions de piraterie de Zheng Chenggong (1624-1662), le Coxinga des Hollandais, qui s'attira la reconnaissance des Ming du Sud. Le commerce fut rétabli en 1685.

Les guerres de l'Opium

La Compagnie anglaise obtint en 1786 le monopole de l'exportation en Chine, par le port de Canton, des cotonnades et lainages des Midlands. La mévente des tissus fut largement compensée par le trafic de l'opium, introduit en contrebande par les Anglais

L'exode des coolies

Canton devait doublement pâtir des accords de Nankin, puisque son port fut dès lors activement concurrencé par celui de Shanghai, tout en subissant à plusieurs reprises des bombardements de la part des flottes anglaise et française. L'appauvrissement de la région cantonaise fournit ses premiers partisans à la rébellion des Taiping, qui éclata en 1850 dans la province voisine du Guangxi. Cette récession, qui fit progresser la misère, devait entraîner les premières migrations de coolies chinois, à partir de 1847, vers Cuba, puis vers l'Amérique continentale, l'Australie, enfin partout où l'on avait besoin de bras bon marché, tout cela sur fond d'embrasement général de la seconde guerre de l'Opium (1858-1860). Un an plus tard, les Anglais se firent reconnaître des droits d'exterritorialité, puis une concession à Canton (1861), la même année que les Français (après l'expédition franco-anglaise et le sac de Pékin). C'est en 1861 que l'île de Shamian devint une concession franco-britannique ; elle demeure aujourd'hui le symbole de l'époque coloniale.

Occupé par les Nippons pendant la guerre sino-japonaise (1937-1945), Canton est resté au pouvoir du Guomindang de 1945 jusqu'au 14 oct. 1949, date à laquelle les communistes y firent leur entrée.

depuis l'Inde dès 1713, malgré les interdictions réitérées du gouvernement chinois. L'accroissement massif et rapide des entrées d'opium en Chine augmenta une détérioration de la balance commerciale de l'Empire. La destruction de 20 000 caisses d'opium et l'expulsion des négociants anglais par le mandarin Lin Zexu, en 1839, provoquèrent la **première guerre de l'Opium** (1839-1842). À la suite de démonstrations navales répétées et d'une attaque anglaise contre Canton en 1841, le gouvernement chinois céda. Ce fut, pour les Chinois, le **traité de Nankin** (1842) qui accorda l'ouverture d'autres ports (Shanghai, Xiamen, Fuzhou et Ningbo) au trafic de l'opium et la cession de l'île de Hong Kong aux Britanniques.

Les avantages acquis par le traité de Nankin n'avaient pas entièrement satisfait les Occidentaux. La France et l'Angleterre tirèrent parti d'incidents mineurs pour imposer leurs vues. De nouveaux incidents éclatèrent et la **seconde guerre de l'Opium** se solda par la signature des **traités de Tianjin** (1858) **et de Pékin** (1860), atteintes supplémentaires à la souveraineté chinoise.

Bastion des forces républicaines

Les signes précurseurs de la révolution apparurent dès 1911 lorsque éclata, le 29 mars, une première insurrection contre le palais du gouverneur, suivie d'un second soulèvement, le 11 avr., organisé par Sun Yat-sen, natif de la région, contre la dynastie mandchoue. Après le renversement des Qing, Canton devint un bastion du mouvement républicain et le quartier général du Guomindang. C'est là que Sun Yat-sen installa un gouvernement dissident avec l'appui de l'URSS. La période de collaboration entre le Guomindang et le PCC, fondé à Canton en 1921, donna lieu à la création de l'Académie militaire de Whampoa (Huangpu ; 1924), dans l'avant-port de Canton, avec l'assistance de l'Union soviétique ; elle permit à Jiang Jieshi de former les cadres de son armée. De leur côté, les communistes s'organisaient à Canton ; ils créèrent l'Institut national du mouvement paysan (juil. 1924), véritable école de cadres du parti, dont Mao Zedong prit la direction. Après la mort de Sun Yat-sen, l'alliance entre les nationalistes et les communistes se brisa, et en 1927, Jiang Jieshi réprima dans le sang l'insurrection de Canton. De cette période datent la modernisation de Canton et l'aménagement de la plupart des grandes artères qui modèlent encore la ville actuelle.

En fin de volume, le Petit dictionnaire regroupe les définitions des noms propres ou communs spécifiques à chaque pays ; le Lexique réunit un vocabulaire de base pour les différentes situations de la vie quotidienne.

1 Le vieux Canton★★

Durée : compter une demi-journée.

Transports : promenade à faire plutôt à pied pour flâner dans Shamian et découvrir les marchés. Il vaut mieux toutefois se rendre en taxi du marché Qingping ou du jade au temple des Ancêtres de la famille Chen.

Les étrangers aiment hanter le paisible îlot de Shamian, à la recherche nostalgique des souvenirs de l'ancienne concession franco-britannique. À ses portes commence le grouillant marché Qingping, un monde pittoresque de mystères où s'étalent les ingrédients de la pharmacopée chinoise.

■ **Île de Shamian**★★ (Shamian dao / Island ; *plan B3 ; métro Huangsha*). C'est l'ancienne concession franco-anglaise, cédée par le gouvernement chinois en 1861, après de multiples pressions. Les Anglais se réservèrent la majeure partie de l'île, longue d'env. 1 km et large de 400 m, et les uns et les autres bâtirent des ponts, des quais, des villas et des édifices administratifs, notamment le consulat de France, à la pointe orientale, des églises, dont Notre-Dame-de-Lourdes *(n° 14, Shamian lu)*, insolite hybride architectural à l'incertain style gothico-lusitanien, rouverte au culte en 1982 après avoir été transformée en usine sous la Révolution culturelle, et des clubs virent le jour. Tout ce quartier vivait retranché du reste de la ville, les Chinois ne pouvant y pénétrer jusqu'au traité de Tianjin (1858). Aujourd'hui, cet ensemble est toujours aussi étonnant avec ses banians, ses demeures, autrefois cossues, de styles victorien ou Second Empire auxquels les balcons ornés de fleurs et de plantes aromatiques, le linge suspendu aux fenêtres donnent étrangement un petit air napolitain.

■ **Ancien marché Qingping** (Qingping Shichang / Market ; *plan B3 ; Qingping lu, à l'angle de Liu'ersan et de Dishipu lu ; métro Huangsha*). « Tout ce qui est doté de pattes et qui n'est pas une table, ou doté d'ailes sans être un avion, se mange » : cet adage chinois se vérifiait autrefois lors d'une visite du marché Qingping, qui regroupait tous les animaux et insectes « comestibles » vivant en Chine. Scorpions, tortues, chiens, chats, singes, lapins, rongeurs de tous types, serpents peuplaient les étals. L'épidémie de pneumopathie atypique (SRAS) survenue en 2003 a eu raison de cette diversité animale : les autorités pensant que la civette (mammifère carnivore) était à l'origine de la propagation du virus, on ne trouve plus sur ce marché que des animaux de compagnie.

♥ BONNE ADRESSE

Quelques petits restaurants, la pâtisserie de l'hôtel *White Swan* offrent cuisine et gâteaux occidentaux pour ceux à qui cela manque.

L'île de Shamian est sans conteste l'endroit le plus calme et le plus agréable pour séjourner à Canton (hébergements de catégories diverses). L'hôtel *White Swan (plan B3)*, véritable institution pour les couples venus adopter un enfant en Chine, s'avère l'établissement le plus luxueux.

Cantonais contre mandarin

« Le ciel est haut, l'empereur est loin », entend-on parfois dans la Chine de l'intérieur. Une manière de dire que, l'éloignement aidant, on n'écoute les directives de Pékin que d'une oreille. En Chine du Sud, l'autre oreille est tournée vers Canton et les zones économiques spéciales voisines qui demeurent l'Eldorado du développement malgré la crise asiatique. Signe de l'impact du modèle cantonais, la floraison en Chine du Sud d'expressions véhiculées par sa langue : le tandem avec Hong Kong la rend plus agile à intégrer les nouveaux concepts venus de l'anglais que le mandarin et ses bricolages sémantiques. Les grands magasins cessent d'être des *baihuo shangdian*, les « magasins aux cent marchandises » du mandarin, pour devenir des *shiduo*, raccourci phonétique pour l'anglais *store*. À l'ère des portables, on ne « donne plus de coup de téléphone », *da dianhua*, comme on dit à Pékin, on « appelle » en utilisant le mot anglais *call*.

Le cheval et la femme

Pas un arpent de colline du pays de Shu, le Sichuan, qui ne soit planté de mûriers pour nourrir la vorace chenille du bombyx. Ce vieux pays de soyeux est le berceau de la plus fantastique des légendes des origines de la soie. Il y est question d'une jeune fille car, de tout temps en Chine, la sériciculture et ses secrets furent activités féminines. Il y est question aussi d'un cheval car les coursiers au trot rapide, tel un souffle de vent, sont métaphores de légèreté aérienne comme l'est l'étoffe soyeuse.

Pour que promesse soit tenue

Dans des temps reculés et instables, un homme avait été fait prisonnier par une bande de hors-la-loi, laissant derrière lui sa femme, sa fille et son cheval. La jeune fille se languissait tant de revoir son père que la mère promit sa main à qui le ramènerait. Sa seule consolation était de soigner l'étalon de son père disparu. Mais elle dépérissait un peu plus chaque jour, car même les plus intrépides garçons du voisinage ne purent ramener son père. Le cheval, lui, en dehors des moments passés avec la jeune fille, devenait de plus en plus capricieux, ruant à qui mieux mieux, mordant quiconque l'approchait. Une nuit enfin, brisant son étrave, il s'en fut au galop. Quelques jours plus tard, il revint au bercail, caracolant avec le prisonnier sur son dos.

La jeune fille retrouva la joie de vivre, mais le cheval, curieusement, était plus intraitable que jamais. Il n'était même plus question de le monter. La mère dévoila alors à son époux la promesse qu'elle avait faite. On ne pouvait marier leur fille à un cheval, rétorqua l'homme, qui mit fin aux manifestations d'humeur de l'étalon en l'abattant d'une flèche. La bête fut écorchée et sa peau mise à sécher dans la cour.

La métamorphose

Par une belle journée de brise légère, la jeune fille voulut étendre le linge qu'elle avait lavé. Comme elle passait près de la peau du cheval, un violent tourbillon s'éleva. La peau, soulevée du sol, enveloppa le corps de la jeune fille. Devenue Peau d'âne chinoise, emportée dans les airs, elle fut enlevée à sa famille.

cocon

Se repentant trop tard de n'avoir pas tenu leurs engagements, les parents la crurent perdue à jamais. Quelle ne fut pas leur stupeur de la découvrir un jour, métamorphosée en chenille, coiffée d'une tête de cheval et dévorant les feuilles des arbres du jardin. De sa bouche ne sortaient plus de mots, mais un fil dont elle emmaillotait son corps. Ses parents, qui lui rendaient visite chaque jour, virent son corps enfler, gonfler, se dilater pour devenir un monstrueux abdomen. Et puis, la créature disparut. Atterrés de cette abominable aventure, les parents pleurèrent leur fille perdue. Mais un matin, tandis que le soleil diaprait les brumes de Shu, elle leur apparut encore une fois.

Radieuse, elle avait retrouvé forme humaine et montait le cheval ravisseur à qui avaient poussé des ailes, caracolant dans les nuages. Elle conta sa métamorphose et enseigna à ses parents comment obtenir le fil qu'elle avait sécrété de sa bouche. Le fabuleux équipage s'évanouit ensuite dans les airs. C'est ainsi que les gens de Shu apprirent le secret de l'origine de la soie.

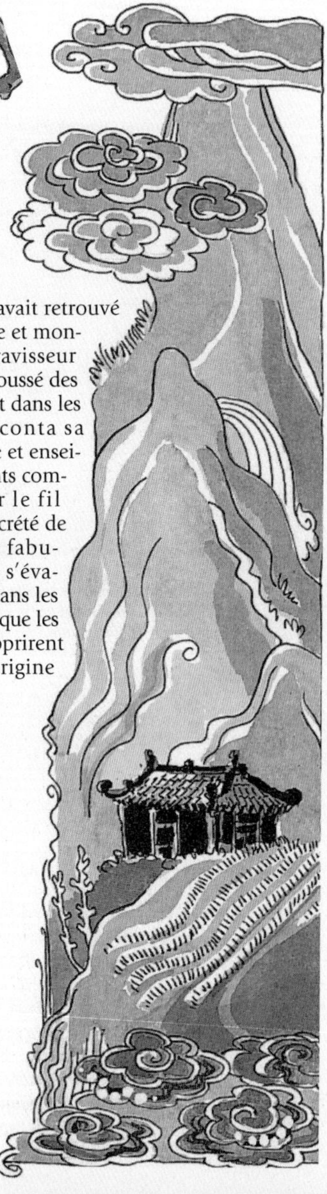

Si vous comptez acheter un souvenir dans les boutiques d'objets religieux installées dans les rues conduisant aux temples (Liurong lu et Haizhu nanlu), n'hésitez pas à réduire au moins de 70 % le prix demandé : le marchandage est impératif, vu les prix de départ demandés, exorbitants.

Temple des Ancêtres de la famille Chen, détail d'un bas-relief sur le vantail d'une porte. Le décor utilise les rébus.

Désertés durant presque 40 ans, les temples sont de nouveau très fréquentés. Nombreux sont les Cantonais qui vont brûler des bâtons d'encens au temple de la Brillante Piété filiale – il avait été transformé en usine pendant la Révolution culturelle – pour obtenir protection et bienveillance, ou invoquer Guanyin, déesse de la Fécondité, à celui des Six Banians.

Les éventaires de pharmacopée (Liu'ersan) ont été regroupés sur les trois étages d'une bâtisse sévère où se presse la diaspora chinoise des quatre coins du monde, dans une ambiance fiévreuse, pour se procurer l'amadouvier, champignon vendu à prix d'or, la corne de cerf qui permet d'acquérir des forces, le fameux ginseng, puissant reconstituant, des hippocampes séchés servant à faire disparaître les goitres, des nerfs de porc, ficelés en petits fagots, des scorpions séchés, efficaces contre la laryngite du fumeur…

■ **Temple des Ancêtres de la famille Chen*** (Chenjiaci, Temple of the Chen Family ; *plan B2 ; 34, Enlongi lu ; métro Chenjiaci ; t.l.j. 9 h-17 h*). Les Chen formaient un clan de marchands particulièrement puissant à Canton au XIXe s. Les membres de ce clan se réunissaient en ce lieu pour vénérer leurs ancêtres ; ils y déposaient leurs tablettes, véritables fiches signalétiques des défunts où l'on consignait leurs noms et leurs actions ; les cérémonies, quand elles étaient fastueuses, avaient notamment pour effet d'associer les ancêtres décédés au prestige qui rejaillissait sur les membres vivants du clan, de même que ceux-ci tiraient bénéfice de la gloire de leurs aînés. Ce temple s'inscrit dans la plus pure tradition confucéenne – trois salles : la salle de réception, la salle de réunion et la salle du culte des ancêtres. Les sculptures en terre cuite vernissée qui ornent les faîtes des toits sont extrêmement colorées et vivantes : fleurs, dragons, guerriers…, des figures et des scènes issues de l'opéra ou de la mythologie chinoise, mais qui n'appartiennent pas à la tradition confucéenne proprement dite.

Le temple est aujourd'hui transformé en **musée du Folklore et de l'Artisanat du Guangdong.** On y verra des collections de porcelaines et de figurines fabriquées dans cette province sous les Ming et les Qing, des broderies *(dans l'aile dr. de la salle de réunion)* en perles de culture, un artisanat introduit sous les Ming, des broderies à jours (Chaozhou), des éventails, des objets sculptés, des jades sculptés, des **boules de Canton** (ici jusqu'à 15 pièces en jade), des bois dorés et polychromes, des encriers de Zhaoqing, etc. Il y a également un magasin de thé très raffiné – on peut en goûter – où l'on trouve aussi des porcelaines ou grès.

■ **Temple de la Brillante Piété filiale*** (Guangxiao si / Temple, Bright Filial Piety Temple ; *plan B2 ; 109, Jinghui lu ; métro Ximenkou ; 6 h-17 h*). Fondé au IVe s., sous les Jin de l'Est (317-420), ce grand temple bouddhique est l'un des plus vénérables monuments de Canton. On y conservait le souvenir du passage, v. 520 ou 529, du moine indien Bodhidharma, qui

avait introduit en Chine l'école de méditation du Dhyana (chan), mais, surtout, du sixième patriarche de l'école du chan, Huineng, originaire de Canton, qui y avait reçu la tonsure v. 676. La fondation émane de l'école chan, mais il n'y a plus aujourd'hui aucun témoignage spécifique de l'école des syncrétismes. Vous serez accueilli par les statues en bronze des Quatre Rois célestes (Tianwang), protecteurs des quatre points cardinaux.
Le bâtiment principal abrite une importante collection de **statuettes*** chinoises, tibétaines et de l'Asie du Sud-Est, en bois ou en bronze, dont les plus anciennes paraissent dater du XVIIe s. Remarquez une statue de Guanyin « aux mille bras ». Derrière la salle principale se trouvent un pagodon de pierre (676) et deux autres pagodons, en fer. Celui de l'E. (Dongta), à dr., aux niches garnies de bouddhas, fut érigé en 967 dans un autre temple cantonais, le Kaiyuan si, mais fut remonté ici v. 1234-1236. Celui de l'O. (Xita), à g., fut fondu en 963 ; des sept étages que comptait le monument à l'origine, il n'en reste plus que trois.

■ **Temple des Six Banians*** (Liurong si, Monastery of Six Banians ; *plan B2 ; 87-89, Liurong lu ; métro Ximenkou ; 8 h-17 h*). Fondé en 537, au temps des dynasties du Sud, détruit par un incendie au début de la dynastie des Song, il fut rebâti en 989, mais la pagode des Fleurs (Huata), qui lui est attenante, ne date que de 1097. Ce temple devrait son nom au poète Su Shi (1036-1101) qui fut frappé par la beauté des banians qui ombrageaient ces cours au moment de sa visite, en 1100. Aujourd'hui les arbres ont disparu.

Après sa reconstruction en 989, ce sanctuaire fut désigné sous le nom de temple de la Sagesse purificatrice. C'était alors un haut lieu de l'école du Dhyana *(chan, p. 447)*. On y tenait le sixième patriarche, Huineng (638-713), en la plus haute estime. Ce moine à demi-barbare et illettré (dit-on) créa, v. l'an 700, une école, très populaire dans la Chine du Sud, qui prônait l'Éveil (à la Connaissance) instinctif, à l'aide d'une méditation (chan) très particulière puisqu'elle visait à l'élimination de la notion du moi et de toute pensée consciente par une réflexion sur des sujets absurdes, par la culture du paradoxe et même en se faisant administrer des coups de bâton.

Extérieurement, la pagode, haute de 57,60 m, paraît compter huit étages (neuf avec le rez-de-chaussée) mais, intérieurement, chacun de ces étages est dédoublé. Elle est surmontée d'une colonne en bronze dite des Mille Bouddhas, ajoutée en 1358, qui ne pèse pas moins de 5 t. À la montée, prendre toujours à dr. après les deux premières volées d'escaliers, et toujours à g. à la descente.
La salle de prière, restaurée en 1979, renferme une statuaire d'époque Qing, assez banale, représentant les 18 *luohan* (arhat), le Bouddha Yaoshiwang Fo, le Bouddha Roi-maître-des-remèdes, le bodhisattva Guanyin *(→ p. 428-429)*, que l'on invoque encore pour obtenir des enfants et que les Cantonais désignent parfois sous le nom de Guizimu, la « mère des démons ».

2 Autour du parc Yuexiu*

Durée : 4 h de promenade à pied.

Accès : métro Yuexiugongyuan.

■ **Parc Yuexiu*** (Yuexiu gongyuan / Park ; *plan C1 ; 13, Jiefang beilu ; 6 h-21 h*). Au pied de la colline Yuexiu, ce parc d'env. 100 ha possède de somptueux jardins tropicaux, joliment fleuris en permanence ; il abrite également le **Musée municipal**, superbement installé dans la **tour Zhenhai*** (Zhenhai lou / Tower), puissant ouvrage rectangulaire de cinq étages aux toitures relevées, construit sous les

Éviter de faire la visite du musée pendant le week-end : les lieux sont alors surpeuplés et on apprécie moins la richesse du site.

Qing (1686) pour servir de poste de guet au point le plus élevé de la muraille. La tour est l'unique vestige subsistant de l'ancienne enceinte de la ville.

Musée municipal (Guangzhou Bowuguan, City Museum ; *plan C1 ; 9 h-17 h 30 ; explications en chinois)*. Les collections mettent en exergue la vocation maritime et commerciale de Canton, mais elles illustrent aussi l'époque des guerres de l'Opium, au milieu du XIXe s., et rappellent le rôle de Sun Yat-sen à partir de 1911.

Dans une des vitrines, noter la présentation de Matteo Ricci et de sa traduction en chinois de la première carte du monde (1584).

Au 2e étage de la tour Zenhai sont rassemblées des collections de porcelaines d'époque Song et des soieries, produits fabriqués à Canton et qui alimentaient un commerce très prospère à destination notamment du S.-E. asiatique. Les soieries, les brocarts, les broderies exposés datent de la dynastie des Qing. À cet étage, voyez aussi ce prodigieux travail de l'ivoire (époque Qing) qui consiste à créer jusqu'à 45 sphères contenues successivement les unes dans les autres.

Nanyue fait référence au vieux peuple des Yue, établis le long du littoral depuis le Jiangsu jusqu'au Guangdong. Également désigné sous le nom de Cent Yue (Bai Yue), ce groupe serait l'ancêtre des populations de parler taï-kadaï, aujourd'hui installées dans le S. - S.-O. de la Chine : Zhuang du Guangxi, Dong des confins du Guangxi-Guizhou, Shui et Buyi du S. du Guizhou. Par ailleurs, cette appellation est aussi à l'origine de celle du Vietnam. Le nom de ce pays est prononcé Yuenan en chinois, autrement dit « au S. des Yue ». Mais en réalité, Vietnam est le strict équivalent de Nanyue puisque la langue vietnamienne, à l'inverse du chinois, fait précéder le déterminé (Nan ou Nam) du déterminant (Yue ou Viet).

■ **Musée du Tombeau du roi des Yue du Sud★★★** (Nanyuewangmu bowuguan, Museum of the Nanyue Kings Mausoleum ; *plan C1 ; 867, Jiefang beilu, en face du parc Yuexiu et à côté du China Hotel ; 9 h-17 h 30 ; cartels en anglais ; au r.-d.-c. du musée, possibilité de visionner une version en français d'un film vidéo sur la découverte et la restauration des objets*). Situé en pleine ville, ce tombeau est l'une des formidables découvertes effectuées en Chine dans les années 1980. On ignorait tout en effet de l'emplacement des sépultures des souverains de ce royaume sécessionniste du S. *(encadré p. 388)*. C'est le grand chantier urbanistique de Canton qui permit la découverte fortuite de l'une d'elles en 1981 : celle de Zhao Mei (r. 137-122), deuxième des cinq rois du Nanyue. Aménagée dans la colline de Xianggang, au N. de la ville, elle fut identifiée grâce aux inscriptions portées par les sceaux qui accompagnaient la dépouille du souverain. Son intérêt réside dans le fait que ce tombeau de rang royal a échappé par miracle aux pillards. On sait par exemple que, dès la période des Trois Royaumes (220-265), un souverain du Wu envoya plusieurs milliers d'hommes pour fouiller la région, en quête du fabuleux trésor enfoui avec les rois des Yue du Sud.

Le sceau de Zhao Mei, gravé du titre de Wendi, « empereur Wen », est le plus ancien sceau impérial trouvé en Chine.

Le **mobilier funéraire** dont fut doté Zhao Mei pour son voyage vers l'au-delà est exceptionnel par sa qualité, due au rang du défunt, mais aussi par sa diversité. L'une et l'autre ont totalement balayé l'idée que ce royaume, à la périphérie du grand empire des

Han de l'Ouest, était resté techniquement et culturellement arriéré. La totalité des pièces découvertes, soigneusement restaurées, est exposée dans un musée à la conception ingénieuse : les galeries forment un déambulatoire sur trois niveaux, enveloppant la colline-tumulus. Elles donnent à voir un véritable âge d'or de la culture du S. de la Chine.

Pas moins de 15 personnes furent sacrifiées pour accompagner Zhao Mei dans son séjour dans l'au-delà. Cette sépulture atteste la survivance d'une pratique funéraire courante depuis la dynastie des Shang et qui tendra à disparaître à l'époque des Han.

Empruntez l'escalier qui monte dans l'axe du porche d'entrée. Vous accéderez ainsi au tombeau, vidé de son mobilier mais laissé in situ et protégé par une verrière. Vous déboucherez sur la descenderie qui conduit à une première **porte**, constituée de deux vantaux de pierre, décorés de grands heurtoirs de bronze doré. Bien entendu, cet accès avait été comblé après l'inhumation et les cérémonies funéraires, pour masquer l'entrée et épargner à l'empereur des visites indésirables, mais aussi pour mettre les vivants à l'abri du retour inopportun des esprits des défunts.

La porte était « gardée » par un soldat qui fut sacrifié à l'extérieur ; un autre remplissait la même fonction dans la descenderie.

Le **tombeau de Zhao Mei** affecte la forme d'un « T », appareillé en grès rouge à l'intérieur d'une colline naturelle (à la différence de la tradition en vigueur sous les Han, qui aménageaient les sépultures impériales sous un tumulus artificiel). Celle-ci fut forée sur une profondeur de 20 m depuis le sommet pour aménager la chambre principale, à partir de laquelle on creusa deux tunnels latéraux. L'ensemble constitue un palais souterrain de sept pièces, traditionnellement disposées selon un axe S.-N. d'une dizaine de mètres, et couvertes de dalles de pierre, dont le poids moyen se situe entre 3 et 4 t.

Sur un total de près de 1 000 pièces découvertes dans la tombe de Zhao Mei, 200 furent taillées dans le jade, qui venait alors des gisements de néphrite verte de Khotan et Yarkand, au Xinjiang, à plus de 3 000 km de là. Elles représentent parfaitement la valeur attribuée au jade au temps des Han. D'une dureté sans égale, cette pierre transmettait son inaltérabilité au corps de l'homme, raison d'être des linceuls faits de plaquettes de jade assemblées, des tubes, destinés à boucher les orifices du corps, mais aussi des amulettes, tels la cigale et le cochon, que l'on plaçait respectivement dans la bouche et la main du défunt. En outre, le jade, sous forme de pendentifs et d'ornements, indiquait le rang et la position sociale.

L'**antichambre** figurait, dans le cadre de cette architecture funéraire, la salle de banquet et de divertissement. Elle a conservé des traces de son décor peint en rouge et noir, à l'instar des laques contemporains. Elle est flanquée de deux salles latérales. Dans celle de g. *(E.)*, on a retrouvé un mobilier très diversifié : harnais de cheval incrusté d'or et d'argent, et ornements de char, vaisselle rituelle, armes, ustensiles, pierres à encre, placés dans des boîtes de laque ou emballés dans des soieries. Celle de dr. *(O.)* a livré des instruments de musique, ainsi que divers ustensiles pour chauffer le vin. Elle devait donc servir de magasin à la salle de banquet. En outre, on y a découvert le cadavre de l'officier en charge du gynécée (identifié grâce au sceau qui l'accompagnait), ainsi qu'un autre, anonyme celui-ci, mais probablement un musicien puisque sa dépouille avait été placée près d'un carillon de cloches de bronze.

Une seconde porte à vantaux de pierre fait transition avec les quatre salles postérieures. Celle du centre renfermait le corps de Zhao Mei.

La **chambre funéraire de Zhao Mei** abritait son cercueil. Son corps était enveloppé d'un linceul de jade sur lequel on avait déposé les neuf sceaux de jade et d'or qui permirent de l'identifier. Sa tête reposait sur un oreiller de perles. Le défunt était également paré de divers ornements de jade et accompagné d'objets rituels ou magiques façonnés dans le même matériau. À ses côtés, on avait couché dix épées de fer. D'autres armes furent découvertes à g. du cercueil. Sur le côté dr., on avait disposé un paravent de laque à piétement de bronze. Derrière la chambre funéraire, une petite chambre servait de magasin où furent déposés des ustensiles de cuisine.

À dr., dans la chambre de l'E., reposaient les corps de quatre femmes, dont dame You, la « dame de droite », première épouse de Zhao Mei, accompagnée d'un abondant mobilier et d'un sceau en or, gravé à son nom. Les trois autres femmes, plus jeunes, possédaient pendentifs de jade, sceaux en bronze doré, miroirs de bronze, etc. À g., sept corps, probablement des serviteurs, furent immolés avec un petit dépôt funéraire.

En sortant du tombeau, suivez le fléchage pour visiter la 1re galerie du mobilier funéraire.

Première galerie. Une 1re salle expose les divers sceaux retrouvés dans le palais souterrain, ainsi qu'une reconstitution du double sarcophage de Zhao Mei, qui fut retrouvé en piteux état. Le sceau en or (pesant 142 carats), portant le titre impérial de Zhao Mei, Wendi, est une copie. Le **linceul de jade** (copie), aux pièces reliées par des fils de soie, est présenté dans la salle suivante, avec de petites amulettes, également taillées dans cette pierre aux propriétés magiques : **dragons *huan*****, au corps enroulé en cercle, retrouvés près des mains du défunt ; **double disque *bi*****, déposé près de ses pieds, tandis que cinq de ces cercles avaient été placés sous le corps. La 3e et dernière salle est un extraordinaire déploiement des amulettes et des ornements qui accompagnaient le défunt et sa suite. Vous y verrez notamment le **grand collier***** de dame You, véritable mobile de jade, combinant disques, dragons et petits personnages. D'autres pièces ont été façonnées dans l'or ou l'ambre. Les **bagues d'archer***, à vocation purement ornementale, comptent parmi les parures masculines classiques de l'époque Han.

À l'issue de ce parcours, un escalier descend vers la 2e galerie.

Deuxième galerie *(accès par un escalier qui descend)*. Une première section poursuit l'exposition des objets de jade avec les **ornements d'épée****, petites pièces d'apparat utilisées depuis l'époque des Royaumes combattants : pommeaux, gardes, passants de fourreau et bouterolles (placée à l'extrémité du fourreau, la bouterolle le protège de la pointe tranchante de l'épée). Vous remarquerez également plusieurs types d'**agrafes*** de vêtement ou de ceinture, explorant toutes les contorsions possibles du corps serpentiforme du dragon chinois. La vaisselle de jade est remarquable par ses dimensions et son brio technique (il faut garder à l'esprit que la dureté de cette pierre ne permet de la travailler que par abrasion ; il est rigoureusement impossible de tailler le jade) : **coupe à couvercle****, **rhyton***** et **gobelets**** faits de plaques de néphrite blanche, à la surface vermiculée, serties dans le bronze. Ici est également présenté le **paravent de laque** découvert dans la chambre funéraire, reconstitué avec les ornements de bronze qui, eux, ont résisté au temps : porté par des atlantes agenouillés, il était surmonté d'oiseaux à aigrette déployant leurs ailes. La section suivante est consacrée aux 15 personnes sacrifiées pour accompagner Zhao Mei avec leurs parures, sceaux et objets personnels, tels les miroirs de bronze. Dans la dernière partie de cette galerie sont présentés des objets provenant des magasins du palais souterrain, véritable tableau du quotidien d'une grande maison au temps des Han : outils (scies, marteaux et faucilles), poids de filet de pêche, **jeu d'échecs*** dont les pièces ont été taillées dans des turquoises et du cristal de roche, pierre à broyer l'encre et encre compactée sous forme de petites billes, résidus d'ingrédients de la pharmacopée traditionnelle, blocs de bronze utilisés pour l'impression des étoffes, ornements de char… Les pièces de soie exposées sont celles qui servirent à emballer certains des objets. Vous noterez également la présence d'une **plaque d'or champlevée★★**, incrustée de verre bleu d'importation (Syrie romaine), le secret de sa fabrication étant alors inconnu en Chine.

Troisième galerie *(accès par un escalier qui monte)*. Elle contient la vaisselle de métal et les instruments de musique. Tous ces instruments furent déposés dans la salle attenante à l'antichambre. Il n'y a pas moins de quatre carillons différents, dont un fait de pierres sonores, ainsi que des mambos en forme de poissons, qui étaient remplis de sable. Dans la même salle, fragments d'un qin (luth) et d'un *se* (autre type de luth).

■ **Jardin des Orchidées★** (Orchid lanpu / Garden ; *plan B-C1 ; lun.-jeu. 8 h-21 h et ven.-dim. 8 h-23 h ; compter 30 à 40 mn aller-retour à pied à partir des hôtels* Dongfang *et* China). Cette exquise closerie des orchidées odorantes (on en compte plus de 100 variétés), avec ses pavillons, lacustres ou de terre ferme, ses portes de lune, ses bosquets et ses buissons fleuris, vous révélera un peu de la splendeur du jardin à la chinoise.

3 Lieux de mémoire du Canton révolutionnaire★

Durée : compter au moins 4 h à pied.

Ce quartier moderne est jalonné de monuments qui évoquent la période où Canton fut un foyer révolutionnaire actif, depuis la première insurrection de mars 1911 contre la dynastie des Qing jusqu'à l'époque où la ville devint le quartier général du Guomindang, avec les retournements d'alliance que connut ce mouvement.

■ **Mémorial de Sun Yat-sen★** (Zhongshan Jinianting, Memorial Hall to Dr. Sun Yat Sen ; *plan C1 ; à l'intérieur du parc Yuexiu ; métro Yuexiugongyuan ou Jiniantang)*. Dans un parc planté d'arbres à kapok, de pins et de cyprès, de magnolias et d'osmanthes, le mémorial est un vaste bâtiment de plan octogonal, à tuiles vernissées bleues, bâti en 1929-1931. Sur la façade orientée vers la statue du révolutionnaire, un panneau de quatre caractères, d'après une calligraphie de Sun Yat-sen, proclame que le « pays appartient au peuple ». Au vrai, il est aujourd'hui le domaine de l'assemblée provinciale du Guangdong. À l'intérieur, notez l'absence de supports visibles dans la grande salle centrale, qui peut abriter 4 700 personnes assises, et la polychromie rutilante des plafonds à caissons et les verres colorés du plateau circulaire central.

■ **Institut national du mouvement paysan★** (Nongmin yundong jiangxisuo, National Peasant Movement Institute ; *plan C2 ; 42, Zhongshan silu ; métro Nongjiangsuo ; t.l.j. 9 h-16 h 30)*. Il fut fondé en 1924 dans un ancien temple de Confucius d'époque Ming, dont on peut admirer les beaux restes, déjà désaffecté par Sun Yat-sen, pour former les cadres du Parti communiste chinois. Mao Zedong, Zhou Enlai, Guo Moruo y enseignèrent. Il fut bien entendu fermé en 1927 par le Guomindang au moment de l'insurrection de Canton. On montre la chambre occupée par Mao Zedong, des dortoirs pour plus de 300 étudiants et professeurs, les uniformes pliés sur les lits, le fusil à portée de la main, ainsi que le réfectoire, le bureau des enseignements militaires, etc.

De chaque côté de l'Institut, un **musée** abrite des collections qui illustrent l'histoire du mouvement révolutionnaire.

■ **Mémorial des Martyrs de l'insurrection de Canton** (Lieshi lingyuan, Memorial Garden to the Martyrs in Guangzhou Uprising ; *plan D2 ; Zhongshan sanlu ; métro Lieshilingyuan*). Il fut aménagé en 1957 pour commémorer l'insurrection de la Commune de Canton, en déc. 1927, contre le Guomindang, une insurrection qui fit 5 700 victimes du côté des communistes. Le mémorial, établi dans un parc de plus de 25 ha, comprend plusieurs pavillons où sont présentés des documents sur l'action révolutionnaire du Parti communiste chinois.

Lors des fêtes de printemps, des floralies sont organisées dans le parc du mémorial, où l'on présente surtout des pivoines, parmi 200 variétés de fleurs ; en mars-avr. et en oct., exposition de chrysanthèmes.

■ **Mausolée des 72 Martyrs** (Qishier liehimu, Mausoleum of the 72 Martyrs at Huanghuagang ; *plan D2*). Il perpétue ici, sur la colline des Fleurs jaunes (Huanghua gang), le souvenir de 72 des 88 personnes qui trouvèrent la mort lors de l'assaut lancé contre le palais du gouverneur, le 29 mars 1911, pour renverser la dynastie des Qing. Ce mausolée fut construit en 1918 grâce à des fonds versés par des Chinois d'outre-mer, principalement par les bureaux du Kuomintang dans le monde. Il étonne beaucoup les visiteurs par son curieux mélange de styles égyptien et classique français, tout cela dans un décor de lions et de dragons chinois. On y voit même une réplique à échelle réduite de la statue de la Liberté par Bartholdi.

La fête du double neuf

Elle a lieu début nov. Neuf est le chiffre yang (impair) le plus élevé, donc le jour le plus yang est le 9e jour du 9e mois. C'était sans doute à l'origine une fête solaire, ce qui expliquerait cette coutume de monter sur les hauteurs. Elle commémore l'histoire légendaire d'un homme qui vécut sous la dynastie des Han, auquel un devin avait annoncé l'arrivée prochaine d'une calamité. Suivant les conseils de l'oracle, l'homme se réfugia avec sa famille au sommet d'une colline. Lorsqu'il redescendit dans son village, ce fut pour le trouver dévasté par le désastre annoncé. La veille du 9e jour, des milliers de Cantonais viennent répéter ce geste en pique-niquant et en passant la nuit sur le sommet de la montagne Baiyun. Le lendemain, ils sont encore des milliers à en faire l'ascension, offrant le spectacle presque irréel d'une foule laissant derrière elle des monceaux de papiers, de bouteilles…

À voir encore à Canton

■ **Cathédrale du Sacré-Cœur** (Shishi jiaotang, Sacred Heart Cathedral ; *plan B-C2 ; Yide xilu ; t.l.j. 8 h-18 h*). Construite entièrement en granite, en 1860-1863, dans le goût gothique par l'architecte français Guillemin. Fermée pendant la Révolution culturelle, la cathédrale est à nouveau ouverte, et quelque 500 à 600 fidèles chinois assistent aux offices dominicaux.

■ **Mosquée Huaisheng** (Huaisheng si / Mosque ; *plan B2 ; 56, Guangta lu ; métro Ximenkou ; ouv. irrégulière*). Cette mosquée, de fondation assurément fort ancienne, n'est plus aujourd'hui qu'un lieu paisible, sans intérêt architectural, mais qui témoigne, par-delà les siècles, des relations commerciales répétées qui s'établirent à partir de 714 entre les Chinois et les Arabes, sous les dynasties des Tang et celles des Umayyades et des Abbassides. Actuellement, la communauté hui (musulmane) de Canton, forte de 4 500 membres env., est de rite orthodoxe, ou sunnite. Le minaret (Guangta), qui ressemble à un phare, est la construction la plus ancienne.

■ **Temple des Cinq Immortels** (Wu Xian guan ; *plan B2 ; Huifu xilu ; métro Ximenkou ; 9 h 17 h*). Selon une légende, cinq génies sont à l'origine de la fondation de Canton. Venus du ciel, chevauchant cinq chèvres, ils auraient fait don à la population d'un plant de riz durant une famine. Le temple, daté de

1377, détruit par un incendie en 1864, fut entièrement rénové. Selon la légende, l'un des cinq immortels a laissé une **empreinte**, visible sur une roche dans la première cour. Dans la salle du fond, une énorme **cloche de bronze**, haute de 3 m, fut surnommée « la cloche de la Calamité » car elle servait à annoncer les désastres et les dangers imminents. Dans la salle attenante, une **carte de Canton** datée de 1907 montre un bel aperçu de la ville à l'époque, cernée de rizières...

■ **Palais des Arts de Guangdong** (Meishuguan, Guangzhou Art Gallery ; *hors plan par D2-3*). Élégante bâtisse moderne construite sur l'île d'Ersha. Des expositions d'art contemporain dans les domaines de la peinture, de la sculpture et de la céramique sont organisées.

Environs de Canton

1 Baiyun shan* *(15 km N. ; se rendre au pied de la montagne en taxi ; on peut monter en téléphérique et redescendre à pied ; compter une demi-journée)*. Cette promenade vaut essentiellement pour le superbe **panorama*** que l'on a de Canton du sommet (427 m) de cette colline qui se hausse au rang de « montagne du Nuage blanc ». Pour y accéder, on traverse une forêt bien rafraîchissante pendant les chaleurs d'été.

2 Foshan *(28 km ; des bus partent de la gare ferroviaire ; compter env. 45 à 60 mn de route)*. La « colline du Bouddha », souvenir du temps où, sous les Tang (618-907), trois grandes statues du Bouddha témoignaient de son importance religieuse, fut, à partir des Song (960-1279), une ville réputée en Chine pour ses fabriques de céramique, notamment de figurines. Dans le **temple des Ancêtres**** (Foshan zu miao ; *ouv. t.l.j. 8 h 30-19 h 30*), ancien temple taoïque aujourd'hui transformé en musée, situé dans un joli parc aux essences tropicales, vous découvrirez d'extraordinaires figurines sculptées. Fondé sous les Song, il fut amplement remanié pour la dernière fois au début de la dynastie des Ming (1368-1644), mais ses splendides décors de bois doré et sculpté, de stuc et de faïence vernissée à base d'argile et de kaolin, ouvragée comme de l'ivoire, datent de l'époque Qing. La structure principale en bois de fer – une essence exotique très dure et très dense qui a la particularité de ne pas flotter –, qui, assemblée à tenon et mortaise, résiste depuis près de 900 ans aux injures du temps, est des plus remarquables.
Le **marché Lianhua**, dans la rue du même nom, vaut la promenade même si l'on a vu le marché Qingping de Canton (la pharmacie traditionnelle n'y est pas aussi développée).

3 Zhaoqing* *(104 km ; possibilité de s'y rendre soit en train en 3 h 30, soit en bus à partir de la gare ferroviaire en 2 h 30 env.)*. Lovées dans une boucle du Xijiang, les formations rocheuses de Zhaoqing, dans le district de Xijiang, sont une des merveilles de Guangdong, qui évoquent les fantaisies karstiques de Guilin.

Zhaoqing, antichambre de Pékin

En 1583, venant de Macao, concession portugaise, les R. P. Ricci et Ruggieri, de la Compagnie de Jésus, s'installèrent à Zhaoqing, alors capitale du Guangdong et du Guangxi (sous les Ming), faute d'avoir obtenu l'autorisation de se fixer à Canton. Pendant six ans, Matteo Ricci séjourna à Xijiang. Il adopta dans un premier temps le costume des moines bouddhistes, mais il décida, en 1595, de l'abandonner pour se présenter en sage, savant et lettré de l'Occident. Il apprit le chinois, étudia les Classiques, fabriqua des horloges, présenta ses connaissances scientifiques et réussit à tisser des liens d'amitié avec des lettrés. Chassé de Xijiang en 1589, il s'établit à Shaozhou (N. de la province), avant d'obtenir l'autorisation de poursuivre son voyage à l'intérieur de la Chine, voyage qui devait le mener à Pékin, où il mourut en 1610.

14 Hong Kong★★★ (Xianggang)

Situation : dans le S. de la Chine, presque sur le tropique du Cancer, au bord du delta de la rivière des Perles ; Canton, 184 km ; Macao, 60 km ; Pékin, 2 340 km ; Shenzhen, 40 km.

Population : 7 200 000 hab.

Altitude : 557 m au sommet de Victoria Peak sur l'île de Hong Kong.

Région administrative spéciale. La RAS de Hong Kong (Chine populaire) s'étend sur un territoire de 1 070 km² jusqu'à la frontière avec Shenzhen ; elle est divisée en trois ensembles : l'île de Hong Kong (78 km²), la péninsule de Kowloon (24 districts), les Nouveaux Territoires (980 km², dont 234 îles).

Monnaie : le dollar de Hong Kong, également en usage à Macao.

Indicatif ☎ (0) 852.

ℹ *CTS.* Bureaux principaux :
- à Central (☎ 2853-3533) ;
- G/F CTS House (78-83, Connaught Rd)
et à Tsim Sha Tsui (☎ 2315-7188) ;
- 1/F Alapha House (27-33, Nathan Rd).
Ils peuvent s'occuper des visas.

À ne pas manquer

Star Ferry★★★, entre Hong Kong et Kowloon	**421**
Île de Hong Kong★★★, rive nord, d'E. en O. par tramway	**421**
Nathan Rd★★, à Kowloon	**436**
île de Cheung Chau★★★	**438**

Hong Kong (en cantonais, le « port des odeurs d'épices ») se visite sur deux tons, l'un tendrement nostalgique, l'autre plein d'émerveillement timide. Hong Kong demeure l'une des économies les plus ouvertes au monde : dixième puissance commerciale du monde, le territoire est la seconde place financière en Asie, derrière Tokyo. On y parle de plus en plus chinois (mandarin de Pékin et cantonais), encore anglais, et cent autres langues peuvent y être entendues. Le port, qui assura la richesse des résidents à partir de 1840, offre toujours un des plus émouvants panoramas de la planète. Les entrepôts ont été repoussés à la périphérie, et, des deux côtés du bras de mer qui sépare le continent (Kowloon et les Nouveaux Territoires) de l'île de Hong Kong, les tours de prestigieux investisseurs rivalisent de hauteur, de finesse et de beauté architecturale. La traversée du port, entre l'île de Hong Kong et la péninsule de Kowloon, reste à toute heure de la journée un spectacle exceptionnel.

Flâner dans les ruelles en pente du quartier de Western, côté Hong Kong (échoppes, restaurants, antiquités et bars de nuit), dîner côté Kowloon, la nuit tombée, après avoir vu s'illuminer les tours de l'île de Hong Kong, depuis les fauteuils confortables des salons de l'*Intercontinental*, du bar-restaurant au sommet du *Sheraton* ou des étages supérieurs de la tour panoramique surmontant le *Peninsula*, le plus

Le front de mer à Wan Chai avec le palais des Congrès et des Expositions, aux toitures en forme de vague, et le Central Plaza (374 m, 78 étages), plus haut que la tour de la Bank of China, de Pei.

« British » des hôtels de la ville, demeurent une nécessité. Puis il est temps de revenir à pas lents vers son hôtel, dans une brise aux parfums changeants, en longeant le front de mer, qui ouvre sur un panorama grandiose d'ombres et de lumières. Lors d'une promenade à Kowloon, vous apprécierez sans doute la véracité du slogan de Hong Kong : « Une ville à vivre ! »

Programme

■ Hong Kong express

1er j. : Hong Kong★★★. Commencez la journée tôt, vers 7 h 30, par un petit déjeuner de *dim sum*. Après vous être ainsi imprégné de l'ambiance matinale, place au mouvement des affaires : vous traverserez la baie, en aller simple si vous habitez Kowloon, en aller-retour si vous logez sur l'île, et irez vous promener dans Western★★★ *(prom. 1)*, puis dans Central★★★ *(prom. 2)* avant de prendre le tramway à impériale, à l'étage supérieur. Vous déjeunerez simplement au hasard de votre arrêt, de préférence à Wan Chai★★ *(prom. 3)*, pour une visite, prolongée par celle de Causeway Bay★ *(prom. 3)*. Vous pouvez revenir de Causeway Bay en tram vers Central et, de là, prendre un bus pour Aberdeen★, visiter le port et continuer vers Repulse Bay★ et Stanley★ *(prom. 4)*. Vous pourrez également découvrir Shek O★ *(prom. 4)*. En fin d'après midi, faites l'ascension du pic Victoria★★★ par le tramway et suivez le chemin qui en fait le tour afin d'admirer Hong Kong en

i Le *HKTB* (Hong Kong Tourism Board) dispose de 4 bureaux d'information :
- à l'aéroport (t.l.j. 7 h-23 h) ;
- au poste frontière de Lowu (hall d'arrivée 2/F ; 8 h-18 h) ;
- sur l'île de Hong Kong (sortie F de la station Causeway Bay ; 8 h-20 h) ;
- à la sortie du Star Ferry (Tsim Sha Tsui ; 8 h-20 h).

Même lors des fermetures, le bureau met à disposition une large documentation touristique, une *hotline* multilingue de rens. touristiques (t.l.j. 8 h-18 h ; ☎ 2508-1234) ainsi qu'un site Web : *www.discoverhongkong.com*

Le *HKTB* propose une gamme d'excellentes visites guidées aux thèmes variés : découverte du *fengshui*, art du thé, le jade, les perles, l'architecture... Également, des croisières de nuit dans le port ou à bord d'une jonque.

Le *HKTB* fournit chaque semaine la liste des réjouissances – que vous pouvez aussi vous procurer à la réception de votre hôtel – et publie un *Hong Kong District Food Guide*, mis à jour tous les trois mois, qui recense les meilleurs restaurants par quartier. Le magazine *A Guide to Quality Merchants* répertorie les boutiques possédant le label de qualité attribué par le Hong Kong Tourism Board.

Hong Kong et les Nouveaux Territoires : carte générale.

Sha Tau Kok
Mirs Bay
Fanling
Plover Cove
Reservoir
Tai Po
Tolo
Harbour
Wu Kai Sha
Chinese University
Sai Kung
Peninsula
Mo shan
Fo Tan
High Island
Reservoir
Shatin
Tai Wai
Sai Kung
Lai King
Mei Foo
Nam Cheong
Hebe
Haven
Kowloon Tong
Wong Taisin
Port
Shelter
Po Lam
Pringe Edward
Hang Hau
Kowloon
Yau Ma Tei
Tiu Keng Leng
East
TST
North
Point
Victoria Harbour
Yau Tong
Lei Yue Mun
Clear Water Bay
Quarry Bay
Central
Wan Chai
Admiralty
Tai Hang
Chai Wan
Joss House
Bay
Aberdeen
Hong Kong Island
Big Wave
Bay
Tung lung
Chau
Deep Water
Bay
Shek O
So Shing
Repulse
Bay
Stanley
Lamma
Stenhouse
Po Toi
0
5
10 km

train de s'illuminer *(prom. 2)*. Dînez sur place ou rendez-vous côté Kowloon dans un des restaurants panoramiques installés dans les palaces sur le front de mer. Vous pouvez également vous rendre sur l'île de Lamma**, pour un dîner de fruits de mers *(p. 440)*.

2e j. : Kowloon, Tsim Sha Tsui *(prom. 5)*. Prenez en début de matinée le ferry pour Cheung Chau*** *(prom. 6)* et revenez en début d'après-midi à Tsim Sha Tsui, où vous aurez quelques heures pour visiter les musées. Déambulez dans Nathan Rd** avant de vous rendre à Shanghai Street, puis reposez-vous en prenant le thé au *Peninsula*. Au crépuscule ou en fin d'après-midi, féerie panoramique à l'*Intercontinental****, au *Peninsula*** ou au *Sheraton**** ; l'immeuble *One Peking* dispose de restaurants offrant également une vue superbe. Dînez où il vous plaira, faites un détour à Temple St., entre 20 h et 23 h. Vous regagnerez votre hôtel après une promenade le long de l'Avenue of Stars, en respirant l'air humide de la baie illuminée, à moins que vous n'ayez choisi de passer la soirée dans l'une des boîtes à la mode très animées le soir à Kowloon même *(prom. 5)* ou à Hong Kong *(attention aux horaires du dernier MTR, 1 h du matin)*.

■ Une semaine et plus

Des dizaines d'agences programment des séjours de sept jours, excellent moyen de s'imprégner en douceur de la vie locale, au-delà du clinquant qui peut parfois irriter. Les aspects dynamiques de la ville, ses contrastes, l'optimisme de ses habitants justifient les cinq promenades qui suivent.

Hong Kong mode d'emploi

■ La meilleure période

Sept. et oct. sont les mois les plus propices, car la température y est idéalement douce le jour et à peine fraîche en fin de nuit. Nov. est encore relativement doux. Dès le début déc., les immeubles autour du port arborent de très belles décorations de Noël. De mars à la mi-mai, les températures vont de 18 à 27 °C et l'humidité atteint presque 80 %. L'été, de fin mai à mi-sept., est chaud (26 à 33 °C) et l'humidité approche des 90 %. C'est la saison des pluies, parfois quotidiennes, et d'éventuels typhons, peu dangereux tant le système d'alarme préventive est perfectionné. L'hiver est sec (70 % d'humidité « seulement ») et peut paraître froid (de 5 à 20 °C entre mi-déc. et fév.) si l'on vient du S.

■ S'orienter

Il existe tant de cartes de Hong Kong disponibles à peu près partout qu'il est impossible de s'égarer. Pour ne pas prendre la mauvaise direction en sortant du MTR, lire attentivement les panneaux qui précèdent les sorties et se resituer sur le plan. Ne pas hésiter à montrer son plan aux chauffeurs de taxi. Des flèches roses indiquent aux piétons la direction des principales curiosités touristiques.

■ Liaisons aériennes

Aéroport : Chek Lap Kok, île de Lantau, à 34 km E. ☎ 2181-8888.

Navettes : par les trains AEL (Airport Express Line) ; départs toutes les 10 mn, de 6 à 1 h du matin. Le trajet prend 23 mn et dessert les gares d'Asia World (parc des expositions), de Tsing Yi, Kowloon et Central. Aux stations de Hong Kong et Kowloon, un service gratuit d'enregistrement le jour du départ *(jusqu'à 90 mn av. le décollage)* s'avère très pratique pour les dernières journées. Certaines compagnies aériennes autorisent même l'enregistrement la veille *(rens. auprès de votre compagnie ou du MTR : ☎ 2881-8888)*.

Liaisons aériennes vers le continent : assurées par les principales compagnies chinoises (*Cathay Pacific, China Southern, Air China* et *China Eastern*) et la compagnie

locale *Dragonair*. On peut acheter les billets auprès des compagnies, des agences de voyages et du *CTS*.
Liaisons internationales : → *Partir, p. 36*.
Compagnies aériennes : *Air France* : ☎ 2524-8145, fax : 2521-8468 ; 18/F, Vickwood Plaza, 199, Des Vœux Rd, Central • *Cathay Pacific* : ☎ 2747-1888 ; 10/F, Peninsula Office Tower, 18, Middle Rd, Tsim Sha Tsui ; *www.cathaypacific.com* • *Dragonair* : ☎ 2868-6777, fax : 2810-0370 ; Unit 4601-05, 183, Queen's Rd, Central ; *www.dragonair.com* • *Singapore Airlines* : ☎ 2870-8788, fax : 2870-8777 ; 15/F, A1 United Center, Admiralty ; *www.singaporeair.com* • *Thai Airways International* : ☎ 2876-6888 ; 24/F, United Center, 95, Queensway, Admiralty ; *www.thaiair.com* • *Vietnam Airlines* : ☎ 2810-6680 ; Room 3012, 1 International Finance Center *(IFC 1)*, 1, Harbour View Street, Central.

Pour l'achat des billets d'avion, adressez-vous à la billetterie de la compagnie ou aux agents de voyage dont la liste et les tarifs paraissent dans les quotidiens de Hong Kong.

Procurez-vous la *A-O-A Street Map*, distribuée gratuitement par la HKTA aux passagers arrivant par avion, à l'aéroport international de Hong Kong, ou disponible dans les offices du tourisme en ville. Ce document, constamment remis à jour, comporte, au recto, un plan détaillé de la partie de la ville comprise, sur l'île de Hong Kong, entre Sheung Wan et Causeway Bay, et, au verso, un plan de Kowloon.

■ Liaisons ferroviaires

Gare : Hung Hom Station, Kowloon *(hors plan III par B3)*. Trains KCR (Kowloon-Canton Railway) de Kowloon à Lowu (30 mn), avec passage de la frontière à pied, puis bus ou train (plus pratique et le plus rapide) jusqu'à Canton ; trains directs pour Canton 7 fois par j. ; trains express pour Pékin (30 h) et Shanghai (28 h).
Si vous empruntez un train direct pour Canton, vous devrez accomplir les formalités de douane et d'immigration au départ de Kowloon : prévoyez de vous présenter à la gare 1 h avant le départ du train. Les réservations de couchettes doivent être faites plusieurs jours à l'avance (gare centrale, agences de voyages ou dans les hôtels).

En cas de typhon, il existe plusieurs niveaux d'alerte, organisés par ordre croissant de danger et relatifs à la proximité du typhon au territoire. Au niveau 3, les particuliers doivent ranger les objets susceptibles de blesser les passants. Au niveau 8, chaque résident doit rentrer chez lui. Il est demandé de ne pas se tenir près des fenêtres, celles-ci pouvant éclater sous la pression du vent. Au niveau 10, il faut rester chez soi et ne pas sortir, même lorsque les vents faiblissent : on peut se trouver dans l'œil du typhon.

■ Liaisons maritimes

Les terminaux de ferries à destination des îles avoisinantes sont situés à Central, en face de *IFC 1 (plan I, C1)*. Les embarcadères s'étirent à dr. lorsqu'on a emprunté la passerelle surplombant Connaught Rd, en sortant du centre commercial et en prenant Man Yiu St., qui longe Connaught Place. Les traversées durent de 30 mn à 1 h selon les ferries ; ceux-ci fonctionnent de 6 h à 0 h 30. Vous pouvez demander l'horaire des bateaux à chaque embarcadère.
Les croisières au départ de Hong Kong sont en pleine expansion. La compagnie *Star Cruises (www.starcruises.com)* emmène chaque semaine une clientèle cosmopolite à bord de paquebots somptueux pour des sorties d'une nuit (les fameuses « croisières vers nulle part » pour les joueurs de casino), deux nuits (Xiamen) ou trois nuits (baie d'Halong).

À plusieurs, vous pouvez louer une jonque à la journée et vous rendre dans les Nouveaux Territoires ou sur les îles avoisinantes, pour un déjeuner de fruits de mer. Cette formule constitue un moyen extrêmement agréable de découvrir les environs de Hong Kong.

■ Liaisons routières

L'autoroute permet d'effectuer Hong Kong-Canton en 3 h 30 ou 4 h. Plusieurs compagnies privées organisent des départs en autocar depuis leur siège. Un trajet en autocar pour Canton s'avère nettement plus long qu'en train, en raison des encombrements et du passage de douanes.

■ Circuler

Les transports publics sont nombreux, variés et bien organisés. Le *MTR* constitue le moyen de transport le plus pratique pour circuler à Hong Kong. La carte magnétique *Octopus*, qui fonctionne comme un porte-monnaie électronique, simplifie considérablement le paiement des transports : très pratique, elle est rechargeable indéfiniment. On se la procure, contre versement d'une caution, à l'aéroport, dans les stations du *MTR* ou dans les supérettes *7/11*. Elle permet de régler également les bus et minibus, les tramways, les ferries et même le Star Ferry. Une version touristique, valable 3 jours, inclut le trajet de l'*Airport Express (www.mtr.com.hk)*.

Les **bus** *(6 h-minuit)*. Il n'existe pas de plan du réseau mais les cartes détaillées de Hong Kong font apparaître les trajets suivis par les bus et leurs arrêts. Sur l'île de Hong Kong, les *NWFB (New World First Bus)* et les *CB (City Bus)* se partagent le réseau local, de même que les *KMB* de Kowloon. Il n'y a pas de contrôleur, on paie en monnaie *(il faut toujours faire l'appoint)* dans une boîte à l'entrée ou par contact magnétique avec une carte *Octopus (les prix vont de 3,20 à 45 HK$)*. S'installer sur l'impériale. Terminal des bus à Exchange Square, sur l'île de Hong Kong, et au Star Ferry Terminal, à Kowloon.

Minibus GMB *(Green Minibus)*. À toit vert, ils suivent des trajets fixes et s'arrêtent à des stations prédéterminés. Ceux à toit rouge s'arrêtent n'importe où, à la demande. Il faut faire l'appoint en payant, la monnaie n'est pas rendue.

Plan du MTR et du KCR.

MTR *(Mass Transit Railway ; 6 h-1 h du matin)*. Le métro comprend, pour l'heure, six lignes desservant les principaux points de l'île de Hong Kong, Kowloon, Disneyland, les Nouveaux Territoires et l'aéroport de Chek Lap Kok. Moyen de transport rapide, pratique, d'une propreté impeccable et très bien conçu, il est équipé de panneaux bilingues anglais-chinois permettant de se repérer aisément.

KCR *(Kowloon-Canton Railway)*. Le réseau est connecté à celui de la Chine populaire (mais il faut traverser la frontière à pied, à Lowu). Il dessert plusieurs stations dans les Nouveaux Territoires, ainsi que Canton *(passeport avec visa nécessaire)*. La jonction entre KCR et MTR se fait à Tsim Sha Tsui East (face à l'hôtel *Intercontinental*).

LRT *(Light Rail Transit, 5 h 30-minuit)*. Le West Rail dessert la région O. des Nouveaux Territoires, de Nam Cheong à Tuen Mun. De nombreux projets d'infrastructure sont à l'étude (dont un pont reliant Hong Kong à Macao et Zhuhai).

Ferries. Le moyen le plus pratique et le plus poétique de passer d'une rive à l'autre et d'aller dans les îles. Le Star Ferry *(toutes les 5 mn, 6 h 30-23 h 30)* relie Kowloon à Hong Kong. Autres ferries de Tsim Sha Tsui à Central ou Wan Chai.

Taxis. Il en existe env. 70 000 *(15 HK$ plus 1,40 HK$ tous les 200 m)*. Les chauffeurs sont censés comprendre l'anglais, mais il vaut mieux disposer d'une adresse écrite en chinois quand il ne s'agit pas d'un grand hôtel. L'arrêt des véhicules est interdit le long d'une double bande jaune. Un macaron rouge sur le pare-brise, portant « For hire », indique que le taxi est libre.

Trams *(streetcars)*. Ils desservent le N. de l'île de Hong Kong, d'E. en O. de Shau Kei Wan à Sheung Wan, et inversement. On monte par l'arrière et on paie sous le nez du conducteur, à la sortie *(2 HK$ par adulte, 1 HK$ par enfant ; la monnaie n'est jamais rendue ; paiement possible par carte Octopus)*.

■ Organiser son temps

Les heures les plus agréables de la journée sont le matin tôt et la fin d'après-midi. Profitez de ces moments pour flâner. Les magasins ont leurs propres heures d'ouverture. L'activité s'accroît en fin de journée et se trouve à son maximum pendant les fins de semaine et lors des fêtes.

■ Visites organisées, excursions et croisières

De nombreuses visites organisées permettent de voir rapidement l'essentiel. Il existe même un circuit pour les voyageurs en transit (☎ 2186-6883, comptez 4 h). Outre les circuits proposés par le *HKTB*, on pourra contacter *Gray Line* (☎ 2368-7111 ; 72, Nathan Rd, Kowloon ; *www.grayline.com.hk*) ou *Splendid Tours* (☎ 2316-2151 ; comptoirs au *Sheraton Hotel*, Tsim Sha Tsui, et au *Park Lane Hotel* sur Causeway Bay ; *www.splendidtours.com*).

Watertours of Hong Kong Ltd (☎ 2926-3868 ; *www.watertourshk.com*) organise des mini-croisières dont la durée varie de quelques heures à une journée. On trouve les prospectus dans les hôtels ou au *HKTB*.

■ Consulats

France, 26th Floor, Admiralty Center, Tower 2, 18, Harcourt Rd, Central *(plan I, D2)* ; ☎ 3196-6100, ouv. lun.-ven. 9 h-12 h 30 • ***Belgique***, 9/F, Saint John Building, 33, Garden Rd, Central *(plan I, C2)* ; ☎ 2524-3111 • ***Suisse***, Suite 6206-07, Central Plaza, 18, Harbour Rd, Wan Chai *(plan II, A-B2)* ; ☎ 2522-7147 • ***Canada***, Exchange Square, Tower One, 11th-14th Floors, 8, Connaught Place, Central *(plan I, C2)* ; ☎ 2810-4321.

États voisins : ***Myanmar*** (Birmanie), Room 2421-2425, Sung Hung Kai Centre, 30, Harbour Rd, Wan Chai *(plan II, A2)* ; ☎ 2827-7929 • ***Vietnam***, Great Smart Tower, 15e ét., 230, Wan Chai Rd, Wan Chai *(plan II, B2-3)* ; ☎ 2591-4510.

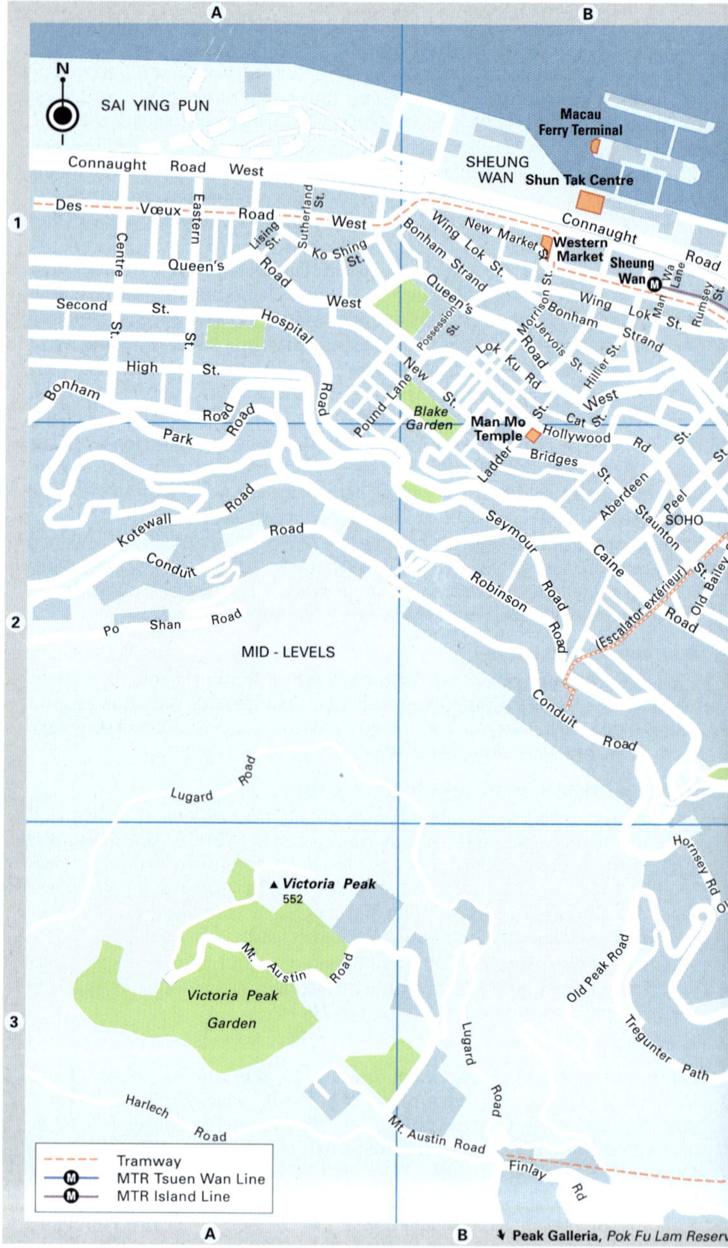

Hong Kong, plan I : Sheung Wan, Central.

C
D
KOWLOON
Ferry Pier to Islands
Star Ferry Pier
Man Kwong St.
VICTORIA HARBOUR
IFC Mall
International Finance Centre
International Finance Centre 2
Hong Kong Station (Airport Express)
Harbour View St.
Man Yiu St.
Exchange Square
CONNAUGHT PL
Jardine House
Queen's Pier
EDINBURGH PL
CENTRAL DISTRICT
City Hall
Central
Statue Square
Prince of Wales Barrack
Bank of America Tower
Chater Road
Landmark
Prince's Building
Legco
H.S.B.C.
Chater Garden
Standard Chatered Bank
Murray Rd
Jackson Rd
Lambeth Walk
Harcourt Road
Hong Kong Red Cross
Bank of China Tower
Tours Lippo
Admiralty Center
Admiralty
Harcourt Garden
Rodney St.
St. John's Cathedral
Flagstaff House
High Court
Queensway
Pacific Place
Government House
Government Offices
Hong Kong Zoological and Botanical Gardens
Hong Kong Park
Cotton Tree Drive
Garden Rd
Upper Albert Road
Lower Albert Road
Ice House St.
Battery Park
Justice Drive
Kennedy Road
Borrett Rd
Bowen Road
Macdonnell Road
Magazine Gap Rd
Magazine Gap Road
Barker Road
Pedder St
Des Vœux Road Central
Queen's Road Central
D'Aguilar St.
Li Yuen St.O
Li Yuen St.E
ng Seng ank HQ
entral larket
KWAI NG
Tramway
vers plan II
Wan Chai, Causeway Bay
0 100 200 m
1
2
3

⓮ Hong Kong

Hong Kong, plan II : Wan Chai, Causeway Bay.

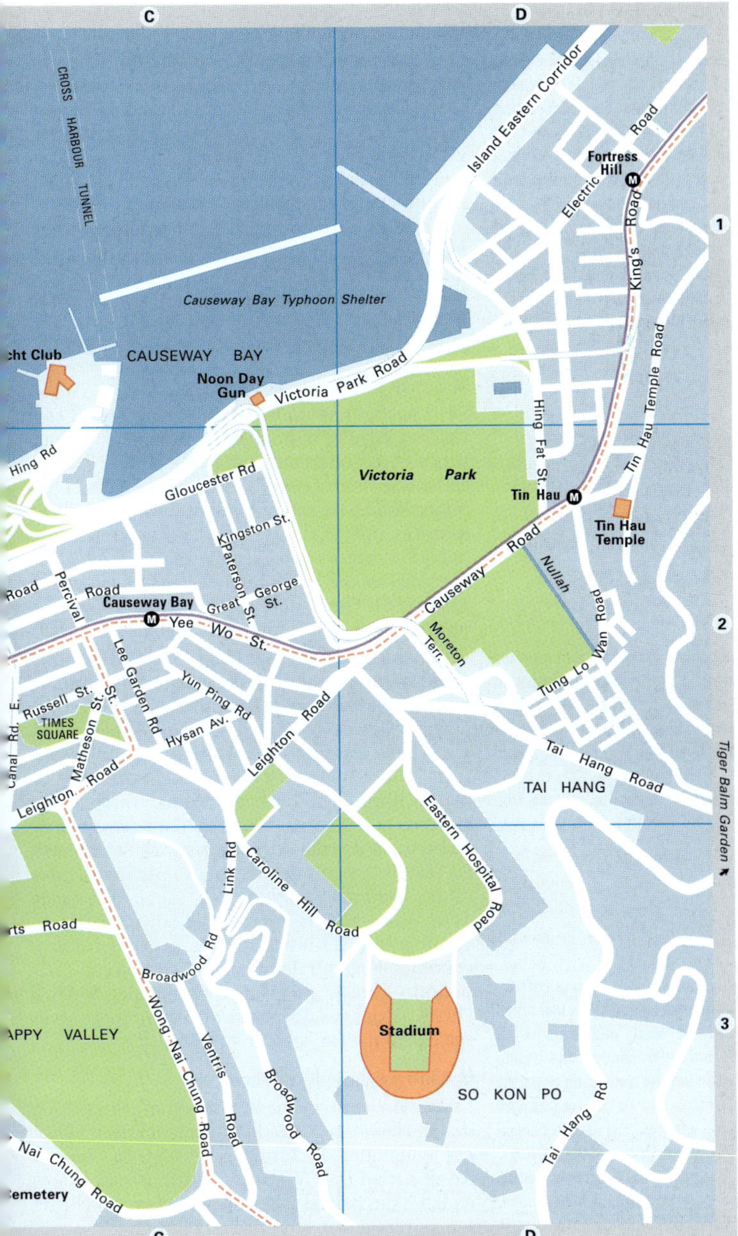
C
D
CROSS HARBOUR TUNNEL
Island Eastern Corridor
Road
Fortress Hill
Electric
King's Road
1
Causeway Bay Typhoon Shelter
cht Club
CAUSEWAY BAY
Noon Day Gun
Victoria Park Road
Tin Hau Temple Road
Hing Fat St.
Hing Rd
Gloucester Rd
Victoria Park
Tin Hau
Tin Hau Temple
Kingston St.
Paterson St.
Road
Percival
Road
Causeway Bay
Great George St.
Causeway Road
Nullah
Yee Wo St.
Moreton Terr.
Wan Road
2
Lee Garden Rd
Yun Ping Rd
Russell St.
St.
TIMES SQUARE
Matheson St.
Hysan Av.
Leighton Road
Tung Lo
Canal Rd. E.
Leighton Road
Tai Hang Road
TAI HANG
Tiger Balm Garden
Link Rd
Caroline Hill Road
Eastern Hospital Road
rts Road
Broadwood Rd
Stadium
3
APPY VALLEY
Wong Nai Chung Road
Ventris Road
Broadwood Road
SO KON PO
Tai Hang Rd
Nai Chung Road
emetery
C
D

⓮ Hong Kong

Les amateurs de shopping deviendront vite des inconditionnels de la boutique *Shanghai Tang*, sur Pedder Street, à Central *(plan I, C2)*. David Tang, designer hongkongais, a remporté tous les suffrages. Sa ligne, des vêtements aux objets de décoration intérieure, s'inspire de la Chine des années 1930 avec une pointe coloniale : vêtements traditionnels comme les *qipao*, vestes à col mao en daim doublé de soie, tout n'est qu'élégance et beauté.

La plupart des boutiques sont ouvertes 7 jours sur 7, sauf pendant le Nouvel An lunaire. Les horaires varient dans les grandes zones de shopping. Sur l'île de Hong Kong, 10 h 30-21 h. À Kowloon, Tsim Sha Tsui Est, 10 h-19 h 30 ; Tsim Sha Tsui, Yau Ma Tei et Mong Kok, 10 h-21 h, et souvent 23 h.

Il arrive souvent que, la première fois, les voyageurs commandent leur repas à la française. Mieux vaut suivre l'ordre chinois, qui met au centre tous les plats dont la table a envie, un bol de riz devant chacun, chaque convive piochant à sa guise, avec retenue, dans la pitance commune. Pour avoir l'air chinois, mieux vaut préférer la cuillère en porcelaine aux baguettes, garnir son bol, le monter à hauteur des lèvres et enfourner la bouchée d'un geste vif et discret.

■ Que rapporter ?

Qu'acheter à Hong Kong ? À peu près tout, mais il faut absolument avoir une idée précise de ce que l'on veut pour faire des comparaisons utiles et profiter des détaxes. Sinon, au lieu de dépenser 20 à 50 % de moins que chez soi, on risque de payer plus cher antiquités véritables et autres, appareils photographiques, tapis, céramiques, porcelaines précieuses, ordinateurs, cosmétiques et parfums, électronique, fourrures, jade, bijoux, optique, prêt-à-porter et costumes et robes taillés dans la journée, montres, cloisonnés, sceaux sculptés, petites bouteilles à priser, boîtes en bambou, cages à oiseau, tapis… mais aussi cerfs-volants, papiers découpés, figurines en argile.

■ La vie nocturne

Deux publications du *HKTB*, *Hong Kong District Food Guide* et *What's On*, donnent, le premier en permanence, le second de semaine en semaine, la liste des endroits recommandés et sûrs où l'on peut passer une bonne soirée. Les manifestations (concerts, ballets, tournées, opéra chinois), quasi quotidiennes, sont indiquées dans les quotidiens en anglais, *South China Morning Post* et *E-mail*, ainsi que dans les magazines gratuits *BC* (mensuel) et *HK Magazine* (hebdomadaire) que l'on trouve dans les bars à la mode.

Les quartiers de Lan Kwai Fong, Wan Chai et Soho attirent une population d'expatriés en quête de détente après le stress de la journée. **Lan Kwai Fong,** petite ruelle bordée d'une soixantaine de bars, pubs, restaurants, dancings, discos, karaoké, club de jazz *(plan I, C2 ; station MTR Central)*. Le second lieu de plaisirs nocturnes, avec bars, cinémas, théâtres, restaurants et discos, est **Wan Chai,** au carrefour de Luard Rd et de Jaffe Rd, entre Fenwick St. et Marsh Rd (établissements de luxe, bons restaurants, cafés calmes et *lounges* à musique folk ; *plan II, A2 ; station MTR Wan Chai*). Le quartier de **Soho** est très en vogue parmi les noctambules : petites ruelles, concentrées autour de l'escalator (surnommé « serpent de verre ») qui grimpe au quartier de Mid-Levels, jalonnées de bars et de restaurants ; accès également par Hollywood Rd *(plan I, B2)*.

■ Manger, une découverte

La réunion en un même lieu de communautés bien soudées faisant partie de nombreuses ethnies a favorisé le maintien de cuisines originales, de Chine et d'Asie du Sud-Est. C'est en allant dans les restaurants éloignés des palaces à la cuisine souvent excellente mais un peu trop soumise au goût anglo-saxon, voire américain, que l'on peut trouver une variété de cuisines authentiques.

Postes et télécommunications

Le bureau central de la poste se trouve à dr. de l'embarcadère du Star Ferry en venant de Kowloon. Pour le courrier ordinaire, et même les petits paquets, s'en remettre au concierge de l'hôtel.

Toutes les chambres ont un accès direct au téléphone international. Les communications locales sont gratuites.

Banques

La ville regorge d'établissements financiers, où l'on aura toujours avantage à changer ses euros (inutile d'acheter des dollars américains, l'euro est bien considéré), plutôt que dans les petites boutiques de changeurs qui ont pignon sur rue (et jamais chez les changeurs à la sauvette).

Fêtes et manifestations

Le **Nouvel An** *(15 j. ; entre le 21 janv. et le 20 fév. ; fondé sur le calendrier lunaire)* est le moment le plus joyeux de l'année, même si l'on doit payer ses dettes et s'acheter si possible une nouvelle garde-robe, substitut d'une nouvelle conduite. Le premier jour est le plus important. Il réunit la famille, dont c'est, collectivement, l'anniversaire de naissance. Jeûne, cadeaux (les parents donnent des paquets rouges aux enfants, pleins de « monnaie pour la fortune »), offrande d'encens aux ancêtres, feux d'artifice, décorations lumineuses, bouquets de chrysanthèmes et de fleurs de pêcher, petits arbres de kumquats, visites aux familles amies. On a aussi coutume, dans chaque bureau, de distribuer des enveloppes rouges *(lei see)* aux personnes célibataires, chinoises et expatriées.

La **fête des Lanternes** (Yuen Siu ; *15e j. du 1er mois*). Processions, défilés d'associations avec masques et danses du Dragon, pétards, banquets, marquent la fin de la période du Nouvel An et la remise au travail.

La **fête des Morts** (Qingming ; *20-23 avr.*) est un événement solaire considérable. La foule envahit les cimetières, ornant les tombes de papiers ou de fleurs blanches et apportant les offrandes nécessaires aux défunts, qui seront mangées sur place par la famille.

La **naissance de Tin Hau** *(23e j. du 3e mois ; avr. ou mai)*, reine du Ciel et déesse de la Mer, dont tous les bateaux embarquent un portrait, dans les régions côtières du S. Tous les temples de Tin Hau se trouvaient sur le rivage, ce qui n'est plus le cas aujourd'hui en raison des constructions gagnées sur la mer. Encens, danses du Dragon et porc rôti dédié à la déesse marquent les réjouissances, dont les plus belles, qui réunissent plusieurs centaines de bateaux en tout genre, ont lieu à Joss House Bay, à l'E. des Nouveaux Territoires, ou dans l'île de Po Toi.

BON À SAVOIR

Afin d'obtenir rapidement un visa pour la Chine à Hong Kong, s'adresser au 6/F et 7/F, Lower Block, China Ressources Building, 26, Harbour Rd, Wan Chai ; ☎ 2106-6516.

Le marchandage

Il devient de moins en moins fréquent de marchander dans les boutiques, en particulier dans les plus élégantes, les prix étant fixés en fonction de la concurrence. Les réductions ne jouent qu'à la marge, sur quelques dollars. Mais il est toujours souhaitable de demander un rabais de 10 à 20 % chez les joailliers, 10 % pour les vêtements, 5 % pour l'électronique et la photo. On l'obtient plus aisément quand on achète plusieurs articles, surtout si l'on ne paie pas par carte de crédit (taxes de change élevées, souvent supérieures à 5 %). Deux règles d'or pour un achat important : comparer les prix avec les autres boutiques, même éloignées, et accorder la préférence à celles qui arborent le logo *QTS* (Quality Tourism Services) : le calligramme chinois pour qualité encerclé dans un Q doré. Elles ont adhéré à une charte du type « vérité des prix » et surtout « vérité des produits » (éviter les petites boutiques, en particulier à Kowloon sur Nathan Rd et alentour).

La **fête des Bateaux-Dragons** (Tuen Ng ; *5e j. du 5e mois ; juin-juil.*) est célébrée dans toute la Chine centrale et méridionale et dans toute l'Asie du Sud-Est, et plus généralement dans le monde sinisé. Si, en Chine du Centre, cet anniversaire est lié à celui de Qu Yuan, fonctionnaire qui se noya en signe de protestation contre la corruption, en Chine du Sud l'accent est mis sur le dragon, animal bénéfique. Les courses de bateaux sont liées à un rite de la fertilité et aussi de prières à la pluie, en pleine saison de pousse des plantes.

La **journée d'établissement de la Région administrative spéciale de Hong Kong** *(1er juil.)* est un jour férié.

La **fête de la Mi-Automne** (fête de la Lune ; *15e j. du 8e mois*) est, en réalité, la fête des récoltes, mais elle marque aussi le retour du yin dominant dans l'année. Les femmes y jouent donc un rôle particulier. Des tables sont dressées le soir, en plein air, devant la porte des maisons, couvertes de plats ronds contenant des fruits ronds (pommes, oranges, mais surtout grenades, réputées favorables à la naissance de nombreux fils) et, évidemment, des gâteaux de lune. Du riz, du vin, des habits en papier et des liasses de monnaie de fête en papier argenté ou doré sont offerts, et chacun, pour s'y retrouver dans la nuit, se déplace avec de petites chandelles.

La **fête nationale chinoise** *(1er oct.)* donne généralement lieu à un grand feu d'artifice dans la baie de Hong Kong.

Toute la saison qui précède **Noël** *(dès début déc.)* est l'objet d'illuminations gigantesques le long des façades des grands immeubles, d'une débauche de décorations lumineuses le long des rues, sur les places, devant les entrées des bâtiments et des hôtels, tandis que tous les centres commerciaux font entendre à répétition les chants des différents noëls du monde.

Hong Kong dans l'histoire

Aux portes des tropiques

Jusqu'en 1840, Heung Gong, le « port *(gong)* des odeurs fortes *(heung)* » était un petit port de pêche où l'on manufacturait en outre de l'encens, partout nécessaire à l'exercice convenable des rites indispensables à une vie remplie. Portée par les vents de mousson, l'odeur d'encens et de poisson parvenait aux rives proches du continent chinois (*1,50 km* ; « one mile », disait-on en anglais), où s'élèvent huit pics montagneux entourant un neuvième, que les pêcheurs avaient pris l'habitude d'appeler en cantonais les Neuf Dragons, Kow Loon, puisque le dragon est censé vivre dans les montagnes.

L'opium et la genèse de Hong Kong (1773-1840)

La British East India Company utilisa au départ l'opium pour compenser les pertes d'argent causées par l'achat sans contrepartie du thé et de la soie. Pour cela, « The Company », comme on l'appelait, n'hésita pas à expédier en gros l'opium indien vers la Chine. En 1796, les 2 000 caisses acheminées dans l'année coûtaient si cher à l'Empire en argent-métal que l'empereur Jiaqing dut en interdire l'importation. Le tarissement insupportable d'une pareille source de profits, en pleines guerres napoléoniennes, fit que le Trésor britannique omit d'inquiéter la compagnie quand elle décida de pratiquer la contrebande à outrance, en accord avec le *cohong* et les mandarins cantonais. En 1816, Napoléon étant à Sainte-Hélène, l'opium rapportait bon an mal an 750 000 livres de l'époque, le prix de l'équipement d'une armée.

Le bouvier et la tisserande

La nuit du 7e jour du 7e mois lunaire, les étoiles Altaïr et Véga, que les Chinois nomment le Bouvier et la Tisserande, brillent d'un éclat particulier, symboles d'un amour éternel.

LE BOUVIER était le cadet de deux frères orphelins. Chaque matin il partait travailler la terre avec son buffle. Un jour, le buffle se mit à parler au jeune homme : « Ne reste pas un jour de plus avec ce frère qui t'ignore et cette belle-sœur qui te méprise, dit-il. Pars et emmène-moi pour part de ton héritage. » Malgré sa surprise, le bouvier suivit docilement le buffle. Ils marchèrent longtemps, jusqu'à ce que la bête s'arrête et dise : « Près d'ici est la Source de Jade où, chaque pleine lune, les sept sœurs, filles de l'empereur du ciel et tisserandes des nuages, viennent se baigner. Quand elles retireront le vêtement qui leur permet de voler, tu cacheras la robe de la septième sœur. Ainsi, elle ne pourra s'envoler pour regagner le palais de son père et toi, tu en feras ton épouse. » Le jeune homme suivit à la lettre les prescriptions de cette révélation extraordinaire et s'en trouva fort heureux : la septième sœur était ravissante et, tisserande de talent, façonnait des étoffes aussi fines que des ailes de papillon. Deux enfants naquirent de cette idylle.

Les jours s'écoulaient heureux. Mais dans le ciel l'impératrice céleste cherchait en vain sa septième fille et scrutait la Terre, du haut du plus haut pavillon. Elle finit par la découvrir, tissant dans sa chaumière, ses deux enfants à ses pieds. Furieuse, elle dépêcha des sbires pour la ramener de force pendant que le jeune homme était aux champs. Celui-ci, mû par un pressentiment, rentra en toute hâte et trouva ses enfants en pleurs et la jeune femme enlevée dans les airs. Il prit la palanche, y fixa deux paniers où il déposa ses enfants, s'enveloppa dans la peau du buffle et, pensant à sa chère femme de toutes ses forces, s'envola à sa poursuite. Voyant le bouvier rattraper sa fille, l'impératrice du ciel tira une épingle d'argent de son chignon et la jeta dans le ciel. L'épingle grandit, grandit, devint ce que les Chinois appellent fleuve en argent et que nous nommons Voie lactée, et ses flots séparèrent les deux époux. Touchée malgré tout de leur amour, l'impératrice les transforma en étoiles et leur permit de se réunir chaque année, la 7e nuit du 7e mois lunaire. Ce soir-là, toutes les pies quittent la Terre et montent vers le ciel pour former un pont sur le fleuve d'argent, où viennent s'étreindre le bouvier et la tisserande.

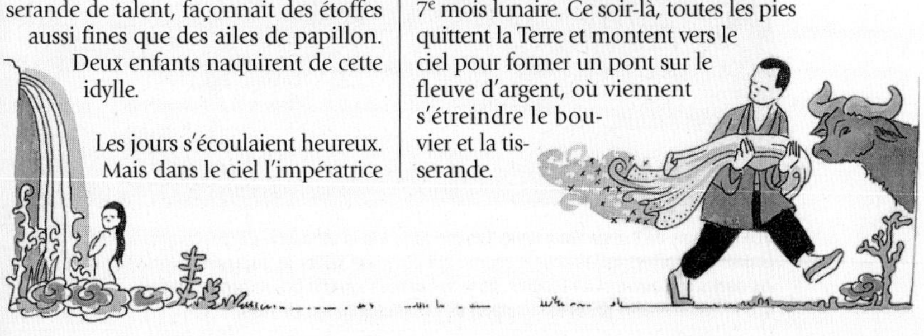

En 1839, devant l'hémorragie d'argent, l'empereur Daoguang se décida à nommer gouverneur à Canton un mandarin honnête, mais mal informé, comme son maître des rapports de force internationaux, Lin Zexu. Il établit un blocus, fit saisir 20 000 caisses d'opium et les fit brûler à Humen, dans le delta. L'Angleterre, offensée, envoya une flotte de canonnières, qui arriva en juin 1840, bloqua Canton, puis les ports du Yangzi, et finit par obtenir (convention de Chuan Bi) l'île de Hong Kong, que le capitaine Elliott, négociateur anglais, pensait nécessaire à l'établissement d'une base permanente facile à défendre pour la protection des marchands et des voies maritimes.

Elliott prit possession le 26 janv. 1841 de ce caillou désolé, habité par quelques pêcheurs, mais disposant d'une vaste rade. Il fallut néanmoins une seconde expédition navale, en août 1841, pour que la Chine accepte, entre autres concessions, de céder Hong Kong à perpétuité.

La capitale de la Chine « compradore » (1860-1950)

À la suite d'une autre expédition militaire, en 1860, la convention de Pékin attribua également à perpétuité aux Britanniques la presqu'île de Kowloon et la petite île de Stonecutter. Pour protéger le port d'entreprises subversives, au moment où toutes les puissances se ruaient en Chine pour en arracher des concessions, la Grande-Bretagne se fit donner à bail, à la deuxième convention de Pékin, en juin 1898, les Nouveaux Territoires et les 233 îles alentour.

Dès le début, les senteurs du port de Hong Kong furent dominées par l'odeur de l'opium, de l'argent et de la prostitution. Un envoyé du ministre Palmerston rapporta à la reine Victoria qu'il avait vu sur l'île 26 familles britanniques et 25 bordels. L'écrivain Rudyard Kipling expliquait que si l'odeur d'argent était si forte, c'est que chacun payait pour quelque chose. En effet, dès 1885, les 17 plus grandes fortunes de la colonie étaient chinoises, devant les plus riches des *gweilo*, les « diables étrangers ». En 1880, un parsi (venu de Bombay mais dont la famille était d'origine persane) créa le premier ferry et lança, en 1897, la série

Vue ancienne de l'île de Hong Kong. Les clippers, à la la silhouette effilée, caractéristique, étaient des voiliers taillés pour la course, qui pouvaient rallier en un temps record (95 jours) les docks de Canton et de Londres. Ils furent conçus lorsque la Compagnie anglaise des Indes orientales perdit le monopole du commerce du thé en 1834.

des *Star* ferries. Dès 1888, le funiculaire du pic Victoria fonctionnait, ramenant de 3 h à 8 mn l'ascension du point culminant de l'île depuis les jardins du gouverneur. En 1910 était achevé le chemin de fer à destination de la frontière chinoise, au pont de Lowu (aujourd'hui limitrophe de Shenzhen).

À plusieurs reprises, Hong Kong (y compris Kowloon et les Nouveaux Territoires) reçut des réfugiés par centaines de milliers, qui constituèrent la base de son peuplement. Ainsi en 1911, lors de l'exode de plusieurs centaines de milliers de Cantonais et de frontaliers, à la chute de l'Empire mandchou. En 1938, fuyant l'avance japonaise en Chine du Sud, 500 000 réfugiés parvinrent dans la colonie. En 1950, l'avance des armées communistes déclencha un flot incontrôlé de réfugiés, dont bénéficia instantanément l'industrie textile de la colonie. En 1967 et plus tard, de nombreux Chinois du continent tentèrent d'atteindre Hong Kong à la nage. C'est que l'ensemble des territoires dépendant des Britanniques paraissaient un îlot de sécurité et de prospérité aux portes d'une Chine instable.

Hong Kong aujourd'hui

Une rétrocession en douceur

La rétrocession s'est opérée sans heurts majeurs et la ville continue à vivre au rythme du « *business as usual* ». Malgré son passage sous une autorité communiste, Hong Kong reste la seconde place financière d'Asie, l'un des deux premiers ports du monde et dispose d'un revenu par habitant comparable à celui de la France. Les étrangers représentent toujours 8 % de la population et les Hongkongais qui avaient émigré après l'accord sino-britannique de 1984 ou les événements de Tian'an men de 1989, tendent à revenir… avec un second passeport. Comme l'explique un expatrié de longue date : « Hong Kong reste un endroit formidable pour faire des affaires. »

Championne mondiale des libertés économiques, Hong Kong ne brille pas forcément pour sa liberté d'expression. L'opposition démocratique, instillée par le dernier gouverneur anglais, subit une marginalisation lente mais continue. Et l'avènement du suffrage universel, massivement souhaité par la population, est constamment différé. Ce n'est cependant pas « la chape de plomb » redoutée par certains. Des dissidents ou des mouvements bannis sur le continent *(Falungong)* restent tolérés sur le territoire. La presse a certes perdu de son mordant, mais ne s'est pas encore totalement dissoute dans l'autocensure. Et, si

Ce qui n'a pas changé le 1er juil. 1997

Le 1er juil. 1997, Hong Kong est revenu à la Chine, et son statut a changé. La ville et les territoires jusqu'à la frontière de la Chine populaire constituent une **Région administrative spéciale** (HKSAR) disposant d'un degré élevé d'autonomie. Par l'accord de 1984 avec le royaume britannique, garanti par l'ONU, plusieurs points ont été établis :

– le système capitaliste restera inchangé pendant 50 ans ;

– les règles d'entrée sont maintenues, donc, pour les Français, les Belges, les Suisses, les Canadiens, pas besoin de visa, mais d'un passeport valable six mois après le retour ;

– l'anglais reste langue officielle ; la signalisation, les noms des immeubles et des rues restent les mêmes ;

– le dollar de Hong Kong (HK$) demeure une monnaie internationale, indexée sur le dollar américain ;

– Hong Kong reste un port franc au commerce libre, avec ses propres douanes et son adhésion à l'Organisation mondiale du commerce (OMC) ;

– les dirigeants de Hong Kong devront avoir vécu au moins 15 ans dans la ville avant d'être élus ou nommés, et le chef de l'exécutif, 20 ans ;

– les lois en vigueur continuent d'être appliquées, la justice demeure indépendante et la Cour d'appel suprême reste à Hong Kong ;

– la police exercera son service dans les mêmes conditions qu'auparavant ;

– les contrôles aux frontières sont maintenus, et nul ne peut venir librement de Chine à Hong Kong.

elle exprime régulièrement ses désillusions face à ses nouveaux dirigeants, la population reste dans l'ensemble plus préoccupée de son bien être économique que de ses prérogatives politiques.

Une métropole dynamique, jusqu'à quand ?

En fait, le véritable bouleversement pour Hong Kong n'est pas intervenu le 1er juil. 1997 (date de la rétrocession) mais le 25 oct. de la même année. En faisant plonger la bourse de 25% en trois jours, la crise asiatique prenait par surprise un territoire qui vivait en situation de « surchauffe » économique avant la rétrocession. Les prix de l'immobilier, traditionnellement élevés dans cette ville « compacte », s'étaient ainsi envolés, alimentant une frénésie de spéculation. Ils retombèrent de plus de 50 %, écrasant les petits propriétaires qui avaient eu la mauvaise idée d'investir. Surtout, les emplois les moins qualifiés sont probablement appelés à être transférés de l'autre coté de la frontière où les coûts de main-d'œuvre sont 10 fois moins élevés. L'ouverture de la Chine, à l'origine du formidable enrichissement de la ville grâce à son rôle de porte d'entrée, devient aujourd'hui une menace. Dans une Chine membre de l'OMC, les hommes et les biens pourront de plus en plus facilement contourner ce coûteux passage obligé qu'est devenu Hong Kong. Les optimistes pensent que la ville sera tirée par le décollage économique de son puissant patron grâce à son savoir-faire et à ses considérables ressources financières. Les pessimistes y voient plutôt la fin du rôle historique de Hong Kong, progressivement concurrencée par les villes voisines.

Néanmoins, après les incertitudes liées à la rétrocession et la crise immobilière, l'économie de Hong Kong a opéré un redécollage, toutefois ralenti par la crise du Sras en 2003. Dès 2004, le territoire a connu une croissance économique supérieure à 8 %, maintenue en 2005. En effet, Hong Kong remplit toujours ses fonctions de plate-forme de services et de capitaux entre la Chine continentale et le reste du monde. Elle reste le principal centre de transit et de marchandises en Asie, un centre logistique majeur et une place financière de premier plan. L'ancienne colonie britannique demeure la 10e puissance commerciale au monde. Elle est la 2e économie la plus riche d'Asie, derrière le Japon. Le territoire doit certes affronter la concurrence de Shanghai, mais cette dernière est loin de disposer d'un marché financier mature.

Hong Kong du XXIe siècle

« *Wait and see* », comme disaient les Anglais ? La relation avec la Chine, pays méconnu et craint avant la rétrocession, s'est considérablement modifiée. Lors des turbulences économiques, « la mère patrie » a même pu apparaître comme un refuge. Une façon douce de prendre conscience que le sort de la ville est aujourd'hui irrémédiablement lié à celui de la Chine. Malgré tout, Hong Kong dispose, pour se réinventer, de la formidable capacité d'adaptation d'une population qui, à partir d'un « rocher nu » raillé par la reine d'Angleterre lorsqu'elle en hérita, réussit à créer l'une des plus vibrantes capitales d'Asie.

Le pouvoir chinois tient à maintenir son image d'ouverture en tolérant la Région administrative spéciale. Une barrière douanière protège la zone d'une vague d'immigration venue de Chine populaire. Un projet de construction d'un pont reliant Hong Kong, Zhuhai et Shenzhen symbolise l'intégration du territoire à la Chine continentale. Ce pont désenclavera la zone Est du delta de la rivière des Perles, tout en reliant définitivement Macao à Hong Kong. Le territoire, 2e port au monde, ne voyait pourtant pas d'un très bon œil son rôle de transitaire incontesté du fret chinois remis en cause… Une route directe vers Zhuhai permettrait en effet aux supertankers d'atteindre directement les côtes de Chine continentale. Mais la dangereuse rivalité de Shanghai a poussé Hong Kong et les cités du delta à unir leurs forces : un pont attirera davantage d'investisseurs dans la région ; les travaux ont déjà débuté.

Le prix de la terre

En 1846, la superficie du port s'élevait à 7 000 ha. Elle a été réduite, de nos jours, à 3 839 ha. Au début du XXe s., le tramway reliant Shau Kei Wan à Kennedy Town, côté Hong Kong, courait le long du front de mer. Sur Kowloon, le temple de Tin Hau, à Yau Ma Tei, regardait la mer… dont il est séparé maintenant par 3 km de polders.
Au XIXe s., le gouvernement détenait le monopole de la vente de l'opium, de l'alcool au détail et des terrains. Ce commerce était si rentable que l'impôt sur le revenu est resté inexistant jusqu'en 1945. De nos jours, 70 % de la population paie peu ou pas d'impôts. Le prix de la terre, dont le gouvernement est seul propriétaire, a toujours été maintenu à un niveau artificiellement élevé. Les terrains sont vendus à prix d'or alors que les travaux de poldérisation ont un coût relativement faible. En conséquence, la vente de terrains permet de financer les travaux des infrastructures publiques.

1 Hong Kong Island : du Star Ferry au Landmark★★★

La rive nord de l'île constitue le centre des affaires et donne l'occasion d'une promenade exceptionnelle. À l'O., Western et Sheung Wan sont des quartiers chinois extrêmement vivants où toute la diversité de la vie populaire se donne à voir, soit dans ses magasins, étals et boutiques, soit dans ses temples – celui de Man Mo, entre autres. Les rues des petits commerces, voire de marchés aux puces – Cat Street –, les quartiers d'activités nocturnes – Lan Kwai Fong – font de cette partie de l'île une source renouvelée d'étonnement.

Accès : autobus, métro (Central), ferry. Visites à faire à pied *(plan I, C2)*.

Durée : une journée sans compter les détours et la halte de midi dans l'un des petits restaurants chinois qui arborent en façade canards laqués suspendus ou autres friandises.

Conseil : fractionnez votre visite, en prenant le temps de flâner. Cette approche sera bien plus agréable, surtout pendant les mois chauds.

■ **International Finance Center** (IFC ; *plan I, C2*). Si vous arrivez de Kowloon par le Star Ferry, vous aurez eu l'occasion d'observer l'**IFC 2**, gratte-ciel haut de 420 m et doté de 88 étages, superbe lorsqu'il brille de mille feux, à la tombée du

Une fois quitté le ponton du Star Ferry, ne pas s'attarder au spectacle des vieux *rickshaw drivers* qui n'attendent le client que pour se faire tirer le portrait (négocier le prix de la photo avant de presser le déclic – entre 20 et 50 HK$) ou tout au plus tourner autour du plus proche building (au moins 100 HK$).

Un ancien chirurgien militaire écossais du nom de William Jardine devint très rapidement, à partir de 1822 et de son installation à Bombay, le principal commerçant d'opium vendu en Chine, du temps où l'Angleterre importait 30 millions de tonnes de thé. Associé à un autre Écossais, James Matheson, il fonda le premier empire industriel dans la colonie. En 1984, sitôt connu l'accord sino-britannique sur la rétrocession de Hong Kong à la Chine, les héritiers de la fortune ont fait mouvement vers les Bermudes et, en 1995, ont quitté la Bourse de Hong Kong pour celle de Singapour.

Le capitaine Elliott, chargé par le ministre Palmerston de régler la question du commerce avec la Chine en 1839, imagina de faire donner à l'Angleterre l'île de Hong Kong, contre les instructions qu'il avait reçues. La nouvelle de cette « conquête » non souhaitée fut très mal accueillie à Londres, qui ne ratifia pas la convention proposée. De retour en Angleterre, Elliott fut écarté et, l'administration britannique ayant presque autant de mémoire que la chinoise, le nom du « découvreur » de Hong Kong ne figura jamais sur une plaque de rue.

Attention, de nombreuses boutiques dans le quartier de Western sont fermées les dimanche et jours fériés.

jour. Ses derniers étages logent le bureau de l'autorité monétaire de Hong Kong. Le gratte-ciel voisin, l'**IFC 1** (hauteur : 180 m), abrite des bureaux. À la base, un luxueux **centre commercial,** orné de marbre, offre une gamme très étendue de boutiques, un cinéma et des restaurants dont certains disposent de terrasses donnant de belles vues sur Kowloon. Au niveau inférieur, l'*Airport Express* relie Central à l'aéroport. En sortant de l'embarcadère, sur votre dr. s'étire un vaste espace gagné sur la mer, d'où partent les ferries pour les îles voisines. Continuez tout droit sur Man Yiu St., après 200 m s'élève sur votre g. **Jardine House,** construite en 1973, repérable par ses fenêtres en forme de hublots. Empruntez l'escalier conduisant à la passerelle, prenez à dr., puis à g. vers Exchange Square et l'International Finance Center.

■ **Exchange Square*** *(plan I, C2 ; station MTR Central).* Les tours jumelles de la Bourse sont le cœur financier de Hong Kong depuis que, le 2 avr. 1986, les quatre Bourses d'alors ont fusionné en un seul ensemble entièrement informatisé. De la place qui s'étend à leur pied partent et arrivent presque tous les bus qui conduisent aux différents points de l'île.

Les bâtiments d'Exchange Square sur votre dr., continuez tout droit jusqu'à l'IFC 1 ; une passerelle traversant Connaught Rd conduit au New Hang Seng Bank Building.

■ **Central Market*** *(plan I, C2 ; station MTR Central ou Sheung Wan),* en face, reconnaissable à sa couleur crème, peut être traversé à pied. Juste à côté, le départ du long « tube » de **Hillside Escalator***, qui conduit gratuitement depuis oct. 1993, par 20 escaliers roulants successifs alignés le long de 800 m de pente, jusqu'aux premières résidences de Mid-Levels, à Conduit Rd. L'ensemble fonctionne le matin de 6 h à 10 h dans le sens de la descente pour amener les résidents du haut de la colline à leur travail, puis dans le sens de la montée jusqu'à 23 h.

■ **Quartier autour de Des Vœux Rd*** *(plan I, C1-2 ; station MTR Sheung Wan).* Longer les vitrines de Queen's Rd vers Bonham Strand E. Jeter un coup d'œil dans chaque ruelle ne prend qu'un instant, et **Man Wa Lane*** *(vers la station MTR de Sheung Wan)* vaut que l'on s'y attarde quelques minutes pour les sceaux qui sont exposés ; il est difficile de résister au plaisir de s'en faire graver un sur-le-champ.

Reprendre ensuite Des Vœux Rd ou Wing Lok St. vers Morrisson St. et Western Market.

■ **Western Market*** *(plan I, B1 ; ouv. 10 h-19 h ; station MTR Sheung Wan).* Il a servi de 1858 jusqu'en 1989 de marché pour les produits frais. Sa base de granit et son architecture en briques rouges sont d'un autre âge (1906). La rénovation de 1989 en a fait le haut lieu des marchands de tissus. Au r.-de-c., de minuscules boutiques touristiques intéresseront particulièrement les collectionneurs de jouets.

Reprendre Morrisson St. vers Bonham Strand.

■ **Bonham Strand**★ *(plan I, A-B1 ; station MTR Sheung Wan)*. Bien que Western District ait été à l'origine le lieu de résidence des Britanniques, il n'en subsiste rien. Tout le quartier est délicieusement chinois. Sur Bonham Strand abondent les boutiques de ginseng (plus de 30 variétés) et d'herbes médicinales, qui rappellent le souci constant que les Chinois portent à leur santé et à l'usage perpétué des antiques recettes. Toutes les ruelles méritent un coup d'œil.

On peut revenir à Des Vœux Rd, reconnaissable à ses tramways, qui peuvent être utiles pour un retour vers Central. Mais si l'on veut continuer la visite, on reprendra vers l'O. soit Wing Lok St., soit Bonham Strand.

Ne manquez pas d'examiner toutes les sortes de conserves possibles en allant vers Sutherland St. Tout près, Ko Shing St. et Li Sing St. abondent en boutiques de plantes et d'organes séchés utilisés pour la médecine traditionnelle…ou la cuisine ! Des dizaines d'oiseaux sont à vendre au bout de **Li Sing St.**★, ce qui ne remplace pas une visite au marché aux oiseaux *(p. 437)*. S'il est l'heure du déjeuner, on peut profiter des *dim sum* que proposent de nombreux restaurants.

Revenir vers l'E., de Li Sing St. (dans Queen's Rd) à Possession St., le long de Queen's Rd W.

Des **boutiques**★★ originales vendent des papiers colorés et décorés pour les funérailles ; ils sont destinés à la « banque des enfers ». Des modèles réduits de maisons, de voitures, d'appartements avec tout leur équipement, des liasses de billets assureront au défunt un confort équivalant dans l'autre monde à celui dont il aurait aimé jouir dans le nôtre. Lors de la fête de la Mi-Automne, les boutiques sont pleines de superbes lanternes en forme de papillons (longévité), de poissons d'or (prospérité), et aussi de voitures et de navires à turbopropulseur.

Aussitôt après *(n° 141)*, toutes les broderies possibles – vermillon, rose, perle, argent, or –, sur de riches tissus rouges ou noirs, éclaboussent de lumière le trottoir et les passants. On peut acquérir là tout le nécessaire pour la fiancée avant les noces traditionnelles. Jadis, les jeunes mariées devaient porter du rouge, couleur du bonheur, alors que le blanc, fréquemment utilisé aujourd'hui à la suite des modes européennes, était la couleur de la mort, le tissu noir étant réservé aux matrones.

Attention, passerelles

Les ***flyover***, passages si bien nommés, permettent aux piétons de passer d'un ensemble de tours à l'autre, comme en « volant » au-dessus des avenues. Certains passages longent le pied du building ; d'autres, vrais labyrinthes parfois, le traversent, mais tous évitent strictement les voies réservées à la circulation automobile. Ne jamais s'aventurer hors des passages dûment signalés.

Animal, minéral, végétal

Des recherches scientifiques ont été menées sur les produits de pharmacopée traditionnelle, ceux-ci étant ensuite industrialisés. Dans la boutique de Queen's Rd Central, chaque élément animal, végétal ou minéral est accompagné d'explications dévoilant ses bienfaits sur le corps humain. Ainsi, on apprend que, si les racines de ginseng sont aussi chères, c'est parce qu'elles sont bonnes pour le cœur et donc censées prolonger l'existence. Le thé vert, quant à lui, adoucit le mauvais caractère. Gingembre et soupe de serpents sont excellents pour la circulation du sang, les nids d'hirondelles pour la peau des femmes. Si vous empruntez l'escalator, vous pourrez observer sur Hollywood Rd (quartier de Soho) une boutique de médecine traditionnelle ; des patients font la queue pour consulter un spécialiste qui, après avoir pris le pouls, établit une ordonnance à base d'herbes. Le médicament est ensuite élaboré sur place.

Prendre à dr. ***Hollywood Rd**** *sur quelques mètres vers l'O. de nouveau.*

Il ne faut pas manquer les magasins qui proposent d'étranges et rutilants objets en bois, en fait des cercueils, ainsi que ceux qui, un peu plus loin, exposent tous les ornements funéraires, en soie ou en tissus brodés, qui recouvriront le défunt lors des cérémonies qui précèdent la crémation.

L'angle de Possession St. marque l'endroit où le capitaine Charles Elliott planta l'Union Jack, le drapeau britannique, signifiant la prise de possession pour la reine en 1841.

En regardant les buildings alentour, on peut mesurer ce qu'il advint de l'île en deux siècles et, en regardant vers le port, constater combien de territoires utiles aujourd'hui ont été pris sur la mer.

Aussitôt après, sur la dr., Pound Lane conduit au Pak Shing Temple, dont l'ambiance est particulièrement attachante.

■ **Pak Shing Temple**** *(plan I, A-B1 ; station MTR Sheung Wan)*. Dans ce quartier purement chinois à l'origine, le temple Pak Shing (« aux cent noms ») fut construit en 1856 par des marchands locaux pour y entreposer les tablettes de leurs ancêtres, qu'ils avaient transportées avec eux depuis leurs villages de Chine continentale. Ensuite, le temple servit de chambre mortuaire aux cercueils en attente d'un navire pour retourner en Chine. On peut voir aujourd'hui plus de 3 000 tablettes, illuminées par autant de petites bougies.
La pureté originelle du lieu a été modifiée par le transfert récent de deux autres temples réduits en poussière par les promoteurs immobiliers, le temple dédié à Sui Tsing Pak et celui de Tin Hau. Au premier sont dues les rangées de *tai sui* (combinaison des 12 animaux du zodiaque chinois avec chacun des cinq éléments), supposées diriger la vie de chaque personne concernée pendant son cycle de 60 ans, jugé jadis idéal puisque la personne considérée avait accompli dans sa totalité le cycle de vie qui lui était potentiellement dévolu. Au second sont dus les ex-voto en forme de navire et tout ce qui se rapporte à la déesse de la Mer.

Les boutiques des antiquaires jalonnent le parcours sur Hollywood St. jusqu'aux alentours du Man Mo Temple.

■ **Antiquaires.** C'est là qu'il faut prendre le temps de choisir ce dont on peut avoir envie. Flacons à priser et flacons à parfum décorés de miniatures, bouddhas, porcelaines, céramiques, petits meubles en bois de rose ou en ébène, mais aussi paniers ikebana et netsuke (figurines en ivoire) japonais, laques de Coromandel et mille autres objets remarquables sont néanmoins des originaux ou des copies estimables qu'il faut négocier. Si vous tenez vraiment à acquérir une antiquité originale, exigez de votre vendeur le certificat d'authenticité de la pièce, indispensable à toute opération, pour vous protéger de l'acquisition de faux. Le prix du document (3 000 HK$) constitue une vraie garantie…

■ **Man Mo Temple**** *(plan I, B1 ; station MTR Sheung Wan)*, voué aux dieux de la Guerre et de la Littérature. On va y chercher l'assurance de ne pas se tromper dans une affaire de la vie. En qualité de touriste, on a le droit de passer entre les deux colonnes rouges qui soutiennent le fronton de la porte, comme les riches jadis, tandis que les pauvres devaient les contourner. Il est même possible au visiteur de secouer les fiches de la fortune dans un cylindre de bambou et d'en lire l'interprétation, traduite en anglais, dans le livre en vente à proximité.

Au sortir du temple, revenir sur ses pas, vers l'O. Une volée de marches, ***Ladder St.****, *rappelle l'état ancien des rues de la colline. Aussitôt après, prendre Upper Lascar Row, mieux connu sous le nom de Cat St.*

■ **Cat Street**★★ *(plan I, B1 ; station MTR Sheung Wan)* regroupe le plus hétéroclite des bric-à-brac, sorte de marché aux puces où jadis les « biens des souris » étaient revendus pour quelques sapèques par les brocanteurs du lieu, les « chats ». Sur Lok Ku Rd, parallèle et juste au-dessous de Lascar Row, les galeries de Cat St., sur quatre étages, permettent à des queues de touristes d'acheter moult antiquités.

Reprendre Queen's Rd W. puis Queen's Rd Central.

■ **Queen's Rd Central**★ *(plan I, C2 ; station MTR Sheung Wan ou Central)*. Au n° 290 se trouve une boutique de **thé** très prisée. Une statue de Guanyin à l'entrée rappelle qu'un des meilleurs thés semi-fermentés bus à Jiuzhou, sur le continent, s'appelle ainsi. Au n° 151, une statue de chevalier monté sur son destrier (signe de force et de confiance) annonce une célèbre boutique de **pharmacopée** chinoise. Après avoir passé les rues du marché aux produits frais, on poursuit la rue en flânant jusqu'au-delà du Hillside Escalator.

Avec les deux rues ***Li Yuen E. et W.****, où l'on trouve un peu de tout, se termine la promenade de Western, dans laquelle la part belle a été faite au Hong Kong populaire et à la tradition chinoise. Poursuivre dans Queen's Rd jusqu'à Pedder St. vers The Landmark Building.*

■ **The Landmark**★ *(plan I, C2 ; station MTR Central)*. On remarque entre ce dernier et Central Building *(1-3, Pedder St.)* une plaque ovale rappelant que tout l'espace que vous avez sous les yeux en direction de la mer provient de remblaiements par vagues successives depuis 1842. On se livre, aussitôt après, au lèche-vitrines dans cet immense temple de la consommation qu'est The Landmark, où presque toutes les grandes marques du monde élégant tiennent boutique ouverte. La fontaine circulaire, au centre de l'atrium, passe pour un point de rendez-vous commode.

2 Hong Kong Island : de Central au Peak★★★

Central est un lieu de contrastes entre les bâtiments de style victorien et l'élan éblouissant des hautes tours, entre les halls de luxe au rez-de-chaussée des buildings et l'insolite îlot de nature qu'est Hong Kong Park avec ses 10 ha de verdure, serres, volières et cascade, au bout desquels se trouve la gare du tramway à crémaillère qui conduit au Victoria Peak. Depuis ce sommet, le panorama du port est un point d'orgue.

Fengshui Island

Le *fengshui* est l'élément dominant de Hong Kong. L'architecture locale respecte scrupuleusement les lois de cette géomancie, fondée sur l'harmonie entre les lieux, leur environnement immédiat et le cosmos. Avant d'entreprendre un appartement ou une résidence, un bureau, une boutique ou un centre commercial, il est de coutume, sur le territoire, de faire appel à un spécialiste qui définira si l'endroit est doté d'un « bon » ou d'un « mauvais » *fengshui.* Ce maître calculera l'heure et le jour fastes de l'ouverture des lieux, supervisera éventuellement leur aménagement en vue de tirer profit des meilleures énergies. Cette discipline s'applique aussi à la conduite des affaires. La chaîne des Kung Lung, qui domine l'île de Hong Kong, évoquerait le dos d'un dragon, dont le Peak, point culminant, formerait la tête. Cet animal, couché, orienterait son regard vers la Chine, sa queue tournée vers l'O. Des sources d'énergie dévaleraient les pentes du relief. Le quartier de Central, spécialisé dans la banque et la finance, bénéficierait de ces ondes extrêmement positives, contribuant à la réussite dans les affaires.

Il existe à Hong Kong une des rares librairies françaises en Asie : *Parenthèses*, 2/F Duke of Wellington House, 14 Wellington St., Central, ☎ 2526-9215.

Accès : on peut jouer de presque tous les moyens de transport, autobus, métro, ferry, sampan, tramway, téléphérique, escalier roulant, *flyover* pédestre, ascenseur…

Combien de temps : 4 h de promenade à pied.

Conditions de visite : il faut fractionner les visites et faire des haltes pour se réhydrater, sous peine de fatigue extrême en fin de journée.

Arrivé de Tsim Sha Tsui, en sortant de l'embarcadère, prenez, légèrement à votre dr., le souterrain qui conduit directement à Statue Square.

■ **Statue Square**** (*plan I, C2 ; station MTR Central*). On voit encore le piédestal sur lequel trônait la reine Victoria en bronze, de 1886 à l'occupation japonaise. Depuis cette date, la statue se dresse à Causeway Bay, dans Victoria Park. Aussitôt après le square se trouve l'ancienne **Cour suprême***, construite en 1912, devenue le siège du Legislative Council (LegCo), dont la Chine a fait un instrument de son soutien depuis le 1er juil. 1997. L'allure typiquement victorienne de ce bâtiment à colonnes en granit, qui fut l'un des beaux immeubles de la colonie, montre combien le monde a changé depuis le début du XXe s.

■ **Hong Kong and Shanghai Banking Corporation*** (HSBC ; *plan I, C2 ; station MTR Central*). En 1984, au lendemain de la signature, par Deng Xiaoping et Margaret Thatcher, de l'accord établissant les modalités de la rétrocession de Hong Kong à la Chine populaire, l'avenir paraissait bien sombre. Le siège de la banque de Hong Kong fut donc conçu comme entièrement démontable, afin de pouvoir être déplacé d'urgence, si nécessaire, à Londres.
Le bâtiment est réputé bénéficier du « meilleur *feng-shui* de Hong Kong ». Presque adossé à la montagne et jouissant d'une vue dégagée sur la mer, l'édifice s'élève, d'après les calculs des géomanciens, au cœur de la ligne des « cinq dragons », champs magnétiques surplombant des sources d'eau souterraines, lesquelles apporteraient de puissants courants de *qi* (énergie vitale). L'esplanade, sous le bâtiment, reliant Connaught Road Central à Queen's Road Central, constitue le point de rencontre entre l'énergie venue de la montagne et celle venue de la mer, conduite au 1er étage par les deux escaliers mécaniques. Malgré les foudres de l'architecte britannique Sir Norman Foster, qui avait installé des escaliers tournés vers l'E., il fallut les démonter et les orienter vers l'O., face à l'énergie positive. Les deux barres en fer saillantes, au sommet du building, repoussent l'énergie négative venue de la *Bank of China*… La *Hong Kong Bank* a signé un contrat excluant la construction d'immeubles susceptibles de stopper les énergies venues

Musées de Hong Kong

N'attendez pas trop des musées : les plus belles pièces, sauf le produit des fouilles archéologiques, se trouvent chez les antiquaires ou les collectionneurs privés, parfois bien loin de Hong Kong.

de la mer. Conformément aux calculs des maîtres du *fengshui*, la cérémonie d'ouverture se déroula à 2 h du matin. Les deux lions, à l'entrée, chargés de repousser l'énergie négative, portent chance aux passants qui touchent leur crinière. Cela vaut la peine de grimper, par l'escalier roulant, jusqu'au 1er étage de bureaux.

■ **Standard Chatered Bank** *(plan I, C2 ; station MTR Central)*. La banque voisine, repérable à sa façade aux tons bronze, ne présente pas de porte principale : sa petite entrée, tournée vers l'O., doit récupérer toute l'énergie. Les hexagones, au 1er étage, reflètent les mauvaises énergies de la *Bank of China*.

■ **Héritage colonial** *(plan I, C2)*. Dirigez-vous vers Queen's Road Central. Un petit chemin (Battery Path) grimpe vers la **mission française**, bâtiment de briques bâti en 1860, qui abrite la Cour d'appel. À deux pas s'élève **St. John's Cathedral**, joli bâtiment colonial aux tons crème édifié en 1849 *(lun.-ven. 9 h-17 h, sam.-dim. 9 h-12 h)*. De retour sur Queen's Road Central, à l'angle de Ice House St. et Lower Albert Rd, s'élève le **Dairy Farm Building** (début XXe s.), repérable à ses murs bicolores ; il abrite le Foreign's Correspondent Club et le petit centre culturel du Fringe Club. À l'opposé, **Old Bishop House** (maison du pasteur), datée de 1848, figure parmi les plus anciens édifices de Hong Kong.

■ **Chater Garden★★** *(plan I, C-D2 ; station MTR Central)*. Ici se tenait l'un des temples les plus chics du tout Hong Kong colonial, le Hong Kong Cricket Club and Grounds. De nos jours, un petit espace public cerné d'immeubles ultramodernes offre un havre de repos à l'heure du déjeuner.

■ **Bank of China★★** *(plan I, C-D2 ; station MTR Central ou Admiralty)*. La tour de la Banque de Chine, 70 étages élancés, tout en emboîtements de losanges et de prismes brisés, monte vers le ciel, jeu bleuté des reflets de verre entre mer et nuages. Construite par l'architecte sino-américain Pei Yeoh Ming, qui voulait exprimer par ce design la puissance vitale du jeune bambou poussant droit vers la lumière, cette tour visible de partout fait l'un des charmes du panorama de l'île de Hong Kong depuis l'autre côté du port. Vous pouvez monter au 47e étage pour admirer la vue.
Côté montagne, on bénéficie d'une belle perspective sur **Government House** (ancienne maison du gouverneur ; *plan I, C2* ; Lower Albert Rd), de nos jours entièrement cernée par des gratte-ciel. Daté de 1855, l'édifice fut entièrement reconstruit par les forces d'occupation japonaises, qui y ajoutèrent la tour centrale. Adossée à la montagne et protégée en conséquence par le dragon, la demeure jouissait d'un excellent *fengshui* jusqu'à la construction de la nouvelle *Bank of China*. Ses angles aigus évoquent des dagues d'où émanent de puissants flux d'énergies négatives dirigés vers le centre de la résidence. Le gouverneur d'alors fit installer une piscine hexagonale afin de refléter et renvoyer ce mauvais influx, en vain. Aussi, fait unique dans l'histoire coloniale de Hong Kong, il rentra en Angleterre sans finir son mandat. Si Tung Chee Hwa, premier gouverneur chinois, refusa de s'installer sur ce site néfaste, son successeur, Donald Tsang, y rétablit ses quartiers.

Revenez sur vos pas vers Chater Garden, dirigez-vous vers la Bank of America et empruntez à dr. les passerelles conduisant successivement à Queensway, Admiralty Center et Pacific Place. Sur votre dr., l'architecture du Lippo Center rappelle des koalas sur un arbre.

■ **Pacific Place★** *(plan I, D2 ; 88, Queensway ; station MTR Admiralty)*. Les deux tours du centre commercial sont entourées de celles de trois hôtels prestigieux (*Marriott, Conrad* et surtout *Island Shangri La)*, dont les *lounges* d'accueil au moins valent le coup d'œil. On se promène dans ce bel ensemble de marbre (surface totale : 75 000 m^2), dont chaque étage propose une gamme très étendue de restaurants, de bars, de boutiques de luxe, de librairies, de mode féminine,

Une compassion

Avalokitesvara, incarnation bouddhique de la compassion bienveillante, est devenu l'une des figures les plus riches du panthéon de la religion populaire chinoise. Son avatar le plus sollicité est celui où le bodhisattva adopte un corps de femme, devenant Guanyin aux Vêtements blancs, ou encore la Pourvoyeuse d'enfants. Un roman fantastique tardif, la *Vie complète de Guanyin de la mer du Sud, Nanhai Guanyin quanzhan*, narre cette métamorphose. Guanyin y est Miaoshan, Bonté merveilleuse, troisième fille du roi Miaozhuang, qui régnait sur le Xiyu, une contrée située entre le Siam et l'Inde.

■ **Le temps des souffrances**

Un pèlerinage au Huashan avait accordé au vieux souverain, resté sans descendance, la grâce de ces trois naissances. Devenues femmes, les sœurs aînées de Miaoshan prirent époux, tandis que leur cadette s'entêtait dans le célibat. Elle finit par obtenir de son père ce qu'elle désirait : entrer au couvent pour y méditer sur la perfection du Bouddha. Mais le roi avait instruit la supérieure de décourager la vocation de sa fille, qui dut faire face à nombre d'épreuves. Elle en sortait cependant chaque fois, toujours aidée par l'attention que lui portait l'Empereur de Jade. Furieux de la voir s'obstiner au mépris de toute piété filiale, le roi fit étrangler cette fille indigne. Mais une fois encore, l'Empereur de Jade veillait : un tigre parut sur les lieux de l'exécution et, semant la panique, enleva le corps de Miaoshan pour l'emmener en sûreté dans les montagnes. Après avoir rendu visite aux enfers, puis rencontré le Bouddha qui lui remit une pêche d'immortalité, Bonté merveilleuse s'en fut se retirer sur l'île de Putuo, en mer de Chine.

obstinée

■ Le temps des miracles

Cependant, l'Empereur de Jade entendait punir le roi infanticide : Miaozhuang fut atteint d'une horrible maladie de peau qu'aucun médecin ne parvenait à guérir. À la nouvelle du mal qui torturait son père, Miaoshan se rendit à sa cour, sous le déguisement d'un moine médecin. Ayant examiné le malade, elle lui dit que seule pourrait le guérir l'immortelle qui vivait sur l'île de Putuo, à condition qu'elle accepte de remettre à des émissaires royaux son œil et sa main gauches.

Les envoyés se mirent aussitôt en route pour quérir l'incroyable remède.

Ils trouvèrent Miaoshan – qui entre-temps avait regagné sa montagne par la voie des airs – et reçurent son œil et sa main. À peine ceux-ci eurent-ils touché le corps scrofuleux du souverain que tout son côté gauche recouvra une peau lisse et douce. La même opération fut répétée pour le côté droit. Le roi guéri s'enquit auprès de ceux qu'il avait envoyés de cette immortelle si pleine de compassion. Quand l'un d'eux avoua avoir été troublé par sa ressemblance avec la défunte Miaoshan, le roi comprit que seule sa fille avait pu consentir le sacrifice de ses mains et de ses yeux. Aussi décida-t-il de se rendre à Putuo en pèlerinage, accompagné de la reine et de ses filles. À la vue de Miaoshan mutilée, Miaozhuang fut saisi encore davantage de sa générosité sans limites. Comme il se lamentait, sa fille lui dit qu'il lui suffisait de faire acte de vérité et de prier le ciel. Miaozhuang tomba à genoux, criant son crime à la face du ciel : aussitôt les mains de Miaoshan repoussèrent et ses yeux brillèrent sous ses paupières. On dit encore que le roi manda un sculpteur pour façonner une effigie de Bonté merveilleuse. Il précisa qu'il fallait la représenter avec ses yeux et ses mains intacts, *quanyan quanshou*, en chinois. Sa langue fourcha-t-elle ? Ou était-ce l'artisan qui était dur d'oreille ? Car celui-ci revint avec une étrange image de Miaoshan, dotée de mille yeux et mille mains, *qianyan qianshou*.

d'antiquités, de maroquinerie, d'horlogerie... Le complexe rivalise en variété et en élégance avec, entre autres « temples du luxe », IFC 1 à Central, Soho et Times Square à Causeway Bay, Ocean Center à Tsim Sha Tsui.

■ **Flagstaff House*** et **Hong Kong Park*** *(plan I, C-D2 ; station MTR Admiralty)*. Une fois abandonnés les sols laqués des palaces, les pelouses rafraîchissantes du **Hong Kong Park*** dessinent, au cœur d'une bruyante circulation urbaine, un magnifique espace de loisirs, agrémenté de fontaines, de cascades, de lacs, de serres et d'une volière de 3 000 m^2 réservée aux oiseaux de Mélanésie. Il intègre **Flagstaff House***, la plus ancienne construction de style colonial de l'île (1846), qui fut la résidence du commandant en chef des forces britanniques, devenue le **Museum of Tea Ware*** (musée des Services à thé) en 1981 *(ouv. 10-17 h, sf mar. ; accès libre)*. On y peut voir de très belles céramiques, des sceaux de la collection K. S. Lo et refaire toute l'histoire du thé en Chine depuis son introduction comme boisson commune autour du VIIIe s.

■ **Montée au Peak***** *(plan I, C2 ; station MTR Central ou Admiralty)*. La promenade se termine, après la traversée des jardins, par la montée au Peak (557 m). Le **funiculaire**** qui permet d'accéder au sommet depuis 1888 est devenu l'un des plus modernes du monde, tout en restant le plus pentu. Deux wagons articulés peuvent transporter 120 personnes pour un trafic horaire de 2 800 voyageurs, plus du double de la capacité originelle. La vue de la ville est saisissante au cours de la montée : juste derrière la frange de hautes tours, qui se densifie sans cesse, s'étendent jardins et palais des milliardaires. Lorsque vous aurez rejoint le sommet, n'hésitez pas à faire le tour du Peak *(3 km)* : le chemin, très facile, procure un panorama grandiose, surtout en fin d'après-midi, à la tombée du jour.

Le Peak offre d'autres belles promenades de difficultés modérées : au départ du Hong Kong Zoological and Botanical Garden, Old Peak Road relie directement Central au sommet ; un autre chemin *(5 km)* sans difficultés conduit du centre commercial Peak Galleria au réservoir de Pok Fu Lam. D'autres sentiers, comme celui qui relie le Peak à Aberdeen, s'adressent aux plus sportifs. Le Hong Kong Trail, long de 50 km, part de la Victoria Gap Road pour relier Sheik O.

Hong Kong Park, insolite îlot de nature au cœur de l'île. À l'arrière-plan, le Peak.

3 L'Est de l'île de Hong Kong★★

Le Convention and Exhibition Center et le Central Plaza donnent une impression volontairement grandiose, puisque là eurent lieu les cérémonies du retour de Hong Kong à la Chine. Le quartier en a été transformé et vaut le détour. Le luxueux hippodrome de Happy Valley, site fameux depuis 1846, est accessible en saison lors des courses. Le petit port de Causeway Bay, abrité des typhons derrière la digue, offre ses restaurants et ses boutiques.

Combien de temps : les quartiers à l'E. du District Central, Wan Chai et Causeway Bay méritent une demi-journée. On peut aller jusqu'à Chai Wan, d'où partent les bus pour le S.-E. de l'île et Shek O. Il faudra alors une journée.

Accès : un *flyover* conduit de la station *MTR* Wan Chai au Art Center, au palais des Congrès et au Central Plaza (*plan II, A-B2* ; repérer les *flyover*). On peut arriver aussi directement de Kowloon par le quai du ferry de Tsim Sha Tsui ou celui de Hung Hom.

Circuit : on peut commencer la visite depuis le *flyover* qui conduit de Harcourt Garden (*plan II, A2*) vers le jardin de la Hong Kong Academy for Performing Arts.

■ **WAN CHAI**★★ (*plan II, A1 ; station MTR Wan Chai*). Commencer par le **Art Center**, à l'O. ; aux 3e et 4e étages d'un bâtiment qui en compte 15, la **Pao Sui Loong Art Gallery** présente des expositions temporaires d'art contemporain (peinture, sculpture, calligraphie) et accueille des spectacles (théâtre, cinéma ; *rens.* ☎ *2582-0200 ; 10 h-20 h*). Un système de réservation centralisé permet d'acheter les billets pour la plupart des spectacles qui ont lieu en ville, auprès de deux agences : *Urbtrix* (*www.lcsd.gov.hk*) et *Ticketek* (*www.ticketek.com*), qui ont des points de vente à l'académie des Arts et au palais des Congrès. Les bâtiments de la **Hong Kong Academy for Performing Arts** (Arts du spectacle), pourtant récents, sont démodés par leur voisinage avec le **Hong Kong Convention and Exhibition Center** (palais des Congrès et des Expositions), agrandi en juin 1997 par des bâtiments gagnés sur l'eau et reconnaissables à leurs coupoles surbaissées en forme de vague, qui paraissent posées dans le port. L'établissement, dont l'architecture évoque un oiseau prenant son envol, mérite une visite pour la très belle vue offerte sur Kowloon. Profitez-en pour faire une pause dans l'un des cafés ou restaurants. Juste derrière, le **Central Plaza,** aux reflets dorés, fut longtemps la tour la plus haute de Hong Kong (372 m). Le 46e étage offre un très beau point de vue sur les environs.

Quand on arrive à l'E. de Wan Chai, les illuminations nocturnes sont là pour rappeler que de nombreuses boîtes de nuit, des restaurants et des bars chinois restent ouverts très tard. Pour aller à Happy Valley, prendre le tramway ou un taxi et se faire déposer à l'entrée du champ de courses.

■ **HAPPY VALLEY**★ (*plan II, C3 ; station MTR Causeway Bay*). Le site, autrefois infesté par la malaria, fut choisi en 1846 pour créer un **champ de courses** car c'était l'unique terrain plat du territoire. De sept. à juin, on y croise parieurs, touristes et membres du Hong Kong Jockey Club, propriétaire des lieux et organisateur des courses. Ne pas manquer les nocturnes du mer., qui n'attirent jamais moins de 50 000 personnes : l'atmosphère frénétique, dans un cadre hors du commun, laisse un souvenir exceptionnel. On peut dîner dans les loges luxueuses.

Se faire conduire en taxi jusqu'au Petit Canon qui annonce midi (Noon Day Gun) ou bien cheminer depuis le Wan Chai Ferry Pier, en venant de Sha Tsui, jusqu'au Victoria Park le long des quais.

■ **Causeway Bay*** *(plan II, C-D1 ; station MTR Causeway Bay)*. Au débouché du tunnel sous-marin qui relie l'île de Hong Kong à Kowloon, Causeway Bay est devenu une excroissance de Central, depuis sa rénovation quasi complète. Magasins de luxe en nombre, fréquemment renouvelés, ouverts jusque vers 21 h ou 22 h, marchés en plein air, étals de plats cuisinés, cinémas, bars, restaurants font de ce quartier l'un des plus animés de l'île, où les occasions de se faire plaisir sont permanentes. Au bord de l'eau, dans le **petit port*** protégé par l'abri antityphon, les bateaux de plaisance tendent à remplacer les sampans.

Si la frénésie de Wan Chai ou de Causeway Bay vous fatigue, vous pouvez faire une promenade sur **Bowen Road** *(plan II, A3)*, qui quitte Wan Chai Gap Road (proche du vieux bureau de poste de Wan Chai) dans les Mid-Levels. Le chemin pédestre à flanc de montagne *(4 km)*, très prisé des joggers, offre de jolies vues sur Happy Valley et le port.

4 Le Sud de l'île de Hong Kong**

Sur la côte sud, piquetée de plages et de résidences, l'espace paraît presque sauvage. Au S.-O., Aberdeen, jadis village de pêcheurs dont subsistent quelques centaines de sampans, Ocean Park et ses attractions nautiques à côté d'immenses aquariums, Repulse Bay, puis Stanley Village, où vous verrez l'ancien fort et le marché, constituent des arrêts « obligatoires ». La seconde moitié du tour de l'île se fait dans les parcs naturels préservés de toute construction, en particulier jusqu'au village et à la plage de Shek O.

Accès : le bus est le meilleur moyen de transport pour effectuer cet itinéraire et il est très peu cher. Pour Aberdeen, prendre le CB 7 depuis Central, le 37 B depuis Admiralty MTR, le 70 depuis Exchange Square. Pour Repulse Bay depuis Central (Exchange Square) par les CB 6 et 260. Pour Stanley, les CB 6, 6 A, 6 X et 260. Pour Ocean Park, bus 6 A ou 6 X, au départ d'Exchange Square.

Combien de temps : si l'on n'a pas décidé de passer une journée entière à profiter du parc océanographique, une demi-journée est suffisante. La visite ici décrite se fait d'O. en E.

Circuit : on peut faire un tour complet de l'île en allant d'un point à un autre par le bus. Les arrêts sont bien visibles. Sinon, on peut se contenter de suivre la côte, comme indiqué ci-dessous, d'Aberdeen à Shek O.

■ **Aberdeen*** *(carte générale)*. Cette côte rocheuse fut jadis sauvage. Aujourd'hui, le chenal d'Aberdeen, entre Hong Kong et l'île d'Ap Lei Chau, concentre les derniers sampans, témoins de l'époque révolue où les pêcheurs venaient là s'abriter des tempêtes. Il faut un certain sens du pittoresque pour apprécier les conditions dans lesquelles vivent env. 5 000 personnes, des familles entières de Tanka, ces « gens de l'œuf », surnom venu du temps où ils payaient leurs impôts avec des œufs. Aujourd'hui, ils tirent une partie de leurs revenus du tourisme, soit lorsque les « croisières » conduisent les voyageurs pressés dans les rutilants restaurants ancrés au milieu du chenal, soit pour faire un tour de ce « village sur les eaux ». *Pour un tour en sampan dans le port, négociez bien les tarifs si vous êtes plusieurs. Un service de ferry permet de rejoindre l'île de Lamma en 25 mn. Vous pouvez également louer une jonque pour vous y rendre, la nuit également si vous avez raté le dernier ferry.*

■ **Ocean Park*** (Parc océanographique ; *carte générale*). Il s'étend sur 87 ha près d'Aberdeen et possède, parmi d'autres activités, un bassin-théâtre où des dauphins exécutent des numéros. Le grand **aquarium**, très bien aménagé, permet d'admirer des tortues, des raies... Une énorme **fosse sous-marine** rassemble diverses variétés de requins (marteaux, léopards...). D'excellentes explications dévoilent les mystères de la vie sous-marine. En vue de contrecarrer la concurrence du parc Disney sur l'île de Lantau, le parc a de nombreux projets d'agrandissement, dont une nouvelle ligne de métro ralliant Sheung Wan. Une **télécabine**★, d'où la vue est grandiose, conduit à Wave Cove.

■ **Repulse Bay**★ *(carte générale ; évitez les sam. et dim. en saison, en raison de l'affluence des baigneurs).* La plage de sable clair très fin *(surveillée d'avr. à oct.)* est la plus populaire (et la plus fréquentée) de l'île de Hong Kong. Les grandes barres édifiées sur la colline rappellent que le site fait l'objet de fortes spéculations immobilières : en termes de loyers, c'est le 2e lieu de résidence le plus cher de Hong Kong, derrière le Peak.

Un parc de la Tour de la Tranquillité, sorte de musée du kitsch dominé par deux grandes statues violemment bariolées de Tin Hau et de Kwun Yum, déesses protectrices des pêcheurs, a été construit au bord de l'eau. Observez le large espace ouvert au cœur de l'immeuble bleu, conçu pour « laisser boire le dragon » venu de la montagne – ou pour laisser passer les masses d'air venant de la mer en cas de typhons et diminuer leur violence.

♥ BONNE ADRESSE

En face de la plage de Repulse Bay, la terrasse du restaurant *Spices* constitue l'un des derniers vestiges de l'ancien hôtel colonial *Repulse Bay.* Les lieux permettent une halte très agréable pour se rafraîchir, prendre le thé ou dîner en soirée. À l'étage, le restaurant *Le Verandah,* plus onéreux, permet de dîner dans un beau cadre colonial.

■ **Stanley Village**★ *(carte générale).* Avant de s'appeler Stanley, ce lieu, que les Hakka nomment Chak Tu, aurait été un refuge de pirates ; il est célèbre depuis 1973 pour son marché touristique.

En bord de mer a été reconstitué l'ancien cercle des officiers anglais, **Murray House.** Cest un beau bâtiment colonial en pierre datant de 1844, originellement construit à Central, qui abrite le **musée de la Marine**★. Retraçant à grands traits l'histoire de la marine chinoise, la visite permet en outre de découvrir quelques maquettes de jonques grandeur nature et de comprendre les mécanismes de la cabine de contrôle d'un supertanker.

On peut atteindre Shek O par bus depuis Stanley ou depuis Chai Wan (MTR station).

■ **Shek O**★ *(carte générale)* est doté de la plage la plus jolie et la plus sauvage de l'île. Le village à l'arrière rassemble une élite très huppée, quelques-unes des familles les plus riches de Hong Kong. Les résidents sont triés sur le volet avant d'obtenir l'autorisation d'y faire construire une maison.

En fin de volume, le Petit dictionnaire regroupe les définitions des noms propres ou communs spécifiques à chaque pays ; le Lexique réunit un vocabulaire de base pour les différentes situations de la vie quotidienne.

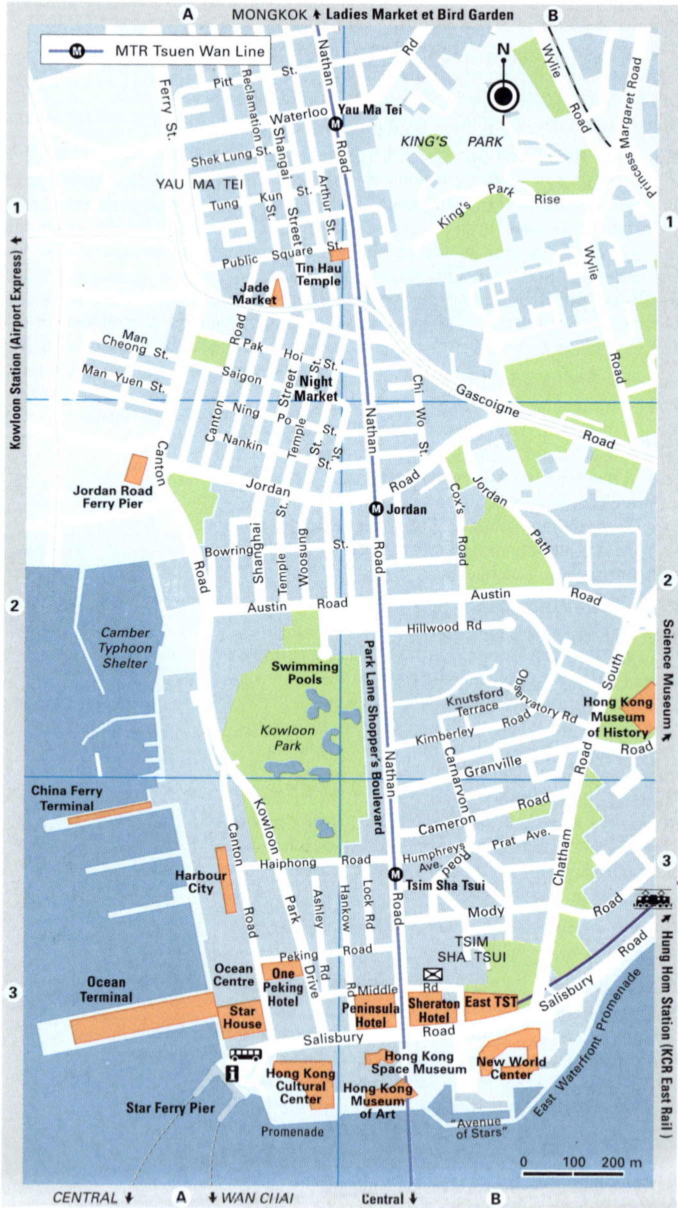

Hong Kong, plan III : péninsule de Kowloon.

5 Kowloon : Tsim Sha Tsui et Yau Ma Tei★★★

Nombre de visiteurs ne connaissent de Kowloon que le bout de la péninsule de Tsim Sha Tsui, qui regroupe la majeure partie des hôtels et tout ce qu'il faut comme lieux d'emplettes. Il est vrai qu'il faut flâner dans Ocean Centre, voir le Hong Kong Cultural Center – où se trouve le Museum of Art –, faire un aller-retour sur Nathan Rd le long des 1 500 m du Golden Mile, aller tard dans la soirée dans les boîtes de nuit. Mais ne pas oublier Yau Ma Tei, son Tin Hau Temple, son Jade Market, le Bird Garden et le Night Market de Temple St. Tsim Sha Tsui East est devenu un lieu de promenade au-delà des nouveaux grands hôtels et des boîtes de nuit réputées, jusqu'au Science Museum *(hors plan III par B2)* **et au Hong Kong Museum of History.**

Durée : comptez une journée bien remplie si vous êtes entraîné ; plus, si vous flânez agréablement en faisant des pauses. Une visite à Temple St. doit avoir lieu impérativement entre 20 et 23 h. Commencez vers 10 h, pour laisser aux magasins le temps d'ouvrir.

Se déplacer : à pied ou en taxi et en *MTR*. La compagnie de bus *KMB* propose un forfait d'une journée pour le Kowloon Circle Bus qui s'arrête aux principales attractions de Kowloon (marché de jade, marché aux oiseaux, temple de Wong Tai Sin…). Il s'achète dans le bus, auprès de *KMB* ou du *HKTB*.

■ **Peninsula Hotel**★★ *(plan III, A-B3 ; station MTR Tsim Sha Tsui)*. Dernier vestige colonial de la péninsule de Kowloon, l'établissement, qui se repère de loin, accueillait les voyageurs en route vers la Chine, à la grande époque des Messageries maritimes – parmi ses visiteurs illustres, Charlie Chaplin, dans les années 1920. Les frères Kadoorie, propriétaires de l'hôtel, y organisèrent des fêtes somptueuses dans les années 1930.

■ **Harbour City**★ *(plan III, A-B3 ; station MTR Tsim Sha Tsui)*. Dès la sortie du quai du Star Ferry, les escaliers de l'entrée de l'Ocean Centre, l'un des plus somptueux centres commerciaux de Hong Kong, conduisent à cet ensemble, véritable ville dans la ville avec ses boutiques, ses cafés, ses restaurants et ses hôtels, dans une atmosphère climatisée. À dr. du Star Ferry, le **Hong Kong Cultural Center**★ attire le regard par sa construction atypique, installée entre la mer et ce monument emblématique de l'ère victorienne qu'est l'hôtel *Peninsula*. Le **Hong Kong Space Museum** (musée de l'Espace ; *vis. 9 h-22 h, sf mar.)*, repérable grâce à l'hémisphère à croisillons de

L'« Avenue of Stars » ***(plan III, B3)*****, promenade s'étirant le long du front de mer, offre l'un des plus beaux panoramas de Hong Kong. Un spectacle de son et lumière y est organisé tous les soirs à 20 h.**

♥ BONNE ADRESSE

Le bar *Le Felix*, situé au dernier étage de l'aile moderne du *Peninsula*, offre des vues grandioses de Hong Kong, le soir, en particulier. L'après-midi, ce palace sert un *afternoon tea* où l'on se délectera de scones et de petits sandwichs sur fond de musique classique ou de jazz. On peut aussi dîner dans l'un des restaurants du *One Peking (plan III, A3)*. Cet édifice, à l'architecture futuriste, s'élève à proximité, sur Peking Road. Magnifique panorama.

son dôme, est juste en face de Nathan Rd et voisin du **New World Centre***, immense complexe commercial souterrain. Juste au bord de l'eau, le bar de l'hôtel *Intercontinental* est l'un des lieux magiques dans les fauteuils duquel il faut s'installer au crépuscule ou pendant la « happy hour », en attendant que la nuit tombe sur la féerie du **panorama***** de l'île de Hong Kong, juste en face.

■ **Nathan Rd**** *(plan III, B2-3 ; station MTR Yau Ma Tei, Jordan, Tsim Sha Tsui).* L'une des artères les mieux approvisionnées de la ville, qu'il est indispensable de remonter à pied depuis l'esplanade du musée de l'Espace, en laissant, à g., l'hôtel *Peninsula*, à dr., le *Sheraton* – où il faut, le soir, aller prendre un verre ou dîner au dernier étage devant un superbe **panorama*****. L'animation est constante et ne cesse pas la nuit tombée où la multiplication des enseignes lumineuses ajoute à l'impression de densité. De part et d'autre du Golden Mile, jusqu'à hauteur de Haiphong St., il ne faut pas hésiter à s'engager sur quelques centaines de mètres dans les rues adjacentes, où la même impression de vibrionnante activité subsiste. Le long de Kowloon Park, une suite de boutiques de luxe (Park Lane Shoppers Boulevard) conduit jusqu'à la station Jordan du *MTR*.

Au croisement de Austin Rd, prendre sur la dr.

■ **Hong Kong Museum of History*** *(plan III, B2-3 ; 100, Chatham Rd South, Tsim Sha Tsui East ; ouv. t.l.j. sf mar. 10 h-18 h ; entrée payante).* Le musée offre une passionnante présentation de l'histoire de Hong Kong, au moyen de maquettes grandeur nature restituant des villages, des temples, des scènes de théâtre ou encore des jonques.

■ **Itinéraire dans Yau Ma Tei** *(plan III, A1).*
Pour parcourir, sans rien manquer d'important, l'itinéraire de Yau Ma Tei, descendre du MTR à la station Yau Ma Tei et chercher la sortie « Man Ming Lane – Central Post Office » pour accéder à Nathan Rd. De là, descendre vers le S. et Public Square St., où le Tin Hau Temple devient visible.

Tin Hau Temple** *(t.l.j. du lever au coucher du soleil).* Tin Hau est la déesse de la Mer et la protectrice des pêcheurs. Le temple, protégé par de grands banians, est composé de cinq parties, dont la plus grande, au centre, est dédiée à Tin Hau. Son toit vert est censé écarter les mauvais esprits et les sculptures protéger ceux qui viennent prier. Sur le mur de dr., 60 dieux alignés représentent les 60 années du cycle de vie.
Juste à g. et mitoyen du temple de Tin Hau se trouve le **Shing Wong Temple**, dédié au dieu de la ville, chargé de rapporter aux divinités du ciel, mais aussi aux maîtres du monde souterrain, toutes les actions, bonnes ou mauvaises ; aussitôt après se trouve le **Fook Tak Temple**, où est adoré le dieu du Sol, To Tei *(tudigong)*. Le temple mitoyen de celui de Tin Hau, à dr., est dédié à **Kwun Yum** (Guanyin), accompagnée d'une foule d'autres dieux appartenant à diverses communautés. Ceux-ci doivent à la miséricorde de la déesse d'avoir trouvé un temple pour s'abriter. Aussi peut-on y rencontrer, aux heures ouvrables où tout le monde travaille, nombre de vieilles femmes venues chacune pour leur compte rendre leurs dévotions à leurs dieux propres.

Remonter vers le N. le long de Shanghai St. jusqu'à Waterloo Rd.

De Shanghai Street au Jade Market. Dans une petite boutique sont encore vendues des balances « romaines », selon un système de compte et de contrepoids qui date de l'Antiquité. Une rôtisserie permet de rapporter son canard laqué à la maison. Des échoppes déploient la panoplie des instruments en métal nécessaires à la cuisine chinoise. Les enseignes à image de chauve-souris annoncent une maison de prêt ; à l'entrée, des paravents dissimulent aux regards le débiteur venu mettre ses biens en gage.

Revenir vers le S. par Reclamation St., puis, à l'angle de Waterloo St., traverser le marché de fruits en gros. À Public Square St., tourner un peu à dr. et prendre aussitôt Canton Rd, au coin de laquelle une belle villa coloniale est actuellement occupée par un poste de police, avant d'arriver à Kansu St. et au Jade Market.

Jade Market* (marché de jade). C'est entre 10 h et 15 h 30 que se font les affaires. Les plus de 400 vendeurs de jade, qui proposent en fait bien autre chose que du jade, habitent le quartier et stockent chez eux leurs produits, qu'ils viennent ensuite présenter en plein air. C'est que la pierre dure a depuis l'Antiquité la réputation d'avoir des effets à la fois curatifs et magiques. Elle n'a pas de valeur fixe et son prix ne résulte que d'un marchandage : aussi l'offre du vendeur comme la proposition de l'acheteur se font-elles sous le secret d'un papier journal, par le contact entre les doigts de l'un et de l'autre, pour que personne ne puisse avoir une idée de l'accord. On peut acheter toutes sortes de babioles, y compris des objets ou des bijoux fabriqués dans d'autres pierres que le jade. Il est recommandé de participer à ce jeu, mais de n'acheter que de petites pièces, pour le plaisir.

Depuis le Jade Market, reprendre la direction du S. par Shanghai St., Saigon St. et Woosung St.

Les « jades »

La jadéite, la plus chère, froide au toucher et d'un beau vert (ou blanc) translucide, brillant et lisse avec un éclat gras, vient surtout du Myanmar. La néphrite, plus pâle, vient souvent des monts Kunlun, sur la route de la soie, au-dessus de Khotan et doit être payée beaucoup moins cher. La chloromélanite, vert foncé vaut moins encore, surtout si elle est striée de noir. D'autres pierres vendues pour du jade n'en sont pas : la bowenite peut en avoir la couleur, mais pas l'éclat, « Indian jade » et « Austrian jade » ne sont que des quartz colorés et le « jade du Hunan » est de la saussurite.

Boutiques traditionnelles. On passe à deux pas de Temple St., rue de boutiques fermées dans la journée qui ne s'anime que vers 20 h. Vous accorderez plus qu'un regard *(213-219, Shanghai St.)* à l'un des 124 points de vente des paris du Hong Kong Jockey Club, très animé pendant la saison des courses, de sept. à juin. Pour le reste, boulangerie et pâtisserie, poissons séchés et salés, dont le fameux aileron de requin, champignons et haricots secs, broderies, vêtements de fête et de mariage, joailleries où l'or à 24 carats et le diamant sont très recherchés, prêteur sur gages (une échoppe d'ancienne facture se trouve au coin de Shanghai et Saigon St.), boutique de thés, jeux de dominos de mah-jong, vendeur de serpents *(presque au coin de Ningpo St.)*. La promenade parmi les boutiques s'achève à Jordan Rd, près de la station du *MTR*.

▶ **Temple Street** *(plan III, A2 ; pour Temple St. Night Market, quitter la station MTR Jordan Rd par la sortie indiquée « Yue Hwa Emporium » ; suivre Jordan Rd vers l'O. et tourner à dr. au 3ᵉ bloc. Même si le marché de Temple St. ouvre officiellement à 14 h, une visite entre 20 h et 23 h est préférable, les lumières de la rue, fermée à la circulation, sont très visibles)*. Chaque soir, cette partie de Temple St. est réservée à la vente de toutes sortes d'objets bon marché, en particulier les vêtements pour hommes. Une foule importante *(attention aux pickpockets)* va et vient. Prévoyez de dîner dans une des sympathiques échoppes ouvertes sur la rue, où les fruits de mer sont mis à cuire sur le trottoir. ◀

■ **Bird Garden*** (marché aux oiseaux ; *hors plan III par A-B1 ; descendre du MTR à la station Prince Edward, la quitter par la sortie indiquée « Prince Edward Rd West » puis marcher une dizaine de mn jusqu'à la voie de chemin de fer, où l'on tourne à g. On peut faire le détour par Flower Market Rd, où l'on marche entre les étals de fleurs*). Jusqu'à l'automne de 1997, le marché aux oiseaux se trouvait à Mongkok. Il a été déplacé loin des ruelles un peu vétustes, mais pittoresques, du quartier le plus densément peuplé de Kowloon, et se trouve à Yuen Po St., dans un vaste parc.

Amateurs d'oiseaux et boutiquiers sont liés par des relations qui dépassent largement le commerce, bien qu'elles l'incluent et que ce soit même le terrain « neutre » sur lequel ces personnages se rencontrent. Une commune passion habite ces amateurs, celle de faire plaisir aux oiseaux qui ont été dressés pour réjouir de leurs chants leur propriétaire.

Environs de Hong Kong

Voir la carte générale (Hong Kong et les Nouveaux Territoires) p. 404-405.

1 Cheung Chau Island*** *(carte générale)*. Sorte de faubourg-jardin où certains Chinois ont élu domicile, l'île se trouve à 13 km à l'O. de Hong Kong, d'où le nombre d'habitants, qui varie de 22 000 à 40 000. Des jonques de pêche, au château arrière incliné vers le centre du bateau, occupent tout le port à l'intérieur des digues antityphons. Partout flotte l'odeur du poisson séché. Boutiques au rez-de-chaussée, logement au 1er ét., dieux du Sol au pied des maisons, la vie est calme, sans voitures ; après la sieste, presque chaque maison s'emplit des claquements des dominos du mah-jong.

Durée : comptez une matinée pour une visite sans s'attarder, un peu plus en flânant ou avec une baignade, ce qui permet soit un retour à Hong Kong pour disposer de sa soirée, soit un dîner sur l'île (dernier ferry à 23 h 30).

Accès : du terminal de ferry n° 5 *(plan I, C1)*, départ toutes les heures ; compter 1 h de traversée ; prenez de préférence le ferry de 9 h pour être sur l'île à 10 h. Des bateaux font la liaison entre Cheung Chau et Silvermine Bay, sur l'île de Lantau.

Se déplacer : sur l'île, à pied.

Ne pas manquer les *tudigong* (autels du dieu du Sol), toujours au contact avec la terre. Maîtres des eaux souterraines, symboles de la force spirituelle qui serait la vraie source de la fertilité, ils sont honorés par une stèle dont la pierre est choisie pour sa ressemblance avec un personnage assis. Les *tianguansifu* (fonctionnaires qui accordent le bonheur) sont à mi-hauteur des murs.

L'itinéraire conduit du débarquement du ferry le long du port (Praya St.), par les restaurants de poisson, au temple de Pak Tai, l'« esprit du Nord » (Beidi en mandarin), empereur des ciels noirs et protecteur des marins. Ce temple, construit en 1783, se compose de trois petits bâtiments (quatre piliers et un toit) entourés d'un mur percé d'une porte. Pak Tai tient sous son pied un serpent et une tortue, animaux aquatiques. De chaque côté de l'autel se tiennent les dieux martiaux Qianliyan (« l'œil qui voit à mille li ») et Shunfeng (« l'oreille du vent favorable »). À dr., on voit une épée de fer découverte par des pêcheurs et réputée d'époque Song. La 2e salle renferme le fauteuil dans lequel Pak Tai est installé, avec l'épée, lors de la fête des Petits Pains. Deux petites cours annexes sont ornées de bas-reliefs naïfs du Tigre Blanc, maître de l'O. *(à g.)*, et du Dragon Vert, maître de l'E. *(à dr.)*, éléments fondamentaux pour l'équilibre sacré du temple, selon les règles du *fengshui*. En quittant le temple vers le village, à g., les boutiques intéressantes de la rue centrale et des rues adjacentes, devant lesquelles il ne faut pas hésiter à s'arrêter, sont celles du barbier *(n° 37)*, de l'herboriste aux jarres *(n° 56)*, de l'encens *(n° 68)*, des chapeaux en bambou *(n° 80)*. Un banian sacré, censé abriter les esprits de la fertilité et de la guérison, reçoit les offrandes au milieu de la rue. En prenant la direction opposée au ponton d'arrivée du ferry, on parvient à la plage de Tung Wan, surveillée en saison, d'où part la Peak Rd, qui, en une heure de marche lente, conduit à l'autre bout de l'île en traversant la zone résidentielle où sont établies nombre d'institutions chrétiennes. En une demi-heure, on atteint le cimetière, l'un des plus populaires de Hong Kong, avec les défunts bien installés face à la mer, pour respecter le *fengshui*.

2 Lantau Island** *(carte générale)*. Jusqu'à ces temps derniers, Lantau est restée à l'écart du bruit des affaires : il vaut la peine d'y aller voir. L'île fait deux fois la superficie de Hong Kong (142 km^2), culmine à 934 m et ne compte que 20 000 habitants. Toute sa partie nord-ouest est bouleversée par les voies d'accès rapide au nouvel aéroport sur l'ancienne île de Chek Lap Kok, considérablement agrandie et rattachée à Lantau. Cette annexe de Hong Kong, vivant en circuit fermé, recèle de superbes paysages à découvrir au fil des randonnées. Dans le nord-est de l'île, le parc Disney a ouvert en 2005 mais reste assez discret ; une ligne de métro directe a été construite exprès.

Durée : une demi-journée au moins. Partir tôt (vers 8 h). La promenade en bus qui conduit d'un bout de l'île à l'autre dure 45 mn et vaut la peine.

Accès : une ligne de **métro** relie Central à Tung Chung, à proximité de l'aéroport sur Lantau ; de là, des bus conduisent à Tai O et au monastère de Po Lin. Des **télécabines** assurent également la jonction, de 10 h à 19 h, entre la station MTR de Tung Chung et le village culturel « Ngongping 360 », au sommet de l'île, non loin du monastère de Po Lin. Si vous optez pour le **ferry**, rendez-vous au terminal n° 6 à Central *(plan I, C1)*, direction Mui Wo (Silvermine Bay) ; de là, bus pour Po Lin et Tai O.

Se déplacer : sur l'île, en bus et à pied.

Pui O Wan et **Cheung Sha.** Tous les bus passent devant ces deux longues plages de sable très clair qui figurent, comme celles des Nouveaux Territoires, parmi les plus belles de Hong Kong. La plage de Cheung Sha dispose de restaurants. Le site permet une escapade loin de la frénésie de Hong Kong.

Après un petit promontoire, qu'on laisse sur la g., la route passe sur la digue du réservoir de Shek Pik, qui fournit une partie de Hong Kong en eau par un aqueduc souterrain. Au loin déjà brille sur la montagne une immense statue dorée du Bouddha. En haut des collines, on atteint le ***temple de la Terre*** *(Ditan), qui se trouve juste au pied du monastère de Po Lin. Là se font les offrandes de ceux qui se sentent incapables de monter les 260 marches qui conduisent au temple du Ciel (Tiantan).*

Po Lin Monastery* *(déjeuner végétarien possible sur place)*. Le monastère de Po Lin Ching Tze, c'est-à-dire du Bouddha assis en méditation (Ching) sur le Précieux Lotus (Po Lin), symbole de la foi, fut fondé au début des années 1920 par trois moines. Il est fort prisé des habitants de Hong Kong parce qu'il exprime parfaitement le bouddhisme de la réussite. Jusque dans les années 1960, il demeura un lieu modeste, mais dirigé ensuite par un abbé avisé, il fut luxueusement reconstruit à partir de 1970 et une nouvelle statue du Bouddha, haute de 26 m et pesant 520 t d'acier et de bronze, auxquels fut ajoutée 1,6 t d'or, fut érigée.

Du monastère, vous pouvez continuer en bus vers le village de Tai O, redescendre à pied vers Tung Chung par un sentier bétonné facile (6,5 km) ou visiter le village folklorique « Ngongping 360 » (attractions).

Tai O*. Jadis entouré de marais salants convertis en étangs à poisson, le village de Tai O est construit sur pilotis et habité par des Tanka, communauté de pêcheurs descendant des premiers habitants de Hong Kong.
Il fait bon déjeuner sobrement parmi les odeurs de poisson séché, de sauce salée et de pâte de crevettes, après avoir traversé le marché droit devant soi. En tournant à dr. dans Kut Hing Hou jie, on trouve le temple Kwan Tai, dédié au dieu de la Guerre et de la Droiture, datant de la fin du XVe s. et reconnaissable à la statue du dieu à cheval à la dr. de l'entrée. Tout le long de la rue, de nombreux petits autels en pierre dédiés au dieu du Sol perpétuent une pratique votive qui daterait de 1500 avant notre ère. Après le n° 47 de la rue, en tournant à dr., on parvient au temple Hau Wong, construit en 1699 en hommage à un certain Yang, qui cacha le dernier empereur Song, poursuivi par les troupes mongoles. De là, superbe vue de la baie des Perles (Po Chue Tam) dont le *fengshui* est, paraît-il, exceptionnel.

Randonnées pédestres *(partez bien équipé : de bonnes chaussures, de quoi vous protéger du soleil, de bonnes cartes et beaucoup d'eau)*. L'île révèle de magnifiques panoramas. Des sentiers de difficulté variable permettent, par exemple, de découvrir des chutes d'eau. On accède à certains itinéraires au départ du monastère de Po Lin. Le sentier de Lantau *(70 km)* traverse l'île dans sa longueur, passant par les pic de Lantau (934 m) et du Coucher du Soleil (Sunset Peak, 869 m). Vous pouvez aussi vous reposer sur les superbes plages.

3 Lamma Island** *(carte générale)*. La 3e île du territoire par sa superficie (13 km^{2}) constitue une escapade extrêmement reposante. On peut s'y rendre le soir pour un dîner de fruits de mer, tout en profitant de la beauté du port pendant la traversée. Une excursion en journée permet d'agréables promenades et baignades. Un certain nombre de Hongkongais et d'expatriés ont adopté comme domicile ce petit coin de végétation tropicale, dépourvu de véhicules. Évitez cependant le week-end, les lieux étant pris d'assaut par les visiteurs hongkongais et les groupes de touristes chinois.

Durée : une demi-journée, la journée si vous choisissez de vous baigner et de marcher.

Accès : départs de Central, terminal maritime n° 4 *(plan I, C1)*. La traversée dure de 20 mn (ferries rapides) à 45 mn. Au départ de Central, premier bateau à 5 h 45, dernier bateau à 0 h 30 ; en début de soirée, bateaux toutes les 20 à 30 mn.

Après avoir traversé le village de **Yung Shue Wan** *(continuez toujours tout droit sur le chemin principal)*, un sentier facile de 4 km, bétonné, longe les plages avant de grimper dans la montagne, vers le village de Sok Kwu Wan. L'impressionnante centrale électrique près du port disparaît peu à peu le long du chemin. En route, vous pourrez faire une halte sur la plage de Lo So Shing. Après avoir longé des champs, la mer et les parcs à huîtres, le chemin traverse **Sok Kwu Wan**, où vous pourrez déguster des fruits de mer *(retour possible directement vers Central)*.

La promenade du **tour de l'île** *(sentier bétonné long de 5 km)* offre de très beaux panoramas et le chemin est jalonné de jolies plages. Juste avant Sok Kwu Wan, avant le petit temple dédié à Tin Hau, déesse de la Mer, un escalier puis un chemin de béton conduisent de l'autre coté de l'île. Un sentier *(non bétonné, parfois glissant)* conduit également au mont Stenhouse, point culminant de l'île ; cette ascension offre un **panorama***** superbe sur Hong Kong et les autres îles de la mer de Chine du Sud.

4 New Territories** (Nouveaux Territoires ; *carte générale*). Ils constituent plus de 40 % de la superficie de Hong Kong. Lorsqu'ils ont été cédés, en juin 1898, à la Grande-Bretagne pour 99 ans, ils comptaient, répartis en 423 villages, 100 000 hab. Ils en abritent aujourd'hui presque 4 millions. De nombreux habitants quittent Kowloon ou l'île de Hong Kong pour venir s'installer dans des cités satellites des Nouveaux Territoires, où les loyers sont nettement plus modérés. De plus, on trouve ici plusieurs parcs nationaux qui offrent une gamme étendue de très belles randonnées pédestres (dont le fameux sentier du MacLehose, long de 100 km) permettant l'observation de la vie sauvage. Toutefois, il ne faut pas imaginer ces espaces, sauf sur les hauteurs, abandonnés. Ils conservent encore quelques villages fortifiés. Quant aux plages, parfois difficiles d'accès, elles valent le déplacement : ce sont les plus belles de Hong Kong.

Durée : une journée, mais on ne peut pas tout voir. Partir tôt, vers 8 h.

S'organiser : le HKTB (☎ 2508-1234, 8 h-18 h : « hotline » multilingue ; *www.discoverhongkong.com*) ne prend pas directement en charge les circuits organisés, mais vous renseignera sur les organismes à contacter.

Se déplacer : accès par le MTR, le KCR, puis autobus ou taxi.

Tsuen Wan *(station MTR Tsuen Wan ; le village-musée est indiqué ; 9 h-17 h, sf mar.)*. **Sam Tung Uk*** (« les trois poutres ») est un village entouré de murs, construit en 1786 par le clan des Chan, occupé par les paysans hakka. Maisons rustiques et « temple » central des ancêtres. Au retour, on peut visiter le temple Yuen Yuen.

Tai Po *(station KCR Tai Po)*. Dans ce village, en 1899, fut brûlé un drapeau britannique, les villageois ne pouvant comprendre comment leur terre avait été cédée à des étrangers par l'empereur. Ils se tinrent cois quand ils purent lire que « en tant que sujets de l'Empire de sa majesté la reine, vos intérêts commerciaux et fonciers seront sauvegardés, et vos us et coutumes ne subiront aucune modification ».

Pour les amateurs de randonnées pédestres :
– les sites Internet *www.walkhongkong.com* et *www.greenpower.org.hk* ;
– l'ouvrage *A Visitor's Companion, Edward's Stokes*, publié par le HKTB ;
– une visite au *Government Publication Center*, Room 402, 4/F Murray Building, Garden Road, Hong Kong : à côté de Pacific Place *(plan I, D2)*, le centre vend d'excellentes cartes.

Depuis, l'immobilier a remplacé la culture et une ville de 200 000 habitants le village de jadis.

Cheung Sha Wan. Une tombe des Han de l'Est (25-220), formée de quatre chambres voûtées, a été découverte en 1955. Un petit musée a été installé dans le jardin, entouré de maisons occupées par des immigrés des années 1990 : **Lei Cheung Uk Museum** *(ouv. t.l.j. 10 h-13 h et 14 h-16 h sf jeu. ; station MTR Cheung Sha Wan, à 5 mn à pied par la sortie de Tonkin St.).*

Wong Tai Sin. Le **temple de Wong Tai Sin** *(ouv. 8 h-17 h 30 ; station MTR Wong Tai Sin)* a été reconstruit dans les années 1960, dans le style des temples d'époque Qing. Les environs immédiats du temple offrent le spectacle de fidèles qui achètent tout le nécessaire pour se concilier les bonnes grâces du dieu : bâtonnets d'encens, papier-monnaie fictif, ex-voto, calendriers et almanachs indispensables pour connaître les jours fastes et néfastes. Les diseurs de bonne aventure, regroupés dans une allée à g. de l'entrée, n'arrivent pas avant 10 h.

Sha Tin *(station KCR Sha Tin).* Aux portes de cette ville nouvelle de 700 000 hab., a été construit le nouveau **Heritage Museum** (musée du Patrimoine). Une imposante bâtisse comprenant 12 salles d'expositions présentant aussi bien l'histoire des Nouveaux Territoires que l'opéra cantonais ou le design contemporain à Hong Kong. Nombreuses expositions temporaires *(ouv. t.l.j. sf mar. 10 h-18 h, 19 h dim.).*

Lei Yue Mun. Ce village de pêcheurs (son nom signifie « bouche de la carpe »), en face de l'île de Hong Kong, est fréquenté par les amateurs de poisson frais, que l'on va choisir dans les viviers des restaurants ou au marché. On peut coupler cette visite avec celle du nouveau **Coastal Defense Museum** (musée de la Défense côtière) installé sur la rive opposée, dans l'ancien fort de Lei Yue Mun *(ouv. t.l.j. sf jeu. 10 h-17 h ; station MTR Heng Fa Chuen ; bus 84, 85, A12).* On pourra ensuite traverser le chenal en son point le plus étroit, en empruntant le ferry entre Sai Wan Ho *(station MTR du même nom)* et Kwun Tung *(rens. ferry : ☎ 2513-3303).* Puis bus jusqu'à Lei Yue Mun.

Sai Kung *(une journée ; se renseigner auprès de la HKTB ; deux itinéraires sont possibles : une promenade dans la nature et la visite d'un musée folklorique ou un tour en barque jusqu'aux îles voisines. Accès à Sai Kung par le MTR, station Choi Hung, puis par le bus, sur la Clear Water Bay Rd, ou par l'un des nombreux taxis vert et blanc des Nouveaux Territoires – 12 HK$ les deux premiers kilomètres, 1,20 HK$ tous les 200 m ensuite).* Petite ville qui a gardé une allure de village de pêcheurs. Sai Kung est le plus tardivement peuplé des 19 districts de Hong Kong et comprend, en plus de la péninsule proprement dite, celles de Clear Water Bay et de la ville nouvelle de Tseung Kwan O, ainsi que 70 îles des environs. La plus grande partie du territoire est montagneuse et protégée grâce au parc naturel qui y a été créé ; la péninsule possède de superbes plages à peine fréquentées. Les gens de Chine du Sud vivant sur des bateaux ont établi dès le XIVe s. les premiers villages, puis des Hakka venus de Shenzhen les ont imités au XXe s.

5 Shenzhen (Guangdong, *40 km ; station KCR Shenzhen*). De vénérables maisons à cour carrée partagées par six ou huit familles, des porcs vagabondant sur des chemins de terre et des rizières de part et d'autre de la voie ferrée Canton-Hong Kong : voilà ce que l'on voyait du village de Shenzhen en 1984. Aujourd'hui point d'entrée en Chine populaire, sur l'autoroute reliant Hong Kong à Canton, la ville – devenue la plus importante des cinq zones économiques spéciales de Chine – ne présente pas grand intérêt touristique. On peut y faire des achats, les prix étant nettement moins élevés qu'à Hong Kong. Évitez de traverser la frontière les week-ends précédant les fêtes de fin d'année et lors des congés en Chine populaire : vous risquez d'attendre des heures à la frontière, dans un sens comme dans l'autre.

découvrir
partir
séjourner
comprendre
visiter

en savoir plus

Quelques pages
pour aller plus loin

Petit dictionnaire

A

Abaque. → *Boulier.*

Achang (prononcer « atch'ang »). Nationalité tibéto-birmane de la Préfecture autonome dai et jingpo de Dehong, au Yunnan.

Acupuncture (chinois : *zhenfa*). Discipline de la médecine traditionnelle chinoise dont les origines remontent à des temps immémoriaux.

Aleurite (ou abrasin ; chinois : *tongyou*). Huile végétale, tirée de l'arbre *tong*, variété de paulownia poussant au Guizhou, dont on badigeonne les maisons en bois pour les imperméabiliser et les protéger des insectes.

Amitabha (chinois : Amituo fo ou Amiduo fo). Bouddha du Paradis de l'Ouest, ou de la Terre Pure (Jingtu). Particulièrement vénéré en Chine depuis la fondation de la secte de la Terre Pure en 402 par Huiyuan (334-417), prêchant la possibilité, pour des croyants sincères et les repentis, de renaître, malgré leurs fautes, au paradis d'Amitabha, par simple invocation de son nom : « Amituo fo ». Plus prosaïquement, cette invocation fut rendue populaire de nos jours par les films d'arts martiaux « made in Hong Kong » : les moines combattants ne manquent jamais de se saluer d'un solennel « Amituo fo ».

Ancêtres (culte des). Pierre angulaire de la culture et de l'identité chinoises, ce culte est fondé sur la très ancienne croyance selon laquelle les énergies et les souffles qui animent l'homme lui survivent après la mort. Dès la période des royautés Shang, le culte des ancêtres défunts est attesté par une splendide vaisselle en bronze, utilisée dans un rite de commensalité entre les vivants et les morts. Nourri par sa descendance, l'esprit de l'ancêtre protège en retour ceux qui portent son nom. De nos jours, le rite du partage du repas est perpétué lors de la fête des Morts (Qingming), au mois d'avril, lorsque la famille se rend sur la tombe de ses disparus, conviés à venir partager les offrandes de nourriture et d'alcool.

Appliqué. Procédé d'ornementation textile consistant à coudre des pièces d'étoffe rapportées sur un fond pour former des motifs.

Apsara (chinois : *tiannü* ou *feitian*). Divinités secondaires figurées sous les traits de danseuses et de musiciennes célestes.

Arhat (chinois : *luohan*). L'un des 16 (ou 18, ou 500) disciples du Bouddha qui atteignirent à l'Éveil. L'art chinois les campe toujours dans un style expressionniste, accentuant jusqu'à la caricature leurs physionomies occidentales.

Au bord de l'eau *(Shuihuzhuan)*. Un des plus célèbres romans du XIVe s., qui conte les aventures d'une bande de brigands du Liangsanpo, à moitié bandits d'honneur, dans le Shandong au début du XIIe s.

Avalokitesvara (chinois : Guanyin). « Le Seigneur qui regarde de haut en bas » (sous-entendu : avec compassion, commisération) est l'un des principaux bodhisattva *(→)* dans le bouddhisme du Mahayana *(→)*, personnification de la compassion. En Chine, il est vénéré sous la forme de Guanyin, une divinité féminine qui « voit » et qui « entend » tous les appels au secours. Le nom chinois de Guanyin, « regarder-son », vient en réalité d'une confusion de traduction entre *isvara*, « seigneur », et *svara*, « son ». L'habitude de vénérer Avalokitesvara sous plusieurs formes est liée au sutra du lotus, qui expose que, pour convertir les êtres sous la forme qui convient à chacun, le bodhisattva assume à volonté 33 sortes d'aspects différents. L'iconographie chinoise privilégie l'aspect d'une mère compatissante, voire Donneuse d'enfants (Songzi Guanyin).

◄ Moulin à prières dominant Zhongdian. On y voit nettement trois des huit emblèmes bouddhiques de bon augure.

B

Bai (prononcer « baï »). Nationalité tibéto-birmane de la Préfecture autonome de Dali au Yunnan.

Banian (chinois : *rongshu*). Mot d'origine indienne désignant une variété de figuier *(Ficus benghalensis)* aux racines adventives aériennes, très fréquent dans les zones subtropicales de Chine du S.-O. C'est sous un banian que le Bouddha Sakyamuni connut l'Éveil.

Bannière. Nom donné aux unités militaires mandchoues puis mongoles à partir de 1601. Elles se différenciaient par la couleur de leurs drapeaux et représentaient également les huit circonscriptions administratives frontalières mandchoues, les huit mongoles et les huit chinoises.

Barbare (chinois : *hu*). Désigne toute contrée et ses habitants non intégrés à la culture de l'Empire du Milieu. Étymologiquement proche du terme « barbare » hérité de l'Empire romain, puisque la graphie chinoise, comme le latin, insiste sur le caractère « barbu » des Barbares. Proximité géographique et degré de sinisation permettent de nuancer la barbarie par les qualificatifs « cru » et « cuit » *(→)*.

Batik (chinois : *laxie*). Technique de teinture en réserve selon un procédé qui consiste à recouvrir d'une couche de cire (cire animale ou végétale, tirée de l'arbre à cire blanche, *bailashu*, ou de l'huile d'érable) les parties qui ne doivent pas prendre la teinture ; après fixation de celle-ci, la cire est éliminée par lavage chaud ; l'opération est renouvelée autant de fois que le batik comprend de couleurs différentes.

Benzhu. Désigne à la fois le panthéon des Bai, dans un sens générique, et les différents dieux protecteurs qui le composent. Ceux-ci peuvent être des héros, des gouverneurs, des fils pieux ou des épouses fidèles, plus rarement des personnifications d'éléments de la nature.

Bodhisattva (chinois : *pusa*). Construit sur les mots sanscrits *Bodhi*, « Éveil », et *sattva*, « être », c'est un concept essentiel pour les bouddhistes du Mahayana *(→)*. Les bodhisattva sont des êtres ayant atteint un certain degré de perfection, mais retardant l'acquisition de l'Éveil et l'accès au nirvana *(→)* afin d'œuvrer pour le salut de tous les êtres. Les quatre grands bodhisattva sont Avalokitesvara, Manjusri, Ksitigarbha, Samantabhadra *(→)*.

Bonnets jaunes. → *Gelugpa*.

Bonnets rouges. → *Karmapa*.

Bonsaï (chinois : *penjing*, « paysage en pot »). Mot japonais, lui-même emprunté au dialecte minnan du Fujian. S'applique aussi bien à un ou des arbres miniaturisés (pins, cyprès, érables, grenadiers, thuyas, etc.) qu'à des compositions comprenant des rochers, voire à des représentations de jardins en miniature, par exemple en céramique vernissée. Le plus ancien connu date de 706 et se trouve dans la tombe du prince Zhonghuai (654-684), près de Xi'an (Shaanxi), sous la forme d'une peinture murale.

Bouddha (chinois : Fo). « L'Éveillé » : celui qui est parvenu à l'Éveil, ou connaissance totale, par l'extinction de tout désir (nirvana), et qui est ainsi délivré de la transmigration de l'âme. Le terme général désigne dans le langage courant le Bouddha historique, Siddharta Gautama, qui vécut vers 500 av. notre ère.

Bouddhisme (chinois : *fojia*). Doctrine fondée sur les enseignements du Bouddha ; rejetant également les excès des actes inconsidérés comme ceux de la mortification, le bouddhisme enseigne la « voie moyenne » qui conduit à l'Éveil, permettant aux hommes d'échapper à l'engrenage sans fin des renaissances et des morts successives. La diffusion du bouddhisme en Chine remonte à la fin du Ier s. de notre ère *(→ aussi Hinayana et Mahayana)*.

Boulier (ou abaque ; chinois : *suanpan*). Appareil à calculer dont les origines remontent à la période des Printemps et Automnes (722-484 av. notre ère) et qui, le plus couramment, est encore utilisé (il cède peu à peu la place à la calculatrice électronique) pour effectuer les quatre opérations fondamentales. On trouve surtout le boulier à 7 boules par rangée et 11 rangées (parfois il y en a 13 ou 17). Les tringles où sont enfilées les boules sont divisées en deux compartiments par une tringle transversale. Les deux boules supérieures comptent pour 5, les cinq boules inférieures pour l'unité. Seules interviennent dans les calculs les boules qui sont amenées contre la tringle transversale. Les calculs ont lieu sur la base du système décimal.

Brocart (chinois : *jinduan*). Tissu polychrome où le fond comme le décor sont obtenus par des trames, recouvrant plus ou moins les fils de chaîne en limitant leur passage aux dimensions du motif à produire.

Bulang (prononcer « plang »). Nationalité austro-asiatique de langue mon-khmère de la Préfecture autonome dai du Xishuangbanna.

Busu. Salle capitulaire annexe au temple bouddhique des Dai, dans laquelle les moines se réunissent une fois par mois pour la récitation commune des 277 règles de la discipline monastique.

Buyi (prononcer « pouyi »). Nationalité taï-kadaï du Guizhou et du Yunnan.

C

Caishen. → *Richesse (dieu de la).*

Calendrier. Combinaison d'un calendrier lunaire (selon lequel chaque année est désignée par l'animal qui la symbolise) et d'un calendrier solaire (composé de 12 mois, dont le premier est celui qui contient le solstice d'hiver), le calendrier traditionnel chinois comporte des mois intercalaires (pour rétablir la concordance entre calendrier solaire et calendrier lunaire). Les années sont désignées en fonction d'un cycle sexagésimal (combinaison de 10 « troncs célestes » avec 12 « rameaux terrestres »). L'année civile commence avec le troisième mois astronomique ; suivant les années, cela peut, par rapport au calendrier international, varier entre le 21 janv. et le 20 fév. *(→ Zodiaque).*

Calligraphie (chinois : *shufa*). La calligraphie est traditionnellement le plus prisé des arts en Chine. Elle est classée en différents styles, puisant dans l'évolution historique de l'écriture chinoise (écriture des os oraculaires, *jiaguwen* ; écriture des inscriptions sur bronze, *jinwen* ; écriture des textes anciens sur fiches en bois et en bambou, *guwen* ; écritures sigillaires, petite, *xiaozhuan*, et grande, *dazhuan* ; écriture officielle des débuts de l'Empire, *lishu*) ou dans les effets produits par le maniement du pinceau (écriture modèle, *kaishu* ; cursive courante, *xingshu* ; cursive rapide, *caoshu* ; cursive folle, *kuangshu*).

Cauris. Coquillage du groupe des porcelaines qui servit autrefois de monnaie. Utilisé comme ornement de costume par certains groupes miao.

Chan. Traduction phonétique chinoise du sanscrit *dhyâna*, qui désigne l'attitude de la méditation. Nom de l'école bouddhique, fondée par le légendaire moine Bodhidharma, plus connue en Europe sous son nom japonais de *zen*. Sa doctrine porte l'accent sur l'exercice de la spiritualité plus que sur l'étude comme moyen d'accès à une forme d'Éveil appelée samadhi.

Chiwen. Ornement de faîtage, créature en terre cuite censée protéger des incendies.

Chiyou. Personnage de la mythologie chinoise et premier souverain des Miao. La guerre qui l'opposa au fondateur de la civilisation chinoise Huangdi, l'Empereur Jaune, entraîna la rupture d'un des piliers du ciel, qui depuis est resté incliné à l'E. Ces différents mythes permettent d'envisager l'existence de plusieurs foyers de civilisation au Néolithique.

Chunqiu. → *Printemps et Automnes.*

Cinq Classiques *(Wujing)*. Ensemble des livres les plus anciens sur lesquels s'appuie la tradition confucéenne : le *Shijing*, ou « Livre des odes » ; le *Shujing* (ou *Shangshu*), « Livre de l'histoire » ; le *Yijing*, ou « Livre des mutations » ; le *Chunqiu*, ou « Annales des Printemps et des Automnes » ; le *Liji*, ou « Livre des rites ». À ces « Cinq Classiques », les philosophes des Song rajoutèrent les « Quatre Livres » *(→)*.

Cohong. Groupe de courtiers maritimes accrédités pour servir d'intermédiaires dans le commerce avec les Occidentaux à Canton. Bien qu'elle se soit mise en place dès 1685, cette organisation, caractéristique de ce que l'on appelle le « système de Canton », n'a eu d'existence formelle qu'entre 1760 et 1771.

Compradore. Chinois employés par les entreprises étrangères comme intermédiaires entre les hommes d'affaires occidentaux ou japonais dans les transactions avec la clientèle chinoise. L'émergence de cette nouvelle classe sociale est étroitement liée au développement du capitalisme international en Chine, au début du XXe s. Les interprètes de jadis sont devenus de véritables fondés de pouvoir. La charge est lucrative et tend à devenir héréditaire.

Confucianisme (chinois : *rujia*, litt. « école des lettrés »). Confucius *(→)* connut un fabuleux destin posthume qu'il doit beaucoup à un philosophe du IVe s. av. notre ère, Mengzi (latinisé en Mencius), qui recueillit son enseignement auprès d'un descendant du maître. Mencius se fit le champion du caractère humaniste du confucianisme. Pour lui, la nature de l'homme est foncièrement bonne et le rôle du souverain est d'assurer le bien-être de son peuple, en gouvernant avec équité et bienfaisance. Il contribua largement à la diffusion de la pensée confucéenne, en la rendant plus pénétrable. Son influence se fit particulièrement sentir au Xe s. sous les Song, avec la naissance du courant néoconfucianiste.

Confucius. Forme latinisée par les Jésuites de *Kong fuzi*, maître Kong, le plus célèbre penseur (551 ?-479 ? av. notre ère) de la Chine ancienne, originaire du pays de Lu, au Shandong. À l'âge de 56 ans, Confucius entreprit sa quête du prince idéal qui voulût bien écouter ses maximes de gouvernement. Il rentra dans sa ville natale au bout de 14 ans, las d'oreilles inattentives à ses conseils. Refusant toute charge officielle, il développa sa véritable vocation : l'enseignement.

Console (chinois : *dougong*). Élément des charpentes chinoises, également utilisé dans l'architecture traditionnelle des Dong. C'est une pièce de bois, de forme plus ou moins complexe, mais pourvue d'au moins deux « bras », qui fait office de support intermédiaire entre les colonnes et la charpente du toit débordant.

Coolie. À l'origine, nom des pêcheurs aborigènes, les Koli, du port de Bombay. Souvent employés à l'époque coloniale comme hommes de peine, les Koli laissèrent leur nom, anglicisé sous la forme de *coolie*, à tous les portefaix, de Shanghai à la mer d'Arabie. Avec le développement des ports francs sur les côtes chinoises au XIXe s., les coolies de Chine représentent une réalité sociale si considérable que le terme leur devient exclusivement associé.

Cuit/cru. Dans la terminologie politique de la Chine impériale, opposition pour distinguer des populations allogènes dont certaines étaient ralliées (cuites) et d'autres encore « sauvages » (crues).

D

Dagoba. → *Stupa.*

Dagong. Expression d'origine cantonaise désignant le flux des ruraux en quête d'emploi, dans la région de Canton en particulier.

Dai (prononcer « taï »). Nationalité taï-kadaï du Yunnan rassemblant tous les Taï occidentaux.

Daodejing. *Livre de la Voie et de la Vertu*, court recueil d'aphorismes, attribué à Laozi (Ve-IVe s. av. J.-C. ?) ; c'est un des canons du taoïsme.

De Ang (prononcer « de-ang »). Nationalité austro-asiatique de langue wa-palawng de la Préfecture autonome dai et jingpo de Dehong, au Yunnan, et de Ruili, Lianghe, Longchuan, Lianma, Lancang. Ils se trouvent également en Birmanie, de l'autre côté de la frontière avec la Chine.

Déluge (mythe du). Les peuples de la Chine méridionale ont tous une ou plusieurs versions du Déluge afin de justifier le caractère essentiel de leur société, divisée en clans exogamiques, et de leur environnement social, multiethnique, pluriculturel. Tous ces mythes présentent le second couple originel – celui qui se constitua après le Déluge – comme incestueux malgré lui – à la différence de l'humanité d'avant le Déluge, naturellement incestueuse en tant que descendante du premier couple originel. De cet inceste subi, il ne peut naître que des phénomènes : une courge, une masse ronde pleine de sang, dépourvue de membres et de visage. De la courge ou des morceaux de chair de l'enfant monstrueux, dispersés dans la nature, proviennent les divers clans exogamiques et/ou les divers groupes ethniques actuels.

Digong, Diwang. → *Sol (dieu du).*

Dimu. Épouse du dieu du Sol *(→)*.

Dixi. Traduit diversement par « théâtre local » ou « théâtre [joué sur le] sol », c'est une forme de drame rituel masqué.

Dizang. Figure très particulière au bouddhisme chinois. Son nom, « Trésors-de-la-Terre », traduit le sanscrit Ksitigarbha, « Celui qui recèle la Terre ». Il appartient à la tétralogie des grands bodhisattva chinois, maîtres des quatre montagnes sacrées bouddhiques, et partage sa compassion attentive avec Guanyin. Tous deux ont fait vœu de secourir les êtres qui souffrent. Mais Dizang, que son nom lie à la terre et à l'univers souterrain, étend son action dans l'au-delà : il conduira sans faute ses fidèles au séjour paisible du nirvana.

Doline (chinois : *bazi*). Dans les zones de relief calcaire, petite dépression fermée, de forme ovale ou circulaire, parfois entourée d'escarpements, résultant de la dissolution des roches calcaires ou de l'effondrement de cavités. Les grandes dépressions à fond plat sont appelées **poljés**.

Dong (prononcer « tong ») ou **Kam**. Nationalité taï-kadaï du Guizhou, du Hunan et du Guangxi, de langue kam-shui.

Dongba. Traduction phonétique du terme tibétain *tsompa*, signifiant « maître ». Il désigne les chamans naxi, la tradition dont ils sont détenteurs et l'écriture pictographique qu'ils utilisent.

Doufu. Traduit « fromage de soja », c'est un caillé de lait de soja, dont il existe presque autant de procédés de traitement que pour les fromages français.

Dragon (chinois : *long*). Animal mythique symbolisant l'Empire du Milieu depuis l'Antiquité. Fils du Ciel, seigneur des fleuves et des rivières, des marais, des lacs et des mers, il crée les nuages en respirant et fait tomber la pluie. Émanation divine des cours d'eau, intégrée dans le système du yin et du yang *(→)*, avec dragons mâles et dragons femelles, il donne naissance aux « dix mille êtres » dans le vide médian du ciel. Adopté par les Miao dans leur bestiaire symbolique, il figure dans leurs broderies sous toutes sortes d'aspects : dragons-poissons, dragons-vers à soie, dragons-mille-pattes…

Drung. Nationalité tibéto-birmane des monts Gaoligong, dans le N.-O. du Yunnan.

E

Échecs (jeux d'). → *Xiangqi, Tiaoqi et Weiqi*.

Ethnie. Groupe formé par des gens ayant le sentiment d'une appartenance commune à une même culture et revendiquant une identité séparée. Parlant souvent divers dialectes d'une même langue, les groupes qui composent l'ethnie expriment un sentiment de solidarité en cherchant à se différencier des groupes voisins par le costume et les coutumes, qui, par définition, se présentent comme des marqueurs d'identité. L'appartenance ethnique est un état spontané, alors que l'entrée dans une nationalité est un acte politique par lequel une ou plusieurs ethnies parlant une ou plusieurs langues se rassemblent sous un même nom générique et bénéficient ensemble des privilèges accordés par l'État aux nationalités qu'il reconnaît, en particulier de l'autonomie administrative quand elle est viable.

Examens. Étudié et mis en pratique de manière expérimentale durant la première moitié des Tang, le système des examens fut officiellement élaboré et instauré sous les Song (XIe s.) de manière à permettre le recrutement des fonctionnaires et leur nomination à des postes conformes à leurs talents. Les niveaux de recrutement correspondaient aux différents échelons administratifs de l'Empire : « talent distingué » *(xiucai)*, ou bachelier au niveau local ; « homme promu » *(juren)*, ou licencié au niveau provincial ; « lettré accompli » *(jinshi)*, ou docteur au niveau national.

F

Fajia. École des Lois (légisme). Système de gouvernement mis en place à partir du milieu du IVe s. av. notre ère, fondé sur une conception pessimiste de la nature humaine. En soulignant la nécessité de renforcer le contrôle de l'État sur l'individu et de procéder à une concentration des pouvoirs entre les mains d'une administration toute-puissante, il permit au roi de Qin de devenir le « Premier Auguste Empereur » et d'unifier la Chine.

Falungong. Mouvement fondé en 1992 par Li Hongzhi, qui vit désormais en exil aux États-Unis. Ce groupe, considéré comme une secte par les autorités chinoises, prélève des éléments au bouddhisme et au qigong. Falungong a été interdit en juil. 1999 par le gouvernement chinois. Il regroupait alors 2 millions d'adeptes selon la police chinoise, 100 millions selon la secte et sans doute 20 millions de sympathisants (selon les observateurs indépendants). Près de 50 000 membres seraient détenus dans le goulag chinois (selon Amnesty International) dont 150 seraient morts par suite de grèves de la faim ou de mauvais traitements.

Fengshui. Expression (« vent et eau ») désignant l'art de la géomancie, lequel consiste à déterminer avec efficacité les sites les plus favorables pour l'établissement des constructions, après étude des courants aquatiques *(shui)* et des courants aériens *(feng)*, en fonction de l'emplacement des montagnes, de l'ombre et de la lumière, en un mot en relation avec le yin et le yang *(→)*. Il s'agissait surtout de se mettre dans la situation de pouvoir recueillir au maximum les influences favorables, arrivant principalement par le S., et de dévier les souffles néfastes venant du N.

Forêt de pierres (chinois : *shilin*). Les Chinois appellent ainsi les grands espaces ruiniformes qui résultent de l'érosion de vastes superficies karstiques, comme celui qui se trouve à 126 km à l'E. de Kunming et couvre 3 000 km² d'un seul tenant. L'expression « forêt » en chinois désigne des groupes de choses identiques : forêt de stèles *(beilin ; → Stèle)*, forêt de stupa *(talin)*...

Fuxi. Le premier des Trois Augustes (Sanhuang), « héros » légendaires de la Chine. Fuxi enseigna aux hommes les arts de la pêche, de la chasse, de la construction des maisons (l'équerre est son insigne), de l'élevage des animaux domestiques. Il inventa les huit trigrammes, représentation dynamique de l'univers, la divination à l'aide des baguettes d'achillée, et restaura l'un des quatre piliers soutenant la voûte céleste, endommagé par le géant Gong Gong lors d'une révolte contre le Ciel. Il apparaît le plus souvent dans l'iconographie avec sa sœur Nüwa, qui apprit aux femmes les arts du tissage et le traitement de la soie.

G

Ganlan. Signifie « palanque » ou « palissade » et désigne une forme de maison en bois du S. de la Chine. Ce sont des structures colonnes, entraits et charpente, élevées sur deux ou trois niveaux, le r.-d.-c. servant de remise ou d'étable. L'étage supérieur est la partie habitée, comportant souvent une longue terrasse avec une balustrade. En montagne, l'avant de la maison repose sur de hauts pilotis en bois, tandis que l'arrière s'appuie sur la montagne *(→ ill. p. 343)*.

Ge (prononcer « gué ») ou **Gejia** (prononcer « gueutia »). Ne pas confondre avec les Hakka *(→)*. Groupe de montagnards des environs de Kaili (Guizhou de l'E.) rattaché à la nationalité miao, mais qui demande sa reconnaissance à part entière.

Gelao (prononcer « guelao »). Nationalité taï-kadaï du Guizhou de langue kadaï ; se trouve principalement à Daozhen, Zhengan, Songtao, Jiangkou, Sinan, etc.

Gelugpa. La « secte vertueuse », nom de la plus importante secte du lamaïsme, encore appelée des Bonnets jaunes en raison du bonnet que portent les dignitaires lors des grandes cérémonies. Il s'agit de la secte réformée au XVIe s. par Tsongkhapa, qui voulait revenir à la doctrine primitive du Bouddha et rejeta un certain nombre de pratiques comme la magie.

Géomancie (adj. : géomantique). *→ Fengshui.*

Ginkgo (chinois : *baiguo shu*). Arbre autrefois sacré en Chine, le ginkgo, qui donne un bois de menuiserie très apprécié, est une sorte de fossile vivant venu de l'ère tertiaire et que l'on trouve encore à l'état naturel dans certains secteurs forestiers dans le S. du pays. Quand vient l'automne, la couleur or de ses feuilles en forme d'éventail lui vaut le surnom « arbre aux sapèques ».

Guan Yu. Personnage historique (220-280) entré dans la légende grâce au *Roman des Trois Royaumes (→ Sanguozhi yanyi)*, écrit au XIVe s., et aux différentes pièces d'opéra qu'il inspira. Il intégra le panthéon des divinités populaires, grâce à la ferveur tant taoïque que bouddhique. Le roman a typé le général Guan comme un modèle de fidélité à son maître, Liu Bei *(→)*, le roi de Shu, et de rectitude dans l'accomplissement de son devoir. Annexé par les bouddhistes, il devint un des défenseurs de la Loi et de ses temples, placé sous l'autorité du roi-gardien du N. Les taoïstes en firent le « Grand Maréchal dominateur de démons ». Son culte se fit de plus en plus populaire, jusqu'à devenir sous les Qing (1644-1911) le corollaire martial de Confucius, saint patron des lettrés, sous le titre de Guandi, l'empereur Guan. Sa face est toujours rouge, « de la couleur des jujubes », dit le *Roman des Trois Royaumes*. Il doit cette particularité à Guanyin, qui le métamorphosa ainsi, afin que des sbires lancés à sa poursuite à l'issue d'un meurtre perpétré contre un seigneur injuste ne le reconnussent pas. Dans les temples qui lui sont consacrés, on fait figurer à ses côtés Zhou Cang, son ordonnance, seul à pouvoir porter sa lourde hallebarde, et Guan Ping, son fils adoptif, détenteur de son sceau de commandement militaire.

Guandi. → *Guan Yu.*

Guanxi. Ce sont les « relations », l'« entregent », indispensables dans la carrière sociale aujourd'hui.

Guanyin. → *Avalokitesvara.*

Guomindang. Nom donné au Parti national du peuple, fondé en 1900 par Sun Yat-sen, à l'origine de la première Révolution chinoise de 1911. Il fut ensuite dirigé par Chiang Kaishek et prit le nom de Parti nationaliste. Il s'opposa au Parti communiste des années 1920 aux années 1940. Après avoir perdu la guerre civile contre les communistes, les nationalistes sont partis s'installer sur l'île de Formose (Taiwan) en 1949, où ils sont restés au pouvoir jusqu'en l'an 2000.

H

Hakka. Prononciation cantonaise de *kejia*, « hôtes ». Populations chinoises émigrées tardivement de la Chine centrale dans les provinces du S., notamment au Guangdong. Généralement relégués sur les plus mauvaises terres et méprisés par les autres habitants, dont ils se distinguent par leur dialecte et leurs coutumes, les Hakka furent à l'origine de la révolte des Taiping *(→)* au XIXe s.

Han. Nationalité chinoise majoritaire. Elle a commencé à utiliser le nom de cette dynastie comme ethnonyme à partir de l'invasion de la Chine du N. par les Turcs aux IVe-Ve s.

Han Fei. Penseur (vers 280-234 av. J.-C.) et légiste connu pour la rigueur de ses conceptions concernant le gouvernement impitoyable des hommes par la loi.

Hani (prononcer « rani »). Nationalité tibéto-birmane du Yunnan de langue lolo (yi), dans la Préfecture autonome hani et yi de Honghe (région de Jianshui, dans le S. du Yunnan) et plusieurs autres parties de cette province.

Hinayana. « Petit Véhicule » : appellation courante (et quelque peu dépréciative : « petit » signifie ici une voie étroite, difficile de salut bouddhique par opposition à la voie large, ouverte à tous du Mahayana *[→]* et de ses bodhisattva intercesseurs) du Theravada *(→)*. Demeuré très proche du bouddhisme des origines, le Hinayana est aujourd'hui prédominant au Sri-Lanka, en Birmanie, en Thaïlande et au Cambodge. C'est la forme du bouddhisme qu'observent les Dai du Xishuangbanna.

Huayan (secte du). École bouddhique fondée par le moine Fazang (643-712), d'une famille sogdienne de Chang'an (auj. Xi'an, Shaanxi).

Hui. Nom donné à la « nationalité » *(→ Minzu)* composite de langue han, fondée sur l'appartenance à la religion islamique, principalement implantée dans le N.-O. de la Chine, mais également au Yunnan, à l'issue des conquêtes mongoles (XIIIe s.). L'islam a également pénétré dans le S.-O. chinois par la mer, à Canton dès le VIIIe s.

I

Immortels (les Huit ; chinois : Baxian). Taoïstes devenus immortels pour diverses raisons : **Hanzhong Li,** vêtu d'un grand manteau et agitant un éventail ; **Lü Dongbin,** portant un sabre en bandoulière ; **Zhang Guolao,** monté sur un âne ; **Lan Caihe,** chanteur ou chanteuse, vêtu de loques, un pied nu, une flûte à la main ; **Han Xiangzi,** associé à la pivoine, sous les traits d'un enfant à deux chignons, chargé de fleurs et d'un panier de pêches ; **Cao Guojiu,** coiffé d'un bonnet officiel et portant la tablette du haut dignitaire ; **He** (He Xiangu), dont l'épaule est ornée d'une énorme fleur de lotus ; **Li Tieguai,** appuyé sur une béquille en fer (il sert d'enseigne aux droguistes).

Indigo (chinois : *dianlan*). Pâte colorante bleue obtenue en faisant macérer dans l'eau, en présence de chaux, les feuilles de l'indigotier.

J

Jade (chinois : *yu*). Terme générique désignant des roches, formées par un enchevêtrement de fibres microcristallines qui leur confère une si grande dureté qu'elles ne peuvent être travaillées que par abrasion et polissage. Les principales sont la **jadéite,** verdâtre à vert foncé (provenant principalement de Birmanie), et la **néphrite,** jaune-vert à vert-noir, blanchâtre, mauve, rosée (provenant de la région de Khotan au Xinjiang). Dès le Néolithique, le jade fut considéré en Chine comme une matière très précieuse. Il passait pour rendre impossible la putréfaction des corps et servait à en obstruer les orifices afin d'empêcher l'envol des âmes matérielles et d'en interdire l'accès aux esprits venus de l'extérieur pour le vampiriser. Il servait aussi à fabriquer des insignes de commandement, ceintures, tablettes, etc., des amulettes. Il symbolisait la longévité et quelques-unes des qualités morales qui étaient les plus prisées par des confucéens. Une formule particulièrement solennelle de serment, appelée « serment de jade », consistait à le prononcer en tenant en main une pièce de jade maintenue sous l'eau.

Jataka. Récit (« naissance », en pali) des vies antérieures du Bouddha Sakyamuni.

Jiangnan. Régions « au sud du fleuve », c'est-à-dire au S. du delta du Yangzi. Cette appellation fut donnée, dès les Tang, à l'ensemble formé par les provinces du Jiangsu et du Anhui.

Jimi zhou. « Territoire associé », c'est-à-dire autonome à l'intérieur mais vassal de l'Empire, auquel il envoyait un tribut *(→)*.

Jinuo (prononcer « tinouo »). Nationalité tibéto-birmane reconnue en 1979 par la République populaire, implantée dans les monts Ailao, dans la région de Jinghong (Xishuangbanna).

Jonque. Terme générique pour les bateaux à voiles, chargés du transport des hommes et des marchandises le long des 5 000 km de côtes, des nombreux cours d'eau navigables et du réseau de canaux artificiels de la Chine : jonque articulée du Grand Canal, jonque de rivière à poupe et proue recourbées, jonque côtière dont la mâture, glissée dans des socles surélevés (les tabernacles), permettait d'enlever rapidement les mâts, jonque de mer pourvue d'un gouvernail à fenêtres…

K

Kam. → *Dong.*

Karman. Théorie selon laquelle les transmigrations de l'âme individuelle sont conditionnées par la somme des actes accomplis au cour de la vie présente, mais aussi des vies antérieures. Le mot désigne à la fois l'acte et ses conséquences.

Karmapa. Nom d'une secte lamaïque semi-réformée, également connue sous le nom de Bonnets rouges.

Karst (adj. : karstique). Régions où se manifeste une érosion, typique des sols calcaires, provoquant en sous-sol fissures, cavernes, rivières et, en surface, lapiaz (étendues calcaires ravinées), dolines (cuvettes) et poljés (dépressions à bords rocheux) ; le mot a été forgé par les géographes à partir du terme serbo-croate « Karst » désignant un plateau calcaire particulièrement caractéristique. Le S.-O. de la Chine constitue le plus grand karst du monde et la plus riche collection de reliefs karstiques *(→ aussi Forêt de pierres).*

Ksitigarbha. → *Dizang.*

Kuixing. Divinité stellaire de la constellation de la Grande Ourse que les Chinois appellent le Boisseau, Kuixing est à la fois le dieu de la Littérature et un protecteur contre les démons. D'après la légende, il était lettré et fut reçu premier aux examens impériaux. Mais il était si laid que l'empereur ne put se résoudre à lui remettre sa récompense. Profondément humilié, Kuixing se jeta dans le fleuve et se noya.

L

Lahu (prononcer « larou »). Nationalité tibéto-birmane du Yunnan de langue lolo (yi) implantée dans la Sous-préfecture autonome lahu de Lancang et divers autres lieux de cette province.

Lama. Mot d'origine tibétaine désignant les moines grands initiés et, plus couramment, les moines du lamaïsme.

Lamaïsme. Forme particulière du bouddhisme au Tibet et dans les provinces où vivent des populations tibétaines (Gansu, Qinghai, Sichuan occidental, N. du Yunnan), ainsi qu'en Mongolie-Intérieure (sans compter les communautés vivant dans les États himalayens et en République de Mongolie). Le bouddhisme lamaïque, très différent du bouddhisme original (date traditionnelle d'introduction du bouddhisme au Tibet : VIIIe s.), est encore appelé « Véhicule de Diamant » (Vajrayana ; → *Vajra*). Le lamaïsme connut, du Xe au XVIe s., plusieurs grands débats aboutissant à la naissance de sectes, dites semi-réformées (les Kargyupa), réformées (les Gelugpa ; →) ou non réformées (les Nyingmapa ; →).

Laozi. « Le Vieux Maître », auteur légendaire du *Livre de la Voie et de La Vertu (Daodejing).*

Légisme. → *Fajia*.

Leigong. Dieu du Tonnerre des Chinois, il est représenté sous la forme d'un homme ailé à tête d'oiseau, jouant à grand fracas de tambours disposés en cercle autour de lui. Il revêt une grande importance dans la mythologie des Dong et des Miao.

Lettré (chinois : *ru*). Strate essentielle de la société chinoise traditionnelle, les lettrés ont établi leur pouvoir sur leur savoir. Rompus à la connaissance du corpus des textes classiques, aux subtilités de la rhétorique confucianiste, à tous les exercices du pinceau, ils pouvaient franchir, avec plus ou moins de bonheur, les étapes des examens mandarinaux. L'homme de lettres devenait ainsi l'intendant du pouvoir, pour le compte duquel il rendait la justice, levait l'impôt, décidait des ouvrages d'intérêt collectif, orchestrait la corvée et le recrutement. Révocable, le lettré fonctionnaire pouvait même connaître l'exil si ses propos trop aiguisés déplaisaient à la cour. Les marches du S.-O. servirent longtemps de terres d'exil aux mandarins destitués.

Li. Mesure de longueur, variable autrefois d'une province à l'autre (env. 500 m).

Li. Nationalité taï-kadaï de l'île de Hainan, de langue hlaï.

Liezi. Philosophe taoïste et, par extension, textes réunis de cet auteur.

Lingnan. Nom donné aux régions méridionales intégrées à l'empire de Chine, lors de ses conquêtes de 221-214 av. J.-C. Correspond aux provinces actuelles du Guangxi, du Hunan et du Guangdong.

Lishu. « Écriture des scribes », l'un des styles d'écriture (caractères carrés et arrondis aux angles), généralement utilisé sur les monuments et les stèles de la dynastie des Han.

Lisu (prononcer « lissou »). Nationalité tibéto-birmane du Yunnan de langue lolo (yi), principalement implantée dans la Préfecture autonome lisu du Nujiang (Salouen).

Liu Bei (161-223). Descendant de l'empereur Jing des Han de l'Ouest et fondateur de la dynastie des Shu-Han au Sichuan. Vainqueur de Cao Cao à la bataille de la Falaise Rouge, il devint une figure légendaire et un héros du cycle des Trois Royaumes (→ *Sanguozhi yanyi*).

Liuguan. Mandarin chinois révocable (→ *Lettré*), principal rouage de l'administration impériale. Ils ne furent définitivement substitués à l'administration indigène des *tusi* et *tuguan* (→) de la Chine du S.-O. qu'au début du XVIIIe s., sous l'empereur Yongzheng.

Lokapala. → *Tianwang*.

Lu Xun. Écrivain, poète, nouvelliste, romancier (1881-1936). Son œuvre contient une critique sévère de l'ancienne société chinoise, notamment du confucianisme.

Luohan. → *Arhat*.

Lusheng. Instrument à vent, c'est un orgue à bouche en bambou, répandu chez de nombreux groupes de Chine du S.-O. et d'Asie du S.-E.

M

Mahayana. Le « Grand Véhicule » est l'une des deux principales branches du bouddhisme, prédominant en Asie du N. (Chine, Corée, Japon) ainsi qu'au Vietnam. Distinguant plusieurs niveaux de vérités et plusieurs niveaux d'enseignements, le Grand Véhicule se prête assez volontiers au syncrétisme. Il est aussi à l'origine des religions de salut, avec rétribution des actes et assistance d'intercesseurs (les bodhisattva ; →), qui se développèrent en Chine.

Mah-jong (chinois : *maque*). Littéralement « paire de moineaux ». Jeu de dominos, apparu en 1120 et dont la forme actuelle comprend 136 pièces. Chaque joueur en pioche 13 au hasard, puis cherche à former quatre séries de trois pièces (suites, brelan ou tierce) plus une paire (le couple de moineaux). Comme dans les jeux de cartes, il existe des couleurs, au nombre de trois (sapèques, ligatures et lingots), numérotées de 1 à 9.

Maitreya (chinois : Mile). Bouddha du Futur qui viendra en ce monde, comme un messie, dans un nombre incommensurable d'années. Très populaire en Chine, sous la forme de l'une de ses incarnations : Putai, le « Moine au sac de toile ». Sa figure joviale et sa silhouette corpulente ont contribué à fixer l'image de Maitreya telle qu'elle accueille aujourd'hui les visiteurs dans la première salle des temples bouddhiques : Maitreya « à la grosse bedaine », Dabao Mile.

Mandarin. Mot d'origine portugaise qui servait, chez les Occidentaux, à désigner les hauts fonctionnaires de l'ancienne Chine *(→ aussi Putonghua)*.

Mandat du Ciel. → *Tianming.*

Manjusri (chinois : Wenshu). Bodhisattva *(→)* du bouddhisme du Mahayana *(→)*, personnifiant la sagesse suprême ; il a pour attributs une épée et un livre, et siège sur un lion.

Mantra. Formule d'invocation composée de syllabes mystiques. Dans le lamaïsme, le mantra le plus répandu est celui adressé à Avalokitesvara *(→)* : *Om mani padme hum*, « Gloire au Joyau du Lotus ».

Maonan (prononcer « maonane ») ou **Aïnan**, **Aïrao**. Nationalité taï-kadaï du Guizhou et du Guangxi, de langue kam-shui, principalement implantée dans la sous-préfecture de Huanjiang au Guangxi.

Mazu. Sainte patronne des marins chinois, également appelée Tianhou, l'Impératrice Céleste, ou Niangniang, la Bonne Mère, termes qui trahissent l'importance et la puissance de cette divinité, dont l'origine est à chercher au Fujian. Elle y naquit dans la famille d'un pêcheur pauvre de l'île de Meizhou, face à Fuzhou. C'est un lotus bleu, offert par la déesse Guanyin, qui provoqua sa conception. Inspirée par sa dévotion à Guanyin, la jeune fille cultive extases et visions. Un jour, restée à la maison, elle vit en pensée son père et ses frères, partis pêcher, aux prises avec une tempête effroyable. Tandis que son esprit s'avançait sur les flots pour les ramener à bon port, en tirant les cordages, sa mère fut effrayée de la découvrir assise et comme absente, pâle comme une morte. Elle secoua sa fille pour la réveiller et, du même coup, interrompit le sauvetage en rêve : Mazu n'eut pas le temps de sauver son père, qui périt en mer. Elle mourut quelque temps après. Ainsi, la croyance populaire fit d'elle la patronne de ceux qui vont en mer. Eu égard à ses pouvoirs, elle est aussi, bien qu'elle mourût vierge, une protectrice des femmes et des enfants.

Meishan. Grand courant du taoïsme populaire, la tradition de Meishan désigne un ensemble de rituels exorcistes et de salut des morts, de propitiation des récoltes, de fécondité et de prospérité, accompagnés de danses masquées à la manière du théâtre *nuo (nuoxi)*, qui s'est constitué à partir du XIe s. sur le site d'une ancienne région yao indépendante – région de Anhua et de Xinhua, au Hunan – après son « ouverture » en 1073 par l'empereur Shenzong des Song du Nord. Tandis que les Yao disparaissaient peu à peu de cette région étendue, son influence religieuse se répandit comme une traînée de poudre au Hunan, au Guangxi, au Sichuan et au Yunnan parmi la plupart des ethnies non han. Jusqu'ici, on a identifié deux courants principaux : le premier, majoritaire, est fondé sur la triade suprême des Trois Originels (Sanyuan). Ses prêtres *(shigong)* se limitent aux interventions exorcistes, abandonnant les rites funéraires à d'autres prêtres taoïstes *(daogong)* qui utilisent des rituels bouddhiques. Le second courant est celui des Yao *Mien*, fondé sur la triade suprême des Trois Purs *(→)*, et dont les prêtres, qui sont des maîtres *(shidie)*, pratiquent également exorcismes et rites funéraires. La raison de cette différence tient sans doute au fait que les prêtres *mien* se disent disciples de deux écoles, Meishan et Lushan (autre tradition exorciste originaire du Fujian).

Mencius. → *Mengzi.*

Mengzi. Ensemble des textes dus au philosophe Mengzi (nom latinisé en Mencius ; v. 390-v. 305 av. notre ère) qui mit en forme l'enseignement de Confucius, auquel il se référait. Mengzi est aussi le grand théoricien de la « Voie royale » *(Wangdao)*, le gouvernement par la sagesse et la vertu, source de tout pouvoir durable. Le *Mengzi* fut, sous les Song, intégré aux « Quatre Livres » *(→)*.

Miao. Nationalité miao-yao de langue miao (hmong, qoxiong ou hmu) du Guizhou, du Guangxi, du Yunnan, mais aussi du Hunan (groupe qoxiong), du Hubei et du Sichuan (hmong), principalement implantée au Guizhou, dans les Préfectures autonomes miao et dong du Guizhou du S.-E. (Qiandongnan), buyi et miao du Guizhou du S. (Qiannan), buyi et miao du Guizhou du S.-O. (Qianxinan), etc., au Guangxi, dans la sous-préfecture plurinationale de Longlin, enfin au Yunnan, dans la Sous-préfecture autonome miao de Pingbian.

Miao-yao. Groupe de langues appartenant à la famille sino-tibétaine, comprenant au moins quatre langues miao (qoxiong, hmu, hmong, punu) et quatre langues yao (mien, mun, yao min, byao min).

Mile. → *Maitreya.*

Mingqi. « Ustensiles lumineux » : figurines, objets, bâtiments et simulacres de nourriture, généralement en céramique, placés dans la tombe à l'usage de la vie posthume du défunt.

Minwei. « Commission des affaires nationales », chargée de gérer les affaires des nationalités à tous les échelons du pouvoir exécutif et de relayer les décisions de chaque instance vers les nationalités concernées dans les secteurs administratif, religieux ou culturel.

Minzu. « Nationalité » : désigne à la fois les 56 nationalités minoritaires *(shaoshu minzu)* officiellement reconnues et la nation chinoise *(Zhonghua minzu)* qu'elles composent avec l'ethnie majoritaire han *(Hanzu).*

Mizong. « École (ou secte) secrète ». Courant ésotérique du bouddhisme développé au VIIIe s., il emprunte au tantrisme *(→)* et à certaines pratiques magico-religieuses du taoïsme *(→).*

Mozi. Ensemble des textes rapportant l'enseignement de Modi (470-391 av. notre ère) et ses théories pessimistes sur la notion d'« amour universel » auquel il pensait que les hommes n'étaient pas naturellement enclins.

Mu. Mesure de surface (env. 0,054 ha), anciennement 6,144 a et plus précisément 6,666 7 a.

Mulam (prononcer « meulao ») ou **Molao**. Nationalité taï-kadaï du Guangxi, de langue kam-shui, principalement implantée dans la Sous-préfecture autonome molao de Luocheng.

Mur-écran (chinois : *bi*). Maçonnerie, décorée ou non, placée devant la porte d'entrée des résidences (*yingbi*, « écran d'ombre ») ou des temples (*zhaobi*, « écran de clarté). A pour fonction de dissimuler l'intérieur aux regards indiscrets et d'empêcher le passage des mauvais esprits qui, ne se déplaçant qu'en ligne droite, sont incapables de contourner cet obstacle.

N

Nanmu *(Phoebe nanmu).* Arbre de la famille des *Lauraceae*, parent du camphrier. Très solide et parfumé, il a la propriété de chasser les obstacles.

Nationalité. La République populaire de Chine reconnaît comme nationalité un ensemble de populations ayant accepté d'être regroupées sous un même nom et autorisées à bénéficier, à ce titre, des droits et privilèges octroyés par les institutions. Une nationalité peut regrouper plusieurs ethnies *(→).*

Naxi (prononcer « nassi »). Nationalité tibéto-birmane du Yunnan de langue lolo (yi), principalement implantée dans la Sous-préfecture autonome naxi de Lijiang.

Néoconfucianisme. → *Zhu Xi.*

Nianhao. Nom d'ère, au moyen duquel on désignait, à l'époque impériale, une partie du règne d'un empereur ou le règne tout entier. Il s'agissait en fait d'une sorte d'invocation adressée au Ciel, source de la légitimité du pouvoir, exprimée à l'aide d'un principe d'ordre moral qui était censé devoir servir de guide au souverain, pendant toute ou partie de la durée de son règne. Pendant plus de 2 000 ans, les Chinois ont utilisé une chronologie compartimentée, et non pas continue, dans laquelle les événements ont pris place dans des « cases » englobant les périodes dynastiques, les règnes des empereurs et ces *nianhao* (périodes encore plus petites, d'une durée variable, distinguées à l'intérieur des règnes, celles-ci formaient des compartiments dont la longueur moyenne a été de quatre ans et demi pendant toute la durée d'utilisation de ce système). À l'intérieur des *nianhao,* on situait encore les événements dans le temps par le nombre ordinal de l'année, du mois et du jour, si nécessaire.

Nirvana (chinois : *niepan*). Nom sanscrit désignant, dans le bouddhisme, l'« extinction » des désirs et de toute forme d'attachement au monde, ce qui permet d'interrompre le cycle des renaissances.

Noria (chinois : *hudou shuiche*). Roue à godets en bambou, entraînée par l'eau courante et permettant son élévation d'une rivière vers un canal, d'un canal vers une rizière.

Nu (prononcer « nou »). Nationalité tibéto-birmane du Yunnan, principalement implantée dans la Sous-préfecture autonome drung et nu de Gongshan.

Nuoxi. « Théâtre *nuo* » est le terme générique pour les théâtres masqués de Chine dont la fonction première est d'exécuter un rituel exorciste. Une forme de ce drame ritualisé, joué par des acteurs masqués, est toujours en vigueur chez les Tujia du N.-E. du Guizhou.

Nüwa (ou Nügua). → *Fuxi.*

Nyingmapa. Secte lamaïque la plus ancienne, puisqu'elle se donne pour fondateur Padmasambhava *(→)*, initiateur du bouddhisme tibétain. Après assimilation des anciennes croyances locales de la religion *bonpo,* les pratiques de la secte accordent une grande importance à la magie.

O

Opéra (chinois : *ju* ou *xi*). On regroupe sous ce terme plusieurs formes d'expression théâtrale. Pour se différencier, les diverses écoles de l'opéra chinois jouent sur des sensibilités différentes, qui peuvent être musicales, dialectales, folkloriques, sociales même, en fonction des publics auxquels elles s'adressent, variant du raffinement et de l'intellectualisation les plus extrêmes jusqu'à la rusticité ou même la verdeur.

Opium (chinois : *yapian*). Drogue narcotique, classée parmi les stupéfiants, extraite du pavot *(Papaver somniferum).*

P

Padmasambhava. Prince d'origine indienne qui aurait converti le Tibet au bouddhisme vers le milieu du VIIIe s., après une lutte sans merci contre les démons qui dominaient le pays et ses habitants. Vaincus, ceux-ci devinrent les serviteurs et les dieux mineurs de la nouvelle religion qui était née, le lamaïsme *(→).*

Pagode (chinois : *fota,* litt. « tour bouddhique »). Forme qu'a prise, en Chine, le stupa *(→)* indien. C'est une tour de plan carré, hexagonal, octogonal ou polygonal, à toitures superposées, que l'on trouve dans les sanctuaires bouddhiques. Comme son modèle indien, la pagode n'est pas nécessairement un reliquaire monumental (le cas échéant, la relique et son dépôt d'offrandes sont enfermés dans une chambre maçonnée à la base de l'édifice). Ces tours peuvent être élevées à titre commémoratif, voire jouer un rôle dans l'équilibre géomantique d'un lieu *(→ Fengshui).*

Paifang. Variante du pailou, c'est une arche en pierre commémorative, servant à rappeler le souvenir d'un homme de bien, d'un fonctionnaire populaire ou d'une veuve chaste *(→ ill. p. 321).*

Pailou. Portique monumental en bois couvert de tuiles vernissées (ou en pierre, mais à l'imitation d'une architecture en bois), élevé à l'entrée des villes et des villages (ils sont de moins en moins nombreux), des temples, des palais, des riches demeures.

Palanche (chinois : *piandan*). Fléau en bois servant au transport de larges paniers, fixés à ses deux extrémités pour que s'équilibrent les charges *(→ ill. p. 225).*

Pangu. Être mythique, commun aux croyances des Han et de certains peuples de Chine du S.-O. L'un des mythes de création du monde chinois raconte que, lorsque le ciel se sépara de la terre, il y avait Pangu, qui, à sa mort, transforma son corps : son souffle devint vents et nuées, sa voix le roulement du tonnerre, ses yeux le soleil et la lune, les cinq parties de son corps les cinq montagnes sacrées, son sang les fleuves, ses artères les veines de la terre, ses poils la végétation, ses dents et ses os les métaux et les pierres, sa moelle le jade et sa sueur les pluies et les marais.

Papillon. Sous la forme de sœur Bangliu, l'Ancêtre-Papillon, il est un élément clef de l'un des mythes d'origine des Miao.

Parèdre (en sanscrit, *prajna*). Dans le tantrisme bouddhique, les divinités peuvent être représentées dédoublées sous la forme d'un couple. Dans ce cas, elles figurent pour l'adepte l'union du Moyen *(upaya),* figuré par le personnage masculin, et de la Connaissance *(prajna),* figurée par la parèdre, qui aboutit à la Pensée d'Éveil *(bodhicitta).*

Parinirvana. Le nirvana total, qui permet de ne plus renaître.

Pavillons noirs. Association clandestine *(→ Sociétés secrètes),* partiellement issue de la répression du mouvement taiping. Basée à Lao Cai, au Tonkin, près de la frontière du Yunnan, elle maintint la région dans une situation de piraterie et d'insurrection endémique à la fin du XIXe s.

Phénix (chinois : *fenghuang*). Symbole de vie, de paix et de bonheur, il est l'image de l'homme sage, du royaume prospère et paisible. Dans la symbolique du protocole impérial, il est associé à l'impératrice, contrepoint du dragon, emblème de l'empereur.

Pierres de rêve. Petites plaques de marbre naturel, simplement polies et présentées dans un cadre de bois. Elles sont choisies et disposées en fonction de la beauté de leurs marbrures qui donnent l'impression de reproduire des tableaux chinois de paysages de montagnes émergeant dans la brume. Les quelques idéogrammes rajoutés au pinceau complètent ce croisement délicat entre l'art et la nature.

Pinyin. Système de transcription en caractères latins des 446 phonèmes chinois, adopté en 1958 pour rendre compte de leur prononciation dans la langue commune, ou *putonghua*, et servant désormais de système international de translittération du chinois.

Pipa (ou piba). Instrument de musique à quatre cordes, ou luth chinois.

Poljé (chinois : *bazi*). → *Doline*.

Porte-bébé (chinois : *beidai*). Très répandu en Chine du S.-O., chez les nationalités minoritaires, il permet aux femmes de porter leur enfant sur le dos, en libérant les bras. Les *beidai* sont généralement faits de deux parties : un grand rectangle qui enveloppe le bébé en laissant pendre ses jambes et deux sangles croisées sur la poitrine, passées dans le dos autour du bébé et nouées sur le devant.

Préfecture (chinois : *zhou*). Division administrative intermédiaire entre la province et le district. Le bureau de la préfecture est un organe administratif dépendant du gouvernement provincial.

Printemps et Automnes (chinois : Chunqiu). Période de l'histoire chinoise (722-484 av. J.-C.) correspondant au repli de la dynastie royale dans le bassin moyen et inférieur du fleuve Jaune. C'est le début de l'époque dite des Zhou de l'Ouest.

Pumi (prononcer « poumi ») ou **Xifan**. Nationalité tibéto-birmane du Yunnan de langue qiang, principalement implantée dans la sous-préfecture de Lanping et dans la Sous-préfecture autonome yi de Ninglang.

Putonghua. « Langue commune », à quatre tons, fondée sur la prononciation de la région de Pékin, parfois appelée le « mandarin ». C'est la langue de l'administration qui permet la communication orale d'une province à l'autre ; les langues régionales (comme le cantonais) n'en demeurent pas moins très vivantes.

Puxian. Nom chinois de Samantabhadra, l'un des quatre grands bodhisattva *(→)*. Représentant la Connaissance comme instrument de salut, il forme le contrepoint de Wenshu *(→ Manjusri)*, qui symbolise la sagesse. Parfois, ils sont représentés de part et d'autre de Sakyamuni *(→)*, Puxian chevauchant un éléphant, Wenshu chevauchant un lion, afin de mettre en valeur ces deux vertus comme indispensables à l'enseignement de la doctrine du Bouddha.

Q

Qian. Ancien nom de la province du Guizhou, lorsqu'elle fut créée sous la dynastie des Ming, en 1413.

Qigong. « Maîtrise du souffle », exercices respiratoires destinés à favoriser la régulation des souffles vitaux dans le corps et, par là même, à traiter certaines douleurs et à soigner certaines maladies.

Qilin. Chimère ayant le corps d'un cerf, la queue d'un bœuf, des sabots de cheval et, parfois, une ou plusieurs cornes sur la tête. La rencontre avec un *qilin* est un présage de bonheur.

Qipao. Robe des femmes mandchoues, moulante, fendue haut sur les côtés, devenue dans les années 1930 la robe chinoise traditionnelle.

Qu Yuan. Considéré comme le premier grand poète de la Chine (v. 340-v. 278 av. J.-C.) ; auteur du *Lisao* et des *Élégies de Chu*, il vécut à l'époque des Royaumes combattants. Ne pouvant accepter la défaite de sa patrie, il se suicida en se noyant dans le Miluo. Aujourd'hui encore, pour commémorer cet événement, les Chinois vont, le 5e jour du 5e mois, jeter des gâteaux de riz glutineux *(→)* dans les eaux du fleuve et organisent des courses de bateaux-dragons.

Quatre Livres. Au XIe s., les philosophes chinois ajoutèrent aux Cinq Classiques *(→)* les quatre livres *(Sishu)* des penseurs de l'Antiquité : les « Entretiens » *(Lunyu)* de Confucius, la « Grande Étude » *(Daxue)*, le « Juste Milieu » *(Zhongyong)* et l'œuvre de Mencius *(Mengzi)*.

Quatre Rois célestes. → *Tianwang*.

Quatre Trésors. Les lettrés chinois nomment ainsi les instruments du calligraphe : bâtonnets d'encre, pierres à encre, pinceaux, papier.

Qubilaï. En 1260, ce petit-fils de Genghis Khan devient Grand Khan des Mongols. Il fait de Pékin la deuxième capitale de son khanat en 1264. En 1271, il instaure la dynastie du Da Yuan, en référence à Confucius *(→)* et au *Yijing* : Da Yuan vient de Qianyuan, le principe mâle à l'origine de l'univers. Son conseiller chinois baptise Pékin Dadu, la « grande capitale » (Khanbaluc en mongol). Il dirigea en personne la conquête du royaume de Dali, imposant définitivement la domination de la Chine sur le Yunnan.

R

Réserve. Procédé consistant à protéger des parties d'une étoffe avant de la plonger dans le bain de teinture. En Chine, les principales techniques de réserve utilisées sont la réserve à la cire *(laxie)*, ou batik *(→)*, et la réserve par points noués, ligaturés ou cousus *(jiaoxie)*.

Rêve dans le pavillon rouge *(Hongloumeng)*. Célèbre roman de la seconde moitié du XVIIIe s., de Cao Xueqin (1715-1763).

Richesse (dieu de la ; chinois : Caishen). Souvent représenté hilare, un lingot d'or à la main, ou chevauchant un tigre et brandissant un sabre, c'est une divinité remise à l'honneur dans le cadre de l'économie socialiste de marché. Sa popularité remonte d'ailleurs à l'époque des Song, qui vit l'essor, dans le cadre des villes nouvelles, de la société des marchands. Dans l'imagerie populaire, on fait figurer à ses côtés les trois divinités stellaires (Sanxing) de la Longévité (Shouxing), des Émoluments (Luxing) et du Bonheur (Fuxing).

Riz gluant ou **glutineux** (chinois : *nuomi*). Variété de riz dont les grains collent après cuisson. En Chine du S.-O., sert surtout à préparer le vin de riz, aussi doux au palais qu'il est traître à l'esprit, qui accompagne les festivités traditionnelles.

Roman des Trois Royaumes. → *Sanguozhi yanyi.*

Roue de la loi (ou de la vie). Thème iconographique fréquemment représenté dans les monastères bouddhiques. La version lamaïque en est particulièrement impressionnante : la roue de la loi présente de façon condensée l'essentiel de la doctrine bouddhique. Elle est faite de trois cercles concentriques que tient fermement, entre ses crocs et ses griffes, le dieu du Jugement des âmes. Le cercle intérieur contient trois animaux qui symbolisent les trois principaux vices – porc (ignorance), serpent (colère), coq (désir). Le deuxième cercle est divisé en six secteurs qui représentent les six types de réincarnation possibles après la mort. Sur la jante sont figurés les 12 stades du cycle du devenir depuis l'ignorance primordiale (1) jusqu'à la vieillesse et la mort (12) en passant par le début de l'expérience sensorielle (5), l'expérience du désir (8) , l'avidité et l'attachement (9).

Route de Birmanie. C'est pour permettre le ravitaillement des troupes du Guomindang depuis la basse Birmanie, pendant la guerre contre l'occupation japonaise, que cette route fut construite par les Chinois, de 1937 à 1939, entre Kunming et Wangding. En 1940, elle fut prolongée jusqu'à Lashio, en Birmanie, totalisant un parcours de 1 200 km. Rendue inutilisable par la pression japonaise en Asie du S.-E. à partir de 1942, la route de Birmanie fut doublée par celle qui reliait Ledo, dans l'Assam, à Bhamo, en pays kachin *(→ carte en fin d'ouvrage)*.

Route Mandarine. Réseau routier, relayé par des postes de chevaux *(matou)*, mis en place par l'administration impériale *(→ carte en fin d'ouvrage)*.

Royaumes combattants. → *Zhanguo.*

S

Sakyamuni (ou Çakyamuni). Le sage des Sakya (nom d'une tribu établie sur les contreforts de l'Himalaya, dans la partie N. de l'actuel district de Gorakhpur, en Inde), nom sous lequel est désigné le Bouddha Siddharta Gautama, fondateur historique du bouddhisme.

Samantabhadra. → *Puxian.*

Sampan. Embarcation faite de planches assemblées (le nom chinois signifie « trois planches »). Les plus importants peuvent porter un mât avec une voile. Ces bateaux servent au transport des marchandises et également d'habitations pour les mariniers.

Sanguozhi yanyi. Récit inspiré par l'histoire des Trois Royaumes qui se partagèrent la Chine de 220 à 265 apr. J.-C. : royaumes de

Shu, de Wei et de Wu. C'est l'un des romans les plus populaires de la littérature chinoise, composé au XIVe s., à la fin des Yuan et au début des Ming.

Sapèque (chinois : *tongxian*). Monnaie ancienne consistant en petites pièces en cuivre rondes percées d'un trou carré ; on les enfilait sur un lien en jonc. Elles remplacèrent, lors de la création de l'Empire, en 221 av. notre ère, les diverses monnaies des principautés, en forme de « nez de fourmi » (petites pièces ovoïdes), de couteaux ou d'instruments aratoires.

Sceau (chinois : *zhuan*). Insigne du nom et de la fonction, sa marque authentifie les documents officiels. Inventés deux siècles av. notre ère, réservés d'abord à l'empereur et aux mandarins *(→)*, les sceaux sont devenus la marque personnelle qui accompagne la signature sur une lettre, au bas d'une peinture ou d'un effet de commerce. Ils se sont peu à peu transformés en objets d'art. À l'origine, ils étaient en or, en argent ou en bronze ; par la suite, ils furent exécutés en pierre dure ou en ivoire. La valeur du sceau est fonction de la pierre utilisée et du graveur.

Seigneur de la guerre. Liés à la dislocation du pouvoir en Chine dans la première moitié du XXe s., les seigneurs de la guerre sont des généraux qui disposent de leur armée comme d'un capital.

Sentences parallèles (chinois : *pianwen*). Pour célébrer une circonstance heureuse ou pour rendre hommage à une personne honorable, on offre volontiers, dans une calligraphie soignée, une sorte de poème où les mots et leur rythme peuvent illustrer la rencontre des souffles bienfaisants du ciel et de la terre : des sentences parallèle. Ce sont des phrases ou des vers où les mots sont arrangés, avec symétrie, par l'emploi de synonymes ou d'antonymes placés au même endroit de l'un et l'autre groupe de phrases ou de vers. Ces sentences parallèles sont souvent disposées de part et d'autre de l'inscription frontale qui, elle, évoque de manière poétique ou banale la destination de l'édifice où elle se trouve placée.

Shang Yang. Ministre de l'État de Qin de 359 à 338 av. J.-C. Il est l'auteur du plus ancien ouvrage légiste connu, *Shangjunshu.*

Shanshui. « Montagne et eau » : paysage et, par extension, peinture de paysage.

Shen nong. Le « Divin Agriculteur », l'un des Trois Augustes, bienfaiteur mythique de l'humanité qui lui doit, selon la légende, l'invention de la charrue. Ce « saint patron » de l'agriculture aurait appris également aux hommes à cueillir avec discernement les plantes médicinales.

Shendao. « Voie des Esprits », double rangée d'effigies humaines et animales matérialisant l'allée qui conduit au tumulus d'un personnage de haut rang.

Shi huangdi (Qin). Premier empereur de Chine qui, détruisant la royauté, unifia le continent chinois, créant la première administration centralisée.

Shijing. *Livre des Odes,* l'un des Cinq Classiques, recueil de plus de 300 pièces de vers sur des thèmes populaires et hymnes religieux ou aristocratiques des âges de la royauté (les Shang et les Zhou).

Shilin. → *Forêt de pierres.*

Shui (prononcer « chouei ») ou **Aï Sui**. Nationalité taï-kadaï du Guizhou, de langue kam-shui, principalement implantée dans la Sous-préfecture autonome de Sandu, dans le S. de cette province.

Siheyuan. Modèle le plus répandu des grandes résidences chinoises. Il se compose de quatre pavillons autour d'une cour centrale sur laquelle donnent les différentes pièces. Ouvrant au S., ce module de base pouvait se répéter en une succession de cours sur le même axe, ou disposées sur des axes latéraux.

Siku quanshu. « Collection complète des livres des quatre bibliothèques », encyclopédie commandée en 1772 par l'empereur Qianlong. La compilation de cette œuvre monumentale dura près de 20 ans et fit travailler 15 000 copistes.

Sima Qian. Auteur (v. 135-v. 93 av. J.-C.) des *Mémoires historiques (Shiji)*, la première histoire générale de la Chine incluant, outre des récits événementiels, une chronologie et des biographies, des rubriques thématiques.

Sociétés secrètes. Associations ou fraternités clandestines, existant dans l'Empire chinois dès l'Antiquité, elles connurent un développement important dans le cadre de la contestation anti-mandchoue à la fin du XVIIIe s. Ainsi, la Triade (Sanhehui), ou Société du Ciel et de la Terre (Tiandihui), fondée par des partisans des Ming pour résister à la conquête mandchoue, fut très influente en Chine du S. Les « frères jurés » de ces organisations étaient recrutés essentiellement dans les classes populaires, chez les paysans pauvres, mais plus encore parmi les errants et les marginaux de la société rurale.

Sol (dieu du ; chinois : Diwang, ou Digong). Multiple (dieux du Sol familial, du Sol des villages et autres divisions administratives, des Sols royaux et seigneuriaux), il fit l'objet d'une des plus anciennes formes de culte en Chine. Il passa au second plan dans la religion officielle quand fut instauré le sacrifice à la Terre, complémentaire du sacrifice au Ciel sous l'Empire, aux environs de notre ère. Les Dong et les Shui ont perpétué un culte au dieu du Sol du village (Digong), qui, accompagné de son épouse (Dimu), veille sur la prospérité des lieux et de leurs habitants.

Soleils (mythe des dix, ou douze). Dans plusieurs mythes du monde chinois, on raconte comment un archer vint à bout du nombre excessif de soleils qui brûlaient la terre, à l'aube du monde.

Songzi Guanyin. → *Avalokitesvara.*

Stèle (chinois : *shibei*). En Chine, tous les hauts lieux visités par les lettrés *(→)* et les empereurs, tous les lieux saints, montagnes sacrées et temples, ont leur forêt de stèles. Pour une civilisation qui s'est dotée de l'encre et du papier, la volonté, la tradition de fixer l'écrit sur la pierre disent toute l'importance du signe et de son tracé, la calligraphie *(→)*. Monolithes que des tortues sculptées portent sur leur dos, les stèles forment la chronique d'un lieu : fondations, restaurations, passages de visiteurs célèbres, dédicaces de poètes inspirés...

Stupa (sanscrit, ou *dagoba* en pali ; → *aussi Pagode*). Édifice sacré par excellence, monument plein enchâssant des reliques, ou commémorant le séjour ou le prêche du Bouddha sur ces lieux. Il est construit en brique, plus rarement en pierre, chaulé ou peint, parfois incrusté de mosaïques de miroir ou de poterie vernissée. De plan carré ou octogonal, il est simple, ou multiple lorsque d'autres stupa plus petits lui forment une couronne.

Su Shi (ou Su Dongpo). Écrivain et poète (1036-1101), l'un des plus représentatifs de la dynastie des Song. Il était également peintre, prosateur et administrateur.

Sui. → *Shui.*

Sunzi. Stratège et penseur militaire qui écrivit un *Art de la guerre* vers la fin du Ve s. ou au début du IVe s. av. notre ère.

Suona. Instrument à vent. Sorte de hautbois, répandu dans les musiques populaires de Chine du N., adopté par certains groupes ethniques de Chine du S.-O.

Sutra (chinois : *fojing*). Mot sanscrit (« fil conducteur ») désignant des traités bouddhiques sous forme d'aphorismes et de paraboles, sous lesquels se cache un enseignement moral.

T

Taiji. Le « faîte suprême », ou « grand faîte », est le diagramme représentant l'union du yin et du yang *(→)*, d'où sont issus les « dix mille êtres », sous la forme d'un cercle divisé par un S, en un côté noir (yin) et un côté blanc (yang). Dans le yin, il y a du yang, et dans le yang il y a du yin : ce qu'exprime la présence du point de la couleur opposée, à l'intérieur de chacune des moitiés. Le taiji fut représenté ainsi graphiquement au moins dès l'époque des Song du Nord (960-1127).

Taï-kadaï. Famille de langues très étendue dans la Chine du S. et la péninsule indochinoise comprenant trois grands groupes : les langues taï proprement dites, les langues kam-shui et les langues kadaï (gelao, li de Hainan pour la Chine).

Taiping. « Période de paix et de prospérité ». Utopie de l'État idéal et, en particulier, nom de la révolte qui secoua la Chine au début de la seconde moitié du XIXe s.

Taiqiquan. Boxe chinoise dont les mouvements lentement enchaînés visent à une maîtrise de l'énergie en soi.

Tambour (chinois : *gu*). Contrepoint, pour les populations du S., de la cloche en bronze de la culture chinoise, ils furent fondus dans le même métal dès la protohistoire. Ces instruments à la signification complexe jouent toujours un rôle lors des fêtes des groupes buyi, miao, shui et yao.

Tanka. Bannière peinte (du tibétain *thangka*) utilisée dans les cérémonies du culte tantrique, dans les temples lamaïques, ou peinture sur papier collée sur un tissu et montée sur un rouleau.

Tantrisme. En Chine, forme du bouddhisme du Mahayana *(→)* fondée sur l'étude et la pratique des tantra (mot sanscrit signifiant « trame » d'un tissu et désignant des manuels de caractère ésotérique proposant une cosmogonie, une philosophie et des rituels magiques et fantastiques) avec une prépondérance du culte des divinités féminines.

Taoïsme (chinois : *Daojia*). Le second des deux grands courants anciens de pensée chinois, courant mystique et naturaliste, face au confucianisme *(→)* d'essence éminemment sociale. Le terme « taoïsme » a été formé comme « confucianisme » ou « bouddhisme » par les Occidentaux au XIXe s. à partir du mot *dao*, la « voie », dont la définition est la clef de voûte de la pensée chinoise ancienne. Cette « voie », sur laquelle chacun devait s'engager pour réussir sa vie, était perçue différemment par les confucéens et par les taoïstes, ces derniers interprétant le dao en un sens métaphysique *(→ aussi Meishan)*.

Temples. On distingue par un nom différent les temples selon qu'ils sont bouddhiques (***si***, mais ***gong*** pour ceux se réclamant du lamaïsme), taoïques ***(guan)*** et du culte officiel ou confucéen ***(miao)***. Pour les monastères, qu'ils soient bouddhiques ou taoïques, on ne fait pas la différence avec les temples. Les mosquées ont le même nom que les sanctuaires bouddhiques. Le mot *dian* (palais, en tout, en partie) peut s'appliquer à une salle de temple. Les églises sont des ***tang***. Tous les temples ont à peu près le même plan. L'entrée est généralement précédée d'un **mur-écran** *(→)* interdisant l'accès du temple aux mauvais esprits. Vient ensuite la première cour où se trouvent la **tour de la Cloche** à dr. et la **tour du Tambour** à g. Le bâtiment de la porte d'entrée est placé sous la protection de **gardiens**, à raison de deux ou de quatre. De là, on passe dans une deuxième cour, suivie d'une à trois autres, chacune séparée de la suivante par un temple consacré à une divinité.

Tenon et mortaise. Système permettant l'assemblage de pièces en bois sans clous, ni chevilles. Le tenon est la partie saillante taillée à l'extrémité d'une pièce, destinée à s'ajuster dans la mortaise, qui est la partie creuse correspondante, aménagée sur l'autre pièce à assembler.

Terre pure (secte). → *Amitabha.*

That (du pali *datu*). Reliquaire en forme de stupa *(→)* ou dagoba chez les Dai du Yunnan.

Thé (chinois : *cha*). Arbuste de la famille des camélias, dont les feuilles sont consommées en infusion. On distingue trois grandes variétés en fonction du traitement des feuilles lors de leur dessiccation : le thé vert *(lücha)*, dont la feuille n'a presque pas fermenté, le thé noir (*hongcha*, ce qui signifie, en réalité, « thé rouge ») fermenté et le thé semi-fermenté *(wulong cha)*.

Theravada. « Voie des anciens », en sanscrit : la secte la plus ancienne du bouddhisme, encore appelée Hinayana *(→)*.

Tianhou. → *Mazu.*

Tianming. « Mandat du Ciel », aptitude d'une dynastie, ou d'un souverain, à gouverner, perçue comme un don du Ciel et que ce dernier peut reprendre pour la transmettre à un autre, plus méritant.

Tianwang. Les Quatre Rois célestes, gardiens des quatre directions (sanscrit : *Lokapala*), dont les effigies sont disposées de chaque côté du pavillon d'accès des temples bouddhiques. **Moli Qing**, gardien de l'E., a le visage blanc et brandit une épée et un anneau en jade ; au S., **Moli Hong**, au visage rouge, tient une ombrelle ; **Moli Shou**, au N., a le visage noir et tient un rat et une perle ; **Moli Hai**, le gardien de l'O., au visage bleu, pince les cordes d'un luth. Ces armes et attributs sont tous dotés de pouvoirs magiques.

Tiaoqi. Jeu qui se joue sur un damier formé de deux triangles équilatéraux imbriqués en étoile. Chaque triangle est divisé par 12 parallèles équidistantes (en comptant la base) dont les intersections déterminent les emplacements à occuper par les pions. Chacune des six pointes de l'étoile de David forme un camp avec 10 pions, tandis que l'hexagone central (y compris les lignes extérieures) constitue la zone initiale d'affrontement. Ce jeu peut se jouer à deux (chaque joueur ayant un, deux ou trois camps), à trois (avec un ou deux camps) ou à six, ou encore par équipes de deux ou trois joueurs. Le jeu consiste à occuper la pointe diamétralement opposée à la sienne. On avance d'une croisée à la fois, dans toutes les directions, en suivant les lignes, sauf lorsqu'un pion de l'adversaire ou de son propre camp se trouve sur le passage choisi. Dans ce cas, on saute le ou les pions, sans les prendre, contrairement au jeu de dames. On ne peut sauter deux pions l'un après l'autre.

Tigre (chinois : *laohu*). Symbole de la puissance, du courage, de l'énergie, de l'esprit d'entreprise pour les Chinois, quand ils veulent trouver des qualités à un de leurs semblables, mais aussi, dans le cas contraire, symbole de l'autoritarisme, de la férocité, de l'aventurisme, de l'imprudence. Le tigre blanc correspond à la direction de l'O.

Tigres volants. Force de frappe aérienne mise en place par le général américain Claire Chennault, durant la Seconde Guerre mondiale et dont les bases secrètes se trouvaient au Yunnan, au Guizhou et au Guangxi.

Tonnerre (dieu du). → *Leigong*.

Tortue. Symbole du monde (avec son ventre plat comme la terre et sa carapace ronde comme le ciel) et de la longévité.

Transmigration. Passage d'une âme d'un corps dans un autre.

Tribut. Les diverses dynasties chinoises qui se sont succédé à la tête de l'Empire jusqu'à l'arrivée des Mongols s'efforçaient de vassaliser les peuples périphériques constitués en États en échangeant la reconnaissance officielle de leurs dirigeants contre un tribut composé de produits rares et précieux de ces contrées. En retour, l'Empire chinois leur envoyait des soieries et des objets d'art, parfois d'une valeur plus grande que celle du tribut, afin de s'attacher ces peuples. Ces marques de vassalisation furent quelquefois, par la suite, utilisées comme preuve d'une appartenance ancienne à l'Empire.

Trois Purs (chinois : Sanqing). Triade taoïque formée sur le modèle de l'iconographie bouddhique des Trois Bouddha (du Passé, du Présent, de l'Avenir ; ou de l'E., de l'O. et du Centre). Les Trois Purs sont représentés sous la forme de trois vieillards, qui sont les trois plus hautes manifestations du dao *(→ Taoïsme)* : **Yuanshi tianzun,** le Vénérable Céleste du Commencement originel, souverain du Ciel et symbole de la puissance créatrice du dao ; **Lingbao tianzun,** le Vénérable Céleste du Trésor de l'Esprit, souverain de la Terre et symbole de l'esprit primordial, **Daode tianzun** ; le Vénérable Céleste de la Vertu du dao, souverain des hommes et symbole de l'essence séminale, assimilé à Laozi. Le premier a pour attribut une perle, le deuxième le tableau du yin-yang, que l'on appelle le Grand Faîte (taiji ; →), et le troisième un éventail.

Tuguan. « Officier indigène », titre décerné à des chefs de populations locales par les Yuan et les Ming.

Tujia (prononcer « toutia »). Nationalité de langue tibéto-birmane habitant principalement dans l'O. du Hunan et dans les territoires adjacents du Sichuan, du Hubei et du Guizhou (régions de Yanhe et de Yinjiang).

Tusi. « Administrateur indigène. » Ce titre inventé par les Yuan recouvrait en général des seigneuries autochtones inféodées à la cour, auxquelles on pouvait parfois faire appel lors d'une campagne militaire. Le terme recouvre une réalité qui peut varier d'une ethnie à une autre.

V

Vairocana (chinois : Pilu fo). Clef de voûte du bouddhisme tantrique, dont il est le centre, comme le Soleil au centre de l'Univers. On le représente assis sur un trône de lotus, les mains jointes dans l'attitude de la méditation. Il est souvent coiffé d'une couronne à cinq pointes, symbole du système des **Cinq Bouddha primordiaux** (appelés Adibuddha, « Bouddha né de lui-même », ou Jina, « Vainqueur »), dont il est le centre.

Vajra (chinois : *jingang*). Dans son acception de diamant, le mot sanscrit *vajra* (*dordje* en tibétain) est l'un des termes les plus importants dans la symbolique du lamaïsme, au point que cette forme du bouddhisme est parfois appelée **Vajrayana**, le Véhicule de Diamant. Signifiant également le foudre, arme de jet, il est, dans la symbolique du yin et du yang *(→)*, un principe masculin, par opposition à la cloche, représentative du principe féminin.

Véhicule (bouddhisme). Grand Véhicule, → *Mahayana* ; Petit Véhicule, → *Hinayana* ; Véhicule de Diamant (Vajrayana), → *Vajra*.

Vihara. Dans l'enceinte du *wat* (→), le complexe bouddhique des Dai désigne le temple proprement dit, qui abrite l'image principale.

Voie des Esprits. → *Shendao*.

W

Wa (prononcer « oua »). Nationalité austro-asiatique de langue wa-palawng, principalement implantée dans les Sous-préfectures autonomes wa de Lancang et de Ximeng, au Yunnan, et dans les États wa, en Birmanie.

Wang Yangming (ou Wang Shouren). Philosophe (1472-1529), fondateur de l'école spiritualiste du Xinxue, pour qui le Ciel et l'homme sont les deux aspects ou les deux composantes d'une même réalité. Tout en restant dans le cadre du confucianisme, il y introduisit un sens de la méditation et de la connaissance intuitive largement empreint de chan.

Wat. Monastère du bouddhisme du Petit Véhicule chez les Dai du Yunnan.

Weiqi. C'est le jeu de go des Japonais, qui l'ont emprunté aux Chinois vers le Ve s. apr. J.-C. Ce jeu d'échecs par encerclement (*weiqi* : « encerclé ») est l'un des jeux les plus anciens puisqu'il aurait été inventé par l'empereur mythique Yao. Il faillit disparaître du souvenir des hommes après l'autodafé des livres perpétré par Shi huangdi (→) en 213 av. J.-C., mais fut sauvé de l'oubli par des lettrés qui, sous les Han de l'Ouest, reconstituèrent le patrimoine culturel alors évanoui en fumée.

Weituo (ou Weiduo). C'est le jeune et beau guerrier campé au dos de Mile « à la grosse bedaine » (→ *Maitreya*), à l'entrée des temples bouddhiques chinois. L'origine et la signification de cette divinité sont fort complexes. La tradition populaire conte que, à l'origine, le guerrier se dressait face à l'entrée, le futur Bouddha dodu face au monastère. Corollaire de cette installation : les fidèles, impressionnés par Weituo, ne fréquentaient plus le temple, tandis que les moines, rassurés par le sourire jovial de Mile, ne se souciaient guère de la règle monastique. C'est ainsi qu'on inversa l'effigie des deux compères.

Wenchang. Dieu des Lettres, souvent supplanté par Kuixing (→), qui sinon l'accompagne.

Wenmiao. Les « temples de la Littérature » de la Chine impériale étaient les lieux du culte de Confucius, implantés aux différents échelons du découpage administratif de l'Empire, qui étaient aussi ceux des examens (→) de recrutement des lettrés fonctionnaires. Leur conception et leur cérémonial copiaient, à échelle réduite, ceux du temple élevé à Qufu (Shandong), la ville natale de Confucius.

Wenshu. → *Manjusri*.

Wu Sangui. Général chinois qui rallia les armées mandchoues au moment des troubles de la fin des Ming. En récompense de ses services, il reçut un fief au Yunnan où, fort de sa puissance et de son alliance avec d'autres feudataires, il créa une dynastie des Zhou (1673-1681). Elle lui survécut trois ans, car Wu Sangui périt assassiné, trahi par ses alliés.

Wu Song. Personnage de fiction, héros du roman classique *Au bord de l'eau* (XIVe s.), exemple de la pugnacité et du courage des Chinois. Entre autres aventures mémorables, il terrassa un tigre. Nombre d'opéras et de légendes se sont inspirés de ce fait héroïque.

Wushu. L'un des arts martiaux, plus connu en France sous le nom de kung-fu.

X

Xian. Nom donné aux petites divisions administratives, districts ou arrondissements.

Xiangqi. Jeu comparable aux échecs, en plus complexe. C'est le jeu des intellectuels par excellence. Son origine est très ancienne puisqu'il est cité dans des textes de la dynastie des Tang, mais il s'est fixé dans ses règles actuelles sous les Song du Sud (1127-1279).

Xiwangmu (Reine Mère d'Occident). Divinité réputée siéger dans un Occident fabuleux sur un paradis où ses séides fabriquent le remède d'immortalité. Elle est fréquemment figurée dans l'art funéraire des Han, entre le roi Mu des Zhou et l'empereur Wu des Han. Son culte s'est développé par le truchement du taoïsme médiéval.

Xiyouji. *Le Voyage en Occident* (ou *La Pérégrination vers l'ouest*), célèbre roman du XVIe s. qui relate le pèlerinage au VIIe s. du moine bouddhiste Xuanzang aux Indes pour rapporter en Chine les Écritures sacrées. C'est dans cet ouvrage qu'on rencontre le Singe pèlerin, Sun Wukong, devenu le symbole de la ruse et de la débrouillardise.

Xuanwu. Le Guerrier Sombre (appelé aussi le Guerrier Parfait, Zhenwu) dut sa popularité croissante à une vision de l'empereur Song Huizong, orchestrée par son maître taoïste et conseiller occulte, Lin Lingsu. Le dieu lui apparut en plein midi, ses cheveux dénoués flottant au vent, une robe noire brodée de dragons revêtue sur sa cuirasse en or. C'est ainsi que le dieu fut représenté désormais, cette représentation supplantant l'image d'un serpent enlaçant une tortue – symboles du N. auquel Xuanwu est associé –, qui avait prévalu jusque-là.

Y

Yamen. Partie antérieure de la demeure qui constituait la section publique, celle où pouvaient pénétrer les fonctionnaires et les personnes habilitées à fréquenter la noble maison de la descendance de Confucius.

Yang. Principe masculin, l'un des deux principes, avec le yin, opposés et unis tout à la fois, qui sont à la source des êtres et des choses. Le yang est activité, initiative, aspect céleste, lumière, masculin, le sec et le rayonnant. Ce n'est pas une chose, un être mais un mode entièrement relatif au yin. L'ensemble yin-yang reconstitue l'unité du *Taiji (→)*.

Yao. L'un des cinq souverains légendaires, érigé en modèle de vertu efficace pour la postérité.

Yao. Nationalité miao-yao de langue yao (mien, mun, yao min, byao min), miao (punu), taï (lakkia) du Guizhou, du Guangxi, du Yunnan, mais aussi du Hunan, du Hubei, du Jiangxi et du Guangdong. Dans le S.-O., on la trouve principalement au Yunnan dans la Sous-préfecture autonome de Hekou (à la frontière vietnamienne), au Guangxi dans la Sous-préfecture autonome de Jinxiu, au Guizhou dans les sous-préfectures de Wangmo, Liping, Congjiang et Rongjiang.

Yi (prononcer « yi »). Nationalité tibéto-birmane du Yunnan, du Sichuan et du Guizhou, principalement implantée au Yunnan dans la Préfecture autonome de Chuxiong et les Sous-préfectures autonomes de Oshan, Ninglang, Lunan, Nanjian et Xinping, au Guizhou à Weining et Bijie, au Sichuan dans la Préfecture autonome yi des Liangshan.

Yin. Principe féminin, il est repos, aspect terrestre, obscur, humide, comme passif. Ce n'est pas une chose, un être, mais un mode, entièrement relatif au yang. L'ensemble yin-yang reconstitue l'unité du *Taiji (→)*.

Yu le Grand. Empereur légendaire (il serait le fondateur de la dynastie des Xia, XXIIe s.-XVIIe s. av. J.-C.) et infatigable héros, il est le dompteur des eaux par le drainage des terrains marécageux et l'endiguement des neuf cours d'eau.

Yue Fei. Célèbre général (1103-1141) de la dynastie des Song. Il incarna l'esprit de résistance chinois et le patriotisme face aux Jin du Nord.

Yun-Gui. Abréviation de Yunnan-Guizhou, c'est le nom du plateau, en voie de soulèvement, qui domine de 1 000 m au moins les régions situées plus à l'E.

Z

Zen. → *Chan.*

Zhai. « Village » ou « hameau » : désignait les établissements des peuples non han des marches méridionales, formant leurs unités sociales et politiques.

Zhanguo (Royaumes combattants). Période de l'histoire chinoise (480-221 av. notre ère) qui correspond à la fin de la dynastie royale des Zhou orientaux et s'achève par l'unification de la Chine sous l'autorité du Premier Empereur.

Zhaodaisuo. Autrefois, ces « maisons d'accueil » recevaient les cadres en déplacement. Aujourd'hui, elles désignent les établissements bon marché, de style chinois, qui présentent l'avantage d'exister à peu près partout.

Zheng He (1371-1434). Eunuque et chef d'expédition maritime, originaire du Yunnan et de confession musulmane. Il dirigea, à l'initiative de l'empereur Yongle (1403-1424), au service duquel il fut attaché, et de l'empereur Xuande (1425-1435), sept expéditions vers le S.-E. asiatique, l'Inde, l'Arabie et le long des côtes de l'E. africain. Grâce à lui, les marchands chinois s'installèrent dans les ports de l'Asie du S.-E., où ils s'imposèrent au centre du commerce maritime asiatique jusqu'à l'installation des Européens. Aujourd'hui, Zheng He est encore vénéré dans des temples sous le nom de Sanbo taijian, « eunuque aux trois trésors ».

Zhengming. « Rectification des noms », théorie confucéenne selon laquelle la terminologie doit être appropriée au réel, théorie et réalité devant s'accorder.

Zhongguo. « Les principautés du Centre », c'est-à-dire celles de la plaine Centrale, dans le bassin inférieur du fleuve Jaune. Ces principautés, vassales du royaume des Zhou orientaux, qui était au cœur même du Zhongguo, étaient unies entre elles et avec le royaume des Zhou par les rites et une même culture. Plus tard, le nom a été étendu à toute la Chine, et c'est sous ce nom de Zhongguo (Pays du Milieu) que les Chinois d'aujourd'hui désignent leur pays.

Zhu Xi. Le plus célèbre des philosophes chinois (1130-1200), fondateur du courant connu en Occident sous le nom de « néoconfucianisme » et en Chine sous celui d'« école du Principe » (Lixue). Il réorganisa et réinterpréta les textes confucéens de la tradition, à la lumière des apports de la pensée de son temps, très marquée par les développements du bouddhisme chinois. C'est depuis Zhu Xi que les « Quatre Livres » constituent les textes de base de la pédagogie chinoise.

Zhuang (prononcer « djouang »). Nationalité taï-kadaï du Guangxi, rassemblant tous les Taï septentrionaux et centraux de la Région autonome zhuang du Guangxi et leurs prolongements au Yunnan oriental.

Zhuangzi. Philosophe (v. 370-300 av. J.-C.), l'un des principaux maîtres du taoïsme, qui exposa la doctrine dans un recueil de textes auquel on a donné son nom.

Zhuge Liang. Stratège, remarquable homme d'État (181-234) qui fit la fortune de Liu Bei (→), fondateur du royaume de Shu-Han (Sichuan), l'un des Trois Royaumes. Ses multiples talents en font un homme légendaire que l'on retrouve dans de nombreuses œuvres littéraires et théâtrales.

Zodiaque. L'année lunaire est divisée en quatre saisons à partir du solstice d'hiver (vers le 21 déc.) et incluse dans un cycle de 12 années, chacune placée sous le signe d'un animal symbole. Les 12 animaux symboliques jouent évidemment un rôle très important dans les horoscopes, considérés par beaucoup comme des décrets du Ciel, et par conséquent très respectés. Une légende populaire conte que le Bouddha ayant convoqué ces animaux, ils se seraient présentés à lui dans l'ordre qui est le leur dans le zodiaque, soit : le rat, le buffle, le tigre, le lièvre, le dragon, le serpent, le cheval, la chèvre, le singe, le coq, le chien et le cochon.

Lexique

Transcription des caractères chinois en français

Les termes chinois utilisés dans ce guide suivent le système de transcription **pinyin** (épellation). Dans la transcription en pinyin, les syllabes formant un mot sont reliées. Mis au point en 1958 à l'usage des Chinois, il présente l'avantage d'être devenu la **norme de translittération** non seulement en Chine, mais aussi dans la plupart des pays étrangers. En revanche, il présente deux inconvénients :

– conçu pour les Chinois, il demande un **effort d'apprentissage phonétique** pour les locuteurs étrangers *(→ exemples ci-dessous).* Effort qui peut s'avérer vain : il s'appuie sur la « langue commune » (*putonghua*, ou mandarin), elle-même fondée sur le parler pékinois, très éloigné des prononciations en usage dans le Sud ;

– sa connaissance et son usage restent **limités aux zones urbaines** (signalisation en caractères et en pinyin).

Prononciation des consonnes initiales

b = *b* non aspiré, entre le *b* et le *p* français (ex. en pinyin, **ba** : huit)

p = *p* très aspiré, comme dans *pouah !* (ex. **pa** : avoir peur)

m = *m*

f = *f*

d = *d* non aspiré, entre le *d* et le *t* français (ex. **da** : grand)

t = *t* aspiré (ex. **ta** : il ou elle)

n = *n*

l = *l*

g = *g* non aspiré, entre le *g* de « gare » et le *k* (ex. **gu** : tante)

k = *k* très aspiré (ex. **ku** : pleurer)

h = *r* dur, ex. rail

z = *d* + *z* , ex. ersatz

c = *t* + *s* , ex. tsé-tsé

s = *s* , ex. samedi

zh = *d* + *j* , ex. budget, adjacent

ch = *t* + *ch* , ex. tchèque

sh = *ch* , ex. chien, chanter

r = *j* , ex. jambe, jour

j = *t* très « mouillé », n'est suivi que du *u* ou du *i*, dans ce cas ressemble à « tiens »

q = très proche du précédent, comme si on ajoutait un *s* à « tiens » = *tsiens*

x = proche du *s* , ex. serpent

Prononciation des finales

a = *a*

ai = *ail* (ex. **Bai** = bail)

an = panne (ex. **Anshun**= *anne-choune)*

ang = *anguille* (ex. **Mangshi** = *man(g)-che*)

ao = *ao* , ex. ciao

e = *eu* , ex. beurre, leur

ei = oreille (ex. **Mafeilong** = *manne-feille-lon(g)*)

en = jeune

eng = prononciation nasalisée du précédent (ex. **Menghai** = *meun(g)-rail*)

i (yi) = *i*

ia (ya) = nia (ex. **Xiaguan** = *hsia-gouanne*)

ian (yan) = m*ienne* (ex. **Jianshui** = *tienne-choueille*)

iang (yang) = *ian* nasalisé (ex. **Guiyang** = *goué-ian(g)*)

iao (yao) = *yao* (ex. **Yao** = yao)

ie (ye) = *yé*, comme feu*illet* (ex. **Yelang** = *yé-lan(g)*)

iu (you) = *yo*, comme mai*llo*t (ex. **Youfang** = *yo-fan(g)*)

in (yin) = m*ine* (ex. **Guilin** = *goué-line*)

ing (ying) = prononciation nasalisée du précédent (ex. **Nanning** = *nanne-nin(g)*)

iong (yong) = prononciation nasalisée de *ion*

o = *o*

ong = lo*ngue* (ex. **Anlong** = *anne-lon(g)*)

ou = *au* (ex. **Guizhou** = *goué-djau*)

u (wu) = *ou* (ex. **Yaolu** = *yao-lou*)

ü (derrière j, q, x et y) = *tu* (ex. **Xu xiake** = *hsu-hsia-keu*)

ua (wa) = *ouate* (ex. **Wa** = *oua*)

uai (wai) = *ouaille* (ex. **Waiguo** = *ouaille-gouo*)

uan (wan) = id*oine*

uan (derrière j, q, x et y) = *uanne* (ex. **Yuan** = *yuanne*)

uang (wang) = prononciation nasalisée de *ouan* (ex. **Guangxi** = *gouan(g)-hsi*)

ue (derrière j, q, x et y) = men*uet* (ex. **Yue** = *yuet*)

ui (wei) = *loué* (ex. **Weining** = *oué-nin(g)* ; **ruili** = *joué-li*)

un = *oune* (ex. **Anshun** = *anne-choune*)

un (derrière j, q, x et y) = une (ex. **Yunnan** = *yune-nanne*)

uo (wo) = *ouo*

wei = *oueille*

Les tons

En chinois, les syllabes sont prononcées soit à l'aide d'une hauteur de voix déterminée, soit par une courbe de la voix mélodique spécifique, ou encore à l'aide des deux combinées.

La hauteur et/ou la courbe de la voix associée aux syllabes donnent des sens différents aux mots, mais uniquement en pinyin. Ces tons s'intègrent donc au lexique. Une confusion éventuelle n'est susceptible d'exister qu'à l'oral. À l'écrit, on emploie des caractères uniques.

En chinois standard (prononciation de Pékin) on détermine quatre tons. En Chine méridionale, les tons des dialectes sont plus nombreux (par exemple, il existe six tons en cantonais). On fait apparaître chaque ton par un signe graphique. Dans la transcription, on représente les tons par des accents, placés sur la voyelle.

Premier ton (¯ , ex. ā) : haut et plat (ton plutôt chanté que parlé).

Deuxième ton (´ , ex. á) : haut et montant (ex. « quoi ? »).

Troisième ton (ˇ , ex. ǎ) : bas et courbé (descendant puis remontant, ex. « alors ? » invitant à une réponse).

Quatrième ton (` , ex. à) : bas et descendant (ton rapide de haut vers bas, ex. « stop ! »).

Il existe en outre un « **ton léger** » (ou ton neutre, ton « zéro »), indiqué par l'absence de signe sur la syllabe. Dans la plupart des cas, la seconde syllabe dans les formations à deux syllabes est plus faible. Le ton léger apparaît dans de nombreux mots dissyllabiques en deuxième position.

À titre d'exemple, le son « ma » illustre les divers sens que peut avoir un mot selon les tons.

Premier ton : mā = mère
Deuxième ton : má = chanvre
Troisième ton : mǎ = cheval
Quatrième ton : mà = insulter

Mots et expressions utiles

Expressions courantes

Madame	太太	tài tài
Monsieur	先生	xiānshēng
Bonjour	你好	nǐ hǎo
Ça va ?	你好吗 ？	nǐ hǎo mǎ ?
Je vais bien	我很好	wǒ hěn hǎo
Merci	谢谢	xièxiè
Au revoir	再见	zàijiàn
Allô	喂	wèi
S'il vous plaît (pour un renseignement)	请 / 请问	qǐng/qǐng wèn
Aider	帮助	bāngzhù
Comment vous appelez-vous ?	您贵姓 ？	nín guì xìng ?
Quel est votre prénom ?	你叫什么名字 ？	nǐ jiào shénme míngzi ?
Je m'appelle ...	我姓 …	wǒ xìng ...
Excusez-moi	对不起	duì bù qǐ
De rien	不客气	bú kèqì
Je vous en prie	不用谢	bù yòng xiè
Étranger	老外 / 外国人	lǎo wài/waiguó rén
De quel pays êtes-vous ?	你是哪国人 ？ / 你是从哪儿来的 ？	ni shi nǎ guó rén/ nǐ shì cōng nǎr lái de
Je suis Français	我是法国人 / 我是从法国来的	wǒ shì Fǎguó rén/ wǒ shì cong Fǎguó lái de
France	法国	Fǎguó
Chine	中国	Zhōngguó
Je suis Chinois	我是中国人	wǒ shì Zhōngguó rén
Peuple chinois	中国人民	Zhōngguó rénmín
Quel âge avez-vous ?	您 (你) 多大	nín (nǐ) duō da ?
J'ai 20 ans	我二十岁	wǒ èr shí sui

Affirmations et négations

Le « oui » peut s'exprimer par la répétition du verbe à la suite d'une question.

Savez-vous parler anglais ?	你会说英语吗 ？	nǐ hùi shuō yīngyǔ ma ?
Savez-vous parler chinois ?	你会说中文吗 ？	nǐ hùi shuō zhōngwén ma ?
Oui (je sais)	我会	wǒ hùi
Non (je ne sais pas)	我不会	wǒ bù hùi
Que veut dire « ... » ?	« … » 是什么意思 ？	« … » shìshenmē yìsi ?
Pourriez-vous parler plus lentement ?	您能说得慢一些吗 ？	nín néng shuō de mán yī xiē ma ?
Je comprends	我听得懂 / 我明白	wǒ tīng de dǒng/wǒ míngbai
Je ne comprends pas	我不懂 / 我不明白	wǒ bù dǒng/wǒ bù míngbai
J'aime	我喜欢	wǒ xǐhuan
Je n'aime pas	我不喜欢	wǒ bù xǐhuan
N'est-ce pas ?	是不是	shì bù shì ?
Oui	是	shì [ou répétition du verbe]
Non	不是	bù shì [ou bú + le verbe]
Est-ce qu'il y a ... ?	有没有 … ？	yǒu méi yǒu … ?
Non, il n'y en a pas	没有	méi yǒu

Oui, il y en a	有	yǒu
Je veux	我要	wǒ yào
Je ne veux pas	我不要	wǒ bù yào
Pas de problème	没有问题	méi yǒu wèntí
Attendez un instant	等一下儿	děng yíxìar
Est-il possible de … ?	可以 … 吗 ?	kěyǐ … ma ?
C'est possible	可以	kěyǐ
Ça va, c'est passable	还可以	hái kěyǐ
Ce n'est pas possible	不可以 / 不可能	bù kěyǐ/bùkěnéng
Ça va, ok	好的	hǎo de
D'accord ?	好不好	hao bù hǎo ?
D'accord	好	hǎo
Pas d'accord	不好	bù hǎo

Les pronoms

Je	我	wǒ
Tu	你	nǐ
Vous (formel)	您	nín
Il / elle	他 / 她	tā
Nous	我们	wǒmen
Vous	你们	nǐmen
Ils / elles	他们 / 她们	tāmen
Le premier	第一	dì yī
Ce	这个	zhè gè
Qui ?	谁	shéi ?
Quoi ?	什么	shénmē ?
Pourquoi ?	为什么	wèi shénme ?
Parce que	因为	yīnwei
Comment ?	怎么	zěnme ?
Lequel ?	哪个	nǎ ge ?

Directions

Où ?	哪儿	nǎr ?
Où se trouve … ?	… 在哪儿 ?	… zài nǎr
Jusqu'à …	到 …	dào …
Droite	右边	yòubiān
Gauche	左边	zǔobiān
Derrière	后边 / 后面	hòubiān/hòumian
Devant	前边 / 前面	qiánbiān/qiánmiàn
À l'intérieur	在里边 / 在里面	zailǐbiān/zailǐmiàn
Intérieur	内	nèi
Extérieur	外	wài
À l'opposé de	对面	duìmiàn
Nord	北	běi
Sud	南	nán
Est	东	dōng
Ouest	西	xī
Centre, milieu	中心	zhōngxīn
Avenue	大街	dàjiē
Rue	街 / 路	jiē/lù
Ruelle	胡同	hútòng

Périphérique, boulevard circulaire	环城	huancheng
Numéro	号	hào
Proche	近	jìn
Loin	远	yuǎn
Entrée	入口	rùkǒu
Sortie	出口	chūkǒu

■ En voyage

Nationalité	国籍	guójí
Date de naissance	出生日	chū shēngrī
Lieu de naissance	出生地点	chūshēng dìdiǎn
Adresse	地址	dìzhǐ
Passeport	护照	hùzhào
Visa	签证	qiānzhèng
Carte	地图	dìtú
Salle d'attente	候车室	hòuchē shì
Bagages	行李	xínglǐ
Aéroport	飞机场	feījīchǎng
Avion	飞机	feījī
Billet d'avion	飞机票	feījī piào
Bateau	船	chuán
Gare	车站	chē zhàn
Gare ferroviaire	火车站	huǒchē zhàn
Train	火车	huǒchē
Guichet	售票处	shòupiào chù
Ticket	票	piào
Gare routière	长途汽车站	chángtú qìchē zhàn
Bus	公共汽车 / 汽车	gōnggòng qìchē/qìchē
Siège (avion, train, bus)	座（位）	zuò(wèi)
Arrêt de bus	汽车站	qìchē zhàn
Métro	地铁	dìtiě
Station de métro	地铁站	dìtiě zhàn
Un billet	一张票	yī zhāng piào
Deux billets	两张票	liǎng zhāng piào
Un billet aller-retour	一张来回票	yī zhang láihuí piào
Un aller simple	一张单程票	yī zhang dānchéng piào
Combien cela coûte-t-il de se rendre à … ?	到 … 多少钱 ?	dào … duōshǎo qián ?
Partir	离开 / 走	líkāi/zǒu
Revenir	回来	huí lai
À quelle heure est le départ ?	几点离开 ?	jī diǎn líkāi ?
À quelle heure est l'arrivée ?	几点到达 ?	jī diǎn dàodá ?
Horaires	时刻表	shíkè biǎo
Arrivée	到达	dào dá
Taxi	出租车	chūzūchē
Station de taxis	出租车站	chūzūchē zhàn
Un peu plus vite	快一点	kuài yī diǎn
Un peu plus lentement	慢一点	màn yī diǎn
Stop	停	tíng
Arrêter la voiture	停车	tíng chē
Bon voyage !	一路平安 !	yī lù píng ān !

Savoir compter

1	一	yī
2	二	èr
3	三	sān
4	四	sì
5	五	wǔ
6	六	liù
7	七	qī
8	八	bā
9	九	jiǔ
10	十	shí
11	十一	shí yī
12	十二	shí èr
13	十三	shí sān
14	十四	shí sì
15	十五	shí wǔ
16	十六	shí liù
17	十七	shí qī
18	十八	shí bā
19	十九	shí jiǔ
20	二十	èr shí
21	二十一	èr shí yī
27	二十七	èr shí qī
30	三十	sān shí
40	四十	sì shí
50	五十	wǔ shí
60	六十	liù shí
70	七十	qī shí
80	八十	bā shí
90	九十	jiǔ shí
100	一百	yī bǎi
200	两百 / 二百	liǎng bǎi/ èr bǎi
300	三百	sān bǎi
500	五百	wǔ bǎi
1 000	一千	yī qiān
10 000	一万	yī wàn
1 million	一百万	yī bǎi wàn
2 millions	两百万 / 二百万	liǎng bǎi wan/èr bǎi wàn
10 millions	一千万	yī qiān wàn
100 millions	一亿	yī yì

À l'hôtel

Hôtel	旅馆 / 宾馆 / 饭店	lǚguǎn/bīnguǎn/fàndiàn
Pension	招待所	zhāodàisuǒ
Chambre standard	房间	fángjiān
Je voudrais une chambre	我要一个房间	wǒ yào yige fángjiān
Je voudrais réserver	我要预定	wǒ yào yùdìng
Avez-vous une chambre libre ?	你们有空房间吗 ?	nǐmenyǒu kòng fángjiān ma ?
Chambre avec salle de bains	有浴室的房间	yǒu yùshì de fángjiān
Une chambre double	一间双人房	yī jiān shuāngrénfáng
Une chambre simple	一间单人房	yī jiān dānrénfáng
Clé	钥匙	yàoshi
Lit	床	chuáng
Puis-je voir la chambre ?	我能不能看看这个房间 ?	wǒ néng bù neng kànkan zhè gè fángjiān ?
Je n'aime pas cette chambre	我不喜欢这个房间	wǒ bù xihuan zhègè fángjiān
Propre	干净	gānjìng
Sale	脏	zāng
Salle de bains	浴室	yùshì
Air conditionné	空调	kōngtiáo
Chauffage	取暖	qǔnuǎn
Drap	被单	bèi dān
Couverture	被子	bèizi
Serviette de toilette	毛巾	máojīn
Bruit	噪音	zàoyīn
Toilettes	厕所	cèsǔo
Où sont les toilettes ?	厕所在哪儿 ?	cèsuǒ zài nǎr ?

Homme	男	nán
Femme	女	nǚ
Carte de l'hôtel *(coordonnées)*	旅馆的名片	lǚguǎn de míngpiàn
Combien de personnes ?	几个人 ？	jǐ gè rén ?
Serveur, garçon d'étage	服务员	fúwùyuán

Nommer le temps

Aujourd'hui	今天	jīntiān
Hier	昨天	zuótiān
Demain	明天	míngtiān
Après-demain	后天	hòutiān
La semaine prochaine	下个星期	xià gè xīngqī
Mois	月	yuè
Le sept décembre	十二月七号	shí èr yuè qi hào
Pendant …	… 的时候	… de shíhòu
Combien de temps ?	多长时间 ？	duō chāng shíjiān ?
Nous partons aujourd'hui	我们今天走 / 离开	wǒmen jīntiān zǒu/líkāi
Un jour	一天	yī tiān
Une nuit	一夜	yī yè
Matin	早上 / 上午	zāo shang/shàngwǔ
Après-midi	下午	xiàwǔ
Dans deux jours	两天以后	liǎng tiān yǐhòu
Maintenant	现在	xiànzài

• Les saisons

Printemps	春（天）	chūn (tiān)
Été	夏（天）	xià (tiān)
Automne	秋（天）	qiū (tiān)
Hiver	冬（天）	dōng (tiān)

• Les mois

Janvier	一月	yī yuè
Février	二月	èr yuè
Mars	三月	sān yuè
Avril	四月	sì yuè
Mai	五月	wǔ yuè
Juin	六月	liù yuè
Juillet	七月	qī yuè
Août	八月	bā yuè
Septembre	九月	jiǔ yuè
Octobre	十月	shí yuè
Novembre	十一月	shíyī yuè
Décembre	十二月	shī ér yuè

• Les jours

Lundi	星期一	xīngqī yī
Mardi	星期二	xīngqī èr
Mercredi	星期三	xīngqī sān
Jeudi	星期四	xīngqī sì
Vendredi	星期五	xīngqī wǔ
Samedi	星期六	xīngqī liù
Dimanche	星期日 / 星期天	xīngqī rì/xīngqī tiān
Jour du mois	号	háo

• Les heures

Le temps (durée)	时间	shíjiān
Une heure	一个小时	yī ge xiǎoshí
Une demi-heure	半个小时	bàn ge xiǎoshí
Un quart d'heure	一刻钟	yī kè zhōng
À quelle heure ?	几点钟 ?	jǐ diǎn zhōng ?
Trois heures	三点钟	sān diǎn zhōng
Trois heures et quart	三点一刻	sān diǎn yī kè
Trois heures et demi	三点半	sān diǎn bàn
Minute	分钟	fēn zhōng
Quelle heure est-il ?	(现在)几点了 ?	(xianzai) ji diǎn le ?

En ville

Ambassade	大使馆	dàshǐguǎn
Banque	银行	yínháng
Bureau de poste	邮局	yóujú
Bureau de Sécurité publique	公安局	gōng'ānjǘ
Café Internet	网吧	wǎngbā
Carte postale	明信片	míngxìnpiàn
Change	换钱	huàn qían
Distributeur de billets (ATM)	自动取款机	zìdòng qukuánjī
Enveloppe	信封	xínfēng
Envoyer (en France)	邮寄到法国	yóujì (dào Fǎguó)
Internet	因特网	yīntèwǎng
Je voudrais téléphoner	我想打电话	wǒ xiǎng dǎ diànhuà
Lettre	信	xìn
Office de tourisme	旅游局	lǚyóujú
Paquet	邮包	yóubāo
Téléphone public	公用电话	gōngyòng diànhuà
Téléphoner	打电话	dǎdiànhuà
Vous avez fait un faux numéro	您打错了	ninda cuo le

• Visite

Centre-ville	市中心	shì zhōngxīn
Café	咖啡馆	kāfēiguǎn
Musée	博物馆	bówùguǎn
Marché	市场	shìchǎng
Pont	桥 (梁)	qiáo (liáng)
Palais	宫	gōng
Mer	海	hǎi
Montagne	山	shān
Porte	门	mén
Jardin	花园	huāyuán
Village	村	cūn
Théâtre	剧院	jùyuàn

Shopping

Argent	钱	qián
1 yuan	一块	yī kuài
Renminbi (*ou* yuan)	人民币	rénmínbì
Je voudrais acheter …	我想买 …	wǒ xiǎng mǎi …

Je jette juste un coup d'œil	我只看看	wǒ zhǐ kàn kān
Quel est le prix ?	多少钱 ？	duōshǎo qían ?
Je peux voir ?	我能不能看看 ？	wǒ néng bù néng kànkàn ?
C'est trop cher	太贵了	taì gùi le
Bon marché	便宜	piányi
Beau	好看	hǎokàn
Mieux	更好	gèng hǎo
Plus grand	更大	gèng dà
Plus petit	更小	gèng xiao
Trop	太多	tài duō
Moins	少一点	shǎo yi dian
Avez-vous quelque chose de moins cher ?	您有更便宜的吗 ？	nǐ yǒu geng piányi de ma ?
Carte de crédit	信用卡	xìnyòng kǎ
Magasin	商店	shāngdiàn
Vendeur	营业员	yíngyèyuán

Santé/Urgences

Il y a eu un accident	出事了	chūshì le
Allez-vous-en !	走开	zǒukāi !
Au voleur !	小偷 ！	xiǎotōu !
Appelez…	请叫…	qǐng jiào…
… un médecin	医生	yīshēng
… la police	警察	jǐngchá
Attention	小心	xiǎoxīn
Hôpital	医院	yīyuàn
Urgences	急救室	jí zhěn shì
Je ne me sens pas bien	我不舒服	wǒ bù shūfu
Maladie	病	bìng
Je suis malade	我病了	wǒ bìng le
Mal de tête	头疼	toútòng
Diarrhée	拉肚子	lā dùzi

Au restaurant

Restaurant	饭店 / 餐馆	fàndiàn/cānguǎn
Menu	菜单	càidān
Mangeons !	我们吃吧 ！	wōmen chī ba !
Addition	买单 / 结账	mǎidān/jiézhàng
Reçu	发票	fāpiào
Baguettes	筷子	kuàizi
Fourchette	叉子	chāzi
Cuiller	勺子	sháozi
Couteau	刀子	dāozi
Serviette	餐巾	cānjīn
Délicieux	好吃极了	hǎochī
Bon	好吃	hào
Pas bon	不好吃	bù hǎochī
Meilleur	更好	gènghǎo
Chaud	热 （烫）	rè (tàng)
Froid	凉	liáng

• Boissons

Une bouteille de…	一瓶 …	yī píng …
Un verre de…	一杯 …	yī bēi …
Eau	水	shuǐ
Eau minérale	矿泉水	kuàngquán shuǐ
Bière	啤酒	píjiǔ
Café	咖啡	kāfēi
Thé	茶	chá
Thé vert	绿茶	lǜ chá
Thé noir	红茶	hóng chá
Thé au jasmin	花茶	huā chá
Eau bouillante	开水	kaī shuǐ
Eau fraîche *(non bouillie)*	凉水	liáng shuǐ
Vin rouge	红葡萄酒	hóng pútáo jiǔ
Vin blanc	白葡萄酒	baí pútáo jiǔ
À votre santé !	干杯 ！	gān bēi ！
Boissons fraîches	冷饮	lěng yǐn
Jus de fruits	果汁	guǒ zhī
Jus de litchis	苹果汁	píngguǒ zhī
Jus d'orange	橘汁	jú zhī
Coca-cola	可口可乐	kě kǒu kě lè
Limonade	柠檬水	níngméng shuǐ
Liqueurs	酒	jiǔ
Lait	牛奶	niúnǎi
Lait de soja	豆浆	dòujiāng
Liqueur de sorgho	白酒	bái jiǔ

• Aliments, épices

Chili	辣椒	làjiāo
Pimenté	辣	là
Pas trop pimenté	不要太辣	bù yào taì là
Sucre	糖	táng
Sel	盐	yán
MSG *(glutamate de sodium)*	味精	wèijīng
Je ne veux pas de MSG	不要味精	bù yào wèijīng
Œuf	(鸡)蛋	(jī)dàn
Œufs brouillés	炒鸡蛋	chǎojīdān
Omelette	摊鸡蛋	tanjīdan
Œufs de cent ans	松花蛋	sōnghūa dan
Poulet	鸡	jī
Curry de poulet	咖喱鸡	gālǐ jī
Porc	猪肉	zhūròu
Porc bouilli	白肉	bái ròu
Côtelettes de porc	排骨	paígǔ
Porc sauce aigre-douce	古老肉	gulao ròu
Bœuf	牛肉	niúròu
Bœuf aux brocolis	芥兰牛肉	jièlán niúròu
Canard	鸭	yā
Canard laqué	烤鸭	kǎoyā
Poisson	鱼	yú
Mouton	羊肉	yángròu

Crevette	虾仁	xiārén
Écrevisse	龙虾	lóngxiā
Calmar	鱿鱼	yóuyú
Pieuvre	章鱼	zhāngyú
Huître	蚝	háo
Sauce d'huîtres	蚝油	háo yóu
Crabe	螃蟹	pángxiè
Serpent	蛇肉	shéròu
Légumes	蔬菜	shūcài
Chou	白菜	báicài
Aubergines	茄子	qiézi
Sauce au soja	酱油	jiàngyóu
Tofu	豆腐	dòufu
Oignons	洋葱	yángcōng
Ail	蒜	suàn
Graine de lotus	莲子	liánzǐ
Bambou	笋	sǔn
Riz	米（饭）	mǐ (fàn)
Riz nature	白饭	báifàn
Riz à la vapeur	蒸饭	zhengfàn
Riz sauté au ...	…炒饭	... chǎofàn
Nouilles	面条	miàntiáo
Nouilles à la sauce de soja	炸酱面	zhajiàng gmiàn
Nouilles sautées au ...	…炒面	... chǎomiàn
Soupe	汤	tāng
Soupe de nouilles	面汤	miàntāng
Pain	面包	miànbāo
Raviolis	饺子	jiǎozǐ
Raviolis frits	锅贴	guōtiē
Frit	炒 / 炸	chǎo/zhà
Bouilli	煮	zhǔ
Rôti au soja	红烧	hóng shāo
À la vapeur	蒸	zhēng
Pains à la vapeur *(fourrés à la viande)*	包子	bāozi
Yaourt	酸奶	suān nǎi
Fruits	水果	shuǐguǒ
Ananas	凤梨 / 菠萝	fèng lí/bōluó
Sucre de canne	蔗糖	zhètáng
Mangue	芒果	mángguǒ
Pomme	苹果	píngguǒ
Orange	橘子	júzǐ
Raisins	葡萄	pútáo
Banane	香蕉	xiāngjiāo
Poire	梨	lí

Bibliographie

Art et archéologie

L'Art des bijoux en argent (des minorités de la Chine, du Triangle d'or, de la Mongolie et du Tibet), Essais de J. Beringen, H.-E. Kreijger, I. Rappoldt, R. Van der Star, Skira, 2006.

Beurdeley C. et M., *La Céramique chinoise*, Charles Moreau, 2005.

Billeter J.-F., *L'Art chinois de l'écriture : essai sur la calligraphie*, Skira, 2005.

Cheng F., *Vide et plein : le langage pictural chinois*, Éd. du Seuil, 1991 ;
—, *Chu Ta : le génie du trait, 1626-1705*, Phébus, 1999 ;
—, *Shitao : la saveur du monde*, Phébus, 2002.

Eliasberg D., *Imagerie populaire chinoise du Nouvel An*, École française d'Extrême-Orient, coll. « Chavannes », série Arts asiatiques, n° 35, 2005.

Escande Y., *L'Art en Chine*, Hermann, 2001.

Fisher R.-E., *L'Art bouddhique*, Thames et Hudson, coll. « L'univers de l'art », n° 45, 1995.

Frèches J. (prés.), *Créateurs du nouveau monde : artistes chinois d'aujourd'hui*, Au diable Vauvert et le Petit Camarguais, 2005.

Goody J., *La Culture des fleurs*, Éd. du Seuil, 1994.

Ji Cheng, « Les tambours antiques de bronze », in revue *Littérature chinoise* (Yunnan, Guangxi).

L'Esthétique de l'art populaire chinois : la poupée porte-bonheur, Librairie You Feng et musée Kwok On, 1989.

Jin Zhilin, *L'Esthétique de l'art populaire chinois : la poupée porte-bonheur*, Librairie You Feng et musée Kwok On, 1989.

Kontler C., *Arts et sagesses de la Chine*, Éd. du Zodiaque, 2000.

Pirazzoli-t'Serstevens M., *La Civilisation du royaume de Dian à l'époque Han* (thèse), EFEO, 1974.

« Sculptures bouddhiques de Chine », in *Archeologia*, n° 164, mars 1982.

La Voix des tambours, catalogue d'exposition, Musée royal de Mariemont (Belgique), 18 mars-18 sept. 1983.

Watson W., *L'Art de la Chine*, Citadelles & Mazenod, coll. « L'art et les grandes civilisations », 1997.

Spiritualité

Cheng A., *Histoire de la pensée chinoise*, Éd. du Seuil, coll. « Points », 2002.

Despeux C., *Prescriptions d'acupuncture valant mille onces d'or*, Guy Trédaniel, 1990.

Les Entretiens de Confucius, Gallimard, coll. « Folio », 2005.

Gernet J., *Chine et christianisme : action et réaction*, Gallimard, « Bibliothèque des histoires », 1982.

Goossaert V., *Dans les temples de la Chine ; Histoire des cultes, vie des communautés*, Albin Michel, 2000.

Granet M., *La Religion des Chinois*, Albin Michel, coll. « Spiritualités vivantes », 1998 ;
—, *La Pensée chinoise*, Albin Michel, coll. « Évolution de l'humanité », 1999.

Javary C., *Confucius*, Joie de lire, Genève, 1997 ;
—, *Le Discours de la tortue : découvrir la pensée chinoise au fil du Yi Jing*, Albin Michel, 2003.

Kamenarovic I., *Le Conflit, perceptions chinoise et occidentale*, Éd. du Cerf, 2001 ;

—, *Agir, non-agir en Chine et en Occident : du sage immobile à l'homme d'action,* Éd. du Cerf, 2005.

Li **Jinxiang** et Shi **Shuqing**, *Le Chagrin des pauvres,* Bleu de Chine, 2006.

Magnin P., *Bouddhisme, unité et diversité : expériences de libération,* Éd. du Cerf, coll. « Patrimoines », 2003.

Maspero H., *Le Taoïsme et les Religions chinoises,* Gallimard, « Bibliothèque des histoires », 1971.

Les Philosophes taoïstes (Lao-Tseu, Tchouan-Tseu, Lie-Tseu, Huainan zi), Gallimard, « Bibliothèque de la Pléiade », 1985 (2 vol.).

Pimpaneau J., *Chine, mythes et dieux de la religion populaire,* Philippe Picquier, 1999.

Steens E., *L'Astrologie chinoise,* Éd. du Rocher, Monaco, 1993.

Stein R., *Le Monde en petit,* Flammarion, coll. « Idées et recherches », 2001.

Weber M., *Sociologie des religions,* Gallimard, 2006.

Zheng C., *Mythes et croyances du monde chinois primitif,* Payot, « Bibliothèque historique », 1989.

Histoire, civilisation, société

Balazs E., *La Bureaucratie céleste,* Gallimard, « Bibliothèque des sciences humaines », 1988.

Bianco L., *Les Origines de la révolution chinoise : 1915-1949,* Gallimard, coll. « Folio histoire », 1997.

Birrell A., *Mythes chinois,* Éd. du Seuil, 2005.

Bourzat C., *La Chine des Chinois,* Liana Lévi-Éd. du Seuil, 2004.

Bourzat C., Mouton L., *Voyages aux sources du thé,* Éd. du Chêne, 2006.

Chen **Yan**, *L'Éveil de la Chine : les bouleversements intellectuels après Mao : 1976-2002,* Éd. de l'Aube, 2003.

Elisseeff D., *Histoire de la Chine,* Éd. du Rocher, Monaco, 1997.

Elisseeff D. et V., *La Civilisation de la Chine classique,* Arthaud, coll. « Les grandes civilisations poche », 1988.

Gernet J., *Le Monde chinois,* Armand Colin, 1999.

Gipouloux F., *La Chine du XXIe siècle : une nouvelle superpuissance ?,* Armand Colin, 2005.

Grousset R., *Histoire de la Chine,* Payot, 1994.

Haski P., *Le Sang de la Chine : quand le silence tue,* Grasset, 2005.

Hémery D., *Hô Chi Minh : de l'Indochine au Vietnam,* Gallimard, coll. « Découvertes », 1990.

Hudelot C., *La Longue Marche vers la Chine moderne,* Gallimard, coll. « Découvertes », 2003.

Javary C. et Wang A., *La Chine nouvelle : « Être riche est glorieux »,* Larousse, 2006.

Lombard-Salmon C., *Un exemple d'acculturation chinoise : la province du Guizhou au XVIIIe siècle,* EFEO, 1973.

« Opium et intérêts français au Yunnan », in J. Weber (dir.), *La France en Chine (1843-1943),* Nantes, Ouest Éditions, 1997.

Routes d'Asie. Marchands et voyageurs XVe s.-XVIIIe s., Actes du colloque organisé par la Bibliothèque interuniversitaire des Langues orientales, Paris, 11-12 déc. 1986, Éd. Isis, Paris-Istanbul, 1988.

Roux A., *La Chine au XXe siècle,* Armand Colin, 2006.

Sanjuan T., *À l'ombre de Hong Kong : le delta de la rivière des Perles,* L'Harmattan, 1997 ;
—, *La Chine : territoire et société,* Hachette, coll. « Carré géographie », 2000.

« Tchou-wang, le roi bambou (Yelang) », in *Dictionnaire des mythologies,* t. I (dir. Y. Bonnefoy), Flammarion, 1999.

Trolliet P., *La Diaspora chinoise,* PUF, coll. « Que sais-je ? », n° 2879.

Littérature

BADY P., *La Littérature chinoise moderne*, PUF, coll. « Que sais-je ? », n° 2755.

BOOTHROYD N. et DÉTRIE M., *Le Voyage en Chine : anthologie des voyageurs occidentaux du Moyen Âge à la chute de l'Empire chinois*, Robert Laffont, coll. « Bouquins », 1992.

CHATWIN B., *Qu'est-ce que je fais là*, Le livre de Poche, 2006.

CHENG F., *L'Écriture poétique chinoise*, suivi d'une *Anthologie des poèmes des Tang*, Éd. du Seuil, coll. « Points essais », 1996.

DIAO **Dou**, *Rêves*, trad. du chinois et annoté par Prune Cornet, Bleu de Chine, 2006.

ELISSEEFF D., *XXe siècle, la grande mutation des femmes chinoises*, Bleu de Chine, 2006.

FORTUNE R., *La Route du thé et des fleurs*, Payot, 2001 ;

—, *Le Vagabond des fleurs*, Payot, 2003.

FRANÇOIS A., *Le Mandarin blanc : souvenirs d'un consul en Extrême-Orient, 1886-1904*, L'Harmattan, 2006.

GAO **Xingjian**, *La Montagne de l'âme*, Éd. de l'Aube, 2006.

GERNET J., *L'Intelligence de la Chine : le social et le mental*, Gallimard, 1994.

PIMPANEAU J., *Chine, histoire de la littérature*, Philippe Picquier, 2004.

SHEN **Congwen**, *Le Passeur de Chadong*, Albin Michel, 1992 ;

—, *Le Petit Soldat du Hunan*, Albin Michel, 1992 ;

—, *L'Eau et les Nuages : comment je crée des histoires et comment mes histoires me créent*, Bleu de Chine, 1996.

WU **Cheng'en**, *La Pérégrination vers l'Ouest*, Gallimard, « Bibliothèque de la Pléiade », 1991.

XU **Xiake**, *Randonnées aux sites sublimes*, Gallimard, coll. « Connaissance de l'Orient », 1993.

Revues

ChinePlus (en français, trimestriel). Magazine consacré à l'actualité de la Chine (n° 1, nov. 2006).

China Tourism, Hong Kong (fut un temps trad. en français sous le titre *Voyager en Chine*). Revue mensuelle illustrée, à vocation touristique, riche en articles concernant les minorités nationales du S.-O. chinois. Les numéros spéciaux 21, 37 et 53 sont respectivement consacrés aux Xishuangbanna, Guangxi et Guizhou.

La Chine au présent (en français, mensuel), Pékin. Présente des articles généraux sur la société chinoise, avec, souvent, des rubriques sur les minorités nationales.

Études chinoises (semestriel), Paris.

L'Homme (trimestriel), Paris. Revue d'anthropologie.

Littérature chinoise (en français, trimestriel), Pékin. Revue essentiellement littéraire, mais qui consacre de temps à autre certains articles à des sujets touchant aux minorités nationales.

Péninsule (semestriel), Paris. Revue interdisciplinaire consacrée à l'Asie du S.-E. péninsulaire.

Social Anthropology, Paris. Revue de la European Association of Social Anthropologists.

Peuples

Généralités

BERNARD P. et HUTEAU M., *Chine insolite des minorités*, Anako Éditions et Pages du Monde, 1996.

CLASTRES G., *Tourisme ethnique en ombres chinoises – La province du Guizhou*, L'Harmattan, 1999.

COYAUD M., *Les Langues dans le monde chinois*, Pour l'Analyse du Folklore, 1992.

EBERHARD W., *The Local Cultures of South and East China*, Éd. E. J. Brill, Leyde, 1968.

Ethnic Costumes and Clothing Decorations from China (collectif), Hai Feng Publ. Cy Ltd, Sichuan People's Publ. House, Hong Kong.

GERNET J., *Le Monde chinois*, Pocket, coll. « Agora », 2006 (3 vol.).

GRANET M., *Fêtes et chansons anciennes de la Chine*, Albin Michel, 1982 ;
—, *La Religion des Chinois*, Albin Michel, 1998.

HARRELL S., « Chine multiculturelle et polyethnique : un présent tourné vers l'avenir », in *Globe-Mémoires 4*, 2000.

HARRELL S. (éd.), *Cultural Encounters on China Ethnic Frontiers*, University of Washington Press, Seattle-Londres, 1995.

LEMOINE J., « Les ethnies non han de la Chine », in *Ethnologie régionale*, Gallimard, « Encyclopédie de la Pléiade », vol. II, 1978 ;
—, « Mythes d'origine, mythes d'identification », in *L'Homme*, n° 101, janv.-mars 1987 ;
—, « Ethnicity, Culture and Development Among Some Minorities in the People's Republic of China » in CHIEN Chiao et N. TAPP (éd.), *Ethnicity and Ethnic Groups in China*, The Chinese University, Hong Kong, 1989 (« New Asia Academic Bulletin » 8) : 1-9 ;
—, « Fonction et rébellion. La place de la femme à l'intérieur et à la périphérie du monde chinois », in *Social Anthropology*, n° 5, fasc. 3, 1997 ;
—, « Dialectiques des ethnicités et des nationalités en Chine », in *L'Homme*, n° 148, 1998.

LEWIS E. et P., *Peuples du Triangle d'or*, Olizane, Genève, 1986.

MACKERRAS C., *China's Minorities : Integration and Modernization in the Twentieth Century*, Oxford University Press, 1994.

« Man », in *Encyclopædia Universalis*, Thesaurus, p. 2156.

PIMPANEAU J., *Chine (culture et traditions)*, Philippe Picquier, 2004.

POLO Marco, *Le Devisement du monde : le livre des merveilles*, La Découverte, 2004 (2 vol.).

Akha-Hani

BOUCHERY P., « Un modèle de société égalitaire : les Han de Chine », in *Péninsule*, n° 35, 1997.

LEWIS P. W., *Akha Oral Literature*, White Lotus, Bangkok, 2002.

LEWIS P. W. et BAI Bibo, *51 Hani Stories*, White Lotus, Bangkok, 2002.

Bulang

SPANGEMACHER A., « Les systèmes politiques des Plang dans le contexte de la société féodale taï aux Sipsong Panna (Chine du Sud-Ouest) », in *Péninsule*, n° 35, 1997.

Buyi

CAUQUELIN J., « Au pays des Buyi », in *Les Cahiers de Péninsule*, n° 4, 1998.

Dai

LEMOINE J., « Féodalité taï chez les Lü des Sipsong Panna et les Taï blancs, noirs et rouges du Nord-Ouest du Vietnam », in *Péninsule*, n° 35, 1997.

ZHU Liangwen, *The Dai or the Thai and their Architecture & Customs in South China*, DD Books, Bangkok-The Science Technology Press of Yunnan, 1992.

Dong

BERLIE J., *Sinisation*, Guy Trédaniel, 1998.

Drung (Dulong)

GROS S., « Centralisation et intégration du système égalitaire drung sous l'influence des pouvoirs voisins (Yunnan-Chine) », in *Péninsule*, n° 35, 1997.

LEACH E. R., *Political Systems of Highland Burma : a Study of Kachin Social Structure*, The Athlone Press, Londres, 1986.

Lisu

DESSAINT W. L. et NGWAMA A., *Au sud des nuages*, Gallimard, 1994 ;
—, *Parlons lissou (Introduction à une civilisation tibéto-birmane)*, L'Harmattan 2006.

Miao

CHEUNG Siu-woo, « Representation and Negotiation of Ge Identities in Southeast

Guizhou », in M. Brown (éd.), *Negotiating Identities in China and Taiwan*, University of California Press, Berkeley, 1996.

Lemoine J., *Un village hmong vert du haut Laos – Milieu technique et organisation sociale*, Éd. du CNRS, 1972 ;
—, *L'Initiation du mort chez les Hmong*, Pandora, Bangkok, 1983 ;
—, *Entre la maladie et la mort, le chamanisme hmong sur les chemins de l'au-delà*, Pandora, Bangkok, 1987 ;
—, « Techniques de l'action directe : variations miao-yao dans l'intervention chamanique », in *Bulletin de l'EFEO*, n° 79, 1992 ;
—, « Les Hmong et les Yao », in C. Hemmet (éd.), *Montagnards des pays d'Indochine*, Sépia, 1995.

Lemoine J. et Eisenbruch M., « L'exercice du pouvoir de guérison chez les chamanes hmong et les maîtres-guérisseurs khmers d'Indochine », in *L'Homme*, n° 144, 1997.

Morechand G., « Miao et Yao », in *Encyclopædia Universalis* ;
—, « Le chamanisme des Hmong », *Bulletin de l'EFEO*, 1968.

Tapp N. et Cohn D., *The Tribal Peoples of Southwest China, Chinese Views of the Other Within*, White Lotus, Bangkok, 2003.

Tapp N., Michaud J., Culas C. et Yia Lee G. (éd.), *Hmong/Miao in Asia*, Chiang Mai, Silkworm, 2004.

Zhao **Yuchi** et Kuang **Shizhao**, *Clothings and Ornaments of China's Miao People*, Nationality Press, Pékin, 1995.

■ Naxi

Allanic B., *La Voie Blanche : entre Chine et Tibet*, La Digitale, 1994.

Cai **Hua**, *Une société sans père ni mari : les Na de Chine*, PUF, 1997.

Goullard P., *Forgotten Kingdom*, John Murray, Londres, 1955.

Rock J., *The Ancient Naxi Kingdom of South West China*, 1963.

■ Wa

Formoso B., « Des sacs chargés de mémoire. Du jeu des tambours à la résistance silencieuse des Wa de Xuelin (Yunnan) », in *L'Homme*, n° 160, 2001.

■ Yao

Lemoine J., *Yao Ceremonial Paintings*, White Lotus Co Ltd, Bangkok, 1982 ;
—, « Techniques de l'action directe : variations miao-yao dans l'intervention chamanique », in *Bulletin de l'EFEO*, n° 79, 1992 ;
—, « La restauration de l'image du moi dans le chamanisme des Yao », in *Aséanie 6*, Bangkok, déc. 2000.

Lemoine J. et Chiao **Chien** (éd.), *The Yao of South China, Recent International Studies*, Pangu-Éd. de l'AFEY, 1991.

Morechand G., « Miao et Yao », in *Encyclopædia Universalis*.

■ Yi

Harrell S. (éd.), *Perspectives on the Yi of Southwest China*, University of California Press, Berkeley-Los Angeles-Londres, 2001.

Legendre A.-F., *Far-West chinois*, Kailash, 1993.

Lu **Hui**, « Les Yi noirs et les Yi blancs – L'organisation politique et sociale de la société yi des Grandes Montagnes fraîches », in *Péninsule*, n° 35, 1997.

■ Zhuang

Cauquelin J., « Les Zhuang », in *Péninsule*, n° 29, 1994.

Doré P.-S., « Des Yue aux Zhuang du Guangxi, une perspective ethno-historique », in *Histoire et anthropologie*, Strasbourg, n° 10, janv.-juin 1995.

Lesueur S., « Les Nong », in *Péninsule*, n° 29, 1994.

Cartes et plans

Découvrir

Comprendre

Visiter

Index thématique des encadrés

Architecture, habitat

Arts et traditions populaires, artisanat

Cuisine, gastronomie

Économie, politique

Fêtes et manifestations

Géographie, paysages

Histoire

Mythes et légendes, religions

Société, ethnographie

Vie quotidienne

Index général

Les noms de lieux font l'objet d'un Index distinct, avec caractères chinois, à partir de la p. 494.

Bu Jie : nom de personne, de divinité ou de peuple ; BOUDDHISME : mot clé ; les nombres en **gras** signalent les pages où le terme reçoit son développement principal

◄ **La région de Yuanyang est réputée pour ses vallées sculptées de rizières. Du sommet des montagnes, l'eau circule dans les canalisations en bambou et se faufile entre les levées de terre qui servent de sentiers aux cultivateurs.**

D

E

F

Les noms de lieux font l'objet d'un Index distinct, avec caractères chinois, à partir de la p. 494.

Les noms de lieux font l'objet d'un Index distinct, avec caractères chinois, à partir de la p. 494.

Les noms de lieux font l'objet d'un Index distinct, avec caractères chinois, à partir de la p. 944.

Index des lieux

Les nombres en **gras** signalent les pages où le lieu reçoit un traitement développé comme objectif de visite ; les numéros de page en **bleu** indiquent une carte ou un plan.

A

B

C

D

H

J

Index des lieux

N

O

P

Q

Achevé d'imprimer en mars 2007 par BONA en Italie
Dépôt légal : 83966
Collection n° 01
Édition 01
ISBN : 978-2-0124-0670-4
24/0670/0

TIBET
Kangding
Ya'an
SICHUAN
Leshan
Minjiang
Yalong jiang
Route du Sel et du Thé
Yibin
INDE
Xichang
(Yangzi jiang)
Jinsha jiang
Jinsha jiang
Route de Cinq Pieds
Weining
GU
Huili
Route Mandarine
Myitkyina
Lac Erhai
Route de Birmanie
Route
Dali
Qujing
Baoshan
Tengchong
Kunming
Beipan jiang
Bhamo
Lac Dian
YUNNAN
Nanpa jiang
Shiping
Kaiyuan
Nujiang (Salouen)
Lancang jiang
Yuanjiang
Mengzi
Manhao
Hekou
Lao Cai
Jinghong
BIRMANIE
Song Aong
VIETNAM
Hanoi
Pak Beng
Luang Phrabang
THAÏLANDE
LAOS
Mékong
0
100
200 km